Mega voca

메가스터디

영단어

수능 2580

Book 1
필수 어휘

2580

60일
완성

수능 기초 어휘 / 수능 필수 어휘 / 혼동 어휘 / 다의어

Structure & Features

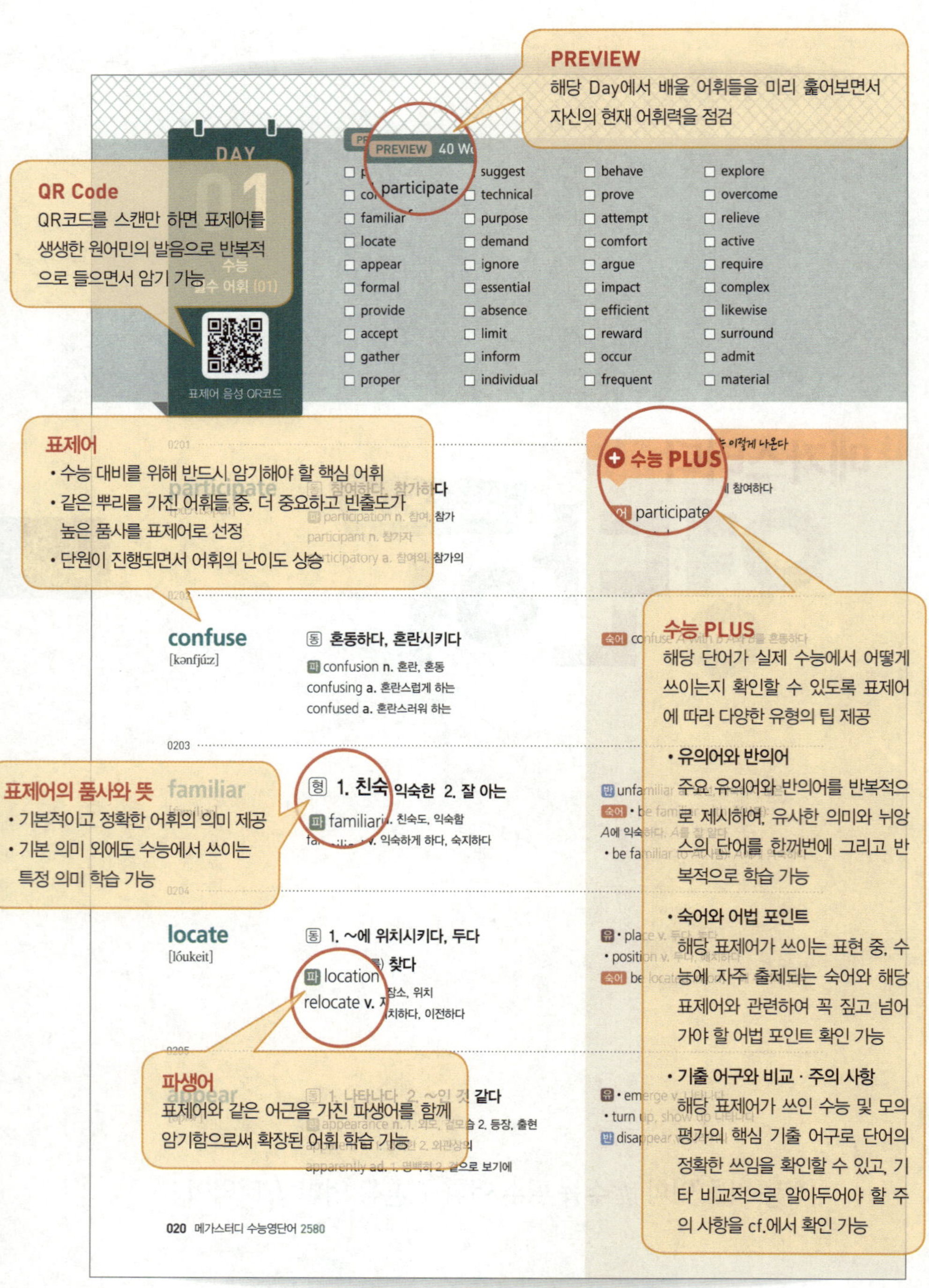

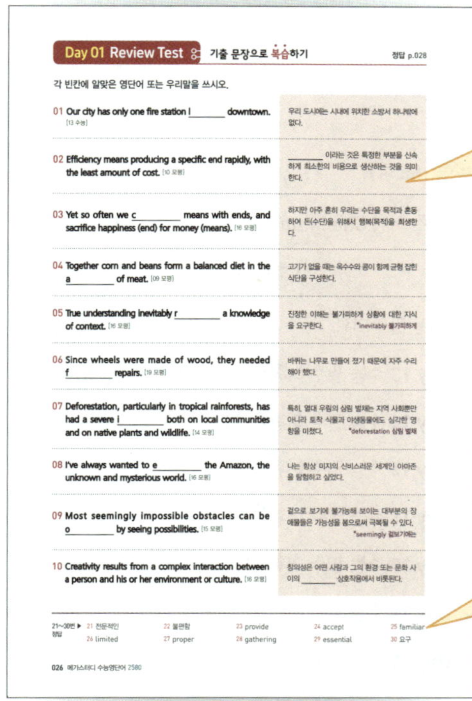

각 Day별 Review Test

- 전 표제어를 수능, 평가원 모의고사, 그리고 학력 평가의 주요 기출 예문과 EBS 연계 교재의 예문으로 복습
- 그날 배운 표제어가 쓰인 예문과 해석에서, 해당 표제어 또는 한글 뜻을 빈칸으로 제시하여 써보게 함으로써, 문맥에 따라 어휘 뜻을 추론하는 훈련 및 전반적인 독해 실력 향상 가능

각 문제의 정답

각 페이지의 정답을 해당 페이지가 아닌, 다른 페이지의 하단에 제공하여 빠르게 답만 맞추고 넘어갈 수 없도록 설계

이 책만의 특별한 어휘 학습

1. PREVIEW에서 그날 공부할 표제어를 미리 살펴보며 관련된 정보라면 어떤 것이든 자신이 알고 있는 최대한으로 떠올려 봅니다.
2. 오른쪽 단에 있는 학습 내용을 전부 가린 채, 왼쪽 단의 표제어만 보고 의미를 생각해 봅니다.
3. 표제어의 뜻과 품사를 보고 자신이 생각했던 의미와 일치하는지 확인한 후, 암기합니다.
4. 가장 오른쪽 단에 제시된 유의어, 반의어, 기출어구 등을 숙지하며, 표제어의 뜻을 더욱 더 내면화하고, 관련된 지식을 확장합니다.
5. 표제어와 같은 어근을 가진 파생어를 숙지해 둡니다.
6. Review Test의 오른쪽 단을 가린 채, 왼쪽 단의 영어 예문을 해석하면서 문맥상 빈칸에 적합한 단어를 유추해 봅니다.
7. 영어 예문만으로 빈칸의 단어를 모르겠다 싶거나 예문의 자연스러운 해석이 어려운 경우, 오른쪽 단의 해석을 같이 보면서 빈칸을 채워 영어 예문을 완성시킵니다.
8. 빈칸이 우리말 해석의 일부에 주어진 경우, 왼쪽 단의 영어 예문에서 해석되지 않은 단어가 무엇인지 먼저 파악한 후, 그 단어의 의미를 구체화시키는 방식으로 해결합니다.

이 책에 쓰인 여러 기호

동 동사　명 명사　형 형용사　부 부사　대 대명사　전 전치사　접 접속사

v. 동사　n. 명사　a. 형용사　ad. 부사　pron. 대명사　prep. 전치사　conj. 접속사

반 반의어　유 유의어　cf. 비교　*pl.* 복수　*ex.* 예시

= 동의어　↔ 반의어　▶ 참고

Contents

MEGASTUDY VOCA
수능 영단어 2580

PART 1

수능 기초 어휘

쉽지만 반드시 짚고 넘어가야 할 기초 어휘 200

Words **001~200**

0001	**ability** [əbíləti]	명 능력, 재능(↔ inability 무능)	able a. ~할 수 있는
0002	**achieve** [ətʃíːv]	통 성취하다, 이루다(= accomplish)	achievement n. 업적, 성취
0003	**aid** [eid]	명 도움, 원조 통 돕다(= help)
0004	**aim** [eim]	명 목표, 목적(= goal) 통 목표로 삼다 (▶ aim at ~을 겨냥하다)
0005	**allow** [əláu]	통 1. 허락하다, 허용하다(= permit) 2. ~할 수 있게 하다(= enable)
0006	**amaze** [əméiz]	통 놀라게 하다(= surprise)	amazement n. 놀라움
0007	**amount** [əmáunt]	명 1. 양(= quantity, volume) 2. 총계(= total) 통 총계가 ~이 되다

0008	**ancient** [éinʃənt]	형 고대의, 아주 오래된
0009	**angle** [ǽŋgl]	명 1. 각도 2. 모서리 3. 관점(= viewpoint)
0010	**apologize** [əpálədʒàiz]	통 사과하다	apology n. 사과 apologetic a. 미안해하는
0011	**aspect** [ǽspekt]	명 측면, 양상
0012	**attack** [ətǽk]	명 공격 통 공격하다(↔ defense n. 방어 defend v. 방어하다)
0013	**attitude** [ǽtitjùːd]	명 태도, 자세
0014	**audience** [ɔ́ːdiəns]	명 청중, 관객

0015	**average** [ǽvəridʒ]	형 1. 평균의 2. 보통의, 평범한(= normal) 명 평균
0016	**award** [əwɔ́ːrd]	명 상(= prize) 통 수여하다
0017	**awful** [ɔ́ːfəl]	형 끔찍한, 지독한(= terrible)	awfully ad. 몹시, 대단히
0018	**background** [bǽkgràund]	명 1. 배경 2. 경력
0019	**balance** [bǽləns]	명 1. 균형(↔ imbalance 불균형) 2. 은행 잔고 통 균형을 이루다
0020	**basis** [béisis]	명 기초, 근본(= base, foundation)
0021	**beg** [beg]	통 1. 간청하다 2. 구걸하다	beggar n. 거지

0022	**bet** [bet]	명 1. 내기 2. 건 돈 통 1. 내기를 하다 2. (~이) 틀림없다
0023	**bury** [béri]	통 묻다	burial n. 매장
0024	**cause** [kɔːz]	명 원인, 이유 통 원인이 되다, 야기하다
0025	**celebrate** [séləbrèit]	통 기념하다, 축하하다	celebration n. 축하 행사
0026	**certain** [sə́ːrtən]	형 1. 확실한(↔ uncertain 불확실한) 2. 어떤, 특정한	certainty n. 확실성
0027	**challenge** [tʃǽlindʒ]	명 도전, 난제 통 도전하다	challenging a. 1. 도전적인 2. 힘든
0028	**cheat** [tʃiːt]	통 1. 속이다(= deceive) 2. 부정행위를 하다
0029	**cheerful** [tʃíərfəl]	형 쾌활한, 기분 좋은	cheer v. 응원하다, 환호하다 n. 환호, 갈채

0030	**climate** [kláimit]	명 기후	climatic a. 기후의
0031	**communicate** [kəmjú:nəkèit]	동 1. 의사소통을 하다 2. 전하다	communication n. 의사소통
0032	**complain** [kəmpléin]	동 불평하다, 항의하다	complaint n. 불평, 항의
0033	**complete** [kəmplí:t]	형 완전한, 완료된(↔ incomplete 불완전의, 미완성의) 동 완료하다
0034	**congratulate** [kəngrǽtʃəlèit]	동 축하하다	congratulation n. 축하
0035	**connect** [kənékt]	동 연결하다(↔ disconnect 연결을 끊다)	connection n. 관계, 연결
0036	**consider** [kənsídər]	동 1. 고려하다, 숙고하다 2. ~라고 여기다	consideration n. 고려, 숙고

0037	**contact** [kántækt]	명 연락, 접촉 동 연락하다, 접촉하다(= get in touch with)
0038	**continue** [kəntínju(:)]	동 계속하다	continuous a. 지속적인 continual a. 거듭되는, 끊임없는
0039	**control** [kəntróul]	동 1. 지배하다 2. 제어하다 명 1. 지배 2. 제어
0040	**correct** [kərékt]	형 옳은, 정확한 동 정정하다, 바로잡다	correction n. 정정, 수정, 교정
0041	**courage** [kə́:ridʒ]	명 용기(= bravery)	courageous a. 용감한, 용기 있는
0042	**court** [kɔ:rt]	명 1. 법정, 법원 2. 궁정 3. (테니스 등의) 코트

0043	**creature** [krí:tʃər]	명 생물, 창조물	create v. 창조하다 creative a. 창의적인 creativity n. 창의성
0044	**crowd** [kraud]	명 군중 동 모여들다, 붐비다	crowded a. 붐비는
0045	**curiosity** [kjùəriásəti]	명 1. 호기심 2. 진기한 것	curious a. 1. 호기심 많은, 궁금한 2. 진기한
0046	**customer** [kʌ́stəmər]	명 고객, 손님
0047	**damage** [dǽmidʒ]	명 손상, 피해 동 손상시키다, 피해를 주다
0048	**deadline** [dédlàin]	명 마감 시한, 최종 기한
0049	**decrease** [di:krí:s]	동 감소하다, 감소시키다 명 감소(량)
0050	**desire** [dizáiər]	명 욕구, 바람 동 간절히 바라다

0051	**develop** [divéləp]	동 1. 발달하다, 개발하다 2. (필름을) 현상하다	development n. 발달, 개발
0052	**discover** [diskʌ́vər]	동 발견하다(= find out)	discovery n. 발견
0053	**disease** [dizí:z]	명 병, 질병(= illness, sickness)
0054	**distance** [dístəns]	명 1. 거리 2. 먼 곳 동 거리를 두다	distant a. (거리 · 시간이) 먼
0055	**drag** [dræg]	동 끌다, 끌어당기다(= pull), 끌고 가다
0056	**duty** [djú:ti]	명 1. 의무, 직무 2. 세금(= tax)	dutiful a. 의무를 다하는, 순종적인
0057	**dynamic** [dainǽmik]	형 역동적인, 역학의	dynamics n. 1. 역학 2. 원동력, 힘
0058	**effort** [éfərt]	명 노력, 분투	effortless a. 힘이 들지 않는, 쉬운

0059 **embarrassed** [imbǽrəst] 　혱 당황한 | embarrass v. 당황하게 하다 embarrassment n. 당혹감

0060 **emotion** [imóuʃən] 　몡 감정 | emotional a. 감정의, 감정적인

0061 **environment** [inváiərənmənt] 　몡 환경(= surroundings) | environmental a. 환경의

0062 **escape** [iskéip] 　동 탈출하다, 달아나다 　몡 탈출, 도망

0063 **eventually** [ivéntʃuəli] 　뷔 결국, 마침내(= finally, in the end) | eventual a. 최후의

0064 **exactly** [igzǽktli] 　뷔 정확히, 꼭 | exact a. 정확한 exactness n. 정확함

0065 **exist** [igzíst] 　동 존재하다 | existence n. 존재 existent a. 존재하는

0066 **experience** [ikspí(:)əriəns] 　몡 경험 　동 경험하다

0067 **explain** [ikspléin] 　동 설명하다 | explanation n. 설명, 해명

0068 **express** [iksprés] 　동 표현하다, 나타내다 | expressive a. 표현하는, 나타내는 expression n. 표현, 표정

0069 **failure** [féiljər] 　몡 1. 실패(↔ success 성공) 2. 고장 3. ~하지 않음 | fail v. 1. 실패하다(↔ succeed 성공하다) 2. 고장 나다 3. ~하지 않다

0070 **female** [fíːmeil] 　몡 여성, 암컷 　혱 여성의 ▶ cf. male n. 남성, 수컷 a. 남성의

0071 **flavor** [fléivər] 　몡 맛, 향신료 　동 맛을 내다

0072 **flow** [flou] 　동 흐르다 　몡 흐름

0073 **focus** [fóukəs] 　동 집중하다(▶ focus on ~에 집중하다) 　몡 초점 | focal a. 중심의, 초점의

0074 **fold** [fould] 　동 접다, 포개다(↔ unfold 펼치다) 　몡 (천 등의) 주름 | folder n. 폴더, 서류철

0075 **forgive** [fərgív] 　동 용서하다, 면제하다 | forgiveness n. 용서

0076 **form** [fɔːrm] 　몡 1. 형태, 종류 2. 서식 　동 형성하다(= shape) | formation n. 1. 형성(물) 2. 대형

0077 **fortune** [fɔ́ːrtʃən] 　몡 1. 운(↔ misfortune 불행) 2. 많은 재산 | fortunately ad. 다행스럽게도

0078 **fuel** [fjú(ː)əl] 　몡 연료 　동 1. 연료를 공급하다 2. 부추기다

0079 **furthermore** [fə́ːrðərmɔ̀ːr] 　뷔 게다가, 더욱이(= moreover, besides)

0080 **gain** [gein] 　동 1. 얻다(= get) 2. 증가하다 　몡 1. 이득 2. 증가

0081 **gap** [gæp] 　몡 1. 틈 2. 격차

0082 **genius** [dʒíːnjəs] 　몡 1. 천재, 천재성 2. 특별한 재능(= gift, talent)

0083 **global** [glóubəl] 　혱 세계적인(= international), 지구의 | globe n. 지구본, 구 globalize v. 세계화하다 globalization n. 세계화

0084 **grab** [græb] 　동 움켜쥐다, 붙잡다(= grip, grasp) 　몡 움켜쥠

0085 **heal** [hiːl] 　동 치료하다(= cure), 치료되다 | healing n. 치유 healer n. 치유자

0086 **hire** [haiər] 　동 고용하다(= employ)

0087 **improve** [imprú:v] 　　　동 향상시키다(= enhance), 향상하다 | improvement n. 향상, 개선

0088 **increase** [inkrí:s] 　　　동 증가하다, 증가시키다 　명 증가(량) | increasingly ad. 점점. 더욱 더

0089 **incredible** [inkrédəbl] 　　　형 1. 믿을 수 없는(= unbelievable) 2. 놀라운
| incredibly ad. 믿을 수 없을 정도로

0090 **influence** [ínfluəns] 　　　동 영향을 끼치다(= affect) 　명 영향 | influential a. 영향력 있는

0091 **injure** [índʒər] 　　　동 상처를 입히다(= hurt) | injury n. 상처, 부상

0092 **invent** [invént] 　　　동 발명하다 | invention n. 발명(품) inventive a. 창의적인

0093 **jealous** [dʒéləs] 　　　형 질투하는(= envious) | jealousy n. 질투

0094 **journey** [dʒə́ːrni] 　　　명 여행, 여정

0095 **lack** [læk] 　　　명 부족(= shortage) 　동 ~이 부족하다(= be short of)

0096 **lately** [léitli] 　　　부 최근에(= recently) | late a. 늦은, 고인이 된 ad. 늦게 ▶ cf. latest a. 최신의

0097 **layer** [léiər] 　　　명 층, 겹 　동 층층이 쌓다

0098 **legend** [lédʒənd] 　　　명 1. 전설 2. 범례, 기호 설명표 | legendary a. 전설적인

0099 **lift** [lift] 　　　동 1. 들어올리다 2. 철회하다 　명 1. 들어올리기 2. (차에) 태워 주기 3. 승강기

0100 **literature** [lítərətʃùər] 　　　명 문학, 문헌 | literary a. 문학의

0101 **local** [lóukəl] 　　　형 지역의, 현지의 　명 (지역의) 주민

0102 **lonely** [lóunli] 　　　형 외로운 | loneliness n. 외로움, 고독 lone a. 혼자의

0103 **mate** [meit] 　　　명 친구, 짝 　동 짝짓기를 하다 | mating n. 짝짓기

0104 **melt** [melt] 　　　동 1. 녹다, 녹이다 2. (감정이) 누그러지다

0105 **method** [méθəd] 　　　명 방법, 수단 ▶ cf. methodology n. 방법론

0106 **modern** [mádərn] 　　　형 1. 현대의 2. 최신의 | modernism n. 현대 사상 modernize v. 현대화하다

0107 **movement** [múːvmənt] 　　　명 1. 움직임, 운동 2. (조직적인) 운동 | move v. 1. 움직이다, 옮기다 2. 감동시키다

0108 **muscle** [mʌ́sl] 　　　명 근육, 힘 | muscular a. 근육의, 근육질의

0109 **mysterious** [mistí(ː)əriəs] 　　　형 불가사의한, 신비한 | mystery n. 1. 수수께끼, 신비 2. 추리 소설

0110 **narrow** [nǽrou] 　　　형 1. 좁은(↔ broad, wide 넓은) 2. 편협한 　동 좁아지다, 좁히다

0111 **native** [néitiv] 　　　형 1. 태어난 곳의 2. 타고난 3. 토박이의 　명 1. ~출신자 2. 원주민, 토착민

0112 **negative** [négətiv] 　　　형 부정적인, 비관적인(↔ positive 긍정적인) | negativity n. 부정적 성향

0113 **nest** [nest] 　　　명 둥지, 보금자리 　동 둥지를 틀다

0114 **nod** [nɑd] 　　　동 (고개를) 끄덕이다 　명 끄덕임

0115 **offer** [ɔ́(ː)fər] 　　　동 제공하다(= provide), 제안하다(= propose) 　명 제공, 제안

0116	**official** [əfíʃəl]	형 공식적인 명 공무원, 관리
0117	**opinion** [əpínjən]	명 의견, 견해(= view)
0118	**opportunity** [àpərtjúːnəti]	명 기회(= chance)
0119	**ordinary** [ɔ́ːrdənèri]	형 보통의, 평범한 ▶ cf. extraordinary a. 비범한, 놀라운
0120	**otherwise** [ʌ́ðərwàiz]	부 1. 그렇지 않으면(= or else) 2. 그 외에는
0121	**passenger** [pǽsəndʒər]	명 승객
0122	**path** [pæθ]	명 1. 길(= way, route) 2. 경로, 방향
0123	**patient** [péiʃənt]	형 참을성 있는(↔ impatient 참을성 없는) 명 환자 | patience n. 참을성, 인내
0124	**pause** [pɔːz]	동 잠시 멈추다 명 멈춤, 중지
0125	**perfect** [pə́ːrfikt]	형 완벽한, 완전한(↔ imperfect 불완전한) | perfection n. 완벽, 완전
0126	**pile** [pail]	명 쌓아 놓은 것, 더미, 다량 동 쌓아 올리다, 축적하다
0127	**planet** [plǽnit]	명 행성, 지구 | planetary a. 행성의
0128	**plant** [plænt]	명 1. 식물 2. 공장 동 (식물을) 심다
0129	**poetry** [póuitri]	명 시, 운문 | poem n. (한 편의) 시 poet n. 시인
0130	**polite** [pəláit]	형 공손한, 예의 바른 (↔ impolite 무례한, 버릇없는) | politely ad. 정중하게
0131	**popularity** [pàpjəlǽrəti]	명 인기, 대중성 | popular a. 인기 있는 popularize v. 대중화하다
0132	**position** [pəzíʃən]	명 1. 위치 2. 처지, 입장 3. 자세 동 두다, 배치하다
0133	**positive** [pázitiv]	형 1. 긍정적인(↔ negative) 2. 확신하는 | positivity n. 긍정성, 확실성
0134	**possibility** [pàsəbíləti]	명 1. 가능성(= likelihood) 2. 기회 | possible a. 가능한 possibly ad. 아마도
0135	**pour** [pɔːr]	동 1. (액체를) 따르다, 붓다 2. (비가) 마구 쏟아지다
0136	**praise** [preiz]	명 칭찬 동 칭찬하다
0137	**precious** [préʃəs]	형 소중한, 귀중한(= valuable)
0138	**prepare** [pripέər]	동 준비하다 | preparation n. 준비
0139	**previous** [príːviəs]	형 이전의, 앞선(= prior) | previously ad. 전에, 미리(= in advance)
0140	**process** [práses]	명 과정, 절차(= procedure) 동 처리하다, 가공하다 | processing n. 처리, 가공
0141	**promise** [prámis]	명 약속 동 약속하다 | promising a. 가능성이 있는, 유망한
0142	**protect** [prətékt]	동 보호하다, 지키다 | protection n. 보호, 방지 protective a. 보호하는
0143	**quest** [kwest]	명 탐색, 추구 동 탐구하다, 추구하다
0144	**rank** [ræŋk]	명 등급, 계급 동 (등급·순위 등을) 차지하다, 매기다 | ranking n. 순위, 서열
0145	**rate** [reit]	명 1. 비율 2. 요금 3. 속도 동 평가하다, 등급을 매기다 | rating n. 등급, 순위

| 0146 | **recently** [rí:səntli] | 뷔 최근에(= lately) | recent a. 최근의 |

0146 **recently** [rí:səntli] 뷔 최근에(= lately) | recent a. 최근의

0147 **recommend** [rèkəménd] 동 추천하다, 권장하다(= suggest) | recommendation n. 권고, 추천

0148 **record** [동: rikɔ́:rd / 명: rékərd] 동 1. 기록하다 2. 녹음하다 명 1. 기록 2. 녹음 | recording n. 녹음(된 것), 기록

0149 **recover** [rikʌ́vər] 동 회복하다, 되찾다 | recovery n. 회복, 되찾기

0150 **recycle** [ri:sáikl] 동 재활용하다(= reuse) | recycling n. 재활용

0151 **reduce** [ridjú:s] 동 줄이다(= lessen), 줄다 | reduction n. 감소, 축소, 할인

0152 **regular** [régjulər] 형 규칙적인, 정기적인(↔ irregular 불규칙한) | regularly ad. 정기적으로

0153 **relationship** [riléiʃənʃip] 명 관계 ▶ cf. relation n. 관계, 관련성, 친척

0154 **relax** [rilǽks] 동 1. 휴식을 취하다 2. (긴장을) 늦추다 | relaxed a. 느긋한

0155 **repair** [ripέər] 동 수리하다(= fix) 명 수리, 수선

0156 **request** [rikwést] 명 요청, 요구 동 요청하다, 요구하다(= require, demand)

0157 **research** [risə́:rtʃ] 명 연구, 조사 동 연구[조사]하다 | researcher n. 연구원, 조사원

0158 **return** [ritə́:rn] 동 1. 돌아오다, 돌아가다 2. 돌려주다 명 1. 복귀 2. 반환 3. 수익

0159 **review** [rivjú:] 명 1. 검토 2. 복습 3. 논평 동 1. 재검토하다 2. 복습하다 3. 논평하다
▶ cf. preview n. 미리 보기, 시사회

0160 **risk** [risk] 명 위험, 모험 동 위험을 무릅쓰다 | risky a. 위험한

0161 **root** [ru(:)t] 명 1. 뿌리 2. 근원, 본질 동 뿌리를 내리다 | rooted a. ~에 뿌리[근원]을 둔

0162 **rough** [rʌf] 형 1. 거친, 험한 2. 대략적인 3. 힘든 | roughly ad. 1. 대략 2. 거칠게

0163 **route** [ru:t] 명 길, 경로, 통로

0164 **rush** [rʌʃ] 동 1. 돌진하다 2. 서두르다(= hurry) 명 1. 돌진 2. 분주함

0165 **scare** [skεər] 동 겁주다 명 불안, 공포 | scary a. 무서운 scared a. 무서워하는

0166 **scratch** [skrætʃ] 동 긁다, 할퀴다 명 긁힌 자국, 찰과상

0167 **scream** [skri:m] 동 소리치다, 비명을 지르다 명 비명

0168 **shade** [ʃeid] 명 1. 그늘, 응달 2. 색조 동 그늘지게 하다, 가리다

0169 **share** [ʃεər] 동 나누다, 공유하다 명 1. 몫, 점유율 2. 주식

0170 **shelf** [ʃelf] 명 선반 | shelve v. 선반에 얹다 ▶ cf. shelf life (제품의) 유통 기한

0171 **similar** [símələr] 형 유사한, 비슷한 | similarly ad. 비슷하게 similarity n. 유사성, 닮음

0172 **sink** [siŋk] (sink–sank–sunk) 동 가라앉다, 침몰시키다 명 개수대

0173 **situation** [sìtʃuéiʃən] 명 1. 상황, 환경 2. 위치 | situational a. 상황에 따른 situate v. 두다

0174 **source** [sɔ:rs] 명 1. 원천, 근원 2. 자료, (자료의) 출처

0175 **spin** [spin] 동 1. 돌다, 돌리다 2. (거미가) 줄을 치다 명 회전

0176 **standard** [sténdərd] 명 표준, 기준 형 표준의 | standardize v. 표준화하다

0177 **stress** [stres] 명 1. 강조 2. 스트레스 동 1. 강조하다 2. 압력을 주다 | stressful a. 스트레스가 많은

0178 **structure** [strʌ́ktʃər] 명 구조(물), 조직 동 구조화하다, 조직하다 | structural a. 구조적인

0179 **supply** [səplái] 동 공급하다 명 공급(품) | supplier n. 공급자

0180 **survey** [sərvéi] / [sə́:rvei] 동 (설문) 조사하다(= research) 명 (설문) 조사(= poll)

0181 **survival** [sərváivəl] 명 생존 | survive v. 살아남다 survivor n. 생존자

0182 **switch** [switʃ] 동 바꾸다, 전환하다 명 1. 스위치 2. 전환 ▶ switch on 켜다 switch off 끄다

0183 **systematic** [sìstəmǽtik] 형 체계적인 | system n. 체계, 조직 systematize v. 체계화하다

0184 **task** [tæsk] 명 과제, 과업, 일(= assignment, duty, job)

0185 **temperature** [témpərətʃər] 명 온도, 기온 ▶ room temperature 상온, 실온

0186 **terrible** [térəbl] 형 끔찍한, 무서운(= awful, terrifying) | terribly ad. 몹시, 심하게

0187 **thick** [θik] 형 1. 두꺼운, 굵은(↔ thin 얇은, 가느다란) 2. 걸쭉한 | thicken v. 1. 두껍게 하다 2. 진하게 하다

0188 **tone** [toun] 명 1. 어조, 말투 2. 음색 3. 색조

0189 **trade** [treid] 명 거래, 무역 동 거래하다, 교환하다 | trading n. 거래, 영업

0190 **tradition** [trədíʃən] 명 전통, 관습(= custom) | traditional a. 전통적인

0191 **treasure** [tréʒər] 명 보물, 매우 귀중한 것 동 소중히 하다

0192 **trend** [trend] 명 경향(= tendency), 추세, 유행 | trendy a. 최신 유행의

0193 **unique** [ju:ní:k] 형 1. 유일한 2. 독특한 | uniqueness n. 유일함, 독특함

0194 **vocabulary** [voukǽbjəlèri] 명 어휘, (특정 주제에 관련된) 용어

0195 **volunteer** [vàləntíər] 명 지원자, 자원봉사자 동 자원하다 | voluntary a. 자발적인, 자원의

0196 **warn** [wɔ:rn] 동 경고하다, 주의를 주다 | warning n. 경고(문), 주의

0197 **waste** [weist] 동 낭비하다 명 1. 낭비 2. 폐기물, 쓰레기 | wasteful a. 낭비하는

0198 **weigh** [wei] 동 1. 무게가 나가다, 무게를 달다 2. 따져 보다 | weight n. 1. 무게 2. 추

0199 **whisper** [hwíspər] 동 속삭이다 명 속삭임

0200 **wrinkle** [ríŋkl] 명 주름 동 주름지다, 주름을 잡다 | wrinkly a. 주름이 있는

다음 영어는 우리말로, 우리말은 영어로 옮겨 쓰시오.

001 heal		025 승객	
002 amaze		026 용서하다	
003 popularity		027 부정적인	
004 risk		028 실패; 고장	
005 courage		029 천재, 천재성	
006 furthermore		030 능력, 재능	
007 recommend		031 휴식을 취하다	
008 invent		032 집중하다; 초점	
009 average		033 공급하다; 공급(품)	
010 celebrate		034 보통의, 평범한	
011 survival		035 경고하다	
012 praise		036 사과하다	
013 incredible		037 도전; 도전하다	
014 ancient		038 외로운	
015 eventually		039 행성, 지구	
016 muscle		040 유일한; 독특한	
017 repair		041 식물; 공장	
018 attack		042 여성, 암컷	
019 climate		043 문학, 문헌	
020 method		044 뿌리; 근원	
021 hire		045 공식적인; 공무원	
022 customer		046 재활용하다	
023 precious		047 탈출하다; 탈출	
024 lately		048 태도, 자세	

049	bury		074	관계
050	fortune		075	부족; ~이 부족하다
051	request		076	어휘, 용어
052	certain		077	연락; 연락하다
053	opinion		078	얻다; 이득
054	injure		079	약속; 약속하다
055	recover		080	좁은; 좁히다
056	audience		081	질투하는
057	effort		082	불평하다, 항의하다
058	otherwise		083	온도, 기온
059	curiosity		084	당황한
060	possibility		085	참을성 있는; 환자
061	beg		086	유사한, 비슷한
062	layer		087	기초, 근본
063	scare		088	준비하다
064	crowd		089	의사소통을 하다
065	experience		090	연료; 연료를 공급하다
066	aid		091	완벽한, 완전한
067	fold		092	속삭이다; 속삭임
068	congratulate		093	배경; 경력
069	achieve		094	보호하다, 지키다
070	waste		095	설명하다
071	flow		096	경향, 추세, 유행
072	environment		097	거래, 무역; 거래하다
073	aspect		098	지역의; (지역의) 주민

099 shelf ___________________

100 discover ___________________

101 awful ___________________

102 quest ___________________

103 polite ___________________

104 emotion ___________________

105 opportunity ___________________

106 disease ___________________

107 mate ___________________

108 increase ___________________

109 previous ___________________

110 체계적인 ___________________

111 상; 수여하다 ___________________

112 맛; 맛을 내다 ___________________

113 생물, 창조물 ___________________

114 전통, 관습 ___________________

115 욕구; 간절히 바라다 ___________________

116 원천, 근원; 자료 ___________________

117 표현하다, 나타내다 ___________________

118 긍정적인, 확신하는 ___________________

119 존재하다 ___________________

120 의무; 세금 ___________________

Answers

01 치료하다, 치료되다 02 놀라게 하다 03 인기, 대중성 04 위험, 모험; 위험을 무릅쓰다 05 용기 06 게다가, 더욱이 07 추천하다, 권장하다 08 발명하다 09 평균의; 보통의, 평범한; 평균 10 기념하다, 축하하다 11 생존 12 칭찬; 칭찬하다 13 믿을 수 없는; 놀라운 14 고대의, 아주 오래된 15 결국, 마침내 16 근육, 힘 17 수리하다; 수리, 수선 18 공격; 공격하다 19 기후 20 방법, 수단 21 고용하다 22 고객, 손님 23 소중한, 귀중한 24 최근에 25 passenger 26 forgive 27 negative 28 failure 29 genius 30 ability 31 relax 32 focus 33 supply 34 ordinary 35 warn 36 apologize 37 challenge 38 lonely 39 planet 40 unique 41 plant 42 female 43 literature 44 root 045 official 46 recycle 47 escape 48 attitude 49 묻다 50 운; 많은 재산 51 요청[요구]; 요청[요구]하다 52 확실한; 어떤, 특정한 53 의견, 견해 54 상처를 입히다 55 회복하다, 되찾다 56 청중, 관객 57 노력, 분투 58 그렇지 않으면; 그 외에는 59 호기심; 진기한 것 60 가능성; 기회 61 간청하다; 구걸하다 62 층, 겹; 층층이 쌓다 63 겁주다; 불안, 공포 64 군중; 모여들다, 붐비다 65 경험; 경험하다 66 도움, 원조; 돕다 67 접다, 포개다; 주름 68 축하하다 69 성취하다, 이루다 70 낭비하다; 낭비; 폐기물, 쓰레기 71 흐르다; 흐름 72 환경 73 측면, 양상 74 relationship 75 lack 76 vocabulary 77 contact 78 gain 79 promise 80 narrow 81 jealous 82 complain 83 temperature 84 embarrassed 85 patient 86 similar 87 basis 88 prepare 89 communicate 90 fuel 91 perfect 92 whisper 93 background 94 protect 95 explain 96 trend 97 trade 98 local 99 선반 100 발견하다 101 끔찍한, 지독한 102 탐색, 추구; 탐구하다, 추구하다 103 공손한, 예의 바른 104 감정 105 기회 106 병, 질병 107 친구, 짝; 짝짓기를 하다 108 증가하다, 증가시키다; 증가량 109 이전의, 앞선 110 systematic 111 award 112 flavor 113 creature 114 tradition 115 desire 116 source 117 express 118 positive 119 exist 120 duty

MEGASTUDY VOCA
수능 영단어 2580

PART 2

수능 필수 어휘

수능 대비를 위해 꼭 암기해야 하는 필수 어휘

Day 01~24

DAY 01

수능 필수 어휘 (01)

표제어 음성 QR코드

PREVIEW 40 Words

☐ participate	☐ suggest	☐ behave	☐ explore
☐ confuse	☐ technical	☐ prove	☐ overcome
☐ familiar	☐ purpose	☐ attempt	☐ relieve
☐ locate	☐ demand	☐ comfort	☐ active
☐ appear	☐ ignore	☐ argue	☐ require
☐ formal	☐ essential	☐ impact	☐ complex
☐ provide	☐ absence	☐ efficient	☐ likewise
☐ accept	☐ limit	☐ reward	☐ surround
☐ gather	☐ inform	☐ occur	☐ admit
☐ proper	☐ individual	☐ frequent	☐ material

0201

participate
[pɑːrtísəpèit]

동 **참여하다, 참가하다**

파 participation **n.** 참여, 참가
participant **n.** 참가자
participatory **a.** 참여의, 참가의

수능 PLUS 수능 이렇게 나온다
숙어 participate in ~에 참여하다 (= take part in)

0202

confuse
[kənfjúːz]

동 **혼동하다, 혼란시키다**

파 confusion **n.** 혼란, 혼동
confusing **a.** 혼란스럽게 하는
confused **a.** 혼란스러워 하는

숙어 confuse *A* with *B* *A*와 *B*를 혼동하다

0203

familiar
[fəmíljər]

형 **1. 친숙한, 익숙한 2. 잘 아는**

파 familiarity **n.** 친숙도, 익숙함
familiarize **v.** 익숙하게 하다, 숙지하다

반 unfamiliar **a.** 낯선, 익숙하지 않은
숙어 • be familiar with *A*(사물): *A*에 익숙하다, *A*를 잘 알다
• be familiar to *A*(사람): *A*에게 익숙하다

0204

locate
[lóukeit]

동 **1. ~에 위치시키다, 두다**
2. (위치를) **찾다**

파 location **n.** 장소, 위치
relocate **v.** 재배치하다, 이전하다

유 • place **v.** 두다, 놓다
• position **v.** 두다, 배치하다
숙어 be located in[on] ~에 위치해 있다

0205

appear
[əpíər]

동 **1. 나타나다 2. ~인 것 같다**

파 appearance **n.** 1. 외모, 겉모습 2. 등장, 출현
apparent **a.** 1. 명백한 2. 외관상의
apparently **ad.** 1. 명백히 2. 겉으로 보기에

유 • emerge **v.** 나타나다
• turn up, show up 나타나다
반 disappear **v.** 사라지다

0206

formal
[fɔ́ːrməl]

형 1. 공식적인 2. 정식의, 격식을 차린
파 formality n. 형식상의 절차

반 • informal a. 비공식적인, 격식을 차리지 않은
• casual a. 평상복의, 격식을 차리지 않은

0207

provide
[prəváid]

동 1. 공급하다, 제공하다 2. 규정하다
파 provision n. 1. 공급, 제공 2. 규정, 조항
provider n. 제공자, 부양자

유 supply v. 공급하다, 제공하다
숙어 provide A with B = provide B for[to] A A에게 B를 제공하다
cf. provided, providing (만약) ~라면(= if)

0208

accept
[əksépt]

동 1. 받아들이다, 수락하다 2. 인정하다
파 acceptable a. 받아들일 수 있는, 허용할 수 있는
(↔ unacceptable a. 받아들일 수 없는)
acceptance n. 받아들임, 수락

반 refuse, reject v. 거절하다, 거부하다

0209

gather
[gǽðər]

동 모으다, 모이다
파 gathering n. 모임
gatherer n. 채집자, 모으는 사람

cf. hunter-gatherer 수렵 채집인

0210

proper
[prápər]

형 적절한, 알맞은
파 properly ad. 적절히, 제대로

유 appropriate, suitable a. 적절한
반 improper a. 부적절한, 부당한

0211

suggest
[səgdʒést]

동 1. 제안하다 2. 암시하다, 나타내다
파 suggestion n. 1. 제안 2. 암시
suggestive a. 암시하는

어법 point suggest+that+S+(should)+동사원형: S가 ~할 것을 제안하다
(단, suggest가 '암시하다'의 뜻일 때는, that절의 인칭 및 시제 일치)

0212

technical
[téknikəl]

형 기술의, 전문적인
파 technically ad. 1. 기술적으로 2. 엄밀히 말하면
technique n. 기술, 기법   technician n. 기술자

cf. • technological a. 과학 기술의, 과학 기술에 관한
• technology n. 과학 기술

0213

purpose
[pə́ːrpəs]

명 목적, 의도
파 purposeful a. 목적의식이 있는, 의도적인
purposely ad. 고의로, 일부러(= deliberately)

유 • goal, aim, object n. 목적, 목표
• intention n. 의향, 의도
숙어 on purpose 고의적으로, 일부러
cf. multipurpose a. 다목적의, 다용도의

0214

demand
[dimǽnd]

동 요구하다, 필요로 하다
명 요구, 수요
파 demanding a. 지나치게 요구하는, 힘든

숙어 • on demand 요구가 있는 대로
• in demand 수요가 많은
어법 point demand+that+S+(should)
+동사원형: S가 ~할 것을 요구하다

0215

ignore
[ignɔ́:r]

동 무시하다, 못 본 체하다
파 ignorance n. 무지, 무식
ignorant a. 무지한, 무식한

유 • disregard v. 무시하다, 경시하다
• overlook v. 간과하다, 눈감아주다
• neglect v. 무시하다, 방치하다
숙어 be ignorant of ~에 대해 무지하다

0216

essential
[isénʃəl]

형 필수적인, 본질적인
명 필수적인 것
파 essentially ad. 본질적으로, 본래
essence n. 본질, 정수

유 vital a. 필수적인
반 inessential a. 꼭 필요한 것은 아닌
숙어 in essence 1. 본질적으로 2. 사실은
cf. essential oil 정유(精油), 방향유

0217

absence
[ǽbsəns]

명 1. 결석 2. 결핍
파 absent a. 1. 결석한 2. 없는
(→ present a. 참석한, 있는)

반 presence n. 1. 참석 2. 있음
숙어 • in the absence of ~이 없을 때
• absent from ~에 결석한
cf. absent-minded a. 멍한, 건망증이 심한

0218

limit
[límit]

동 제한하다, 한정하다
명 제한, 한도, 한계
파 limitation n. 한계, 제약
limited a. 제한적인
limitless a. 무한한
unlimited a. 무제한의

유 • restrict v. 제한하다, 한정하다
• restriction n. 제한
숙어 limit A to B
A를 B로 제한[한정]하다

0219

inform
[infɔ́:rm]

동 알리다, 통지하다
파 information n. 정보
informant n. 정보 제공자
informative a. 유익한, 정보를 주는
informed a. (특정 주제 · 상황에 대해) 잘 아는

유 notify v. 알리다, 통지하다
숙어 inform A of B A에게 B에 대해 알리다
cf. • well-informed a. 정보에 정통한, 박식한
• misinformed a. 잘못된 정보를 알고 있는

0220

individual
[ìndəvídʒuəl]

몡 개인 혱 개인의, 각각의

퍄 individually ad. 개별적으로, 각각 따로
individuality n. 개성, 특성
individualize v. 개별화하다, 개인의 요구에 맞추다

뺜 collective a. 집합적인, 공동의
cf. • individualism n. 개인주의
• individualistic a. 개인주의적인

0221

behave
[bihéiv]

됭 행동하다, 예의 바르게 행동하다

퍄 behavior n. 행동, 행실
behavioral a. 행동의, 행동에 관한

cf. • misbehave v. 못된 짓을 하다
• misbehavior n. 나쁜 행실, 부정 행위

0222

prove
[pruːv]

됭 입증하다, 판명되다

퍄 proof n. 증거(= evidence)

유 • verify v. 증명하다, 입증하다
• turn out 밝혀지다, 드러나다
어법 point prove가 '판명되다'의 뜻으로 쓰일 때는 자동사로, 「prove (to be) + 명사/형용사」의 형태로 쓰인다.
cf. • disprove v. 틀렸음을 입증하다
• disproof n. 논박, 반박

0223

attempt
[ətémpt]

몡 시도 됭 시도하다

퍄 attempted a. 시도한, 미수의

유 try n. 시도 v. 시도하다
어법 point attempt to *do* ~할 것을 시도하다

0224

comfort
[kʌ́mfərt]

됭 위로하다, 편안하게 하다
몡 위로, 편안, 위안을 주는 것

퍄 comfortable a. 편안한
(↔ uncomfortable a. 불편한)

유 • ease v. 편안하게 하다
• reassure v. 안심시키다
• calm, soothe v. 달래다, 진정시키다
뺜 discomfort n. 불쾌, 불안 v. 불쾌하게 하다

0225

argue
[áːrgjuː]

됭 논쟁하다, 주장하다

퍄 argument n. 논쟁, 주장
argumentative a. 논쟁적인

숙어 • argue for [against] ~에 대해 찬성[반대]하는 주장을 하다
• argue about [over] ~을 두고 논쟁하다
• argue with ~와 논쟁하다

0226

impact
[명: ímpækt /
동: impǽkt]

몡 1. 영향 2. 충격, 충돌
됭 영향[충격]을 주다

유 • influence n. 영향
• effect n. 영향, 효과
숙어 have an impact [influence, effect] on ~에 영향을 주다

0227

efficient
[ifíʃənt]

형 **효율적인, 유능한**

파 efficiency n. 효율(성)
efficiently ad. 효율적으로

반 inefficient a. 비효율적인
cf. effective a. 효과적인

0228

reward
[riwɔ́ːrd]

명 **보상, 보답** 동 **보상하다, 보답하다**

파 rewarding a. 보람이 있는
(↔ unrewarding a. 보람이 없는)

숙어 reward A for B
A에게 B에 대해 보상하다

0229

occur
[əkə́ːr]

동 **일어나다, 발생하다**

파 occurrence n. 생긴 일, 사건
occurrent a. 현재 일어나고 있는, 우연의

유 • happen v. 일어나다, 발생하다
• take place 일어나다
숙어 occur to A(사람) that ~
A에게 ~라는 생각이 떠오르다

0230

frequent
[frí:kwənt]

형 **잦은, 빈번한**
동 **(특정 장소에) 자주 다니다**

파 frequently ad. 자주, 흔히
frequency n. 1. 빈번함, 빈도 2. 주파수, 진동수

반 infrequent a. 잦지 않은, 드문
기출 어구 Frequently Asked
Questions(FAQ) 자주 묻는 질문들

0231

explore
[iksplɔ́ːr]

동 **탐험[탐사]하다, 조사하다**

파 exploration n. 탐험, 탐구
explorer n. 탐사자, 탐험가
exploratory a. 탐사의, 탐구의

유 probe v. 면밀히 조사하다, 탐사하다

0232

overcome
[òuvərkʌ́m]

동 **극복하다, 이겨내다**

(overcome-overcame-
overcome)

유 • surmount v. 넘다, 극복하다
• get over ~을 극복하다

0233

relieve
[rilíːv]

동 **1. 완화하다, 경감하다 2. 안심시키다**

파 relief n. 1. (고통 · 걱정 · 곤궁 등의) 완화, 경감
2. 안도, 안심

유 • alleviate v. 덜다, 완화하다
• soothe v. 1. (통증 등을) 완화하다 2. 달래다
숙어 relieve A of B A에게서 B를 덜어주다

0234

active
[ǽktiv]

형 1. 활동적인, 적극적인
2. (약효 · 물질이) 유효한
파 activity n. 활동, 행위
activate v. 활성화하다, 작동시키다

반 • inactive a. 활동하지 않는, 소극적인
• passive a. 수동적인, 소극적인
cf. proactive a. 주도적인, 앞서서 대처하는

0235

require
[rikwáiər]

동 요구하다, 필요로 하다
파 requirement n. 요구, 필요(조건), 자격조건
requisite a. 필요한 n. 필수품
requisition n. 요구, 요청

어법 point • require A to do
A에게 ~하기를 요구하다
• require+that+S+(should)+동사원형:
S가 ~할 것을 요구하다
cf. prerequisite a. 사전에 필요한
n. 전제 조건(= precondition)

0236

complex
[형: kəmpléks /
명: kámpleks]

형 복잡한   명 복합 건물, 복합체
파 complexity n. 복잡함, 복잡성

유 complicated a. 복잡한
반 simple a. 단순한, 간단한

0237

likewise
[láikwàiz]

부 똑같이, 마찬가지로

유 • similarly ad. 비슷하게, 유사하게
• in the same way[manner] 같은 방법으로
cf. alike a. 비슷한 ad. 비슷하게

0238

surround
[səráund]

동 둘러싸다, 에워싸다
파 surrounding a. 주변의, 근처의
surroundings n. 환경, 주변

유 enclose, besiege v. 둘러싸다
숙어 be surrounded with[by]
~에 둘러싸이다

0239

admit
[ədmít]

동 1. 인정하다 2. 입장을 허가하다
파 admission n. 입장료, 입장, 입학
admittance n. 입장, 허가   admitted a. 공인된, 허가된
admittedly ad. 인정하건대, 명백히

반 deny v. 부인하다
숙어 admit A(사람) to[into]
A가 ~에 입장[가입]하는 것을 허락하다

0240

material
[mətí(:)əriəl]

명 1. 재료, 물질 2. 자료   형 물질의
파 materialize v. 구체화[유형화]하다
(↔ dematerialize v. 비물질화하다, 안 보이게 하다)

유 • substance n. 물질
• physical a. 물질의, 물질적인
반 spiritual a. 정신의, 정신적인
cf. • materialistic a. 물질주의적인
• materialism n. 물질주의

각 빈칸에 알맞은 영단어 또는 우리말을 쓰시오.

01 Our city has only one fire station l________ downtown. [13 수능]

우리 도시에는 시내에 위치한 소방서 하나밖에 없다.

02 Efficiency means producing a specific end rapidly, with the least amount of cost. [10 모평]

________이라는 것은 특정한 부분을 신속하게 최소한의 비용으로 생산하는 것을 의미한다.

03 Yet so often we c________ means with ends, and sacrifice happiness (end) for money (means). [16 모평]

하지만 아주 흔히 우리는 수단을 목적과 혼동하여 돈(수단)을 위해서 행복(목적)을 희생한다.

04 Together corn and beans form a balanced diet in the a________ of meat. [09 모평]

고기가 없을 때는 옥수수와 콩이 함께 균형 잡힌 식단을 구성한다.

05 True understanding inevitably r________ a knowledge of context. [16 모평]

진정한 이해는 불가피하게 상황에 대한 지식을 요구한다.　　　　*inevitably 불가피하게

06 Since wheels were made of wood, they needed f________ repairs. [19 모평]

바퀴는 나무로 만들어 졌기 때문에 자주 수리해야 했다.

07 Deforestation, particularly in tropical rainforests, has had a severe i________ both on local communities and on native plants and wildlife. [14 모평]

특히, 열대 우림의 삼림 벌채는 지역 사회뿐만 아니라 토착 식물과 야생동물에도 심각한 영향을 미쳤다.　　　*deforestation 삼림 벌채

08 I've always wanted to e________ the Amazon, the unknown and mysterious world. [16 모평]

나는 항상 미지의 신비스러운 세계인 아마존을 탐험하고 싶었다.

09 Most seemingly impossible obstacles can be o________ by seeing possibilities. [15 모평]

겉으로 보기에 불가능해 보이는 대부분의 장애물들은 가능성을 봄으로써 극복될 수 있다.　　　*seemingly 겉보기에는

10 Creativity results from a complex interaction between a person and his or her environment or culture. [16 모평]

창의성은 어떤 사람과 그의 환경 또는 문화 사이의 ________상호작용에서 비롯된다.

21~30번 ▶ 정답

| 21 전문적인 | 22 불편함 | 23 provide | 24 accept | 25 familiar |
| 26 limited | 27 proper | 28 gathering | 29 essential | 30 요구 |

11 Play is physically restful and r__________ tensions as we share our emotions with others. [01 수능]

놀이는 신체적으로 편안하고 우리가 다른 사람들과 감정을 공유하면서 긴장을 완화시킨다.

12 As long as the trainer gives the dog a food reward regularly, the dog can understand its "good" behavior results in rewards. [20 모평]

조련사가 개에게 주기적으로 음식 ________을 주는 한, 개는 자신의 '좋은' 행동이 ________을 초래한다는 것을 이해할 수 있다.

13 Wood is a m__________ that is widely acknowledged to be environmentally friendly. [14 모평]

목재는 환경 친화적이라고 널리 인정받고 있는 자재이다.

14 It is all too easy to justify to yourself why an experiment which does not fit with your expectations should be i__________. [16 모평]

자신의 기대와 어긋나는 실험이 왜 무시되어야 하는지를 자신에게 정당화하기란 너무나 쉽다.
*justify 정당화하다

15 We make it easy for teachers to p__________ in CPR training at a time to suit your school's schedule. [18 모평]

저희는 선생님들께서 귀교의 일정에 맞추어 편리한 시간에 심폐 소생술 교육에 참여하기 쉽게 해드립니다.　　*CPR 심폐 소생술

16 A first judgment about the value of a food source is made on its a__________ and smell. [16 수능]

음식 재료의 가치에 대한 최초의 판단은 그것의 외관과 냄새를 바탕으로 이뤄진다.

17 Sometimes the only way to get what you want is to take a__________ control. [17 모평]

때때로 원하는 것을 얻는 유일한 방법은 적극적인 통제를 하는 것이다.

18 American media have admitted that they have not always been watchdogs for the public interest. [14 수능]

미국의 언론 매체는 그들이 항상 대중의 이익을 지키는 감시인이 되지는 못했다는 것을 ________.　　*watchdog 감시인

19 L__________, understanding how climate has changed over millions of years is vital to properly assess current global warming trends. [18 모평]

마찬가지로 수백만 년에 걸쳐 기후가 어떻게 변해 왔는지를 이해하는 것은 현재의 지구 온난화 추세를 제대로 가늠하기 위해 매우 중요하다.

20 Praise your children for attempting a task, even if it was unsuccessful, and for taking risks. [15 모평]

비록 성공적이지 않더라도, 과업을 ________에 대해서 그리고 위험을 감수하는 것에 대해서 아이들을 칭찬해 주어라.

31~40번 정답 ▶ 31 argue　32 둘러싸여　33 formal　34 판명되었다[드러났다]　35 informed
36 suggests　37 purpose　38 behave　39 개인들　40 occurred

21 When promoted to the position of project manager, they must transform from technical caterpillar to generalist butterfly. [16 모평]

사업형 관리자의 지위로 승진될 때, 그들은 (특정 분야에) __________ 애벌레에서 여러 분야에 대해 많이 알고 있는 나비로 바뀌어야 한다. *caterpillar 애벌레

22 Lydia learned that sometimes fashion isn't worth the price of serious discomfort. [14 모평]

Lydia는 때때로 패션이 심한 __________의 대가를 치를 가치가 있는 것은 아니라는 것을 배웠다.

23 It's important that the media p__________ us with diverse and opposing views, so we can choose the best available options. [14 수능]

언론 매체가 우리에게 다양하고 서로 상반되는 관점을 제공해서 우리가 최선의 선택을 할 수 있도록 하는 것은 중요하다.

24 What they need to do is to a__________ that some things are beyond their control. [17 모평]

그들이 해야 할 것은 어떤 일은 그들의 통제 밖에 있음을 받아들이는 것이다.

25 We are all f__________ with the mandatory nutritional information placed on food products. [18 모평]

우리 모두는 식료품에 표기되어 있는 필수 영양 정보에 익숙하다. *mandatory 필수적인

26 The total number of photos submitted is l__________ to four per student. [20 모평]

제출할 총 사진 수는 학생당 4장으로 제한된다.

27 With the p__________ training, you will be able to perform CPR quickly and effectively. [18 모평]

적절한 교육으로 여러분은 신속하고 효과적으로 심폐 소생술을 수행할 수 있을 것이다.

28 People no longer have to spend most of their time and energy g__________ berries and seeds. [13 학평]

사람들은 더 이상 대부분의 시간과 에너지를 열매와 씨앗을 모으면서 소비할 필요가 없다.

29 Food intake is e__________ for the survival of every living organism. [16 수능]

음식 섭취는 모든 생물의 생존을 위해 필수적이다. *intake 섭취

30 The term *objectivity* is important in measurement because of the scientific demand that observations be subject to public verification. [15 모평]

관찰된 사실들은 공개 검증을 받아야 한다는 과학적인 __________ 때문에 측정에서 '객관성'이라는 말은 중요하다. * verification 검증

01~10번 정답 ▶ 01 located　　02 효율(성)　　03 confuse　　04 absence　　05 requires
06 frequent　　07 impact　　08 explore　　09 overcome　　10 복잡한

31 Someone does not a__________ against an obvious or easily confirmable fact for no reason. [20 모평]

어떤 사람이 아무런 이유 없이 분명하거나 쉽게 확인할 수 있는 사실에 반대하여 논쟁하지는 않는다.   *confirmable 확인할 수 있는

32 Surrounded by cheering friends, she enjoyed her victory full of joy. [19 모평]

환호하는 친구들에게 __________ 그녀는 기쁨으로 가득 찬 승리를 즐겼다.

33 Rules can be thought of as f__________ types of game cues. [19 모평]

규칙은 공식적인 유형의 경기 신호로 여겨질 수 있다.

34 High school life soon proved as challenging as the principal had predicted. [16 수능]

고등학교 생활은 교장 선생님이 예측했던 대로 도전적이라는 것이 곧 __________.

35 Today, Human Resources i__________ me that you had signed my request for payment. [16 모평]

오늘, 인사 부서에서 귀하께서 지붕에 대한 저의 요청을 승인해 주셨다고 저에게 알려주었습니다.   * Human Resources 인사부

36 Research s__________ that overstructuring the child's environment may actually limit creative and academic development. [17 수능]

연구는 아이의 환경을 지나치게 구조화하는 것이 실제로는 창의적인 발달과 학문적 발달을 제한할지도 모른다는 것을 나타낸다.   *overstructure 지나치게 구조화하다

37 The p__________ of laughter is not just to communicate that one is in a playful state, but to actually induce this state in others as well. [15 모평]

웃음의 목적은 어떤 사람이 명랑한 상태에 있다는 것을 전달하려는 것뿐만 아니라, 실제로 이런 상태를 다른 사람들에게도 유도해 내려는 것이다.   *induce 유도하다

38 Simply knowing they are being observed may cause people to b__________ differently. [19 수능]

단지 자신이 관찰되고 있다는 것을 아는 것만으로도 사람들이 다르게 행동하도록 유발할 수 있다.

39 Individuals and teams, competing with each other, stopped sharing information. [12 수능]

__________과 팀들은 서로 경쟁하면서 정보 공유를 멈추었다.

40 Such change has often o__________ because a minority has converted others to its point of view. [19 수능]

그러한 변화가 종종 일어난 것은 소수 집단이 다른 사람들을 자신의 관점으로 바꿔 놓았기 때문이다.

11~20번 ▶ 정답

11 relieves	12 보상 / 보상	13 material	14 ignored	15 participate
16 appearance	17 active	18 인정했다	19 Likewise	20 시도하는 것

0241

evidence
[évidəns]

명 증거, 근거 동 증명하다

파 evident **a.** 분명한, 명백한
evidently **ad.** 분명히, 명백히

유 • proof **n.** 증거, 증명
• demonstrate **v.** 증명하다
기출 어구 as evidenced by
~에 의해 증명되듯이

0242

involve
[inválv]

동 1. 포함[수반]하다
2. 관련시키다, 참여시키다

파 involved **a.** 1. 관련된 2. 몰두하는
involvement **n.** 관여, 개입

유 entail **v.** 수반하다
숙어 be involved in
~에 관련되다, ~에 몰두하다

0243

prefer
[prifə́r]

동 더 좋아하다, 선호하다

파 preference **n.** 선호, 애호
preferable **a.** 더 좋은, 선호하는

숙어 prefer A to B
B보다 A를 더 좋아하다

0244

differ
[dífər]

동 다르다, 의견이 다르다

파 difference **n.** 다름, 차이
different **a.** 다른

숙어 • A differ from B A와 B는 다르다
• A and B differ in ~ A와 B는 ~이 다르다
cf. differentiate **v.** 구별하다, 구분 짓다

0245

eager
[í:gər]

형 열망하는, 열성적인

파 eagerly **ad.** 열망하여, 간절히
eagerness **n.** 열의, 열망

유 • keen **a.** 열망하는
• enthusiastic **a.** 열렬한, 열정적인
숙어 • be eager for ~을 열망하다
• be eager to do 간절히 ~하고 싶어하다

+ 수능 PLUS 수능 이렇게 나온다

0246

organize
[ɔ́ːrgənàiz]

[동] 1. 조직하다, 구성하다 2. 정리하다

[파] organization n. 조직, 단체, 구성
organizer n. 1. 조직자 2. 분류 서류철
organizational a. 조직의

[cf.] • well-organized
a. 정리가 잘 된, 잘 계획된
• organization-wide a. 조직 전체의

0247

propose
[prəpóuz]

[동] 1. 제안하다 2. 청혼하다

[파] proposal n. 1. 제안(서) 2. 청혼
proposition n. 1. 제안 2. 계획(안) 3. 명제, 진술

[유] • suggest v. 제안하다, 제시하다
• put forward ～을 제안하다

0248

encourage
[inkə́ːridʒ]

[동] 1. 격려하다, 용기를 북돋우다
　　 2. 장려하다

[파] encouragement n. 격려, 장려 (*cf.* courage n. 용기)

[반] discourage v. 낙담시키다, 좌절시키다
[어법 point] encourage A to *do*
A가 ～하도록 격려하다

0249

conclude
[kənklúːd]

[동] 결론짓다, 끝내다

[파] conclusion n. 결론, 결말
conclusive a. 결정적인

[숙어] • in conclusion 결론적으로
• come to a conclusion 결론에 이르다

0250

include
[inklúːd]

[동] 포함하다, 포함시키다

[파] inclusion n. 포함　inclusive a. 포괄적인, 폭넓은
including prep. ～을 포함하여

[반] exclude v. 제외하다, 배제하다

0251

determine
[ditə́ːrmin]

[동] 결정하다, 결심하다

[파] determined a. 결연한, 단호한
determination n. 결심, 결단(력)

[유] decide v. 결정하다
[숙어] be determined to *do*
～하기로 결정[결심]하다
[cf.] • predetermine v. 미리 결정하다
• determinist n. 결정론자
• determinism n. 결정론

0252

available
[əvéiləbl]

[형] 이용할 수 있는, 구할 수 있는

[파] availability n. 유용성
avail v. 유용하다, 도움이 되다

[유] • accessible a. 이용 가능한
• at hand 사용 가능한, 가까이에
[반] unavailable a. 이용할 수 없는,
입수할 수 없는
[기출 어구] readily available
쉽게 이용할 수 있는

0253

destroy
[distrɔ́i]

동 파괴하다, 파멸시키다

파 destructive a. 파괴적인
destruction n. 파괴, 파멸
destroyer n. 파괴자

유 • ruin v. 파괴하다
• devastate v. 완전히 파괴하다
반 construct v. 건설하다

0254

contain
[kəntéin]

동 1. 포함하다, 함유하다
2. (감정 등을) 억누르다, 억제하다

파 container n. 용기, 그릇
containment n. 방지, 억제

유 • include v. 포함하다
• restrain v. 억제하다, 억누르다
cf. self-containment 자기 충족

0255

severe
[sivíər]

형 1. 심한 2. 혹독한 3. 엄격한

파 severely ad. 심하게
severity n. 1. 심함 2. 혹독 3. 엄격

유 • serious a. 심각한
• harsh a. 혹독한
반 mild a. 가벼운, 순한

0256

describe
[diskráib]

동 묘사하다, 서술[설명]하다

파 description n. 묘사, 서술, 설명
descriptive a. 묘사하는, 서술하는

유 depict v. 묘사하다, 서술하다

0257

public
[pʌ́blik]

형 1. 대중의, 공공의 2. 공적인 3. 공립의
명 (the ~) 대중

파 publicly ad. 공공연하게, 공개적으로

반 private a. 사적인, 비공개의
기출 어구 • public sector 공공 부문
• public figure 공인(公人)
• the general public 일반 대중
• public transport[transportation] 대중교통

0258

benefit
[bénəfit]

명 1. 이득, 혜택 2. (정부) 보조금
동 이득을 얻다

파 beneficial a. 유익한
beneficiary n. 수혜자

유 advantage n. 이점, 이익
숙어 benefit from ~로부터 이득을 얻다
cf. beneficent a. 선행을 하는, 인정 많은

0259

separate
[동: sépərèit / 형: sépərit]

동 분리하다, 분리되다
형 분리된, 별개의

파 separation n. 분리, 구분
separately ad. 개별적으로, 별도로

유 • split up 분리하다
• distinct a. 별개의, 다른
숙어 separate A from B
A와 B를 구분[분리]하다
cf. inseparable a. 분리할 수 없는

0260

select
[silékt]

동 선택하다
형 엄선된, 고급의
파 selection n. 선택
selective a. 선택적인

유 choose, pick v. 고르다, 선택하다
cf. preselected a. 미리 정해진

0261

expectation
[èkspektéiʃən]

명 기대, 예상
파 expect v. 기대하다, 예상하다(= anticipate)
expectant a. 기대하는

유 anticipation n. 기대, 예상
cf. • unexpectedly ad. 뜻밖에, 예상외로
• life expectancy 기대 수명

0262

perform
[pərfɔ́ːrm]

동 1. 수행하다 2. 공연하다, 연주하다
파 performance n. 1. 수행, 실행 2. 성과 3. 공연, 연주
performer n. 1. 실행자 2. 연주자

유 carry out 수행하다
기출 어구 • academic performance
학업 성취도
• performing arts 공연 예술

0263

support
[səpɔ́ːrt]

동 1. 지지하다, 지원하다 2. 뒷받침하다
   3. 부양하다
명 1. 지지, 지원 2. 부양
파 supporter n. 지지자, 후원자
supportive a. 도움을 주는, 지원하는

유 • back v. 지지하다, 도와주다
• sustain v. 지탱하다, 부양하다

0264

innocent
[ínəsənt]

형 1. 결백한, 무죄의
   2. 순진한, 천진난만한
파 innocence n. 1. 결백, 무죄 2. 순진

유 • guiltless a. 죄가 없는, 결백한
• naive a. 순진한
반 guilty a. 유죄의

0265

remove
[rimúːv]

동 1. 제거하다 2. (옷을) 벗다
파 removal n. 제거
removable a. 떼어낼 수 있는(= detachable)

유 • eliminate v. 제거하다, 없애다
• get rid of ~을 제거하다
숙어 remove A from B
B에서 A를 제거하다

0266

national
[nǽʃənəl]

형 국가의, 국민의, 국립의
파 nationality n. 국적

cf. • nationwide a. 전국적인
• international a. 국제적인
• multinational a. 다국적의

0267

absorb
[əbsɔ́ːrb]

동 1. 흡수하다, 빨아들이다
　　2. (마음을) 열중하게 하다
파 absorption n. 1. 흡수 2. 열중
absorptive a. 흡수하는

유 soak up, suck in
～을 흡수하다, 빨아들이다
숙어 be absorbed[engrossed, immersed] in ～에 열중하다

0268

concentrate
[kánsəntrèit]

동 1. 집중하다 2. 농축하다
파 concentration n. 1. 집중[력] 2. (액체의) 농도, 농축
concentrated a. 1. 농축된 2. 집중된

숙어 concentrate on ～에 집중하다
(= focus on)

0269

gradually
[grǽdʒuəli]

부 점차적으로, 서서히
파 gradual a. 점진적인, 서서히 일어나는

유 steadily ad. 꾸준히
반 suddenly ad. 급작스럽게

0270

depend
[dipénd]

동 1. 의지[의존]하다 2. ～에 달려 있다
파 dependence n. 의존, 의지
dependency n. 1. 의존 2. 속국
dependent a. 의존하는(↔ independent a. 독립적인)
dependable a. 믿을 수 있는(= reliable)

숙어 depend on[upon] 1. ～에 달려 있다, ～에 의해 결정되다(= be up to)
2. ～에 의지[의존]하다(= rely on, count on, be dependent on)

0271

typical
[típikəl]

형 1. 전형적인, 대표적인
　　2. 보통의, 일반적인
파 typically ad. 일반적으로

유 • standard a. 표준의, 보통의
• usual a. 보통의, 흔히 있는
• classic a. 전형적인
반 unusual a. 특이한, 독특한

0272

replace
[ripléis]

동 대체하다, 대신하다
파 replacement n. 대체(물), 교체
replaceable a. 대신할 수 있는
(↔ irreplaceable a. 대신할 수 없는)

유 substitute 대체하다, 대신하다
숙어 replace A with B A를 B로 대체하다
cf. A take the place of B
A가 B를 대신하다

0273

specific
[spisífik]

형 구체적인, 명확한, 특정한
명 (pl.) 세부 사항
파 specifically ad. 구체적으로, 명확하게
specify v. (구체적으로) 명시하다
specification n. 명세, 설명서, 사양

유 • definite a. 명확한
• particular a. 특정한
반 vague a. 모호한

0274

duration
[djuəréiʃən]

명 지속, 지속 기간

유 span n. 기간
숙어 for the duration of
(~가 지속되는 기간) 내내

0275

emerge
[imə́ːrdʒ]

동 나타나다, 드러나다

파 emergence n. 출현, 발생
(cf. emergency n. 비상 상황)
emergent a. 나타나는
emerging a. 새롭게 나타나는, 신흥의

유 • appear 나타나다
• come out v. 나오다, 드러나다
반 disappear v. 사라지다
숙어 emerge from ~에서 나타나다

0276

disappear
[dìsəpíər]

동 사라지다, 소멸하다

파 disappearance n. 사라짐, 소멸

유 vanish v. 사라지다
반 appear, emerge v. 나타나다

0277

general
[dʒénərəl]

형 1. 일반적인 2. 대체적인
명 장군

파 generally ad. 일반적으로   generalize v. 일반화하다
generalization n. 일반화
generalist n. 다방면에 걸쳐 많이 아는 사람

숙어 in general 일반적으로, 보통
(= generally)

0278

access
[ǽkses]

명 접근, 이용   동 접근하다

파 accessible a. 접근 가능한, 이해하기 쉬운
(↔ inaccessible a. 접근하기 어려운)
accessibility n. 접근 (가능성), 접근하기 쉬움

유 approach v. 접근하다
숙어 have[gain] access to
~에 접근할 수 있다

0279

introduce
[ìntrədjúːs]

동 소개하다, 도입하다

파 introduction n. 소개, 도입
introductory a. 소개의

유 bring in ~을 들여오다, 도입하다
cf. introduced species 도입종, 외래종

0280

latter
[lǽtər]

형 (둘 중) 후자의, (여러 개 중) 마지막의
명 후자

반 former a. 이전의, 전자의 n. 전자
어법 point the former, the latter:
the former는 이미 언급된 두 가지의 내용
중 먼저 언급된 것을, the latter는 나중에
언급된 것을 가리킨다.
cf. later a. (시간 상) 후의 ad. 후에
(↔ earlier a. 이전의 ad. 이전에)

각 빈칸에 알맞은 영단어 또는 우리말을 쓰시오.

01 When they can't see the price tag, people p________ cheaper wine to pricier bottles. [19 모평]

사람들이 가격표를 볼 수 없을 때 더 값비싼 병보다 더 싼 와인을 선호한다.

02 Members b__________ from a constant flow of new information and from the great reach of their influence. [18 모평]

구성원들은 새로운 정보의 끊임없는 흐름으로부터 또 그들의 영향력이 미치는 큰 범위로부터 이익을 얻는다.

03 Their notions of untouched nature and friendly, i__________ indigenous people will probably be confirmed. [19 모평]

손대지 않은 자연과 친절하고 순진한 토착민에 대한 그들의 개념은 아마도 확고해질 것이다.
*indigenous 토착의

04 A carbon sink is a natural feature that a__________ or stores more carbon than it releases. [19 모평]

카본 싱크(이산화탄소 흡수계)는 배출하는 것보다 더 많은 탄소를 흡수하거나 저장하는 천연 지형이다.

05 It is easier to drop the old hypothesis if one can find a new one to r__________ it. [18 학평]

이전 가설을 대체할 새로운 것을 찾을 수 있다면 그것을 버리기가 더 쉽다.

06 The duration of copyright protection has increased steadily over the years. [18 수능]

저작권 보호의 __________은 수년에 걸쳐 꾸준히 늘어났다.

07 With the industrial society evolving into an information-based society, the concept of information as a product has emerged. [14 모평]

산업 사회가 정보에 기반을 둔 사회로 진화해 가면서, 하나의 상품으로서 정보라는 개념이 __________.

08 An entire habitat does not completely d__________ but instead is reduced gradually until only small patches remain. [11 수능]

서식지 전체가 완전히 사라지는 것은 아니지만, 그 대신에 점진적으로 줄어들어서 결국에는 오직 작은 면적만이 남게 된다.

09 None of this has stopped eager parents from purchasing Mozart CDs for their babies. [14 모평]

이것 중 어느 것도 __________ 부모들이 자기 아이들을 위해 모차르트의 음반을 사는 것을 막지는 못하였다.

10 There is evidence that groups with an even number of members d__________ from groups with an odd number of members. [19 모평]

짝수의 구성원을 지닌 집단이 홀수의 구성원을 지닌 집단과 다르다는 증거가 있다.

21~30번 ▶ 정답

| 21 조직한 | 22 select | 23 National | 24 concentrate | 25 public |
| 26 결정한다 | 27 general | 28 기대 | 29 include | 30 specific |

11 These Golden Rules e__________ an agent to care for an other. [20 모평]

이런 황금률은 행위자가 타인을 살피도록 장려한다.　　*Golden Rule 황금률

12 Researchers in psychology follow the scientific method to p__________ studies that help explain human behavior. [20 모평]

심리학 연구자들은 인간의 행동을 설명하는 데 도움을 주는 연구를 수행하기 위해 과학적인 방법을 따른다.

13 The trees have been r__________ from one area, then the ecosystem is out of balance. [18 모평]

나무들이 한 지역에서 제거되면, 그 생태계는 균형을 잃는다.　　*ecosystem 생태계

14 Information creates power, and today a much larger part of the world's population has a__________ to that power. [19 모평]

정보는 권력을 창출하는데, 오늘날에는 세계 인구의 훨씬 더 많은 부분이 그 권력에 접근할 수 있다.

15 The UN i__________ the concept of human rights into international law and politics. [20 모평]

UN은 국제법과 정치에 인권이라는 개념을 도입했다.

16 Scientists can include any evidence or hypothesis that supports their claim, but they must observe one fundamental rule of professional science. [17 모평]

과학자는 자신의 주장을 뒷받침하는 어떠한 __________나 가설을 포함시킬 수 있으나, 전문적인 과학의 한 가지 근본적인 규칙을 지켜야 한다.　　*hypothesis 가설

17 The destiny of a community depends on how well it nourishes its members. [19 모평]

한 공동체의 운명은 그 공동체가 얼마나 잘 그 구성원들을 기르는지에 __________.

18 The more they get to know a people, the more they forget how to see what is t__________ and distinctive about it. [16 모평]

그들이 주민들에 대해 더 많이 알게 되면 될수록 그들은 그 주민들의 무엇이 전형적이고 무엇이 독특한 것인지를 인지하는 방법을 더 많이 잊어버리게 된다.

19 The doctor c__________ that he had suffered nerve damage and that he might never regain the full use of his right arm. [15 모평]

의사는 그가 신경 손상을 입었고 오른쪽 팔을 완벽하게 사용할 정도로는 회복하지 못할 거라고 결론을 내렸다.

20 In almost every case, the safer alternative is available at a comparable cost. [19 모평]

거의 모든 경우에, 더 안전한 대안은 (현재와) 비슷한 비용으로 __________.　　*alternative 대안

31~40번 ▶ 정답

31 gradually	32 severe	33 proposes	34 관련이 있다	35 contain
36 분리하는 것	37 describe	38 destroyed	39 지원하는	40 latter

21 Workers began to pay for leisure activities organized by capitalist enterprises. [16 모평]

노동자들은 자본주의 기업이 ________ 여가 활동에 돈을 지불하기 시작했다.
*capitalist 자본주의의

22 One must s________ a particular strategy appropriate to the occasion and follow the chosen course of action. [16 모평]

사람들은 그 경우에 알맞은 특별한 전략을 선택해야 하고 선택된 행동 방침을 따라야 한다.

23 Her house in Jackson has been designated as a N________ Historic Landmark and is open to the public as a museum. [18 학평]

Jackson에 있는 그녀의 자택은 (미국) 국가 사적으로 지정되었고 대중에게 박물관으로 개방되어 있다. *designate 지정하다

24 Early, small communities had to c________ all their physical and mental effort on survival. [15 수능]

초기에 소규모 공동체들은 모든 물리적, 정신적 노력을 생존에 집중해야만 했다.

25 Research and development for seed improvement has long been a p________ domain and government activity for the common good. [16 수능]

종자 개량을 위한 연구 개발은 오랫동안 공익을 위한 공공의 영역이자 정부의 활동이었다.

26 Your political preference determines the arguments that you find compelling. [15 학평]

여러분의 정치적인 선호는 여러분이 설득력이 있다고 생각하는 논거를 ________.
*compelling 설득력 있는

27 Some people tend to be late as a g________ rule, whether they are busy or not. [12 모평]

어떤 이들은 바쁘든 바쁘지 않든지 간에 일반적으로 늦는 경향이 있다.

28 The expectation of future interaction motivates people to look for positive qualities in someone. [14 모평]

미래의 만남에 대한 ________는 사람들이 누군가에게서 긍정적인 특성을 찾는 동기를 부여한다.

29 Your day will i________ interviews with professional designers, as well as the opportunity to watch a fashion show. [17 모평]

여러분의 하루에는 패션쇼를 볼 기회뿐만 아니라 전문 디자이너들과의 인터뷰가 포함될 것입니다.

30 When we learn to read, we recycle a s________ region of our visual system known as the visual word-form area. [19 수능]

우리가 읽기를 배울 때, 우리는 시각적인 단어-형태 영역이라고 알려진 우리의 시각 시스템의 특정한 영역을 재사용한다.

01~10번 ▶ 정답

01 prefer	02 benefit	03 innocent	04 absorbs	05 replace
06 지속 기간	07 등장했다	08 disappear	09 열성적인	10 differ

31 Children acquire their vocabularies g__________ as they grow older. [16 모평]

아이들은 나이가 들어가면서 서서히 어휘를 습득한다.

32 Using animal images for commercial purposes was faced with s__________ criticism from animal rights activists. [18 모평]

상업적 목적으로 동물 이미지를 사용하는 것은 동물 권리 운동가들로부터의 혹독한 비판에 직면했다. *commercial 상업적인

33 The classic explanation p__________ that trees have deep roots while grasses have shallow roots. [19 모평]

전형적인 설명은 나무는 뿌리가 깊고, 반면에 풀은 뿌리가 얕다고 제안한다.

34 Most jazz musicians can read music but often don't bother, and their art is much involved with improvisation. [20 모평]

대부분의 재즈 음악가는 악보를 읽을 수 있지만 흔히 신경 쓰지 않으며, 그들의 예술은 즉흥 연주와 크게 __________. *improvisation 즉흥 연주

35 Both humans and rats dislike *bitter* and *sour* foods, which tend to c__________ toxins. [18 수능]

사람과 쥐 모두 '쓰'고 '신' 음식을 싫어하는데, 이것(쓰고 신 음식)은 독소를 포함하는 경향이 있다. *toxin 독소

36 Separating what's important from what's not important is prioritizing. [16 모평]

중요하지 않은 것으로부터 중요한 것을 __________이 우선사항을 결정하는 것이다. *prioritize 우선순위를 매기다

37 *Emotional eating* is a popular term used to d__________ eating that is influenced by emotions. [19 모평]

'감정적 식사'는 감정에 의해 영향을 받는 식사를 설명하기 위해 사용되는 일반적인 용어이다.

38 If the fleeing Nazis had d__________ it during World War II, she would have never seen it. [18 모평]

제2차 세계대전 동안에 도망가던 나치 병사들이 그것을 파괴했더라면 그녀는 그것을 결코 볼 수 없었을 것이다. *flee 도망가다

39 Your donations will help support children in our community who may not be able to afford books. [19 모평]

귀하의 기부는 도서를 살 여유가 없을지도 모르는 저희 지역 사회의 어린이를 __________데 도움이 될 것입니다.

40 Heritage is more concerned with meanings than material artefacts. It is the former that give value, either cultural or financial, to the l__________. [19 수능]

유산은 물질적 인공물보다 의미와 더 많이 관련된다. 후자(물질적 인공물)에게 문화적으로든 재정적으로든 가치를 부여하는 것은 바로 전자(의미)이다.

11~20번 ▶ 정답

11 encourage	12 perform	13 removed	14 access	15 introduced
16 증거	17 달려 있다	18 typical	19 concluded	20 이용 가능하다

➕ 수능 PLUS 수능 이렇게 나온다

0281

advise
[ədváiz]

동 조언하다, 충고하다

파 advice n. 조언, 충고   adviser n. 조언자
advisory a. 자문의 n. (*pl.* advisories) 경보, 주의보

어법 point advise *A* to *do*
*A*에게 ~하도록 조언[충고]하다

0282

define
[difáin]

동 1. 정의하다, 규정하다 2. 한정하다

파 definition n. 정의

숙어 • define *A* as *B*
*A*를 *B*로 정의하다[규정하다]
• by definition 정의상, 당연히
cf. • well-defined a. 명확한, 알기 쉬운
• ill-defined a. 불분명한

0283

automatic
[ɔ̀ːtəmǽtik]

형 1. 자동의 2. 무의식적인

파 automatically ad. 1. 자동으로 2. 무의식적으로
automate v. 자동화하다   automation n. 자동화

반 • manual a. 수동의, 손으로 하는
• conscious a. 의식하고 있는
• intentional a. 의도적인

0284

decorate
[dékərèit]

동 장식하다, 꾸미다

파 decoration n. 장식, 장식품   decorative a. 장식의

유 • ornament v. 장식하다 n. 장식
• embellish v. 꾸미다, 장식하다

0285

enable
[inéibl]

동 ~할 수 있게 하다, 가능하게 하다

파 able a. ~할 수 있는   ability n. 능력, 재능

유 allow v. ~할 수 있게 하다
어법 point enable[allow] *A* to *do*
*A*가 ~할 수 있게 하다

0286

decade
[dékeid]

명 10년, 10년간

숙어 for decades 수십 년간
cf. century n. 100년, 세기

0287

construct
[동: kənstrʌ́kt /
명: kɑ́nstrʌkt]

동 **건설하다, 구성하다**
명 **구성(물)**
파 construction n. 건설, 구조
constructive a. 건설적인

유 build v. 건설하다
반 • demolish v. 파괴하다, 철거하다
• deconstruct v. 해체하다
cf. • reconstruct v. 재건[복원]하다,
재구성하다
• reconstruction n. 재건[복원], 재구성

0288

establish
[istǽbliʃ]

동 **설립하다, 확립하다, 제정하다**
파 establishment n. 설립, 확립, 제정
established a. 1. 확립된 2. 인정받는, 저명한
(▶ well-established a. 안정된, 정착된)

유 • set up 세우다
• found v. 설립하다
숙어 establish oneself as
~로서 자리를 잡다

0289

slight
[slait]

형 **약간의, 경미한**   명 **경멸, 무시**
동 **얕보다**
파 slightly ad. 약간, 조금

숙어 make slight of
~을 얕보다, ~을 무시하다

0290

announce
[ənáuns]

동 **발표하다, 알리다**
파 announcement n. 발표
announcer n. 아나운서, 방송 진행자

어법 point announce는 4형식으로 착각하기 쉬운 3형식 동사로,「announce A to B:
B에게 A를 알리다」의 형태로 쓴다.

0291

claim
[kleim]

동 **1. 주장하다, 요구하다**
　2. (생명을) 앗아가다
명 **주장, 요구, 청구**

유 • assert v. 주장하다, 단언하다
• insist v. 주장하다

0292

aware
[əwέər]

형 **알고 있는, 인식하는**
파 awareness n. 인식, 자각

반 • unaware a. 알지 못하는
• ignorant a. 무지한
숙어 be aware of[that] ~을 알다

0293

react
[riǽkt]

동 **반응하다, 반작용하다**
파 reaction n. 반응, 반작용
reactivity n. 반응성, 반응도
reactive a. 잘 반응하는, 반작용하는

유 respond v. 반응하다
숙어 • react to ~에 반응하다
• reaction to ~에 대한 반응

0294

element
[éləmənt]

명 1. 요소, 성분 2. 원소
　　3. (pl.) 비바람, 폭풍우
파 elementary a. 1. 초보의 2. 기초적인
(= primary, fundamental)
elemental a. 1. 요소의 2. 기본적인

유 • component n. 요소, 성분
• factor n. 요소, 요인
cf. elementary[primary] school 초등학교

0295

combine
[kəmbáin]

동 1. 결합하다, 결합시키다
　　2. 갖추다, 겸비하다
파 combination n. 결합(물), 조합(물)
combined a. 결합된

숙어 • combine A and B
A와 B를 결합하다
• combine A with B
A를 B와 결합하다
• combine into ~으로 합쳐지다

0296

assist
[əsíst]

동 돕다, 보조하다
파 assistance n. 도움, 보조
assistant n. 조수, 보조원

유 • help, aid v. 돕다
• support v. 지원하다

0297

extreme
[ikstríːm]

형 극도의, 극단적인
명 (pl.) 극단(적인 상태)
파 extremely ad. 극도로, 몹시
extremist n. 극단주의자

유 utmost a. 극도의
반 moderate a. 온건한

0298

tend
[tend]

동 1. ~하는 경향이 있다, ~하기 쉽다
　　2. 돌보다, 보살피다
파 tendency n. 경향, 추세
tendance n. 돌봄, 시중

숙어 tend to do ~하는 경향이 있다
(= have a tendency to do,
be inclined to do)
cf. tend A(사람/사물) ~을 돌보다
(= attend to A, take care of A)

0299

intend
[inténd]

동 ~할 작정이다, 의도하다
파 intention n. 의도, 목적
intentional a. 의도적인, 고의의(= deliberate
a. 고의의 / ↔ unintentional a. 고의가 아닌)
intentionally ad. 의도적으로
(↔ unintentionally ad. 무심코)

숙어 • intend to do ~할 작정이다
• with the intention of ~의 의도로
cf. intent n. 의도, 의향 a. 열중하는

equipment
[ikwípmənt]

명 〈집합적〉 장비, 용품, 설비

파 equip v. (장비를) 갖추다

유 • apparatus n. 장치, 기구
• gear n. 장비, 장치
숙어 • be equipped to *do* ~할 능력이 있다
• be equipped with ~을 갖추고 있다
어법 point 불가산 명사이므로 수를 셀 때는, two pieces of equipment와 같이 쓴다.

0301

firm
[fəːrm]

형 단단한, 확고한   명 회사

파 firmly ad. 굳게, 단호히
firmness n. 단단함, 견고

유 • hard, solid a. 단단한, 견고한
• determined a. 단호한, 완강한
• company n. 회사

0302

secure
[sikjúər]

동 1. 획득[확보]하다   2. 안전하게 하다

형 안전한

파 security n. 안전, 보안
securely ad. 단단히, 안전하게

유 • obtain v. 획득하다
• safe a. 안전한(▶ safety n. 안전(함))
반 insecure a. 1. 불안정한 2. 자신이 없는
(▶ insecurity n. 불안(감), 불안정)

0303

refuse
[rifjúːz]

동 거절하다, 거부하다

파 refusal n. 거절, 거부

유 • decline v. 거절하다
• reject v. 거부하다
• turn down 거절하다
반 accept v. 받아들이다

0304

accomplish
[əkámpliʃ]

동 성취하다, 완수하다

파 accomplishment n. 성취, 업적
accomplished a. 기량이 뛰어난, 성취한

유 achieve, fulfill, attain
v. 이루다, 성취하다

0305

capable
[kéipəbl]

형 ~을 할 수 있는, 유능한

파 capability n. 능력, 역량(= ability)
capacity n. 1. 능력 2. 용량, 수용력
(↔ incapacity n. 무능(력))

유 • able a. ~할 수 있는, 유능한
• competent a. 유능한
반 incapable a. ~할 수 없는, 무능한
숙어 be capable of -*ing*
~을 할 수 있다(= be able to *do*)

0306

arrange
[əréindʒ]

동 1. 정리하다, 배열하다

2. 마련하다, 준비하다 3. 편곡하다

파 arrangement n. 1. 정리, 배열 2. 준비 3. 편곡(한 곡)

숙어 arrange for
~을 준비하다, 계획을 짜다
cf. • rearrange v. 1. 재배열하다
2. (행사 관련) 재조정하다(= reschedule)
• rearrangement n. 재배열, 재조정

0307

respond
[rispánd]

동 1. 응답하다 2. 반응하다

파 response n. 1. 응답, 회신 2. 반응
respondent n. 응답자
responsive a. 바로 반응하는, 응답하는

유 • reply v. 응답하다
• react v. 반응하다
숙어 • respond to ~에 응답[반응]하다
• response to ~에 대한 응답[반응]

0308

consequence
[kánsəkwèns]

명 1. 결과 2. 중요성

파 consequent a. (~의) 결과로 일어나는
consequential a. 1. 결과로서 일어나는 2. 중대한
(↔ inconsequential a. 중요하지 않은)
consequently ad. 결과적으로, 따라서

유 • result, outcome n. 결과
• importance, significance n. 중요성
숙어 • as a consequence 결과적으로
(= consequently, as a result)
• of consequence 중요한 (= important)

0309

realistic
[rì(:)əlístik]

형 사실적인, 현실적인

파 reality n. 현실
realism n. 사실성, 현실주의
realist n. 현실주의자

반 • unrealistic a. 비현실적인
• idealistic a. 이상주의적인

0310

convince
[kənvíns]

동 1. 확신시키다, 납득시키다
2. 설득하다

파 convincing a. 설득력 있는
convincible a. 설득할 수 있는

유 • assure v. 확신시키다
• persuade v. 설득하다
숙어 • convince A of B
A에게 B를 확신시키다
• convince A that ~
A에게 ~을 확신시키다

0311

steady
[stédi]

형 안정된, 꾸준한, 한결같은
동 안정시키다

파 steadily ad. 끊임없이, 꾸준히

유 • stable a. 안정된
• constant a. 일정한, 끊임없는
반 unsteady a. 불안정한

0312

vary
[vέ(:)əri]

동 1. 바뀌다, 변하다 2. 다르다, 다양하다

파 various a. 다양한
variety n. 1. 변화, 다양성 (= diversity)
2. 종류(= kind, sort)
variation n. 변화, 변형
variable a. 변하기 쉬운 n. 변수

유 • change v. 변하다
• differ v. 다르다
숙어 a variety of ~ 다양한 ~
(= various, diverse),
여러 가지의 ~(= all sorts[kinds] of)

0313

alarm
[əláːrm]

명 1. 놀람, 불안 2. 경보, 경고
동 1. 놀라게 하다 2. 경보를 발하다
파 alarming a. 놀라운, 걱정스러운

유 • warning n. 경고
• alert v. 경보를 발하다
숙어 • in alarm 놀라서
• with alarm 불안한 마음으로
기출 어구 alarm call 경고음

0314

constant
[kánstənt]

형 일정한, 변함없는, 끊임없는
명 [수학] 정수, 상수
파 constantly ad. 끊임없이, 지속적으로

유 consistent a. 일관된, 변함없는
반 variable a. 변하기 쉬운 n. [수학] 변수

0315

criticize
[krítisàiz]

동 비판하다, 비평하다
파 criticism n. 비판, 비평   critic n. 비평가, 평론가
critical a. 1. 비판적인 2. 결정적인(= crucial) 3. 위기의

유 condemn v. 강하게 비난하다
반 praise v. 칭찬하다
숙어 • criticize A for B
A를 B에 대해 비난하다
• critical of ~에 비판적인

0316

reveal
[rivíːl]

동 1. 밝히다, 폭로하다 2. 드러내다
파 revealing a. 흥미로운 사실을 드러내는
revelation n. 1. 폭로 2. (신의) 계시

유 • disclose, uncover, expose
v. 폭로하다, 드러내다
• unveil v. (비밀 등을) 밝히다
반 conceal, hide v. 감추다, 숨기다

0317

accurate
[ǽkjurit]

형 정확한, 정밀한
파 accurately ad. 정확하게   accuracy n. 정확(성)

유 precise, exact a. 정확한
반 inaccurate a. 부정확한
(▶ inaccurately ad. 부정확하게)

0318

obtain
[əbtéin]

동 얻다, 획득하다
파 obtainable a. 얻을 수 있는

유 acquire v. 획득하다
반 lose v. 잃다

0319

immediate
[imíːdiət]

형 1. 즉각적인 2. 당면한 3. 직접적인
파 immediately ad. 곧, 즉시
immediacy n. 1. 긴박성 2. 직접성

유 • instant a. 즉각의, 즉시의
• urgent a. 긴급한

0320

deserve
[dizə́ːrv]

동 ~을 받을 만하다, 자격이 있다
파 deserving a. 받을 만한

유 be entitled to ~의 자격이 있다
cf. undeserved a. 받을 자격이 없는, 과분한

각 빈칸에 알맞은 영단어 또는 우리말을 쓰시오.

01 The experience made her more a__________ of what was going on in the world. [15 모평]

그 경험은 그녀가 세상 물정을 더 잘 알게 해 주었다.

02 Infants enter the world ready to r__________ to pain as bad and to sweet (up to a point) as good. [16 수능]

유아는 고통은 나쁘다고 반응하고 (어느 정도까지) 달콤함은 좋다고 반응할 준비가 된 채로 세상에 나온다.

03 A defining element of catastrophes is the magnitude of their harmful consequences. [19 수능]

큰 재해를 정의하는 __________는 그것들이 가져오는 해로운 결과의 규모이다.
*catastrophe 재앙 **magnitude 규모

04 Words can carry meanings beyond those consciously i__________ by speakers or writers. [17 수능]

단어는 화자나 필자에 의해 의식적으로 의도된 의미를 넘어서는 의미를 전달할 수 있다.

05 The embarrassed boy ran up to his room, slammed the door, and refused to come down to the party. [14 학평]

당황한 소년은 자신의 방으로 뛰어 올라가 문을 세게 닫고, 파티에 내려오기를 ________.

06 The letter a__________ Adams not to be discouraged if he received early rejections. [18 수능]

그 편지는 Adams에게 초기에 거절을 당하더라도 낙심하지 말라고 조언했다.
*discourage 낙심하게 하다

07 MRI scans are c__________ of producing a variety of chemical and physical data, in addition to detailed spatial images. [18 학평]

MRI 스캔은 자세한 공간 이미지 외에도 다양한 화학 및 물리적 데이터를 생성할 수 있다.

08 Much of what we do each day is a__________ and guided by habit, requiring little conscious awareness. [20 모평]

우리가 매일 하는 일의 많은 부분은 자동적이고 습관에 의해 유도되며, 의식적인 인식을 거의 필요로 하지 않는다.

09 Stokes graduated from Cleveland-Marshall College of Law, passed the bar exam, and e__________ a law firm in 1962. [20 모평]

Stokes는 Cleveland-Marshall 법대를 졸업하고 변호사 시험을 통과했으며 1962년에 법률 사무소를 설립했다.

10 As a new and preferred story begins to emerge, it is important to assist the child to stay connected to the new story. [18 모평]

새로운 더 좋아하는 이야기가 나오기 시작할 때, 아이가 그 새로운 이야기와 연결된 상태를 유지하도록 __________ 것이 중요하다.

21~30번 ▶   21 claimed   22 반응   23 announce   24 secure   25 obtained
정답   26 immediate   27 deserved   28 경고   29 확신시켰다   30 constructed

11 I knew any s_________ movement might make the deadly snake strike. [17 학평]

나는 약간의 움직임도 그 치명적인 뱀이 공격하도록 만들 것이라는 것을 알았다.
*deadly 치명적인

12 It is in the interests of certain social groups to d_______ some things as 'art' and others as not. [18 모평]

어떤 것들을 '예술'로 규정하고 다른 것들을 (예술이) 아니라고 규정하는 것은 특정한 사회 집단에게 이익이 된다.

13 Initially a concert musician, Victor Borge soon developed a performance style that combined comedy with classical music. [19 모평]

처음에 연주회 음악가였던 Victor Borge는 곧 코미디와 고전 음악을 _________ 공연 스타일을 개발했다.

14 When people consume a variety of foods, they t_________ to overeat. [18 수능]

사람들은 다양한 종류의 음식을 먹을 때, 과식하는 경향이 있다.

15 Managers of each department must make sure that all dangerous e_________ and machinery are safely stored. [19 모평]

각 부서의 관리자들은 모든 위험한 장비와 기계들이 안전하게 보관되어 있는지 확실히 챙겨야 합니다.

16 Changing, which always stems from a firm decision, becomes job number one. [16 수능]

항상 _________ 결심에서 비롯되는 변화는 최우선의 것이 된다.

17 Imagine how little we'd accomplish if we had to focus consciously on every behavior. [20 모평]

만약 우리가 모든 행동에 의식적으로 집중해야 한다면 우리가 _________ 수 있는 것이 얼마나 적을지 상상해 보라.

18 After correcting the picture the painter a_________ a second preview. [11 수능]

그 그림을 수정하고 난 후, 그 화가는 두 번째 시사회를 마련했다. *preview 시사회

19 They perform better in endurance exercises, like long-distance running, which require slow, s_________ muscle activity. [13 수능]

그것들은 장거리 경주와 같이 느리고 꾸준한 근육 활동이 필요한 지구력 운동에서 더 잘 수행한다. *endurance 지구력

20 Art and artists are severely c_________ for being elitist, for not making art that would appeal to ordinary people. [10 학평]

예술과 예술가는 엘리트주의라는 것에 대해, 즉 일반인들의 마음을 끄는 예술을 만들어 내지 않는다는 것에 대해 신랄한 비판을 받는다.

31~40번 정답 ▶

| 31 decades | 32 extreme | 33 consequences | 34 varied | 35 reveal |
| 36 장식했다 | 37 정확하지 않은 | 38 끊임없이 | 39 unrealistic | 40 enabled |

21 Almost every man c____________ he was innocent. [13 모평]

거의 모든 남자들이 자신이 결백하다고 주장했다.

---

22 Sometimes emotional eating is a reaction to a specific situation. [12 수능]

때때로 감정적인 식사는 특정한 상황에 대한 ________이다.

---

23 We are very excited to a__________ that we will offer the Summer Aviation Flight Camp for student pilot certificates. [20 모평]

학생 조종 자격증을 위한 여름 항공 비행 캠프를 우리가 제공하는 것을 발표하게 되어 매우 흥분됩니다. *aviation 항공

---

24 To s__________ your seat, please arrive at least 15 minutes prior to departure. [15 모평]

좌석을 확보하려면, 출발 15분 전까지 도착하시길 바랍니다.

---

25 To prove the existence of premonitory dreams, scientific evidence must be o__________. [12 수능]

전조적인 꿈의 존재를 증명하기 위해서는, 과학적인 증거가 획득되어야 한다. *premonitory 전조의

---

26 When there is no i__________ danger, it is usually best to approve of the child's play without interfering. [15 수능]

당면한 위험이 없을 때는 대체로 간섭하지 말고 아이의 놀이를 인정해 주는 것이 가장 좋다.

---

27 A coworker keeps reminding you that it was you, not Gail, who really d__________ the credit for that great idea. [11 학평]

한 동료가 그 훌륭한 아이디어에 대해 정말로 공로를 인정받아야 할 사람은 Gail이 아니라 당신이었다고 계속해서 당신에게 상기시킨다.

---

28 When one ground squirrel sees a predator in the distance, it will sound an alarm call that alerts other squirrels to run for cover. [15 모평]

얼룩다람쥐 한 마리가 멀리 있는 포식자를 발견하면, 그것은 다른 다람쥐들이 숨을 곳을 찾아 뛰도록 알리는 ________음을 낼 것이다.

---

29 As we entered the 1900s, industrialists convinced us that work led to progress for our society and our families. [16 학평]

우리가 1900년대에 들어서면서 기업가들은 일하는 것이 우리 사회와 가정을 위한 발전을 이끈다고 우리를 ________. *industrialist 기업가

---

30 By talking about the event, people gradually c__________ a social narrative and a collective memory of the emotional event. [19 수능]

그 사건에 대해 이야기함으로써 사람들은 점차적으로 그 감정적 사건에 대한 사회적 이야기와 집단 기억을 구축했다. *narrative 이야기

01~10번 ▶ 정답

| 01 aware | 02 respond | 03 요소 | 04 intended | 05 거부했다 |
| 06 advised | 07 capable | 08 automatic | 09 established | 10 도와주는 |

31 Colonisation is a slow process, taking place over years or even d__________ . [18 모평]

군체 형성은 느린 과정이며 수년 또는 심지어는 수십 년에 걸쳐 진행된다.
*colonisation (동식물의) 군체 형성

32 Princess had a fear of water that was so e__________ that she couldn't even touch the water. [19 모평]

Princess는 물에 발을 댈 수조차 없을 정도로 극심한 물에 대한 두려움을 가지고 있었다.

33 The failure to detect spoiled or toxic food can have deadly c__________ . [16 수능]

상했거나 독이 있는 음식을 감지하지 못하면 치명적인 결과들이 생길 수 있다.
*detect 감지하다

34 The repertoire v__________ according to the performing medium and from region to region. [19 모평]

연주하는 표현 수단과 지역에 따라 레퍼토리가 다양했다.

35 Nonverbal cues may "leak" and r__________ the speaker's true mood as they do in deception. [17 모평]

속임수를 쓸 때 그러는 것처럼 비언어적 신호가 '새어 나와' 말하는 사람의 진짜 기분 상태를 드러낼지도 모른다.
*leak 새다

36 He decorated the wall on both sides of that corner with paintings for his granddaughter's delight. [16 모평]

그는 손녀가 기뻐하도록 그 모서리의 양쪽 벽을 그림으로 __________.

37 Meeting someone when you are extremely stressed can create an inaccurate impression of you. [17 모평]

극도로 스트레스를 받고 있을 때 어떤 사람을 만나는 것은 여러분에 대한 __________ 인상을 만들어낼 수 있다.

38 Far from being static, the environment is constantly changing and offering new challenges to evolving populations. [20 모평]

정적이기는커녕 오히려 환경은 __________ 변하고 있으며 진화하는 개체군에 새로운 도전을 제공하고 있다.
*static 정적인, 고정된

39 If you don't get the kind of information failure provides, you'll end up with u__________ expectations for yourself. [14 모평]

만일 실패가 제공하는 것과 같은 정보를 얻지 못한다면, 결국 자신에 대한 비현실적인 기대를 가지게 될 것이다.

40 The evolution of a horse's hoof from a five-toed foot has e__________ the horse to gallop rapidly over open plains. [20 모평]

발가락이 다섯 개 달린 발로부터 말발굽으로 진화하면서 말은 탁 트인 평야를 빠르게 질주할 수 있게 되었다.
*hoof(말 등의) 발굽 **gallop 질주하다

11~20번 ▶ 11 slight　12 define　13 결합한　14 tend　15 equipment
정답　16 확고한　17 성취할　18 arranged　19 steady　20 criticized

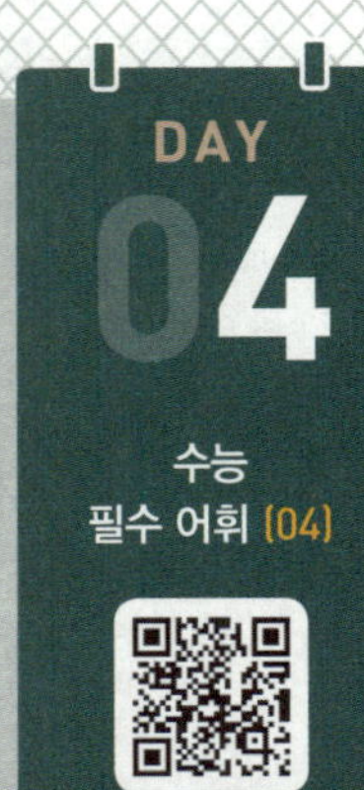

PREVIEW 40 Words

- [ ] avoid
- [ ] compare
- [ ] terrific
- [ ] approach
- [ ] generate
- [ ] package
- [ ] analyze
- [ ] identify
- [ ] emphasize
- [ ] detail
- [ ] recognize
- [ ] realize
- [ ] factor
- [ ] clue
- [ ] rely
- [ ] cooperate
- [ ] absolute
- [ ] struggle
- [ ] threat
- [ ] resist
- [ ] option
- [ ] chief
- [ ] guard
- [ ] spread
- [ ] emergency
- [ ] addict
- [ ] owe
- [ ] brief
- [ ] acquire
- [ ] recall
- [ ] condition
- [ ] delay
- [ ] instrument
- [ ] compose
- [ ] entertain
- [ ] seldom
- [ ] permanent
- [ ] cancel
- [ ] slip
- [ ] triumph

🔸 수능 PLUS 수능 이렇게 나온다

0321

avoid
[əvɔ́id]

동 1. 피하다, 회피하다 2. 막다

파 avoidance n. 회피
avoidable a. 피할 수 있는
(↔ unavoidable a. 불가피한)

유 • evade v. 피하다
• prevent v. 막다
어법 point avoid -ing
~하는 것을 피하다, 막다

0322

compare
[kəmpɛ́ər]

동 비교하다, 대조하다

파 comparison n. 비교, 대조
comparable a. 비슷한, 비교할 만한
comparative a. 비교의, 상대적인
comparatively ad. 비교적으로

숙어 • compare A with[to] B
A와 B를 비교하다
• compared with[to] ~와 비교해서

0323

terrific
[tərífik]

형 1. 아주 멋진, 훌륭한
2. (양 등이) 엄청난

파 terrify v. 무섭게 하다
terror n. 공포

유 great, wonderful, excellent
a. 멋진, 훌륭한
반 • terrible a. 끔찍한, 형편없는
• awful a. 끔찍한, 지독한

0324

approach
[əpróutʃ]

동 접근하다 명 접근(법)

파 approachable a. 1. 접근 가능한 2. 이해하기 쉬운
(↔ unapproachable a. 접근하기 어려운)

유 come close to ~에 다가가다
숙어 approach to ~에 대한 접근법

0325

generate
[dʒénərèit]

동 발생시키다, 만들어 내다, 일으키다

파 generation n. 1. 세대 2. 발생, 발전(發電)
generator n. 발전기

유 produce, create v. 만들어 내다, 일으키다
cf. • regenerate v. 재건하다, 재생시키다
• degenerate v. 악화되다

0326

package
[pǽkidʒ]

몡 1. 꾸러미, 소포 2. (포장용) **상자, 용기**
   3. (여행 등의) **패키지, 묶음**
동 **포장하다**
퍄 pack v. 1. 포장하다, 짐을 싸다 2. 꽉 들어차다
n. 꾸러미, 포장

유 parcel n. 소포
cf. • prepackage v. 판매하기 전에 포장하다
• be packed with ~으로 가득 차다
기출 어구 • package(d) tour 패키지 관광
• compensation package
(급여와 복리후생을 포함한) 보수

0327

analyze
[ǽnəlàiz]

(= analyse)

동 **분석하다**
퍄 analysis n. 분석
analyst n. 분석가
analytic[analytical] a. 분석적인

기출 어구 • analyze data
데이터를 분석하다
• analyze the results
결과를 분석하다

0328

identify
[aidéntəfài]

동 1. **확인하다, 식별하다** 2. **동일시하다**
퍄 identity n. 1. 신원, 정체성 2. 동일함
identification n. 1. 신원 확인, 신분증(ID) 2. 동일시
identical a. 동일한
identifiable a. 확인 가능한

숙어 • identify as ~라고 밝히다
• identify with ~와 동일시하다
cf. identification card (ID card) 신분증

0329

emphasize
[émfəsàiz]

동 **강조하다, 역설하다**
퍄 emphasis n. 강조, 역점

유 stress v. 강조하다 n. 강조
숙어 put[lay, place] emphasis[stress]
(on) (~을) 강조하다, (~에) 역점을 두다
cf. • overemphasize v. 지나치게 강조하다,
지나치게 중요시하다
• empathize v. 공감하다

0330

detail
[dítèil / dit:éil]

몡 **세부 사항** 동 **상세히 말하다**
퍄 detailed a. 상세한

숙어 in detail 상세히
cf. detail-oriented a. 꼼꼼한

0331

recognize
[rékəgnàiz]

동 1. **알아보다, 인식하다** 2. **인정하다**
퍄 recognition n. 1. 인식 2. 인정
recognizable a. 알아 볼 수 있는
(↔ unrecognizable a. 알아 볼 수 없는)

유 • perceive v. 인지하다, 인식하다
• acknowledge v. 인정하다
숙어 • be recognized as
~으로 인식[인정]되다
• in recognition of
~을 인정하여, ~의 사례[답례]로

DAY 04

0332

realize
[rí(:)əlàiz]

형 1. 깨닫다 2. (꿈·목표 등을) **실현하다**

파 realization n. 1. 깨달음, 인식 2. 실현

유 • become aware of ~을 깨닫다
• achieve, fulfill, accomplish v. 실현하다

0333

factor
[fǽktər]

명 요소, 요인

유 • component n. 요소, 부품
• element n. 요소, 성분
기출 어구 a key/risk/crucial factor
주요/위험/결정적인 요소[요인]

0334

clue
[klu:]

명 단서, 실마리

유 • hint n. 힌트, 암시
• cue n. 신호, 단서

0335

rely
[rilái]

동 1. 의지[의존]하다 2. 믿다

파 reliance n. 의존, 의지
reliable a. 믿을 수 있는(↔ unreliable a. 믿을 수 없는)
reliability n. 신뢰성

숙어 rely on[upon] ~에 의지[의존]하다
(= depend on, count on, turn to)

0336

cooperate
[kouápərèit]

동 **협력하다, 협조하다**

파 cooperation n. 협력, 협조
cooperative a. 협력하는
(↔ uncooperative a. 비협조적인) n. 협동조합

유 collaborate v. 협력하다
cf. corporate a. 기업의, 법인의

0337

absolute
[ǽbsəlùːt]

형 **완전한, 절대적인**   명 **절대적인 것**

파 absolutely ad. 전적으로, 절대적으로

유 total, complete, utter a. 완전한

0338

struggle
[strʌ́gl]

동 애쓰다, 분투하다
명 노력, 분투

유 • strive v. 노력하다, 애쓰다
• exert oneself 노력하다
숙어 struggle with ~로 분투하다,
~와 씨름하다(= wrestle with)

0339

threat
[θret]

명 1. 위협, 협박 2. 위험

파 threaten v. 위협하다, 협박하다
threatening a. 위협적인
threatened a. 1. 위협받는 2. 멸종 위기에 직면한

유 menace n. 위협, 협박 v. 위협하다
숙어 threat to ~에 대한 위협

0340

resist
[rizíst]

동 1. 저항하다, 반대하다 2. 잘 견디다

파 resistance **n.** 1. 저항 2. 내성
resistant **a.** 1. 저항하는 2. 잘 견디는
resistible **a.** 저항할 수 있는

반 • accept **v.** 받아들이다, 순응하다
• surrender **v.** 항복하다
숙어 resistant to ~에 잘 견디는, ~에 강한
cf. water-resistant **a.** 방수가 되는

0341

option
[ápʃən]

명 선택, 선택권

파 optional **a.** 선택적인, 임의의
opt **v.** 선택하다

유 • choice **n.** 선택
• alternative **n.** 대안, 양자택일

0342

chief
[tʃiːf]

형 1. 주요한 2. 최고위자인
명 (단체의) 장, 우두머리

파 chiefly **ad.** 주로(= mainly, primarily)

유 • main, major, primary **a.** 주요한
• leader **n.** 지도자
• captain **n.** 장, 우두머리
cf. • Chief Executive Officer(CEO)
최고경영자
• chief editor 편집장

0343

guard
[gaːrd]

동 지키다, 보호하다, 경비를 보다
명 경비원, 경호원

파 guardian **n.** 보호자, 수호자

cf. • safeguard **v.** 보호하다 **n.** 보호, 장치
• lifeguard **n.** 인명 구조원
• vanguard **n.** 선봉, 선두

0344

spread
[spred]

동 퍼지다, 펼치다, 만연하다
명 확산, 전파

(spread – spread – spread)

cf. spreadsheet **n.** 스프레드시트,
표계산 프로그램

0345

emergency
[imə́ːrdʒənsi]

명 비상 (사태)

cf. • emergency room 응급실
• emergence **n.** 출현, 발생

0346

addict
[동: ədíkt / 명: ǽdikt]

동 중독되게 하다   명 중독자

파 addiction **n.** 중독
addictive **a.** 중독성의
addicted **a.** 중독된

숙어 be addicted to ~에 중독되다, 빠지다

0347

owe
[ou]

동 1. 빚지고 있다 2. ~의 덕분이다

숙어 • owe *A* to *B A*는 *B* 덕분이다[탓이다]
• owing to ~ 때문에
(= because of, due to)

0348

brief
[briːf]

형 짧은, 간결한, 간단한 명 개요
동 간단히 보고하다

파 briefly ad. 짧게, 간단히
briefing n. 브리핑(간단한 보고, 상황 설명)

유 • short a. 짧은
• concise a. 간결한
숙어 in brief 간단히 말해서, 요약하면
(= in sum, in short, to sum up,
to be brief, briefly speaking)

0349

acquire
[əkwáiər]

동 습득하다, 획득하다

파 acquisition n. 습득, 획득
acquired a. 습득한, 후천적인(↔ innate a. 선천적인)

유 obtain v. 얻다, 획득하다

0350

recall
[rikɔ́ːl / ríkɔːl]

동 1. 기억해 내다, 상기하다 2. 회수하다
명 1. 기억(해 냄) 2. 회수

유 recollect v. 회상하다, 기억해 내다
(▶ recollection n. 회상, 기억)

0351

condition
[kəndíʃən]

명 상태, 조건, 환경
동 1. 조절하다, 길들이다 2. 좌우하다

파 conditional a. 조건부의
(↔ unconditional a. 무조건적인)
conditioned a. 조건부의, 조절된
(↔ unconditioned a. 무조건의, 본능적인)

cf. precondition n. 전제 조건
(= prerequisite)

0352

delay
[diléi]

동 지연시키다, 연기하다
명 지연, 연기

파 delayed a. 지체된, 연기된(↔ immediate a. 즉시의)

유 • postpone v. 미루다, 연기하다
• put off 미루다, 연기하다
반 • rush, hurry v. 재촉하다
• advance v. 앞당기다

0353

instrument
[ínstrəmənt]

명 1. 기구 2. 수단 3. 악기

파 instrumental a. 1. 주된 역할을 하는, 수단이 되는
2. 악기[기구]의
instrumentality n. 수단, 방편

유 tool n. 도구
cf. • musical instrument 악기
• wind instrument 관악기

compose
[kəmpóuz]

동 1. 구성하다 2. 작곡하다, 작문하다
파 composition n. 1. 구성 2. 작곡, 작문
composer n. 작곡가, 작가

유 • comprise, constitute v. 구성하다
• make up ~을 구성하다
숙어 be composed of ~으로 구성되다
(= consist of, be made up of)

entertain
[èntərtéin]

동 1. 즐겁게 하다, 접대하다
  2. (생각 등을) 품다
파 entertainment n. 연예, 오락, 접대
entertainer n. 연예인
entertaining a. 재미있는

유 amuse v. 즐겁게 하다
(▶ amusement n. 재미, 오락)

seldom
[séldəm]

부 거의 ~ 않는, 드물게

유 hardly, rarely, scarcely, barely
ad. 거의[좀처럼] ~않는

permanent
[pə́ːrmənənt]

형 영구적인, 영속하는
파 permanently ad. 영구히
permanence n. 영구성, 영속성

유 eternal, everlasting a. 영원한, 영속하는
반 • impermanent a. 영구적이 아닌
• temporary a. 일시적인

cancel
[kǽnsəl]

동 취소하다
파 cancellation n. 취소

유 call off 취소하다

slip
[slip]

동 1. 미끄러지다 2. 슬쩍 가다[오다]
  3. 슬쩍 넣다
명 1. 미끄러짐 2. (작은) 실수
파 slippery a. 미끄러운

유 slide v. 미끄러지다
숙어 • slip one's mind 잊어버리다
• slip out of ~에서 슬쩍 빠져 나오다
• slip into ~으로 슬쩍 들어가다
cf. sip n. 한 모금

triumph
[tráiəmf]

명 승리, 대성공, 업적
동 승리를 거두다
파 triumphant a. 승리를 거둔, 의기양양한
triumphantly ad. 의기양양하여

유 win, victory n. 승리, 성공
숙어 • in triumph 의기양양하여
• triumph over ~을 이겨내다

각 빈칸에 알맞은 영단어 또는 우리말을 쓰시오.

01 The walk will be c__________ in the event of rain. [17 수능]

비가 올 경우에 산책은 취소될 것입니다.

02 To acquire all these knowledge and information, organizations must r__________ on the data that they store. [20 모평]

이러한 모든 지식과 정보를 얻으려면 조직들은 그들이 저장한 데이터에 의존해야 한다.

03 Unfortunately, many individuals s__________ with reaching goals due to an inability to prioritize their own needs. [19 모평]

안타깝게도, 많은 사람들은 자신만의 필요한 사항에 우선순위를 매기지 못해 목표에 도달하는 일로 분투하고 있다.

04 To break planning addiction, allow yourself one freedom. [16 모평]

계획 수립이라는 __________을 깨기 위해서 자기 자신에게 한 번의 자유를 허락해 보라.

05 In her fictional world, good almost always triumphs over evil. [05 학평]

그녀의 공상 세계에서는 선이 거의 항상 악에 __________.

06 Although technology is responsive to the will of the people, it can s__________ respond instantaneously and is never free. [15 수능]

기술이 사람들의 의지에 반응하긴 하지만, 거의 즉각적으로 반응할 수 없고 결코 공짜가 아니다.   * instantaneously 즉각적으로

07 Essentially, your reputation is your most valuable asset so g__________ it well. [12 모평]

본질적으로, 당신의 평판은 가장 가치 있는 자산이므로 그것을 잘 지켜야 한다.
                    *asset 자산

08 One reason many people keep delaying things they should do is that they fear they will do them wrong or poorly, so they just don't do them at all. [15 모평]

많은 사람들이 해야 할 일을 계속 __________ 한 가지 이유는 그 일을 잘못하거나 제대로 하지 못할 것이라고 두려워해서 그것들을 전혀 하지 않기 때문이다.

09 Many present efforts to maintain human progress, to meet human needs, and to r__________ human ambitions are simply unsustainable. [17 수능]

인간의 진보를 지키고 유지하며, 인간의 욕구를 충족시키고, 인간의 야망을 실현하기 위한 현재의 여러 노력들은 전혀 지속 가능하지 않다.   *unsustainable 지속 불가능한

10 What is needed desperately today are a__________ to architecture that can free its potential to transform our ways of thinking and acting. [20 모평]

오늘날 절실하게 필요한 것은 우리의 사고 및 행동 방식을 바꿀 수 있는 잠재력을 자유롭게 할 수 있는 건축에 대한 접근 방식이다.

21~30번
정답 ▶

| 21 avoid | 22 만들어 낸다 | 23 options | 24 chief | 25 spread |
| 26 acquires | 27 조건들 | 28 resisted | 29 factors | 30 emphasizes |

11 We know little about the d__________ of timekeeping in prehistoric eras. [12 모평]

우리는 선사시대의 시간 기록에 관한 자세한 내용에 대해 아는 것이 거의 없다.

12 Sperm whales travel in social groups that cooperate to defend and protect each other. [12 수능]

향유 고래들은 서로 방어하고 보호하기 위해 __________ 사회 집단을 이루어 이동한다.

13 Use your critical thinking skills to a__________ when feedback will do the most good. [16 모평]

피드백이 언제 가장 이로울 것인지를 분석하기 위해 여러분의 비판적 사고 기술을 활용하라.

14 People who watch a lot of news on television overestimate the threats to their well-being. [12 수능]

텔레비전에서 많은 뉴스를 보는 사람들은 자신의 안녕에 대한 __________을 과대 평가한다. *overestimate 과대 평가하다

15 We might find it harder to engage in self-exploration if every false step and foolish act is preserved forever in a p__________ record. [18 학평]

만약 모든 실수와 어리석은 행동이 영구적인 기록으로 영원히 보존된다면, 우리는 자아를 탐구하기가 더 어렵다는 것을 알게 될지도 모른다.

16 Our class offers you full life-saving expertise that you can then use to deliver vital support in e__________. [18 모평]

저희 강좌는 비상 사태에서 반드시 필요한 지원을 하기 위해 그때 사용할 수 있는 완전한 구명 전문 기술을 여러분께 제공해 드립니다.

17 Many of us believe that amnesia, or sudden memory loss, results in the inability to r__________ one's name and identity. [13 모평]

우리는 기억 상실증, 즉 갑작스런 기억 손실이 본인의 이름이나 정체성을 기억해 내지 못하는 것을 야기한다고 생각한다. *amnesia 기억 상실(증)

18 Suddenly, a boy riding a bicycle s__________ on the damp wooden surface, hitting Rita at an angle. [19 모평]

갑자기 자전거를 타고 있던 소년이 축축한 목재 표면에 미끄러져 Rita에게 비스듬히 부딪쳤다.

19 Oddly enough, while making zebras indistinguishable to other animals, zebra stripes actually make it easier for zebras to r__________ one another. [12 학평]

이상하게도, 얼룩말의 줄무늬는 다른 동물들에게 얼룩말을 구별할 수 없게 하지만, 얼룩말끼리는 실제로 서로 인식하는 것을 더욱 쉽게 만들어 준다. *indistinguishable 구분이 안 되는

20 There are hundreds of great people to imitate and copy, and they have t__________ advice about what helped them succeed. [13 수능]

모방하고 따라할 수백 명의 위대한 사람들이 있으며, 그들은 그들이 성공하도록 도움을 주었던 것에 대한 훌륭한 충고를 갖고 있다.

31~40번 ▶ 정답

| 31 identify | 32 단서들 | 33 brief | 34 instruments | 35 entertaining |
| 36 composed | 37 owes | 38 compare | 39 absolute | 40 미리 포장된 |

21 Fear can motivate change in order to a__________ something you're afraid of. [17 모평]

두려움은 여러분이 두려워하는 것을 피할 수 있도록 변화를 자극할 수 있다.

22 When we see a happy face (or an angry one), it subtly generates the corresponding emotion in us. [17 모평]

우리가 행복한 얼굴(혹은 화난 얼굴)을 볼 때, 그것은 우리 마음속에 그에 상응하는 감정을 미묘하게 __________.

23 War should be a last resort, obviously, undertaken when all other o__________ have failed. [14 수능]

전쟁은 분명 다른 모든 선택지들이 실패했을 때 착수하는 최후의 수단이어야 한다.
*resort 수단

24 One of fear and doubt's c__________ aims is to make you feel alone, like you're the only one who feels a certain way. [14 학평]

두려움과 의심의 주된 목표 중 하나는 당신이 특정한 방식으로 느끼는 유일한 사람인 것처럼 당신이 혼자라고 느끼도록 만드는 것이다.

25 Prior to low-cost printing, ideas could and did s__________ by word of mouth. [19 수능]

비용이 적게 드는 인쇄술이 있기 전에, 생각은 구전으로 퍼져 나갈 수 있었고 실제로 그렇게 퍼져 나갔다.

26 A learner a__________ new knowledge or skills by building on more basic information and procedures. [19 모평]

학습자는 더 기본적인 정보와 절차를 바탕으로 하여 새로운 지식이나 기술을 습득한다.

27 Warming may ease extreme environmental conditions, expanding the production frontier. [14 수능]

온난화는 극한의 환경 __________을 완화하여, 생산 한계 지역을 넓혀줄 수 있다.

28 Most people in the United States using US customary units (e.g., inch, foot, yard, mile, etc.) have r__________ adopting the metric system. [16 수능]

미국의 관습적 단위(예컨대, 인치, 피트, 야드, 마일 등)를 사용하는 대부분의 미국 사람들은 미터법 채택에 저항해 왔다.
*metric system 미터법

29 The development and improvement of transportation was one of the most important f__________ in allowing modern tourism to develop on a large scale. [19 모평]

교통의 발전과 향상은 현대의 관광 산업이 대규모로 발전할 수 있게 하는 데 있어 가장 중요한 요인 중 하나였다.

30 Let us assume that a country is dedicated to economic growth and to this end e__________ work, productivity, and investment. [13 학평]

한 국가가 경제 성장에 전념하고 이를 위해 일과 생산성, 그리고 투자를 강조한다고 가정해 보자.

01~10번 ▶ 정답

| 01 cancelled | 02 rely | 03 struggle | 04 중독 | 05 승리한다 |
| 06 seldom | 07 guard | 08 미루는 | 09 realize | 10 approaches |

31 A sleeping mother has the ability to i_________ the particular cry of her own baby. [17 모평]

자고 있는 엄마는 자기 아기 특유의 울음소리를 식별할 수 있는 능력을 가지고 있다.

32 Clues to past environmental change are well preserved in many different kinds of rocks. [18 모평]

과거의 환경 변화에 대한 _________은 많은 다른 종류의 암석들에 잘 보존되어 있다.

33 After a b_________ skills test, participants will be trained based on their levels. [18 수능]

간단한 기술 테스트 후에, 참가자들은 자신들의 수준에 따라 훈련을 받게 된다.

34 Music has traditionally been classified by musical i_________. [19 모평]

음악은 전통적으로 악기들에 의해 분류되었다.

35 An Egyptian executive, after e_________ his Canadian guest, offered him joint partnership in a new business venture. [16 모평]

캐나다인 손님을 접대한 후에, 한 이집트인 중역이 그에게 새로운 벤처 사업에서의 합작 제휴를 제안했다.

36 Plants are bathed in an atmosphere c_________ of roughly three-quarters nitrogen. [18 모평]

식물은 대략 3/4에 이르는 질소로 구성된 환경 속에 감싸여 있다.

37 Our misinformation o_________ partly to psychological factors, including our tendency to see the world in ways that suit our desires. [19 모평]

우리가 잘못 아는 것은 부분적으로는 우리의 갈망에 맞는 방식으로 세상을 바라보는 우리의 경향을 포함하는 심리적 요인의 탓이다.

38 We could c_________ a thought and its verbal expression with toothpaste and its 'expression' from a tube. [17 모평]

우리는 생각과 그것의 언어적 표현을 치약과 튜브에서 나오는 그것의 '표현'과 비교할 수 있다.

39 If you want to do some serious thinking, then you'd better disconnect the Internet, phone, and television set and try spending twenty-four hours in a_________ solitude. [18 모평]

만약 여러분이 어떤 진지한 생각을 하고자 한다면 인터넷, 전화, 텔레비전과의 연결을 모두 끊고 24시간 동안 절대적인 고독 속에서 한번 지내보라.

40 They replaced the old methods of serving customers individually by selling prepackaged goods straight from the shelves. [09 모평]

그것들은 _________ 상품들을 진열대에서 곧바로 판매함으로써 고객들에게 개별적으로 서비스하던 옛날 방식을 대체했다.

11~20번 ▶ 정답

11 details	12 협력하는	13 analyze	14 위협	15 permanent
16 emergencies	17 recall	18 slipped	19 recognize	20 terrific

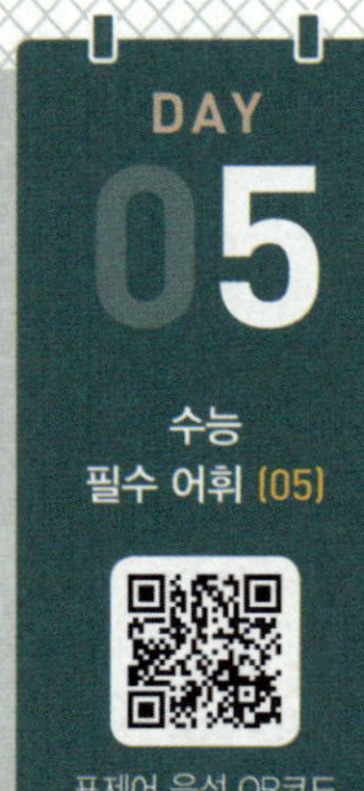

DAY 05

수능 필수 어휘 [05]

표제어 음성 QR코드

- [ ] evaluate
- [ ] region
- [ ] advantage
- [ ] despite
- [ ] insist
- [ ] pose
- [ ] surface
- [ ] predict
- [ ] accompany
- [ ] occasion
- [ ] indicate
- [ ] motivate
- [ ] pure
- [ ] mere
- [ ] leap
- [ ] seek
- [ ] instant
- [ ] approve
- [ ] dramatic
- [ ] potential
- [ ] harmful
- [ ] encounter
- [ ] rescue
- [ ] atmosphere
- [ ] circumstance
- [ ] possess
- [ ] display
- [ ] grant
- [ ] guarantee
- [ ] enormous
- [ ] fulfill
- [ ] notice
- [ ] artificial
- [ ] substance
- [ ] restrict
- [ ] resolve
- [ ] identical
- [ ] independent
- [ ] casual
- [ ] biography

0361

evaluate
[ivǽljuèit]

동 평가하다

파 evaluation n. 평가(= valuation)
evaluative a. 평가하는

➕ 수능 PLUS 수능 이렇게 나온다

유 • assess v. 평가하다, 재다
• appraise v. 평가하다
cf. reevaluate v. 재평가하다

0362

region
[ríːdʒən]

명 1. 지역, 지방 2. 부분 3. 영역

파 regional a. 지역의, 지방의

유 • area n. 지역, 지방
• district n. 지역, 지구

0363

advantage
[ədvǽntidʒ]

명 유리한 점, 이점, 우위

파 advantageous a. 유리한, 이로운(= beneficial)

반 disadvantage n. 불리한 점, 약점
(▶ disadvantaged a. 사회적으로 혜택을 받지 못한, 빈곤한)
숙어 take advantage of ~을 이용하다
기출 어구 competitive advantage 경쟁 우위

0364

despite
[dispáit]

전 ~에도 불구하고

유 in spite of ~에도 불구하고
cf. nevertheless, nonetheless
ad. 그럼에도 불구하고

0365

insist
[insíst]

동 1. 주장하다 2. 고집하다

파 insistence n. 주장, 고집
insistent a. 주장하는, 고집하는
insistently ad. 끈질기게, 고집 세게

유 • assert v. 주장하다
• contend v. 강력히 주장하다
• persist v. 고집하다
숙어 insist on ~을 고집하다

0366

pose
[pouz]

동 1. 제기하다 2. 자세를 취하다
명 자세

유 posture n. 자세, 태도
기출 어구 pose a threat/danger/problem/challenge
위협/위험/문제/도전을 제기하다

0367

surface
[sə́ːrfis]

명 1. 표면, 수면 2. 외관
동 나타나다, 수면으로 올라오다

유 • face, facade n. 표면, 겉
• emerge v. 나타나다, 나오다

0368

predict
[pridíkt]

동 예측하다, 예언하다
파 prediction n. 예측, 예언
predictable a. 예측할 수 있는
(↔ unpredictable a. 예측할 수 없는)
predictability n. 예측 가능성

유 • forecast v. 예측하다, 예보하다
• foretell v. 예언하다, 예고하다
• foresee v. 예견하다

0369

accompany
[əkʌ́mpəni]

동 1. 동반하다, 동행하다 2. 반주하다
파 accompaniment n. 반주
accompanist n. 반주자

숙어 be accompanied by ~을 동반하다
(= go with)
cf. accomplice n. 공범자

0370

occasion
[əkéiʒən]

명 1. (특정한) 때, 경우 2. 행사
파 occasional a. 가끔의
occasionally ad. 때때로, 이따금

숙어 • on occasion(s) 가끔, 이따금
(= occasionally)
• rise to the occasion
위기 상황에서 능력을 발휘하다

0371

indicate
[índikèit]

동 가리키다, 나타내다
파 indication n. 암시, 조짐
indicator n. 1. 지표 (= sign) 2. 계기[장치]
indicative a. 나타내는

유 show v. 보여 주다
숙어 be indicative of ~을 나타내다

0372

motivate
[móutəvèit]

동 동기를 부여하다, 자극하다
파 motivation n. 동기 부여, 자극, 의욕
motivator n. 동기 부여자
motive n. 동기
motif n. 1. 동기 2. 주제

유 • inspire v. 영감을 주다, 격려하다
• stimulate v. 자극하다
반 discourage v. 낙심시키다
어법 point motivate A to do
A가 ~하도록 동기를 부여하다

0373

pure
[pjuər]

형 **순수한, 섞이지 않은**

파 purely **ad.** 순전히, 전적으로
purify **v.** 정화하다, 정제하다
purification **n.** 정화, 정제
purity **n.** 순수(함), 청정
purist **n.** 순수주의자

유 • sheer **a.** 순수한
• unmixed **a.** 섞이지 않은
반 impure **a.** 순수하지 못한, 불순물이 섞인
(▶ impurity **n.** 불순물)
cf. air purifier 공기 정화기

0374

mere
[miər]

형 **단지 ~에 불과한, 겨우 ~의**

파 merely **ad.** 단지, 다만

유 • only **a.** 겨우 ~만의
• nothing more than ~에 불과한

0375

leap
[liːp]

동 **뛰다, 도약하다**
명 **도약, 약진**

(leap – leapt – leapt)

유 jump **v.** 뛰다
숙어 by leaps and bounds 급속도로
cf. reap **v.** 수확하다

0376

seek
[siːk]

동 **1. 찾다, 추구하다 2. 노력하다**

파 seeking **n.** 추구, 탐색
seeker **n.** 추구하는 사람

(seek – sought – sought)

유 • look for, search for ~을 찾다
• pursue **v.** 추구하다
어법 point seek to *do* ~하려고 시도하다,
노력하다(= try to *do*)
숙어 seek out ~을 찾아내다

0377

instant
[ínstənt]

형 **즉시의, 즉각적인**   명 **순간**

파 instantly **ad.** 즉시, 즉각적으로
(= instantaneously, immediately)

유 • instantaneous, immediate
a. 즉시의, 즉각적인
• moment **n.** 순간
숙어 in an[a] instant[moment]
눈 깜짝할 사이, 즉시

0378

approve
[əprúːv]

동 **승인하다, 찬성하다**

파 approval **n.** 인정, 승인, 찬성

반 disapprove **v.** 찬성하지 않다, 못마땅해
하다(▶ disapproval **n.** 불허, 반대)
숙어 approve of ~을 승인하다

0379

dramatic
[drəmǽtik]

형 **1. (변화 · 사건 등이) 극적인 2. 연극의**

파 dramatically **ad.** 극적으로, 크게
dramatize **v.** 극화하다, 각색하다

기출 어구 • dramatic reduction /
increase / change / effect
극적인 감소/증가/변화/효과
• dramatic play (아이들의) 연극 놀이

0380

potential
[pəténʃəl]

형 잠재적인, 가능성이 있는
명 잠재력, 가능성
파 potentially ad. 잠재적으로, 어쩌면
potentiality n. 잠재력, 가능성

유 • possible a. 가능한
• possibility n. 가능성
cf. potent a. 강력한, 유력한

0381

harmful
[háːrmfəl]

형 해로운, 유해한
파 harm n. 해, 손해 v. 해치다

반 harmless a. 무해한
숙어 harmful to ~에 해로운

0382

encounter
[inkáuntər]

동 (우연히) 만나다 명 만남, 접촉

유 run into, come across
~을 우연히 마주치다

0383

rescue
[réskjuː]

동 구조하다 명 구조
파 rescuer n. 구조자, 구출자

유 save v. 구하다, 구조하다

0384

atmosphere
[ǽtməsfiər]

명 1. 대기 2. 분위기
파 atmospheric a. 대기의, 분위기 있는

유 • air n. 대기, 공기
• mood n. 분위기

0385

circumstance
[sə́ːrkəmstæns]

명 상황, 환경, 형편
파 circumstantial a. 상황에 의한, 추정상의

유 • situation n. 상황, 처지, 환경
• condition n. 상태, 환경
• environment n. 환경
숙어 under all[no] circumstances
어떤 경우에도 ~하다[~ 않다]

0386

possess
[pəzés]

동 1. 소유하다, (자질 등을) 지니다
2. 사로잡다
파 possession n. 소유(물)
possessor n. 소유자, 주인
possessive a. 소유욕이 강한
possessed a. 사로잡힌, 열중한

유 • own v. 소유하다
• be endowed with ~을 타고 나다[지니다]
어법 point A(사람) possess B(사물)
= B(사물) belong to A(사람)
B는 A의 소유이다

0387

display
[displéi]

동 전시하다, 보여주다
명 1. 전시, 진열(대) 2. 화면

유 exhibit v. 전시하다, 보이다
숙어 on display 전시된, 진열된
(= on show)

DAY 05

0388

grant
[grænt]

동 1. 승인하다, 허가하다 2. 수여하다
명 (정부 등의) **보조금**

유 • allow, permit v. 허락하다
• subsidy n. 보조금, 장려금
숙어 take ~ for granted
~을 당연하게 여기다

0389

guarantee
[gæ̀rəntíː]

동 보증하다, 보장하다
명 보증(서)
파 guaranteed a. 확실한, 보증된

유 • warrant v. 보증하다
• warranty n. 보증(서)

0390

enormous
[inɔ́ːrməs]

형 엄청난, 거대한
파 enormously ad. 엄청나게, 대단히

유 huge, massive, gigantic, immense,
tremendous a. 엄청난, 거대한

0391

fulfill
[fulfíl]

동 1. 이행하다, 실행하다 2. 성취하다
파 fulfilling a. 성취감을 주는
fulfillment n. 이행, 성취

유 • achieve, accomplish v. 성취하다,
이루다
• realize v. 실현하다
cf. self-fulfilling (예언이) 자기 충족적인

0392

notice
[nóutis]

동 주목하다, 알아차리다
명 1. 주목 2. 통지, 공지
파 noticeable a. 뚜렷한, 두드러진
(↔ unnoticeable a. 눈에 띄지 않는)
notify v. 통지하다, 알리다
notification n. 통지

숙어 take notice of ~을 주목하다
기출 어구 go unnoticed 간과되다

0393

artificial
[ùːrtəfíʃəl]

형 인공적인, 인조의, 거짓의
파 artificially ad. 인위적으로
artificiality n. 인위성
artifact n. 인공물, 공예품

유 • synthetic a. 합성한, 인조의
• fake a. 가짜의, 거짓된
반 • natural a. 자연의, 천연의
• genuine a. 진짜의
기출 어구 artificial intelligence(AI)
인공지능

0394

substance
[sʌ́bstəns]

명 1. 물질 2. 실체 3. 본질, 핵심
파 substantial a. 1. 실질적인 2. 많은
substantive a. 실질적인
substantially ad. 상당히, 많이

유 material n. 물질
숙어 in substance 실질적으로는, 사실상

0395

restrict
[ristríkt]

동 제한하다, 한정하다

파 restriction n. 제한, 한정
restricted a. 제한된(↔ unrestricted a. 무제한적인)
restrictive a. 제한하는

유 • limit v. 제한하다
• constrain v. 제한하다
• confine v. 한정하다
숙어 be restricted to ~로 제한되다

0396

resolve
[rizálv]

동 1. 해결하다 2. 결심하다 3. 분해하다

파 resolution n. 1. 해결 2. 결심 3. 해상도
resolute a. 단호한, 확고한
resolved a. 굳게 결심한, 단호한(= determined)

유 • solve, settle v. 해결하다
• determine v. 결심하다
• make up one's mind 결심하다
어법 point resolve to *do* ~하기로 결심하다

0397

identical
[aidéntikəl]

형 동일한, 일란성의

파 identically ad. 동일하게

cf. identical twin(s) 일란성 쌍둥이

0398

independent
[ìndipéndənt]

형 독립된, 독립적인

파 independence n. 독립, 자립
independently ad. 독립적으로

반 dependent a. 의존하는
숙어 independently of ~와는 관계없이

0399

casual
[kǽʒjuəl]

형 1. 격식을 차리지 않는 2. 우연한
   3. 무심한

파 casually ad. 우연히
casualness n. 1. 우발적임 2. 무심함

유 • informal a. 형식[격식]을 따지지 않는
• accidental a. 우연한
반 formal a. 형식적인

0400

biography
[baiágrəfi]

명 전기, 일대기

파 biographical a. 전기의
biographer n. 전기 작가

cf. • autobiography n. 자서전
(▶ autobiographical a. 자서전의)
• autograph n. 사인 v. 사인하다

각 빈칸에 알맞은 영단어 또는 우리말을 쓰시오.

01 Savannas p__________ a bit of a problem for ecologists. [17 모평]

사바나는 생태학자들에게 약간의 문제를 제기한다. *ecologist 생태학자

02 They adjust themselves to any social signal that i__________ appropriate or inappropriate behavior. [14 수능]

그들은 적절하거나 부적절한 행동을 가리키는 어떤 사회적 신호에 자신들을 맞춘다.

03 The creativity that children possess needs to be cultivated throughout their development. [17 수능]

아이들이 __________ 창의력은 그들의 성장 기간 내내 육성되어야 할 필요가 있다. *cultivate 육성하다

04 He was the only photographer granted backstage access for the Beatles' final full concert. [18 수능]

그는 Beatles의 마지막 콘서트 전체를 무대 뒤에서 접근할 수 있도록 __________ 유일한 사진작가였다.

05 A defining element of catastrophes is the magnitude of their h__________ consequences. [19 수능]

큰 재해를 정의하는 요소는 그것들이 가져오는 해로운 결과의 규모이다. *catastrophe 큰 재해 **magnitude 규모

06 Andrew liked to observe Grandad play chess and often p__________ his moves even before he began to move the pieces. [18 모평]

Andrew는 할아버지가 체스를 하는 것을 즐겨 봤고, 심지어 그가 말을 움직이기 시작하기도 전에 자주 그의 수(手)를 예측했다.

07 All the people s__________ to minimize their own driving time add up to a longer commute for everyone. [14 모평]

자신의 운전 시간을 최소화하는 것을 추구하는 모든 사람들이 더해져서 모든 사람들에게 더 길어진 통근이 되어 버리고 만다.

08 If you i__________ on always having a plan, you cut yourself off from your intuitive self and the inner joy it provides. [16 모평]

언제나 계획을 세워야 한다고 고집하게 되면, 당신은 직관적인 자아와 그것이 제공하는 내적인 기쁨으로부터 자신을 단절시키게 된다. *intuitive 직관적인

09 The greatest benefit of the arrival of a__________ intelligence is that AIs will help define humanity. [18 수능]

인공지능의 도래가 주는 가장 큰 이점은 AI가 인간성을 정의하는 데 도움을 줄 것이라는 것이다.

10 The lives of famous people have been recorded in biographies and are ready for you to read and research. [12 학평]

유명한 사람들의 삶이 __________에 기록되어 있어서 쉽게 읽고 연구할 수 있다.

21~30번 정답 ▶ 21 mere 22 despite 23 동기 24 제한한다 25 encounters 26 evaluate 27 approving 28 noticed 29 region 30 leapt

11 While being an introvert comes with its challenges, it definitely has its a＿＿＿＿＿ as well. [17 학평]

내성적인 사람이라는 것에는 그 자체의 어려움이 있지만, 또한 분명히 이점들도 있다.
*introvert 내성적인

12 When Napoleon invaded Egypt in 1798, Fourier and other scholars a＿＿＿＿＿ the expedition. [14 수능]

나폴레옹이 1798년 이집트를 침공했을 때, Fourier와 다른 학자들은 그 원정대에 동행했다.

13 When Paul raised his doubt, Bob instantly recognized the error and corrected his interpretation. [17 수능]

Paul이 의구심을 제기하자, Bob은 ＿＿＿＿ 실수를 인정하고는 자신의 통역을 바로잡았다.

14 One day a local newspaper carried a story about a r＿＿＿＿＿ horse that had been abandoned to die. [13 학평]

어느 날 한 지역 신문에 버려져서 죽을 뻔하다가 구조된 말에 관한 이야기가 실렸다.

15 The introduction of unique products alone does not g＿＿＿＿＿ market success. [06 수능]

독특한 제품의 출시만으로는 시장의 성공을 보장할 수 없다.

16 Technological advances have led to a dramatic reduction in the cost of processing and transmitting information. [19 모평]

기술적인 발전은 정보의 처리와 전송 비용의 ＿＿＿＿＿ 감소를 가져왔다.
*transmit 전송하다

17 Sometimes, the best way to r＿＿＿＿＿ a dilemma —whether it's a writing dilemma or a thinking dilemma—is simply to start writing. [13 수능]

때때로, 작문의 딜레마이든 사고의 딜레마이든, 딜레마를 해결하는 가장 좋은 방법은 단순히 글을 쓰기 시작하는 것이다.

18 One reason most dogs are much happier than most people is that dogs aren't affected by external c＿＿＿＿＿ the way we are. [13 수능]

대부분의 개들이 대부분의 사람들보다 훨씬 더 행복한 한 가지 이유는 개가 우리가 그러는 것처럼 외부적인 환경들에 의해 영향을 받지 않는다는 것이다.

19 Instead of trapping warm air in the a＿＿＿＿＿ like carbon dioxide, fine particles like sulfate reflect the sun's light and heat. [14 모평]

이산화탄소처럼 대기에 따뜻한 공기를 가두는 대신에 황산염과 같은 미세한 입자들은 태양의 빛과 열을 반사시킨다. *sulfate 황산염

20 We often fail to prevent mass tragedies or take appropriate measures to reduce potential losses from natural disasters. [19 수능]

우리는 대규모 비극을 예방하거나 자연 재해로 인한 ＿＿＿＿＿ 손실을 줄이기 위한 적절한 조치를 취하지 못할 때가 종종 있다.

31~40번 정답 ▶ 31 순수한　32 surface　33 물질　34 casual　35 identical
36 fulfilling　37 enormous　38 occasion　39 displaying　40 independent

21 Language offers something more valuable than m __________ information exchange. [17 수능]

언어는 단지 정보를 교환하는 것보다 더 가치 있는 것을 제공한다.

---

22 Keith was unexpectedly producing the performance of a lifetime d __________ the shortcomings of the piano. [17 수능]

피아노의 문제점에도 불구하고 Keith는 예상 외로 생애 최고의 공연을 하고 있었다.
*shortcoming 단점, 문제점

---

23 Psychologists Dember and Earl suggested that the motivation for exploration had its roots in a curiosity drive. [17 모평]

심리학자인 Dember와 Earl은 탐구의 __________는 호기심의 욕구에 그 뿌리를 두고 있다고 말했다.

---

24 The narrow neck of a bottle restricts the flow into or out of the bottle. [14 모평]

병의 좁은 목은 병 안으로 흘러 들어가거나 밖으로 흘러나오는 것을 __________.

---

25 The most normal and competent child e __________ what seem like insurmountable problems in living. [15 수능]

가장 정상적이고 역량 있는 아이라도 살면서 극복할 수 없을 문제처럼 보이는 것들을 마주하게 된다.   *insurmountable 극복할 수 없는

---

26 One should not e __________ the tea's drinkability or taste merely because its leaves are not tightly rolled. [18 모평]

단지 찻잎이 단단히 말려 있지 않다는 이유로 그 차의 음용 가능성과 맛을 평가해서는 안 된다.

---

27 I would like to thank you for a __________ my request that the company pay for my college tuition. [11 학평]

회사에서 제 대학 등록금을 지불해 달라는 저의 요청을 승인해 주어서 귀하께 감사드리고 싶습니다.

---

28 Teddy bear manufacturers n __________ which bears were selling best and so made more of these to maximize their profits. [18 모평]

곰 인형 제조사들은 어느 곰이 가장 잘 팔리고 있는지를 알아챘으며, 그래서 자기들의 이익을 최대화하기 위해서 이런 것들을 더 많이 만들었다.

---

29 The growing season in the Arctic r __________ is short as well as cool, and plants must make the most of what warmth there is. [13 모평]

북극 지방의 생장기는 서늘할 뿐만 아니라 짧아서, 식물들은 존재하는 모든 온기를 최대한 이용해야 한다.
*make the most of ~을 최대한 이용하다

---

30 Her love for Rita overpowered her fear and she l __________ out through the open space in the railing and plunged into the water. [19 모평]

Rita에 대한 그녀의 사랑은 두려움을 압도했으며, 그녀는 난간의 열린 공간으로 뛰어넘어 물속으로 뛰어들었다.

01~10번 정답 ▶ 01 pose　02 indicates　03 지닌　04 허락받은　05 harmful　06 predicted　07 seeking　08 insist　09 artificial　10 전기

31 Many scientists do, in fact, act out of pure intellectual curiosity. [17 학평]

사실 많은 과학자들은 __________ 지적인 호기심에서 행동한다.

32 He tried to help me swim, pushing me from under and bringing me to the s__________. [13 모평]

그는 나를 아래에서 밀어서 수면으로 데려가며 내가 수영하는 것을 돕기 위해 애썼다.

33 For every toxic substance, process, or product in use today, there is a safer alternative. [19 모평]

오늘날 사용 중인 모든 독성 __________, 공정 혹은 제품에는 더 안전한 대안이 있다.

34 These c__________ conversations can naturally lead to other subjects, some of them work related. [19 학평]

이런 격식을 차리지 않는 대화는 자연스럽게 다른 주제로 이어질 수 있는데, 그 중 일부는 업무와 관련된 것이다.

35 Many people believe that it is critical to share similar, if not i__________, beliefs and values with someone with whom they have a relationship. [11 수능]

많은 사람들은 그들이 관계를 맺고 있는 사람과 똑같지는 않더라도, 비슷한 신념과 가치를 공유하는 것이 중요하다고 생각한다.

36 Delia was one step closer to f__________ her lifelong dream of becoming a ballerina. [15 모평]

Delia는 발레리나가 되려는 자신의 일생의 꿈을 성취하는 데 한 걸음 더 가까이 다가갔다.

37 Fish schools vary in size from a few individuals to e__________ populations extending over several square kilometers. [13 모평]

물고기 떼는 몇 마리의 개체에서부터 몇 제곱 킬로미터가 넘는 엄청난 개체군까지 규모가 다양하다.

38 When a formal o__________ comes along such as a family wedding or a funeral they are likely to cave in to norms that they find overwhelming. [17 모평]

가족 결혼식이나 장례식 같은 공식적인 행사가 생길 때 그들은 저항하기 힘들다고 느껴지는 규범에 어쩔 수 없이 따르기 쉽다.
*cave in to ~에 굴복하다

39 In essence, concert halls and opera houses had become museums for d__________ the musical artworks of the past two hundred years. [19 모평]

본질적으로, 콘서트홀과 오페라 하우스는 지난 200년 동안의 음악 작품들을 보여주기 위한 박물관이 되어 버렸다.

40 The best example is Mexico, which had a deliberate policy of building its domestic economy i__________ of the outside world. [13 학평]

가장 좋은 예는 멕시코인데, 그 나라는 자국 경제를 외부 세계로부터 독립적으로 만드는 의도적인 정책을 가지고 있었다.

11~20번 정답 ▶ 11 advantages　12 accompanied　13 즉시　14 rescued　15 guarantee
16 극적인　17 resolve　18 circumstances　19 atmosphere　20 잠재적인

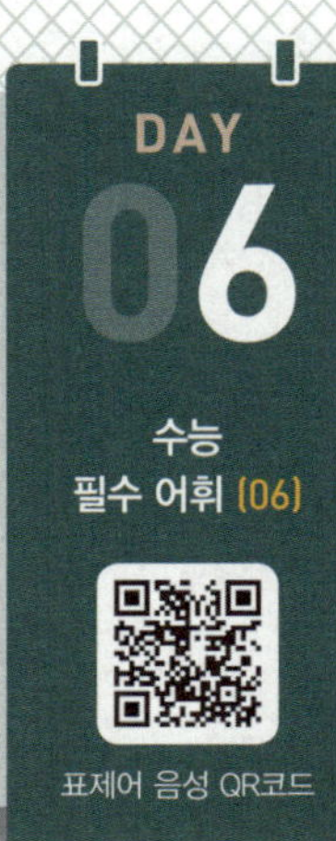

0401

compete
[kəmpíːt]

동 1. 경쟁하다 2. (시합 등에) **참가하다**

파 competition n. 경쟁, 시합
competitor n. 경쟁자
competitive a. 경쟁의, 경쟁적인
competitiveness n. 경쟁력

➕ 수능 PLUS 수능 이렇게 나온다

숙어 • compete with[against] ~와 경쟁하다
• compete for ~을 위해 경쟁하다
기출 어구 competitive advantage[edge] 경쟁 우위
cf. • outcompete v. 경쟁에서 이기다

0402

status
[stéitəs]

명 1. 지위, 신분 2. 상태

기출 어구 status quo 현재 상태
cf. • statue n. 조각상
• stature n. 1. 위상 2. (사람의) 키

0403

expand
[ikspǽnd]

동 확대하다, 확장하다, 팽창시키다

파 expansion n. 확대, 확장
expansive a. 광범위한, 광활한
expanse n. 1. 넓은 지역 2. 팽창, 확대

유 enlarge v. 확대하다
반 contract v. 수축시키다

0404

extend
[iksténd]

동 1. 늘이다, 연장하다 2. 뻗다

파 extension n. 확장, 연장
extensive a. 광범위한, 넓은
extensible a. 연장할 수 있는
extended a. 길어진, 장기간에 걸친

유 • stretch v. 늘이다, 뻗다
• prolong v. 연장하다
cf. • extend(연장하거나 늘이다): 길이가 늘어나는 느낌
• expand(확장하거나 확대하다): 부피나 공간이 확대되는 느낌

0405

agency
[éidʒənsi]

명 1. 대행사, 대리점 2. (정부) 기관
3. 힘, 작용
파 agent 1. 대리인, 행위자 2. 물질, 매개물

기출 어구 • environment agency 환경청
• travel agent 여행사, 여행사 직원
• moral agency 도덕적 기능
• moral agent 도덕적 행위자(로서의 인간)

0406

committee
[kəmíti]

명 위원회, 〈복수 취급〉 전(全)위원

cf. committee vs. commission:
• committee: 상급 기관에 소속된 위원회로 commission 보다 작은 단위
• commission: 보통 정부의 위임을 받아 임시로 활동하는 위원회[위원단]

0407

shift
[ʃift]

명 변화, 이동, 교대 근무
동 이동하다, 바꾸다

유 • change n. 변화 v. 바꾸다, 바뀌다
• move v. 이동하다
cf. shift worker 교대 근무자

0408

expose
[ikspóuz]

동 1. 드러내다, 노출시키다, 접하게 하다
2. 폭로하다
파 exposure n. 1. 노출 2. 폭로

유 reveal, uncover, disclose
v. 드러내다, 폭로하다
숙어 expose A to B
A를 B에 노출시키다, 접하게 하다

0409

concept
[kánsept]

명 개념, 생각
파 conceive v. 1. 생각하다 2. 임신하다
conception n. 1. 개념, 구상 2. 임신
conceptual a. 개념의, 구상의

유 idea, notion n. 개념, 생각
cf. self-concept 자기 개념

0410

summarize
[sʌ́məràiz]

동 요약하다
파 summary n. 요약, 개요(= abstract)

유 sum up 요약하다
숙어 in summary 요약하자면

0411

memorize
[méməràiz]

동 암기하다, 기억하다
파 memory n. 기억(력)
memorization n. 암기, 기억

유 • learn[know] ~ by heart
~을 암기하다
• remember v. 기억하다
반 forget v. 잊다

0412

precise
[prisáis]

형 **정확한, 정밀한**

파 precision n. 정확성, 정밀, 신중함
precisely ad. 정확히, 바로

유 accurate, exact a. 정확한
반 imprecise, inaccurate, inexact
a. 부정확한
숙어 to be precise 정확히 말하면

0413

particular
[pərtíkjulər]

형 **특정한, 특별한**

명 (주로 *pl.*) **상세한 사항**

파 particularly ad. 특히, 특별히

유 specific a. 특정한
숙어 in particular 특히, 특별히

0414

trap
[træp]

명 **덫, 함정, 음모**

동 **함정에 빠뜨리다, 가두다**

파 entrap v. 가두다, 함정에 빠뜨리다

유 • snare n. 덫, 올가미
• pitfall n. 함정
숙어 • fall into the trap of
~의 함정에 빠지다
• trap A into -ing
A가 ~하도록 함정에 빠뜨리다

0415

trick
[trik]

명 **1. 속임수 2. 마술 3. 요령**

동 **속이다**

파 tricky a. 1. 교묘한 2. 까다로운

숙어 trick A into -ing
A를 속여서 ~하게 하다

0416

isolate
[áisəlèit]

동 **1. 고립시키다, 격리하다 2. 분리하다**

파 isolation n. 1. 고립, 격리 2. 분리
isolated a. 고립된, 외떨어진

유 • seclude v. 고립시키다, 은둔하다
• separate v. 분리하다
반 integrate v. 통합시키다
숙어 in isolation 고립되어, 홀로

0417

spare
[spɛər]

형 **여분의, 남는**

동 **1. (시간 · 돈 등을) 할애하다, 내다**

2. (고생 등을) 면하게 하다

유 extra a. 여분의
숙어 in one's spare time
여유 시간에, 아무 일정이 없을 때

0418

demonstrate
[démənstrèit]

동 **1. (증거 · 실례를 통해) 보여 주다,
증명하다 2. 시위하다**

파 demonstration n. 1. 실연, 증명 2. 시위
demonstrably ad. 명백히

유 • show, display v. 보여 주다
• prove v. 증명하다, 입증하다
• protest v. 시위하다

0419

reproduce
[rìːprədjúːs]

동 1. 재생[재현]하다, 복제[복사]하다
2. 번식하다

파 reproduction n. 1. 재생, 복제(품) 2. 번식
reproductive a. 1. 복제의 2. 번식의

유 • copy, duplicate v. 복사하다
• breed v. 번식하다
숙어 reproduce oneself
스스로를 복제하다

0420

apparent
[əpǽrənt]

형 1. 분명한, 명백한 2. 외관상의

파 apparently ad. 1. 명백히 2. 겉으로 보기에
appear v. 1. 나타나다 2. ~인 것 같다

유 • obvious a. 분명한, 명백한
• seeming a. 외견상의, 겉보기의
반 • unclear a. 분명하지 않은
• actual a. 실질적인

0421

exclude
[iksklúːd]

동 배제하다, 제외하다

파 exclusion n. 배제, 제외
exclusive a. 1. 배타적인, 독점적인 2. 고급의
exclusively ad. 1. 독점적으로 2. 오직(= solely)
excluding prep. ~을 제외하고

유 leave out, rule out 배제하다, 제외하다
반 include v. 포함하다

0422

reject
[ridʒékt]

동 거부하다, 거절하다

파 rejection n. 거절, 거부

유 • refuse, decline v. 거절하다
• turn down 거절하다
반 accept v. 받아들이다

0423

component
[kəmpóunənt]

명 구성 요소, 부품, 성분

유 • element n. 요소, 성분
• ingredient n. 재료, 성분
• part n. 부분, 부품

0424

breakdown
[bréikdàun]

명 1. (기계 등의) 고장, 붕괴 2. 실패
3. 쇠약 4. 명세

파 break v. 고장 나다, 깨다
broken n. 고장 난, 깨진

기출 어구 nervous breakdown 신경 쇠약
cf. • break down 1. 고장 나다 2. 실패하다
• breakup n. 1. 분열, 붕괴 2. 해체 3. 불화

0425

universal
[jùːnəvɜ́ːrsəl]

형 1. 보편적인, 일반적인 2. 전 세계적인
3. 우주의

파 universally ad. 일반적으로
universe n. 우주

유 • general a. 일반적인, 보편적인
• international a. 국제적인
• worldwide a. 세계적인

DAY 06

0426

awaken
[əwéikən]

동 1. (잠에서) 깨다, 깨우다 2. 일깨우다

파 awake a. 깨어 있는(↔ asleep a. 잠들어 있는)
v. (잠에서) 깨다, 깨우다
awakening n. 자각, 각성

유 arouse v. 1. 깨우다 2. 일깨우다
숙어 awaken A to B A에게 B를 일깨우다

0427

await
[əwéit]

동 ~을 기다리다

유 wait for ~을 기다리다
어법 point wait은 자동사로 전치사와 함께
쓰이지만, await은 타동사로 전치사 없이 바
로 목적어를 취한다.

0428

shortage
[ʃɔ́ːrtidʒ]

명 부족, 결핍

파 short a. 1. 짧은 2. 부족한
shorten v. 짧게 하다, 단축하다

유 • lack n. 부족 v. ~이 부족하다
• deficiency n. 부족, 결핍
반 abundance n. 풍부
숙어 run[be] short of
~이 부족하다(= lack)

0429

annual
[ǽnjuəl]

형 매년의, 연간의, 1년에 한 번의

파 annually ad. 매년, 한 해에

유 yearly a. 매년의, 연간의 ad. 해마다
cf. • biannual a. 연 2회의
• biennial a. 2년에 한 번씩의

0430

progress
[명: prɑ́gres /
동: prəgrés]

명 1. 진보, 발전 2. 진전, 진행
동 1. 진보하다, 발전하다 2. 전진하다

파 progressive a. 진보적인, 점진적인 n. 진보주의자
progressively ad. 점진적으로, 꾸준히 계속해서
progression n. 진전, 진행

유 advance v. 진보하다, 전진하다
n. 진보, 발전
반 regress v. 퇴보하다, 퇴행하다
regression n. 퇴보, 퇴행

0431

distinguish
[distíŋgwiʃ]

동 구별하다, 식별하다

파 distinguished a. 1. 뛰어난 2. 저명한
distinguishing a. 구별되는, 특징적인

유 • differentiate v. 구별하다
• discern v. 식별하다
숙어 distinguish[tell] A from B
A와 B를 구별하다

0432

complicated
[kɑ́mplikèitid]

형 복잡한, 뒤얽힌

파 complicate v. 복잡하게 하다
complication n. 1. 문제 2. 합병증

유 intricate, complex a. 복잡한
반 • uncomplicated a. 복잡하지 않은
• simple a. 단순한

0433

register
[rédʒistər]

동 등록하다, 기재하다
명 기록부, 명부
파 registration n. 등록, 기재
registered a. 등록된, 공인된

유 enroll v. 등록하다
기출 어구 • cash register 금전 등록기
• registration form 신청서
숙어 register for ~에 등록하다
(= sign up for)

0434

transform
[trænsfɔ́ːrm]

동 변형시키다, 완전히 바꾸다
파 transformation n. 변형, 변신
transformative a. 변화시키는, 변형의
transformer n. 변압기

숙어 transform A into B A를 B로 바꾸다

0435

uniform
[júːnəfɔ̀ːrm]

형 한결같은, 균일한   명 제복, 유니폼
파 uniformly ad. 한결같이, 균일하게
uniformity n. 획일성, 일관성

반 varying a. 가지각색의, 변하는
기출 어구 school uniform 교복

0436

belong
[bilɔ́(ː)ŋ]

동 속하다, 소속되다
파 belongings n. 소유물, 소지품, 재산

숙어 • belong to N(범주, 단체) ~에 속하다,
소속이다
• belong to N(사람) ~의 소유이다

0437

remind
[rimáind]

동 상기시키다, 생각나게 하다
파 reminder n. 상기시키는 것

숙어 remind A of B
A에게 B를 상기시키다, 생각나게 하다

0438

majority
[mədʒɔ́(ː)rəti]

명 대다수, 과반수
파 major a. 대다수의, 주요한 n. 전공 (과목) v. 전공하다

숙어 major in ~을 전공하다
cf. the majority 다수, 과반
(= the mainstream), 다수당

0439

minority
[minɔ́(ː)rəti]

명 소수, 소수 집단
파 minor a. 소수의, 중요하지 않은 n. 부전공, 미성년자
v. 부전공하다

숙어 minor in ~을 부전공하다
cf. the minority 소수 집단, 소수당

0440

brilliant
[bríljənt]

형 1. 훌륭한 2. (재능이) 뛰어난 3. 빛나는
파 brilliantly ad. 1. 훌륭하게, 멋지게 2. 찬란하게
brilliance n. 총명, 탁월

유 • outstanding a. 뛰어난
• bright a. 밝은, 빛나는
기출 어구 • brilliant event 멋진 행사
• brilliant male students 우수한 남학생들
• brilliantly lighted 휘황찬란하게 불이 켜진

각 빈칸에 알맞은 영단어 또는 우리말을 쓰시오.

01 With that one crucial s__________ in thinking, my whole attitude changed. [15 모평]

그 하나의 중대한 생각의 변화로 인하여 전체적인 나의 태도가 바뀌었다.

02 The names of pitches are associated with p__________ frequency values. [14 수능]

음 높이의 명칭은 특정한 진동수 값과 관련이 있다.

03 Minorities tend not to have much power or status and may even be dismissed as troublemakers. [19 수능]

소수 집단은 큰 힘이나 __________를 갖지 않는 경향이 있으며, 심지어는 말썽꾼으로 일축될 수도 있다. 　　*dismiss 일축하다

04 Science is universal in principle but in practice it speaks to very few. [14 수능]

과학은 원칙적으로는 __________이지만 실제로는 극히 소수의 사람들에게만 전달된다.

05 To r__________ your booth, please email the festival manager at mholden@bbcgrff.org. [18 모평]

여러분의 부스를 참가 등록하시려면, mholden@bbcgrff.org로 축제 관리자에게 이메일을 보내주십시오.

06 The word "natural" has not been defined by the FDA, the a__________ in charge of food labels. [04 학평]

'natural'이라는 말이 음식 내용 표시의 책임 기관인 FDA에 의해 정의되어 있지 않다.

07 While a__________ the birth of a new baby, North American parents typically furnish a room as the infant's sleeping quarters. [10 수능]

새 아기의 탄생을 기다리는 동안, 북미의 부모들은 일반적으로 아기의 침실로 방 하나를 준비한다. 　　*quarter 숙소, 거처

08 Studying history is not about memorizing what we have been told—it requires us to investigate the past. [13 모평]

역사를 공부하는 것은 우리가 들어왔던 것을 __________에 관한 것이 아니다. 그것은 우리에게 과거를 조사하기를 요구한다.

09 The purpose of the exercise is to d__________ the importance of an individual's action. [18 수능]

그 훈련의 목적은 개인의 행동의 중요성을 보여 주는 것이다.

10 In Aristotle's system, women, slaves, and foreigners were explicitly excluded from the right to rule themselves and others. [20 모평]

아리스토텔레스의 체제에서는 여자, 노예, 그리고 외국인은 자신 및 다른 사람을 다스릴 권리로부터 명시적으로 __________. 　　*explicitly 명시적으로

21~30번 정답 ▶

21 awakens	22 expand	23 spare	24 remind	25 concept
26 연장시켰다	27 붕괴	28 belongs	29 발전	30 brilliant

11 Unfortunately, deforestation left the soil e__________ to harsh weather. [12 수능]

불행하게도 삼림 벌채는 토양이 혹독한 날씨에 노출되게 하였다. *deforestation 삼림 벌채

12 People reject unfair offers even if it costs them money to do so. [19 모평]

사람들은 그렇게 하는 것이 자신에게 돈이 든다고 해도 불공정한 제안을 _________.

13 Urban planners might require imagery at monthly or a__________ resolution. [17 수능]

도시 계획자들은 한 달에 한 번 혹은 일 년에 한 번씩 찍는 해상도의 사진을 필요로 할 것이다. *resolution 해상도

14 Organisms must c__________ for resources not only with members of their own species, but with members of other species. [15 모평]

유기체는 자신과 같은 종의 구성원들뿐만 아니라 다른 종의 구성원들과도 자원을 두고 경쟁해야 한다.

15 Functional managers are skilled at breaking the c__________ of a system into smaller elements. [16 모평]

기능형 관리자는 어떤 시스템의 구성 요소들을 더 작은 요소들로 분해하는 데 능숙하다.

16 It is no light matter to quickly and correctly pen a long and complicated composition. [18 모평]

길고 _________ 작품을 빠르고 정확하게 (종이 위에) 옮겨 적는 것은 결코 쉬운 문제가 아니다.

17 One of the biggest challenges organizations face is how to t_________ raw data into information and eventually into knowledge. [20 모평]

조직들이 직면한 가장 큰 과제 중 하나는 미가공 데이터를 어떻게 정보로, 결국에는 어떻게 지식으로 변환할 것인가이다.

18 Those who can d_________ valuable information from background clutter gain power. [19 모평]

배경에 있는 잡다한 것들로부터 가치 있는 정보를 식별해낼 수 있는 사람이 힘을 얻는다. *clutter 잡동사니

19 Many of us fall into the t_________ of trying to please people by going along with whatever they want us to do. [14 수능]

우리들은 (다른) 사람들이 우리에게 바라는 것이라면 무엇이든지 동조함으로써 그들을 기쁘게 하려고 애쓰는 함정에 빠진다.

20 In our focus on increasing the amount of food we produce today, we have accidentally put ourselves at risk for food shortages in the future. [12 모평]

우리는 오늘날 생산하는 식량의 양을 증가시키는 것에 중점을 두고 있어서, 뜻하지 않게 우리 자신을 미래 식량 _________의 위험에 처하게 했다.

31~39번 ▶ 정답
31 명백한 　 32 precise 　 33 Committee 　 34 tricked 　 35 uniform
36 reproducing 　 37 summarize 　 38 고립 　 39 Minorities / majority

21 When we see or hear a list of associated words, it a__________ other related concepts in our minds. [11 학평]

우리가 연관된 단어의 목록을 보거나 들을 때, 그것은 우리의 마음속에 다른 연관된 개념들을 일깨운다.

22 The human species is unique in its ability to e__________ its functionality by inventing new cultural tools. [19 수능]

인류는 새로운 문화적 도구를 발명함으로써 자신의 기능성을 확장하는 능력에 있어서 독특하다. *functionality 기능성

23 The product warranty says that you provide s__________ parts and materials for free. [14 수능]

제품 보증서에는 귀사에서 여분의 부품과 재료들을 무료로 제공한다고 되어 있습니다.

24 If you feel threatened every time a perceived rival does well, r__________ yourself of your own strengths and successes. [11 모평]

만일 경쟁자로 생각되는 사람이 잘 해낼 때마다 위협을 느낀다면, 스스로에게 당신 자신의 장점과 성공에 대해 상기시켜라.

25 Learning a certain c__________ such as "molecules" requires more than just a single exposure to the idea. [20 모평]

'분자'와 같은 어떤 하나의 개념을 배우는 것은 그 개념에 단 한 번 노출되는 것 그 이상을 필요로 한다. *molecule 분자

26 With renewed optimism, he negotiated better deals and extended terms of payment. [10 학평]

되찾은 긍정의 힘으로 그는 거래를 훌륭하게 성사시켰고 지불 기한을 __________.

27 Industrial diamonds are so important that a shortage would cause a breakdown in the metal-working industry. [07 수능]

공업용 다이아몬드는 너무나 중요해서 그것이 부족하면 금속 세공업의 __________를 초래할 것이다.

28 When discussing the animal kingdom, each creature b__________ to a species scale of generalists to specialists. [14 학평]

동물의 세계에 대해 논의를 할 때, 각각의 동물은 일반종에서 특수종까지의 범주에 속하게 된다.

29 Tourism can mean progress, but most often also means the loss of traditions and cultural uniqueness. [20 모평]

관광은 __________을 의미할 수도 있지만, 대부분 전통과 문화적 독특함의 손실을 의미하기도 한다.

30 Years ago there was a group of b__________ male students at the University of Wisconsin, who had amazing creative literary talent. [10 학평]

수년 전, 위스콘신 대학교에 놀라운 창의적인 문학 재능을 지닌 우수한 남학생들이 있었다.

01~10번 ▶ 정답

| 01 shift | 02 particular | 03 지위 | 04 보편적 | 05 register |
| 06 agency | 07 awaiting | 08 암기하는 것 | 09 demonstrate | 10 배제[제외]되었다 |

31 No apparent logic governs the category into which a species falls. [10 모평]

어떠한 __________ 논리가 한 종이 속하는 범주를 결정하는 것은 아니다.

32 For the physicist, the duration of a "second" is p__________ and unambiguous. [17 수능]

물리학자에게, '1초'의 지속 시간은 정확하고 분명하다.　　*unambiguous 모호하지 않은

33 The town Finance C__________ assures us we can build a new gym without seriously affecting our tax rate. [10 학평]

마을 재정위원회는 우리가 세율에 큰 영향을 주지 않고도 새로운 체육관을 지을 수 있다고 확언했다.

34 By doing this, the trees were "t__________" into flowering twice during the year rather than the usual once. [15 수능]

이렇게 함으로써 나무들은 '속아서' 그 해에 평소의 한 번이 아닌 두 번 꽃을 피웠다.

35 Monocropping vast fields with the same genetically u__________ seeds helps boost yield. [12 모평]

유전적으로 똑같은 획일적인 씨앗으로 넓은 들판에서 한 가지 작물만 기르는 것은 수확량을 높이는 데 도움이 된다.

36 The final product is really an addition to reality, not simply a way of totally r__________ it. [13 모평]

최종 작품은 단지 실재를 완벽하게 복제하는 식이 아니라, 사실 실재에 무엇인가를 더하는 것이다.

37 Schemata s__________ the broad pattern of your experience, and so they tell you, in essence, what's typical or ordinary in a given situation. [19 수능]

도식은 여러분의 경험의 광범위한 유형을 요약하며 그래서 그것(도식)은 본질적으로 주어진 상황에서 무엇이 전형적이거나 일반적인 것인지를 여러분에게 말해준다.

　　*schema 도식

38 Animals—and people—who have been raised in extreme social isolation are poor at reading emotional cues in those around them. [17 모평]

극단적인 사회적 __________ 상태에서 양육된 동물은, 그리고 인간은, 그들 주변의 존재에게서 감정적 신호를 읽는 데 서툴다.

39 M__________ that are active and organized can create social conflict, doubt and uncertainty among members of the m__________, and ultimately this may lead to social change. [19 수능]

활동적이면서 조직적인 소수 집단이 다수 집단의 구성원들 사이에 사회적 갈등, 의심, 그리고 불안을 일으켜서 궁극적으로 이것이 사회 변화를 이끌 수도 있다.

11~20번 정답 ▶ 11 exposed　12 거절한다　13 annual　14 compete　15 components
16 복잡한　17 transform　18 distinguish　19 trap　20 부족

PREVIEW 40 Words

- [ ] additional
- [ ] prevent
- [ ] undergo
- [ ] suffer
- [ ] tragedy
- [ ] detect
- [ ] capture
- [ ] worthwhile
- [ ] attract
- [ ] tempt
- [ ] visible
- [ ] outcome
- [ ] stretch
- [ ] convenient
- [ ] fame
- [ ] handle
- [ ] refresh
- [ ] strategy
- [ ] contrary
- [ ] oppose
- [ ] disagree
- [ ] defend
- [ ] blame
- [ ] responsible
- [ ] string
- [ ] abandon
- [ ] devise
- [ ] revise
- [ ] framework
- [ ] qualify
- [ ] assure
- [ ] protest
- [ ] pressure
- [ ] aisle
- [ ] storage
- [ ] appropriate
- [ ] associate
- [ ] relate
- [ ] nevertheless
- [ ] dust

➕ 수능 PLUS 수능 이렇게 나온다

0441

additional
[ədíʃənəl]

형 **추가적인, 부가의**

파 additionally ad. 추가적으로, 게다가
add v. 더하다, 추가하다(↔ subtract v. 빼다)
addition n. 추가, 덧셈 (↔ subtraction n. 빼기, 뺄셈)
additive n. 첨가물

숙어 • in addition 게다가
• in addition to ~에 더하여
• add to ~에 더하다, ~을 증가시키다

0442

prevent
[privént]

동 **막다, 예방하다**

파 prevention n. 예방, 방지
preventive[preventative] a. 예방적인

숙어 prevent A from -ing
A가 ~하지 못하게 하다
(= stop[keep] A from -ing)

0443

undergo
[ʌndərgóu]

동 **겪다, 경험하다**

(undergo – underwent –
undergone)

유 • go through ~을 겪다
• experience v. 경험하다

0444

suffer
[sʌ́fər]

동 1. **고통받다,** (나쁜 일을) **겪다**

2. (병을) **앓다**

파 suffering n. 고통(= agony, pain)

유 be in pain 고통 받다
숙어 suffer from ~으로 고통 받다
(= be troubled with)

0445

tragedy
[trǽdʒədi]

명 1. **비극, 참사** 2. **비극 작품**

파 tragic a. 비극의

반 comedy n. 희극(▶ comic a. 희극의)
기출 어구 (a) Greek tragedy 그리스 비극

0446

detect
[ditékt]

동 발견하다, 탐지하다

파 detection n. 발견, 탐지
detective n. 탐정
detector n. 탐지기
detectable a. 발견할 수 있는

유 discover v. 발견하다
기출 어구 detect invaders/lies
침입자들을/거짓말을 탐지하다[발견하다]
cf. discover와 달리 주로 좋지 않은 것을 발견했을 때 쓰임

0447

capture
[kǽptʃər]

동 1. 붙잡다, 포획하다 2. 포착하다
3. (관심·흥미 등을) 사로잡다
명 1. 포획 2. 포착

파 captive a. 사로잡힌 n. 포로
captivity n. 감금, 억류
captivate v. 마음을 사로잡다

유 catch v. 붙잡다, 포획하다
기출 어구 • capture a prey 먹이를 포획하다
• capture a vivid image 생생한 이미지를 포착하다
• capture attention 관심을 사로 잡다

0448

worthwhile
[wə̀ːrθhwáil]

형 ~할 가치가 있는

파 worth a. ~의 가치가 있는 n. 가치
worthy a. (~을 받을) 자격이 있는
(↔ unworthy a. 자격이 없는)

반 worthless a. 가치 없는
cf. • worth: '값어치나 금전적 가치가 있는 (= valuable)'의 의미
• worthy: '충분한 자격이 있는, 아주 훌륭한'의 의미
• worthwhile: '시간이나 노력을 들일 가치가 있는'의 의미
어법 point be worthwhile -ing/to do
= be worth -ing
= be worthy of -ing ~할 가치가 있다

0449

attract
[ətrǽkt]

동 (주의·흥미 등을) 끌다, 매혹하다

파 attraction n. 1. 매력 2. 명소, 볼거리
attractive a. 매력적인
(↔ unattractive a. 매력 없는)

유 • charm v. 매혹하다
• captivate v. 마음을 사로잡다
반 • repel v. 쫓아버리다, 혐오감을 주다
• disgust v. 혐오감을 주다
기출 어구 tourist attraction 관광 명소

0450

tempt
[tempt]

동 유혹하다, 유도하다, 부추기다

파 temptation n. 유혹
tempting a. 유혹하는, 매력적인

유 lure, allure v. 유혹하다
어법 point tempt A to do
A가 ~하도록 유혹하다

0451

visible
[vízəbl]

형 눈에 보이는, 뚜렷한

파 visibly ad. 눈에 띄게, 뚜렷하게
visibility n. 눈에 잘 보임, 가시성

유 clear, obvious, apparent
a. 눈에 띄는, 분명한
반 invisible a. 1. 눈에 보이지 않는 2. 무형의

0452

outcome
[áutkÀm]
圀 명 결과

圀 유 result, consequence n. 결과

0453

stretch
[stretʃ]
圀 동 늘이다, 뻗다
圀 명 늘리기, 뻗음, 신축성

圀 유 extend v. 뻗다, 늘이다

0454

convenient
[kənvíːnjənt]
圀 형 편리한
圀 파 convenience n. 편리, 편의
(↔ inconvenience n. 불편, 폐)

圀 반 inconvenient a. 불편한
圀 cf. convenience store 편의점

0455

fame
[feim]
圀 명 명성
圀 동 유명하게 하다
圀 파 famous a. 유명한
famed a. 유명한, 이름난

圀 유 reputation n. 명성, 평판
圀 숙어 • earn[achieve, gain] one's fame 명성을 얻다
• lose one's fame 명성을 잃다
圀 cf. infamous a. 악명 높은(= notorious)

0456

handle
[hǽndl]
圀 동 (문제 등을) 다루다, 처리하다
圀 명 손잡이

圀 유 • manage v. 관리하다, 다루다
• deal with ~을 다루다, 처리하다

0457

refresh
[rifréʃ]
圀 동 상쾌하게 하다, 새롭게 하다
圀 파 refreshed a. (기분이) 상쾌한
refreshment n. 1. 상쾌하게 함 2. 다과, 간단한 식사

圀 유 • revive v. 활기를 되찾게 하다
• revitalize v. 새로운 활력을 주다

0458

strategy
[strǽtədʒi]
圀 명 전략, 계획
圀 파 strategic a. 전략적인(= tactical)
strategize v. 전략을 짜다

圀 유 • tactics n. 전략, 전술
• scheme n. 계획, 책략

0459

contrary
[kántreri]
圀 형 반대되는, 반대의
圀 명 반대되는 것

圀 유 opposite a. 반대의 n. 반대되는 것
圀 숙어 • contrary to ~에 반하여, ~와 상반되는(= opposite to)
• on the contrary 그와는 반대로 (= in contrast)

oppose
[əpóuz]

동 반대하다, 대립하다

파 opposite a. (정)반대의(= contrary), 맞은편의
n. (정)반대의 것 prep. ~의 맞은편에(= across from)
opposed a. 반대되는, 아주 다른
opposition n. 반대, 반대편

유 be against ~에 반대하다
반 • agree v. 동의하다
• support v. 지지하다
숙어 • be opposed to ~에 반대하다
• as opposed to ~와는 반대로,
~와는 대조적으로

disagree
[dìsəgríː]

동 동의하지 않다, 일치하지 않다

파 disagreement n. 의견 충돌, 불일치
(↔ agreement n. 동의, 일치)
disagreeable a. 마음에 안 드는, 불쾌한
(↔ agreeable a. 마음에 드는, 쾌활한)

반 agree v. 동의하다, 일치하다
숙어 • disagree on[over] 사안
~에 대해 의견을 달리하다
(↔ agree on[over] ~에 대해 합의하다)
• disagree with 사람: ~와 의견을 달리 하다
(↔ agree with 사람: ~와 의견을 함께 하다)

defend
[difénd]

동 1. 방어하다, 수비하다
2. 옹호[변호]하다

파 defense n. 1. 방어, 수비
(↔ offense n. 공격) 2. 변호
defensive a. 방어적인, 옹호의
(↔ offensive a. 공격적인)

유 protect, guard v. 지키다, 보호하다
반 attack v. 공격하다
숙어 defend A from[against] B
A를 B로부터 방어하다
cf. • defendant n. 피고
• defender n. 1. 수비 선수 2. 옹호자
3. 피고측 변호사

blame
[bleim]

동 비난하다, ~의 탓으로 돌리다
명 비난, 탓

유 accuse v. 1. 비난하다 2. 고소하다
숙어 • blame A for B
B에 대해 A를 비난하다(= accuse A of B
B에 대해 A를 비난하다[고소하다])
• blame A on B B를 A의 탓으로 돌리다

responsible
[rispάnsəbl]

형 책임이 있는

파 responsibility n. 책임, 책무, 의무
(= duty, obligation)

반 irresponsible a. 무책임한
숙어 be responsible for ~에 대해 책임
이 있다, ~의 원인이다, ~을 담당하다
(= be in charge of ~을 담당하다)

string
[striŋ]

명 1. 끈, 줄 2. 일련 3. (pl.) 조건
동 묶다, 매달다

유 • cord n. 끈, 가는 밧줄
• series n. 일련, 연속
숙어 • a string of 일련의(= a series of)
• with no strings attached
아무런 조건 없이
cf. string instrument 현악기

DAY 07

0466

abandon
[əbǽndən]

동 1. 버리다 2. 그만두다, 포기하다
　　3. (버리고) 떠나다
파 abandoned a. 버려진, 유기된
abandonment n. 1. 유기, 버림 2. 포기

유 • desert v. 버리다
• give up 포기하다, 그만두다

0467

devise
[diváiz]

동 고안하다, 궁리하다
파 device n. 1. 장치, 기구 2. 고안, 방책

유 • invent v. 고안하다, 발명하다
• think up 고안하다, 생각해 내다

0468

revise
[riváiz]

동 1. 변경하다, 수정하다 2. 개정하다
파 revision n. 변경, 수정, 개정

유 • amend v. 수정하다, 개정하다
• modify v. 수정하다, 변경하다

0469

framework
[fréimwə̀ːrk]

명 뼈대, 틀, 체제, 구조
파 frame n. 1. 뼈대, 틀 2. 액자 3. (영화 등의) 장면
v. 틀에 넣다, 틀을 잡다

유 • system n. 체계, 구조
• structure n. 구조

0470

qualify
[kwáləfài]

동 자격을 주다, 자격을 얻다
파 qualification n. 자격, 자질, 자격증
qualified a. 자격이 있는

반 disqualify v. ~의 자격을 박탈하다, 실격시키다
숙어 • qualify as ~로서 자격을 얻다
• be qualified as ~로서 자격이 있다

0471

assure
[əʃúər]

동 1. 보장하다
　　2. 확신시키다, 확실하게 하다
파 assurance n. 보장, 확신
assured a. 자신감 있는, 확신이 있는

유 • ensure v. 보장하다
• convince v. 확신시키다
숙어 • assure[convince] A of B
A에게 B를 확신시키다
• assure[convince] A that ~
A에게 ~을 확신시키다
cf. reassure v. 안심시키다

0472

protest
[동: prətést /
　명: próutest]

동 항의[반대]하다, 이의를 제기하다
명 항의, 반대, 시위
파 protester n. 시위자

유 • object, oppose v. 반대하다
• objection, opposition n. 반대
• demonstration n. 시위
cf. Protestant n. 개신교도

0473

pressure
[préʃər]

명 압박, 압력
동 압력을 가하다
파 press v. 누르다, 압박하다 n. (the ~) 언론

유 stress n. 압박
숙어 put pressure on
~에게 압박을 가하다
cf. • blood pressure 혈압
• atmospheric[barometric] pressure
기압

0474

aisle
[ail]

명 통로, 복도

유 hallway, passageway, corridor
n. 통로, 복도

0475

storage
[stɔ́ːridʒ]

명 1. 저장, 보관 2. 저장소, 보관소
파 store v. 저장하다 n. 1. 가게 2. (pl.) 상품, 창고

유 storehouse, warehouse n. 창고

0476

appropriate
[əpróupriət]

형 적절한, 알맞은
파 appropriately ad. 적절하게

유 proper, suitable a. 적절한
반 inappropriate a. 부적절한

0477

associate
[동: əsóuʃièit /
명: əsóuʃiət]

동 1. 연관 짓다, 연상하다 2. 교제하다
명 동료
파 association n. 1. 연관(성), 연계 2. 협회
associated a. 1. 연관된 2. 연합의

반 disassociate v. 관계를 끊다, 단절하다
숙어 • associate A with B
A와 B를 연관시키다
• be associated with ~와 연관되다

0478

relate
[riléit]

동 1. 관련이 있다, 관련 짓다
2. 이야기하다
파 relation n. 관계, 관련(성)
relationship n. 관계, 관련
related a. 관련된, 친척의

숙어 • relate to 1. ~와 관련이 있다
2. ~에 대해 이야기하다
• relate A to B A를 B와 관련시키다
• be related to ~와 관련되다

0479

nevertheless
[nèvərðəlés]

부 그럼에도 불구하고

유 nonetheless, notwithstanding
ad. 그럼에도 불구하고

0480

dust
[dʌst]

명 먼지, 가루 동 먼지를 털다
파 dusty a. 먼지가 많은

유 dirt n. 먼지
cf. fine dust 미세 먼지

각 빈칸에 알맞은 영단어 또는 우리말을 쓰시오.

01 Fruits and vegetables are believed to help p__________ cancer. [14 모평]

사람들은 과일과 채소가 암을 예방하는 데 도움이 된다고 믿고 있다.

---

02 Although results won't be apparent immediately, the long-range benefits are w__________. [12 수능]

비록 결과가 곧바로 분명하게 나타나지는 않겠지만, 장기적인 이점은 그만한 가치가 있다.

---

03 One must select a particular strategy appropriate to the occasion and follow the chosen course of action. [16 모평]

사람들은 그 경우에 알맞은 특별한 ________을 선택해야 하고 선택된 행동 방침을 따라야 한다.

---

04 With each additional skill, babies gain control over their bodies and the environment in a new way. [18 모평]

각각의 ________ 기술로 아기들은 새로운 방식으로 자신의 신체와 환경에 대한 통제력을 얻는다.

---

05 Certain birds and rodents create barriers around their nests in order to more easily d__________ invaders. [17 모평]

어떤 새와 설치류 동물은 침입자를 더 쉽게 감지하기 위하여 자신의 보금자리 주변에 장애물을 만든다.   *rodent 설치류 동물

---

06 Most people agree that fruit is a valuable, healthy food. Nonetheless, they usually throw away a very nutritious part of the fruit—the peel. [07 수능]

대부분의 사람들은 과일이 귀중하고 건강에 좋은 음식이라는 데 동의한다. ________, 그들은 보통 과일의 매우 영양가 있는 부분인 껍질을 버린다.

---

07 The perception of a moving object as a car is based on an interpretation of incoming data within the f__________ of our knowledge of the world. [19 모평]

움직이는 물체를 자동차라고 인식하는 것은 세상에 대한 우리의 지식이라는 틀 안에서, 들어오는 정보를 해석하는 것에 근거한다.   *perception 인식

---

08 They used these theories to make predictions and if they didn't work, they collected more data and r__________ the theories. [17 학평]

그들은 이 이론들을 사용하여 예측을 했고, 그 이론들이 작동하지 않으면 더 많은 자료를 수집하고 그 이론들을 수정했다.

---

09 We must be ready to a__________ or modify our hypothesis as soon as it is shown to be inconsistent with the facts. [18 학평]

우리는 우리의 가설이 사실들과 일치하지 않음이 드러나자마자 그것을 폐기하거나 수정할 준비가 되어 있어야 한다.

---

10 Breaden s__________ out his arm and was about to grab a bar when he felt a tight grip on his hand. [17 수능]

Breaden은 팔을 뻗어서 초코바 하나를 막 움켜쥐려고 했는데, 그때 자신의 손을 꽉 잡는 것을 느꼈다.

21~30번 ▶ **21** handle   **22** 반대의   **23** assured   **24** 압력   **25** aisle
정답   **26** qualified   **27** responsible   **28** tempt   **29** 비극   **30** opposed

11 His mathematical theory of heat conduction earned him lasting fame. [14 수능]

열전도에 대한 그의 수학적 이론은 그에게 지속적인 __________을 얻게 해주었다.
*conduction (전기나 열의) 전도

12 The machine certainly stirred up d__________, but it ultimately proved ineffective in collecting and removing it. [12 학평]

그 기계는 분명히 먼지를 일으키기는 했으나, 결국 먼지를 모으고 제거하는 데는 비효율적임이 밝혀졌다.

13 A violin creates tension in its s__________ and gives each of them an equilibrium shape: a straight line. [09 수능]

바이올린은 줄들에 장력을 만들어 내어 그 각각의 줄이 평형 모양, 즉 직선이 되도록 만든다.
*equilibrium 평형(상태)

14 Children who learn to fear thunder by watching their parents react to it have undergone similar conditioning. [10 모평]

부모가 천둥에 반응하는 것을 보면서 천둥에 대한 두려움을 배운 아이들은 비슷한 조건화를 __________.

15 Appert had d__________ his methods solely by experiment and had no idea why it worked. [18 학평]

Appert는 오로지 실험에 의해서만 자신의 방법을 고안했고 그것이 작동하는 이유는 알지 못했다.

16 Almost all of us follow the guidelines for what is "a__________" for our roles. [17 모평]

우리 중 거의 모두는 우리의 역할에 '적절한' 것에 대한 지침을 따른다.

17 A currently popular attitude is to blame technology or technologists for having brought on the environmental problems we face today. [15 수능]

현재 대중의 태도는 오늘날 우리가 직면하고 있는 환경문제들을 초래한 것에 대해 기술 혹은 과학 기술자들을 __________ 것이다.

18 Most predators have to single out and focus on a single individual, in order to successfully c__________ a prey. [12 학평]

대부분의 포식자들은 먹이를 성공적으로 포획하기 위해 하나를 추려내야 하고, 한 마리에 집중해야 한다.

19 Tango musicians bring different genres of music together to a__________ a more diverse audience from varying backgrounds. [20 모평]

탱고 음악가는 다양한 배경의 더 다양한 청중을 끌어들이기 위해 여러 장르의 음악을 한데 모은다.

20 An introvert would enjoy reflecting on their thoughts, and thus would be far less likely to s__________ from boredom without outside stimulation. [19 모평]

내성적인 사람은 자신의 생각을 성찰하는 것을 즐기며, 그러므로 외부 자극이 없어도 지루함에 고통 받을 가능성이 훨씬 더 적을 것이다.

31~40번 ▶ 정답

| 31 refresh | 32 방어하기 | 33 결과들 | 34 visible | 35 protested |
| 36 relates | 37 associate | 38 convenient / convenience | 39 disagrees | 40 storage |

21 One difference between winners and losers is how they h_________ losing. [15 수능]

승자와 패자 사이의 한 가지 차이점은 그들이 패배를 어떻게 다루느냐 하는 것이다.

22 Animals behave in a way quite contrary to what might be expected from their physical form. [17 모평]

동물들은 그것들의 신체적 형태로부터 예상될 수 있는 것과는 _________ 방식으로 행동한다.

23 The minister's mother a_________ us that no permanent harm had been done. [18 학평]

목사의 어머니는 우리에게 영구적인 피해는 없었음을 확신시켰다.

24 Larger groups put more pressure on their members to conform. [15 수능]

규모가 더 큰 집단은 구성원들에게 순응하도록 더 큰 _________을 가한다.

25 All smiling, Breaden, a cute three-year-old boy, was walking along the a_________ of snacks, bars, and sweets. [17 수능]

귀여운 세 살짜리 사내아이 Breaden은 환하게 웃으며 스낵, (초코)바, 사탕들이 있는 통로를 따라 걷고 있었다.

26 He earned a medical degree from the University of Pennsylvania and q_________ as a doctor in 1892. [18 모평]

그는 펜실베이니아 대학교에서 의학 학위를 받고, 1892년에 의사 자격을 얻었다.

27 In humans, body clocks are r_________ for daily changes in blood pressure, body temperature, hormones, hunger, and thirst. [17 모평]

인간에게 있어서 생체 시계는 혈압, 체온, 호르몬, 배고픔, 그리고 갈증의 일상적 변화에 대해 책임이 있다.

28 The knowledge of another's personal affairs can t_________ the possessor of this information to repeat it as gossip. [20 모평]

다른 사람의 개인적인 일에 대해 아는 것은 이 정보를 가진 사람이 그것을 험담으로 반복하도록 유혹할 수 있다.

29 When he was eight years old, his father died, and less than a year after this tragedy, his mother passed away, leaving him an orphan. [14 모평]

여덟 살 때 그의 아버지는 사망하였고, 이러한 _________이 있은 지 일 년도 안 되어 그의 어머니가 돌아가시면서 그는 고아로 남겨지게 되었다.

30 If the experimental results or observations are definitely o_________ to the hypothesis, one has to discard the idea with as few regrets as possible. [18 학평]

만약 실험의 결과나 관찰들이 확실하게 가설에 반대되면, 가능한 한 후회 없이 그 아이디어를 폐기해야 한다.

01~10번 ▶ 정답
01 prevent 02 worthwhile 03 전략 04 추가적인 05 detect
06 그럼에도 불구하고 07 framework 08 revised 09 abandon 10 stretched

31 Taking a walk will r_________ you, and you may get some new ideas. [18 모평]

산책을 하면 기분이 상쾌해질 것이고, 새로운 아이디어를 얻을 수 있을 것이다.

32 Lone animals rely on their own senses to defend themselves. [14 모평]

혼자 있는 동물들은 스스로를 _________ 위해 자신들만의 감각에 의존한다.

33 Any small difference in mental factors can play a huge role in determining performance outcomes. [18 모평]

정신적 요인에서의 어떠한 작은 차이라고 하더라도 수행의 _________을 결정하는 데 지대한 역할을 할 수 있다.

34 Our eyes and ears receive lights and sounds across the spectrums of v_________ and audible wavelengths. [17 학평]

우리의 눈과 귀는 볼 수 있고 들을 수 있는 파장의 스펙트럼 전체에 걸쳐 있는 빛과 소리를 받아들인다.

35 Mark p_________ but when Mom had her mind made up, there was no point in wasting time trying to change it. [18 학평]

Mark는 항의했지만 엄마가 결심을 하면, 그것을 바꾸려고 시간을 낭비해봤자 소용이 없었다.

36 When a new story appears, we attempt to find a belief of ours that r_________ to it. [17 모평]

새로운 이야기가 등장할 때, 우리는 우리가 가진 신념 중에서 그것과 관련이 있는 것을 찾으려고 시도한다.

37 It is natural to a_________ music with the sounds that create the melody, rather than with the quiet spaces between the notes. [13 모평]

음악을 음표 사이의 소리가 나지 않는 자리보다는 멜로디를 만들어내는 음들과 연관 짓는 것은 자연스럽다.

38 Storing information has become fantastically c_________, but it's more than c_________ that makes us preserve. [16 학평]

정보를 저장하는 것이 엄청나게 편리해지기도 했지만, 우리로 하여금 보존하도록 만드는 것은 편리함 이상이다. *preserve 보존하다

39 If your picture of a counselor is someone who never d_________ and always "goes along," this is not a picture of an assertive counselor. [16 수능]

만약 상담사에 대한 여러분의 마음속 그림이 결코 반대하지 않고, 항상 '동의하는' 사람이라면, 이것은 확신에 찬 상담사의 모습은 아니다. *assertive 확신에 찬

40 This is now causing its own problems as s_________ ponds designed to store a few years' waste become filled or overflowing. [19 모평]

몇 년간의 폐기물을 저장하기 위해 만들어진 저장조가 가득 차거나 넘쳐나게 되면서 이것이 이제 그 자체의 문제를 일으키고 있다.

11~20번 ▶
정답

11 명성	12 dust	13 strings	14 경험했다	15 devised
16 appropriate	17 비난하는[탓하는]	18 capture	19 attract	20 suffer

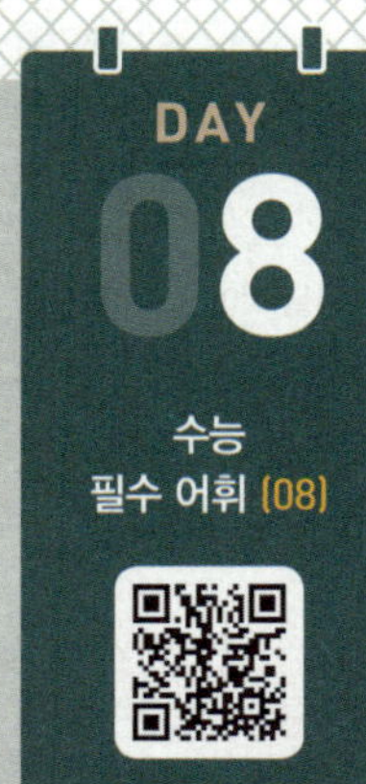

수능 필수 어휘 (08)

표제어 음성 QR코드

- ☐ appeal
- ☐ persuade
- ☐ debate
- ☐ contrast
- ☐ mention
- ☐ maintain
- ☐ likely
- ☐ foresee
- ☐ caution
- ☐ lessen
- ☐ decay
- ☐ objective
- ☐ subjective
- ☐ broad
- ☐ simplicity
- ☐ track
- ☐ sufficient
- ☐ function
- ☐ internal
- ☐ external
- ☐ pace
- ☐ assign
- ☐ obligation
- ☐ routine
- ☐ overall
- ☐ spoil
- ☐ counsel
- ☐ gaze
- ☐ glance
- ☐ document
- ☐ found
- ☐ diverse
- ☐ interact
- ☐ interfere
- ☐ forbid
- ☐ ultimate
- ☐ strive
- ☐ unify
- ☐ fancy
- ☐ union

0481

appeal
[əpíːl]

图 1. 호소하다, 간청하다 2. 마음을 끌다
图 1. 호소, 간청 2. 매력
파 appealing a. 마음을 끄는, 매력적인

➕ 수능 PLUS 수능 이렇게 나온다

유 plead, beg v. 간청하다, 애원하다
숙어 appeal to ~에게 호소하다, 간청하다

0482

persuade
[pərswéid]

图 설득하다, 납득시키다
파 persuasion n. 설득
persuasive a. 설득력 있는

숙어 • persuade A into -ing =
persuade A to do A가 ~하도록 설득하다
(= talk A into -ing)
• persuade A of B A에게 B를 납득시키다
(= convince A of B)

0483

debate
[dibéit]

图 토론, 논쟁 图 논쟁하다

유 dispute n. 논쟁 v. 논쟁하다

0484

contrast
[명: kántræst /
동: kəntrǽst]

图 대조, 대비, 차이
图 대조하다, 차이를 보이다

숙어 in[by] contrast (to[with])
(~와) 반대로, (~와) 대조적으로

0485

mention
[ménʃən]

图 언급하다, 말하다 图 언급

유 • remark v. 언급하다 n. 언급
• refer to ~에 대해 언급하다
숙어 not to mention ~은 말할 것도 없이

0486

maintain
[meintéin]

图 1. 유지하다, 지속하다 2. 주장하다
파 maintenance n. 유지, 지속 2. 보수 (관리)

유 • sustain v. 유지하다, 지속하다
• assert, claim, insist v. 주장하다

0487

likely
[láikli]

형 ~할 것 같은, 있음직한

파 likelihood n. 가능성(= possibility, probability)

반 unlikely a. ~할 것 같지 않은, 있음직하지 않은

숙어 be likely[unlikely] to *do* ~할 것 같다[같지 않다], ~할 가능성이 있다[없다]

0488

foresee
[fɔ:rsí:]

(foresee – foresaw – foreseen)

동 예견하다

파 foreseeable a. 예측 가능한
unforeseen a. 예측하지 못한, 뜻밖의
foresight n. 예지력, 선견지명

유 • predict v. 예측하다, 예견하다
• foretell v. 예언하다, 예지하다
• forecast v. 예측하다, 예보하다

0489

caution
[kɔ́:ʃən]

명 조심, 주의, 경고

동 주의를 주다, 경고하다

파 cautious a. 조심스러운, 신중한

유 • care n. 조심, 주의
• warn v. 경고하다, 주의를 주다

숙어 with caution 조심하여, 신중하게

0490

lessen
[lésən]

동 줄다, 줄이다

파 less a. 더 적은

유 • decrease, diminish v. 줄다, 줄이다
• reduce v. 줄이다, 축소하다

0491

decay
[dikéi]

동 1. 부패하다, 썩다 2. 쇠퇴하다

명 1. 부패 2. 쇠퇴

유 • rot v. 부패하다 n. 부패
• decompose v. 부패하다, 분해되다
• spoil v. 상하다, 썩다

0492

objective
[əbdʒéktiv]

형 객관적인   명 목적, 목표

파 objectively ad. 객관적으로
objectivity n. 객관성

유 • impartial, unbiased a. 편견이 없는
• disinterested a. 사심이 없는, 객관적인
• goal, aim, purpose, object n. 목적, 목표

0493

subjective
[səbdʒéktiv]

형 주관적인

파 subjectively ad. 주관적으로
subjectivity n. 주관성

유 • partial a. 편파적인
• biased a. 편향된, 선입견이 있는

0494

broad
[brɔːd]

형 1. 폭넓은, 광범위한
2. 일반적인, 개괄적인

파 broadly ad. 널리, 대략적으로
broaden v. (폭을) 넓히다(= widen), 확장하다

유 wide, extensive a. 넓은, 광범위한
반 narrow a. 좁은

DAY 08

0495

simplicity
[simplísəti]

명 단순함, 간단함, 소박함

파 simple a. 단순한, 간단한, 소박한
simplify v. 단순화하다, 간단하게 하다
simplification n. 단순화
simplistic a. 지나치게 단순화한

cf. • oversimplify v. 지나치게 단순화하다
• oversimplification n. 지나친 단순화

0496

track
[træk]

명 1. 길, 선로 2. 자취
동 추적하다, 자취를 쫓다

유 trace n. 흔적, 자취 v. 추적하다
숙어 keep track of
1. ~을 추적하다 2. ~을 기록하다
• lose track of ~을 놓치다
• track down ~을 (추적하여) 찾아내다
기출 어구 track record
(개인 · 기관의) 실적, 업적

0497

sufficient
[səfíʃənt]

형 충분한

파 sufficiently ad. 충분히
suffice v. 충분하다
sufficiency n. 충분한 수[양]

유 • enough a. 충분한
• ample a. 충분한, 풍부한
반 insufficient a. 불충분한
cf. self-sufficient a. 자급자족할 수 있는

0498

function
[fʌ́ŋkʃən]

명 기능, 역할 동 기능하다, 작동하다
파 functional a. 기능적인, 실용적인
functionality n. 기능성, 목적

반 • malfunction n. 고장, 오작동
v. 제대로 작동하지 않다
• dysfunction n. 기능 장애, 역기능

0499

internal
[intə́ːrnəl]

형 1. 내부의, 내면의 2. 국내의
파 internally ad. 내부[내면]적으로, 국내에
internalize v. 내재화하다, 내면화하다

유 • inner, interior a. 내부의
• domestic a. 국내의
cf. inward a. 1. 안쪽으로 향한
2. 마음속의 ad. 1. 안쪽으로 2. 마음속에

0500

external
[ikstə́ːrnəl]

형 1. 외부의, 외면의 2. 대외적인, 외국의
파 externally ad. 외부[외면]적으로, 대외적으로
externalize v. 외면화하다, 형태로 나타내다

유 outer, exterior a. 외부의
cf. outward a. 1. 밖으로 향하는
2. 겉으로 보이는 ad. 바깥쪽으로

0501

pace
[peis]

명 1. 속도 2. 걸음
동 보조를 맞추다

숙어 keep pace with ~와 보조를 맞추다,
~에 뒤처지지 않고 따라가다
(= keep up with)

0502

assign
[əsáin]

동 1. (일을) 할당하다, 배정하다
2. (사람을) 배치하다

파 assignment n. 1. 임무, 과제 2. 배정, 배치

유 allot, allocate v. 할당하다
어법 point • assign A(사람) B = assign B to A(사람) A에게 B를 할당하다
• assign A(사람) to B A를 B에 배치하다

0503

obligation
[àbləgéiʃən]

명 의무, 책무, 계약

파 obligatory a. 의무적인
(= compulsory, mandatory)
obligate v. (법적·도의적으로) 의무를 지우다

유 • duty n. 의무
• responsibility n. 책임, 책무

0504

routine
[ruːtíːn]

명 일과, 일상적인 일, (판에 박힌) 일상
형 일상적인

파 routinely ad. 일상적으로

cf. • a dance routine 정해진 춤 동작
• (a) daily routine (평범한) 일상

0505

overall
[òuvərɔ́ːl]

형 전체의, 전반적인
부 전반적으로, 대체로

유 • general a. 전반적인, 일반의
• generally ad. 일반적으로, 대개
(= in general)

0506

spoil
[spɔil]

동 1. 망치다, 못 쓰게 만들다
2. (음식이) 상하다 3. 버릇없게 만들다

파 spoilage n. 부패, 손상

유 • ruin v. 망치다
• go bad 음식이 상하다
cf. spoiler n. 스포일러(영화, 소설 등의 주요 줄거리를 미리 알려주는 정보)

0507

counsel
[káunsəl]

동 상담하다, 조언하다
명 1. 상담, 조언 2. 변호사

파 counselling n. 카운슬링, 상담, 조언
counselor[counsellor] n. 카운슬러, 상담자

유 • advise v. 충고하다, 조언하다
• advice n. 충고, 조언
기출 어구 legal counsel 변호사, 법률 고문

0508

gaze
[geiz]

동 응시하다 명 응시, 시선

유 stare v. 응시하다, 쳐다보다
숙어 gaze at ~을 응시하다(= stare at)

0509

glance
[glæns]

동 힐끗 보다, 훑어보다
명 힐끗 봄, 눈짓

유 glimpse v. 힐끗[언뜻] 보다 n. 힐끗 봄
숙어 • glance at ~을 힐끗 보다
• at first glance 얼핏 보기에
• at a glance 한눈에, 즉시

DAY 08

document
[명: dάkjumənt /
동: dάkjumènt]

명 서류, 문서

동 기록하다, 서류로 입증하다

파 documentary a. 문서의, 사실을 기록한
n. 다큐멘터리

유 • papers n. 서류, 문서
• record v. 기록하다

found
[faund]

(found – founded –
founded)

동 1. 세우다, 설립하다

2. ~에 기반을 두다

파 foundation n. 1. 기초, 토대 2. 재단, 협회 3. 설립
founding n. 설립, 창립
founder n. 창업자, 설립자

유 establish v. 설립하다
숙어 lay the foundation(s) for
~의 토대[기반]를 마련하다
cf. found: find(찾다, 발견하다)의 과거 ·
과거분사 (find-found-found)

diverse
[divə́ːrs]

형 다양한, 여러 가지의

파 diversity n. 다양성(= variety)
diversify v. 다양화하다
diversification n. 다양화, 변화

유 various, varied a. 다양한, 여러 가지의
cf. biodiversity(= biological diversity)
n. 생물의 다양성

interact
[ìntərǽkt]

동 상호 작용을 하다, 소통하다, 교류하다

파 interaction n. 상호 작용
interactive a. 상호 작용하는, 쌍방향의
interactional a. 상호 작용의
interactivity n. 상호 대화, 쌍방향성

숙어 interact with ~와 상호 작용을 하다
cf. interactive media 인터액티브미디어
(대화형[쌍방형] 미디어)

interfere
[ìntərfíər]

동 1. 방해하다 2. 간섭하다, 개입하다

파 interference n. 1. 방해 2. 간섭

숙어 • interfere with ~을 방해하다
(= interrupt)
• interfere in ~에 간섭하다, 개입하다
(= meddle in, intervene in)

forbid
[fərbíd]

(forbid – forbade –
forbidden)

동 금지하다, 못하게 하다

파 forbidden a. 금지된

유 ban, prohibit v. 금지하다
어법 point forbid A from -ing = forbid
A to do A가 ~하는 것을 금지하다

0516

ultimate
[ʌ́ltəmit]

형 궁극적인, 최후의
파 ultimately ad. 궁극적으로, 결국(= finally)

유 final a. 마지막의, 최종적인

0517

strive
[straiv]

동 노력하다, 애쓰다

유 struggle v. 애쓰다, 분투하다 n. 분투
숙어 • strive for ~을 위해 노력하다
• strive to *do* ~하려고 노력하다

0518

unify
[júːnəfài]

동 통합하다, 통일하다
파 unified a. 통합된, 통일된
unification n. 통일, 통합

유 unite v. 연합하다, 통합시키다
반 divide v. 나누다, 쪼개다
cf. reunification n. 재통합, 재통일

0519

fancy
[fǽnsi]

형 고급의, 화려한
명 1. 공상, 상상 2. 기호, 바람
동 1. 상상하다 2. 원하다

반 plain a. 소박한, 꾸미지 않은
숙어 have a fancy for ~을 좋아하다
(= like, care for)

0520

union
[júːnjən]

명 조합, 연합, 결합
파 unionize v. 노동조합을 결성하다

유 • association n. 연합, 협회
• alliance n. 동맹, 연합
cf. reunion n. 재회, 재결합

각 빈칸에 알맞은 영단어 또는 우리말을 쓰시오.

01 Persuasion works by a__________ to our emotion as well as by a__________ to our reason. [13 모평]

설득은 이성에 호소함으로써 뿐만 아니라, 감정에도 호소함으로써 작용한다.

02 The production of biodiesel decreased in c__________ to the rise of that of bioethanol. [12 수능]

바이오디젤 생산량은 바이오에탄올 생산량 증가와 반대로 감소했다.

03 The p__________ increased so fast that Bob could not keep up with the back-and-forth interpretation. [17 수능]

속도가 너무나 빨라져서 Bob은 오가는 통역을 제대로 할 수가 없었다.

04 To be creative problem solvers, people must learn to approach complexity with a certain naive simplicity. [14 모평]

창의적으로 문제를 해결하는 사람이 되기 위해 사람들은 어느 정도 천진난만한 __________으로 복잡한 문제에 접근하는 법을 배워야 한다.

05 They believe that humans have the moral o__________ to protect all other forms of life. [08 모평]

그들은 인간에게 다른 모든 형태의 생명을 보호해야 할 도덕적 의무가 있다고 믿는다.

06 When people interact with someone whom they do not f__________ meeting again, they have little reason to search for positive qualities. [14 모평]

사람들이 다시 만날 것을 예견하지 않는 누군가와 교제할 때, 그들은 긍정적인 특성들을 찾아야 할 이유가 거의 없다.

07 Any reader who feels she or he needs legal advice should consult legal c__________. [09 모평]

법률 자문 필요하다고 생각하는 독자는 법률 고문과 상담해야 한다.

08 Growing up in Holland, he was taught to clear his plate; playing with food was f__________. [06 수능]

네덜란드에서 자라면서, 그는 자신의 접시를 깨끗하게 치우도록 배웠다. 음식으로 장난하는 것은 금지되었었다.

09 The ultimate power is the power to get people to do as you wish. [11 모평]

__________ 힘은 당신이 원하는 대로 사람들이 하도록 하는 것이다.

10 The Mongol Empire was not a unified state but a vast collection of territories held together by military force. [07 모평]

몽골 제국은 __________ 국가가 아니라 군사력에 의해 유지된 방대한 영토의 집합체였다.

21~29번
정답 ▶ **21** 논쟁들   **22** likely   **23** fancy   **24** 방해할   **25** documents
26 founded   **27** lessen   **28** routines   **29** external / internal

11 Students need to learn how to p__________ other people of the value of their ideas. [14 모평]

학생들은 다른 사람들에게 자신의 생각의 가치를 납득시키는 법을 배울 필요가 있다.

12 The temperature was m__________ at the same level, but the walls were painted a warm coral. [15 수능]

온도는 동일한 수준으로 유지되었지만, 벽을 따뜻한 산호색으로 칠했다.

13 Exactly how cicadas keep t__________ of time has always intrigued researchers. [15 수능]

정확히 매미가 어떻게 시간을 추적하는지는 항상 연구자들의 호기심을 자아내었다.

*intrigue 호기심을 자아내다

14 Textiles and clothing have functions that go beyond just protecting the body. [15 모평]

옷감과 옷은 단지 몸을 보호하는 것을 넘어서는 __________을 갖고 있다.

15 Researchers randomly assigned the students to three planning conditions. [14 학평]

연구원들은 학생들을 세 가지 계획 조건에 무작위로 __________.

16 Today the term artist is used to refer to a b__________ range of creative individuals across the globe from both past and present. [18 모평]

오늘날 예술가라는 용어는 과거와 현재 모두로부터 전 세계의 폭넓은 범위의 창의적인 개인들을 지칭하는 데 사용된다.

17 Occasionally when someone, usually a child, opened it without sufficient c__________, an egg would fall out and break on the kitchen floor. [11 모평]

가끔 누군가가, 보통은 어린아이지만, 충분히 주의를 기울이지 않고 그것을 열었을 때, 계란 하나가 떨어져서 부엌 바닥에 깨지곤 하였다.

18 Food and vaccines would spoil without refrigeration. [19 모평]

냉장하지 않으면 식품과 백신이 __________ 것이다.

19 Since the 1980's, zoos have s__________ to reproduce the natural habitats of their animals. [12 모평]

1980년대 이후, 동물원들은 동물들의 자연 서식지를 재현하기 위해 노력해 왔다.

20 Workers wanted more leisure and leisure time was enlarged by u__________ campaigns. [19 수능]

노동자들은 더 많은 여가를 원했고, 여가 시간은 노동조합 운동에 의해 확대되었다.

30~38번 ▶ 30 glance　　31 썩는다　　32 전반적인　　33 mentioned　　34 sufficient
정답　　35 interact　　36 diverse　　37 gaze　　38 objective / subjective

21 Debates cause disagreements to evolve, often for the better. [18 모평]

__________은 이견들을 자주 더 나은 쪽으로 전개시킨다.

22 Today, children are more l__________ to think of carbon dioxide as a poison. [14 학평]

오늘날 아이들은 이산화탄소를 독소라고 생각할 가능성이 더 높다.

23 The high school grounds were filled with well-dressed people, posing in f__________ dresses and suits for cheerful photographers. [16 수능]

고등학교 운동장은 화려한 드레스와 정장을 입고 즐거운 사진사들을 위해 포즈를 취하는, 잘 차려 입은 사람들로 가득 차 있었다.

24 Consistently second-guessing ourselves would interfere with our daily functioning and promote a negative effect. [14 모평]

지속적으로 뒤늦게 자신을 비판하는 것은 우리의 일상적인 기능을 __________것이고 부정적인 결과를 촉진할 것이다.

*second-guess 뒤늦게 비판하다

25 Most readers of reports and papers are reading the d__________ because they are interested in the subject. [17 수능]

보고서와 논문을 읽는 대부분의 사람들은 그 주제에 흥미가 있기 때문에 그 문서들을 읽고 있는 것이다.

26 These composers and others including music publishers f__________ a society to enforce and administer their performing rights. [17 모평]

이 작곡가들과 음악 발행인을 포함한 다른 사람들은 자신들의 공연 권리를 시행하고 관리하기 위해 협회를 설립했다.

27 Scientists can l__________ bias by running as many trials as possible and by keeping accurate notes of each observation made. [13 수능]

과학자들은 가능한 한 많은 실험을 하고, 관찰한 것을 정확히 기록함으로써 편견을 줄일 수 있다.

28 They wear their hair the same way, buy the same brand of shoes, eat the same breakfast, and stick to r__________ for no reason other than the ease of a comfortable, predictable life. [16 수능]

그들은 편안하고 예측 가능한 삶이 쉽다는 이유만으로 똑같은 방식으로 머리를 하고, 똑같은 상표의 신발을 사고, 똑같은 아침을 먹으며 판에 박힌 일상을 고수한다.

29 In fact, we can even shut out everything e__________ to us, and concentrate on an i__________ dialogue, as when we are "lost in thought." [17 학평]

사실, 우리가 '사색에 잠겼을' 때처럼 우리는 심지어 우리 외부에 있는 모든 것을 차단하고 내부의 대화에 집중할 수 있다.

01~10번 ▶ 정답

01 appealing / appealing	02 contrast	03 pace	04 단순함	05 obligation
06 foresee	07 counsel	08 forbidden	09 궁극적인	10 통일된

30 A g__________ at the shelves can inspire a whole range of questions. [13 수능]

선반을 힐끗 보기만 하는 것도 온갖 범주의 질문이 떠오를 수 있다.

31 Bristlecone pines grow faster in richer conditions, but die earlier and soon decay. [11 수능]

브리슬콘 소나무는 기름진 환경에서 더 빨리 자라지만, 더 일찍 죽고 빨리 __________.

32 The year 2012 saw an overall percentage increase in each category of posted personal information. [15 수능]

2012년에는 개인 정보를 올린 각 부문들에서 __________ 비율의 증가를 보여주었다.

33 He borrowed lessons from my positive psychology class and even m__________ my name to his students. [15 수능]

그는 나의 긍정 심리학 수업에서 배운 수업 내용을 차용했고 심지어 그의 학생들에게 내 이름을 언급하기도 했다.

34 While a large population may have been necessary, in itself it was not s__________ for science to germinate. [15 수능]

많은 인구가 필요했을 수도 있었지만, 그것 자체만으로 과학이 싹트는 데는 충분하지 않았다.
*germinate 싹트다

35 Humans tend to i__________ with their pets when they feel like it, rather than consistently responding to the animal's demands for attention. [13 모평]

인간은 관심을 받고자 하는 (애완)동물의 요구에 지속적으로 응하기보다는 자신들이 그렇게 하고 싶을 때 애완동물과 상호 작용을 하는 경향이 있다.

36 Individuals from extremely d__________ backgrounds have learned to overlook their differences and live harmonious, loving lives together. [11 수능]

매우 다양한 배경을 가진 개인들이 그들의 차이를 눈감아주며 조화롭고 사랑하는 삶을 함께 사는 법을 배웠다.

37 Ideally (to some) there should exist ancient cultures for modern consumers to g__________ at while travelling or on holiday. [20 모평]

이상적으로 여행 중에 혹은 휴일에 현대 소비자가 바라볼 수 있는 (어느 정도) 고대 문화가 존재해야 한다.

38 There are no o__________ goals in novels, only the s__________ goal of seeking the law that is necessarily created by the individual. [19 모평]

소설에 객관적 목표는 없으며, 반드시 개인에 의해 만들어지는 법칙을 찾는 주관적인 목표만 있을 뿐이다.

11~20번 ▶
정답

11 persuade	12 maintained	13 track	14 기능들	15 배치[배정]했다
16 broad	17 caution	18 상할	19 strived	20 union

PREVIEW 40 Words

- ☐ devote
- ☐ pursue
- ☐ license
- ☐ mobile
- ☐ feedback
- ☐ bounce
- ☐ restore
- ☐ vital
- ☐ represent
- ☐ examine
- ☐ resource
- ☐ abstract
- ☐ permit
- ☐ acknowledge
- ☐ satisfy
- ☐ intellectual
- ☐ fasten
- ☐ adjust
- ☐ medium
- ☐ activate
- ☐ consult
- ☐ greet
- ☐ intimate
- ☐ negotiate
- ☐ defeat
- ☐ opponent
- ☐ victim
- ☐ versus
- ☐ via
- ☐ ease
- ☐ erase
- ☐ shallow
- ☐ dash
- ☐ soak
- ☐ conference
- ☐ chamber
- ☐ transfer
- ☐ expel
- ☐ common
- ☐ session

➕ 수능 PLUS 수능 이렇게 나온다

0521

devote
[divóut]

동 (시간 · 노력 등을) **바치다, 전념하다**

파 devotion n. 헌신, 전념, 몰두
devoted a. 1. 헌신적인, 전념하는 2. ~을 다룬

유 dedicate v. 1. (시간 · 노력 등을) 바치다 2. 헌정하다
숙어 • devote A to B A를 B에 바치다
• devote oneself to -ing
~하는 데에 전념하다

0522

pursue
[pərsú:]

동 1. **추구하다** 2. **뒤쫓다** 3. **실행해가다**

파 pursuit n. 1. 추구 2. 추적 3. (주로 pl.) (시간과 에너지를 들여 하는) 활동, 일

유 • seek v. 찾다, 추구하다
• chase v. 뒤쫓다, 추적하다
숙어 in pursuit of
~을 추구하여, ~을 쫓아서

0523

license
[láisəns]

명 **면허(증), 자격증** 동 **인가[허가]하다**

유 certificate n. 자격증, 증명서
기출 어구 driver's[driving] license
운전 면허증

0524

mobile
[móubəl / móubail]

형 **이동하는, 움직이기 쉬운**
명 1. **휴대전화** 2. **모빌**

파 mobility n. 이동성, 기동성
mobilize v. 동원하다
mobilization n. 동원, 운용

반 • stationary a. 움직이지 않는, 정지한
• static a. 고정된, 정적인
• immobile a. 움직일 수 없는
(▶ immobilize v. 움직이지 못하게 하다, 고정시키다)
cf. • mobile (phone) 휴대전화
(= cellphone, cellular phone)
• automobile n. 자동차

0525

feedback
[fí:dbæ̀k]

명 1. **피드백** 2. **반응, 의견**

숙어 give[provide] A feedback (on)
(~에 대해) A에게 피드백을 주다

0526

bounce
[bauns]

동 1. (공이) **튀다**, (사람이) **뛰어오르다**
2. (빛·소리가) **반사되다**
명 **튐, 탄력**

유 bound, rebound v. 되튀다
숙어 • bounce off ~에 부딪혀 튕겨나가다, 반사되다
• bounce back (from) (~에서) 회복하다 (= recover (from))

0527

restore
[ristɔ́r]

동 1. **회복시키다, 복구하다** 2. **돌려주다**
파 restoration n. 복구, 회복
restorative a. (원기를) 회복시키는
restorer n. 복원 전문가

유 • revive v. 회복[소생]시키다
• reconstruct v. 복원하다
• bring ~ back ~을 돌려주다

0528

vital
[váitəl]

형 1. **필수적인, 매우 중요한**
2. **생명의, 활기찬**
파 vitality n. 생명력, 활기
vitalize v. 생명을 주다, 활력을 주다
vitalization n. 생명[활력] 부여

유 • essential a. 필수적인
• crucial a. 매우 중요한, 결정적인
cf. revitalize v. 새로운 활력을 주다, 활성화하다(▶ revitalization n. 활성화)

0529

represent
[rèprizént]

동 1. **나타내다, 표현하다** 2. **대표하다**
파 representative n. 대리인, 대표자(= delegate)
a. 대표하는
representation n. 표현, 묘사, 표상

숙어 represent A as B
A를 B로 나타내다[표현하다]

0530

examine
[igzǽmin]

동 1. **조사하다, 살펴보다** 2. **진찰하다**
파 examination n. 1. 조사, 검사 2. 시험(= exam)
examiner n. 조사관, 심사위원

유 • look into ~을 조사하다, 살펴보다
• inspect v. 조사하다, 검사하다

0531

resource
[ríːsɔːrs]

명 1. **자원** 2. **자산, 자료**
3. (pl.) **지략, 재치**
파 resourceful a. 1. 기략 있는, 재치 있는 2. 자원이 풍부한

기출 어구 • environmental resources 환경 자원
• human resources 1. 인적 자원 2. 인사부

0532

abstract
[형, 명: ǽbstrækt / 동: æbstrǽkt]

형 **추상적인** 명 **개요**
동 **추출하다**
파 abstraction n. 1. 추상적 개념 2. 추출

반 concrete a. 구체적인
기출 어구 • abstract ideas 추상적인 생각들
• abstract painting 추상화

DAY 09

0533

permit
[동: pərmít / 명: pə́:rmit]

동 허락하다, 허용하다, 가능하게 하다
명 허가(증)
파 permission n. 허락, 허가
permissible a. 허용되는

유 allow v. 허락하다, 허용하다
반 forbid, prohibit v. 금지하다, 못하게 하다
어법 point permit[allow] A to do A가 ~할 수 있게 하다

0534

acknowledge
[əknɑ́lidʒ]

동 1. 인정하다 2. 감사를 표하다
파 acknowledgement n. 1. 인정 2. 감사

유 • admit v. 인정하다
• accept v. 받아들이다

0535

satisfy
[sǽtisfài]

동 만족시키다, 충족시키다
파 satisfaction n. 만족(감)(↔ dissatisfaction n. 불만)
satisfactory a. 만족스러운
satisfied a. 만족한(= content)

유 gratify v. 만족[충족]시키다
숙어 be satisfied with ~에 만족하다
(↔ be dissatisfied with ~에 불만이다)

0536

intellectual
[ìntəléktʃuəl]

형 지적인, 지성의   명 지식인
파 intellect n. 지적 능력(= intelligence), 지식인
intellectually ad. 지적으로

기출 어구 intellectual property (rights) 지적 재산(권)

0537

fasten
[fǽsən]

동 매다, 채우다, 고정시키다

유 • tie v. 묶다   • fix v. 고정시키다
반 unfasten v. 풀다, 끄르다

0538

adjust
[ədʒʌ́st]

동 1. 조정[조절]하다, 맞추다
   2. 적응하다
파 adjustment n. 1. 조절, 조정 2. 적응

유 adapt v. 1. 조정하다 2. 적응하다
숙어 adjust to ~에 맞추다, ~에 적응하다
(= adapt to)
cf. readjust v. 재조정하다

0539

medium
[mí:diəm]

형 중간의, 보통의   명 매개(체), 수단

cf. mass media 대중 매체

pl. media

0540

activate
[ǽktəvèit]

동 1. 작동시키다 2. 활성화하다
파 activation n. 활성화
active a. 활동적인

반 deactivate v. 정지시키다, 비활성화하다

0541

consult
[kənsʌ́lt]

동 1. 상담하다, 상의하다 2. 참고하다
  3. ~에게 진찰을 받다
파 consultation n. 자문, 상담
consultant n. 컨설턴트, 상담가, 고문
consultative a. 상담의, 자문의

유 refer to ~을 참고하다
cf. **consult vs. counsel:**
• *A* consult *B* *A*가 *B*에게 자문을 구하다,
*A*가 *B*에게 상의하다
• *A* counsel *B* *A*가 *B*를 상담해주다

0542

greet
[griːt]

동 1. 인사하다, 맞이하다, 환영하다
  2. 받아들이다
파 greeting n. 인사(말)

유 welcome v. 맞이하다, 환영하다

0543

intimate
[íntəmət]

형 친밀한, 친숙한, 사적인
명 친한 친구
파 intimacy n. 친밀함
intimately ad. 친밀하게

유 • close a. 가까운, 친한
• private a. 사적인, 개인적인

0544

negotiate
[nigóuʃièit]

동 협상하다, 교섭하다
파 negotiation n. 협상, 교섭
negotiator n. 협상가
negotiable a. 협상할 수 있는

유 bargain v. 협상하다, 흥정하다
cf. negotiate with *A* over[about] *B*
*A*와 *B*에 대해 협상하다

0545

defeat
[difíːt]

동 패배시키다, 이기다   명 패배

유 beat v. 이기다
반 victory n. 성공
cf. defeat은 동사로 쓰일 경우와 명사로 쓰일 경우 그 뜻이 정반대가 되므로 유의한다.

0546

opponent
[əpóunənt]

명 1. 상대, 적수 2. 반대자
파 oppose v. 반대하다
opposite a. 반대편의

유 • rival n. 경쟁자, 적수
• adversary n. 상대, 적수
• competitor n. 경쟁자
• enemy, foe n. 적
반 proponent n. 지지자
• supporter n. 지지자

0547

victim
[víktim]

명 희생자, 피해자
파 victimize v. 희생시키다

유 • prey n. 희생자, 피해자, 먹이
• casualty n. 사상자, 피해자

0548

versus
[və́ːrsəs]

전 ~ 대(對), ~에 대비하여

(= vs.)

기출 어구 positive versus negative behavior 긍정적 행동 대(對) 부정적 행동

0549

via
[váiə]

전 1. ~을 거쳐, ~을 경유하여
2. ~을 통해서, ~을 매개로

유 through prep. ~을 통해서

0550

ease
[iːz]

동 덜어 주다, 완화하다, 편하게 하다
명 편함, 용이함

파 easy a. 편한, 쉬운

유 • relieve, alleviate v. 덜다, 완화하다
• calm, soothe v. 달래다
• comfort n. 편안, 안락
숙어 • with ease 쉽게, 용이하게
• at ease 편안히, 느긋하게
• ill at ease 불안한

0551

erase
[iréis]

동 지우다, 없애다

파 erasure n. 삭제, 말소
eraser n. 지우는 것, 지우개

유 • delete v. 지우다, 삭제하다
• remove v. 없애다, 제거하다

0552

shallow
[ʃǽlou]

형 1. 얕은 2. 피상적인, 천박한

유 superficial a. 피상적인, 천박한
반 deep a. 깊은

0553

dash
[dæʃ]

동 돌진하다, 급히 달려가다
명 1. 돌진, 급히 달려감 2. 대시 기호(—)

유 rush v. 1. 돌진하다 2. 서두르다, 재촉하다 n. 1. 돌진 2. 분주함 3. 급증, 쇄도
숙어 dash out 급히 나가다(= rush out)

0554

soak
[souk]

동 담그다, 적시다, 젖다

유 dip v. 담그다, 적시다
숙어 soak up ~을 빨아들이다, 흡수하다 (= absorb, suck in)

0555

conference
[kánfərəns]

명 협의, 회의, 학회

파 confer v. 1. 협의하다 2. 수여하다

유 • meeting n. (소규모) 회의
• convention, congress n. (대규모) 회의
기출 어구 press conference 기자 회견

0556

chamber
[tʃéimbər]

圐 1. 회의실 2. ~실, (밀폐된) 방, 공간
휑 실내용의

유 • room n. 방, 공간
• hall n. 넓은 방
기출 어구 • (a) pressure chamber 압력실
• chamber music 실내악

0557

transfer
[동: trænsfə́r /
명: trǽnsfər]

圐 1. 이동하다, 옮기다 2. 넘겨주다
　　3. 갈아타다
圐 1. 이동 2. 양도 3. 환승
파 transference n. 이동, 양도
transferable a. 이동[양도] 가능한

유 • move v. 옮기다, 이동하다 n. 이동
• relocate v. 이전하다, 이동하다

0558

expel
[ikspél]

圐 쫓아내다, 추방하다, 제명하다
파 expulsion n. 추방, 제명

유 • throw[drive] ~ out ~을 내쫓다
• banish, exile v. (특히 국외로) 추방하다
cf. 접미사 -pel:
'몰다, 밀다(drive, push)'의 의미
• dispel v. (생각·느낌 등을) 떨쳐 버리다
• repel v. 쫓아 버리다, 혐오감을 주다

0559

common
[kámən]

휑 1. 흔한 2. 공통의
圐 1. 공유지 2. (pl.) 평민, 서민
파 commonly ad. 흔히, 보통
commonality n. 공통성, 보통

반 uncommon a. 1. 흔하지 않은
(= unusual) 2. 대단한(= remarkable)
숙어 have ~ in common
~의 공통점이 있다
기출 어구 • common sense 상식
• common good 공익
cf. commonplace a. 아주 흔한
n. 흔한 일, 진부한 일

0560

session
[séʃən]

圐 1. 시간, 기간 2. 학기 3. 회의

기출 어구 training session 교육 시간

DAY 09

각 빈칸에 알맞은 영단어 또는 우리말을 쓰시오.

01 Domestic cats a__________ to our routines. [14 수능]

길들여진 고양이들은 우리의 일상에 적응한다.

02 Many disciplines are better learned by entering into the doing than by mere abstract study. [15 수능]

많은 교과가 단지 __________ 학습에 의해서보다 실제로 행함으로써 더 잘 학습된다.

03 We must acknowledge that thinking well is a time-consuming process. [13 모평]

우리는 잘 생각하는 것이 시간이 걸리는 과정이라는 것을 __________ 한다.

04 If you don't g__________ your neighbors the right way, you may cause bad feelings. [14 학평]

당신이 이웃에게 제대로 인사를 하지 않으면, 이웃에게 좋지 않은 감정을 일으킬 수 있다.

05 I usually wait for a break in the downpour, and then we all d__________ out together. [13 수능]

나는 보통 폭우가 멈추기를 기다리고, 그러면 우리 모두는 함께 급히 뛰어나간다.

06 Join our c__________ held at West State University's Brilliance Hall, and challenge yourself! [16 수능]

West 주립대학교의 Brilliance Hall에서 개최되는 저희 회의에 참여하여 스스로에게 도전해 보십시오!

07 C__________ weaknesses in reasoning exist across people of all ages and educational backgrounds. [16 학평]

추론에 있어서 흔한 약점들은 모든 연령대와 교육적 배경을 가진 사람들 사이에 존재한다.

08 The classic explanation proposes that trees have deep roots while grasses have s__________ roots. [17 모평]

전형적인 설명에 의하면 나무는 뿌리가 깊고, 반면에 풀은 뿌리가 얕다.

09 Ordinarily, the sound waves you produce travel in all directions and b__________ off the walls at different times and places. [20 모평]

보통 여러분이 만드는 음파는 모든 방향으로 움직이고 각기 다른 시간과 장소에서 벽에 부딪혀 튕겨나간다.

10 People who have a high sense of self-efficacy tend to p__________ challenging goals that may be outside the reach of the average person. [19 모평]

높은 자기 효능감을 가진 사람들은 평균적인 사람이 미치는 범위를 벗어나 있을 수도 있는 도전적인 목표를 추구하는 경향이 있다.

*self-efficacy 자기 효능감

21~30번 정답 ▶

| 21 필수적 | 22 intimate | 23 activated | 24 session | 25 매체 |
| 26 consulted | 27 victim | 28 ease | 29 expels | 30 transferred |

11 The remaining bacteria are then forced to evolve and
d___________ the antibiotic. [07 모평]

그런 다음 남은 박테리아는 진화하여 항생제를 물리쳐야만 한다.　*antibiotic 항생제

12 A good 25 percent of his athletic time was d___________
to externals other than working out. [15 모평]

그의 운동시간 중 상당 부분인 25%가 운동이 아닌 외적인 것에 바쳐졌다.

13 Individual authors and photographers have rights to
their i___________ property during their lifetimes. [18 수능]

개인 작가와 사진작가는 평생 동안 자신의 지적 재산에 대한 권리를 갖는다.

14 In a study, participants were asked to n___________
with a seller over the purchase price of a piece of art.
[12 모평]

한 연구에서, 참가자들은 한 점의 예술작품의 구매가격에 대해 판매자와 협상하도록 요청받았다.

15 With Bob acting as interpreter, Paul offered 300 and
his o___________ proposed 450. [17 수능]

Bob이 통역사의 역할을 하는 가운데, Paul은 300페소를 제안했고 상대방은 450페소를 제안했다.

16 The timing of positive v___________ negative behavior
seems to influence attraction. [16 모평]

긍정적 행동 대(對) 부정적 행동의 타이밍은 매력도에 영향을 주는 것처럼 보인다.

17 Pick-up instructions will be sent by the end of June
2018 v___________ text message. [19 모평]

픽업 관련 설명서는 2018년 6월 말까지 문자 메시지를 통해 보낼 것입니다.

18 She instructed him to set the marbles on the table
and thoughtfully e___________ each one with the
magnifying glass. [19 모평]

그녀는 그에게 탁자 위에 구슬을 놓아두고 돋보기로 하나하나를 진지하게 살펴보라고 지시했다.

19 Since the 1970s, more and more Maasai have given
up the traditional life of m___________ herding and
now dwell in permanent huts. [18 학평]

1970년대 이래로 점점 더 많은 마사이족이 이동식 목축(유목)이라는 전통적인 생활을 버리고 지금은 계속 설치되어 있는 오두막에서 거주한다.　*dwell 거주하다

20 The bottom of the downhill boot attaches completely
to the ski, while the heel of the crosscountry boot is
not fastened to the ski. [10 모평]

활강 스키화의 바닥은 스키에 완전히 붙어 있지만, 크로스컨트리 스키화의 발꿈치는 스키에 ___________ 있지 않다.

31~40번 정답 ▶
| 31 회복하는 | 32 representing | 33 자원 | 34 permit | 35 satisfied |
| 36 feedback | 37 면허[자격증] | 38 erase | 39 soaked | 40 chamber |

21 Expanding your mind is vital to being creative. [15 학평]

여러분의 지성을 넓히는 것은 창의적이 되는 것에 _________ 이다.

22 Most multicellular forms of life live in i_________ association with a host of microbes. [10 학평]

대부분의 다세포 형태의 생명체는 다수의 미생물들과 친밀한 관계를 맺고 살고 있다.
 *multicellular 다세포의 **microbe 미생물

23 The study found that circular seating arrangements typically a_________ people's need to belong. [17 학평]

그 연구는 원형의 자리 배치가 대개 사람들의 소속 욕구를 활성화한다는 것을 발견했다.

24 I heard from another participant that a CD was used in the training s_________. [17 모평]

저는 다른 참가자로부터 교육 시간에 CD가 사용되었다는 말을 들었습니다.

25 It is clear that information has taken on a life of its own outside the medium in which it is contained. [19 수능]

정보가 그것을 담고 있는 _________ 를 벗어나 그 나름의 생명력을 얻게 되었음은 명백하다.

26 Scientists and professionals emerge as the appropriate experts to be c_________ in policymaking. [14 모평]

과학자들과 전문가들은 정책 입안 시 자문받기에 알맞은 전문가로 떠오른다.

27 One reason apologies fail is that the "offender" and the "v_________" usually see the event differently. [13 수능]

사과가 실패하는 한 가지 이유는 '잘못을 한 사람'과 '당한 사람(피해자)'이 대개 사건을 다르게 보기 때문이다.

28 Baylor University researchers investigated whether different types of writing could e_________ people into sleep. [19 학평]

Baylor 대학의 연구자들은 다양한 종류의 글쓰기가 사람들을 편하게 하여 잠들도록 해 줄 수 있는지를 조사하였다.

29 Differentiated instruction is effective because it e_________ the myth and practice of "preaching to the choir" and "cookie cutter education." [19 EBS]

개별화된 교육은 '다 알고 있는 것을 가르치는 것'과 '천편일률적인 교육'과 같은 잘못된 믿음과 관행을 추방하므로 효과적이다.

30 She studied at Mississippi State College for Women from 1925 to 1927, then t_________ to the University of Wisconsin to complete her studies in English literature. [18 학평]

그녀는 1925년부터 1927년까지 미시시피 주립 여자대학에서 공부한 뒤 위스콘신 대학교로 옮겨 영문학 공부를 마쳤다.

01~10번 ▶ 정답

01 adjust	02 추상적인	03 인정해야	04 greet	05 dash
06 conference	07 Common	08 shallow	09 bounce	10 pursue

31 Making amends serves to repair damaged social relations and restore group harmony. [13 수능]

보상하는 것은 손상된 사회적 관계를 바로잡고 집단의 화합을 _________ 역할을 한다.

32 By 1821, he had created a system of 86 symbols, r_________ all the syllables of the Cherokee language. [17 모평]

1821년 무렵 그는 체로키어의 모든 음절을 표현하는 86개의 기호 체계를 만들어냈다.

33 The cultivators of the Himalayas and Karakoram view forests as essentially a convertible resource. [19 모평]

히말라야와 카라코람 지역의 경작자들은 숲을 근본적으로 바꿀 수 있는 _________이라고 생각한다.

34 Our innate stubbornness refuses to p_________ us to accept the criticism we are receiving. [15 모평]

우리의 선천적인 완고함은 우리가 받고 있는 비판을 받아들이도록 허용하는 것을 거부한다.

* stubbornness 완고함

35 Eventually, most men find they must be s_________ with "any port in a storm." [19 모평]

결국, 대부분의 사람들은 스스로가 '폭풍 속의 어떤 항구(궁여지책)'에 만족해야 한다는 것을 알게 된다.

36 People avoid f_________ because they hate being criticized. [12 학평]

사람들은 비판받는 것을 싫어하기 때문에 피드백을 회피한다.

37 Average consumers of health care do not know how to diagnose their medical conditions and do not have a license to order services or prescribe medications. [18 모평]

일반적인 의료 소비자들은 자신들의 의학적 상태를 진단하는 방법을 알지 못하며 서비스를 주문하거나 약물을 처방하는 _________를 가지고 있지 않다.

38 It is better to do mathematics on a blackboard than on a piece of paper because chalk is easier to e_________. [07 수능]

분필은 지우기 쉽기 때문에 종이보다 칠판에 수학을 하는 것이 좋다.

39 Imagine that you are out in the country on a cold night, inadequately dressed for the pouring rain, your clothes s_________. [16 수능]

추운 밤에 폭우에 제대로 갖춰 입지 않고, 옷이 흠뻑 젖은 채로 시골에서 바깥에 있다고 상상해 보라.

40 People were put one at a time in a pressure c_________ and told that the pressure would slowly be increased to that of a sixty-foot dive. [12 학평]

사람들은 한 번에 한 명씩 압력실에 들어갔고, 압력이 60피트에서 한 다이빙과 같은 수준까지 천천히 상승할 것이라고 들었다.

11~20번 ▶ 11 defeat　　12 devoted　　13 intellectual　　14 negotiate　　15 opponent
정답　　16 versus　　17 via　　18 examine　　19 mobile　　20 고정되어

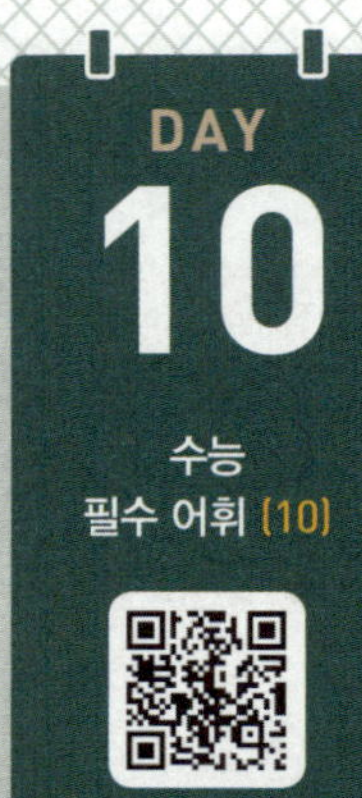

DAY 10

수능 필수 어휘 [10]

표제어 음성 QR코드

- instance
- ensure
- insure
- warrant
- urgent
- outline
- withdraw
- overlook
- vacant
- habitual
- factual
- deceive
- abnormal
- fault
- admire
- deny
- deliberate
- regulate
- prohibit
- periodic
- indeed
- disorder
- slam
- fascinate
- fragile
- delicate
- durable
- obstacle
- harsh
- interrupt
- persist
- adequate
- imitate
- resemble
- pretend
- stable
- spark
- upcoming
- bump
- gigantic

0561

instance
[ínstəns]

몡 사례, 경우

수능 PLUS 수능 이렇게 나온다

유 • example n. 사례, 예시
• case n. 경우
숙어 for instance 예를 들어
(= for example)

0562

ensure
[inʃúər]

동 확실하게 하다, 보장하다

유 • make sure 확실하게 하다
• assure v. 확실하게 하다, 보장하다

0563

insure
[inʃúər]

동 1. 보험에 들다 2. 보증하다

파 insurance n. 보험
insurer n. 보험업자, 보험회사

유 • guarantee v. 보장하다, 보증하다
기출 어구 • insurance broker 보험설계사
• insurance policy 보험 증권

0564

warrant
[wɔ́:rənt]

동 보증하다, 정당화하다
몡 보증, 영장

파 warranty n. 품질 보증(서)

유 • guarantee v. 보장하다, 보증하다
n. 보증서
cf. unwarranted a. 보증되지 않은, 부당한
(= unjustified)

0565

urgent
[ə́:rdʒənt]

형 긴급한, 절박한

파 urgency n. 긴급, 절박

유 pressing a. 긴급한, 절박한
기출 어구 an urgent need for
~에 대한 절박한 필요성

0566

outline
[áutlàin]

몡 개요, 윤곽
동 개요를 서술하다, 윤곽을 나타내다

유 • summary n. 개요, 요약
• summarize v. 개괄하다, 요약하다

0567

withdraw
[wiðdrɔ́:]

(withdraw – withdrew –
withdrawn)

동 1. 물러나다, 철수하다 2. 철회하다
　　3. (예금 등을) 인출하다

파 withdrawal n. 1. 철수 2. 철회, 취소 3. 인출
withdrawn a. 1. 수줍어하는 2. 고립한, 세상과 등진

유 retreat v. 물러나다, 철수하다
숙어 withdraw from ~에서 철수하다
기출 어구 withdraw from the deal
그 거래를 철회하다

0568

overlook
[òuvərlúk]

동 1. 간과하다, 못 보고 넘어가다
　　2. 눈감아주다 3. 내려다보다

유 • neglect v. 무시하다, 간과하다
• ignore v. 무시하다, 못 본 체하다
• disregard v. 무시하다, 경시하다
cf. • oversee v. 감독하다
• overhear v. 우연히 듣다

0569

vacant
[véikənt]

형 1. 비어 있는, 사람이 살지 않는
　　2. 공석의

파 vacancy n. 1. 빈 방 2. 공석
vacate v. 비우다
vacantly ad. 멍하니(= blankly)

유 • empty a. 비어 있는
• unoccupied a. 비어 있는
반 occupied a. 사람이 있는, 사용 중인
cf. evacuate v. 비우다, 대피시키다
(▶ evacuation n. 대피, 피난)

0570

habitual
[həbítʃuəl]

형 습관적인, 상습적인, 늘 하는

파 habit n. 습관, 버릇
habitually ad. 습관적으로

유 routine a. 일상적인, 반복적인

0571

factual
[fǽktʃuəl]

형 사실의, 사실에 근거한

파 fact n. 사실, 실제
factually ad. 사실상, 실제로(= in fact)

유 actual a. 실제의, 사실의
반 counterfactual a. 반사실적인, 사실과
반대되는

0572

deceive
[disí:v]

동 속이다, 기만하다

파 deception n. 속임, 기만
deceit n. 사기, 기만
deceptive a. 기만적인, 현혹하는(= misleading)
deceitful a. 기만적인, 부정직한(= dishonest)

유 • cheat, trick v. 속이다
• delude v. 속이다, 현혹하다
숙어 deceive A into -ing
A를 속여서 ~하게 하다

0573

abnormal
[æbnɔ́:rməl]

형 비정상적인, 이상한

파 abnormality n. 비정상적인 것, 이상
abnormally ad. 비정상적으로

유 • strange, odd, weird a. 이상한
• unusual a. 보통이 아닌, 유별난
• bizarre a. 별난, 기이한
• eccentric a. 별난, 괴짜인

0574

fault
[fɔːlt]

명 잘못, 결점, 결함
파 faulty a. 결함이 있는, 불완전한
faultless a. 결점이 없는, 흠잡을 데 없는

유 • mistake n. 잘못, 실수
• shortcoming, weakness n. 결점, 단점
• defect n. 결함, 결점
숙어 at fault 잘못해서, 고장 나서

0575

admire
[ədmáiər]

동 존경하다, 감탄하다
파 admiration n. 존경, 감탄
admirable a. 존경스러운, 감탄할 만한

유 • look up to ~을 존경하다
• respect v. 존경하다
반 • despise v. 경멸하다
• look down on ~을 경멸하다, 얕보다
숙어 with admiration 감탄하여

0576

deny
[dinái]

동 부인하다, 거부하다
파 denial n. 부인, 부정, 거부

유 refuse, reject v. 거부하다, 거절하다
반 admit, accept v. 받아들이다, 인정하다

0577

deliberate
[형: dilíbərət/
동: dilíbərèit]

형 1. 의도적인, 고의적인 2. 신중한
동 숙고하다
파 deliberately ad. 1. 고의로, 의도적으로
(= on purpose) 2. 신중히
deliberation n. 숙고, 고려
deliberative a. 숙고하는

유 • intentional a. 의도적인
• purposeful a. 의도적인, 목적의식이 있는
• careful, cautious a. 신중한, 조심스러운

0578

regulate
[régjulèit]

동 규제하다, 조절하다
파 regulation n. 규정, 규제
regulatory a. 규제의, 조절하는

유 control v. 통제하다, 제어하다
기출 어구 • self-regulating a. 자동조절의
• temperature-regulating a. 온도를 조절하는

0579

prohibit
[prouhíbit]

동 금지하다, 못하게 하다
파 prohibition n. 금지
prohibitive a. 금지하는

유 • ban v. 금지하다
• forbid v. 금지하다, 못하게 하다
어법 point prohibit/forbid/ban/bar
A from -ing A가 ~하는 것을 금지하다
(단, 'forbid A to do A가 ~하는 것을 금지하다'도 가능)

0580

periodic
[pìəriádik]

형 주기적인, 정기적인
파 period n. 기간, 시기, 시대
periodical n. 정기 간행물
periodically ad. 주기[정기]적으로

기출 어구 • periodic disturbances 주기적인 방해
• periodic inspection 정기적인 시찰
cf. the periodic table (of elements) 주기율표

0581

indeed
[indíːd]

부 정말로, 사실은

유 in fact 사실은

0582

disorder
[disɔ́ːrdər]

명 1. 무질서, 혼란 2. (신체) 장애

파 disorderly a. 무질서한, 어수선한
(↔ orderly a. 정돈된, 질서 있는)

유 • confusion, chaos n. 혼란, 혼돈
• turmoil n. 혼란, 소동
• handicap n. (신체) 장애
숙어 in disorder 무질서하게
(↔ in order 질서 있는)
기출 어구 • mental disorder 정신 장애,
정신병
• eating disorder 섭식[식이] 장애

0583

slam
[slæm]

동 1. 쾅 닫다, 쾅 닫히다 2. 쾅 부딪치다

숙어 slam into ~에 쾅 하고 부딪치다
(= crash into)

0584

fascinate
[fǽsənèit]

동 마음을 사로잡다, 매혹하다

파 fascinating a. 대단히 흥미로운, 매력적인
fascination n. 매혹, 매력

유 • captivate v. 마음을 사로잡다
• charm v. 매혹하다
cf. be fascinated with[by] ~에 매료되다

0585

fragile
[frǽdʒəl]

형 부서지기 쉬운, 연약한

파 fragility n. 부서지기 쉬움, 허약

유 • frail a. 부서지기 쉬운, 허약한
• vulnerable a. 연약한, 취약한
• delicate a. 연약한, 깨지기 쉬운
반 durable a. 내구성 있는

0586

delicate
[déləkit]

형 섬세한, 정교한, 연약한

파 delicacy n. 1. 섬세함 2. 진미(별미)
delicately ad. 정교하게, 섬세하게

유 • exquisite a. 정교한
• fragile a. 연약한

0587

durable
[djú(ː)ərəbl]

형 내구성 있는, 오래가는

파 durability n. 내구성, 견고함

유 tough, strong, sturdy a. 튼튼한, 견고한
반 fragile a. 깨지기 쉬운

0588

obstacle
[ábstəkl]

명 장애(물), 방해(물)

유 obstruction, block, barrier, hurdle, hindrance n. 장애(물), 방해(물)
기출 어구 overcome[surmount] an obstacle 장애(물)를 넘다[극복하다]

0589

harsh
[haːrʃ]

형 **가혹한, 혹독한, 거친**

파 harshly **ad.** 가혹하게, 심하게
harshness **n.** 혹독함, 거침
harshen **v.** 거칠게 하다

유 • severe **a.** 심한, 혹독한
• cruel **a.** 가혹한, 잔혹한
기출 어구 • harsh weather
혹독한 날씨, 악천후
• harsh environment 혹독한 환경

0590

interrupt
[ìntərʌ́pt]

동 **방해하다, 중단시키다**

파 interruption **n.** 방해, 중단
interrupted **a.** 중단된
(↔ uninterrupted **a.** 중단되지 않은, 연속된)

유 • disturb **v.** 방해하다
• interfere with ~을 방해하다
• break in[into] ~에 끼어들다, ~을 방해하다

0591

persist
[pərsíst]

동 **1. (집요하게) 지속하다 2. 고집하다**

파 persistent **a.** 오래 지속되는, 끈기 있는
persistently **ad.** 끈질기게, 고집스럽게
persistence **n.** 지속, 끈기, 고집

유 • continue **v.** 계속하다, 지속하다
• stick to ~을 계속하다, ~을 고수하다
숙어 persist in *N*/*-ing* ~을 고집하다, 집요하게 계속 ~하다

0592

adequate
[ǽdikwət]

형 **(어떤 목적에) 충분한, 적절한**

파 adequacy **n.** 적절함, 타당성
adequately **ad.** 충분히, 적절하게

유 sufficient, enough **a.** 충분한
반 inadequate **a.** 불충분한, 부적절한
숙어 adequate for ~에 충분한[적합한]

0593

imitate
[ímitèit]

동 **모방하다, 흉내 내다**

파 imitation **n.** 1. 모방, 흉내 2. 모조품
imitator **n.** 모방하는 것[사람]
imitative **a.** 모방적인

유 mimic **v.** 흉내 내다, 모방하다
기출 어구 imitate the original 원본을 모방하다

0594

resemble
[rizémbl]

동 **~와[~을] 닮다**

파 resemblance **n.** 닮음, 비슷함

유 • take after ~을 닮다
• be similar to ~와 비슷하다
• look like ~처럼 보이다
숙어 bear a resemblance to ~을 닮다, ~와 유사성이 있다
어법 point resemble은 타동사로 목적어를 바로 취하므로, 뒤에 전치사 with, as 등을 쓰지 않도록 유의한다.

0595

pretend
[priténd]

동 ~인 척하다, 가장하다

파 pretense n. 겉치레, 가식, 구실
pretension n. 허세, 가식
pretentious a. 가식적인, 허세 부리는

어법 point pretend to *do* ~하는 척하다
기출 어구 pretend play 가상 놀이

0596

stable
[stéibl]

형 안정된 명 마구간

파 stabilize v. 안정시키다, 안정되다
stability n. 안정(↔ instability n. 불안정)

유 steady a. 안정된, 꾸준한
반 unstable a. 불안정한

0597

spark
[spɑːrk]

동 1. 불꽃을 일으키다
　　2. 촉발하다, 유발하다
명 불꽃

유 trigger v. 촉발하다, 유발하다
cf. sparkle n. 불꽃, 반짝거림 v. 빛나다,
반짝이다

0598

upcoming
[ʌ́pkʌ̀miŋ]

형 다가오는, 곧 있을

유 • approaching a. 다가오는
• forthcoming a. 다가오는, 곧 있을

0599

bump
[bʌmp]

동 부딪치다
명 1. 충돌 2. 돌출부, 융기
파 bumpy a. 울퉁불퉁한

숙어 • bump into ~에 부딪치다
(= crash into, smash into, collide),
~와 우연히 만나다(= come across)
• bumper-to-bumper 차가 꼬리를 문,
교통이 정체된

0600

gigantic
[dʒaigǽntik]

형 거대한, 막대한

파 giant n. 거인 a. 거대한
gigantically ad. 거대하게

유 huge, enormous, tremendous,
massive a. 거대한, 엄청난

각 빈칸에 알맞은 영단어 또는 우리말을 쓰시오.

01 Entropy is a measure of disorder or randomness. [14 학평]

엔트로피는 _________나 무작위의 척도이다.

02 There are many i_________ of rapid work on the part of the great composers. [18 모평]

위대한 작곡가들이 급히 작업한 곡의 예들은 많이 있다.

03 No matter how appealing the taste, an unattractive appearance is hard to o_________. [14 모평]

아무리 혹하는 맛일지라도, 보기 안 좋은 겉모습은 간과하기가 어렵다.

04 Cheese makers have to downgrade up to one-fifth of their produce because of undetected faults. [10 모평]

치즈 생산자들은 감지되지 않은 _________ 때문에 생산품의 최고 5분의 1정도까지 등급을 낮춰야 한다.

05 It was part of his duty to make such p_________ inspections of the schools. [14 모평]

그러한 정기적인 학교 시찰은 그의 직무의 일부였다.

06 We are f_________ creatures in an environment full of danger. [14 모평]

우리는 위험으로 가득한 환경에 살고 있는 연약한 존재이다.

07 With a positive perspective and persistence, you will get through and find a way through all obstacles. [15 모평]

긍정적인 시각과 끈기를 가지면 당신은 모든 _________을 극복하고, 이겨내는 방법을 발견할 것이다.

08 An Egyptian sculpture no bigger than a person's hand is more monumental than that gigantic pile of stones that constitutes the war memorial in Leipzig. [19 수능]

사람 손 크기만한 이집트 조각물이 Leipzig (라이프치히, 독일 동부의 도시)의 전쟁 기념비를 구성하는 그 _________ 돌무더기보다 더 기념비적이다.

09 Many people do not understand large numbers. I_________, large numbers have been found to lack meaning unless they convey feeling. [19 수능]

많은 사람들이 큰 수를 이해하지 못한다. 사실상 감정을 전달하지 않는다면 큰 숫자는 의미가 없다고 밝혀졌다.

10 The so-called Mozart effect is a good example of a scientific finding being distorted by the media through hype not w_________ by the research. [14 모평]

소위 모차르트 효과는, 연구조사에 의해 정당화되지 못한 채 과대광고를 통해 미디어에 의해 왜곡된 과학적 발견의 한 가지 좋은 예이다.

*distort 왜곡하다 **hype (과대)광고

21~30번 ▶
정답

| 21 보험 | 22 속이기 | 23 deny | 24 interrupted | 25 persisted |
| 26 pretending | 27 Stable | 28 bumped | 29 adequate | 30 habitual |

11 Go to any v__________ lot and look around. [05 학평]

아무 공터나 들러서 둘러보라.

12 I was f__________ by the beautiful leaves and flowers of the mangroves. [18 수능]

나는 맹그로브의 아름다운 잎과 꽃에 마음이 사로잡혔다.

13 Most of the complications were settled with no delay in order to e__________ the animals' health and safety. [12 모평]

대부분의 문제는 동물들의 건강과 안전을 확실히 하기 위해 지체 없이 해결되었다.
*complication 문제

14 Each partner may become confused even about the simple f__________ details of what actually did happen in their past. [19 모평]

각 파트너는 그들의 과거에 실제 정말로 일어났던 일의 간단한 사실적 세부사항에 대해서조차 혼란스러워할 수도 있다.

15 Great scientists, the pioneers that we a__________, are not concerned with results but with the next questions. [19 수능]

위대한 과학자들, 즉 우리가 존경하는 선구자들은 결과에 관심을 두는 것이 아니라 다음 문제에 관심을 둔다.

16 The nonverbal message is deliberate, but designed to let the partner know one's candid reaction indirectly. [15 모평]

그 비언어적 메시지는 __________ 이지만, 상대방에게 자신의 솔직한 반응을 간접적으로 알리려고 계획된 것이다.

17 An egg requires a more delicate touch than a rock. [17 모평]

달걀은 바위보다 더 __________ 손길을 요구한다.

18 They failed to settle because of the h__________ environment and enormous natural disasters. [10 학평]

그들은 혹독한 환경과 엄청난 자연재해 때문에 정착하는 데 실패했다.

19 If the consumer were to w__________ from the deal, he might foster the rather undesirable impression of being an irresponsible consumer. [14 수능]

소비자가 그 거래를 철회한다면, 그는 무책임한 사람이 되어 다소 바람직하지 않은 인상을 불러일으키게 될 것이다.

20 The broad outlines of such catastrophes are well remembered, but your memory of your personal circumstances surrounding the events may not necessarily be precise. [16 학평]

그러한 재난의 대략적인 __________은 잘 기억되지만, 그 사건들을 둘러싼 당신의 개인적인 상황에 대한 기억은 꼭 정확하지는 않을 수도 있다.

31~40번 ▶ 정답

31 urgent	32 regulate	33 prohibited	34 slammed	35 durable
36 비정상	37 모방하는	38 upcoming	39 sparked	40 닮았다

21 More frighteningly, losing your job means losing your health insurance and your home. [11 학평]

더욱 무서운 것은 실직은 건강__________과 집을 잃는 것을 의미한다는 것이다.

22 An alchemist commonly used a double-bottomed melting pot to deceive the audience. [07 모평]

연금술사는 청중들을 __________ 위해 보통 이중바닥의 용광로를 사용했다.

23 Someone who just heard a piece of bad news often tends initially to d__________ what happened. [19 수능]

방금 어떤 나쁜 소식을 들은 누군가는 발생한 일을 처음에는 부인하는 경향이 종종 있다.

24 Office workers are regularly i__________ by ringing phones, impromptu meetings, and chattering coworkers. [14 수능]

사무직 근로자들은 전화벨 소리, 즉흥적인 회의, 그리고 잡담을 하는 동료들 때문에 주기적으로 방해를 받는다. *impromptu 즉흥적인

25 Behaviors which are successful have p__________ in the form of customs, while those which are unsuccessful have suffered extinction. [18 학평]

성공한 행동은 관습의 형태로 지속된 반면 성공하지 못한 행동은 소멸되었다. *extinction 소멸

26 Children at play often take on other roles, p__________ to be Principal Walsh or Josh's mom. [17 학평]

놀고 있는 아이들은 흔히 다른 역할을 맡아서 Walsh 교장 선생님이나 Josh 엄마인 척한다.

27 S__________ patterns are necessary lest we live in chaos. [17 모평]

우리는 혼돈 속에서 살지 않기 위해서 안정적인 패턴이 필요하다.

28 When shoppers are b__________ or pushed while looking at merchandise, they may become uncomfortable, lose interest, and leave the area. [11 학평]

쇼핑객들이 상품을 보는 동안 부딪히거나 밀리면, 그들은 불편하게 느끼고, 흥미를 잃어서, 그곳에서 떠날 수 있다.

29 When consumers lack a__________ information to make informed choices, governments frequently step in to require that firms provide information. [18 모평]

소비자들이 정보에 근거한 선택을 하도록 하는 적절한 정보가 결여되어 있을 때, 정부는 자주 회사에게 정보를 제공하라고 요구하기 위해 개입한다.

30 Breaking deeply-rooted old h__________ tendencies involves more than a little will-power and a few minor changes in our lives. [05 모평]

뿌리 깊은 오래된 습관적 경향을 깨는 것은 작은 의지력과 우리 삶에 몇 가지 사소한 변화 이상의 것을 수반한다.

01~10번 ▶ 정답
| 01 무질서 | 02 instances | 03 overlook | 04 결함들 | 05 periodic |
| 06 fragile | 07 장애물들 | 08 거대한 | 09 Indeed | 10 warranted |

31 It was so hard to break out of the box, but I began to feel an u__________ need for a change. [15 모평]

그 상자에서 벗어나는 것은 너무 어려웠지만 나는 변화에 대한 절박한 필요성을 느끼기 시작했다.

32 The human body changes in order to r__________ body temperature more efficiently. [09 학평]

인체는 체온을 보다 효율적으로 조절하기 위해 변한다.

33 In both places, jaywalking, or crossing against the light, is technically p__________ . [12 학평]

두 곳 모두에서 무단횡단, 즉 신호를 어기고 건너는 것은 엄밀히 금지되어 있다.

34 As he carefully took a step inside, the door s__________ shut. [11 모평]

그가 조심스럽게 안으로 한 걸음 들어가자 문이 쾅 닫혔다.

35 Razor users may want the product to be "d__________ and strong." [15 학평]

면도칼 사용자들은 제품이 "내구성 있고 튼튼하기"를 원할지도 모른다.

36 Feelings of inferiority can be the wellspring of success rather than being considered a sign of weakness or abnormality. [09 학평]

열등감이 약함과 __________의 징후로 여겨지기보다는 성공의 원천이 될 수 있다.
*wellspring 원천

37 The photograph, it seemed, did the work of imitating nature better than the painter ever could. [19 수능]

사진은 여태까지 화가가 할 수 있었던 것보다 자연을 __________ 일을 더 잘하는 것처럼 보였다.

38 Just before the strike, the famed hitter Ken Griffey, Jr., was asked what he thought about the u__________ strike. [18 학평]

파업 바로 직전에 유명한 타자인 Ken Griffey, Jr.는 다가오는 파업에 대해 어떻게 생각하느냐는 질문을 받았다.

39 Many of the technological advances in bread making have s__________ a reaction among bakers and consumers alike. [15 모평]

제빵에 있어서의 기술적 발전의 많은 부분은 제빵사들과 소비자들 사이에 똑같이 하나의 반응을 촉발시켰다.

40 The interaction among human societies resembles not the relationships among billiard balls, but rather among bacteria. [13 모평]

인간 사회 간의 상호작용은 당구공 간의 관계가 아니라 박테리아 간의 관계를 __________.

11~20번 정답 ▶
| 11 vacant | 12 fascinated | 13 ensure | 14 factual | 15 admire |
| 16 의도적 | 17 섬세한 | 18 harsh | 19 withdraw | 20 윤곽 |

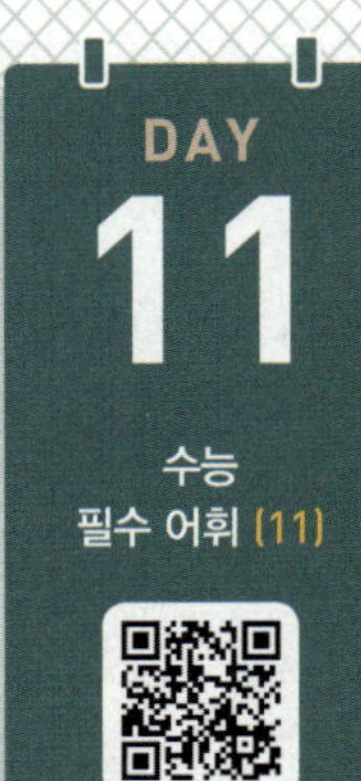

0601

range
[reindʒ]

몡 1. 범위 2. 다양성
동 (범위가 ~에) 이르다

> ➕ **수능 PLUS** 수능 이렇게 나온다
>
> 숙어 • a range of 범위가 ~정도 되는
> • a wide[broad] range of 광범위한, 다양한
> • range from A to B 범위가 A에서 B에 이르다
> cf. long-range a. 장기적인 (↔ short-range a. 단기적인)

0602

collaborate
[kəlǽbərèit]

동 협력하다, 공동으로 일하다

파 collaboration n. 협력, 공동 작업
collaborative a. 협력적인, 공동의

> 유 cooperate v. 협력하다
> 숙어 collaborate with ~와 협력하다

0603

integrate
[íntəgrèit]

동 통합시키다, 통합되다

파 integration n. 1. 통합, 융합 2. [수학] 적분
integrated a. 통합적인, 통합된

> 반 separate, segregate v. 분리시키다
> 숙어 integrate A into[with] B
> A를 B에 통합하다

0604

reputation
[rèpju(:)téiʃən]

몡 평판, 명성

파 repute n. 평판, 명성 v. ~라고 평하다
reputable a. 평판이 좋은
reputational a. 평판의, 명성이 있는
reputed a. ~라고 평판이 난

> 어법 point • a reputation for
> ~라는 평판(이유)
> • a reputation as ~로서의 평판(자격)

0605

initial
[iníʃəl]

형 처음의, 초기의
몡 머리글자, 이니셜

파 initially ad. 초기에
initiate v. 1. 시작하다, 개시하다 2. 가르치다, 전수하다

> 반 final a. 마지막의, 최종적인
> 기출 어구 the initial stage 초기 단계

launch
[lɔːntʃ]

동 1. (새로운 일을) **시작[착수]하다**
2. **출시하다** 3. (로켓 등을) **발사하다**
명 1. **시작** 2. **출시** 3. **발사**

유 • start, begin v. 시작하다, 착수하다
• initiate v. 시작하다, 개시하다
• release v. 공개하다, 출시하다

advance
[ədvǽns]

명 **발전, 전진**
동 1. **발전하다, 전진하다** 2. **승진시키다**
파 advanced a. 발전된, 고급의
advancement n. 1. 발전, 진보 2. 승진

유 progress n. 진보, 발전 v. 진보하다, 발전하다
숙어 in advance 미리, 사전에
기출 어구 technological advances 기술 발전

fruitful
[frúːtfəl]

형 **유익한, 생산적인**
파 fruitfulness n. 결실이 많음, 유익함

유 • useful a. 유익한, 쓸모 있는
• of use 유익한
• productive a. 생산적인
반 • fruitless a. 무익한, 결실 없는
• of no use 무익한
• unproductive a. 비생산적인

necessity
[nəsésəti]

명 1. **필수, 필요(성)** 2. **필수품**
파 necessitate v. 필요하게 하다
necessary a. 필요한(= essential)
necessarily ad. 필연적으로, 반드시

유 • requirement n. 필요
• requisite n. 필수품, 필요조건
반 luxury n. 사치, 사치품
cf. 필수품: necessity, necessaries, essential goods

fundamental
[fÀndəméntəl]

형 1. **기본적인, 근본적인** 2. **필수적인**
명 **기본, 근간**
파 fundamentally ad. 근본적으로, 본질적으로

유 • basic a. 기본적인, 근본적인
• essential a. 필수적인
• basis, ground n. 기본, 근간

glare
[glɛər]

동 1. **노려보다** 2. (눈부시게) **빛나다**
명 1. **노려봄** 2. **눈부신 빛**
파 glaring a. 1. 노려보는 2. 번쩍이는 3. 명백한
glaringly ad. 1. 번쩍번쩍하게 2. 분명히

숙어 glare at ~을 노려보다
기출 어구 • glare at the driver 운전사를 노려보다
• in the glare of the lamp 램프의 눈부신 빛에

DAY 11

0612

glitter
[glítər]

동 반짝거리다 명 반짝임
파 glittering a. 반짝반짝하는, 화려한

유 sparkle v. 반짝거리다
cf. '빛나다'라는 의미의 표현:
- shine v. 빛나다, 반짝이다
- twinkle v. 반짝거리다
- glare v. 번쩍번쩍[눈부시게] 빛나다
- glow v. (계속 은은히) 빛나다
- gleam v. 어슴푸레 빛나다
- glimmer v. 희미하게 빛나다[깜박이다]

0613

leisurely
[líːʒərli]

형 한가한, 느긋한, 여유로운
부 느긋하게
파 leisure n. 여가

유 • unhurried a. 느긋한
• relaxed a. 느긋한, 여유로운
숙어 at leisure 한가하게, 느긋하게

0614

consistent
[kənsístənt]

형 일관된, 모순이 없는, 일치하는
파 consistency n. 1. 일관성, 언행일치 2. 농도, 밀도
consistently ad. 일관되게, 꾸준히

반 inconsistent a. 일관성 없는, 모순되는, 일치하지 않는
숙어 be consistent with ~와 일관되다, ~와 일치하다(↔ be inconsistent with ~와 부합하지 않다)

0615

stack
[stæk]

명 무더기, 더미, 다량
동 쌓다, 채우다

유 heap, pile n. 무더기, 더미 v. 쌓다
숙어 a stack of ~ 한 무더기

0616

unite
[juːnáit]

동 1. 연합하다 2. 통합[결속]시키다
파 unity n. 통합, 결속, 통일성
united a. 연합한, 통합된

유 combine v. 결합하다, 결합시키다
cf. reunite v. 재통합시키다

0617

allocate
[ǽləkèit]

동 할당하다, 배분하다
파 allocation n. 할당(량), 배분

유 allot, assign v. 할당하다

0618

distinct
[distíŋkt]

형 1. 뚜렷한, 분명한
   2. 뚜렷이 다른, 별개의
파 distinction n. 구별, 차이
distinctness n. 뚜렷함, 명료함
distinctive a. 독특한, 특유의(= characteristic)

반 indistinct a. 뚜렷하지 않은, 흐릿한 (= vague)
숙어 distinct from ~와는 다른, 별개의
기출 어구 distinct differences 뚜렷한 차이점들

0619

trait
[treit]

명 특성, 특징

유 • feature n. 특징, 특성
• characteristic n. 특징, 특색
• quality n. 특성, 특질

0620

rapid
[rǽpid]

형 빠른, 신속한

파 rapidly ad. 재빨리, 신속하게

유 • quick, swift a. 빠른, 신속한
• fast a. 빠른 ad. 빠르게

0621

eliminate
[ilímənèit]

동 제거하다, 없애다

파 elimination n. 제거, 삭제

유 • remove v. 제거하다, 없애다
• get rid of ~을 제거하다, 없애다

0622

grip
[grip]

동 1. 꽉 잡다 2. (마음을) 사로잡다
명 1. 꽉 붙잡음 2. 이해, 파악

파 gripper n. 잡는 물건[사람], 집게

유 • grasp v. 1. 꽉 잡다 2. 파악하다
n. 1. 꽉 쥐기 2. 이해
• grab v. 움켜쥐다 n. 움켜쥠

0623

squeeze
[skwiz]

동 1. 짜내다, 꽉 쥐다
2. (좁은 곳에) 밀어 넣다 3. 압박하다

파 squeezer n. 압착기

숙어 squeeze in ~을 간신히 밀어 넣다,
~을 위한 짬을 내다

0624

swallow
[swɑ́lou]

동 삼키다 명 1. 삼킴 2. 제비

기출 어구 swallow or reject food
음식을 삼키거나 뱉다

0625

dim
[dim]

형 어둑한, 흐릿한
동 어둑하게 하다, 흐릿해지다

유 • blurry, blurred a. 흐릿한
• blur v. 흐릿해지다, 흐리게 하다
반 • bright a. 밝은
• clear a. 명확한

0626

diminish
[dimíniʃ]

동 1. 줄이다, 줄어들다 2. 폄하하다

파 diminution n. 감소, 축소
diminutive a. 작은, 소형의

유 • reduce v. 줄이다, 축소하다
• decrease, lessen v. 줄다, 줄이다
• decline v. 감소하다, 쇠퇴하다
반 increase v. 증가하다, 증가시키다

DAY 11

shrink
[ʃriŋk]

(shrink – shrank – shrunk)

동 1. 줄어들다, 오그라들다
2. (규모·양 등이) 줄다, 줄어들게 하다

파 shrinkage n. 수축, 축소
shrunken a. 줄어든

유 • contract v. 줄어들다, 수축하다
• decrease v. (크기·수 등이) 줄다, 줄이다
반 grow v. (크기·수·강도 등이) 커지다, 늘어나다

extraordinary
[ikstrɔ́ːrdənèri]

형 예사롭지 않은, 비범한, 놀라운

파 extraordinarily ad. 몹시, 이례적으로

반 ordinary a. 보통의, 평범한
기출 어구 extraordinary gift and passion 비범한 재능과 열정

rotate
[róuteit]

동 1. 회전하다, 회전시키다
2. 순환시키다
3. 교대로 하다, 교대시키다

파 rotation n. 1. 회전 2. 순환, 교대
rotational a. 1. 회전하는 2. 순환의
rotary a. 회전하는, 회전식의

유 revolve v. 회전하다, 회전시키다
숙어 • rotate on ~을 중심으로 회전하다
• rotate around ~ 주위를 회전하다

accumulate
[əkjúːmjulèit]

동 모으다, 축적하다

파 accumulation n. 축적, 누적
accumulative a. 축적되는

유 • amass v. 모으다, 축적하다
• collect v. 모으다, 수집하다
cf. • cumulate v. 쌓아 올리다, 축적하다
(▶ cumulative a. 누적되는)
• bioaccumulate v. (유독 물질이) 생체 내에 축적되다

remarkable
[rimáːrkəbl]

형 놀랄 만한, 주목할 만한

파 remarkably ad. 두드러지게, 매우

유 • outstanding a. 두드러진, 뛰어난
• notable a. 주목할 만한, 두드러진
• striking a. 현저한, 두드러진

conflict
[명: kánflikt /
동: kənflíkt]

명 갈등, 충돌
동 대립하다, 충돌하다

파 conflicting a. 충돌하는, 대립하는

숙어 conflict with, be in conflict with ~와 충돌하다, ~와 모순되다

urge
[əːrdʒ]

동 강력히 권고하다, 촉구하다
명 충동, 욕구

파 urgent a. 긴급한, 절박한
urgency n. 긴급, 절박

유 • impulse n. 충동, 자극
• desire n. 욕구, 바람
어법 point • urge A to do A가 ~하도록 촉구하다
• an urge to do ~하고 싶은 욕구[충동]

0634

desirable
[dizáiərəbl]

형 바람직한

파 desire n. 욕구, 바람 v. 간절히 바라다
desirability n. 바람직함

반 undesirable a. 바람직하지 않은
cf. desirous a. 간절히 바라는

0635

portable
[pɔ́ːrtəbl]

형 휴대가 쉬운, 휴대용의

명 휴대용 기기

파 portability n. 휴대성

기출 어구 portable calculators 휴대용
계산기들
cf. potable a. (음료 등이) 마시기에 적합한

0636

transmit
[trænsmít]

동 1. 전송하다, 전달하다 2. 전염시키다

파 transmission n. 1. 전달 2. 전염
transmitter n. 전달자, 전송기
transmissible a. 1. 전달할 수 있는 2. 전염성의

유 send v. 보내다, 발송하다
기출 어구 transmit signals/
information/sounds
신호/정보/소리를 전송하다

0637

anticipate
[æntísəpèit]

동 예상하다, 기대하다

파 anticipation n. 예상, 기대
anticipated a. 예상하던, 기대하던

유 • predict, foresee v. 예측하다
• expect v. 예상하다, 기대하다

0638

underlying
[ʌ̀ndərláiiŋ]

형 1. 기초가 되는, 근본적인

   2. 밑에 있는

파 underlie v. 1. 기초가 되다, 기저를 이루다
2. ~ 아래 놓여 있다

유 • fundamental, basic a. 기초의,
근본적인
기출 어구 • the underlying mechanism
기저에 깔린 메커니즘
• the underlying order 근본적인 질서

0639

sacrifice
[sǽkrəfàis]

동 희생하다, 희생시키다

명 희생, 제물

파 sacrificial a. 희생의, 제물로 바쳐진

숙어 sacrifice A for B
B를 위해 A를 희생하다
기출 어구 sacrifice happiness for
money 돈을 위해 행복을 희생하다

0640

namely
[néimli]

부 즉, 다시 말해

유 in other words, that is (to say)
즉, 다시 말해

각 빈칸에 알맞은 영단어 또는 우리말을 쓰시오.

01 It takes time to develop and l__________ products. [18 모평]

제품을 개발하고 출시하는 데는 시간이 걸린다.

02 Technological advances made travel faster, easier, and cheaper. [19 모평]

기술적 __________가 여행을 더 빠르고, 더 쉽고, 더 값싸게 만들었다.

03 Ehret's reputation for scientific accuracy gained him many commissions from wealthy patrons. [15 수능]

과학적 정확성에 대한 Ehret의 __________은 그가 부유한 후원자들로부터 많은 일을 위임받게 했다.

04 Cats have the e__________ ability to see in the dark. [08 모평]

고양이는 어둠 속에서 볼 수 있는 비범한 능력을 가지고 있다.

05 Through recent decades academic archaeologists have been u__________ to conduct their research and excavations according to hypothesis-testing procedures. [20 모평]

최근 수십 년 동안 학문적 고고학자들은 가설 검증 절차에 따라 연구와 발굴을 실시하도록 촉구되었다.

06 The smallmouth prefers clean, rocky bottoms and swifter water, ideally in the r__________ of 65° to 68°F. [10 수능]

작은입 배스는 깨끗하고 돌이 많은 바닥과 유속이 더 빠른, 이상적으로는 65°F~68°F 범위의 온도인 물을 좋아한다.

07 Many expert chess players possess a r__________ capacity to recall the position of chess pieces at any point from a game. [19 학평]

많은 전문 체스 선수들은 경기 중 어떤 시점에서든 체스 말의 위치를 기억하는 놀라운 능력을 지닌다.

08 Treasure hunters have a__________ valuable historical artifacts that can reveal much about the past. [18 수능]

보물 사냥꾼은 과거에 대해 많은 것을 드러낼 수 있는 가치 있는 역사적 유물을 축적해 왔다.

09 The process required them to rate how good the scissors were at cutting out shapes from a s__________ of 200 sheets of paper. [17 학평]

그 과정은 그들이 200장의 종이 더미에서 모양을 잘라 만드는 데 그 가위가 얼마나 좋은지를 평가하도록 요구했다.

10 The word "mica" is derived from the Latin word *micare*, to g__________, in reference to the brilliant appearance of this mineral. [09 학평]

mica라는 단어는 '반짝거리다'라는 뜻의 라틴어 micare에서 나왔는데 이 광물의 반짝거리는 외양과 관련이 있다.

21~30번 ▶
정답

| 21 glaring | 22 할당할 | 23 necessity | 24 sacrifice / sacrifice | 25 anticipate |
| 26 휴대용 | 27 dim | 28 integrate | 29 유익할[생산적일] | 30 rapid |

11 Fear g__________ my heart and it pounded furiously. [17 학평]

두려움이 내 마음을 사로잡았고 그것은 격렬하게 두근거렸다.　　*pound 쿵쿵 뛰다

12 Solar panels on its roof r__________ independently of the building to follow the sun. [11 학평]

지붕의 태양 전지판은 건물과는 별개로 태양을 따라 회전한다.

13 Just less than a year after the i__________ work on the tomb began, it stopped because of lack of funds. [16 모평]

무덤에 대한 초기의 작업이 시작되고 나서 겨우 일 년도 되지 않아 그것은 자금 부족 때문에 중단되었다.

14 Sipping coffee leisurely at a café, Kate was enjoying the view of the Ponte Vecchio across the Arno. [18 모평]

카페에서 __________ 커피를 조금씩 마시며, Kate는 Arno강을 가로지르는 Ponte Vecchio의 모습을 즐기고 있었다.

15 Moisture is stored in the root, and during droughts the root s__________, dragging the stem underground. [15 모평]

수분은 뿌리 속에 저장되고, 가뭄 기간에는 뿌리가 오그라들어 줄기를 땅속으로 끌어당긴다.

16 People may give answers that they feel are more socially d__________ than their true feelings. [19 수능]

사람들은 자신의 실제 느낌보다 더 사회적으로 바람직하다고 생각하는 답변을 할지도 모른다.

17 No longer forced to spend a lot of time on routine calculations, many students gained a deeper understanding of the principles u__________ their exercises. [14 학평]

더 이상 기계적인 계산에 많은 시간을 소모하지 않게 된 많은 학생들은 연습문제의 기저에 깔려 있는 원리에 대해 더 깊이 이해하게 되었다.

18 A greater power gap can result in decreased communication as well as increased misunderstandings and conflict. [17 학평]

더 큰 권력의 차이는 오해와 __________의 증가를 가져올 뿐만 아니라 의사소통의 감소를 초래할 수 있다.

19 One of the most notable examples of the collaboration of film director and composer was that of Eisenstein and Prokofiev in the making of *Alexander Nevsky*. [16 학평]

영화감독과 작곡가의 __________에서 가장 주목할 만한 예시 중 하나는, 〈Alexander Nevsky〉 제작 시 Eisenstein와 Prokofiev의 그것이다.

20 King Jayavarman Ⅶ, the warrior king who u__________ Cambodia in the 12th century, made his army train in *bokator*, turning it into fearsome fighting force. [12 모평]

12세기에 캄보디아를 통일한 전사 출신 Jayavarman 7세 왕은 그의 군사들을 bokator로 훈련시켜 무시무시한 전투 부대로 바꾸어 놓았다.

31~40번 ▶ 정답

| 31 별개의[다른] | 32 consistent | 33 eliminates | 34 삼킬 | 35 fundamental |
| 36 namely | 37 transmit | 38 diminishing | 39 squeezing | 40 traits |

21 Along this road there now appeared two round g_________ eyes. [14 학평]

이 길을 따라 이제 두 개의 동그란 노려보는 눈이 나타났다.

22 Careful planning is necessary when allocating funds for advertising. [10 학평]

광고를 위해 자금을 _________ 때는 신중한 계획이 필수적이다.

23 Young people treat the mobile phone as an essential n_________ of life. [16 모평]

젊은이들은 휴대전화를 생활에 꼭 필요한 필수품으로 다룬다.

24 If they want a career, they have to s_________ family time. If they want a family life, they have to s_________ their career. [14 수능]

그들이 경력을 원한다면, 그들은 가족과의 시간을 희생해야 한다. 그들이 가족과의 시간을 원한다면, 그들의 경력을 희생해야 한다.

25 We a_________ the future as if we found it too slow in coming and we were trying to hurry it up. [11 수능]

우리는 마치 미래가 너무 느리게 오고 있다고 생각해서 그것을 서둘러 오게 하려는 것처럼 미래를 고대한다.

26 In the 1970s, when schools began allowing students to use portable calculators, many parents objected. [14 학평]

1970년대에 학생들이 _________ 계산기를 사용하도록 학교에서 허락하기 시작했을 때, 많은 학부모들이 반대했다.

27 There is no way to stop the lights from going off, no way to switch them back on once they've grown d_________. [04 학평]

불이 꺼지는 것을 막을 방법도 없고, 일단 어두워지면 다시 켤 수도 없다.

28 Researchers investigated the ways in which first and third grade teachers could i_________ music into their regular math classrooms. [16 모평]

연구원들은 1학년과 3학년 선생님들이 음악을 그들의 정규 수학 교실에 통합할 수 있는 방법을 연구했다.

29 Even a journey through the stacks of a real library can be more fruitful than a trip through today's distributed virtual archives. [18 수능]

심지어 실제 도서관의 서가를 훑고 다니는 것마저도 오늘날의 배포된 가상의 기록 보관소를 뒤지는 것보다 더 _________ 수 있다.

30 The r_________ growth of baby-boomer retirees will mean higher spending levels for both Social Security and Medicare. [19 모평]

베이비붐 세대 퇴직자의 빠른 증가는 사회보장 연금과 노인 의료보험 제도 모두에서 더 높은 지출 수준을 의미할 것이다.

01~10번 정답 ▶ 01 launch　02 진보　03 명성　04 extraordinary　05 urged
06 range　07 remarkable　08 accumulated　09 stack　10 glitter

31 While design and styling are interrelated, they are completely distinct fields. [07 수능]

디자인과 스타일링은 서로 관련되어 있지만, 완전히 ________ 분야이다.

---

32 Sociologists have a desire to be c________ with their words, beliefs, attitudes, and deeds. [13 모평]

사회학자들은 자신의 말, 신념, 태도, 행동에 일관되려는 욕구를 갖는다.

---

33 When one species e________ another by outcompeting it, it is called competitive exclusion. [15 수능]

한 종이 다른 종을 경쟁에서 이김으로써 제거할 때, 그것을 경쟁적 배제라고 부른다.

*outcompete 경쟁에서 이기다 **exclusion 배제

---

34 The blue sea slug can swallow its prey's stinging cells without hurting itself. [14 학평]

푸른 바다 민달팽이는 스스로를 상처내지 않고 먹이의 쏘는 세포를 ________ 수 있다.

---

35 A f________ trait of human nature is its incredible capacity for adaptation. [18 학평]

인간의 본성이 가진 근본적인 특성 중 하나는 그것의 놀라운 적응력이다.

---

36 A more efficient alternative is to target the hubs of the network, n________, those people at the center of the network or those with the most contacts. [14 학평]

보다 효율적인 대안은 네트워크의 허브, 즉 네트워크의 중심에 있는 사람들 또는 가장 많은 접촉을 한 사람들을 대상으로 하는 것이다.

---

37 Electric bulbs t________ light but keep out the oxygen that would cause their hot filaments to burn up. [08 수능]

전구는 빛을 전달하지만 그것의 뜨거운 필라멘트가 연소하는 원인이 되는 산소는 차단한다.

---

38 As a rule, reading text over and over again yields d________ returns in actual knowledge, but it increases familiarity and fosters a false sense of understanding. [13 모평]

일반적으로 글을 되풀이하여 읽다 보면 실제 지식에 있어서는 얻는 것이 줄어드는 결과를 낳지만, 그것이 친숙함을 증가시켜 이해했다는 그릇된 느낌을 조성한다.

*foster 조성하다

---

39 One is the formation of individual fibers by s________ a liquid through one or more small openings in a nozzle and letting it harden. [18 모평]

한 가지는 노즐에 있는 하나 혹은 그 이상의 작은 구멍들을 통해 액체를 짜내어 그것을 굳힘으로써 개개의 섬유를 형성하는 것이다.

---

40 We automatically assign to good-looking individuals such favorable t________ as talent, kindness, honesty, and intelligence. [13 수능]

우리는 무의식적으로 재능, 친절함, 정직 그리고 지성과 같은 좋은 특성들을 잘생긴 사람들에게 부여한다.

11~20번 정답 ▶

| 11 gripped | 12 rotate | 13 initial | 14 느긋하게 | 15 shrinks |
| 16 desirable | 17 underlying | 18 갈등 | 19 공동 작업 | 20 united |

PREVIEW 40 Words

- [ ] abrupt
- [ ] strengthen
- [ ] substitute
- [ ] charm
- [ ] characteristic
- [ ] proceed
- [ ] classify
- [ ] innovation
- [ ] significant
- [ ] profound

- [ ] imply
- [ ] reverse
- [ ] convert
- [ ] modify
- [ ] declare
- [ ] hence
- [ ] prospect
- [ ] disturb
- [ ] cherish
- [ ] compact

- [ ] appliance
- [ ] utilize
- [ ] flash
- [ ] joint
- [ ] unlock
- [ ] anniversary
- [ ] primary
- [ ] weird
- [ ] ban
- [ ] scan

- [ ] split
- [ ] rare
- [ ] compromise
- [ ] dedicate
- [ ] side effect
- [ ] entire
- [ ] conceal
- [ ] fade
- [ ] stare
- [ ] mess

➕ 수능 PLUS 수능 이렇게 나온다

0641

abrupt
[əbrʌ́pt]

형 갑작스러운, 뜻밖의

파 abruptly ad. 갑자기, 뜻밖에

유 • sudden a. 갑작스러운
• unexpected a. 뜻밖의, 예기치 않은
반 expected, anticipated a. 예상되는

0642

strengthen
[stréŋkθən]

동 강화하다, 강화되다

파 strength n. 힘, 강점
strong a. 강한, 튼튼한

유 reinforce v. 강화하다, 보강하다
반 weaken v. 약화되다, 약화시키다

0643

substitute
[sʌ́bstitjùːt]

동 대체하다, 대신하다

명 대체물, 대리인

파 substitution n. 대체(물), 대리(인)

유 • replace v. 대신하다, 대체하다
• take the place of ~을 대신하다
• replacement n. 대체(물), 교체(물)
숙어 substitute A for B = substitute
B with[by] A A를 B 대신 쓰다, B를 A로
대체하다

0644

charm
[tʃaːrm]

동 매혹하다, 마음을 사로잡다

명 1. 매력 2. 부적, 주문

파 charming a. 매력적인, 멋진

유 • fascinate, attract v. 매혹하다, 마음을
사로 잡다
• fascination n. 매혹, 매료
• attraction n. 매력

0645

characteristic
[kæ̀riktərístik]

명 특징, 특질

형 독특한, 특징적인, 특유의

파 characterize v. 특징짓다, 특징이 되다
characteristically ad. 특징적으로

유 • feature n. 특징, 특성
• peculiar, distinctive a. 독특한, 특유의
기출 어구 • characteristic of ~ 특유의,
정말 ~다운
• uncharacteristic of ~답지 않은

0646

proceed
[prəsíːd]

동 나아가다, 진행하다[되다], 계속하다[되다]

파 process n. 과정, 절차
procedure n. 절차, 방법
procedural a. 절차상의

유 • advance v. 나아가다
• continue v. 계속하다, 지속하다
• go on 계속하다, 나아가다
숙어 proceed to N ~로 나아가다
proceed to do 계속 이어서 ~하다
cf. • proceedings n. 1. 소송 절차 2. 행사
3. 회의록
• precede v. ~에 앞서 가다

0647

classify
[klǽsəfài]

동 분류하다, 구분하다

파 classification n. 분류, 유형
classified a. 1. 분류된 2. (정보가) 기밀의
(= confidential)
classificatory a. 분류의

유 sort, categorize v. 분류하다
숙어 classify A as B A를 B로 분류하다

0648

innovation
[ìnəvéiʃən]

명 1. 혁신, 쇄신 2. 획기적인 것

파 innovative a. 혁신적인, 획기적인
innovate v. 혁신하다, 쇄신하다

기출 어구 • a scientific/technological
innovation 과학적/기술적 혁신
• a counter-innovation 반(反)혁신

0649

significant
[signífikənt]

형 1. 중요한, 의미 있는

2. (수량 · 비율이) 상당한

파 significance n. 1. 중요, 중요성 2. 의미
significantly ad. 상당히, 의미 있게
signify v. 1. 의미하다(= mean) 2. 중요하다

유 • important a. 중요한
• vital a. 매우 중요한
• critical a. 결정적인, 중대한
• meaningful a. 중요한, 의미 있는
반 insignificant a. 중요하지 않은, 사소한
숙어 of significance 중요한
(= significant)

0650

profound
[prəfáund]

형 1. 깊은, 심오한

2. (영향 · 느낌 등이) 엄청난

파 profoundly ad. 깊이, 완전히, 엄청나게

유 deep a. 깊은 ad. 깊이
반 superficial a. 깊이 없는, 얄팍한
기출 어구 have a profound
impact[effect] on ~에 엄청난 영향을 미
치다

0651

imply
[implái]

동 함축하다, 암시하다, 넌지시 비치다

파 implication n. 1. 함축(된 의미), 암시 2. 영향, 결과
implicit a. 1. 암시된, 내포된(↔ explicit a. 명시적인)
2. 절대적인(= absolute)
implied a. 함축된, 암시된

유 • hint v. 넌지시 말하다, 암시하다
• suggest v. 암시하다, 시사하다
• indicate v. (은연 중) 나타내다
cf. implicate v. 1. 관련시키다 2. 함축하다

DAY 12

0652

reverse
[rivə́ːrs]

[동] 뒤바꾸다, 역으로 하다
[명] 반대, 역
[형] 반대의, 역의
[파] reversal n. 뒤바꿈, 반전
reversely ad. 반대로, 이에 반하여

[유] • turn over ~을 뒤집다
• opposite n. 반대 a. 반대의
[숙어] in reverse 반대로, 거꾸로
[기출 어구] • reverse the tide 흐름을 뒤바꾸다
• a reverse image 역상(뒤바뀐 이미지)

0653

convert
[kənvə́ːrt]

[동] 전환하다, 바꾸다, 개조하다
[파] conversion n. 전환, 개조
convertible a. 바꿀 수 있는 n. 컨버터블 자동차
converter n. 변환기

[유] • alter v. 바꾸다, 변경하다, 개조하다
• transform v. 변형시키다
[숙어] convert A into B A를 B로 전환하다, 개조하다

0654

modify
[mádəfài]

[동] 1. 변경하다, 수정하다 2. 수식하다
[파] modification n. 변경, 수정
modifiable a. 변경할 수 있는
modifier n. 수식어

[유] • revise v. 변경하다, 수정하다
• correct v. 정정하다, 고치다
• alter v. 바꾸다, 변경하다, 개조하다

0655

declare
[diklɛ́ər]

[동] 1. 선언하다, 공표하다
2. (세관에서) 신고하다
[파] declaration n. 선언, 공표, 맹세

[유] • announce v. 선언하다, 발표하다
• pronounce v. 선언하다, 발음하다
• proclaim v. 선언하다, 선포하다

0656

hence
[hens]

[부] 이런 이유로, 그러므로

[어법 point] hence가 쓰인 문장에서는 종종 동사가 생략됨
[cf.] 인과관계의 '결과'를 나타내는 표현:
• therefore, thus ad. 그러므로
• accordingly ad. 따라서
• consequently ad. 그 결과로서
• as a result 결과적으로
• in conclusion 결론적으로

0657

prospect
[práspekt]

[명] 1. 가망, 가능성, 예상 2. 전망, 경치
3. 유망한 후보
[파] prospective a. 장래의, 유망한

[유] • possibility n. 가능성
• likelihood n. 가망, 가능성
• outlook n. 전망, 조망
[기출 어구] its prospect for success 그것의 성공 전망

0658

disturb
[distə́ːrb]

동 방해하다, 혼란시키다, 불안하게 하다
파 disturbance n. 방해, 소란
disturbing a. 충격적인, 불안하게 하는

유 • interrupt v. 방해하다, 중단시키다
• disrupt v. 방해하다, 혼란스럽게 하다
기출 어구 disturb the balance 균형을 방해하다[깨다]

0659

cherish
[tʃériʃ]

동 소중히 여기다, 아끼다
파 cherishable a. 소중히 간직할 만한
cherished a. 소중하게 간직한, 소중한

유 • enshrine v. 소중히 하다, 모시다
• value v. 소중히 생각하다
반 neglect v. 무시하다, 방치하다

0660

compact
[kəmpǽkt]

형 1. 조밀한, 밀집한 2. 소형의
동 꽉 채우다

유 dense a. 밀집한, 빽빽한
기출 어구 compact disc (CD) 컴팩트 디스크

0661

appliance
[əpláiəns]

명 (가정용) 기기, 가전제품

유 device n. 장치, 기구
기출 어구 home[household] appliances 가정용 가전제품

0662

utilize
[júːtəlàiz]

동 이용하다, 활용하다
파 utility n. 1. 유용(성) 2. (수도 · 전기 · 가스 등의) 공익사업
utilization n. 이용, 활용

유 • use v. 이용하다, 사용하다
• make use of ~을 이용하다
cf. utilitarian a. 실용적인, 공리적인
utilitarianism n. 공리주의

0663

flash
[flæʃ]

동 1. 번쩍이다 2. 휙 움직이다
명 섬광, 번쩍임
파 flashy a. 번쩍거리는, 현란한, 호화로운

숙어 in a flash 눈 깜짝할 사이에, 순식간에
cf. • flashlight n. 손전등(= electric torch)
• flashbulb n. 섬광 전구

0664

joint
[dʒɔint]

형 공동의, 합동의
명 관절, 연결 부위

유 • concerted a. 협동의, 합의의
• collaborative a. 공동의, 협력적인
기출 어구 joint venture 합작 투자 (회사)

0665

unlock
[ʌnlák]

동 1. 열다, 풀다
  2. (비밀 등을) 드러내다, 밝히다

유 reveal v. 드러내다, 밝히다
반 lock v. 잠그다(▶ lock up 가두다, 감금하다 locker n. 사물함)

DAY 12

0666

anniversary
[ænəvə́ːrsəri]
명 기념일

숙어 celebrate one's ~th anniversary
~주년을 기념하다

0667

primary
[práimeri]
형 1. 주요한, 제1의 2. 최초의, 초기의
3. 초등(교육)의
파 primarily ad. 주로

유 • prime a. 제1의, 가장 중요한, 최고의
• main, major, chief a. 주요한
cf. primary school (영국) 초등학교

0668

weird
[wiərd]
형 기이한, 기묘한
파 weirdo n. 별난 사람, 괴짜
weirdly ad. 기묘하게, 괴상하게

유 strange, odd a. 기묘한, 이상한

0669

ban
[bɑːn]
동 금지하다 명 금지

유 forbid, prohibit v. 금지하다
cf. banner n. 현수막, 깃발, 배너 광고
(웹사이트에 띠 모양으로 게시되는 광고)

0670

scan
[skæn]
동 자세히 살피다, 훑어보다
명 면밀한 검사, 훑어보기

cf. scanner n. (컴퓨터 장치) 스캐너

0671

split
[split]
동 쪼개다, 나누다, 분열되다
명 틈, 분열
(split–split–split)

숙어 • split into ~로 갈라지다
• split up with ~와 헤어지다
cf. spit v. (침을) 뱉다 n. 침, (침) 뱉기

0672

rare
[rɛər]
형 1. 드문, 진귀한 2. 덜 익힌
파 rarity n. 진귀한 것, 희귀성
rarely ad. 드물게, 거의 ~ 않다
(= hardly, barely, scarcely)

유 • scarce a. 부족한, 드문
• uncommon a. 흔하지 않은, 드문

0673

compromise
[kámprəmàiz]
동 1. 타협하다
2. (신용 · 평판 등을) 손상시키다
명 타협, 절충(안)
파 compromising a. 더럽히는, 평판을 떨어뜨리는

숙어 make a compromise 타협하다
기출 어구 compromise quality for
quantity 양을 위해 질을 타협하다[양보하다]

0674

dedicate
[dédikèit]

동 헌신하다, 전념하다, 바치다

파 dedication n. 헌신, 전념, 헌정
dedicated a. 1. 헌신적인, 전념하는 2. 전용의

유 • devote v. 바치다, 전념하다
• commit v. 헌신하다, 전념하다
숙어 • dedicate A to B A를 B에 바치다
• be dedicated to -ing ~하는 데에 헌신하다, 전념하다

0675

side effect
[said ifékt]

명 부작용, 후유증

유 • adverse effect 부작용, 역효과
• byproduct n. 부작용, 부산물

0676

entire
[intáiər]

형 전체의, 완전한

파 entirely ad. 전적으로, 완전히
entirety n. 전체, 전부

유 • whole a. 전체의, 모든
• complete a. 완전한
• total a. 전체의, 총

0677

conceal
[kənsí:l]

동 감추다, 숨기다

파 concealment n. 숨김, 은폐

유 • hide v. 숨다, 숨기다
• cover v. 덮다, 가리다
• veil v. 감추다
반 reveal v. 밝히다, 드러내다

0678

fade
[feid]

동 바래다, 희미해지다, 사라지다

숙어 fade away 희미해지다, 사라지다
cf. fad n. 일시적 유행

0679

stare
[stɛər]

동 응시하다, 빤히 쳐다보다
명 응시

유 gaze v. 응시하다 n. 응시, 시선
숙어 stare at ~을 응시하다(= gaze at)
기출 어구 with a blank stare (이해하지 못해) 멍한 눈빛으로

0680

mess
[mes]

명 엉망(진창), 난잡한 상태
동 엉망으로 만들다

파 messy a. 엉망인, 지저분한
messiness n. 혼란스러움

유 • untidiness n. 지저분함, 어수선함
• clutter n. 어수선함 v. 어지럽히다
반 tidiness n. 청결, 정돈
숙어 mess up ~을 엉망으로 만들다, ~을 망치다
cf. mass n. 덩어리, 질량, 대중

각 빈칸에 알맞은 영단어 또는 우리말을 쓰시오.

01 Freedom in space is merely one characteristic of sovereignty. [20 모평]

공간의 자유는 주권의 하나의 __________ 일 뿐이다.   *sovereignty 주권

02 Sometimes the variation is as subtle as a pause. Other times it is obvious and a __________. [12 모평]

때때로 그 변화는 짧게 멈추는 것처럼 미묘하다. 때때로 그것은 명백하고 갑작스럽다.

03 If there's a problem, the blue light will f __________. [19 수능]

문제가 있으면 파란색 빛이 깜박일 것입니다.

04 Do you have a hard time relaxing if your house is a m __________? [15 모평]

여러분은 집이 어수선하면 편하게 있지를 못하는가?

05 Those with such faith assume that the new technologies will ultimately succeed, without harmful side effects. [07 수능]

그러한 믿음을 가진 사람들은 새로운 과학기술이 해로운 __________ 없이 결국 성공을 거두리라고 추정한다.

06 When we learn Arabic numerals we build a circuit to quickly convert those shapes into quantities. [19 수능]

우리가 아라비아 숫자를 배울 때 우리는 그러한 모양들을 빠르게 수량으로 __________ 회로를 만든다.

07 Even when an i __________ is consistent with a society's needs, there is still no guarantee that it will be accepted. [16 수능]

어떤 혁신적인 것이 어떤 사회의 필요와 일치할 때조차도, 여전히 그것이 받아들여질 것이라는 보장은 없다.

08 Tricked by the increasingly w __________ and unstable weather, the birds' migration and breeding patterns are changing. [18 학평]

점점 더 이상하고 불안정한 날씨에 속아서 새들의 이동과 번식 패턴이 바뀌고 있다.

09 I have seen people who are very good at their jobs but are poor at presenting themselves and, h __________, do not convince the audience of their capabilities. [11 모평]

나는 자신의 일은 매우 잘하지만 자기 자신을 표현하는 데 미숙하여, 그리하여 청중들에게 그들의 능력을 깨닫게 하지 못하는 사람들을 보아 왔다.

10 Many people take numerous photos during s __________ life celebrations to preserve the experience for the future. [11 수능]

많은 사람들이 미래를 위해 그 경험을 보존해 두려고 중요한 인생의 기념일 동안 수많은 사진을 찍는다.

21~30번 ▶ 정답
| 21 reverse | 22 선언했다 | 23 anniversary | 24 드물다 | 25 숨겨진다면 |
| 26 staring | 27 dedicated | 28 primary | 29 disturb | 30 substituting |

11 The act of communicating is always a joint, creative effort. [17 수능]

의사소통 행위는 항상 _________ 창의적 노력이다.

12 Baseball, like traditional life, p_________ according to the rhythm of nature, specifically the rotation of the Earth. [17 모평]

야구는 전통적인 삶과 마찬가지로 자연의 리듬, 구체적으로 말해 지구의 자전에 따라 진행된다.

13 The results of science have p_________, and sometimes unexpected, impacts on every human being on earth. [16 모평]

과학의 결과는 지구 위의 모든 사람에게 심오한 그리고 때로는 예기치 못한 영향을 미친다.

14 A traditional filmmaker has limited means of m_________ images once they are recorded on film. [15 모평]

전통적인 영화 제작자는 일단 영상이 필름에 녹화되고 나면 그것을 수정할 수 있는 제한적인 수단을 가진다.

15 We borrow environmental capital from future generations with no intention or prospect of repaying. [17 수능]

우리는 갚으려는 의도나 _________도 없이 미래의 세대들로부터 환경 자본을 빌려온다.

16 He agreed to study chemical engineering as a compromise with his father, who feared that his son couldn't make a living as a mathematician. [15 모평]

그는 자신의 아들이 수학자로서는 생계를 꾸릴 수 없을 거라고 걱정하는 아버지와의 _________으로 화학공학을 공부하는 것에 동의했다.

17 A bird with its head in the air s_________ for predators cannot at the same time have its head down searching for food. [17 학평]

한 마리의 새가 포식자를 살피면서 머리를 공중에 두는 동시에 먹이를 찾으며 머리를 아래로 둘 수는 없다.

18 Whenever a geneticist u_________ new secrets of the DNA molecule, it adds to our knowledge base and enables us to better the human condition. [11 수능]

유전학자가 DNA 분자의 새로운 비밀을 밝혀낼 때마다, 그것은 우리 지식의 기반에 더해져서 우리로 하여금 인간의 상황을 더 좋게 만들 수 있게 한다.

19 The individuals of the prey species are concentrated in c_________ units rather than dispersed over a much larger area. [13 모평]

먹잇감이 되는 그 종들의 개체들은 더 넓은 지역에 흩어져 있기보다는 매우 조밀한 단위로 모여 있다. *disperse 흩어지게 하다

20 The nutrients in apples help you s_________ your immune system, prevent cancer, and reduce cell damage in the body. [13 모평]

사과의 영양소는 면역체계를 강화시키고 암을 예방하며 신체의 세포 손상을 줄이는 데 도움을 준다.

31~40번
정답 ▶ 31 split · 32 매혹되었다 · 33 classify · 34 소중히 여기는 · 35 활용하는 · 36 entire · 37 faded · 38 ban · 39 appliances · 40 imply

21 First-graders may commonly r__________ their letters, writing a d for a b. [05 학평]

1학년생들은 흔히 철자를 뒤집어 써서 b를 d로 쓰기도 한다.

22 The World Health Organization (WHO) has now declared a sleep loss epidemic throughout industrialized nations. [18 학평]

세계 보건 기구(WHO)는 이제 산업화된 나라들 전역에 수면 부족 유행병을 __________.

23 Celebrate Eco Recycling Center's 10th a__________ by participating in a trash-to-art contest. [16 학평]

폐품을 활용한 예술 경연대회에 참가해서 친환경 재활용 센터의 10주년을 기념해주세요.

24 In mature markets, breakthroughs that lead to a major change in competitive positions are rare. [18 모평]

충분히 발달된 상태의 시장에서는, 경쟁적 지위에 중요한 변화를 가져오는 획기적인 발전이 __________.

25 If the coin is tossed and the outcome is concealed, people will offer lower amounts when asked for bets. [12 수능]

동전을 던져 그 결과가 __________, 사람들은 내기 돈을 걸라고 요청받았을 때 더 적은 금액을 제시할 것이다.

26 She stood there s__________ at the water—the one thing that had nearly taken her life. [19 모평]

그녀는 이전에 거의 자신의 목숨을 앗아갈 뻔했던 것인 물을 응시하며 그곳에 서 있었다.

27 The Nature Foundation is a world-wide organization d__________ to the preservation of our natural environment. [14 수능]

Nature 재단은 자연환경을 보전하는 데 헌신하는 세계적인 조직이다.

28 Standard English allows access to certain educational and economic opportunities, which is the p__________ reason for teaching it. [12 수능]

표준영어는 특정한 교육적, 경제적 기회에 접근할 수 있게 해주는데, 그것이 표준영어를 가르치는 주된 이유이다.

29 Grandma added that although she knew caterpillars did harm to cabbages, she didn't wish to d__________ the natural balance of the environment. [19 수능]

할머니는 애벌레가 양배추에게 해를 끼친다는 것을 알고는 있지만 자연환경의 자연스러운 균형을 방해하고 싶지는 않다고 덧붙였다.

30 The term *euphemism* involves s__________ a more pleasant, less objectionable way of saying something for a blunt or more direct way. [12 수능]

'완곡어법'이라는 말은 무언가를 말하는 더 듣기 좋고 불쾌감이 덜한 방식으로 직설적이거나 보다 직접적인 방식을 대체하는 것과 관련되어 있다.   *objectionable 불쾌한

01~10번 ▶ 정답

| 01 특성 | 02 abrupt | 03 flash | 04 mess | 05 부작용들 |
| 06 전환하는 | 07 innovation | 08 weird | 09 hence | 10 significant |

31 Groups with an even number of members may
s__________ into halves. [15 수능]

짝수의 구성원을 지닌 집단은 반반으로 나뉠
지도 모른다.

32 Best of all, I was charmed by the native birds, monkeys,
and lizards moving among the branches. [18 수능]

무엇보다도 나는 나뭇가지 사이에서 움직이는
토종 새, 원숭이 그리고 도마뱀들에게 __________.

33 Students of ethics have been perplexed whether to
c__________ their subject as a science, an art, or
otherwise. [19 학평]

윤리학 학생들은 자신의 과목을 과학, 예술
또는 다른 것으로 분류해야 할지 당혹스러워
했다.

34 In a society that cherishes honor or bravery, a battle
wound would be more of a status symbol. [09 수능]

명예나 용맹을 __________ 사회에서 전투의
상처는 지위의 상징에 가까울 것이다.

35 Unlike lawyers, who utilize information selectively to
support their arguments, scientists must include all
information. [18 모평]

자신들의 논거를 뒷받침하기 위해 정보를 선
택적으로 __________ 변호사들과는 달리, 과
학자들은 모든 정보를 포함시켜야 한다.

36 At the close of the Ice Age the e__________ region
was submerged beneath a lake of meltwater. [13 수능]

빙하기가 끝났을 때 그 전 지역은 빙하가 녹은
물로 된 호수 밑으로 잠겼다.

37 It is delicate and f__________—you can no longer
read the pattern name printed on the back. [14 모평]

그것은 깨지기 쉽고 색이 희미해져서 더 이상
(접시) 뒷면에 인쇄된 문양 이름을 읽을 수가
없다.

38 Recently in the United States, 50 psychologists signed
a petition calling for a b__________ on the advertising
of children's goods. [15 모평]

최근 미국에서는 50명의 심리학자들이 아동
상품의 광고에 대한 금지를 요구하는 탄원서
에 서명했다.

39 People began to accept the trade-off of the risk of
accidental death from electricity for better and cheaper
lighting and work-saving electrical a__________. [18 학평]

사람들은 더 좋고 더 저렴한 조명 및 노동을
줄여주는 가전제품과 전기로 인한 사고사의
위험과의 맞교환을 받아들이기 시작했다.

40 When you say "I'm not good at public speaking" or
"I'm unpopular" or "I'm lazy," you i__________ that
these qualities are in you. [16 학평]

여러분이 "나는 대중 앞에서 말을 잘하지 못
한다." 혹은 "나는 인기가 없다." 혹은 "나는
게으르다."라고 말할 때, 여러분은 이러한 특
성들이 여러분 안에 있다는 것을 암시한다.

11~20번 ▶ 정답

11 공동의	**12** proceeds	**13** profound	**14** modifying	**15** 가망[예상]
16 절충[타협]안	**17** scanning	**18** unlocks	**19** compact	**20** strengthen

PREVIEW 40 Words

- [ ] obvious
- [ ] intense
- [ ] embrace
- [ ] facilitate
- [ ] transparent
- [ ] applaud
- [ ] discard
- [ ] valid
- [ ] favorable
- [ ] supplement
- [ ] implement
- [ ] scarce
- [ ] excess
- [ ] abundant
- [ ] administer
- [ ] appoint
- [ ] designate
- [ ] hardship
- [ ] neutral
- [ ] random
- [ ] superior
- [ ] inferior
- [ ] defect
- [ ] swing
- [ ] vow
- [ ] swear
- [ ] accustomed
- [ ] ruin
- [ ] absurd
- [ ] incident
- [ ] distract
- [ ] scatter
- [ ] crisis
- [ ] ongoing
- [ ] revolve
- [ ] liberate
- [ ] symbolic
- [ ] shield
- [ ] tender
- [ ] bundle

+ 수능 PLUS 수능 이렇게 나온다

0681

obvious
[ábviəs]

형 **명백한, 분명한**
파 obviously ad. 확실히, 분명히

유 clear, apparent, evident a. 명백한, 분명한
반 • vague a. 모호한, 애매한
• subtle a. 미묘한, 알아채기 힘든

0682

intense
[inténs]

형 **강렬한, 극심한, 격렬한**
파 intensity n. 강도, 격렬함
intensive a. 집중적인
intensify v. 강화하다, 격렬해지다

유 • extreme a. 극심한
• fierce a. 격렬한
반 mild a. 가벼운, 순한
cf. intense heat[cold] 혹서[혹한]

0683

embrace
[imbréis]

동 1. 포옹하다 2. 받아들이다 3. 포괄하다
명 포옹

유 • hug v. 껴안다, 포옹하다
• accept v. 받아들이다

0684

facilitate
[fəsílitèit]

동 **용이하게 하다, 가능하게 하다, 촉진하다**
파 facilitation n. 용이하게 함, 촉진, 조장

반 hinder v. 저해하다, 못하게 하다
기출 어구 facilitate learning 학습을 용이하게 하다

0685

transparent
[trænspέ(:)ərənt]

형 1. 투명한 2. 명료한, 알기 쉬운
　　3. 솔직한
파 transparency n. 투명(도)
transparently ad. 투명하게, 솔직하게

유 • clear a. 투명한, 알아보기 쉬운, 분명한
• obvious, evident a. 명백한, 분명한

0686

applaud
[əplɔ́ːd]

동 박수갈채를 보내다, 칭찬하다
파 applause n. 박수갈채, 칭찬

유 • clap v. 손뼉을 치다
• praise v. 칭찬하다
• acclaim v. 환호를 보내다, 칭송하다
반 boo v. 야유하다
cf. standing ovation 기립 박수

0687

discard
[diskάːrd]

동 버리다, 폐기하다
파 discarded a. 버려진

유 • abandon v. 버리다
• throw away 버리다
• get rid of, dispose of ~을 처분하다

0688

valid
[vǽlid]

형 1. 유효한 2. 타당한, 근거가 있는
파 validity n. 1. 유효함 2. 타당성
(↔ invalidity n. 무효)
validate v. 유효하게 하다, 정당성을 입증하다

유 reasonable a. 타당한, 합리적인
반 • invalid a. 1. 무효한 2. 타당하지 않은
• unfounded a. 근거 없는

0689

favorable
[féivərəbl]

형 1. 호의적인 2. 유리한
파 favor n. 호의, 친절 v. 1. 호의를 보이다 2. 선호하다
favorably ad. 호의적으로, 유리하게

반 unfavorable a. 1. 호의적인 아닌
2. 불리한
숙어 • in favor of 1. ~의 이익이 되도록
2. ~에 찬성하여
• in one's favor ~에게 유리하게

0690

supplement
[명: sʌ́pləmənt /
동: sʌ́pləmènt]

명 보충(물), 추가물
동 보충하다, 추가하다
파 supplementary a. 보충하는, 추가의(= additional)

유 • addition n. 부가물, 추가물
• add to ~에 추가하다
숙어 supplement to ~에 대한 보충(물)

0691

implement
[동: ímpləmènt /
명: ímpləmənt]

동 이행하다, 실행하다
명 도구, 기구
파 implementation n. 이행, 실행
implemental a. 도구의

유 • carry out 수행하다, 이행하다
• execute v. 실행하다, 실시하다
• instrument n. 기구, 도구
• device n. 장치, 기구

0692

scarce
[skεərs]

형 부족한, 드문
파 scarcity n. 부족(= shortage), 결핍
scarcely ad. 거의 ~ 않다(= rarely, hardly, seldom)

유 • insufficient a. 부족한
• rare a. 드문, 희귀한
반 plentiful, abundant a. 많은, 풍부한
기출 어구 scarce resource 부족한 자원

0693

excess
[명: iksés / 형: ékses]

명 초과(량), 과도, 과잉
형 초과한, 여분의

파 excessive a. 과도한, 지나친
excessively ad. 지나치게, 매우
exceed v. 넘다, 초과하다

유 • surplus n. 과잉 a. 잉여의
• spare, extra a. 여분의
반 • shortage, scarcity n. 부족, 결핍
• short, scarce a. 부족한
숙어 in excess of ~을 초과하여, ~이상으로
(= more than)

0694

abundant
[əbʌ́ndənt]

형 풍부한, 많은

파 abundance n. 풍부함, 많음
abound v. 풍부하다
abundantly ad. 풍부하게

유 • rich, plentiful a. 많은, 풍부한
• ample a. 충분한, 풍부한
반 scarce a. 부족한, 드문
숙어 abound in ~이 풍부하다
cf. overabundant, superabundant
a. 과잉의, 과다한(= excessive)
• hyperabundant a. 매우 풍부한

0695

administer
[ədmínistər]

동 1. 관리하다, 운영하다, 집행하다
　　2. (약 등을) 투여하다

파 administration n. 관리, 행정 (업무[부])
administrative a. 관리상의, 행정상의
administrator n. 관리자, 행정인

유 • manage v. 경영하다, 관리하다
• execute v. 집행하다, 실행하다
기출 어구 • administer their performing
rights 그들의 공연 권리를 관리하다
• administer medication 약을 투여하다

0696

appoint
[əpɔ́int]

동 1. 임명하다, 지명하다
　　2. (시간 · 장소 등을) 정하다

파 appointment n. 1. 임명, 지명 2. 약속

유 assign v. 배정하다, 배치하다
숙어 • appoint A(사람) B(자리)/
appoint A(사람) as B(직책)
A를 B에[로] 임명하다

0697

designate
[dézignèit]

동 1. 지정하다, 지명하다 2. 가리키다

파 designation n. 지정, 지명
designated a. 지정된, 지명된

유 nominate v. 지명하다, 지정하다
cf. • designate A as B
A를 B로 지정하다
• designated locations/spots(지정 장
소): appoint는 주로 '사람'을 designate는
주로 '장소'를 나타내는 명사와 함께 쓰인다.

0698

hardship
[háːrdʃip]

명 어려움, 고난, 역경

유 • difficulty n. 어려움, 곤란
• adversity n. 역경

0699

neutral
[njúːtrəl]

형 1. 중립의 2. 중간의, 중성의
명 중립, 중립국

파 neutrality n. 중립(성)
neutralize v. 1. 중립화하다 2. 무효화하다
3. [화학] 중화하다

유 • impartial, unbiased a. 편견이 없는
반 • partial a. 편파적인
• biased a. 편향된, 선입견이 있는
cf. neural a. 신경(계)의

0700

random
[rǽndəm]

형 무작위의, 임의의

파 randomly ad. 무작위로, 임의로
randomness n. 무작위
randomize v. 무작위로 추출하다
randomization n. 무작위 추출

유 arbitrary a. 임의의
반 • planned a. 계획된
• systematic a. 체계적인

0701

superior
[sju(ː)pí(ː)əriər]

형 1. (~보다) 우월한 2. 상급의
명 상급자

파 superiority n. 1. 우월성 2. 거만함

유 senior n. 연장자, 상급자
반 inferior a. 열등한, 하급의
숙어 be superior to ~보다 우월하다

0702

inferior
[infí(ː)əriər]

형 1. (~보다) 열등한 2. 하급의
명 하급자

파 inferiority n. 열등, 하위

유 subordinate n. 부하, 하급자
반 superior a. 우월한, 상급의
숙어 be inferior to ~보다 열등하다
cf. inferiority complex 열등감

0703

defect
[díːfekt / difékt]

명 결함, 결점
동 (국가 · 주의 · 당 등을) 버리다

파 defective a. 결함[결점]이 있는(= faulty, flawed)

유 • fault, flaw n. 결함, 결점
• imperfection n. 결함, 미비점
반 perfection n. 완벽

0704

swing
[swiŋ]

(swing – swung –
swung)

동 1. 흔들(리)다, 진동하다 2. 휘두르다
명 1. 그네 2. 휘두르기, 스윙

숙어 in full swing
1. 최고 속도로 움직이는 2. 한창인

0705

vow
[vau]

동 맹세하다
명 맹세, 서약

유 • pledge v. 맹세하다 n. 맹세, 서약
• swear v. 1. 맹세하다 2. 욕을 하다
• oath n. 맹세, 서약, 선서
숙어 make[take] a vow 맹세하다
cf. bow v. 절하다[bau] n. 활[bou]

0706

swear
[swεər]

동 1. 맹세하다 2. 욕을 하다

유 • vow v. 맹세하다
• curse v. 욕을 하다, 악담을 퍼붓다

0707

accustomed
[əkʌ́stəmd]

형 익숙한

파 accustom v. 익숙하게 하다, 익숙해지다

숙어 be accustomed to N/-ing
~에 익숙하다(= be used to -ing)

0708

ruin
[rú(:)in]

동 망치다, 파멸[파산]시키다
명 1. 파멸, 파산 2. (pl.) 잔해, 폐해

유 • destroy v. 파괴하다
• wreck v. 망가뜨리다, 파괴하다
• demolish v. 파괴하다, 철거하다
• devastate v. 황폐시키다, 완전히 파괴하다

0709

absurd
[əbsə́rd / əbzə́rd]

형 터무니없는, 불합리한, 어리석은

파 absurdity n. 불합리, 부조리
absurdly ad. 불합리하게, 모순되게

유 • ridiculous a. 터무니없는, 말도 안 되는
• irrational, illogical a. 불합리한
• silly, foolish a. 어리석은

0710

incident
[ínsidənt]

명 일어난 일, 사건

파 incidental a. 우연히 일어나는, 부수적인
(= secondary)
incidentally ad. 우연히, 부수적으로
incidence n. 발생률, 발생의 정도

유 • happening n. 일, 사건
• occurrence n. 생긴 일, 사건
• accident n. 사고, 우연
cf. coincident a. 동시에 일어나는, 일치하는

0711

distract
[distrǽkt]

동 (주의를) 딴 데로 돌리다, 산만하게 하다

파 distracted a. 산만한, (정신이) 산만해진
distraction n. 1. 주의를 산만하게 하는 것 2. 기분 전환
(거리), 오락(거리)

유 • divert v. (생각 · 관심을) 다른 데로 돌리다
• disturb v. 방해하다, 혼란스럽게 하다
반 attract v. (주의 · 흥미 등을) 끌다

0712

scatter
[skǽtər]

동 1. (흩)뿌리다 2. 흩어지다, 분산시키다

파 scattered a. 흩어져 있는, 분산된(= dispersed)

유 • sprinkle v. (흩)뿌리다
• disperse v. 흩어지다, 분산시키다

0713

crisis
[kráisis]
pl. crises

명 위기, 중대 국면

파 critical a. 1. 위기의 2. 비판적인 3. 결정적인

유 • emergency n. 비상 (상태)
• critical situation 위기
기출 어구 • a financial crisis 재정 위기
• an economic crisis 경제 위기

0714

ongoing
[ángòuiŋ]

형 진행 중인, 계속되는

유 • in progress 진행 중인
• underway a. 진행 중인, 항해 중인
cf. go on 계속해서 ~하다

0715

revolve
[riválv]

동 (축을 중심으로) 돌다, 회전하다

파 revolution n. 1. 혁명, 큰 변화 2. 회전, 공전

유 rotate v. 회전하다, 회전시키다
숙어 revolve around[round] ~ 주위를 돌다, (관심·주제가) ~을 중심으로 돌아가다

0716

liberate
[líbərèit]

동 해방시키다, 자유롭게 하다

파 liberty n. 해방, 자유
liberation n. 해방
liberal a. 자유로운, 진보적인, 자유주의의
liberalism n. 진보[자유]주의

유 free v. 자유롭게 하다
cf. liberal arts (인문학·자연 과학·사회 과학·어학 등의) 교양 과목

0717

symbolic
[simbálik]

형 상징적인

파 symbol n. 상징, 기호
symbolize v. 상징하다
symbolism n. 상징화, 상징성
symbolically ad. 상징적으로

유 iconic a. 상징[아이콘]이 되는, 우상의

0718

shield
[ʃi:ld]

동 보호하다, 가리다
명 방패, 보호물

유 • protect v. 보호하다
• screen v. 가리다, 보호하다
숙어 shield A from B A를 B로부터 보호하다(= protect A from B)

0719

tender
[téndər]

형 1. 부드러운 2. 다정한 3. 유약한
파 tenderness n. 부드러움, 유연함, 다정

유 soft a. 부드러운, 연한
cf. tender n. 돌보는 사람, 간호인
(▶ tend v. 돌보다)

0720

bundle
[bʌ́ndl]

명 묶음, 다발, 꾸러미

유 bunch n. 1. 다발, 묶음 2. 많음
숙어 • a bundle of 한 묶음[다발]의 ~
• a bunch of 1. 한 묶음[다발]의 ~ 2. 많은 ~

각 빈칸에 알맞은 영단어 또는 우리말을 쓰시오.

01 Not all interesting discoveries have an o__________ application. [15 모평]

흥미로운 발견이 모두 다 명백한 적용성을 가지고 있는 것은 아니다.

---

02 When space and food are s__________, the fish remain smaller and reproduce more slowly. [14 모평]

공간과 먹이가 부족하면, 물고기는 더 작은 크기를 유지하고 더 천천히 번식한다.

---

03 Abundant timber would do away with the need to import wood from Scandinavia. [14 모평]

__________ 목재는 스칸디나비아로부터 목재를 수입할 필요를 없애 줄 것이었다.

---

04 As Hardin put it, "Freedom in a commons brings ruin to all." [14 모평]

Hardin이 말한 것처럼, "공유지에서의 자유는 모든 사람들에게 __________을 가져온다."

---

05 In Galileo's case this was the now commonplace idea that the earth r__________ around the sun. [16 EBS]

Galileo의 경우에 이것은 현재는 일반적인 생각인 지구가 태양을 중심으로 회전한다는 것이었다.

---

06 Preparing broccoli is extremely easy, so all you have to do is boil it in water just until it is t__________, three to five minutes. [10 학평]

브로콜리를 준비하는 것은 쉬워서 당신이 해야 할 일은 그냥 브로콜리가 부드러워질 때까지 3~5분 가량 물에 넣고 데치는 것이다.

---

07 The negative impact on local wildlife inhabiting areas close to the fish farms continues to be an o__________ public relations problem for the industry. [15 수능]

양식장에 인접한 지역에 서식하고 있는 지역 야생 생물에 미치는 부정적 영향이 계속해서 그 산업에 대한 지속적인 대민 관계의 문제가 되고 있다.   *inhabit 서식하다

---

08 A mediator who 'takes sides' is likely to lose all credibility, as is an advocate who seeks to adopt a neutral position. [12 수능]

'한쪽 편을 드는' 중재자는 __________ 입장을 취하길 원하는 옹호자와 마찬가지로 모든 신뢰를 잃을 가능성이 있다.

---

09 Children model and subconsciously e__________ much of their parents' behavior, so it becomes their own. [16 학평]

아이들은 부모 행동의 많은 부분을 본보기로 삼고 무의식적으로 받아들여서, 그것은 그들 자신의 행동이 된다.

---

10 We automatically assign to good-looking individuals such f__________ traits as talent, kindness, honesty, and intelligence. [13 수능]

우리는 무의식적으로 재능, 친절함, 정직 그리고 지성과 같은 호의적인 특성들을 잘생긴 사람들에게 부여한다.

21~30번
정답 ▶

| 21 Valid | 22 applauded | 23 superior | 24 익숙하다 | 25 분산된다[흩어진다] |
| 26 liberate | 27 swearing | 28 swing / swing | 29 이행[실행]하는 | 30 designated |

11 The vegetation reduced erosion and f__________ the accumulation of topsoil. [15 학평]

초목은 물의 침식을 줄이고 표토의 축적을 용이하게 했다.　*erosion 침식 **topsoil 표토

12 The beta carotene s__________ actually increased the risk of certain cancers. [14 모평]

베타카로틴 보조제는 실제로 특정 암의 발병 위험을 높였다.

13 Later in his life, he was a__________ the U.S. Ambassador to the Republic of Seychelles. [20 모평]

그는 말년에 세이셸 공화국 주재 미국 대사로 임명되었다.

14 Silently, I made vows that would keep me from sharing my mother's fate. [13 모평]

아무 말 없이, 나는 내가 어머니의 운명을 공유하지 못하게 막겠다고 __________를 했다.

15 Her mother hurried over, and gave her a b__________ of lilies and roses and a big hug. [16 수능]

그녀의 어머니가 서둘러 그녀에게 한 다발의 백합과 장미를 주고 강한 포옹을 해주었다.

16 The building provides the physical environment and setting for a particular social ritual as well as the symbolic setting. [17 수능]

그 건물은 __________ 장소일 뿐만 아니라 특별한 사회적 의식을 위한 물리적인 환경과 배경을 제공한다.

17 It is absurd to suggest that governments decide what art is and attempt to preserve items they regard as representative of our lives. [08 모평]

정부가 예술이 무엇인지 결정하고 우리 삶을 대표하는 것으로 여기는 물건들을 보존하려고 시도한다는 것은 __________.

18 The individual's participation in mass behavior patterns is not a spontaneous reaction to r__________ forces. [15 모평]

대중 행동 패턴에 개인이 참여하는 것은 임의의 힘에 대한 자발적인 반응이 아니다.　*spontaneous 자발적인

19 The value of carbon sinks is that they can help create equilibrium in the atmosphere by removing e__________ CO_2. [19 모평]

카본 싱크의 가치는 과잉의 이산화탄소를 제거함으로써 대기 안의 평형상태를 만드는 데 도움을 줄 수 있다는 것이다.

20 Where the degree of competition is particularly i__________ a zero sum game can quickly become a negative sum game. [18 모평]

경쟁의 정도가 특히 극심한 경우, 제로섬 게임은 급속하게 네거티브 섬 게임이 될 수도 있다.

31~40번 ▶ 정답

| 31 discard | 32 administered | 33 고난[역경] | 34 결함 | 35 distracted |
| 36 crisis | 37 shields | 38 incidents | 39 inferior | 40 투명한 |

21 V__________ experiments must have data that are measurable. [13 수능]

유효한 실험은 측정 가능한 데이터를 가지고 있어야 한다.

22 When it was over, she a__________ his passionate performance and clapped for a long time. [98 수능]

연주회가 끝났을 때, 그녀는 그의 열정적인 공연에 갈채를 보냈고 오랫동안 박수를 쳤다.

23 As long as he keeps his information to himself, he may feel s__________ to those who do not know it. [20 모평]

자신의 정보를 혼자 간직하고 있는 한, 그는 그것을 모르는 사람들보다 우월하다고 느낄지도 모른다.

24 We are accustomed to thinking of light as always going in straight lines. [18 학평]

우리는 빛이 항상 직선으로 가는 것처럼 생각하는 것에 __________.

25 When the transmitted light hits the dew drops, it becomes scattered. [10 수능]

전달된 빛이 그 이슬방울들에 닿으면 그것은 __________.

26 Financial security can l__________ us from work we do not find meaningful and from having to worry about the next paycheck. [16 수능]

재정적인 안정은 우리가 의미 있다고 생각하지 않는 일로부터 그리고 다음 번 월급에 대해서 걱정해야 하는 것으로부터 우리를 해방시켜 줄 수 있다.

27 The officers finished the day by s__________ Chris in as the first—and only—honorary state trooper. [13 모평]

경찰관들은 Chris를 처음이자 유일한 주 명예 경찰대원으로 선서함으로써 하루를 마무리했다.

28 Galileo discovered that a pendulum always takes the same amount of time to s__________ whether the s__________ is narrow or wide. [15 학평]

Galileo는 시계추가 그 흔들림이 좁든 넓든 상관없이 흔들리는 데 항상 같은 양의 시간이 걸린다는 것을 발견했다.

29 The governments of the world proclaim human rights but have a highly variable record of implementing them. [20 모평]

세계 각국 정부는 인권을 선언하지만, 그것을 __________ 데 있어서는 매우 변화가 심한 이력이 있다. *proclaim 선언하다

30 Her house in Jackson has been d__________ as a National Historic Landmark and is open to the public as a museum. [18 학평]

Jackson에 있는 그녀의 집은 (미국) 국가 사적으로 지정되어 대중에게 박물관으로 개방되어 있다.

01~10번 정답 ▶ 01 obvious　02 scarce　03 풍부한　04 파멸　05 revolves
06 tender　07 ongoing　08 중립적인　09 embrace　10 favorable

31 He believes we d__________ the old for the new too frequently and without thought. [10 학평]

그는 우리가 새로운 것을 위해 오래된 것을 너무 자주 그리고 생각 없이 버린다고 믿는다.

32 He set up and a__________ the British blood bank, and also served as medical director of the American Red Cross project. [17 학평]

그는 영국 혈액은행을 설립하고 운영했으며, 또한 미국 적십자 프로젝트의 의료 책임자로도 활동했다.

33 A pet's continuing affection becomes crucially important for those enduring hardship. [17 수능]

애완동물의 지속적인 애정은 __________을 견디고 있는 사람들에게 매우 중요해진다.

34 I believe the machine's failure is caused by a manufacturing defect. [14 수능]

저는 기계의 고장이 제조 __________에 의해 발생한 것이라고 믿습니다.

35 Her attention was d__________ by a rough, noisy quarrel taking place at the ticket counter. [14 수능]

그녀는 매표소에서 벌어지고 있는 거칠고 시끄러운 다툼 때문에 주의가 산만해졌다.

36 When photography came along in the nineteenth century, painting was put in c__________. [19 수능]

19세기에 사진술이 나타났을 때, 회화는 위기에 봉착했다.

37 The first reaction to a period of turbulence is to try to build a wall that s__________ one's own garden from the cold winds outside. [13 학평]

폭풍우와 같은 시기에 대한 첫 번째 대응책은 바깥의 찬바람으로부터 자신의 정원을 보호해 주는 담을 쌓으려고 노력하는 것이다.

*turbulence 폭풍우

38 Each year, only a few people are attacked by tigers or bears, and most of these i__________ are caused by the people themselves. [14 수능]

매년, 소수의 사람들만이 호랑이나 곰의 공격을 받는데, 이러한 사건들의 대부분은 그 사람들 자신들에 의해 야기된다.

39 People sometimes make downward social comparisons —comparing themselves to i__________ or worse-off others—to feel better about themselves. [18 모평]

사람들은 자신에 대해 더 낫다고 느끼기 위해 때때로 아래로 향하는 사회적 비교, 즉 열등하거나 상황이 더 나쁜 다른 사람들과 자신을 비교한다.

40 High-tech firms are developing technological solutions to the problem, offering a transparent screen that allows pedestrians to see what is going on in front of them while texting. [18 학평]

첨단 기술 기업들은 문자를 보내는 동안 자신들 앞에서 일어나는 일을 보행자들이 볼 수 있도록 하는 __________ 화면을 제공하면서 그 문제에 대한 기술적인 해결책들을 개발하고 있다.

11~20번 ▶ 정답

11 facilitated	12 supplement	13 appointed	14 맹세	15 bundle[bunch]
16 상징적인	17 불합리하다	18 random	19 excess	20 intense

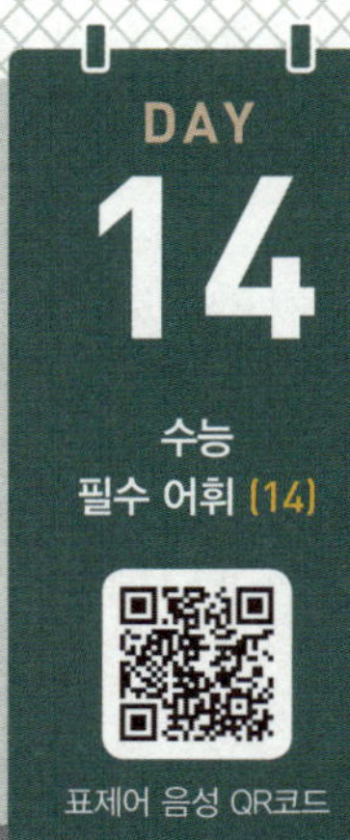

DAY 14

수능
필수 어휘 [14]

표제어 음성 QR코드

PREVIEW 40 Words

☐ affair ☐ repeatedly ☐ meanwhile ☐ remote
☐ optimal ☐ certificate ☐ dawn ☐ prone
☐ enhance ☐ estimate ☐ accidentally ☐ tremendous
☐ comprehend ☐ inquire ☐ uncover ☐ widespread
☐ theory ☐ fragment ☐ clarify ☐ phenomenon
☐ outstanding ☐ postpone ☐ investigate ☐ evil
☐ beneath ☐ vague ☐ inspect ☐ creep
☐ overlap ☐ extract ☐ mission ☐ spill
☐ excel ☐ alter ☐ sigh ☐ section
☐ sort ☐ scent ☐ brochure ☐ toss

0721

affair
[əfɛ́ər]

[명] 1. 일, 사건, 문제 2. 업무

[유] matter n. 일, 사건, 문제
[기출 어구] worldly affairs 세상사

0722

optimal
[áptəməl]

[형] **최상의, 최적의**

[파] optimize v. 최적화하다, 최대한으로 활용하다

[유] • optimum a. 최적의 n. 최적의 것
• ideal a. 이상적인, 완벽한
• supreme a. 최고의, 최상의

0723

enhance
[inhǽns]

[동] (지위 · 가치 등을) **높이다, 향상시키다**

[파] enhancement n. 향상, 상승
enhanced a. 향상된

[유] improve v. 향상시키다
[기출 어구] self-enhancement
[심리학] 자기 고양(自己高揚)

0724

comprehend
[kàmprihénd]

[동] 1. (충분히) **이해하다 2. 포함하다**

[파] comprehension n. 이해(력)
comprehensible a. 이해할 수 있는
(↔ incomprehensible a. 이해할 수 없는)
comprehensive a. 포괄적인, 종합적인

[유] understand, grasp v. 이해하다
[cf.] miscomprehend v. 오해하다
(= misunderstand)

0725

theory
[θí(:)əri]

[명] **이론, 학설**

[파] theoretical a. 이론(상)의
theoretically ad. 이론적으로, 이론상으로
theorize v. 이론을 세우다
theorist n. 이론가

[숙어] • in theory 이론상으로는
• validate a theory 이론을 입증하다
• falsify a theory 이론이 틀렸음을 입증하다
[cf.] hypothesis n. 가설, 전제

+ 수능 PLUS 수능 이렇게 나온다

0726

outstanding
[àutstǽndiŋ]

형 1. 뛰어난, 두드러진 2. 미해결의

유 • notable a. 주목할 만한, 눈에 띄는
• remarkable a. 놀랄 만한, 주목할 만한
• distinguished a. 두드러진, 뛰어난

0727

beneath
[biníːθ]

전 ~ 아래에, ~ 밑에

부 아래에, 밑에

유 underneath prep. ~ 아래에, ~ 밑에
ad. 아래에 n. 아래쪽

0728

overlap
[동: òuvərǽp /
명: óuvərlæ̀p]

동 겹치다, 중복되다

명 겹침, 중복

숙어 overlap with ~와 겹치다[중복되다]

0729

excel
[iksél]

동 뛰어나다, 능가하다

파 excellent a. 우수한, 뛰어난
excellence n. 탁월함, 우수함

유 • exceed v. 넘어서다, 초과하다
• surpass v. 능가하다, 뛰어넘다
숙어 • excel in[at] N ~에서 뛰어나다
• excel at -ing ~하는 데에 뛰어나다

0730

sort
[sɔːrt]

명 종류, 부류

동 분류하다, 가려내다

파 sorting n. 분류 (과정), 선별

유 • kind, type n. 종류, 유형
• category n. 범주
• class n. 부류, 종류
• classify, categorize v. 분류하다
숙어 • a sort of 일종의 ~(= a kind of)
• sort out 1. ~을 분류하다 2. ~을 처리하다
• sort through ~을 분류하다[가려내다]

0731

repeatedly
[ripíːtidli]

부 반복해서, 되풀이하여, 여러 차례

파 repetitive a. 반복성의, 되풀이하는
repeat v. 반복하다, 되풀이하다
repetition n. 반복, 되풀이

유 over and over (again), time after
time, time and (time) again 반복해서,
여러 차례

0732

certificate
[sərtífəkit]

명 자격증, 증명서, 수료증

파 certify v. (공식적으로) 증명하다, 증명서를 주다
certification n. 증명, 인증
certified a. 보증된, 공인된

cf. • license n. 면허(증), 자격증
• diploma n. 졸업장, 수료증
기출 어구 • gift certificate 상품권
• graduation certificate[diploma]
졸업장

DAY 14

0733

estimate
[동: éstəmèit /
명: éstəmət]

동 평가하다, 추정하다
명 평가, 추정(치), 견적(서)
파 estimation n. 판단, 평가, 추산

유 evaluate v. 평가하다
기출 어구 cost estimates 비용[원가] 견적

0734

inquire
[inkwáiər]

동 1. 묻다, 문의하다 2. 조사하다
파 inquiry n. 1. 문의 2. 탐구, 조사
inquirer n. 1. 문의자 2. 조사자
inquiring a. 캐묻기 좋아하는, 탐구심이 많은
(= inquisitive)

유 • ask, question v. 묻다
• investigate v. 조사하다
숙어 • inquire of ~에게 묻다
• inquire about ~에 관해 묻다[문의하다]
• inquire into ~을 조사하다

0735

fragment
[frǽgmənt]

명 파편, 조각
동 산산이 부수다, 부서지다
파 fragmentary a. 단편적인, 부분적인

유 • piece n. 조각
• bit n. 작은 조각
• scrap n. 한 조각, 파편
• break, shatter v. 부수다, 부서지다

0736

postpone
[pousʔpóun]

동 연기하다, 미루다
파 postponement n. 연기, 뒤로 미루기

유 • delay v. 미루다, 연기하다
• put off 미루다, 연기하다

0737

vague
[veig]

형 애매[모호]한, 막연한, 희미한
파 vaguely ad. 애매[모호]하게, 희미하게
vagueness n. 애매[모호]함, 분명치 않음

유 • ambiguous a. 애매모호한
• obscure a. 모호한, 이해하기 힘든
• blurred a. 희미한, 흐릿한
• unclear a. 분명하지 않은
반 • clear a. 분명한
• vivid a. 선명한

0738

extract
[동: ikstrǽkt /
명: ékstrækt]

동 뽑다, 추출하다, 발췌하다
명 추출물, 발췌
파 extraction n. 뽑아냄, 추출

숙어 extract from
~에서 추출하다[발췌하다]
cf. excerpt n. 발췌[인용] (부분)

0739

alter
[ɔ́:ltər]

동 바꾸다, 변경하다
파 alteration n. 변화, 변경, 개조

유 • change v. 바꾸다, 변화시키다
• modify v. 변경하다, 수정하다
cf. altar n. 제단
기출 어구 alter the landscape 자연경관
을 바꾸다

0740

scent
[sent]

명 향기, 냄새
동 냄새를 맡다

유 • fragrance n. 향기, 향수
• aroma n. 향기, 방향
• odor n. 냄새, 악취

0741

meanwhile
[míːnʌwàil]

부 한편, 반면, 그 동안에
명 그 동안

유 meantime ad. 그 동안에 n. 그 동안
숙어 in the meanwhile 그 동안에,
그 사이에(= in the meantime)

0742

dawn
[dɔːn]

명 1. 새벽, 동틀 녘 2. 시작
동 1. 날이 새다 2. 시작하다, 시작되다

유 daybreak n. 새벽, 동틀 녘
숙어 at dawn 새벽에, 동틀 녘에
cf. • dusk n. 황혼, 해질녘
• sunrise n. 일출, 해돋이

0743

accidentally
[æksidéntəli]

부 우연히, 뜻하지 않게
파 accidental a. 우연한, 뜻밖의
accident n. 사고, 우연

유 • by accident, by chance 우연히
• unexpetedly ad. 뜻밖에
• incidentally ad. 우연히
• unintentionally ad. 무심코, 본의 아니게

0744

uncover
[ʌnkʌ́vər]

동 1. (비밀 등을) 알아내다, 밝히다
   2. 덮개를 열다

유 • reveal, expose, disclose v. 밝히다,
폭로하다
• unveil v. (비밀 등을) 밝히다, 덮개를 벗기다
• discover v. 알아내다, 발견하다
반 conceal v. 감추다, 숨기다

0745

clarify
[klǽrəfài]

동 1. 명확하게 하다 2. 맑게 하다
파 clarity n. 1. 명확함, 명료 2. 맑음
clarification n. 1. 설명, 해명 2. 맑게 함

유 • make clear 명확하게 하다
• clear up ~을 명료하게 하다
• shed light on ~을 명백히 하다

0746

investigate
[invéstəgèit]

동 1. 조사하다, 연구하다 2. 수사하다
파 investigation n. 1. 조사, 연구 2. 수사
investigator n. 1. 조사자 2. 수사관

유 • examine v. 살펴보다, 조사하다
• look into ~을 조사하다, 살펴보다
기출 어구 investigate the effects of
~의 영향을 조사하다

0747

inspect
[inspékt]

동 1. 검사하다, 점검하다 2. 시찰하다
파 inspection n. 1. 검사, 점검 2. 시찰
inspector n. 1. 검사관 2. 검열관, 장학사

cf. • inspect v. (품질 등이 만족스러운지) 검사하다, 점검하다
• examine v. (무언가를 알아내기 위해) 조사하다, 살펴보다
• check v. (무엇이 제대로 되어 있는지, 안전한지 등을) 살펴보다, 점검하다
• investigate v. (상황·사건·범죄 등에 대해) 조사하다, (특정 주제에 대해) 연구하다

0748

mission
[míʃən]

명 1. 임무, 사명 2. 사절(단) 3. 전도
파 missionary n. 선교사 a. 전도의

유 vocation n. 천직, 소명
기출 어구 space mission 우주 임무

0749

sigh
[sai]

동 한숨을 쉬다, 한숨짓다
명 한숨

기출 어구 breathe[give] a sigh of relief 안도의 한숨을 쉬다
(= sigh with relief)

0750

brochure
[brouʃúər]

명 (안내·광고용) 소책자, 안내 책자

cf. • booklet n. 작은 책자, 소책자
• pamphlet n. (특정 주제에 관한) 팸플릿, 소책자
• leaflet n. (광고·선전용) 전단지
• handout n. 인쇄물, 유인물

0751

remote
[rimóut]

형 1. 멀리 떨어진, 외딴 2. 원격의
파 remotely ad. 외따로, 멀리서, 원격으로

유 • distant, faraway a. 멀리 떨어진
• isolated a. 외딴, 고립된
기출 어구 • remote control 리모컨, 원격 제어 장치
• remote sensing (인공위성에 의한) 원격 탐사

0752

prone
[proun]

형 ~하는 경향이 있는, ~하기 쉬운

숙어 be prone to do ~하는 경향이 있다
(= be inclined to do), ~하기 쉽다
(= be apt to do, be liable to do)

0753

tremendous
[triméndəs]

형 1. (양·크기가) 엄청난
　　2. 굉장한, 대단한
파 tremendously ad. 엄청나게, 대단히

유 enormous, immense a. 엄청난, 거대한
기출 어구 (a) tremendous success 엄청난 성공

widespread
[wáidsprèd]
형 널리 퍼진, 광범위한

유 • broad, extensive a. 광범위한
• prevalent a. 널리 퍼진
반 limited a. 제한적인

phenomenon
[finámənàn]
pl. phenomena

명 1. 현상, 사건 2. 경이로운 것
파 phenomenal a. 1. 현상의 2. 놀라운, 경이적인

기출 어구 • natural phenomenon 자연 현상
• cultural phenomenon 문화 현상

evil
[íːvəl]
형 사악한, 나쁜   명 악, (*pl.*) 해악, 폐해

유 wicked a. 사악한, 못된
cf. devil n. 악마(= evil spirit, demon)

creep
[kriːp]
(creep–crept–crept)

동 1. 기다, 살금살금 움직이다
2. (식물이 땅이나 벽 등을) 타고 오르다
명 기기, 서행
파 creepy a. 소름 끼치는

유 • crawl v. 기어가다, 몹시 느리게 가다
• sneak v. 살금살금 움직이다
기출 어구 creeping plants 덩굴 식물

spill
[spil]
동 엎지르다, 흘리다
명 엎지르기, 엎질러진 것, 유출
파 spillage n. 흘림, 엎지름

숙어 spill over ~으로 넘치다
기출 어구 oil spill 기름 유출
cf. leak v. (액체·가스 등이) 새다

section
[sékʃən]
명 1. (분할된 것의 한) 부분, 부문, 구획
2. (도시 등의) 구역

유 • part n. 부분, 한 조각
• division n. (분할된) 부분, 구분, 구획
cf. • sector n. (산업 등의) 부문, 분야, 영역
• cross section 횡단면

toss
[tɔ(ː)s]
동 1. (가볍게) 던지다
2. (바람·파도 등이) 흔들다, 뒤척이다
명 (동전) 던지기

유 • throw v. 던지다, 버리다
• pitch v. 내던지다, 투구하다
• fling v. (거칠게) 던지다, 내팽개치다
숙어 toss and turn 뒤척이다
기출 어구 • coin toss 동전 던지기
• be tossed about by the waves 파도에 이리저리 휩쓸리다

DAY 14

각 빈칸에 알맞은 영단어 또는 우리말을 쓰시오.

01 Jim Nelson, a junior at Manti High School, was an o__________ athlete. [15 모평]

Manti 고등학교의 2학년생인 Jim Nelson은 뛰어난 운동선수였다.

02 The human brain cannot completely c__________ or appreciate all that it encounters in its lifespan. [15 학평]

인간의 두뇌는 그것의 수명 동안 그것이 만나게 되는 모든 것을 완전히 이해하거나 인식할 수는 없다.

03 I e__________ that 50 students and teachers from our school would like to participate in it. [18 수능]

저는 우리 학교의 학생과 교사 50명이 그 프로그램에 참여하고 싶어한다고 추산합니다.

04 To modern man disease is a biological phenomenon that concerns him only as an individual and has no moral implications. [18 수능]

현대인에게 질병은 개인으로서만 그와 관련 있는 생물학적 __________이고 어떤 도덕적 함의를 지니지 않는다.
*implication 함축, 함의

05 In this way, farmers in r__________ areas will be able to access weather data, and rural children will be able to pursue online educations. [16 모평]

이렇게 하면 외딴 지역에 있는 농부들이 날씨 자료에 접속할 수 있을 것이고, 시골의 아이들은 온라인 교육을 해 나갈 수 있을 것이다.

06 The brown tree snake was accidentally brought into Guam from its native range in the South Pacific, probably as an unwanted passenger on a ship or plane. [18 모평]

갈색 나무 뱀은 남태평양에 있는 그것의 원래 분포 구역으로부터 괌으로 __________ 들어오게 되었는데, 아마도 배나 비행기에 원치 않는 승객으로 실려서 들어왔을 것이다.

07 Most people who live alone are young adults who p__________ marriage into their late twenties, or thirties. [05 학평]

혼자 사는 대부분의 사람들은 20대 후반이나 30대로 결혼을 미루는 젊은이들이다.

08 The knowledge of another's personal a__________ can tempt the possessor of this information to repeat it as gossip. [20 모평]

다른 사람의 개인적인 일들에 대해 아는 것은 이 정보를 가진 사람이 그것을 험담으로 반복하도록 유혹할 수 있다.

09 An ecosystem that is altered or damaged in some way will be out of balance with the biome for that area. [18 모평]

어떤 식으로든 __________ 손상된 생태계는 그 지역의 생물군계와 균형을 잃게 될 것이다.
*biome 생물군계

10 If their geographical market areas o__________ with yours and their price range also resembles yours, it's almost certain that they are your competitors. [07 학평]

만약 그들의 지리적인 시장 지역이 당신의 시장과 겹치고 그들의 가격 범위가 또한 당신의 가격과 비슷하다면 그들이 당신의 경쟁자라는 것은 거의 확실하다.

21~30번 ▶ 정답
21 sorted 22 추출된 23 spilled 24 최적의 25 자격증
26 missions 27 meanwhile 28 excel 29 fragments 30 prone

11 Volcanic activity caused the island refuge to sink completely b__________ the waves. [17 모평]

화산 활동은 그 섬의 피난처를 완전히 바다 밑으로 가라앉게 했다.

12 Either t__________ could be employed to describe the falling of an apple, but Newton's would be much easier to use. [13 수능]

둘 중 어느 이론도 사과가 떨어지는 것을 설명하기 위하여 쓰일 수 있겠지만, 뉴턴의 이론이 사용하기에 훨씬 더 쉬울 것이다.

13 Some letters offered a chance to win a cell phone in a lottery if the customer came in to i__________ about a loan. [12 모평]

몇몇 편지에서는 고객이 대출에 대해 문의하기 위해 방문하면, 복권으로 휴대 전화에 당첨될 수 있는 기회를 제공했다.

14 What should writers do when they're teased by hints of thoughts that seem too v__________ to be expressed in words? [13 수능]

말로 표현하기에는 너무나 막연한 것 같은 생각의 암시들로 괴로울 때 작가들은 무엇을 해야 하는가?

15 For years, biologists have known that flowers use striking colors, scents, elaborately shaped petals, and nectar to attract pollinators. [11 모평]

수년간 생물학자들은 꽃들이 곤충을 유혹하기 위해 눈에 띄는 색깔, __________, 정교한 모양의 꽃잎, 그리고 과즙을 사용한다는 것을 알고 있었다.　　*pollinator 꽃가루 매개자[곤충]

16 Big words are very often used to confuse and impress rather than c__________. [11 수능]

현학적인 말은 매우 자주 명료하게 하기보다는 혼동을 주고 깊은 인상을 주려고 사용된다.

17 They experience moments that they have already seen at home in books, b__________ and films. [19 모평]

그들은 집에서 책, 안내 책자 그리고 영화에서 이미 보았던 순간을 경험한다.

18 Tourism was seen as a huge monster invading the areas of indigenous peoples, introducing them to the e__________ of the modern world. [20 모평]

관광은 토착민들의 영역을 침범하고 이들에게 현대 세상의 폐해를 소개하는 거대한 괴물로 간주되었다.　　*indigenous 토착의

19 Paleontologists who study early human civilizations have uncovered evidence that our ancestors faced frequent periods of drought and freezing. [18 모평]

초기 인류 문명에 대해 연구하는 고생물학자들은 우리의 조상들이 빈번한 가뭄과 혹한의 시기에 직면했다는 증거를 __________.　　*paleontologist 고생물학자

20 A 5-year-old doing addition problems by counting on makes the same error repeatedly, with responses such as: 7 + 3 = 9, 6 + 5 = 10 and 8 + 4 = 11. [16 모평]

수를 세어 나가면서 덧셈 문제를 푸는 다섯 살짜리 아이는 7+3=9, 6+5=10, 8+4=11과 같은 답을 하면서 똑같은 실수를 __________ 하게 된다.

31~40번 정답 ▶ 31 creep　32 엄청난　33 sighed　34 향상시키는　35 dawn　36 investigated　37 inspect　38 widespread　39 부분들　40 tossed

21 At my mom's request, my brothers, sisters, and I s__________ through all her belongings. [14 모평]

어머니의 요청으로, 우리 형제자매들과 나는 어머니의 모든 물건들을 분류했다.

22 The DNA extracted from these bits of whale skin identifies the individuals in the group. [12 수능]

이러한 고래의 피부 조각에서 __________ DNA 는 집단 내의 개별 개체들을 식별한다.

23 As she was drinking, Scott s__________ his milk and Anderson had to help him clean it up. [16모평]

그녀가 마시고 있는 동안에 Scott은 자신의 우유를 엎질렀고, Anderson은 그가 그것을 닦는 것을 도와야 했다.

24 The optimal time for introducing mental skills training (MST) may be when athletes are first beginning their sport. [18 모평]

정신 능력 훈련을 도입하기에 __________ 시 기는 선수들이 처음 운동을 시작할 때일지도 모른다.

25 We are very excited to announce that we will offer the Summer Aviation Flight Camp for student pilot certificates. [20 모평]

학생 조종 __________을 위한 여름 항공 비행 캠프를 우리가 제공하는 것을 발표하게 되어 매우 흥분됩니다.

26 While manned space m__________ are more costly than unmanned ones, they are more successful. [10 수능]

유인 우주 임무는 무인 우주 임무에 비해 비용 이 더 들지만, 더 성공적이다.

27 If she is short of money, she may resent that the fruit is overpriced; m__________ her friend may feel tempted by some juicy peaches. [18 모평]

돈이 부족하다면, 그녀는 과일 가격이 비싸게 책정되어 있다고 분개할지도 모른다. 반면, 그 녀의 친구는 몇 개의 과즙이 풍부한 복숭아에 유혹을 받을지도 모른다.　　*resent 분개하다

28 Investigators as a personality type e__________ at research, using logic and the information gained through their senses to conquer complex problems. [16 모평]

성격 유형으로서의 조사자는 조사에 뛰어난 데, 복잡한 문제를 극복하기 위하여 논리와 감 각을 통해 얻은 정보를 이용한다.

29 Portions of rock can be incorporated into the magma, becoming molten or remaining as solid f__________ within it. [18 학평]

암석의 일부분들이 마그마에 통합되어 용해되 거나 그 안에 고체 조각들로 남을 수 있다.
　　　　　　*molten 녹은, 용해된

30 It seems that we are p__________ to adjust our messages to our listeners, and, having done so, to believe the altered message. [12 모평]

우리는 듣는 사람에게 맞춰 메시지를 조정하 고, 그렇게 하고 난 다음에는 그 변경된 메시 지를 믿는 경향이 있는 것 같다.

---

31 Liz saw a dark figure c__________ into the open and draw near to the trees. [13 모평]

Liz는 검은 형체가 공터가 있는 쪽으로 살금 살금 기어가 나무 가까이로 가는 것을 보았다.

32 The tremendous success of the fast-food industry has caused other industries to adopt similar business methods. [09 모평]

패스트푸드 산업의 __________ 성공은 다른 산업체들로 하여금 유사한 사업 방법을 취하도록 했다.

33 She thought they could not possibly pick all of the caterpillars off. Olivia s__________ in despair. [19 수능]

그녀는 그들이 아마도 애벌레를 모두 다 잡아낼 수는 없을 거라고 생각했다. Olivia는 절망감에 한숨을 쉬었다.

34 Being observed while engaging in some activity that is well known or well practiced tends to enhance performance. [17 수능]

잘 알고 있거나 많이 연습한 활동을 할 때 (누군가에 의해) 관찰되는 것은 수행 능력을 __________ 경향이 있다.

35 Just as darkness comes at the end of each day, so also comes the d__________ to spread light across the land. [16 학평]

하루의 끝에 어둠이 오는 것과 마찬가지로, 새벽이 오면 땅 곳곳에 빛을 퍼뜨린다.

36 Some researchers i__________ the effects of different media on children's ability to produce imaginative responses. [15 모평]

일부 연구원들이 각기 다른 미디어가 창의적인 응답을 만들어 내는 아이들의 능력에 미치는 영향을 조사했다.

37 It is important that the receiving area be warm enough to allow the receiving clerk to carefully i__________ products. [10 학평]

반입 직원이 상품을 면밀히 검사할 수 있도록, 반입 구역이 충분히 따뜻해야 하는 것은 중요하다.

38 *Apocalypse Now*, a film produced and directed by Francis Ford Coppola, gained w__________ popularity, and for good reason. [18 모평]

Francis Ford Coppola가 제작하고 감독한 영화인 〈Apocalypse Now〉는 광범위한 인기를 얻었는데, 그럴 만한 이유가 있었다.

39 Now the reader could easily move backward in the text to browse between widely separated sections of the same work. [08 수능]

이제 독자는 본문에서 쉽게 뒤로 가서 동일한 작품에서 멀리 떨어져 있는 __________ 사이에서 이것저것 찾아볼 수도 있었다.

40 Of course a piece of wood t__________ into water floats instead of sinking. [16 수능]

물론 물에 던져진 나무 조각은 가라앉는 대신 뜬다.

11~20번 정답 ▶

11 beneath	12 theory	13 inquire	14 vague	15 향기
16 clarify	17 brochures	18 evils	19 밝혀냈다	20 반복적으로

0761

relevant
[rélǝvǝnt]

형 1. 관련 있는 2. 적절한

파 relevance n. 1. 관련(성) (↔ irrelevance n. 무관함)
2. 적절함

+ 수능 PLUS 수능 이렇게 나온다

유 • related a. 관련된
• appropriate a. 적절한
반 • irrelevant a. 관련이 없는, 부적절한
• unrelated a. 관련이 없는
숙어 relevant[irrelevant] to
~에 관련이 있는[관련이 없는]

0762

trigger
[trígǝr]

동 촉발하다, 유발하다
명 1. 도화선, 계기 2. (총의) 방아쇠

유 • cause v. ~을 일으키다
• bring about, lead to, result in,
give rise to ~을 유발[초래]하다

0763

virtual
[vǝ́ːrtʃuǝl]

형 1. 사실상의, 거의 ~과 다름 없는
　　2. (컴퓨터를 이용한) 가상의

파 virtually ad. 1. 사실상(= practically),
거의(= almost) 2. 가상으로
virtualize v. 가상화하다

유 practical a. 실제적인
기출 어구 • virtual reality 가상 현실
• virtualized world 가상화된 세상
• virtual archives 가상의 기록 보관소

0764

practical
[prǽktikǝl]

형 1. 실용적인 2. 실제적인

파 practically ad. 사실상, 거의
practicable a. 실행 가능한(= feasible)
practicality n. 실제[실용]적임, 실현 가능성

유 • useful a. 유용한, 실용적인
• realistic a. 현실적인, 실제적인
반 • impractical a. 비실용적인, 비현실적인
• theoretical a. 이론상의

0765

cease
[siːs]

동 중지하다, 그만두다

유 stop, discontinue v. 멈추다, 중지하다
cf. ceaseless a. 끊임없는(= incessant)

0766

confront
[kənfrʌ́nt]

동 (문제 · 어려움 등에) **직면하다, 맞서다**

파 confrontation n. 대치, 대립, 대면
confrontational a. 대립적인, 대치되는

유 face v. 직면하다, 마주하다
기출 어구 • confront a risk situation
위험 상황에 직면하다
• confront fear 두려움에 맞서다

0767

domain
[douméin]

명 1. (지식 · 활동 등의) **분야, 영역**

2. **영토, 소유지**

유 area, field, realm, sphere
n. 영역, 분야
기출 어구 public domain 공공 영역, 공유지

0768

trace
[treis]

명 1. **흔적, 자취** 2. **극소량**
동 (~의 흔적을) **추적하다**, (원인 · 출처를) **더듬다**

유 track n. 자취 v. 추적하다
숙어 be traced (back) to
~으로 거슬러 올라가다

0769

remark
[rimáːrk]

동 1. (의견을) **말하다, 언급하다**

2. **~에 주목하다**

명 1. **발언, 언급** 2. **주목**
파 remarkable a. 주목할 만한, 놀랄 만한

유 • comment v. 언급하다, 논평하다
n. 언급, 논평
• note v. ~에 주목하다, 언급하다
숙어 remark on = make[pass] a
remark on ~에 대해 한마디 하다

0770

impose
[impóuz]

동 1. **부과하다, 지우다**

2. (의견 등을) **강요하다**

파 imposing a. 인상적인, (건물 등이) 웅장한
imposition n. 부과, 부담

숙어 impose A on[upon] B
A를 B에게 부과하다[강요하다]
cf. self-imposed 스스로 과한, 자진하여
하는

0771

burden
[bə́ːrdən]

명 **부담, 짐** 동 **부담을 주다**
파 burdensome a. 부담스러운, 힘든

반 unburden v. (부담 · 걱정 등을) 덜어
주다
기출 어구 • put the burden on ~에게
부담을 지우다
• carry[share] the burden of ~의 부
담을 지다[나누다]
• burden oneself with ~의 부담을 지다

0772

supreme
[supríːm]

형 **최고의, 최상의**

파 supremacy n. 1. 최고, 우위 2. 패권
supremely ad. 극도로, 지극히

유 • superb a. 최고의, 최상의
• prime, premier a. 최고의, 제1의
기출 어구 be in a state of supreme
delight 최고로 기쁜 상태에 있다

0773

subscribe
[səbskráib]

동 1. 구독하다, 가입하다 2. 기부하다
　　3. 서명하다

파 subscription n. 1. 정기 구독(료) 2. 기부금
subscriber n. 1. 구독자 2. 기부자, 후원자

숙어 • subscribe to[for] ～을 구독하다, ～에 가입[신청]하다

0774

passage
[pǽsidʒ]

명 1. 통로, 통과 2. (책 등의) 단락, 구절
　　3. (시간의) 흐름

파 pass v. 통과하다, 흐르다 n. 통행증

유 aisle, corridor n. 통로, 복도
기출 어구 • rite of passage 통과의례
• passage of time 시간의 경과
cf. passageway n. 통로, 복도

0775

blank
[blæŋk]

형 1. 빈, 공백의 2. 멍한, 무표정의
명 공백, 빈 곳

파 blankly ad. 멍하니, 우두커니

기출 어구 • (a) blank stare (이해하지 못해) 멍한 눈빛
• go blank 갑자기 아무것도 생각나지 않다

0776

frown
[fraun]

동 눈살을 찌푸리다
명 찡그림, 찌푸린 얼굴

파 frowning a. 찌푸린 얼굴의, 화가 난

숙어 frown on[upon] ～에 눈살을 찌푸리다, ～을 못마땅해 하다

0777

circulate
[sə́ːrkjulèit]

동 1. 순환하다, 퍼지다
　　2. 유포하다, 배포되다

파 circulation n. 1. (혈액) 순환 2. 유통, (신문 · 잡지의) 판매[발행] 부수
circular a. 1. 원형의 2. 순환의

숙어 • circulate through ～을 순환하다, ～에 퍼지다
• in circulation 유통되고 있는, 현재 쓰이고 있는

0778

whereas
[hwɛəræz]

접 ～인 반면에

유 while conj. ～인 데 반하여

0779

neglect
[niglékt]

동 무시하다, 방치하다
명 무시, 태만

파 negligence n. 무관심, 태만
negligent a. 무관심한, 태만한
negligible a. 무시해도 될 정도의, 하찮은
(= insignificant)

유 • disregard v. 무시하다 n. 무시
• ignore v. 무시하다, 못 본 체하다
• overlook v. 간과하다, 눈감아 주다
숙어 neglect of duty 직무 태만
기출 어구 neglect his duties 그의 직무를 방치하다[게을리 하다]

0780

desert
[명, 형: désərt /
동: dizə́ːrt]

명 사막 형 사막의, 불모의
동 버리다
파 deserted a. 사람이 없는, 황량한

유 abandon v. 버리다, (버리고) 떠나다
cf. dessert n. 후식, 디저트

0781

chaos
[kéias]

명 혼돈, 무질서
파 chaotic a. 혼돈 상태인, 무질서의

유 • disorder n. 무질서, 혼란
• confusion n. 혼란, 혼동

0782

definite
[défənit]

형 1. 명확한, 확실한 2. 한정된
파 definitely ad. 명확히, 확실히
definitive a. 확정적인, 최종적인

유 • clear a. 확실한, 분명한
• sure, certain a. 확실한, 틀림없는
반 indefinite a. 불명확한, 막연한, 무기한의
(▶ indefinitely ad. 막연히, 무기한으로)

0783

sweep
[swiːp]

(sweep – swept – swept)

동 1. 휩쓸다 2. 쓸다, 청소하다
파 sweeping a. 광범위한, 압도적인

숙어 sweep away
~을 휩쓸다, ~을 일소하다
cf. mop v. (대걸레로) 닦다

0784

renowned
[rináund]

형 유명한, 명성 있는
파 renown n. 명성, 유명

숙어 have renown for ~으로 유명하다
(= be famous for, be well-known
for)

0785

elevate
[éləvèit]

동 1. (들어) 올리다, 높이다 2. 승진시키다
파 elevation n. 1. 승진, 승격 2. 고도(= altitude), 높이

유 • raise, life v. 올리다, 들어 올리다
• promote v. 승진시키다

0786

adhere
[ædhíər]

동 1. 들러붙다 2. 고수하다, 집착하다
파 adherence n. 고수, 집착
adhesive a. 접착성의, 들러붙는(= sticky) n. 접착제

유 stick, cling v. 들러붙다, 고수하다
숙어 adhere to ~을 고수하다, ~에 집착
하다(= stick to, cling to, hold fast to)

0787

fake
[feik]

형 거짓의, 가짜의, 위조의
명 가짜, 위조품 동 속이다, 위조하다

유 false a. 가짜의, 위조된
반 real, genuine, authentic a. 진짜의,
진품의

DAY 15

0788

extent
[ikstént]

명 정도, 규모, 범위

유 • degree n. 정도
• scale n. 규모, 정도
• range n. 범위 v. (범위가) ~에 이르다
숙어 • to some[a certain] extent 어느 정도까지는, 얼마간
• to the extent that ~할 정도까지, ~일 경우에

0789

exceptional
[iksépʃənəl]

형 1. 예외적인
2. (이례적일 정도로) 뛰어난, 특출한

파 exception n. 예외
exceptionally ad. 예외적으로, 특별히
except prep. ~을 제외하고는

유 remarkable, extraordinary, outstanding a. 뛰어난, 놀라운
반 unexceptional a. 예외가 아닌, 보통의
cf. except for ~을 제외하고는, ~이 없으면 (= but for)

0790

barrier
[bǽriər]

명 장애물, 장벽

유 • obstacle, hurdle, hindrance, obstruction n. 장애(물)
• barricade n. 장애물, (pl.) 바리케이드[방벽] v. 바리케이드[방벽]를 치다
기출 어구 • trade barrier 무역 장벽
• break down social barriers 사회적 장벽을 허물다
• lower a barrier 장벽을 낮추다

0791

capacity
[kəpǽsəti]

명 1. 용량, 수용력 2. 능력
파 capable ~을 할 수 있는, 유능한

유 ability, capability, aptitude n. 능력
반 incapacity n. 무능(력)(= inability)
기출 어구 carrying capacity (환경) 수용력, 적재량

0792

merit
[mérit]

명 1. 장점, 가치 2. 공로
동 ~을 받을 만하다

유 • advantage n. 유리한 점, 장점
• worth n. 가치 a. ~의 가치가 있는
• deserve v. ~을 받을 만하다
반 • demerit n. 단점, 결점
• disadvantage n. 불리한 점, 결점

0793

contend
[kənténd]

동 1. 강력히 주장하다 2. 싸우다, 겨루다
파 contention n. 1. 주장 2. 논쟁, 언쟁
contentious a. 다투기 좋아하는

유 • argue v. 논쟁하다, 주장하다
• maintain v. 주장하다
숙어 • contend that ~라고 강력히 주장하다
• contend with ~와 다투다, 싸우다

0794

notify
[nóutəfài]

동 통지하다, 알리다

파 notification n. 통지, 알림(= notice)

유 inform v. 통지하다, 알리다
숙어 • notify[inform] *A* of *B*
*A*에게 *B*를 알리다
• notify[inform] *A* that
*A*에게 ~라고 알리다

0795

concrete
[형, 명: kánkri:t /
동: kənkrí:t]

형 1. 구체적인 2. 콘크리트로 된
명 콘크리트 동 굳히다

파 concretely ad. 구체적으로, 명확하게
concretize v. 구체화하다

반 abstract a. 추상적인
기출 어구 make a concrete
description 구체적인 묘사[설명]을 하다

0796

infinite
[ínfənit]

형 무한한, 한계가 없는

파 infinity n. 무한대
infinitely ad. 무한히, 엄청

유 boundless, limitless, unlimited
a. 무한한
반 • finite, limited a. 유한한, 한정된
• definite a. 한정된, 명확한

0797

eternal
[i(:)tə́:rnəl]

형 영원한, 끊임없는

파 eternity n. 영원, 영구
eternally ad. 영원히

유 • permanent a. 영구적인, 영원한
• everlasting a. 영원한, 영속적인
• lasting a. 영속적인, 지속적인

0798

chase
[tʃeis]

동 쫓다, 추적하다 명 추격, 추적

유 • pursue v. 뒤쫓다, 추구하다
• track v. 추적하다, 뒤쫓다
숙어 chase after ~을 쫓다[추구하다]

0799

crawl
[krɔ:l]

동 기어가다, 몹시 느리게 가다
명 기어가기, 서행

파 crawly a. 기어 다니는, 소름 끼치는(= creepy)

유 creep v. 기다, 살금살금 움직이다

0800

poisonous
[pɔ́izənəs]

형 독성이 있는, 유독한

파 poison n. 독(약) v. 독살하다
poisoning n. 중독, 음독, 독살

유 • toxic a. 유독성의, 중독성의
• venomous a. 독이 있는

각 빈칸에 알맞은 영단어 또는 우리말을 쓰시오.

01 Confirmation bias is a term for the way the mind systematically avoids c__________ contradiction. [14 수능]

확증 편향은 정신이 모순된 사실에 직면하는 것을 조직적으로 회피하는 방식을 설명하는 용어이다.   *contradiction 모순

02 It is not hard to see that a strong economy helps break down social barriers. [17 모평]

튼튼한 경제는 사회적 __________을 허무는 데 도움이 된다는 것을 이해하기란 어렵지 않다.

03 If you have ever had a sip of the "bitters," you would probably f__________ just thinking about it. [13 학평]

만약 당신이 '쓴 것'을 한 모금이라도 먹어본 적이 있다면, 당신은 아마 그것에 대해 생각하는 것만으로도 눈살을 찌푸릴 것이다.

04 During the following spring tide the eggs hatch, and the young fish are s__________ out to sea. [14 수능]

다음 한사리 동안 알이 부화하고, 어린 물고기들은 바다로 휩쓸려 간다.

05 All those insert cards with s__________ offers are included in magazines to encourage you to s__________. [18 수능]

구독 안내가 있는 그 모든 삽입 광고 카드는 여러분에게 구독할 것을 독려하기 위해 잡지에 들어가 있다.

06 While she was performing CPR, I immediately n__________ the nearby hospital. [16 모평]

그녀가 심폐 소생술을 실시하고 있는 동안 나는 즉시 가까운 병원에 알렸다.

07 Many people find the fake applause and laughter annoying and complain that it is distracting. [11 학평]

많은 사람들은 __________ 박수갈채와 웃음소리가 짜증스럽다고 느끼며, 주의를 산만하게 한다고 불평한다.

08 Making such a description c__________ and detailed requires not just inspiration but certain practical tools and skills. [10 모평]

그러한 묘사를 구체적이고 상세하게 하는 것은 영감뿐만 아니라 어떤 실질적인 도구와 기술도 필요로 한다.

09 Should chaos rear its ugly head, the leader was expected to restore normality immediately. [14 모평]

__________이 그 추한 고개를 들면 지도자는 즉시 정상으로 되돌릴 것으로 기대되었다.

10 British anthropology assumes that universal d__________ of society are represented by specific institutions which can be compared cross-culturally. [20 모평]

영국의 인류학은 사회의 보편적 영역들이 문화 간 비교될 수 있는 구체적인 제도에 의해 나타난다고 가정한다.   *anthropology 인류학

21~30번 ▶ 정답

| 21 passage | 22 흔적들 | 23 trigger | 24 whereas[while] | 25 desert |
| 26 유명한 | 27 imposed | 28 유한한 / 무한한 | 29 고수하는 | 30 cease |

11 When it comes to medical treatment, patients see choice as both a blessing and a burden. [18 학평]

의학 치료에 있어서 환자들은 선택을 축복이자 ________으로 여긴다.

12 We are not as concerned with what we are hearing as we are with finding what we already know that is r__________. [17 모평]

우리는 듣고 있는 것에 대해서는, 우리가 관련성 있다고 이미 알고 있는 것을 발견하는 데 대해서만큼 관심이 없다.

13 This cloth was worn round the body in accordance with d__________ rules. [13 모평]

이 천은 명확한 규칙에 따라 신체에 둘러 착용되었다.

14 It's possible that innovations and cultural changes can expand Earth's c__________. [16 모평]

혁신과 문화적인 변화가 지구의 수용력을 확장할 수도 있다는 것이 가능하다.

15 Early photographs represented the world as stable, e__________, and unshakable. [10 모평]

초기의 사진들은 세상을 안정되고 영원하며 흔들리지 않는 것으로 표현했다.

16 Dr. Levy c__________ that washing with antibacterial soaps is killing helpful germs and encouraging the growth of super bacteria. [04 수능]

Levy 박사는 항균 비누로 씻는 것은 유익한 세균을 죽이고 슈퍼 박테리아의 성장을 촉진시키고 있다고 강력히 주장한다.
*antibacterial 항균성의

17 It is not always easy to evaluate the relative m__________ of one particular material such as wood over another. [14 모평]

목재와 같은 어떤 특정한 자재가 다른 자재들에 비해 갖는 상대적인 장점들을 평가하는 것이 항상 쉬운 일이 아니다.

18 The commanders later reported that the so-called "exceptional" crew members performed better than the "average" ones. [15 모평]

그 지휘관들은 후에 이른바 '________' 전차병들이 '보통의' 전차병들보다 더 잘 수행했다고 보고했다.
*commander 지휘관

19 The way I treasured my books revealed the e__________ of how much I was already like my mother. [13 모평]

내가 책을 소중히 여기는 방식은 내가 이미 얼마나 엄마와 닮아 있는지의 정도를 보여주었다.

20 Your body feels alive, and you jump out of bed each morning with a smile on your face. You are in a state of s__________ delight. [05 수능]

당신의 몸은 살아있음을 느끼고, 얼굴에 미소를 띠우며 매일 아침 잠자리에서 일어난다. 당신은 최고로 기쁜 상태에 있는 것이다.

31~40번 정답 ▶ 31 실용적인 32 순환한다 33 blank 34 chased 35 기어갔다 36 virtual 37 neglect 38 poisonous 39 remark 40 elevated

21 Unlike the p__________ of time, biological aging resists easy measurement. [16 수능]

시간의 경과와는 달리 생물학적 노화는 쉬운 측정을 거부한다.

22 It is now recognized that traces of mercury can appear in lakes far removed from any such industrial discharge. [18 수능]

이제는 그런 어떤 산업적인 방출로부터 멀리 떨어진 호수에서도 수은의 __________이 나타날 수 있다는 것이 인식되고 있다.

23 When we reach the adult years, several physical, social, and psychological stimuli t__________ a sense of *generativity*. [19 모평]

우리가 성년에 이르면, 몇 가지 신체적, 사회적, 그리고 심리적 자극이 '생식성'에 대한 인식을 촉발한다.
*generativity 생식성(후진 양성 욕구)

24 Print ranked second in advertising spending, w__________ it ranked last in consumer time spent. [15 모평]

인쇄물은 소비자 사용 시간에서는 마지막을 차지한 반면에, 광고비 지출에서는 두 번째를 차지했다.

25 Living rock cactus is one of the most peculiar plants found in the d__________. [15 모평]

돌선인장은 사막에서 발견되는 가장 특이한 식물 중 하나이다.

26 The class tried to emulate the music played by this renowned guest musician. [20 모평]

그 학급은 이 __________ 객원 음악가가 연주하는 음악을 열심히 배우려고 노력했다.
*emulate 열심히 배우다

27 Few young people are completely free of food-related pressures from peers, whether or not these pressures are i__________ intentionally. [11 모평]

음식과 관련된 압박이 의도적으로 부과된 것이든 혹은 그렇지 않든 또래들로부터 그러한 압박에서 완전히 자유로운 젊은 사람들은 거의 없다.

28 A finite number of words can be strung together to create an infinite number of utterances, each with a specific meaning. [19 학평]

__________ 수의 단어들이 결합되어 각각 특정한 의미를 지닌 __________ 수의 발화를 생성할 수 있다.
*utterance 발화

29 It is not at all rare for investigators to adhere to their broken hypotheses, turning a blind eye to contrary evidence. [19 학평]

연구자들이 반대되는 증거를 보고도 못 본 체하면서 자신들의 깨진 가설을 __________ 것은 전혀 드문 일이 아니다.

30 While many of us perceive insects as harmful pests, in reality, without the service of pollination which they provide humankind might c__________ to exist. [18 학평]

우리 중 많은 사람이 곤충을 해충으로 인식하지만, 실제로는 그들이 제공하는 가루받이 서비스가 없다면, 인류는 존재하는 것을 멈출지도 모른다.

01~10번 ▶ 정답

01 confronting	02 장벽들	03 frown	04 swept	05 subscription / subscribe
06 notified	07 가짜의	08 concrete	09 혼돈	10 domains

31 We might describe science that has no known practical value as basic science or basic research. [16 수능]

우리는 아무런 알려진 _________ 가치를 지니지 않은 과학을 기초 과학 혹은 기초 연구라고 기술할 수 있다.

32 In the chemical process, a solvent circulates through the beans. [09 수능]

그 화학적 과정에서 용매는 콩 사이로 __________.
*solvent 용매

33 This is why people's attempts to tell jokes to foreigners are so often met with b_________ stares. [11 모평]

이러한 이유 때문에 외국인에게 농담을 하려는 사람들의 시도가 매우 자주 이해하지 못한 멍한 시선과 맞닥뜨리게 되는 것이다.

34 Such galloping is of no advantage to a horse unless it is being c_________ by a predator. [20 모평]

그러한 질주는 포식자에게 쫓기는 게 아니라면, 말에게 도움이 되지 않는다.
*galloping 질주

35 Every one of the toddlers crawled over to help him pick up the pins or books. [11 학평]

각각의 아기들 모두 그가 핀이나 책을 줍는 것을 돕기 위해 ________.

36 Many v_________ reality games and rides now allow audiences and players to feel sensations of motion and touch. [15 모평]

많은 가상 현실 게임과 탈것들은 이제 관객들과 이용자들에게 움직이는 감각과 만지는 감각을 느끼게 해준다.

37 People treat children in a variety of ways: care for them, punish them, love them, n_________ them, teach them. [19 학평]

사람들은 돌보고, 벌주고, 사랑하고, 방치하고, 가르치는 등 다양한 방식으로 아이들을 대한다.

38 Not only is carbon dioxide plainly not p_________, but changes in carbon dioxide levels don't necessarily mirror human activity. [15 학평]

이산화탄소는 분명히 유독하지 않을 뿐만 아니라, 이산화탄소 농도의 변화가 반드시 인간의 활동을 반영하지도 않는다.

39 When we r_________ with surprise that someone "looks young" for his or her chronological age, we are observing that we all age biologically at different rates. [16 수능]

우리가 어떤 사람이 그의 실제 연령에 비해 '젊어 보인다'고 놀라면서 말할 때, 우리는 우리 모두가 생물학적으로 서로 다른 속도로 나이가 든다는 것을 말하고 있는 것이다.

40 It is not likely that men's hair dyes designed to "get out the gray" will spread into parts of rural Africa where a person's status is e_________ with advancing years. [16 수능]

'흰머리를 없애기' 위해 고안된 남성용 머리 염색약은 나이가 들어감에 따라 사람의 지위가 올라가는 아프리카의 시골 지역으로는 퍼질 것 같지 않다.

11~20번 정답 ▶
| 11 부담 | 12 relevant | 13 definite | 14 capacity | 15 eternal |
| 16 contends | 17 merits | 18 특출한[뛰어난] | 19 extent | 20 supreme |

PREVIEW 40 Words

- drastic
- compensate
- derive
- deprive
- exclusive
- vivid
- depict
- core
- funeral
- blend
- era
- tension
- install
- reinforce
- vast
- refine
- filter
- impulse
- flexible
- voluntary
- compulsory
- blur
- mislead
- collapse
- moderate
- substantial
- monitor
- enrich
- mutual
- controversy
- oblige
- entry
- crack
- polish
- smooth
- apt
- mount
- pierce
- fierce
- cue

➕ 수능 PLUS 수능 이렇게 나온다

0801

drastic
[drǽstik]

형 급격한, 과감한, 극단적인

파 drastically ad. 급격히, 과감하게

유 radical a. 급진적인, 과격한
기출 어구 drastic measures 과감한 조치

0802

compensate
[kámpənsèit]

동 1. 보상하다 2. 보충하다

파 compensation n. 보상(금)
compensatory a. 보상의, 보충적인

숙어 • compensate for ~에 대해 보상하다, 보충하다(= make up for)
• compensate A for B A에게 B에 대해 보상하다

0803

derive
[diráiv]

동 1. 끌어내다, 얻다 2. 유래하다

파 derivation n. 1. 유도 2. 유래, 기원
derivative a. 끌어낸 n. 파생물

숙어 • derive A from B A를 B에서 얻다
(▶ A be derived from B A가 B에서 나오다)
• derive from ~에서 유래하다
(= stem from, originate from)

0804

deprive
[dipráiv]

동 빼앗다, 박탈하다

파 deprivation n. 박탈, 부족, 결핍
deprived a. 궁핍한, 불우한

숙어 deprive A of B A에게서 B를 빼앗다
기출 어구 • deprive oneself of ~을 자제하다
• sleep deprivation 수면 부족
• self-deprivation 자율 박탈, 자기 제어

0805

exclusive
[iksklúːsiv]

형 1. 배타적인, 독점적인 2. 고급의
명 독점 기사

파 exclusively ad. 1. 독점적으로 2. 오직(= solely)
exclusiveness n. 배타성, 독점성

반 inclusive a. 포함한, 포괄적인
숙어 • exclusive of ~을 제외하고
• exclusive to ~에 독점적인
기출 어구 an exclusive realm[domain] 배타적 영역
cf. exclusive right 독점권

0806

vivid
[vívid]

혱 생생한, 선명한

파 vividly ad. 생생하게, 선명하게

반 vague a. 모호한, 희미한, 흐릿한
기출 어구 the child's vivid imagination
그 아이의 생생한 상상력

0807

depict
[dipíkt]

동 그리다, 묘사하다

파 depiction n. 묘사, 서술
depictive a. 묘사적인, 서술적인

유 • portray v. 그리다, 묘사하다
• describe v. 묘사하다
숙어 depict A as B A를 B로 묘사하다
[그리다]

0808

core
[kɔːr]

명 핵심, (사물의) 중심부

혱 핵심적인, 가장 중요한

유 • center n. 중심, 중앙
• essence n. 본질, 정수
• key a. 핵심적인, 가장 중요한
• essential a. 본질적인

0809

funeral
[fjúːnərəl]

명 장례(식)   혱 장례의

cf. burial service 매장식, 장례식

0810

blend
[blend]

동 섞다, 섞이다, 혼합하다   명 혼합(물)

파 blender n. 믹서기(= mixer)
blending n. 혼합, 조합

유 • mix v. 섞다, 혼합하다
• mixture n. 혼합물
숙어 blend (in) with, blend into
~에 섞여 들다

0811

era
[í(ː)rə]

명 시대, 시기

cf. • age n. (역사적인) 시대: ex. Bronze
Age 청동기 시대
• era n. (특정한 성격 · 사건 · 변화에 의해
특징지어진) 시대: ex. an era of evolution
혁명의 시대
• epoch n. (새롭게 시작되는) 시대, 신기원:
ex. a new epoch 새로운 시대

0812

tension
[ténʃən]

명 1. 긴장 (상태), 불안 2. 팽팽함, 장력

동 (줄 등을) 팽팽하게 하다

파 tense a. 1. 긴장한 2. 팽팽한 v. 긴장시키다
(↔ relax v. 편안하게 하다)

기출 어구 • a tension between change
and balance 변화와 균형 사이의 긴장
• tension in its strings 줄의 장력

0813

install
[instɔ́:l]

동 설치하다, 장착하다
파 installation n. 설치, 설비

유 set up (기계·장비를) 설치하다
cf. installment n. 할부(금)

0814

reinforce
[rìːinfɔ́rs]

동 강화하다, 보강하다
파 reinforcement n. 강화, 보강
reinforcer n. 강화[보강]하는 것, 자극

유 strengthen v. 강화하다, 강화되다
cf. enforce v. 집행하다, 시행하다

0815

vast
[væst]

형 막대한, 방대한
파 vastly ad. 대단히, 엄청나게

유 huge, massive, enormous a. 거대한, 엄청난

0816

refine
[rifáin]

동 1. 정제하다 2. 다듬다, 개선하다
파 refinement n. 1. 정제 2. 개선 3. 세련
refined a. 1. 정제된 2. 세련된, 교양 있는
refinery n. 정제소

유 • purify v. 정화하다, 정제하다
• improve v. 개선하다, 개량하다
기출 어구 refine ignorance
무지를 개선하다

0817

filter
[fíltər]

동 거르다, 여과하다
명 여과 장치

숙어 filter out ~을 걸러 내다
cf. • unfiltered a. 여과되지 않은
• overfilter v. 과도하게 거르다

0818

impulse
[ímpʌls]

명 1. 충동, 추진력 2. 충격, 자극
파 impulsive a. 충동적인
impulsiveness n. 충동성

유 • urge n. 충동, 욕구
• drive n. 충동, 추진력, 동인(動因)
숙어 on impulse 충동적으로
(= impulsively)
cf. impulse buying 충동 구매

0819

flexible
[fléksəbl]

형 유연한, 융통성 있는
파 flexibility n. 유연성, 융통성
flexibly ad. 유연하게, 융통성 있게

유 elastic a. 탄력 있는, 융통성 있는
반 • inflexible a. 융통성 없는, 완강한
• rigid a. 완고한, 융통성 없는

0820

voluntary
[vɑ́ləntèri]

형 자발적인, 자원의
파 voluntarily ad. 자발적으로
volunteer n. 지원자, 자원 봉사자 v. 자원하다

반 • involuntary a. 본의 아닌, 자기도 모르게 하는
• compulsory a. 강제적인, 의무적인

0821

compulsory
[kəmpʌ́lsəri]

형 강제적인, 의무적인, 필수의

파 compulsion n. 강요, 강제

유 • mandatory a. 강제적인, 의무적인
• obligatory a. 의무적인
• required a. 필수의
반 • voluntary a. 자발적인
• elective a. 선택의
cf. compulsive a. 강제적인, 강박의

0822

blur
[bləːr]

동 1. 흐릿해지다 2. 모호하게 만들다

명 흐릿한 것

파 blurry[blurred] a. 1. 흐릿한(= hazy) 2. 모호한
(= vague)

반 clarify v. 명확하게 하다, 맑게 하다
기출 어구 blur the conviction 신념을 흐리게 하다

0823

mislead
[mislíːd]

(mislead–misled
–misled)

동 잘못 이끌다, 오도하다

파 misleading a. 오도하는, 오해의 소지가 있는

유 misguide v. 잘못 이끌다, 그릇되게 지도하다
숙어 mislead A into -ing
A가 ~하도록 잘못 이끌다

0824

collapse
[kəlǽps]

동 1. (건물 · 회사 · 제도 등이) 무너지다, 붕괴하다

2. (사람이) 쓰러지다

명 붕괴, 몰락

유 • crumble (away) v. (건물 · 조직 등이) 허물어지다, 무너지다
• disintegrate v. (균형 · 질서 · 체제 등이) 붕괴되다, 와해되다
• pass out (의식을 잃고) 쓰러지다

0825

moderate
[형: mádərət /
동: mádərèit]

형 1. 보통의, 적당한 2. 온건한, 절제하는

동 절제하다, 완화하다

파 moderation n. 1. 적당함 2. 온건, 절제
moderately ad. 적당히, 중간 정도로

유 • mild a. 가벼운, 온건한
• modest a. 적당한, 온건한, 겸손한
반 • immoderate a. 과도한
• extreme a. 극도의, 극단적인
숙어 in moderation 적당히

0826

substantial
[səbstǽnʃəl]

형 1. 상당한, 많은 2. 실질적인

파 substantially ad. 상당히, 많이

유 considerable a. 상당한, 많은
cf. substantive a. 실질적인, 본질적인

0827

monitor
[mánitər]

동 추적 관찰하다, 감시하다

명 (컴퓨터 · TV 등의) 모니터

파 monitoring n. 관찰, 감시

유 watch, observe v. 관찰하다, 감시하다
기출 어구 monitor American stock markets 미국 주식 시장을 감시하다

0828

enrich
[inrítʃ]

동 질을 높이다, 풍요롭게 하다, 부유하게 하다

파 enrichment n. 부유, 풍부

유 enhance v. (지위 · 가치 등을) 높이다
기출 어구 • enrich one's life 삶을 풍요롭게 하다
• enrich one's understanding 이해를 높이다

0829

mutual
[mjúːtʃuəl]

형 상호 간의, 서로의, 공동의

파 mutually ad. 상호 간에, 서로
mutuality n. 상호 관계, 상관

유 • reciprocal a. 상호 간의
• joint, shared a. 공동의
기출 어구 • matters of mutual interest[concern] 공동 관심사
• mutual friend 공통의 친구
• mutual acquaintance 공통의 지인

0830

controversy
[kántrəvə̀ːrsi]

명 논란, 논쟁

파 controversial a. 논란이 많은, 쟁점이 되는
(↔ uncontroversial a. 논란의 여지가 없는)

숙어 controversy over[about] ~에 대한 논란

0831

oblige
[əbláidʒ]

동 1. 의무적으로 ~하게 하다, 강요하다
2. (호의 · 은혜를) 베풀다

파 obligation n. 의무
obligatory a. 의무적인
obligate v. (법적 · 도의적으로) 의무를 지우다

숙어 • be obliged[obligated] to do ~할 의무가 있다, ~해야만 한다
(= be compelled to do)
• be obliged to N(사람) ~에게 감사하다
cf. obligate vs. oblige: obligate는 원래 '법적, 도덕적 의무가 있다'는 의미로 oblige보다 좀 더 강제성을 지니는 상황에 쓰였지만, 요즘은 거의 혼용하여 사용된다.

0832

entry
[éntri]

명 1. 들어감, 입장(권) 2. 출품작 3. 항목

파 enter v. 들어가다
entrance n. 입장, 입학, 입구(↔ exit n. 출구)
entrant n. 1. 참가자 2. 신입생

유 admission n. 들어감, 입장, 입학
기출 어구 entry fee 입장료
(= entrance fee), 참가비

0833

crack
[kræk]

명 (갈라진) 틈, 균열
동 1. 금이 가다, 깨뜨리다
2. 풀다, 해결하다

유 break n. 틈 v. 깨어지다, 깨다
기출 어구 crack the cosmic code 우주의 암호를 풀다

0834

polish
[동, 명: pɑ́liʃ / 형: póuliʃ]

동 닦다, 윤을 내다, (글을) 다듬다
명 닦기, 윤 내기, 광택제
형 (Polish) 폴란드의, 폴란드 사람[말]의
파 polishing n. 연마, 광내기
polished a. 1. 윤이 나는 2. 세련된, 우아한

기출 어구 • polish your writing 당신의 글을 다듬다
• (finger)nail polish 매니큐어
cf. polish, refine, revise v. (글·문장 등을) 다듬다, 수정하다

0835

smooth
[smuːð]

형 매끄러운, 순조로운
동 매끈하게 하다, 고르게 하다
파 smoothly ad. 순조롭게, 부드럽게

반 • rough a. 매끄럽지 않은, 거친
• uneven a. 평평하지 않은, 울퉁불퉁한
숙어 smooth out 매끈하게 하다, (문제 등을) 없애다

0836

apt
[æpt]

형 1. ~하는 경향이 있는, ~하기 쉬운
   2. 적절한
파 aptitude n. 소질, 적성

숙어 be apt to do ~하는 경향이 있다 (= tend to do, be likely to do, be liable to do)

0837

mount
[maunt]

동 1. 오르다, 증가하다 2. 올라타다
   3. 개시하다
명 산(= Mt.)
파 mounting a. 증가하는

유 ascend v. 오르다, 올라가다
반 • descend v. 내려가다, 내려오다
• dismount v. 내리다
cf. mountain, mount, Mt. 산

0838

pierce
[piərs]

동 (구멍을) 뚫다, 꿰뚫다, 관통하다
파 piercing a. 날카로운, 꿰뚫어 보는 듯한

유 penetrate v. 꿰뚫다, 관통하다

0839

fierce
[fiərs]

형 1. (행동·감정 등이) 격렬한, 맹렬한
   2. (사람·동물이) 사나운
파 fiercely ad. 맹렬하게, 사납게

유 • intense a. 극심한, 격렬한
• ferocious a. 흉포한, 맹렬한
기출 어구 fierce battles 격전[격렬한 전투]

0840

cue
[kjuː]

명 신호, 단서
동 (시작을 알리는) 신호를 주다

유 • signal n. 신호
• sign n. 부호, 신호
• hint n. 힌트, 암시
기출 어구 • on cue 마침 때맞추어
• take one's cue from (어떻게 해야 할지를) ~을 보고 힌트를 얻다, 본보기를 배우다

DAY 16

각 빈칸에 알맞은 영단어 또는 우리말을 쓰시오.

01 The sun is slowly getting brighter as its core contracts and heats up. [13 모평]

태양은 ________가 수축하고 뜨거워지면서 서서히 밝아지고 있다.

02 Much of our knowledge of the biology of the oceans is d________ from "blind" sampling. [20 모평]

해양생물학에 대한 우리 지식의 대부분은 '맹목적인' 샘플 추출에서 나온다.

03 They defensively shrug off the whole business as an exclusive realm of little relevance to their lives. [12 모평]

그들은 방어적으로 그 모든 일을 그들의 삶과는 거의 관련이 없는 ________ 영역으로 무시해 버린다.

04 Costa Rica has rich soil and a moderate climate. [10 모평]

코스타리카는 풍부한 토양과 ________ 기후를 가지고 있다.

05 Free radicals move uncontrollably through the body, attacking cells, p________ their membranes and corrupting their genetic code. [14 수능]

활성 산소는 통제할 수 없을 정도로 몸 전체를 이동하며 세포를 공격하고 세포막을 뚫으며 세포의 유전자 코드를 오염시킨다.
*membrane (해부학) 얇은 막

06 With a power gap, the more hierarchical your culture or background, the greater the power gap is a______ ______ to be. [17 학평]

권력 차이에 있어서 당신의 문화나 배경이 더 계층적일수록 권력 차이가 더 큰 경향이 있다.

07 When an eight-lane bridge across the Mississippi River c________, nearly one hundred and fifty people were killed and injured. [09 학평]

미시시피강을 가로지르는 8차선 다리가 무너졌을 때, 150명에 가까운 사람들이 목숨을 잃었고 다쳤다.

08 This preliminary structural analysis and acquaintance with the site chosen for the sculpture is compulsory before working on its design. [18 학평]

이러한 예비적인 구조적 분석과 조형물을 위해 선정된 부지에 대해 알고 있는 것은 그것의 설계 작업에 들어가기 전에 ________이다.
*preliminary 예비의

09 Higher-ability students can reinforce their own knowledge by teaching those with lower ability. [15 모평]

실력이 더 좋은 학생들은 실력이 더 낮은 학생들을 가르침으로써 자신의 지식을 ________ 수 있다.

10 Much of this investment will be in energy-efficient goods that are more expensive than old-fashioned stuff designed for an e________ of cheap energy. [17 수능]

투자의 많은 부분은 저렴한 에너지 시대를 위해 고안된 구식의 물건보다는 더 비싼, 에너지 효율이 높은 제품에 이루어질 것이다.

21~30번 정답 ▶ **21** blending **22** 충동[추진력] **23** 보상할 **24** funeral **25** blur

26 묘사되는 **27** installing **28** 논란 **29** vast **30** 자발적인 / 비자발적인

11 Removing the germs could have d__________, possibly fatal effects on the host. [14 학평]

그 세균을 제거하는 것은 숙주에게 극단적인, 어쩌면 치명적인 영향을 미칠 수 있다.

12 Political moralists argue that politics should be directed toward achieving substantial goals. [20 모평]

정치적 도덕주의자들은 정치란 __________ 목표를 이루는 쪽으로 향해야 한다고 주장한다.

13 Sherman took the football home, p__________ it till it shone, and left it for his grandmother. [14 학평]

Sherman은 축구공을 집으로 가져가서, 광이 날 때까지 닦은 다음 할머니를 위해 두었다.

14 He had been sick and wrote that my check had helped cover his mounting medical bills. [06 학평]

그는 아팠었고, 내가 준 수표가 그의 __________ 의료비를 충당하는 데 도움이 되었다고 썼다.

15 Most disagree as to whether nonverbal cues are essential to the perception of sarcasm or the emotion that prompts it. [17 모평]

대부분의 연구자들은 비언어적 __________이 빈정거림 또는 그것을 촉발하는 감정을 인지하는 데 필수적인 것인지에 대해 의견이 다르다.

16 He formed special bonds with the artists he worked with and those relationships helped him capture some of his most v__________ and iconic imagery. [18 수능]

그는 함께 작업한 예술가들과 특별한 유대 관계를 맺었고, 그런 관계로 인해 그는 자신의 가장 생생하고 상징적인 이미지의 일부를 포착하는 데 도움을 받았다.

17 Mass travel to spectator sports, especially football and horse-racing, where people could be charged for e__________, was now possible. [19 수능]

사람들에게 입장료를 받을 수 있는 관중 스포츠, 특히 축구와 경마로의 대중의 이동이 이제는 가능했다.

18 Neither prosecutor nor defender is o__________ to consider anything that weakens their respective cases. [17 모평]

검사와 피고 측 변호사 중 그 어느 누구도 자신들 각자의 입장을 약화시키는 것(정보)을 고려해야 할 의무는 없다.　*prosecutor 검사

19 In some cultures the social clock is becoming more f__________ and more tolerant of deviations from the conventional timetable. [13 모평]

어떤 문화에서는 사회적 시계가 더욱 유연해지고 있고, 전통적인 일정표로부터 벗어나는 것에 더 관대해지고 있다.　*deviation 일탈

20 Dave walked quickly away and from that moment on, there was an uncomfortable air of tension between the two friends. [18 수능]

Dave는 재빨리 떠났고 그 순간 이후로 계속해서 두 친구 사이에는 불편한 __________의 기색이 있었다.

31~40번 정답 ▶ 31 monitored　32 박탈당했을　33 refined　34 mutual　35 매끄러운　36 fierce　37 균열　38 enrich　39 misled　40 filter

21 These spineless plants survive by b__________ into their native habitat. [15 모평]

가시 없는 이 식물들은 자신들의 토착 서식지에 섞여 들어감으로써 생존한다.

*spineless 가시가 없는

22 An instantaneous and strong impulse moved him to battle with his desperate fate. [11 모평]

순간적이고 강한 __________은 그로 하여금 절망적인 운명과 싸우도록 움직였다.

*instantaneous 순간적인

23 As she helped Joan clean up, she tried to think of a way to compensate her for the damage. [11 수능]

그녀는 Joan의 청소를 도와주면서, 그녀에게 그 피해에 대해 __________ 방법을 생각해 내려고 애썼다.

24 Years later, Joe, one of her students, died in Vietnam and she attended the f__________. [08 학평]

몇 년 후, 그녀의 제자 중 한 명인 Joe가 베트남에서 사망했고 그녀는 장례식에 참석했다.

25 The line between vacation and health care will continue to b__________. [10 학평]

휴양과 의료 경계는 계속해서 모호할 것이다.

26 They know that artistic representation is always explaining, refining, and making clear the object depicted. [18 모평]

그들은 예술적 표현이 항상 __________ 사물을 설명하고 다듬고 명확하게 만들고 있다는 것을 알고 있다.

27 The motor vehicle industry argued that i__________ devices to reduce air pollution would make cars extremely expensive. [19 모평]

자동차 업계에서는 대기 오염을 줄이는 장치를 설치하는 것은 자동차를 엄청나게 비싸게 할 것이라고 주장했다.

28 Due to the controversy over the vaccine, I insist the governor wait for the vaccine to prove itself perfect. [07 학평]

백신에 대한 __________ 때문에, 나는 백신이 완벽하다고 입증될 때까지 주지사가 기다려야 한다고 주장한다.

29 When they saw the cabbage patch, they suddenly remembered how v__________ it was. There seemed to be a million cabbages. [19 수능]

그들이 양배추밭을 보았을 때, 그들은 갑자기 그것이 얼마나 광대한지 기억했다. 백만 개의 양배추가 있는 것 같았다.

30 We have two different neural systems that manipulate our facial muscles; one neural system is under voluntary control and the other works under involuntary control. [19 모평]

우리는 얼굴 근육을 조종하는 두 가지 서로 다른 신경 체계를 지니고 있다. 하나의 신경 체계는 __________ 통제 아래에 있고 다른 하나는 __________ 통제 아래에서 작동한다.

01~10번 ▶ 정답

01 중심부	02 derived	03 배타적인	04 온화한	05 piercing
06 apt	07 collapsed	08 필수적	09 강화시킬	10 era

31 The brain activity of volunteers was m__________ as they read classical works. [15 모평]

지원자들이 고전 작품들을 읽을 때에 그들의 뇌 활동이 추적 관찰되었다.

32 When elderly people were deprived of these meaningful social roles, they became increasingly isolated. [20 모평]

노인들이 이러한 의미 있는 사회적 역할을 ________ 때, 그들은 점점 고립되어 갔다.

33 Each day nearly a billion gallons of crude oil are r__________ and used in the United States. [09 수능]

매일 미국에서 거의 10억 갤런의 원유가 정제되어 사용된다.

34 You can't have a democracy if you can't talk with your neighbors about matters of m__________ interest or concern. [17 모평]

공동의 흥미나 관심거리에 대해 이웃과 이야기할 수 없다면 민주주의 체제를 가질 수 없다.

35 It is no accident that fish have bodies which are streamlined and smooth, with fins and a powerful tail. [17 모평]

물고기가 지느러미와 강력한 꼬리를 갖춘 유선형의 ________ 몸을 가지고 있는 것은 우연이 아니다.   *streamlined 유선형의

36 After several f__________ battles, Andrew's concentration wavered for a moment. [18 모평]

몇 차례의 격렬한 전투 후에 Andrew의 집중력이 잠시 동안 흔들렸다.   *waver (불안하게) 흔들리다

37 Any atom that can't withstand the force being inflicted on it will be ripped from its position in the material, causing a crack. [19 학평]

가해지고 있는 힘을 견디지 못하는 그 어떤 원자라도 물질 내 원래 위치에서 떨어져 나가면서 __________이 생기게 할 것이다.   *inflict 가하다

38 The differences you observe while abroad will undoubtedly e__________ your understanding of your own culture. [04 학평]

해외에서 머무는 동안 관찰하는 차이점들은 의심할 여지 없이 당신 자신의 문화에 대한 이해의 질을 높일 것이다.

39 Although some are specifically trained to detect lies from facial expressions, the average person is often m__________ into believing false and manipulated facial emotions. [19 모평]

어떤 사람들은 얼굴 표정으로부터 거짓말을 탐지하도록 특별히 훈련되어 있지만, 보통 사람은 흔히 거짓되고 조작된 얼굴에 나타난 감정을 믿도록 오도된다.   *manipulated 조작된

40 Starvation helps f__________ out those less fit to survive, those less resourceful in finding food for themselves and their young. [19 모평]

기아는 살아남기에 덜 적합한 것들, 즉 자신과 자신의 새끼들을 위한 먹이를 찾는 데 수완이 모자란 것들을 걸러 내는 데 도움을 준다.   *starvation 기아

11~20번 ▶ 정답

| 11 drastic | 12 실질적인 | 13 polished | 14 증가하는 | 15 신호들 |
| 16 vivid | 17 entry | 18 obliged | 19 flexible | 20 긴장 |

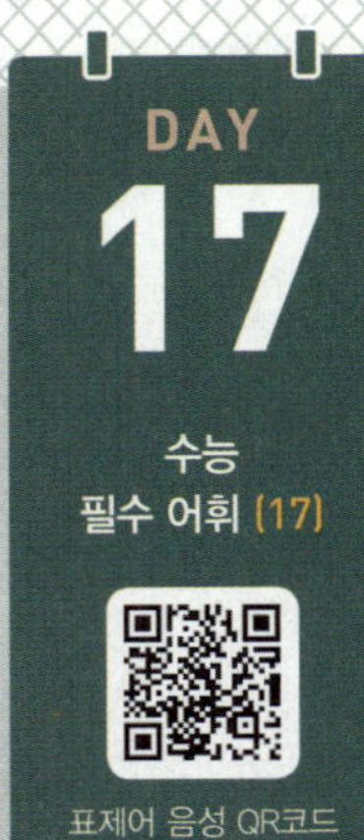

0841

contemporary
[kəntémpərèri]

형 1. 현대의, 당대의 2. 동시대의
명 동시대인

유 modern a. 현대의, 근세의
기출 어구 • contemporary[modern] art 현대 미술
• contemporary writers[authors] 동시대 작가들

0842

crucial
[krúːʃəl]

형 중대[중요]한, 결정적인
파 crucially ad. 결정적으로

유 • critical a. 중대한, 결정적인
• important a. 중요한
• vital a. 필수적인, 매우 중요한
• decisive a. 결정적인
숙어 crucial to ~에 있어서 아주 중요한

0843

convey
[kənvéi]

동 (생각·감정 등을) 전달하다, 운반하다
파 conveyance n. 수송, 운송
conveyor n. 컨베이어(= conveyor belt), 전달자, 전달 장치

유 • communicate v. (생각·감정 등을) 전달하다
• transport v. 수송하다, 나르다
• carry v. 나르다, 운반하다

0844

grasp
[græsp]

동 1. 꽉 잡다 2. 이해하다, 파악하다
명 1. 꽉 잡기 2. 이해, 파악

유 • grip v. 꽉 잡다 n. 1. 꽉 잡기 2. 이해, 파악
• grab v. 움켜잡다, 붙잡다 n. 붙잡기

0845

dense
[dens]

형 1. 빽빽한, (인구가) 밀집한
2. (안개·연기 등이) 짙은
파 density n. 밀도, 농도
densely ad. 빽빽하게, 짙게

유 thick a. 두꺼운, 빽빽한, 짙은
반 sparse a. 드문, 희박한
기출 어구 • densely populated 인구가 조밀한(↔ sparsely populated 인구가 희박한)
• densely[thickly] wooded 수목이 울창한

0846

slope
[sloup]

명 비탈, 경사(면)
동 경사지다, 기울어지다
파 sloping a. 경사진, 비탈진

유 incline n. 경사(면) v. 기울다, 경사지다
cf. downslope n. 내리막 a. 내리막의

0847

endure
[indʒúər]

동 참다, 인내하다, 견디다
파 endurance n. 인내(심), 참을성
(= patience), 지구력, (기계의) 내구성
endurable a. 참을 수 있는
enduring a. 1. 참을성 있는 2. 오래가는, 지속되는

유 • stand, bear v. 참다, 견디다
• put up with 참다
• withstand v. 견뎌 내다, 이겨 내다
• persevere v. 인내하며 계속하다

0848

superb
[su(:)pə́ːrb]

형 최고의, 훌륭한
파 superbly ad. 최고로, 아주 훌륭하게

유 excellent, outstanding, brilliant,
splendid a. 훌륭한, 뛰어난
기출 어구 a superb view 천하의 절경

0849

utmost
[ʌ́tmòust]

형 최대(한)의, 극도의
명 최대한도

유 • maximum a. 최대의, 최고의
n. 최고, 최대
• supreme a. 최고의, 최상의
• extreme a. 극도의
숙어 • at (the) utmost 기껏해야
• to the utmost 최대한으로
기출 어구 (a matter) of the utmost
importance 최고로 중요한 (문제[일])

0850

mediate
[míːdièit]

동 중재하다, 조정하다, 매개하다
파 mediation n. 중재, 조정, 화해
mediator n. 중재자, 조정자

유 intervene v. 중재하다, 끼어들다
기출 어구 mediated entertainment
매체를 통한 오락
cf. meditate v. 명상하다

0851

intermediate
[ìntərmíːdiət]

형 중간의, 중급의   명 중급자
파 intermediary a. 중간의, 매개의 n. 중개자, 매개물

유 middle, in-between a. 중간의
기출 어구 intermediate courses 중급 과
정[수업]

0852

interchange
[ìntərtʃéindʒ]

동 교환하다, 바꾸다
명 1. 교환 2. (고속도로의) 교차점, 인터체인지
파 interchangeable a. 서로 바뀔 수 있는, 교환이 가능한

유 exchange v. 교환하다 n. 교환

0853

inevitable
[inévitəbl]

형 피할 수 없는, 필연적인

파 inevitably ad. 불가피하게, 반드시

유 unavoidable, inescapable a. 피할 수 없는
반 evitable a. 피할 수 있는(= avoidable)

0854

explode
[iksplóud]

동 1. 폭발[폭파]하다, (감정이) 터지다
　 2. 폭발적으로 증가하다

파 explosion n. 폭발
explosive a. 폭발성의 n. 폭발물

유 • blow up, go off 폭파하다, 터지다
• burst v. 터지다, 파열하다

0855

revive
[riváiv]

동 1. 되살아나다, 되살리다 2. 재공연하다

파 revival n. 1. 회복, 부활 2. 재공연

유 revitalize v. 소생시키다, 되살리다

0856

exceed
[iksí:d]

동 (수·양·한도를) 넘다, 초과하다

파 exceeding a. 대단한, 과도한
exceedingly ad. 대단히, 극도로

유 • go beyond ～을 넘어서다, 초과하다
• surpass v. 능가하다, 뛰어넘다

0857

boundary
[báundəri]

명 경계(선), 한계, 범위

파 bound v. 경계를 이루다

유 • border n. 경계(선), 국경
• frontier n. 국경, 한계
• limit n. 한계, 경계

0858

hinder
[híndər]

동 방해하다, 저해하다, 막다

파 hindrance n. 방해, 장애(물)

유 obstruct, impede v. 방해하다, 막다
숙어 hinder A from -ing
A가 ～하지 못하게 하다

0859

readily
[rédəli]

부 1. 손쉽게, 즉시 2. 선뜻, 기꺼이

파 ready a. 1. 즉시[쉽게] 이용할 수 있는 2. 기꺼이 ～하는

유 • easily ad. 쉽게
• willingly ad. 기꺼이, 자진해서
기출 어구 readily available 쉽게 이용할
수 있는, 쉽게 입수할 수 있는
(= easily available)

0860

interior
[intí(:)əriər]

형 내부의 명 내부

파 interiorize v. 내면화하다

유 inner, internal a. 내부의
반 • exterior a. 외부의 n. 외부, 외관
• outer, external a. 외부의
기출 어구 Department of the Interior
내무부

0861

intelligence
[intélidʒəns]

명 지능, 지성

파 intelligent a. 총명한, 지능이 있는

유 intellect n. 지적 능력, 지식인

cf. intelligible a. 이해할 수 있는, 알기 쉬운

기출 어구 artificial intelligence(AI) 인공지능

0862

glimpse
[glim*ps*]

동 힐끗[언뜻] 보다

명 힐끗 봄

유 glance v. 힐끗 보다 n. 힐끗 봄, 눈짓

숙어 get[catch] a glimpse of ~을 힐끗 보다(= catch sight of)

0863

vibrate
[váibreit]

동 진동하다, 떨리다, 흔들다

파 vibration n. 진동, 떨림
vibrator n. 진동기
vibrant a. 진동하는, 활기찬, 생생한

유 shake v. 흔들다, 흔들리다

기출 어구 • her phone vibrated 그녀의 전화기가 진동했다
• vibrate its tail 꼬리를 흔들다

0864

float
[flout]

동 뜨다, 띄우다, 떠다니다

명 부유물

파 afloat a. (물에) 떠 있는, 떠도는

유 drift v. 표류하다, 떠다니다

반 sink v. 가라앉다, 침몰시키다

0865

prior
[práiər]

형 1. 사전의, 앞의 2. 우선하는

파 priority n. 우선순위, 우위
prioritize v. 우선순위를 매기다

유 • previous a. 이전의
• former a. 이전의, 전자의

숙어 prior to ~에 앞서, ~ 전에 (= before)

기출 어구 prior knowledge 사전 지식

0866

induce
[indjú:s]

동 1. 유도하다, 설득하다 2. 유발하다

파 induction n. 1. 유도 2. 귀납(법)
inducement n. 유도, 유인(책)
inductive a. 유발하는

숙어 induce A to do A가 ~하도록 유도[설득]하다

cf. deduce v. 추론하다, 연역하다
(▶ deduction n. 연역(법))

0867

incline
[동: inkláin / 명: ínklain]

동 1. (마음이) 기울게 하다, 기울다

2. 경사지다 명 경사(면)

파 inclination n. 1. 성향, 경향 2. 경사(도)
inclined a. (마음이) 내키는, ~하는 경향이 있는
(↔ disinclined a. 내키지 않는, 꺼리는)

숙어 be inclined to do ~하고 싶어 하다, ~하는 경향이 있다
(= be disposed to do)

0868

orient
[동: ɔ́ːriènt / 명: ɔ́ːriənt]

동 지향하게 하다, 맞추다
명 (the Orient) 동양
파 orientation 1. 지향, 성향 2. 오리엔테이션
oriented a. ~을 지향하는
oriental a. 동양의, 동양인의

숙어 oriented towards ~을 지향하는, ~에 중점을 둔
기출 어구 • detail-oriented a. 꼼꼼한
• self-oriented a. 자기 지향적인
cf. disorient v. 방향 감각을 잃게 하다, 혼란스럽게 만들다(▶ disoriented a. 방향 감각을 잃은, 혼란에 빠진)

0869

boast
[boust]

동 자랑하다, 뽐내다   명 자랑
파 boastful a. 자랑하는, 뽐내는

유 • show off 자랑하다
• brag v. 자랑하다, 떠벌리다 n. 자랑, 허풍

0870

exaggerate
[igzǽdʒərèit]

동 과장하다, 지나치게 강조하다
파 exaggeration n. 과장
exaggerative a. 과장적인
exaggeratedly ad. 과장되게, 지나치게

유 overstate v. 과장해서 말하다
반 understate v. 축소해서 말하다

0871

eligible
[élidʒəbl]

형 적격의, 자격이 있는, (~을) 할 수 있는
파 eligibility n. 적격, 적임

유 • qualified a. 자격이 있는, 적격인
• suitable a. 적절한, 꼭 맞는
숙어 • be eligible for N ~에 자격이 있다
• be eligible to do ~할 자격이 있다

0872

bulk
[bʌlk]

명 1. (큰) 규모[부피], 대량 2. 대부분
동 (크기 · 부피가) 커지다, 크게 하다
파 bulky a. (크기 · 부피가) 큰

숙어 in bulk 대량으로
기출 어구 bulk up 커지다, 크게 하다
cf. bulk vs. mass vs. volume:
모두 '양'을 나타내는 표현이지만, 다음과 같은 차이점이 있다.
• bulk: 크기, 부피 등이 큰 것을 나타낼 때 쓰인다.
• mass: 같은 종류의 것을 한데 모아 놓은 한 덩어리를 나타낼 때 쓰인다.
• volume: 용적 · 용량과 같이 변동하는 성질의 것을 나타낼 때 쓰인다.

0873

retain
[ritéin]

동 1. (계속) 유지하다, 보유하다
2. 기억하다
파 retention n. 1. 유지, 보유 2. 기억력
retentive a. 1. 유지[보유]하는 2. 기억력이 좋은

유 keep, maintain v. 유지하다
기출 어구 retain optimism 낙관주의를 유지하다

restrain
[ristréin]

동 억제하다, 억누르다, 저지하다

파 restraint **n.** 억제, 자제, 규제
restrained **a.** 차분한, 절제된

유 • contain **v.** 억제하다, 저지하다
• hold back ~을 억제하다
• restrict **v.** 제한하다
기출 어구 restrain oneself 자제하다, 참다

curse
[kəːrs]

명 1. 욕설, 악담 2. 저주, 불행
동 1. 악담을 퍼붓다 2. 저주하다

유 swear **v.** 욕설을 하다
반 bless **v.** 축복하다
숙어 be not worth a curse
조금의 가치도 없다

fuse
[fjuːz]

동 1. 융합[결합]되다, 결합시키다
2. 녹이다
명 1. 전기 퓨즈 2. 도화선
파 fusion **n.** 융합, 결합

숙어 fuse A with B A를 B와 결합하다
기출 어구 fuse an ability to measure
with an ability to judge 측정 능력을 판
단 능력과 결합시키다

peel
[piːl]

동 껍질을 벗기다 명 껍질

유 • skin **v.** 껍질[가죽]을 벗기다
n. 껍질, 피부, (동물) 가죽
• pare **v.** 껍질을 벗기다
숙어 peel off ~의 껍질을 벗기다,
~을 벗다

flaw
[flɔː]

명 결함, 결점, 흠

파 flawed **a.** 결함이 있는, 흠이 있는
(↔ flawless **a.** 흠이 없는, 나무랄 데 없는)

유 • fault **n.** 잘못, 결점, 결함
• defect **n.** 결함, 결점
기출 어구 the fundamental flaw 근본
적인 결함

misuse
[동: mìsjúːz / 명: mìsjúːs]

동 오용하다, 남용하다
명 오용, 남용

유 abuse **n.** 오용, 남용 **v.** 오용하다, 남용
하다

shatter
[ʃǽtər]

동 산산이 부서지다, 산산이 부수다
명 파편
파 shattered **a.** 산산조각 난, 산산이 부서진

유 • break **v.** 깨지다, 깨뜨리다
• smash **v.** 박살 내다, 박살 나다
• fragment **n.** 파편, 조각
cf. scatter **v.** 흩뿌리다, 흩어지다

DAY 17

각 빈칸에 알맞은 영단어 또는 우리말을 쓰시오.

01 Any item like hair spray may explode under extreme pressure. [14 모평]

헤어스프레이와 같은 어떤 물품은 극심한 압력에서 ________ 수 있다.

02 Certain species are more crucial to the maintenance of their ecosystem than others. [16 모평]

어떤 종들은 다른 종들보다 생태계 유지에 있어서 더 ________.

03 In such institutions it is difficult for the staff to r __________ optimism when all the patients are declining in health. [17 수능]

그런 시설에서 모든 환자들의 건강이 악화되고 있을 때 직원들이 낙관주의를 유지하기는 힘들다.

04 Anyone over the age of 18 is e __________, with the exception of professional photographers. [12 모평]

전문 사진가를 제외하고 18세 이상이면 누구나 자격이 있다.

05 It requires more energy to make water v __________ than to v __________ air. [17 학평]

공기를 진동시키는 것보다 물을 진동시키는 것이 더 많은 에너지를 필요로 한다.

06 When people try to control situations that are essentially uncontrollable, they are i __________ to experience high levels of stress. [17 모평]

사람들이 근본적으로 통제할 수 없는 상황을 통제하려 할 때 그들은 높은 수준의 스트레스를 경험하는 경향이 있다.

07 The button gave them a sense of control and allowed them to e __________ the stress. [18 학평]

그 버튼은 그들에게 통제감을 주고 스트레스를 견딜 수 있게 해주었다.

08 Known for its richly decorated i __________, Neuschwanstein Castle today is visited by more than one million people every year. [12 학평]

화려하게 장식된 내부로 잘 알려진 노이슈반슈타인성은 오늘날 매년 백만 명 이상의 사람들이 방문한다.

09 When the supply of a manufactured product exceeds the demand, the manufacturer cuts back on output. [15 모평]

어떤 공산품의 공급이 수요를 ________, 제조자는 생산량을 줄인다.

10 Democracies can and typically are distinguished in terms of the extent to which they are socially o __________ as opposed to individualistically o __________. [13 모평]

민주 국가는 개인주의적으로 지향하는 것과는 대조적으로 사회적으로 지향하는 정도에 의해 구별될 수 있고 보통 그렇게 구별된다.

21~30번 정답 ▶ 21 전달할　22 utmost　23 Prior　24 억누르라는　25 오용
26 shattering　27 손쉽게　28 피할 수 없는　29 dense　30 경계

11 When the children drew rear views of the adults, the size of the heads was not nearly so exaggerated. [08 모평]

아이들이 어른들의 뒷모습을 그릴 때, 머리 크기는 거의 그만큼 ________ 않았다.

12 He would r________ his old eager ambitions and pursue them without faltering. [11 모평]

그는 그의 오랜 열망을 되살려 흔들림 없이 그것들을 추구할 것이다.　　　*falter 흔들리다

13 The picture shows a reverse image so that the right and left sides of your face are i________ . [10 수능]

그 사진은 여러분 얼굴의 좌우가 서로 뒤바뀌도록 뒤집힌 모습을 보여준다.

14 As he began to rise, he caught a g________ of her face again. [07 학평]

그가 일어나기 시작하자 그는 다시 그녀의 얼굴을 힐끗 보았다.

15 If you threw a handful of wheat and sand into the ocean, the sand would sink and the wheat would f________ . [17 모평]

한 줌의 밀과 모래를 바닷물 속에 던지면 모래는 가라앉고 밀은 뜬다.

16 Because most waits expect a desired outcome, it is the memory of the outcome that dominates, not the intermediate components. [11 모평]

대부분의 기다림은 원하는 결과를 기대하기 때문에, 지배하는 것은 ________ 구성 요소가 아니라 결과에 대한 기억이다.

17 We use instruments to measure b________ properties of the environment, such as salinity and temperature. [20 모평]

우리는 염도와 기온과 같은, 대량의 환경 특성을 측정하기 위해 도구를 사용한다.　　*salinity 염도

18 The organization has mediated labor disputes and helped secure professional positions for minorities in a number of different fields. [09 수능]

그 단체는 노동분쟁을 ________ 왔고, 많은 다른 분야에서 소수자들을 위한 일자리를 확보하는 것을 도왔다.

19 Sovereignty and citizenship require freedom from the past at least as much as freedom from contemporary powers. [20 모평]

주권과 시민권은 최소한 ________ 정권들로부터의 자유만큼이나 과거로부터의 자유를 필요로 한다.　　*sovereignty 주권

20 When the contour lines are positioned closely together, the hill's s________ is steep; if they lie farther apart, the s________ is gentler. [19 수능]

등고선이 서로 가깝게 배치되면 산의 경사가 가파르고, 등고선이 더 멀리 떨어져 있으면 경사가 더 완만하다.　　*contour line 등고선

31~40번 ▶ 정답

| 31 Grasping | 32 induce | 33 fuses | 34 결점들 | 35 저주 |
| 36 superb | 37 hinder | 38 자랑하지 | 39 intelligence | 40 peel |

21 Music can convey the quality and size of a space. [15 모평]

음악은 공간의 특성과 크기를 ________ 수 있다.

22 I myself will be overseeing this and expect to have the u__________ cooperation. [12 학평]

제가 직접 이 일을 감독할 것이며, 최대한의 협력을 기대합니다.

23 P__________ to low-cost printing, ideas could and did spread by word of mouth. [19 수능]

비용이 적게 드는 인쇄술이 있기 전에, 생각은 구전으로 퍼져 나갈 수 있었고 실제로 그렇게 퍼져 나갔다.

24 In one study, some people were asked to restrain their emotions while watching a sad movie about sick animals. [13 학평]

한 연구에서, 몇몇 사람들은 아픈 동물에 관한 슬픈 영화를 보면서 감정을 ________ 요청을 받았다.

25 One reason why the definitions of words have changed over time is simply because of their misuse. [12 모평]

단어들의 정의가 시간이 지나면서 바뀐 한 가지 이유는 단지 단어들의 ________ 때문이다.

26 An image of a s__________ wine glass was accompanied by the sound of breaking glass. [10 학평]

산산이 부서지는 와인 잔의 모습은 유리 깨지는 소리를 동반한다.

27 Teaching people to accept a situation that could readily be changed could be bad advice. [17 모평]

사람들에게 ________ 바뀔 수 있는 상황을 받아들이라고 가르치는 것은 잘못된 충고가 될 수 있다.

28 We will eventually reach a point at which conflict with the finite nature of resources is inevitable. [16 모평]

우리는 결국 자원의 유한한 특성과의 갈등이 ________ 지점에 도달하게 될 것이다.

29 They did not have a d__________ enough population and therefore a large enough collective brain to develop them much further. [14 수능]

그들은 그것들을 훨씬 더 발전시킬 수 있을 만큼 충분히 밀집된 인구를 가지고 있지 않았고, 따라서 그렇게 할 만큼 충분히 큰 집단 두뇌를 가지고 있지 않았다.

30 In many situations, the boundary between good and bad is a reference point that changes over time and depends on the immediate circumstances. [16 수능]

많은 경우에서 좋음과 나쁨의 ________는 시간이 지나면서 변하는 기준점이며 당면한 상황에 따라 결정된다.

01~10번 ▶ 정답

01 폭발할	02 중요[중대]하다	03 retain	04 eligible	05 vibrate / vibrate
06 inclined	07 endure	08 interior	09 초과하면	10 oriented / oriented

31 G__________ requires that fingers hold an object securely. [17 모평]

꽉 잡는 것은 손가락이 물체를 단단히 잡는 것을 필요로 한다.

32 The mere threat of punishment is enough to i__________ the desired behavior. [16 수능]

처벌하겠다는 단순한 위협만으로도 바라는 행동을 유도하기에 충분하다.

33 The ear is the only sense that f__________ an ability to measure with an ability to judge. [15 수능]

귀는 측정 능력을 판단 능력과 결합하는 유일한 감각 기관이다.

34 We all have a tendency to look at our own flaws with a magnifying glass. [15 학평]

우리 모두는 돋보기로 우리 자신의 __________을 들여다보는 경향이 있다.

35 As socioeconomic classes arose in society in the Middle Ages, work began to be seen as the curse of the poor. [16 학평]

중세 사회에 사회경제적 계층이 생겨나면서 노동은 가난한 사람들의 __________로 여겨지기 시작했다.

36 Adolescence is a stage of development in which teens have s__________ cognitive abilities and high rates of learning and memory. [16 학평]

청소년기는 십대들이 최고의 인지적 능력과 높은 학습 및 기억 속도를 지니는 발달 단계이다.

37 Responses might include even lobbying for regulations that would h__________ the rival's expansion. [14 모평]

대응책에는 심지어 경쟁자의 확장을 방해할 수 있는 규제들에 대한 로비까지 포함될 수 있다.

38 They noticed the particular belief in equality of the community, which discouraged the wealthy from boasting about their success. [11 학평]

그들은 그 공동체의 평등에 대한 특별한 믿음에 주목했는데, 그것은 부자들이 자신의 성공을 __________ 못하게 했다.

39 F. Scott Fitzgerald thought that the test of first-rate i__________ was the ability to hold two opposed ideas in mind at the same time and still function. [14 수능]

F. Scott Fitzgerald는 최고의 지능에 대한 평가 기준은 두 가지 상반된 생각을 동시에 머릿속에 담고 있으면서 계속 정상적으로 사고하는 능력이라고 생각했다.

40 Indeed, this is just what would happen if some cosmic giant were to p__________ off the outer layers of the Sun like skinning an orange. [15 모평]

사실, 이것은 어떤 우주의 거인이 오렌지의 껍질을 벗겨내는 것처럼 태양의 외층을 떼어낸다면 일어날 바로 그런 일이다.

11~20번 ▶ 정답

| 11 과장되지 | 12 revive | 13 interchanged | 14 glimpse | 15 float |
| 16 중간의 | 17 bulk | 18 중재해 | 19 당대의 | 20 slope / slope |

0881

boost
[buːst]

동 1. 밀어 올리다, 신장[증가]시키다
2. 북돋우다
명 1. 밀어 올림, 증가 2. 격려
파 booster n. (사기 · 자신감 등을) 높이는 것, 후원자

➕ 수능 PLUS 수능 이렇게 나온다

유 increase v. 증가시키다, 늘리다
기출 어구 • boost yield 생산량을 증대시키다
• boost confidence/self-esteem 자신감/자부심을 높이다

0882

incorporate
[inkɔ́ːrpərèit]

동 1. 포함하다, 통합시키다
2. 법인 조직으로 만들다
파 incorporation n. 1. 포함, 합병 2. 법인 설립[단체]
incorporated a. 법인의(= corporate)

유 • include v. 포함시키다, 포함하다
• integrate v. 통합시키다
숙어 incorporate A into[in] B
A를 B에 통합시키다

0883

embody
[imbɑ́di]

동 1. (사상 · 감정 등을) **구현[상징]하다,**
구체화하다
2. 포함하다, 담다
파 embodiment n. 구현, 구체화

유 • stand for ~을 나타내다, 상징하다
• represent v. 나타내다, 표현하다
• symbolize v. 상징하다
기출 어구 be embodied in ~로 구현되다

0884

probable
[prɑ́bəbl]

형 **있음직한, 충분히 가능한**
파 probability n. 1. 있음직함, 가능성 2. [수학] 확률
probably ad. 아마도(= possibly)

유 • likely a. 있음직한
• possible a. 가능한
반 improbable a. 있을 법하지 않은
cf. probabilistic a. 전망의, 확률적

0885

entitle
[intáitl]

동 1. **자격[권리]을 주다 2. 제목을 붙이다**
파 entitlement n. 자격, 권리

숙어 be entitled to do ~할 권리가 있다
(= have the right to do)
기출 어구 holiday entitlement 휴일
(을 가질) 권리
cf. title n. 제목, 표제 v. 제목을 붙이다

0886

withstand
[wiðstǽnd]

동 견뎌 내다, 이겨 내다

유 • endure, bear v. 참다, 견디다
• resist v. 잘 견디다
• stand up to ~에 잘 견디다, ~에 맞서다

0887

straightforward
[strèitfɔ́:rwərd]

형 1. 간단한, 쉬운 2. 솔직한, 직접의

유 • simple a. 간단한, 쉬운
• frank, forthright a. 솔직한

0888

confess
[kənfés]

동 고백하다, 자백하다, 인정하다

파 confession n. 고백, 자백, 인정

유 admit, acknowledge v. 인정하다
반 deny v. 부인하다

0889

pioneer
[pàiəníər]

명 개척자, 선구자

동 개척하다, 선도하다

파 pioneering n. 개척적인, 선구적인

유 precursor, forerunner n. 선구자, 전조
기출 어구 a pioneering spirit 개척자 정신

0890

fatal
[féitəl]

형 1. 치명적인 2. 결정적인, 운명의

파 fatality n. 1. (재난 · 질병 등으로 인한) 사망자, 치사율 2. 운명
fate n. 운명, 숙명

유 • lethal, deadly a. 치명적인
• mortal a. 치명적인, 죽을 운명의
기출 어구 • a fatal disease 불치의 병
• a fatal accident 치명적인 재난, 참사
• road accident fatalities 교통사고 사망자(수)

0891

innate
[inéit]

형 1. 타고난, 선천적인
2. 내재적인, 본질적인

파 innately ad. 선천적으로, 본질적으로

유 • inborn a. 타고난, 선천적인
• inherent a. 내재된, 선천적인
• intrinsic a. 내재된, 본질적인
반 acquired, learned a. 후천적인, 습득한

0892

sequence
[síːkwəns]

명 1. 순서, 차례
2. 연속(물), 연속적인 사건들

파 sequential a. 순차적인, 연속하는

유 series n. 일련, 연속
숙어 in sequence 순서대로, 차례차례로
기출 어구 (a) chronological sequence 연대순
cf. sequel n. 속편

0893

scope
[skoup]

명 1. 범위, 영역 2. 여지, 기회

동 자세히 살피다

유 range n. 범위, 영역
기출 어구 the size and scope of losses 손실의 규모와 범위

0894

assess
[əsés]

동 평가하다, 가늠하다

파 assessment n. 평가, 평가액
(= evaluation, estimation)

유 • evaluate v. 평가하다
• rate v. 평가하다, 등급을 매기다
• estimate v. 평가하다, 추정하다

0895

disclose
[disklóuz]

동 밝히다, 폭로하다, 드러내다

파 disclosure n. 폭로, 밝혀진 사실

유 reveal, uncover, unveil v. 밝히다, 드러내다
반 conceal v. 감추다, 숨기다

0896

discern
[disə́ːrn]

동 식별하다, 분간하다, 알아차리다

파 discernible a. 식별할 수 있는, 인식할 수 있는
discernment n. 식별, 인식

유 • distinguish v. 구별하다, 식별하다
• differentiate v. 구별하다, 구분 짓다

0897

subtle
[sʌ́tl]

형 1. 미묘한, 감지하기 힘든 2. 교묘한

파 subtlety n. 1. 미묘함 2. 교묘함
subtly ad. 1. 미묘하게, 알아채기 어렵게 2. 교묘하게

반 obvious a. 명백한, 분명한
기출 어구 subtle differences 미묘한 차이점들

0898

cling
[kliŋ]

(cling–clung–clung)

동 들러붙다, 매달리다, 집착하다

파 clingy a. 매달리는, 집착하는

유 stick, adhere v. 들러붙다, 고수하다, 집착하다
숙어 cling to ~에 매달리다, ~을 고수하다
(= stick to, adhere to)

0899

drift
[drift]

동 표류하다, 떠다니다   명 이동, 표류

파 drifty a. 표류하는, 떠내려가는
adrift a. 표류하는, 방황하는
drifter n. 표류자, 떠돌이

유 float v. 뜨다, 띄우다, 떠다니다
cf. • driftwood n. 유목(流木)
• draft n. 원고, 초안 v. 초안을 작성하다

0900

swift
[swift]

형 신속한, 빠른

파 swiftly ad. 신속히, 빨리, 즉시
swiftness n. 신속, 빠름

유 rapid, quick a. 신속한, 빠른
반 slow a. 느린, 더딘

0901

accord
[əkɔ́ːrd]

동 일치하다, 부합하다   명 일치, 합의

파 accordance n. 일치, 부합, 조화
accordingly ad. 따라서, 적절하게

숙어 • accord with ~와 일치하다
(= correspond to)
• in accord[accordance] with ~와 일치하여, ~에 부합되게
• according to ~에 따르면

0902

seal
[siːl]

동 봉인하다, 밀봉하다

명 1. 직인, 도장, 봉인

2. 바다표범, 물개(= fur seal)

cf. an elephant seal 바다코끼리
(= a sea elephant)

0903

insert
[insə́ːrt]

동 삽입하다, 끼워 넣다

파 insertion n. 삽입, 끼워 넣기

숙어 insert A in[into] B A를 B에 삽입하다
기출 어구 insert card (잡지에 끼워 넣은) 삽입 광고 카드

0904

compile
[kəmpáil]

동 1. (자료를) 엮다, 편집[편찬]하다

2. (자료를) 모으다

파 compilation n. 모음(집), 편집(본)

유 collect v. 모으다, 수집하다
(▶ collection n. 수집품, 소장품)
기출 어구 compile the Classics 고전 선집을 편찬하다

0905

convention
[kənvénʃən]

명 1. (대규모) 집회, 대회 2. 관습

3. 조약, 협약

파 conventional a. 관습적인, 종래의
(↔ unconventional a. 관습에 얽매이지 않은, 색다른)
convene v. (회의 등을) 소집하다, 모이다(= assemble)

유 • assembly n. 집회, 회의
• custom n. 관습, 풍습
기출 어구 • convention hall 회의장
• conventional wisdom 사회적[일반적] 통념

0906

extinguish
[ikstíŋgwiʃ]

동 1. (불 등을) 끄다, 소멸시키다

2. 멸종시키다

파 extinguisher n. 소화기
extinguishment n. 소화, 소멸

cf. extinguish a fire 불을 끄다
(= put out a fire)

0907

momentary
[móumən tèri]

형 순간적인, 잠시의

파 momentarily ad. 잠시, 일시적으로
moment n. 순간, 잠깐

유 brief a. 짧은, 잠시의
반 eternal, everlasting a. 영원한
cf. momentous a. 중대한

0908

endeavor
[indévər]

명 노력, 시도   동 노력하다, 애쓰다

유 • effort n. 노력, 수고
• exertion n. 노력, 분투
• struggle n. 노력, 분투 v. 애쓰다, 분투하다
• strive v. 노력하다, 애쓰다

DAY 18

0909

beware
[biwέər]

동 주의하다, 조심하다

숙어 beware of ~에 주의[조심]하다
(= be careful of, be cautious of,
watch out for)

0910

foretell
[fɔːrtél]

(foretell–foretold–
foretold)

동 예언하다, 예고하다

유 • predict v. 예측하다, 예언하다
• prophesy v. (종교적) 예언하다
기출 어구 foretell the future 미래를
예언하다

0911

partial
[páːrʃəl]

형 1. 부분적인 2. 편파적인, 불공평한

파 partially ad. 1. 부분적으로(= partly) 2. 편파적으로

유 • biased a. 편향된, 선입견이 있는
• unjust, unfair a. 부당한, 불공평한
반 • total, whole, entire a. 전체의
• impartial a. 공정한, 공평한(= fair, just)

0912

rot
[rɑt]

동 썩다, 부패하다

파 rotten a. 썩은, 부패한

유 decay v. 썩다, 부패하다
기출 어구 rot-resistant a. 잘 썩지 않는,
부패에 강한

0913

chill
[tʃil]

명 1. 냉기, 한기 2. 오싹한 느낌
동 1. 차게 만들다 2. 오싹하게 만들다

파 chilly a. 쌀쌀한, 냉랭한

유 cool v. 차게 하다
기출 어구 feel a chill 한기를 느끼다

0914

steep
[stiːp]

형 1. 가파른, 비탈진 2. 급격한 3. 비싼

파 steeply ad. 가파르게
steepness n. 1. 가파름 2. 엄청남

유 sloping a. 경사진, 비탈진
기출 어구 • a narrow steep road
좁고 가파른 길
• a steep acceleration 급격한 가속화
• steep gasoline taxes 비싼 휘발유세

0915

evoke
[ivóuk]

동 (감정 · 기억 등을) 일깨우다, 불러일으키다

파 evocation n. 일깨움, 환기

유 • arouse v. 불러일으키다, 환기하다
• stir up 일깨우다, 불러일으키다
기출 어구 • evoke (one's) memories
추억을 일깨우다
• evoke an emotional response
감정적인 반응을 불러일으키다

sway
[swei]

동 흔들다, 흔들리다, 동요시키다
명 흔들림, 영향, 지배

유 swing v. 흔들(리)다, 진동하다

collide
[kəláid]

동 충돌하다, 부딪치다
파 collision n. 충돌 (사고), 부딪힘

유 crash v. 충돌하다, 부딪치다
숙어 collide with ~와 충돌하다
(= crash into, bump into)

strain
[strein]

명 1. 긴장, 부담, 압박
2. (동식물의) 품종, 변종
동 혹사시키다, 안간힘을 쓰다
파 strained a. 긴장한(= tense)

유 pressure, stress n. 압박(감)
기출 어구 • strains of competition
경쟁의 압박감
• a strain of virus 바이러스의 한 종류

cluster
[klʌ́stər]

명 무리, 송이, 성단
동 무리를 이루다
파 clustered a. 무리를 이룬

유 bunch n. 다발, 송이, 무리
숙어 a cluster of 한 무리의 ~
(= a bunch of)
기출 어구 star cluster [천문학] 성단(星團)

clutter
[klʌ́tər]

명 잡동사니, 어수선함, 혼란
동 어지럽히다
파 cluttered a. 어수선한, 혼란한

유 • mess n. 엉망, 난잡한 상태
• disorder n. 무질서, 혼란
기출 어구 background clutter 배후의
혼란

DAY 18

각 빈칸에 알맞은 영단어 또는 우리말을 쓰시오.

01 The printing press b__________ the power of ideas to copy themselves. [19 수능]

인쇄기는 생각이 <u>스스로를 복제하는</u> 능력을 신장시켰다.

02 Most rural people live in houses c__________ in a village with forest and grassland lying beyond. [18 학평]

대부분의 시골 사람들은 숲과 초원이 너머에 있는 마을에 무리를 이룬 집에 산다.

03 Great scientists, the p__________ that we admire, are not concerned with results but with the next questions. [19 수능]

위대한 과학자들, 즉 우리가 존경하는 선구자들은 결과에 관심을 두는 것이 아니라 다음 문제에 관심을 둔다.

04 You c__________ ever more tightly to what you already know you can do — away from risk and exploration. [13 모평]

당신은 할 수 있다고 이미 생각하고 있는 것에 더 꽉 매달리게 되어, 모험과 탐험으로부터 멀어지게 된다.

05 B__________ of coordination problems where multiple crafts are involved. [13 모평]

여러 기술이 관련된 협력 문제에 주의하라.

06 Nature is where fallen logs r__________, acorn grow, and wildfires turn woodland into meadow — all without human interference. [11 수능]

자연은 쓰러진 통나무가 썩고, 도토리가 자라며, 산불이 삼림지대를 목초지로 바꾸는 곳인데, 이 모든 것은 인간의 간섭 없이 이뤄진다.

07 People are only partially protected from insect-transmitted diseases because the rear of the dwelling is exposed. [18 학평]

주거지의 후면이 노출되어 있기 때문에 사람들은 __________만 곤충이 전염시키는 병으로부터 보호된다.   *dwelling 주거

08 You have to challenge the conventional ways of doing things and search for opportunities to innovate. [18 수능]

여러분은 일을 하는 __________ 방식에 이의를 제기하고 혁신할 수 있는 기회를 찾아야 한다.

09 To give a long chronological account of work or procedures is normally appropriate *only* when the essential point of the paper is the chronological s__________. [17 수능]

연구나 연구과정에 관한 긴 연대기적인 설명을 하는 것은 보통 논문의 핵심적인 내용이 연대기적 순서일 때에'만' 적절하다.

10 Music can convey the scope of a film, effectively communicating whether the motion picture is an epic drama or a story that exists on a more personal scale. [15 모평]

음악은 영화가 서사극인지 아니면 더 사적인 영역에 있는 이야기인지를 효과적으로 전달하며 영화의 __________를 알려 줄 수 있다.

21~30번 정답

| 21 미묘한 | 22 chill | 23 순간적인 | 24 incorporated | 25 innately |
| 26 foretell | 27 inserted | 28 권리[자격] | 29 accord | 30 confessed |

11 The mistake was a fatal one, and it was all over. He had lost. [18 모평]

그 실수는 _________ 것이었고, 모든 게 끝났다. 그는 졌던 것이다.

12 These same texts were then "translated" into more straightforward, modern language. [15 모평]

그런 다음에 이 동일한 텍스트는 더 _________ 현대적인 언어로 '번역'되었다.

13 So we drift, driven by the winds of circumstance, tossed about by the waves of tradition and custom. [19 모평]

그래서 우리는 주변 환경의 바람에 의해 몰리고 전통과 관습의 물결에 의해 이리저리 내던져지면서 _________.

14 Women were discouraged from participating in anything because of myths about women being unable to handle the pressures and s_________ of competition. [11 학평]

여성은 어떤 것에도 참여하는 것이 장려되지 않았는데, 이는 여성들이 경쟁의 압력과 압박을 감당할 수 없을 것이라는 통념 때문이었다.

15 Trying to e_________ the fire of our desires by fulfilling them is like trying to e_________ a fire by pouring petrol upon it. [16 EBS]

욕망을 충족시킴으로써 욕망의 불을 끄려고 하는 것은 불 위에 휘발유를 끼얹어 불을 끄려고 하는 것과 같다.

16 If you don't know yourself, you could be swayed by what others think you should be, think, and do. [12 학평]

만약 당신 자신을 모른다면, 당신은 다른 사람들이 생각하기에 당신이 되어야 하고, 생각해야 하고, 해야 한다는 것에 _________ 수 있다.

17 They'll go to the edge of a difficult slope, look all the way down to the bottom, and determine that the slope is too s_________ for them to try. [15 수능]

그들은 급경사의 끝으로 가서, 밑바닥까지의 모든 경로를 살펴보고는 그 경사가 그들이 시도하기에 너무 가파르다는 결론을 내릴 것이다.

18 He c_________ the Classics not as a "great books" collection but as a course of study particularly for the young whose early education was cut short. [11 학평]

그는 이 고전 선집을 뛰어난 고전 작품집으로서가 아니라 조기에 학업을 중단한 젊은이를 위한 학업의 과정으로 특별히 편찬했다.

19 Understanding how climate has changed over millions of years is vital to properly a_________ current global warming trends. [18 모평]

수백만 년에 걸쳐 기후가 어떻게 변해 왔는지를 이해하는 것은 현재의 지구 온난화 추세를 제대로 가늠하기 위해 매우 중요하다.

20 If engineers faced the task of making a razor more "durable," would they try to make the blade last longer, resist bending, or w_________ constant moisture? [15 학평]

만약 기술자들이 면도날을 좀 더 '내구성 있는' 것으로 만들어야 하는 과제에 직면한다면, 과연 그들은 면도날이 더 오래 지속되도록, 휘어짐에 견디도록, 혹은 지속적인 습기에 견뎌내도록 만들려고 할 것인가?

31~40번 ▶ 정답

31 신속하게[빠르게]	32 sealed	33 식별할	34 cluttered	35 evoke
36 collide	37 노력	38 구현된다	39 disclose	40 있을 법하지 않다

21 The subtle message of body language gets lost in phone conversations. [06 모평]

신체 언어의 ________ 메시지는 전화통화에서 사라진다.

22 I was about 150 yards off the beach, when I felt a sudden c________ in the air followed by an uncomfortable stillness. [12 수능]

나는 해변에서 150야드 정도 떨어져 있었는데, 그때 공기 중에서 갑작스런 한기를 느꼈고, 불편한 정적이 이어졌다.

23 Psychologists make the distinction between dispositions, or traits, and states, or momentary feelings. [14 학평]

심리학자들은 기질, 또는 특성과 상태, 또는 ________ 감정을 구분한다.

*disposition 기질

24 There is strong research evidence that children perform better in mathematics if music is i________ in it. [16 모평]

음악이 수학에 통합되면 어린이들이 수학을 더 잘한다는 강력한 연구 증거가 있다.

25 If an animal is i________ programmed for some type of behaviour, then there are likely to be biological clues. [17 모평]

어떤 동물이 어떤 유형의 행동을 하도록 선천적으로 타고났다면, 생물학적인 단서들이 있을 가능성이 있다.

26 Dreams have been regarded as prophetic communications which, when properly decoded, would enable us to f________ the future. [12 수능]

꿈은 적절히 해석되면 우리에게 미래를 예언하게 해주는 예언적인 의사 소통으로 간주되어 왔다.

27 A laugh track is a separate soundtrack with the artificial sound of audience laughter, made to be i________ into TV comedy shows and sitcoms. [11 학평]

웃음 트랙은 인위적인 청중의 웃음 소리가 들어있는 분리된 사운드트랙으로, TV 코미디 쇼와 시트콤에 삽입하기 위해 만들어진다.

28 Eventually new laws were passed that limited the hours of work and gave workers holiday entitlements. [19 수능]

결국 노동 시간을 제한하고 노동자들에게 휴가의 ________를 주는 새로운 법이 통과되었다.

29 Sometimes patients form firm views about what treatment they wish to receive. These might or might not a________ with the doctors' own views. [10 학평]

때때로 환자들은 그들이 어떤 치료를 받기를 원하는지에 대해 확고한 견해를 형성한다. 이것들은 의사들의 견해와 일치할 수도 있고 그렇지 않을 수도 있다.

30 He later c________ that he was having a great deal of trouble completing his tasks because of the volume of calls he was responding to. [19 모평]

나중에 그는 자신이 응답하고 있는 전화의 양 때문에 자신의 업무를 완수하는 데 많은 어려움이 있다고 고백했다.

01~10번 ▶ 정답

01 boosted	02 clustered	03 pioneers	04 cling	05 Beware
06 rot	07 부분적으로	08 관습적인	09 sequence	10 범위

31 Its hunting technique is not to swiftly pursue its victim, but to wait for it. [07 수능]

그것의 사냥 기술은 _________ 먹이를 쫓는 것이 아니라 그것을 기다리는 것이다.

32 Once they'd s_________ an envelope, they could no longer see what was inside it. [18 학평]

일단 그들이 봉투를 봉인하면, 그들은 그 안에 무엇이 있는지 더 이상 볼 수 없었다.

33 We can discern different colors, but we can give a precise *number* to different sounds. [15 수능]

우리는 서로 다른 색깔을 _________ 수 있지만, 여러 다른 소리에는 정확한 '숫자'를 부여할 수 있다.

34 In one experiment, 49 college students were asked to sit at a c_________ cubicle, a tidy cubicle, or one that was in between. [13 학평]

한 실험에서 49명의 대학생들은 어수선한 방, 정돈된 방, 또는 그 중간쯤 되는 방에 앉도록 요청받았다.

35 Like fragments from old songs, clothes can e_________ both cherished and painful memories. [12 수능]

옛날 노래에 나오는 구절처럼 옷은 소중한 추억과 가슴 아픈 기억을 모두 불러일으킬 수 있다.

36 Billiard balls rolling around the table may c_________ and affect each other's trajectories. [13 모평]

당구대를 굴러다니는 당구공들은 서로 충돌하여 서로의 궤도에 영향을 미칠 수도 있다.
*trajectories 궤도

37 The extended copyright protection frustrates new creative endeavors such as including poetry and song lyrics on Internet sites. [18 수능]

연장된 저작권 보호는 인터넷 사이트에 시와 노래 가사를 함께 넣는 것과 같은 새로운 창의적인 _________을 좌절시킨다.

38 One of the most widespread and basic norms of human culture is embodied in the rule for reciprocation. [13 모평]

인간 문화에 있어 가장 널리 퍼지고 기본적인 규범들 중의 하나는 보답에 대한 규칙으로 _________.
*reciprocation 보답

39 People seeking legal advice should be assured, when discussing their rights or obligations with a lawyer, that the latter will not d_________ to third parties the information provided. [18 학평]

법적인 조언을 구하는 사람들은 그들의 권리나 의무를 변호사와 논의할 때 후자(변호사)가 제공받은 정보를 제3자에게 폭로하지 않을 것을 보장받아야 한다.

40 People with a strong sense of self-efficacy attempt tasks or goals for which success is viewed as improbable by the majority of social actors in a setting. [19 모평]

강한 자기 효능감을 가진 사람들은 어떤 환경의 사회적인 행위자들 대다수가 성공이 _________고 여기는 일이나 목표를 시도한다.
*self-efficacy 자기 효능감

11~20번 정답 ▶
11 치명적인　12 쉽고[간단하고]　13 표류한다　14 strains　15 extinguish / extinguish
16 흔들릴　17 steep　18 compiled　19 assess　20 withstand

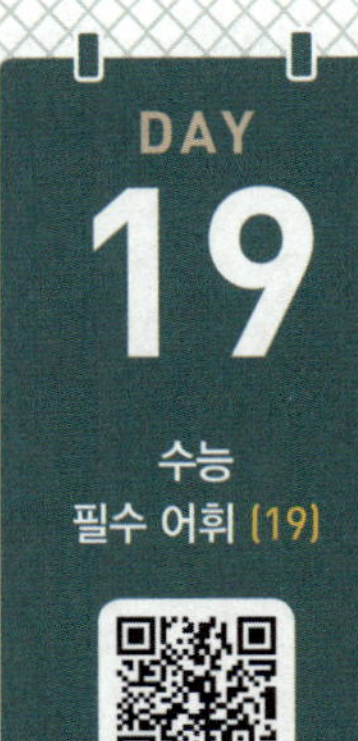

0921

credible
[krédəbl]

형 믿을 수 있는, 신뢰할 수 있는

파 credibility n. 신뢰(성)
credibly ad. 확실히

수능 PLUS 수능 이렇게 나온다

유 • reliable a. 믿을 수 있는
• trustworthy a. 신뢰할 수 있는
반 • incredible a. 1. 믿을 수 없는 2. 놀라운
• unreliable a. 믿을 수 없는

0922

outweigh
[àutwéi]

동 (~을) 능가하다, 더 중대하다

유 • excel, surpass v. (~보다) 뛰어나다,
능가하다 • exceed v. (~을) 넘다, 초과하다
cf. 접두사 'out-':
'~보다 더(more than)'의 의미
• outperform v. 더 나은 결과를 내다,
능가하다 • outlast v. 더 오래가다
• outlive v. 더 오래 살다, 더 오래 지속되다
• outcompete v. 경쟁에서 더 우월하다
• outgrow v. 더 커지다

0923

imprint
[동: imprínt /
명: ímprint]

동 찍다, (기억 등에) 새기다, 강한 인상을 주다
명 찍은 자국, 각인

유 • inscribe, engrave v. 새기다
• impress v. 인상을 주다
기출 어구 imprinted with ~가 새겨진

0924

stain
[stein]

명 얼룩, 자국, 오점 동 얼룩지게 하다

파 stained a. 얼룩진

유 spot n. 얼룩, 반점
cf. stainless a. 얼룩이 없는 n. 스테인리스
제 식기류

0925

proficient
[prəfíʃənt]

형 능숙한, 숙달된

파 proficiency n. 능숙, 숙달
proficiently ad. 능숙하게, 숙련되게

유 • skillful, skilled a. 숙련된, 능숙한
• adept a. 능숙한, 숙달된
• fluent a. (언어가) 유창한
숙어 be proficient at[in] ~에 능숙하다

0926

glow
[glou]

동 1. (계속 은은히) **빛나다** 2. **상기되다**
명 1. **불빛** 2. **홍조**

기출 어구 • firelight was glowing 난로 불빛이 빛나고 있었다
• glow-in-the-dark a. 야광의

0927

assert
[əsə́ːrt]

동 (강하게) **주장하다, 단언하다**
파 assertion n. 주장
assertive a. 확신에 찬, 단정적인

유 • contend v. 강력히 주장하다
• affirm v. 단언하다, 확언하다

0928

affirm
[əfə́ːrm]

동 **단언하다, 확언하다, 긍정하다**
파 affirmation n. 단언, 확언, 긍정
affirmative a. 긍정하는, 동의하는 n. 긍정

유 • confirm v. 확인하다, 확정하다
• assert v. 단언하다, 주장하다
반 deny v. 부인하다
기출 어구 affirmative action 소수민족 차별 철폐 조치

0929

allot
[əlát]

동 **할당하다, 배당하다**
파 allotment n. 할당, 배당
allotted a. 할당된

유 • assign v. 할당하다, 배정하다
• allocate v. 할당하다, 배분하다
숙어 allot A to B A를 B에 할당하다

0930

loose
[luːs]

형 **느슨한, 헐거운, 풀린**
파 loosen v. 풀다, 느슨해지다
loosely ad. 느슨하게, 헐겁게

반 • tight a. 꽉 조인
• fixed a. 고정된
cf. lose v. 지다, 잃다

0931

vulnerable
[vʌ́lnərəbl]

형 **취약한, 상처 입기 쉬운**
파 vulnerability n. 취약함, 상처받기 쉬움

숙어 be vulnerable to ~에 취약하다
(= be susceptible to)
반 invulnerable a. 해를 당할 수 없는, 약하지 않은

0932

drown
[draun]

동 **익사하다, 익사시키다, 삼켜 버리다**

기출 어구 drown out (소음이) ~을 들리지 않게 하다

0933

bare
[bɛər]

형 1. **맨-, 벌거벗은**
    2. **가장 기본적인, 겨우 ~뿐인**
파 barely ad. 거의 ~ 않다(= hardly, rarely), 간신히, 겨우

유 naked, nude a. 벌거벗은, 나체의
기출 어구 • on your bare foot 당신의 맨발 위에
• the bare bones 골자, 요점
cf. barefoot a. 맨발의 ad. 맨발로

DAY 19

0934

strip
[strip]

동 1. (옷을) 벗다, (껍질을) 벗기다 2. 빼앗다
명 1. 가느다란 조각 2. 번화가

숙어 strip *A* of *B* = strip *B* from *A*
*A*에게서 *B*를 빼앗다
cf. • comic strip (신문 · 잡지의) 연재만화
• stripe n. 줄무늬

0935

categorize
[kǽtəgəràiz]

동 분류하다

파 category n. 범주, 분류, 항목(= class)
categorization n. 분류, 범주화

유 classify, sort v. 분류하다

0936

dwindle
[dwíndl]

동 점점 줄어들다, 쇠퇴하다

파 dwindling a. 점점 줄어드는

유 decrease, diminish v. 줄어들다
반 increase v. 증가하다

0937

retrieve
[ritríːv]

동 1. 되찾다, 회수하다, 회복하다
2. (정보를) 검색하다

파 retrieval n. 1. 되찾아 옴, 회수 2. (정보의) 검색
retrievable a. 되찾을 수 있는

유 recover, regain v. 되찾다, 회복하다
숙어 retrieve *A* from *B*
*A*를 *B*에서 되찾다, 회수하다
기출 어구 retrieve information from
the Internet 인터넷에서 정보를 검색하다

0938

retreat
[ritríːt]

동 후퇴하다, 물러서다
명 1. 후퇴 2. 조용한 곳, 휴양지

유 withdraw v. 물러나다, 철수하다
반 advance v. 전진하다, 나아가다
기출 어구 a company retreat 회사 휴양 시설

0939

shed
[ʃed]
(shed-shed-shed)

동 1. 떨구다, 흘리다 2. 비추다, 발산하다
명 헛간, 창고

숙어 shed light on ~을 밝히다, ~을 명백
히 하다(= clarify, throw[cast] light on)
기출 어구 • shed one's leaves 잎을 떨구다
• shed tears 눈물을 흘리다

0940

undo
[ʌndúː]

동 1. 원상태로 돌리다, 되돌리다
2. (잠그거나 묶인 것을) 풀다, 끄르다

유 unfasten v. (잠긴 것을) 풀다, 끄르다
cf. redo v. 다시 하다

0941

unfold
[ʌnfóuld]

동 펼치다, 펼쳐지다, 전개되다

반 fold v. 접다
기출 어구 • unfold his handkerchief 그
의 손수건을 펼치다
• how things unfold 일이 전개되는 방식

0942

peculiar
[pikjúːljər]

형 **독특한, 특이한, 기이한**

파 peculiarity n. 특색, 특성, 기이한 점
peculiarly ad. 특히, 별나게

유 • odd a. 이상한, 기이한
• strange a. 이상한, 낯선
기출 어구 in a peculiar way 독특한 방식으로

0943

halt
[hɔːlt]

명 **멈춤, 중단**　동 **멈추다, 중단시키다**

파 halting a. 자꾸 끊어지는, 멈칫거리는

유 stop n. 멈춤, 중단 v. 멈추다, 중단시키다
기출 어구 • come[ground] to a halt
(~이) 멈추다
• bring A to a halt A를 정지시키다

0944

precede
[prisíːd]

동 **선행하다, ~보다 먼저 일어나다**

파 preceding a. 이전의, 선행하는
precedent n. 전례, 선례 a. 선행하는
precedence n. 선행, 우위

유 antecede v. 선행하다, ~에 앞서다
반 follow v. 따라가다
숙어 A is preceded by B
B가 A 전에 일어나다(↔ A is followed by B
B가 A 다음에 일어나다)
cf. • unprecedented a. 전례가 없는
• proceed v. 나아가다, 진행하다

0945

coincidence
[kouínsidəns]

명 **1. 우연의 일치　2. 동시 발생**

파 coincide v. 1. 일치하다(= accord) 2. 동시에 일어나다(= concur)
coincidental a. 우연의 일치에 의한, 동시에 일어나는
coincidentally ad. 우연의 일치로

숙어 • by coincidence 우연히
(= by accident)
• coincide with ~와 일치하다, ~와 동시에 일어나다(= be coincident with)

0946

majestic
[mədʒéstik]

형 **위엄 있는, 장엄한**

파 majesty n. 1. 위엄, 장엄함 2. (국왕 · 왕비에 대한 존칭) 폐하
majestically ad. 당당하게, 장엄하게

유 • grand a. 위엄 있는, 웅장한
(▶ grandeur n. 위엄, 위풍, 장관)
• magnificent a. 장엄한, 훌륭한

0947

initiative
[iníʃiətiv]

명 **1. 주도(권), 솔선　2. 진취 정신, 결단력**

파 initiate v. 1. 시작하다, 개시하다 2. 전수하다
initiation n. 시작, 개시, 착수

기출 어구 take the initiative 주도권을 잡다, 솔선해서 하다

0948

dispense
[dispéns]

동 1. 분배하다, 나누어 주다
2. (약을) 조제하다 3. 면하다, 없애다

파 dispensable a. 없어도 되는, 불필요한
(↔ indispensable a. 없어서는 안 될, 필수적인)
dispenser n. 분배자, 조제사, (일정량을 배분해 주는)
장치

유 distribute v. 분배하다, 나누어 주다
숙어 dispense with ~ 없이 지내다(= do
without), ~을 없애다(= do away with)
기출 어구 a food dispenser 음식[먹이]
배출기

0949

recess
[rísés]

명 1. 휴식 (시간), (법정) 휴회 2. 구석진 곳
동 휴회하다

파 recede v. 1. 물러나다, 멀어지다 2. 약해지다

유 break n. 휴식 (시간)
cf. recession n. 불경기

0950

seize
[siːz]

동 1. 꽉 붙잡다, 포착하다 2. 이해하다
3. (공포 · 병 등이) 엄습하다

파 seizure n. 1. 잡기, 압수 2. (병의) 발작

유 • grab, grip v. 꽉 잡다, 붙잡다
• grasp v. 꽉 잡다, 이해하다
기출 어구 seize the moment
[opportunity] 기회를 포착하다

0951

sole
[soul]

형 유일한, 단 하나의, 혼자의
파 solely ad. 오로지, 혼자서

유 • only a. 유일한, 단 하나의
• solitary a. 혼자의, 고독한

0952

hollow
[hálou]

형 1. 속이 빈, 오목한 2. 공허한
명 움푹 꺼진 곳, 분지, 구멍

유 empty a. 빈, 공허한

0953

shrug
[ʃrʌg]

동 (어깨를) 으쓱하다
명 (어깨를) 으쓱하는 동작

숙어 • shrug off ~을 무시하다, ~을 대수
롭지 않게 취급하다(= dismiss)
• shrug one's shoulders 어깨를 으쓱하다

0954

tremble
[trémbl]

동 1. (몸을) 떨다, 떨리다 2. 흔들리다
명 떨림

유 • shake v. 1. (몸을) 떨다, 떨리다
2. 흔들다, 흔들리다
• shiver v. (몸을) 떨다
• shudder v. (공포 · 추위 등으로) 몸을 떨다,
몸서리치다
기출 어구 my voice was trembling
내 목소리는 떨리고 있었다

0955

spatial
[spéiʃəl]

형 공간의, 공간적인

파 space n. 공간(= room), 우주

기출 어구 • spatial reasoning 공간 추리 (능력)
• spatial arrangement 공간 배열

0956

mumble
[mʌ́mbl]

동 중얼거리다　명 중얼거림

cf. • mutter v. (기분이 나빠서) 중얼거리다, 투덜거리다 n. 중얼거림
• murmur v. 속삭이다 n. 속삭임

0957

stir
[stəːr]

동 1. 휘젓다　2. 자극하다, 동요시키다
명 1. 휘젓기　2. 동요

숙어 stir up 불러일으키다
(= evoke, arouse)

0958

panel
[pǽnəl]

명 1. (사각형의) 판　2. 토론자단, 위원단

기출 어구 • solar panel 태양 전지판
• panel of judges 합의체, 심사 위원단

0959

flip
[flip]

동 1. 휙 뒤집다　2. (손가락으로) 톡 던지다
명 1. 뒤집기　2. 톡 던지기, 공중제비

유 • turn over 뒤집다
• flick v. (손가락으로) 튀기다
숙어 flip over ~을 휙 뒤집다
기출 어구 • flip a coin 동전을 던지다
(= toss a coin)
• flip a switch 스위치를 탁 올리다
• flip side 다른 면, 이면, 뒷면

0960

flee
[fliː]

(flee – fled – fled)

동 도망치다, 달아나다

유 • run away, run off 도망치다, 달아나다
• escape v. 달아나다, 탈출하다
cf. fleet v. (시간이) 빨리 지나가다 a. 순식간의, 덧없는(= fleeting)

각 빈칸에 알맞은 영단어 또는 우리말을 쓰시오.

01 Suddenly fear s__________ him. [13 모평]

갑자기 두려움이 그를 사로잡는다.

02 Children earn Nature Trail tickets for running the quarter-mile track during lunch r__________. [11 수능]

아이들은 학교에서 점심 휴식 시간에 1/4마일 트랙을 달려서 Nature Trail 티켓을 획득한다.

03 The thought of conquering the mountain s__________ me with anticipation. [10 모평]

그 산을 정복하겠다는 생각은 기대감으로 나를 동요시킨다.

04 Buildings tell stories, for their form and s__________ organization give us hints about how they should be used. [17 수능]

건물은 이야기를 들려주는데, 왜냐하면 그것들의 형태와 공간의 구성이 그것들이 어떻게 사용되어야 하는지에 대한 단서를 우리에게 주기 때문이다.

05 She t__________ uncontrollably for fear of being caught. [17 모평]

그녀는 붙잡힐까 두려워서 걷잡을 수 없이 떨었다.

06 Rather, happiness is often found in those moments we are most vulnerable, alone or in pain. [20 모평]

오히려 행복은 우리가 가장 __________, 혼자이거나 고통을 겪는 그런 순간에 종종 발견된다.

07 The loss of cognitive intrigue may be initiated by the s__________ use of play items with predetermined conclusions. [17 수능]

인지적 호기심의 상실은 미리 정해진 결론을 가지고 놀잇감을 단 하나의 방식으로만 사용함으로써 시작되는지도 모른다.
 *intrigue 호기심 **predetermined 미리 정해진

08 Unfortunately, as you bring the soup towards your mouth to taste it, the spoon slips from your hand, pouring its contents on your bare foot. [16 모평]

운이 나쁘게도, 여러분이 그 수프를 맛보려고 입으로 가져올 때, 숟가락이 손에서 미끄러지면서 __________에 (숟가락에 담겨있던) 내용물이 쏟아지게 된다.

09 Even today, plants may be c__________ together in unnatural groupings in order to make them easier to identify. [14 모평]

오늘날에조차도, 식물은 식별하기 더 쉽도록 부자연스러운 집단으로 분류될 수 있다.

10 A more extreme case arises when one person comprehends things in a peculiar and individual way, for instance, in mistaking the shop for a cinema. [18 모평]

한 사람이 __________ 개인적인 방식으로 상황을 이해할 때 좀 더 극단적인 사례가 발생하는데, 예를 들어 그 상점을 영화관으로 오인하는 경우에서이다.

21~30번
정답 ▶
| 21 줄어드는 | 22 outweigh | 23 unfolded | 24 retreated | 25 majestic |
| 26 stains | 27 panels | 28 allot | 29 선행하는 | 30 assert |

11 He s__________ tears as he cleaned his mother's hands. [18 학평]

그는 어머니의 손을 씻으면서 눈물을 흘렸다.

12 The room was filled with people and firelight was g__________ from the hearth. [07 학평]

방 안은 사람들로 가득 차 있었고 난로에서 불빛이 빛나고 있었다. *hearth 난로

13 The more c__________ the communicator was, the more influence their talk had exerted on the listeners. [14 학평]

의사소통자가 신뢰할 만할수록 그들의 이야기는 듣는 사람들에게 더 많은 영향을 끼쳤다.

14 If you dare to take the i__________ in self-revelation, the other person is much more likely to reveal secrets to you. [11 모평]

만약 당신이 스스로 드러내는 것에 솔선수범한다면, 다른 사람들은 당신에게 비밀을 드러낼 가능성이 높아지게 된다.

15 When you begin to tell a story again that you have retold many times, what you retrieve from memory is the index to the story itself. [20 모평]

당신이 여러 번 반복해서 말했던 이야기를 다시 말하기 시작할 때 기억에서 __________ 것은 그 이야기 자체에 대한 지표이다.

16 Before my father served the food, he would encourage guests to f__________ over their plates to read what was on the underside. [13 모평]

아버지가 음식을 내놓기 전에, 그는 손님들에게 접시를 뒤집어 밑바닥에 있는 것을 읽어보라고 권하곤 했다.

17 Chimpanzees are known to crumple up leaves to use as sponges for transporting water from hollow tree trunks to their mouths. [19 학평]

침팬지는 나뭇잎을 구겨서 __________ 나무줄기에서 자신의 입으로 물을 옮기는 스펀지로 사용한다고 알려져 있다.

18 On August 12, 1994, major league baseball players went on strike, bringing baseball to a h__________ for the rest of the season. [18 학평]

1994년 8월 12일, 메이저 리그 야구 선수들이 파업에 돌입하면서 야구 경기가 남은 시즌 동안 중단되었다.

19 People prefer the taste of looser rolled black teas over more expensive or more highly graded black teas that have been tightly rolled. [18 모평]

사람들은 단단하게 말린 더 비싸거나 더 높은 등급의 홍차보다 더 __________ 말린 홍차의 맛을 선호한다.

20 The phrase, 'jack-of-all-trades' refers to those who claim to be p__________ at countless tasks, but cannot perform a single one of them well. [11 모평]

'jack-of-all-trades(만물박사)'라는 말은 수많은 업무에 능숙하다고 주장하지만, 그것들 중 한 가지도 잘하지 못하는 사람들을 가리킨다.

31~40번 정답 ▶ **31** imprinted　　**32** 익숙할　　**33** undo　　**34** dispense　　**35** shrug
36 도망치던　　**37** 중얼거림　　**38** 우연의 일치　　**39** stripped　　**40** affirm

21 One reason for the dwindling wine consumption is the acceleration of the French meal. [13 모평]

__________ 포도주 소비에 대한 한 가지 이유는 프랑스인의 식사가 빨라진 것이다.

22 The benefits of messy play far o__________ the disadvantages of a few spots of paint or mud. [07 모평]

어지르기 놀이의 이점들은 몇 개의 페인트나 진흙 얼룩이라는 단점보다 훨씬 더 중요하다.

23 They evaluated the fantasy's effect on how things u__________ in reality. [14 모평]

그들은 그 판타지가 현실에서 일이 전개되는 방식에 미친 영향에 대해 평가했다.

24 Sun Pin's troops r__________, luring Wei's army into a narrow pass, where they ambushed and destroyed them. [10 학평]

Sun Pin의 부대는 Wei의 군대를 좁은 통로로 유인하면서 후퇴했는데, 그곳에 매복해 있다가 그 군대를 습격하여 궤멸시켰다.

*ambush 매복했다가 습격하다

25 People watch a film about the Himalayas on television and become excited by the 'untouched nature' of the m__________ mountain peaks. [19 모평]

사람들은 텔레비전에서 히말라야 산맥에 관한 영화를 시청하고 장엄한 산봉우리의 '손대지 않은 자연'에 흥분하게 된다.

26 He laughed and wiped away the tear s__________ from my face. [17 모평]

그는 웃으면서 내 얼굴의 눈물 자국들을 닦아 주셨다.

27 The energy output from solar p__________ may need to be assessed differently when compared to most fossil fuel extraction technologies. [19 수능]

태양열 전지판들로부터의 에너지 생산은 대부분의 화석 연료 추출 기술과 비교했을 때 다르게 평가될 필요가 있다.

28 Generally we have more time than we a__________ ourselves to make decisions and draw conclusions. [13 학평]

일반적으로 우리가 결정을 내리고 결론을 도출하는 데는 우리가 우리 자신에게 할당한 시간보다 더 많은 시간이 있다.

29 It is important for parents to be aware of the possibility that their child may run away, and to be aware of the warning signs that often precede it. [05 학평]

부모들이 자녀가 가출할 가능성과 종종 그것에 __________ 경고 징후들을 알아차리는 것은 중요하다.

30 This sort of post-truth relationship to facts occurs only when we are seeking to a__________ something that is more important to us than the truth itself. [20 모평]

사실에 대한 이런 종류의 탈진실 관계는 우리가 진실 그 자체보다 우리에게 더 중요한 무언가를 주장하려고 할 때만 발생한다.

01~10번
정답 ▶

01 seizes	02 recess	03 stirs	04 spatial	05 trembled
06 취약한	07 sole	08 맨발	09 categorized	10 특이하고[독특하고]

31 I got a thank-you note from Fred, which will be
i__________ on my heart forever. [06 학평]

나는 Fred로부터 감사카드를 받았는데, 그것은 내 가슴에 영원히 새겨질 것이다.

32 Princess' fears stemmed from her puppyhood when she almost drowned twice. [19 모평]

Princess의 두려움은 그 개가 거의 두 번이나 __________ 뻔했던 강아지 시절에서 비롯되었다.

33 Catch-up sleep may u__________ some but not all of the damage that sleep deprivation causes. [15 학평]

밀린 잠을 보충하는 것이 수면 부족이 야기한 손상의 전부는 아니지만, 약간은 되돌릴 수 있을지도 모른다.

34 I don't mean to say that animal foods are so good to eat that we can d__________ with plant foods altogether. [16 EBS]

동물성 식품이 먹기에 아주 유익해서 우리가 전적으로 식물성 식품 없이도 지낼 수 있다고 말하려는 것은 아니다.

35 Today, more and more parents s__________ their shoulders, saying it's okay, maybe even something special. [13 모평]

오늘날은 점점 더 많은 부모들이 그것은 괜찮다고, 어쩌면 심지어는 좀 특별한 거라고 말하며 어깨를 으쓱한다.

36 If the fleeing Nazis had destroyed it during World War II, she would have never seen it. [13 모평]

제2차 세계대전 동안에 __________ 나치 병사들이 그것을 파괴했더라면 그녀는 그것을 결코 볼 수 없었을 것이다.

37 Probably the main reason that the child's mumbling continues is your reaction to it. [20 EBS]

아마도 아이의 __________ 이 계속되는 주요한 이유는 그것에 대한 여러분의 반응일 것이다.

38 It is no coincidence that they are commonly referred to in the negative terms 'junk mail' and 'spam,' because they are unwelcome. [15 학평]

그것들은 환영 받지 못하기 때문에, 그것들이 일반적으로 '정크 메일'과 '스팸'이라는 부정적인 용어로 불리는 것은 __________ 가 아니다.

39 The location of senile mental deterioration was no longer the aging brain but a society that s__________ the elderly of the roles that had sustained meaning in their lives. [20 모평]

노쇠한 정신적 노화의 위치는 더 이상 노화되는 뇌가 아니라 노인들에게서 그들의 삶에서 의미를 지탱했던 역할을 빼앗아 버린 사회였다.
*senile 노쇠한 **deterioration 저하, 퇴보

40 In much of social science, evidence is used only to a__________ a particular theory—to search for the positive instances that uphold it. [12 수능]

사회과학의 많은 부분에서 증거는 단지 특정한 이론을 긍정하기 위해서, 즉 그것을 뒷받침하는 긍정적인 예들을 찾기 위해서만 사용된다.

11~20번 ▶ **11** shed **12** glowing **13** credible **14** initiative **15** 회수하는[되찾는]
정답 **16** flip **17** 속이 빈 **18** halt **19** 느슨하게 **20** proficient

➕ 수능 PLUS 수능 이렇게 나온다

0961

enclose
[inklóuz]

동 1. 둘러싸다 2. 동봉하다

파 enclosure n. 1. 둘러쌈, (울타리로 쳐 놓은) 구역
2. 동봉물
enclosed a. 1. 에워싸인 2. 동봉된

유 • surround v. 둘러싸다, 에워싸다
• encompass v. 둘러싸다
• encircle v. (둥글게) 둘러싸다
기출 어구 Enclosed is ~.
~이 동봉되어 있습니다.

0962

thrive
[θraiv]

동 잘 자라다, 번창하다, 번성하다

파 thriving n. 잘 자라는, 무성한, 번창하는

유 • prosper v. 번영하다, 번성하다
• flourish v. 번영하다, 번창하다, 잘 자라다
숙어 thrive on ~을 잘 해내다, ~을 즐기다

0963

forecast
[fɔ́ːrkæ̀st]

동 예보하다, 예측하다
명 예보, 예측

파 forecaster n. 예측하는 사람, 기상 요원

유 • predict, foretell v. 예언하다
• foresee v. 예견하다
기출 어구 weather forecast 일기 예보,
기상 통보

0964

elaborate
[형: ilǽbərət /
동: ilǽbərèit]

형 정교한, 공들인
동 1. 정교하게 만들다 2. 상세히 말하다

파 elaborately ad. 정교하게, 공들여
elaboration n. 정교, 공들임, 상세 설명

유 intricate a. 복잡한, 정교한
숙어 elaborate on ~에 대해 상세히 말하다
기출 어구 elaborate scoring rules 정교한
채점 규정

0965

drain
[drein]

동 1. 물을 빼다 2. 소모시키다
명 배수관

파 drainage n. 배수, 배수 장치

유 • ditch n. 배수로 v. 버리다
• sewer n. 하수관
기출 어구 • the drained solvent 물을 뺀
용매
• drain my energy 내 에너지를 소모시키다

0966

arbitrary
[ɑ́ːrbitrèri]

형 임의의, 제멋대로의, 독단적인

파 arbitrarily ad. 임의로, 제멋대로

유 random a. 임의의, 무작위의
기출 어구 in an arbitrary way 임의적으로

0967

provoke
[prəvóuk]

동 (반응을) 유발하다, 자극하다, 도발하다

파 provocation n. 자극, 도발
provocative a. 자극하는, 도발적인

유 induce v. 유발하다, 유도하다
cf. thought-provoking a. 생각하게 하는, 시사하는 바가 많은

0968

intact
[intǽkt]

형 손상되지 않은, 온전한

유 undamaged, unharmed
a. 손상되지 않은
반 damaged, harmed a. 손상된
cf. in one piece 무사히, 상처 없이

0969

trivial
[tríviəl]

형 사소한, 하찮은

파 trivialize v. 하찮아 보이게 만들다, 사소하게 만들다
triviality n. 사소한 문제
trivia n. 사소한 것들

유 • petty a. 사소한, 하찮은
• unimportant, insignificant
a. 중요하지 않은, 하찮은
반 important, significant
a. 중요한, 중대한

0970

perish
[périʃ]

동 죽다, 소멸하다, 사라지다

파 perishable a. 1. 소멸하기 쉬운 2. 잘 상하는, 썩기 쉬운

유 • die v. 죽다, 사망하다
• pass away 사망하다
• vanish v. 사라지다, 없어지다

0971

pledge
[pledʒ]

명 약속, 맹세 동 약속하다, 맹세하다

유 • vow n. 맹세, 서약 v. 맹세하다
• promise n. 약속 v. 약속하다
• swear v. 맹세하다

0972

deficient
[difíʃənt]

형 부족한, 결핍된

파 deficiency n. 부족, 결핍(= lack)
deficit n. 적자, 부족, 결손

유 • lacking a. 부족한
• insufficient a. 불충분한, 부족한
반 sufficient a. 충분한

0973

penetrate
[pénitrèit]

동 꿰뚫다, 관통하다, 침투하다

파 penetration n. 관통, 침투
penetrable a. 꿰뚫을 수 있는
penetrative a. 관통하는, 침투하는

유 pierce v. 꿰뚫다, 관통하다
기출 어구 penetrate to the deep roots
깊은 뿌리까지 침투하다

0974

seemingly
[síːmiŋli]

부 외견상으로, 겉보기에는

파 seeming a. 외견상의, 겉보기의

유 • apparently ad. 겉으로 보기에, 명백히
• on the surface 외견상으로, 표면적으로
기출 어구 • seemingly irrational choices 겉보기에는 비이성적인 선택들
• seemingly impractical knowledge 겉보기에는 비실용적인 지식
• seemingly strange ideas 겉보기에는 이상한 개념들

0975

cemetery
[sémitèri]

명 공동묘지

유 • graveyard n. 묘지, 묘소
• memorial park 묘지
cf. • grave, tomb n. 묘, 무덤
• gravestone, tombstone, headstone n. 묘비

0976

confine
[kənfáin]

동 1. 제한하다, 국한시키다 2. 가두다

파 confinement n. 제한, 감금

유 • restrict, limit v. 제한하다, 한정하다
• imprison v. 가두다, 투옥하다
숙어 confine A to B
A를 B에 국한시키다[가두다]

0977

yearn
[jəːrn]

동 갈망하다, 동경하다

파 yearning n. 갈망, 동경

유 long v. 갈망하다, 열망하다
숙어 • yearn for N ~을 갈망하다
(= long for, crave)
• yearn to do ~하기를 갈망하다
(= long to do)

0978

exemplify
[igzémpləfài]

동 예를 들다, ~의 좋은 예가 되다

파 exemplary a. 전형적인, 모범적인
exemplification n. 예시, 실례

유 illustrate v. 예를 들다

0979

competent
[kámpətənt]

형 유능한, 자격 있는

파 competence n. 능력, 역량
(↔ incompetence n. 무능)

유 capable a. 유능한, 능력 있는
반 incompetent a. 무능한(= incapable)
n. 무능력자
기출 어구 a competent employee 유능한 직원

equivalent
[ikwívələnt]

형 동등한, 상당하는, 맞먹는
명 동등한 것, 상응하는 것
파 equivalence n. 같음, 등가

유 • equal a. 동등한, 같은
• corresponding a. 상응하는
숙어 be equivalent to ~에 맞먹다, ~에 필적하다(= be equal to)

linger
[líŋɡər]

동 남아 있다, 오래 머물다

유 • remain v. 남아 있다
• stay v. 계속 있다, 머무르다

align
[əláin]

동 1. 정렬시키다, 일직선으로[나란히] 맞추다 2. 제휴하다
파 alignment n. 1. 일직선, 정렬 2. 제휴

유 line up ~을 일렬로 배열하다
숙어 align (A) with B (A를) B와 일직선으로 맞추다, (A를) B에 맞추어 조정하다
cf. realign v. 재조정하다

gear
[ɡiər]

명 1. (기계) 기어 2. 장비, 복장
동 기어를 넣다, (맞게) 조정하다

숙어 gear up for ~을 위한 준비를 하다
기출 어구 protective gear 보호 장비

inability
[ìnəbíləti]

명 무능, 불능, ~할 수 없음

유 • incapability, incapacity, incompetence n. 무능(력)
반 ability n. ~할 수 있음, 능력
cf. disability n. (신체적 · 정신적) 장애

obscure
[əbskjúər]

형 1. 모호한, 이해하기 힘든 2. 무명의
동 모호하게 하다
파 obscurity n. 모호함
obscurely ad. 모호하게, 눈에 안 띄게

유 • vague a. 애매[모호]한, 막연한
• ambiguous a. 애매모호한
• unclear a. 분명하지 않은
• incomprehensible a. 이해할 수 없는

distort
[distɔ́ːrt]

동 비틀다, 왜곡하다
파 distorted a. 왜곡된
distortion n. 비틀림, 왜곡

기출 어구 distort the truth 진실을 왜곡하다

DAY 20

overload
[동: òuvərlóud /
명: óuvərlòud]

동 너무 많이 싣다, 지나치게 부담시키다
명 지나치게 많음, 과부하
파 overloaded a. 지나치게 많은, 과부하에 걸린
load v. 1. 싣다, 적재하다 2. 부담시키다 n. 1. 적재, 짐
2. 부담 3. 많음
(▶ loaded a. (짐을) 실은, 가득 찬, (특질 · 의미로) 가득한)

유 overburden v. 너무 많은 부담을 주다
n. 과중한 짐[부담]
기출 어구 • information overload
정보 과부하
• ideologically loaded 관념적인 의미로
가득한
cf. • a load of 많은 양의 ~
• workload n. 업무량, 작업량
• unload v. (짐을) 내리다
• upload v. 업로드하다, 전송하다
• download v. 다운로드하다, 내려 받다

oversee
[òuvərsí:]

(oversee – oversaw –
overseen)

동 감독하다, 감시하다
파 overseer n. 감독관

유 supervise v. 감독하다, 관리하다

overtake
[òuvərtéik]

(overtake – overtook –
overtaken)

동 1. 따라잡다, 추월하다
2. (불행한 일이) 갑자기 닥치다

유 • catch up with ~을 따라잡다
• outstrip, outpace v. 앞지르다, 능가하다
cf. 접두사 'over-':
'~ 위에(above)', '지나친(too much)', 또
는 '넘어서(over)'의 의미
• oversee = over(above) + see
→ 위에서 보다
• overload = over(too much) + load
→ 지나치게 싣다
• overtake = over(over) + take
→ 넘어서 잡다

undertake
[ʌndərtéik]

(undertake – undertook
– undertaken)

동 떠맡다, 착수하다, 수행하다
파 undertaking n. 사업, (떠맡은) 일

유 assume v. (책임을) 떠맡다

spontaneous
[spɑntéiniəs]

형 1. 자발적인, 자연히 일어나는
2. 즉흥적인
파 spontaneously ad. 자발적으로, 자연스럽게
spontaneity n. 자발성, 자연스러움

유 unplanned a. 계획되지 않은, 무의식의
기출 어구 • spontaneous reaction 자발
적인 반응
• spontaneous settlement 자발적인
[자생적인] 정착지

0992

simultaneously
[sàiməltéiniəsli]

부 동시에, 일제히

파 simultaneous a. 동시의, 동시에 발생하는

유 • at the same time, at once 동시에
• concurrently ad. 동시에, 함께

0993

reconciliation
[rèkənsìliéiýən]

명 화해, 조화

파 reconcile v. 화해시키다, 조화시키다

숙어 be reconciled with ~와 화해하다
(= make up with, make peace with)

0994

doom
[duːm]

동 (불행한) 운명을 맞게 하다

명 운명, 불운, 파멸

파 doomed a. 불운한, 운이 다한

숙어 be doomed to do ~할 수밖에
없는 운명이다(= be destined to do)

0995

tuck
[tʌk]

동 밀어 넣다, 집어 넣다

숙어 tuck A(사람) in A에게 이불을 잘
덮어 주다

0996

vertical
[və́ːrtikəl]

형 수직의, 세로의, 종적인

파 vertically ad. 수직으로

cf. horizontal a. 수평의, 가로의
기출 어구 verticial transfer 수직적 전이

0997

lateral
[lǽtərəl]

형 옆의, 측면의, 횡적인

파 laterally ad. 측면으로, 횡적으로

cf. • unilateral a. 일방적인, 한쪽만의
• bilateral a. 쌍방의, 양측의
• multilateral a. 다자간의, 다국간의
• collateral n. 담보(물) a. 부수적인, 이차적인
기출 어구 lateral transfer 횡적 전이

0998

criterion
[kraití(ː)əriən]

명 기준, 표준, 척도

pl. criteria

유 standard n. 표준, 기준
기출 어구 Evaluation Criteria 평가 기준

0999

bulletin
[búliətin]

명 뉴스 단신, 게시(물)

기출 어구 bulletin board 게시판
(= noticeboard)

1000

blueprint
[blúːprìnt]

명 청사진, 설계도

cf. genetic blueprint 유전자 청사진,
게놈 지도

각 빈칸에 알맞은 영단어 또는 우리말을 쓰시오.

01 Specialist species thrive only when conditions are perfect. [15 학평]

특수종 동물은 조건이 완벽할 때만 ________.

02 We y________ for leaders who are themselves rather than a copy of someone else. [16 학평]

우리는 다른 사람을 모방하는 사람보다는 자기 자신의 모습인 지도자를 갈망한다.

03 Project managers oversee many functional areas, each with its own specialists. [16 모평]

사업형 관리자들은 각각 그 영역의 전문가들을 보유한 많은 기능 영역들을 ________.

04 The individual's participation in mass behavior patterns is not a spontaneous reaction to random forces. [15 모평]

대중 행동 패턴에 개인이 참여하는 것은 임의의 힘에 대한 ________ 반응이 아니다.

05 The smallmouth has a series of dark v________ bands along its sides. [10 수능]

작은입 배스는 그것의 측면에 일련의 짙은 수직 띠를 가지고 있다.

06 When knowledge of the first topic is helpful but not essential to learning the second one, l________ transfer is occurring. [19 모평]

첫 번째 주제에 대한 지식이 두 번째 주제를 배우는 데 도움이 되지만 필수적이지는 않을 때, 횡적 전이가 일어난다.

07 Print-oriented novelists seem d________ to disappear, as electronic media and computer games are becoming more influential. [05 수능]

전자 매체와 컴퓨터 게임들이 점점 영향력을 갖게 됨에 따라, 인쇄 지향적인 소설가들은 사라질 수밖에 없는 운명에 처해 있는 것처럼 보인다.

08 If you've ever seen the bank of flashing screens at a broker's desk, you have a sense of the information overload they are up against. [18 모평]

주식 중개인의 책상에서 번쩍이는 화면의 무더기를 본 적이 있다면 그들이 직면하고 있는 정보 ________를 이해하게 된다.

09 Weather f________ are always probabilistic because many of these variables change constantly, and others are simply unknown. [20 모평]

일기 예보는 늘 확률적인데 이 변수들 중 많은 것이 항상 변하고 다른 변수들은 전혀 알려져 있지 않기 때문이다.　*probabilistic 확률론적

10 The trees increase in wetter climates and on sandier soils because more water is able to p________ to the deep roots. [17 모평]

나무는 더 습한 기후에서 그리고 모래가 더 많은 토양에서 증식하는데, 그 이유는 더 많은 물이 깊은 뿌리까지 침투할 수 있기 때문이다.

21~30번 정답 ▶ 21 confined　22 enclose　23 능력 있는[유능한]　24 drained　25 동시에　26 undertaken　27 overtaken　28 gear　29 정교한　30 equivalent

11 The i__________ to remember your name and identity is exceedingly rare in reality. [13 모평]

당신의 이름과 신원을 기억하지 못하는 일은 실제로 매우 드물다.

12 It was specifically the combination of the man and CCTV that p__________ fear. [10 학평]

공포를 불러일으킨 것은 구체적으로 그 남자와 CCTV의 조합이었다.

13 One did not see much of the world in a day, but the eye could l__________ on what one saw. [05 모평]

사람은 하루 만에 세상의 많은 부분을 보지는 못했지만, 그 눈은 보았던 것에 오래 머무를 수 있었다.

14 As we prepared to go, Mom folded a dish towel and t__________ it into her handbag. [18 학평]

우리가 갈 준비를 했을 때, 엄마는 행주를 접어서 엄마의 핸드백에 집어 넣었다.

15 If advertising is on a b__________ board, the location will affect how many people see the ad. [10 학평]

광고가 게시판에 게시된다면, 그것의 위치가 얼마나 많은 사람들이 그 광고를 보는지에 영향을 줄 것이다.

16 Our self-image is the blueprint which determines how we see the world. [05 수능]

우리의 자아상은 세상을 어떻게 보느냐를 결정짓는 __________이다.

17 Captions are encouraged to be submitted along with the photograph, and will be considered as part of the grading criteria. [15 학평]

캡션은 사진과 함께 제출하도록 권장되며, 채점 __________의 일부로 고려될 것입니다.
*caption (사진·삽화의) 설명

18 The famous expression, "Keep your friends close, but keep your enemies even closer," was e__________ well in Nelson Mandela's attempt to learn the language of his enemy. [11 모평]

'친구를 가까이 두라. 그러나 적은 더 가까이 두라'라는 유명한 표현은 적의 언어를 배우려고 했던 Nelson Mandela의 시도에서 잘 예시되었다.

19 The so-called Mozart effect is a good example of a scientific finding being distorted by the media through hype not warranted by the research. [14 모평]

소위 모차르트 효과는, 연구조사에 의해 정당성을 부여받지 못한 채 과대광고를 통해 방송매체에 의해 __________ 과학적 발견의 한 가지 좋은 예이다.
*hype (과대)광고

20 Superficial analogies between the eye and a camera obscure the much more fundamental difference between the two. [13 수능]

눈과 카메라 사이의 피상적 비유는 둘 사이의 훨씬 더 근본적인 차이를 __________.
*superficial 피상적인 **analogy 비유, 유사함

31~39번 ▶ **31** 화해　　**32** 임의적인　　**33** align　　**34** perishes　　**35** 결핍
정답　　**36** 공동묘지　　**37** 손상되지 않은　　**38** 맹세　　**39** 겉보기에는 / 사소한

21 Rachel was c__________ to the house because of a broken leg. [20 모평]

Rachel은 부러진 다리 때문에 집에 갇혀있었다.

22 Consider the igloo, a building using the thermal mass of ice to e__________ heat and resist snow. [16 학평]

열은 에워싸고 눈은 견뎌내기 위해 얼음의 열 질량을 이용한 건물인 이글루를 생각해 보라.
*thermal 열의

23 The most normal and competent child encounters what seem like insurmountable problems in living. [15 수능]

가장 정상적이고 ________ 아이라 하더라도 살면서 극복할 수 없을 것처럼 보이는 문제들을 마주하게 된다.
*insurmountable 극복할 수 없는

24 If the water is d__________ and changed daily, tofu should last for one week. [06 학평]

매일 물을 빼고 갈아주면 두부는 1주일간 지속될 수 있을 것이다.

25 Rawlings worked as a journalist while simultaneously trying to establish herself as a fiction writer. [19 수능]

Rawlings는 저널리스트로 일하면서 그와 ________ 소설가로 자리매김하려고 노력했다.

26 War should be a last resort, obviously, u__________ when all other options have failed. [14 수능]

전쟁은 분명 다른 모든 대안이 실패했을 때 착수되는 최후의 수단이어야 한다. *resort 수단

27 I have often found that the hares who write for the paper are o__________ by the tortoises who move studiously toward the goal of mastering the craft. [11 모평]

나는 (대학) 신문에 글을 쓰는 토끼들이 (글을 쓰는) 기술을 숙달하려는 목표를 향해 열심히 움직이는 거북이들에 의해 따라 잡히는 것을 자주 봐왔다.

28 Children who wear protective g__________ during their games have a tendency to take more physical risks. [13 수능]

게임 중 보호 장비를 착용한 어린이들은 더 많은 신체적 위험을 무릅쓰는 경향이 있다.

29 To ensure survival of their species, most plants have developed elaborate mechanical, chemical, and reproductive characteristics. [11 학평]

그들의 종의 생존을 보장하기 위해, 대부분의 식물들은 ________ 기계적, 화학적, 생식적 특성을 개발했다. *reproductive 생식의

30 It takes two to six times more grain to produce food value through animals than to get the e________ value directly from plants. [20 모평]

동물을 통해 영양가를 생산하는 것은 동등한 영양가를 식물로부터 직접 얻는 것보다 2~6배 더 많은 곡물을 필요로 한다.

01~10번 ▶ 정답

| 01 번성한다 | 02 yearn | 03 감독한다 | 04 자발적인 | 05 vertical |
| 06 lateral | 07 doomed | 08 과부하 | 09 forecasts | 10 penetrate |

31 When sincere apologies are offered in an ordinary human relationship, they are readily accepted by the victims and reconciliations ensue. [13 수능]

평범한 인간관계에서 진실된 사과가 주어질 때, 그것들은 쉽사리 상처를 입은 사람에게 받아들여지고 ________가 뒤따른다.
*ensue 뒤따르다

32 They were able to string such words together but could do so only in a nearly arbitrary fashion. [18 학평]

그들은 그러한 단어들을 함께 연결할 수 있었지만, 거의 ________ 방식으로만 그렇게 할 수 있었다.

33 If you can a________ your expectations with reality a little more by expecting to face challenges, you will be better off in the end. [12 모평]

당신이 도전에 직면할 것을 예상함으로써 기대와 현실을 조금 더 일직선으로 맞출 수 있다면 결국에는 좋아질 것이다.

34 Every work of art, no matter how precisely it imitates the original, is not a mere reproduction, but a unique creation that exists on its own and never p________.
[13 모평]

모든 미술 작품은 아무리 정확하게 원본을 모방한다 하더라도, 단순한 복제가 아니라 스스로 존재하고 결코 소멸되지 않는 독특한 창조물이다.

35 Experiments show that rats display an immediate liking for salt the first time they experience a salt deficiency. [18 수능]

실험에서는 쥐들이 소금 ________을 처음 경험할 때 소금에 대한 즉각적인 선호를 보인다는 것을 보여준다.

36 The researchers speculated that Durrington Walls was a place for the living and Stonehenge was a cemetery and memorial. [07 학평]

연구원들은 Durrington 벽은 산 사람들을 위한 곳이고, 스톤헨지는 ________ 및 추도를 위한 곳이라고 추측했다.

37 Amnesia most often results from a brain injury that leaves the victim unable to form new memories, but with most memories of the past intact. [13 모평]

기억 상실증은 대부분 뇌 손상으로 인해 발생하는데, 뇌 손상은 환자를 새로운 기억을 형성할 수 없는 상태에 있게 하지만, 과거에 대한 대부분의 기억은 ________ 채로 갖고 있게 한다. *amnesia 기억 상실증

38 The advertising slogan is designed to persuade consumers to believe that diamonds are rare and deserve their high price and that they are the perfect symbol of a pledge of love. [15 EBS]

그 광고 문구는 소비자들이 다이아몬드가 희귀해서 비쌀 만하며, 사랑의 ________를 나타내는 완벽한 상징이라고 믿도록 설득하기 위한 것이다.

39 Raising awareness of children about the particular characteristics of SNS and the potential long-term impact of a seemingly trivial act is crucial. [18 수능]

SNS의 특수한 특성과 ________ ________ 행동의 잠재적인 장기적 영향에 대한 아이들의 인식을 높여주는 것이 필수적이다.

11~20번 ▶ 11 inability 12 provoked 13 linger 14 tucked 15 bulletin
정답 16 청사진 17 기준 18 exemplified 19 왜곡된 20 모호하게 한다

1001

norm
[nɔːrm]

명 1. 기준, 표준 2. (pl.) 규범

파 normal a. 표준의, 보통의, 정상적인
normative a. 1. 표준의 2. 규범적인

＋ 수능 PLUS 수능 이렇게 나온다

유 • standard n. 표준, 기준
• rule n. 규칙, 규정
기출 어구 • norm group 기준 집단, 준거 집단
• social norms 사회적 규범
• cultural norms 문화적 규범

1002

coordinate
[동: kouɔ́ːrdənèit /
형, 명: kouɔ́ːrdənət]

동 조정하다, 조직하다, 조화시키다
형 동등한 명 좌표

파 coordination n. 조정, 조직(화), 협동
coordinator n. 조정자, 진행자

유 • organize v. 조직하다
• harmonize v. 조화시키다
기출 어구 • coordinate their actoins 그들의 행동을 조정하다
• coordinate consumption patterns with physical needs 음식 섭취 방식을 신체적 욕구와 조화시키다

1003

accelerate
[æksélərèit]

동 가속화하다, 촉진하다

파 acceleration n. 가속(도)
accelerator n. 가속 장치

유 • speed up 속도를 내다
• quicken v. 빠르게 하다
반 slow down 속도를 늦추다
기출 어구 accelerate progress 발전을 가속화하다[촉진하다]

1004

tackle
[tǽkl]

동 (힘든 문제 · 일 등을) 다루다, 처리하다
명 1. 도구 2. (축구에서의) 태클

유 deal with ~을 다루다, 처리하다
기출 어구 tackle existing problems 기존의 문제를 처리하다

1005

coexist
[kòuigzíst]

동 동시에 존재하다, 공존하다

파 coexistence n. 공존
exist v. 존재하다

숙어 coexist with ~와 공존하다, ~와 양립하다(= be compatible with)

1006

omit
[oumít]

동 빠뜨리다, 생략하다

파 omission n. 누락(된 것), 생략

유 • exclude v. 배제[제외]하다
• leave ~ out ~을 빼다, ~을 제외하다
• take ~ out ~을 빼다, ~을 제거하다
반 include v. 포함하다, 포함시키다

1007

misfortune
[misfɔ́ːrtʃən]

명 불운, 불행, 역경

유 • mischance n. 불운
• adversity, hardship n. 역경
반 fortune n. 행운

1008

suppress
[səprés]

동 1. 진압하다 2. (감정을) 억누르다, 억제하다

파 suppression n. 억압, 억제
suppressive a. 억압하는, 억누르는

유 • subdue v. 1. 진압하다 2. (감정을) 억누르다
• repress v. 억제하다, 억누르다
• put down (무력으로) 진압하다

1009

surpass
[sərpǽs]

동 능가하다, 뛰어넘다

파 surpassing a. 뛰어난, 탁월한
unsurpassed a. 비길 데 없는(= unrivaled), 탁월한

유 excel, outdo, outperform
v. 능가하다, ~보다 낫다

1010

explicit
[iksplísit]

형 명백한, 명시된, 뚜렷한

파 explicitly ad. 명백하게, 명시적으로
explicate v. 명백하게 하다, 설명하다
explicable a. 설명되는

유 clear, obvious a. 명백한
반 • implicit a. 암시된, 내포된
• vague a. 모호한, 애매한

1011

posture
[pástʃər]

명 자세, 태도

동 자세[태도]를 취하다

유 • pose n. 자세 v. 자세를 취하다
• attitude n. 태도

1012

marked
[maːrkt]

형 표시가 된, 뚜렷한, 두드러진

파 mark v. 1. 표시하다, 나타내다, 2. 특징짓다 n. 표시
markedly ad. 현저하게, 두드러지게

유 • noticeable a. 뚜렷한, 두드러진
• distinct a. 뚜렷한, 분명한
반 unmarked a. 표시가 없는, 눈에 띄지 않은

1013

plenty
[plénti]

명 많음, 풍부함, 풍요   형 풍부한, 넉넉한

파 plentiful a. 풍부한, 넉넉한

유 • abundance n. 풍부, 많음
• abundant, ample a. 풍부한, 충분한
숙어 plenty of 많은 ~(= a lot of)

subsequent
[sʌ́bsikwənt]

형 **차후의, 그 다음의,** (결과로서) **일어나는**

파 subsequence n. 다음, 후, 결과
subsequently ad. 그 후에, 그 다음에, 결과로서

유 following a. 다음의, 계속되는
반 • previous a. 이전의, 앞선
• prior a. 사전의, 앞의

surrender
[səréndər]

동 1. 넘겨주다 2. 항복하다, 굴복하다
명 1. 양도 2. 항복, 굴복

유 • yield v. 1. 양보하다 2. 굴복[항복]하다
• submit v. 항복[굴복]하다
• give in, cave in to ~에 항복하다
반 resist v. 저항하다

precaution
[prikɔ́ːʃən]

명 1. 예방(책) 2. 조심, 경계

파 precautionary a. 예방의, 경계의
precautious a. 조심하는, 주의 깊은

유 preventive measures 예방책
숙어 take precautions (against)
(~에 대비하여) 조심하다, (~의) 예방책을
강구하다

compel
[kəmpél]

동 **억지로 시키다, 강요하다**

파 compelling a. 1. 강제적인 2. 설득력 있는, 강력한
compulsory a. 강제적인, 의무의
compulsion n. 강요

유 • force, enforce v. 강요하다
• oblige v. 의무적으로 ~하게 하다,
강요하다
• impel v. 억지로 시키다
어법 point • compel A to do
A가 ~하도록 강요하다
• be compelled to do 할 수 없이 ~하다

inborn
[inbɔ́ːrn]

형 **선천적인, 타고난**

유 • innate a. 타고난, 선천적인
• inherent a. 내재된, 타고난
반 acquired a. 후천적인, 습득한

segment
[ségmənt]

명 **부분, 조각**
동 **나누다, 분할하다**

유 • section n. 부분, 구획
• part n. 부분, 일부, 조각
• piece n. 조각, 일부

upright
[ʌ́pràit]

형 1. (자세가) **똑바른, 꼿꼿한, 수직의**
    2. **올바른, 정직한**
부 **똑바로, 수직으로**

유 • erect a. 똑바로 선, 직립한
• vertical a. 수직의
기출 어구 • stand[sit] upright 똑바로
서다[앉다]
• in an upright position (똑)바른 자세로

1021

illuminate
[iljúːmənèit]

图 1. 밝게 비추다 2. (이해하기 쉽게) **명백히 밝히다, 분명하게 하다** 3. 계몽하다

🔲 illumination n. 1. 빛, 조명 2. 이해, 설명 3. 계몽

유 • lighten v. 밝게 하다, 비추다
• clarify v. 명확하게 하다
• enlighten v. 이해시키다, 계몽하다
반 darken v. 어둡게 하다

1022

moisture
[mɔ́istʃər]

명 **수분, 습기**

🔲 moist a. 축축한, 습기가 있는(= damp, humid)
moisturize v. 습기를 주다

유 • damp n. 습기 a. 축축한, 습기 있는
• humidity n. 습기, 습도

1023

rust
[rʌst]

명 녹 图 **녹슬다, 부식시키다**

🔲 rusty a. 녹슨

유 corrode v. 부식하다
(▶ corrosion n. 부식)

1024

rub
[rʌb]

图 **문지르다, 비비다**

명 **문지르기, 비비기**

숙어 rub off on ~에 옮다, ~에 영향을 주다
기출 어구 rub one's eyes 눈을 비비다

1025

scrub
[skrʌb]

图 **문질러 씻다, 닦다, 청소하다**

명 1. 문질러 씻기 2. 관목, 덤불

유 shrub, bush n. 관목, 덤불

1026

falsify
[fɔ́ːlsəfài]

图 1. 그릇됨을 입증하다

2. (문서 등을) **위조하다**

🔲 false a. 1. 그릇된, 틀린 2. 가짜의, 위조의
falsification n. 1. 그릇됨을 입증하기 2. 위조, 변조

유 disprove v. 틀렸음을 입증하다
기출 어구 falsify a theory
이론이 그릇됨을 입증하다

1027

amplify
[ǽmpləfài]

图 1. **확대하다, 증폭시키다**

2. 상세히 하다

🔲 ample a. 충분한, 풍부한
amplification n. 확대, 증폭

유 magnify, enlarge v. 확대하다
기출 어구 an amplifying system
증폭 시스템

1028

magnify
[mǽgnəfài]

图 1. 확대하다 2. (크기·중요성을) **과장하다**

🔲 magnification n. 확대(율)

유 • enlarge, amplify v. 확대하다
• exaggerate v. 과장하다
cf. magnifying glass 확대경, 돋보기

1029

magnificent
[mægnífisənt]

형 장엄한, 훌륭한

파 magnificence n. 장엄, 훌륭함
magnificently ad. 장대하게, 훌륭하게

유 splendid, gorgeous a. 훌륭한, 장려한
기출 어구 a magnificent sight 장관

1030

degrade
[digréid]

동 1. (질적으로) 떨어뜨리다, 비하하다
2. (화학적으로) 분해하다

파 degradation n. 저하, 악화, 비하

반 upgrade v. 개선하다, 등급을 올리다
기출 어구 degrade his ability 그의 능력을 떨어뜨리다
cf. biodegrade v. 생물 분해하다

1031

vain
[vein]

형 1. 헛된, 소용없는 2. 허영심이 강한

파 vanity n. 허영심, 자만심
vainly ad. 1. 헛되이 2. 자만하여

유 • futile a. 헛된, 소용없는
• useless a. 소용없는
숙어 in vain 소용없이, 헛되이
(= for nothing, to no avail)

1032

stumble
[stʌ́mbl]

동 1. 발이 걸리다, 비틀거리다
2. 말을 더듬다

파 stumblingly ad. 비틀거리며, 더듬거리며

유 • trip v. 발이 걸리다
• stagger v. 비틀거리다
숙어 stumble upon[across]
~을 우연히 발견하다
기출 어구 stumbling block
걸림돌, 장애물(= obstacle)

1033

stride
[straid]

(stride – strode
– stridden)

동 성큼성큼 걷다
명 1. 한 걸음(의 폭), 활보 2. 진보, 진전

숙어 hit one's stride
본래의 컨디션을 되찾다
cf. • stroll v. 한가로이 거닐다
• stomp v. 쿵쿵거리며 걷다

1034

disharmony
[dishɑ́ːrməni]

명 부조화, 불화, 불협화음

파 disharmonious a. 부조화의, 불협화의

유 • discord n. 불화, 다툼, 불협화음
• disagreement n. 의견 충돌, 불일치
반 harmony n. 조화, 화합, 화음

1035

firsthand
[fə́ːrsthǽnd]

부 직접, 바로
형 직접 얻은, 직접 경험한

유 • directly ad. 직접, 바로
• direct a. 직접의
기출 어구 a firsthand experience
직접(한) 경험
cf. secondhand a. 1. 간접의 2. 중고의
ad. 간접으로

각 빈칸에 알맞은 영단어 또는 우리말을 쓰시오.

01 The increasing social pressure discourages us from fulfilling the social n___________. [17 모평]

증가하는 사회적 압력은 우리가 사회적 규범들을 이행하지 못하게 한다.

02 He did not turn and he strode on as if he had heard nothing. [11 모평]

그는 마치 아무 것도 듣지 못한 것처럼 뒤돌아보지 않고 ___________.

03 A fine line exists between invented stories and the relation of f___________ experiences. [16 학평]

지어낸 이야기와 직접 한 경험을 말하는 것은 종이 한 장 차이이다.

04 Disharmony enters our relationships when we try to impose our values on others. [06 수능]

우리가 우리의 가치관을 남에게 강요하려고 할 때, 관계에 ___________가 싹트기 시작한다.

05 He showed them three line s___________, and asked each one in turn which line was the longest. [11 수능]

그는 그들에게 세 개의 선 조각들을 보여주고서, 각각에게 차례대로 어느 선이 가장 긴지를 물었다.

06 It's not companies that primarily d___________ the world. It is our appetites, which they merely serve. [19 학평]

본질적으로 세상의 질을 떨어뜨리는 것은 기업이 아니다. 그것은 바로 우리의 기호이고, 기업은 우리의 기호를 만족시킬 뿐이다.

07 The two plant types are able to coexist because they are not in fact competitors. [17 모평]

그 두 가지 식물 형태는 ___________ 수 있는데, 그 이유는 그것들이 사실은 경쟁자가 아니기 때문이다.

08 After feeding my brother and me breakfast, she would s___________, mop, and dust everything. [04 수능]

오빠와 나에게 아침밥을 먹인 후, 그녀는 모든 것을 문질러 씻고, 대걸레로 닦고, 먼지를 털곤 했다.

09 Studies do show that motorists are more likely to yield to pedestrians in m___________ crosswalks than at u___________ crosswalks. [15 모평]

연구들은 표시가 없는 건널목에서보다 표시가 되어 있는 건널목에서 운전자들이 보행자들에게 양보할 가능성이 더 높다는 것을 보여준다.

19~27번 정답 ▶ 19 upright 20 tackle 21 풍요 22 가속화한다 23 illuminated 24 증폭시키는 / 증폭시키기 25 수분 26 넘겨주어야 27 뛰어넘는[능가하는]

10 The raw data of observation rarely exhibit e__________ regularities. [12 모평]

가공되지 않은 관찰 데이터는 명확한 규칙성을 거의 드러내지 않는다.

11 He shrugged and said, "It's not hard—just omit the surplus words." [06 모평]

그는 어깨를 으쓱하고는, "그것은 어려운 일이 아니네, 그냥 필요 없는 단어를 __________ 것뿐이네."이라고 말했다.

12 This is the principal key to the v__________ quest for happiness. [18 학평]

이것이 행복의 헛된 추구에 대한 주된 해답이다.

13 With its m__________ castles overlooking the river and a rich history of wine making, one might expect it to be one of the most visited cities in the world. [09 모평]

강을 내려다보고 있는 장엄한 성곽과 와인 제조의 풍부한 역사로 인해, 사람들은 그곳이 세계에서 가장 방문객이 많은 도시 중 하나가 될 것이라고 기대할 수도 있다.

14 I s__________ into the English class, my head still spinning. [04 모평]

나는 영어 수업에 비틀거리며 들어갔고, 내 머리는 여전히 빙빙 돌았다.

15 The effect is that any power gap that exists is magnified through the lens of this dimension. [16 학평]

그 효과는 존재하는 모든 권력의 차이가 이러한 차원의 렌즈를 통해 __________는 것이다.

16 The first impressions we form about someone often affect our impression of subsequent perceptions of that person. [15 학평]

누군가에 대해 우리가 형성하는 첫인상은 우리가 그 사람에 대해 갖는 __________ 인상에 종종 영향을 미친다.

17 Under the "no dumping" signs you will find old tires, rusting sinks, junked refrigerators, and other trash. [05 학평]

'쓰레기 투기 금지'라는 표지판 아래에서 당신은 오래된 타이어, __________ 싱크대, 고물 냉장고, 그리고 다른 쓰레기들을 발견할 것이다.

18 Erikson believes that another distinguishing feature of adulthood is the emergence of an inborn desire to teach. [19 모평]

Erikson은 성인기의 또 다른 독특한 특징은 가르치고자 하는 __________ 욕구의 출현이라고 믿는다.

28~35번 ▶ 정답

| 28 coordinate | 29 compel | 30 falsify | 31 자세 |
| 32 rub / rub | 33 예방조치[예방책] | 34 misfortune | 35 억압될 |

19 For one thing, we understand a tree as being u__________ . [15 학평]

우선 첫째로, 우리는 나무를 똑바로 서 있는 것으로 이해한다.

20 The government cannot avoid criticism that it has done little to t__________ the worsening problem. [11 학평]

정부는 악화되고 있는 문제를 처리하기 위해 한 일이 거의 없다는 비난을 피할 수 없다.

21 In short, America was mistakenly expected to be a land of plenty that would quickly turn a profit. [14 모평]

요컨대, 아메리카는 빠르게 이익을 내줄 __________의 땅으로 잘못 기대되었다.

22 Digital technology accelerates dematerialization by hastening the migration from products to services. [20 모평]

디지털 기술은 제품에서 서비스로의 이전을 촉진함으로써 비물질화를 __________.

23 The waxing moon appeared to be i__________ on the left side rather than the right side as I had always known it to be. [12 모평]

상현달이 내가 항상 그렇다고 알고 있던 오른 쪽이 아니라 왼쪽에서 밝게 빛나고 있는 것처 럼 보였다.

24 Just as information technologies may serve to amplify existing prejudices and misconceptions, so they amplify inequality. [19 학평]

정보 기술이 기존의 편견과 오해를 __________ 데 도움을 줄 수도 있는 것처럼, 그것은 또한 불평등을 __________도 한다.

25 Moisture is stored in the root, and during droughts the root shrinks, dragging the stem underground. [15 모평]

__________은 뿌리 속에 저장되고, 가뭄 기 간에는 뿌리가 오그라들어 줄기를 땅속으로 끌어당긴다.

26 As we invent more species of AI, we will be forced to surrender more of what is supposedly unique about humans. [18 수능]

더 많은 종의 AI(인공지능)를 발명하면서, 우 리는 아마도 인간에게만 고유한 것 중 더 많은 것을 __________만 할 것이다.

27 Persons who are daring in taking a wholehearted stand for truth often achieve results that surpass their expectations. [11 수능]

진실에 대해 진심 어린 태도를 취하는 것에 대 담한 사람들은 종종 자신의 기대를 __________ 결과를 성취한다.

01~09번 정답 ▶ 01 norms 02 성큼성큼 걸어갔다 03 firsthand 04 불화 05 segments
06 degrade 07 공존할 08 scrub 09 marked / unmarked

28 These appear to be specific evolved mechanisms designed to c__________ consumption patterns with physical needs. [18 수능]

이것들은 (음식) 섭취 방식을 신체적 욕구와 조화시키도록 고안된 특정한 진화된 기제처럼 보인다.

29 The simplified and magnified views c__________ us to look at them in a new way and to discover their inner essence. [14 모평]

단순화되고 확대된 관점은 우리가 그것들을 새로운 방식으로 바라보고 그것들의 내적 정수를 발견하도록 강요한다.

30 What is distinctive about science is the search for negative instances—the search for ways to f__________ a theory, rather than to confirm it. [12 수능]

과학에 관해 독특한 것은 부정적인 사례를 찾는 다는 점, 즉 하나의 이론을 확인하는 방법이 아니라 (그 이론이) 그릇됨을 입증하는 방법을 찾는다는 점이다.

31 To the degree we take on the pace, posture, and facial expression of another person, we start to inhabit their emotional space. [17 모평]

우리가 다른 사람의 걸음걸이, __________, 그리고 얼굴 표정의 특징을 받아들이는 정도까지 우리는 그들의 감정 공간에 존재하기 시작한다.　　*inhabit ~에 존재하다

32 One 35-year-old woman who used to r__________ her eyes with her hands found it helpful to put on make-up when she was tempted to r__________. [10 수능]

손으로 눈을 비비곤 했던 한 35세 여성은, 비비고 싶은 유혹이 있을 때 화장을 하는 것이 도움이 된다는 것을 알게 되었다.

33 We are rather proud of our ability to meet emergencies. So we do not plan and take precautions to prevent emergencies from arising. [19 모평]

우리는 비상사태에 대응하는 우리의 능력을 다소 자랑스러워 한다. 그래서 우리는 비상사태가 생기는 것을 막기 위해 계획을 세우지도 __________를 취하지도 않는다.

34 If someone has suffered a m__________—failed an exam, lost a job, or contracted a disease—you may show sympathy by expressing your concern in words. [15 학평]

누군가가 시험에 실패하거나, 직업을 잃거나, 병에 걸린 것과 같은 불행을 겪었다면, 당신은 걱정을 말로 표현하여 동정심을 내보일 수 있다.

35 Politics cannot be suppressed, whichever policy process is employed and however sensitive and respectful of differences it might be. [18 모평]

정치적 견해는, 어떤 정책 과정이 사용되든, 그리고 그 정책 과정이 아무리 민감하고 차이를 아무리 존중하더라도, __________ 수 없다.

10~18번 정답 ▶ **10** explicit　**11** 생략하는　**12** vain　**13** magnificent　**14** stumbled
15 확대된다　**16** 차후의　**17** 녹슬고 있는　**18** 타고난[선천척인]

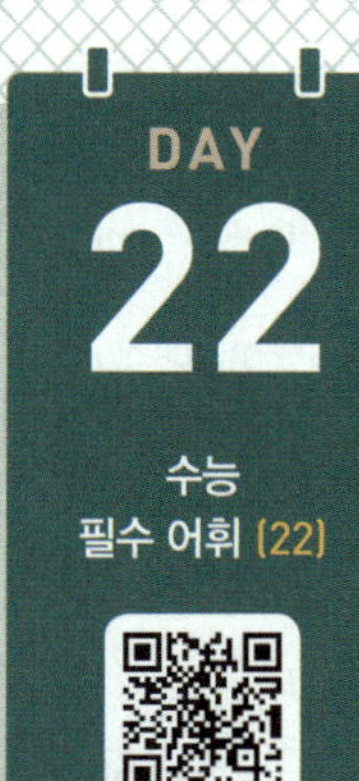

DAY 22

수능
필수 어휘 (22)

표제어 음성 QR코드

☐ assemble ☐ multitask ☐ attain ☐ interval
☐ parallel ☐ fraction ☐ entrust ☐ superficial
☐ obstruct ☐ prominent ☐ empower ☐ immense
☐ constraint ☐ sustain ☐ punctual ☐ hazard
☐ counterpart ☐ deem ☐ burst ☐ exert
☐ undoubtedly ☐ inherent ☐ unveil ☐ disguise
☐ mighty ☐ adverse ☐ manifest ☐ passerby
☐ prompt ☐ drawback ☐ advent
☐ resume ☐ phase ☐ contradict

1036

assemble
[əsémbl]

동 1. 모이다, 모으다 2. 조립하다

파 assembly n. 1. 집회 2. 조립 3. 의회, 입법 기관

➕ 수능 PLUS 수능 이렇게 나온다

유 • gather v. 모으다, 모이다
• put together 조립하다
반 disassemble v. 해체하다, 분해하다
cf. • assembly line (대량 생산의) 조립 라인
• reassemble v. 다시 모이다, 재조립하다

1037

parallel
[pǽrəlèl]

형 1. 평행의 2. 유사한
명 1. 평행선 2. 유사(점)
동 1. 평행을 이루다 2. 유사하다, 필적하다

숙어 have no parallel 유례가 없다, 비할
데 없다(= have no equal[match])
cf. unparalleled a. 유례없는, 비할 바 없는
(= unrivaled)

1038

obstruct
[əbstrʌ́kt]

동 막다, 방해하다

파 obstruction n. 방해, 방해물

유 impede, hinder v. 막다, 방해하다

1039

constraint
[kənstréint]

명 제약, 제한, 억제

파 constrain v. 1. 제한[제약]하다(= restrict)
2. 강요하다(= compel)

유 restriction, restraint n. 제한, 규제
숙어 • be constrained to N ~에 국한
되다
• be constrained to do 할 수 없이
~하다(= be compelled to do)
기출 어구 • cultural constraints
문화적 제약들
• moral constraints 윤리적 제약들

1040

counterpart
[káuntərpàːrt]

명 상대, 대응 관계에 있는 사람[것]

cf. counterparty n. (계약 등의) 한쪽
당사자

DAY 22

1041

undoubtedly
[ʌndáutidli]

[부] 의심할 여지없이, 확실히

[파] doubt v. 의심하다 n. 의심
doubtful a. 의심스러운, 불확실한
doubtless ad. 의심할 바 없이, 확실히 a. 의심 없는

[유] • unquestionably ad. 의심할 여지없이, 확실히
• beyond[without] doubt[question] 의심할 여지없이
• certainly ad. 확실히

1042

mighty
[máiti]

[형] 1. 강력한, 힘센 2. 굉장한
[부] 대단히, 굉장히

[파] might n. 힘(= force, power)
mightily ad. 힘차게, 대단히

[유] powerful, strong a. 강력한
[기출 어구] • a mighty force 강력한 힘
• concentrated might 응집된 힘

1043

prompt
[prɑmpt]

[동] 촉발[촉구]하다, 자극하다
[형] 1. 즉각적인, 신속한
　　2. 시간을 엄수하는

[파] promptly ad. 즉시, 신속히

[유] • trigger, spark, provoke v. 촉발하다
• immediate a. 즉각적인
• punctual a. 시간을 엄수하는
[숙어] prompt A to do
A가 ~하도록 촉발하다[자극하다]

1044

resume
[동: rizú:m / 명: rézumèi]

[동] 재개하다, 다시 시작하다
[명] 이력서(= résumé)

[파] resumption n. 재개, 다시 시작함

[유] restart v. 재개하다, 다시 시작하다
[기출 어구] resume their normal activities 그들의 일상적인 활동을 재개하다

1045

multitask
[mʌltitǽsk]

[동] 다중 작업을 하다, 동시에 여러 가지 일을 하다

[파] multitasking n. 다중 작업

[cf.] 접두사 'multi-': '다수의(many)'의 의미
• multicultural a. 다문화의
• multinational a. 다국적의 n. 다국적 기업
• multilingual a. 여러 언어를 하는
• multipurpose a. 다목적의, 다용도의

1046

fraction
[frǽkʃən]

[명] 1. 부분, 파편 2. 소량 3. [수학] 분수

[파] fractional a. 1. 단편적인 2. 아주 적은 3. 분수의

[유] • portion n. 일부, 부분
• section n. (분할된 것의 한) 부분, 구획
• segment n. 부분, 조각

1047

prominent
[prɑ́mənənt]

[형] 1. 돌출된 2. 눈에 잘 띄는, 두드러진
　　3. 저명한, 중요한

[파] prominence n. 두드러짐, 유명, 중요성

[유] • notable a. 주목할 만한, 유명한
• well-known, famous a. 유명한
[기출 어구] a prominent figure 저명인사

1048

sustain
[səstéin]

동 1. 지탱하다, 떠받치다
2. 유지하다, 지속하다

파 sustainable a. 지속 가능한
(↔ unsustainable a. 지속 불가능한)
sustainability n. 지속 가능성

유 • uphold v. 떠받치다, 유지하다
• maintain v. 유지하다, 지속하다
• support v. 지지하다, 뒷받침하다
기출 어구 • sustain members 구성원들을 지탱하다
• sustian our standard of living 우리의 생활수준을 유지하다

1049

deem
[diːm]

동 (~로) 여기다, 생각하다

유 consider v. (~로) 여기다, 생각하다
숙어 deem A as B A를 B로 여기다

1050

inherent
[inhí(ː)ərənt]

형 내재적인, 타고난, 고유의

파 inherently ad. 본질적으로, 선천적으로
inherence n. 내재, 고유, 타고남

유 • intrinsic a. 고유한, 본질적인
• innate, inborn a. 타고난, 선천적인
반 extraneous a. 이질적인, 외부에서 발생한

1051

adverse
[ædvə́ːrs]

형 반대의, 부정적인, 불리한, 불운한

파 adversely ad. 반대로, 불리하게
adversity n. 역경, 불행(= hardship)
adversary n. 적, 상대편

유 • contrary a. 반대의
• negative a. 부정적인
• unfavorable a. 불리한
기출 어구 • in[under] adverse circumstances 역경에 처하여
• an adverse effect 역효과

1052

drawback
[drɔ́ːbæ̀k]

명 결점, 문제점

유 disadvantage n. 불리한 점, 약점
반 advantage n. 이점, 강점

1053

phase
[feiz]

명 1. (변화·발달 과정의) 단계, 국면, 양상
2. (달·행성 등의) 상(相)

유 • stage n. 단계, 시기
• aspect n. 양상, 국면
기출 어구 • a contraction phase 수축기
• phases of the moon 달의 위상
cf. phrase n. 숙어, 구

1054

attain
[ətéin]

동 1. (노력 끝에) 얻다, 달성하다
2. (특정 수준·조건에) 도달하다

파 attainment n. 성취, 달성, 도달
attainable a. 이룰 수 있는, 도달할 수 있는
(↔ unattainable a. 이룰 수 없는, 도달할 수 없는)

유 • achieve, accomplish v. 이루다, 성취하다
• reach v. 이르다, 도달하다
기출 어구 attain wealth/insight 부/통찰력을 얻다

DAY 22

1055

entrust
[intrʌ́st]

⑧ 맡기다, 위임하다

㈜ entrustment n. 위탁, 위임

숙어 entrust *A* with *B* = entrust *B* to *A*
*A*에게 *B*를 맡기다

1056

empower
[impáuər]

⑧ 권한을 주다, ~할 수 있게 하다

㈜ empowerment n. 권한 부여

유 • authorize v. 권한을 주다
• entitle, qualify v. 자격을 주다
• enable v. ~할 수 있게 하다
반 disempower v. 권한[영향력]을 빼앗다
어법 point empower *A* to *do*
*A*가 ~할 권한을 주다, *A*가 ~할 수 있게 하다

1057

punctual
[pʌ́ŋktʃuəl]

⑲ 시간[기한]을 잘 지키는

㈜ punctuality n. 시간 엄수
punctually ad. 시간대로, 엄수하여

cf. on time 정시에, 시간을 어기지 않고

1058

burst
[bəːrst]

(burst – burst – burst)

⑧ 터뜨리다, 폭발하다

⑲ 분출, 폭발, (갑자기) 한바탕 ~함

숙어 • burst out *-ing*
갑자기 ~하기 시작하다
• burst into ~을 터뜨리다
cf. outburst n. (감정의) 분출, 폭발
2. (특정 활동의) 급격한 증가

1059

unveil
[ʌnvéil]

⑧ 1. (비밀 등을) 밝히다, 발표하다
2. 베일을 벗기다

유 reveal, uncover, disclose v. 밝히다,
폭로하다
반 veil v. 감추다, 숨기다
(= conceal, hide) n. 덮개, 베일

1060

manifest
[mǽnəfèst]

⑧ 분명히 나타내다, 드러내다

⑲ 명백한, 분명한

㈜ manifestation n. 징후, 명시, 표시

유 • display, show v. 보여주다, 드러내다
• obvious, apparent a. 명백한, 분명한

1061

advent
[ǽdvent]

⑲ (중요한 사건·인물의) 도래, 출현

유 • arrival n. 도래, 도입
• appearance n. 출현, 등장
• emergence n. 출현, 발생
숙어 with the advent of ~의 도래로
기출 어구 • with the advent of
globalization 세계화의 도래로
• the advent of literacy 글을 읽고 쓸 줄
아는 능력의 출현

1062

contradict
[kàntrədíkt]

동 1. 반박하다, 부정하다 2. 모순되다

파 contradiction n. 1. 반박, 부정 2. 모순
contradictory a. 모순된, 상반된

유 • refute, dispute v. 반박하다
• deny v. 부인하다, 부정하다

1063

interval
[íntərvəl]

명 1. 간격, 사이
2. (연극 · 공연 등의 중간) **휴식 시간**

cf. intermission n. 1. (연극 · 공연 등의 중간) 휴식 시간 2. 중지, 휴지

1064

superficial
[sùːpərfíʃəl]

형 1. 표면적인, 피상적인
2. 깊이 없는, 얄팍한

파 superficially ad. 표면적으로, 피상적으로
superficies n. 표면, 외면

유 shallow a. 얕은, 피상적인, 천박한
기출 어구 superficial analogies/
differences 피상적인 유사함/차이점들

1065

immense
[iméns]

형 엄청난, 거대한, 막대한

파 immensely ad. 엄청나게, 대단히
immensity n. 엄청남, 방대함

유 huge, enormous, tremendous, massive a. 엄청난, 거대한
cf. immerse v. (액체 속에) 담그다, 몰두시키다

1066

hazard
[hǽzərd]

명 위험 (요소) 동 위태롭게 하다

파 hazardous a. 위험한

유 danger, peril, jeopardy n. 위험
기출 어구 • (a) health hazard 건강상 위험
• (a) financial hazard 재정적인 위험

1067

exert
[igzə́ːrt]

동 1. (힘 등을) 쓰다, (권력 · 영향력을) **행사[발휘]**
하다 2. 힘껏 노력하다

파 exertion n. 1. (권력 · 영향력의) 행사 2. 노력

숙어 exert oneself to *do*
~하려고 힘껏 노력하다
기출 어구 • exert an influence[effect]
영향력을 발휘하다
• exert pressure 압력을 행사하다

1068

disguise
[disgáiz]

동 1. 변장하다, 위장하다 2. 감추다
명 변장, 위장

유 • camouflage v. 위장하다 n. 위장
• mask v. 감추다 n. 가면
숙어 in disguise 변장하여

1069

passerby
[pæ̀sərbái]

명 행인, 지나가는 사람

pl. passersby

cf. • bystander n. 구경꾼, 행인
• spectator n. 관중, 구경꾼
• onlooker n. 구경꾼, 방관자
• pedestrian n. 보행자

DAY 22

각 빈칸에 알맞은 영단어 또는 우리말을 쓰시오.

01 He quickly learned to respect the mighty waters of the ocean. [16 학평]

그는 대양의 _________ 파도를 존중하는 법을 빨리 배웠다.

02 Individuals are only "a link in a chain, a p_________ in a process," he notes. [19 모평]

개인은 단지 '사슬에서의 한 연결고리, 과정에서의 한 단계'일 뿐이라고 그는 언급한다.

03 Mediation parallels advocacy in so far as it tends to involve a process of negotiation. [12 수능]

중재는 협상 과정을 수반하는 경향이 있다는 점에서 옹호와 _________.

04 Emotional eaters m_________ their problem in lots of different ways. [12 수능]

감정적으로 식사를 하는 사람들은 그들의 문제를 많은 다양한 방식으로 드러낸다.

05 Schedule intervals of productive time and breaks so that you get the most from people. [12 모평]

사람들로부터 최대한을 얻어낼 수 있도록, 생산적인 시간과 휴식의 _________을 계획하라.

06 There is nothing inherent in knowledge that dictates any specific social or moral application. [15 수능]

지식에는 어떤 구체적인 사회적 또는 도덕적 적용을 지시하는 그 어떤 _________ 것도 없다.   *dictate 지시하다

07 A vendor in a city set up shop and sold doughnuts and coffee to passersby. [10 모평]

도시의 한 상인은 가게를 차리고 _________에게 도넛과 커피를 팔았다.

08 Effective coaches prioritize. They focus on a single task instead of trying to m_________. [16 모평]

유능한 코치는 우선사항을 결정한다. 그들은 다중 작업을 하려고 하는 대신에 단일한 과제에 초점을 맞춘다.

09 Masks are too heavy to uphold indefinitely, and no matter how well you believe you are d_________ yourself, others always know. [13 모평]

가면은 너무 무거워서 언제까지나 유지할 수 없고, 당신이 아무리 잘 자신을 위장하고 있다고 믿더라도 다른 사람들은 항상 알고 있다.

19~26번 ▶
정답

19 제약들	20 맡겨졌다[위임되었다]
23 피상적	24 밝히기

21 exerts   22 저명한 / 저명한

25 adverse   26 deem

10 Once obstructed, the stream and the valley dry up.

[06 학평]

일단 __________, 개울과 계곡이 말라 버린다.

11 Most overeating is p__________ by feelings rather than physical hunger. [19 모평]

대부분의 과식은 신체적인 허기가 아니라 감정에 의해 촉발된다.

12 Another drawback of daily plans is that they lack flexibility. [14 학평]

매일 계획하는 것의 또 다른 __________은 유연성이 부족하다는 것이다.

13 There's a direct c__________ to pop music in the classical song, more commonly called an "art song."

[18 모평]

고전 가곡에는 대중음악에 직접적으로 대응 관계에 있는 것이 있는데, 그것은 더 일반적으로는 '예술 가곡'이라고 불리는 것이다.

14 Material prosperity can help individuals, as well as society, a__________ higher levels of happiness. [16 수능]

물질적 풍요는 사회뿐만 아니라 개인이 더 높은 수준의 행복을 달성할 수 있도록 도와줄 수 있다.

15 Carrying capacity is the number of individuals that the local resources can sustain. [14 모평]

수용력은 한 지역의 자원이 __________ 수 있는 개체 수이다.

16 The h__________ of migration range from storms to starvation. [12 모평]

이주의 위험은 폭풍에서 기아에까지 이른다.

17 He is about to be launched into his own inner space, space as i__________, unexplored, and sometimes frightening as outer space to the astronaut. [11 모평]

그는 우주 비행사에게 우주만큼이나 거대하고, 탐사되지 않았으며, 때로는 무시무시한 공간인 자신만의 내부 세계로 막 진출하려 한다.

18 E__________ people by letting them know that you believe in them and allowing them to take action. [12 수능]

사람들에게 당신이 그들을 믿는다는 것을 알게 하고 그들이 행동을 취하도록 허용함으로써 권한을 부여하라.

27~34번 ▶ 정답
27 Bursting
28 의심할 여지없이
29 모순되는
30 advent
31 재개했다
32 assembled
33 fraction
34 punctual

19 A popular notion with regard to creativity is that constraints hinder our creativity. [18 학평]

창의성에 관한 일반적인 생각은 _________ 이 우리의 창조성을 방해한다는 것이다.

20 The new society was entrusted with the task of monitoring music use. [17 모평]

그 새로운 협회에 음악 사용을 감시하는 일이 _________.

21 Society, through ethical and economic constraints, e _________ a powerful influence on what science accomplishes. [16 모평]

사회는 윤리적 경제적 제약들을 통해 과학이 달성하는 것에 강력한 영향력을 행사한다.

22 If you read lifestyle magazines, you will see how often prominent people meet up with other prominent people. [09 모평]

만약 당신이 라이프스타일 잡지를 읽는다면, 당신은 _________ 사람들이 얼마나 자주 다른 _________ 사람들을 만나는지를 보게 될 것이다.

23 This, at the first glimpse, appears to be a valid and useful distinction; but mature reflection reveals that it is superficial and not wholly true. [19 학평]

처음 언뜻 보기에는, 이것이 타당하고 유용한 구분인 것처럼 보이지만, 신중히 생각해 보면 그것이 _________ 이고, 온전히 진실은 아니라는 것이 드러난다.

24 It is astonishing that, until now, we have made so little effort to unveil this wisdom from the past. [13 학평]

지금까지 우리가 과거로부터의 이 지혜를 _________ 위해 거의 노력을 하지 않았다는 것은 놀라운 일이다.

25 Those people who are self-aware and responsive to others manage their affairs with wisdom and grace, even in a _________ circumstances. [11 학평]

자기 자신을 인식하고 다른 사람에게 반응하는 사람들은 역경에 처했을 때도 지혜와 우아함으로 자신의 일을 관리한다.

26 Intellectual, introspective, and exceedingly detail-oriented, investigators are happiest when they're using their brain power to pursue what they d _________ as a worthy outcome. [16 모평]

지적이고, 자기 성찰적이며, 대단히 꼼꼼해서 조사자들은 자신이 가치 있는 결과로 여기는 것을 추구하기 위해 지적 능력을 사용하고 있을 때 가장 행복해한다.

*introspective 자기 성찰적인

01~09번 정답 ▶ 01 강력한　02 phase　03 유사하다　04 manifest　05 간격
06 내재적인　07 행인들　08 multitask　09 disguising

27 B__________ with happiness, I spent the rest of the day brushing my pony in the stable. [17 모평]

행복감으로 터질듯하며, 나는 마구간에서 내 조랑말을 솔질하면서 그 날의 남은 시간을 보냈다.

28 Genes would undoubtedly have changed during the human revolution after 200,000 years ago. [13 수능]

유전자는 20만 년 전 이후 인간 혁명(인간의 획기적 발전)의 기간 동안 __________ 변화했을 것이다.

29 Confirmation bias refers to a type of selective thinking whereby one tends to look for what confirms one's beliefs, and to ignore the relevance of what contradicts one's belief. [11 학평]

확증 편향은 사람이 자신의 믿음을 확증해 줄 것을 찾고, 자신의 믿음에 __________ 것의 관련성을 무시하는 선택적 사고의 한 유형을 가리킨다.

30 The a__________ of literacy and the creation of handwritten books strengthened the ability of large and complex ideas to spread with high fidelity. [19 수능]

글을 읽고 쓸 줄 아는 능력의 출현과 손으로 쓴 책의 탄생은 광범위하고 복잡한 생각이 매우 정확하게 퍼져 나가는 능력을 강화했다.

*fidelity 정확도

31 When this chimp was reunited with his fellows outside the enclosure, they quickly resumed their normal activities. [17 학평]

이 침팬지가 울타리 밖에서 그의 동료들과 재회했을 때, 그들은 재빨리 그들의 일상적인 활동을 __________.

32 Asch a__________ groups of twelve university students and announced that they were taking part in an experiment on visual perception. [11 수능]

Asch는 12명의 대학생들로 구성된 그룹을 모아 그들이 시각적 인지에 관한 실험에 참여할 거라고 알렸다.

33 The disadvantage is shared among all the cattle-owners using the pasture, so the individual owner suffers only a f__________ of the disadvantage. [13 수능]

불이익은 그 목초지를 사용하는 모든 소 주인들 사이에서 공유되므로, 개별적인 주인들은 불이익의 일부만을 겪게 된다.

34 Imagine someone extremely p__________ who comes home at exactly six o'clock every day for fifteen years.

[14 학평]

15년 동안 매일 정확히 6시에 귀가하는 매우 시간을 잘 지키는 사람을 상상해 보라.

10~18번 ▶ 정답

10 막히면	11 prompted	12 문제점[결점]	13 counterpart	14 attain
15 유지할	16 hazards	17 immense	18 Empower	

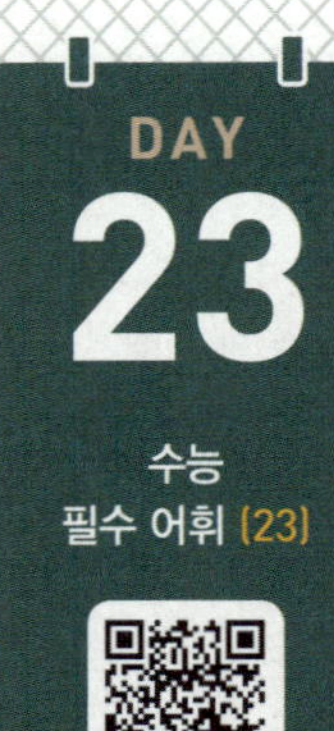

1070

comprise
[kəmpráiz]

동 구성하다, 이루다

숙어 be comprised of ~으로 구성되다
(= be composed of, be made up of, consist of)

1071

encompass
[inkʌ́mpəs]

동 1. 포함하다, 포괄하다
2. 둘러[에워]싸다

파 encompassment n. 에워싸기, 포위

유 • include, cover v. 포함하다
• enclose, surround v. 둘러[에워]싸다
기출 어구 encompass a variety of categories 다양한 범주를 포괄하다

1072

deed
[diːd]

명 1. 행위, 행동 2. 업적

cf. misdeed n. 비행, 악행
기출 어구 perform good deeds 좋은 행동을 하다

1073

transition
[trænzíʃən]

명 변천, 변화, 과도(기)
파 transit n. 1. 운송, 수송(= transport) 2. 통행, 통과
transitory a. 일시적인, 덧없는

유 change, shift v. 변화, 변천
숙어 in transition 과도기[변화기]에 있는

1074

shortcoming
[ʃɔ́ːrtkʌ̀miŋ]

명 결점, 단점

유 • weakness n. 결점, 약점
• fault, flaw n. 결점, 결함, 흠
• drawback n. 결점, 문제점

1075

sturdy
[stə́ːrdi]

형 튼튼한, 견고한, 강건한
파 sturdily ad. 튼튼하게, 완강하게

유 • robust a. 튼튼한, 강건한
• strong a. 튼튼한, 강한

수능 PLUS 수능 이렇게 나온다

1076

disrupt
[disrʌ́pt]

동 방해하다, 혼란에 빠뜨리다, 붕괴시키다
파 disruption n. 중단, 혼란, 붕괴
disruptive a. 파괴적인, 붕괴를 초래하는

유 • interrupt v. 방해하다, 중단시키다
• disturb v. 방해하다, 혼란스럽게 하다

1077

compatible
[kəmpǽtəbl]

형 양립할 수 있는, 모순되지 않는, 호환이 되는
파 compatibility n. 양립[공존] 가능성

반 incompatible a. 양립할 수 없는, 호환이 안 되는
숙어 be compatible with ~와 양립하다, ~와 호환되다(↔ be incompatible with ~와 맞지 않다)

1078

anonymous
[ənάnəməs]

형 익명의
파 anonymity n. 익명(성)
anonymously ad. 익명으로

유 • nameless a. 익명의, 무명의
• unnamed a. 무명의, 불특정의
cf. unidentified a. 신원 미상의

1079

notable
[nóutəbl]

형 주목할 만한, 눈에 띄는, 유명한
파 notably ad. 눈에 띄게, 현저히
note v. 주목하다

유 • remarkable a. 놀랄 만한, 주목할 만한
• prominent a. 눈에 잘 띄는, 저명한
• striking a. 눈에 띄는, 두드러진

1080

breakthrough
[bréikθrùː]

명 비약적 전진, 획기적인 발견, 돌파구

cf. break through ~을 돌파하다, ~을 뚫고 나가다

1081

prolong
[prəlɔ́(ː)ŋ]

동 연장하다, 늘리다
파 prolonged a. 오래 계속되는, 장기간의
prolongation n. 연장

유 extend, lengthen v. 늘이다, 연장하다
반 shorten v. 줄이다, 단축하다

1082

terminate
[tə́ːrmənèit]

동 끝내다, 종결시키다
파 terminal a. 끝의, 말기의 n. 터미널, 종점
termination n. 종료, 종결
terminator n. 종결자

유 end, finish v. 끝나다, 끝내다
기출 어구 • (a) terminal illness 불치병
• terminally ill 말기의

1083

sheer
[ʃiər]

형 1. 순전한, 순수한 2. 가파른
　3. (직물 등이) 얇은
부 완전히, 순전히

유 utter, complete, pure a. 완전한, 순전한

verify
[vérəfài]

동 검증하다, 입증하다, 확인하다
파 verification n. 검증, 입증, 확인
verifiable a. 입증할 수 있는

유 • prove v. 입증하다
• confirm v. 확인하다
기출 어구 public verification 공개 검증

mimic
[mímik]

(mimic – mimicked – mimicked)

동 모방하다, 흉내 내다
형 흉내 내는, 모조의
명 흉내쟁이
파 mimicry n. 흉내

유 imitate v. 모방하다, 흉내 내다
기출 어구 • mimic others 타인을 모방하다
• mimic an accent 억양을 흉내내다

sneak
[sniːk]

동 살금살금 움직이다, 몰래 움직이다
파 sneaky a. 몰래 하는, 엉큼한, 비열한
sneaker n. 1. 살금살금 행동하는 사람, 비열한 사람
2. (pl.) 고무창 운동화

숙어 • sneak up 살금살금[몰래] 다가가다
• sneak into ~에 몰래 들어가다

frontier
[frʌntíər]

명 1. 국경(지역), 경계
2. (지식 · 학문의) 한계
형 1. 국경의 2. 개척의
파 frontiersman n. 개척자

유 • border n. 경계(선), 국경
• boundary n. 경계(선), 한계, 범위
기출 어구 • the production frontier
생산 한계 (지역)
• the frontiers of knowledge
지식의 한계

scheme
[skiːm]

명 계획, 체계, 책략
동 계획하다, 책략을 꾸미다
파 schemer n. 책략가

유 • plan n. 계획 v. 계획하다
• plot n. 음모, 책략
cf. schema n. (지식 · 이론) 개요, 도식

manipulate
[mənípjulèit]

동 1. (기계 등을) 다루다, 조작하다
2. (교묘하게) 조종하다
파 manipulation n. 조작, 조정, 속임수
manipulator n. 조종자, 사기꾼
manipulative a. 조종하는, 속임수의

기출 어구 • manipulate reality
현실을 조작하다
• manipulate facial muscles
얼굴 근육을 조정하다

1090

indulge
[indʌ́ldʒ]

[동] 1. 마음껏 하다, 탐닉하다, 빠지다
2. (욕구 등을) **충족시키다**

[파] indulgence n. 마음대로 (하게) 함, 탐닉
indulgent a. 멋대로 하게 하는, 관대한

[숙어] indulge in = indulge oneself in
= be indulged in
～에 빠지다, ～에 탐닉하다

1091

recipient
[risípiənt]

[명] **받는 사람, 수취인, 수령인**

[파] receive v. 1. 받다 2. 환영하다
receiver n. 받는 사람, 수화기
receipt n. 1. 영수증 2. 수령, 인수
receptive a. 수용적인

[반] donor n. 제공자, 기증자
[기출 어구] doctoral degree recipients
박사 학위 수령인들[취득자들]
[cf.] beneficiary n. (유산 · 보험금 등의)
수령인, 수혜자

1092

tactic
[tǽktik]

[명] **전략, 작전**

[파] tactical a. 전술적인, 전략적인(= strategic)
tactically ad. 전술적으로

[유] strategy n. 전략, 계획
[cf.] **tactic vs. tactics:**
• tactic: (어떤 일을 달성하기 위한) 전략, 작전
• tactics: 〈단수 취급〉 군대의 전술(학), 병법

1093

outgrow
[àutgróu]

(outgrow–outgrew
–outgrown)

[동] 1. (～보다) **더 커지다,**
(자라서) **맞지 않게 되다**
2. (성장하면서) **벗어나다**

[cf.] grow out of 1. ～보다 자라서 맞지 않
게 되다 2. 나이가 들면서 ～을 그만두다

1094

outset
[áutsèt]

[명] **착수, 시작, 발단**

[유] • onset n. 시작, 착수
• beginning n. 시작, 출발
[숙어] at[from] the outset 처음에[처음부터]
[cf.] • set out 시작[출발]하다, 착수하다
• setout n. 준비, 개시, 출발

1095

fabulous
[fǽbjuləs]

[형] **아주 멋진, 엄청난**

[파] fabulously ad. 엄청나게, 굉장히

[유] excellent, wonderful, terrific
a. 아주 멋진, 훌륭한

1096

plunge
[plʌndʒ]

[동] 1. **뛰어들다, 던져 넣다**
2. (물가 등이) **급락하다**
[명] **급락**

[숙어] plunge into[in] ～에 뛰어들다
[기출 어구] plunge into the water 물에
뛰어들다

1097

uphold
[ʌphóuld]

(uphold–upheld
–upheld)

동 (법·원칙 등을) **유지하다, 옹호하다, 지지하다**

유 • sustain v. 떠받치다, 유지하다
• maintain v. 유지하다, 지속하다
• support v. 지지하다, 뒷받침하다
기출 어구 uphold the law 법을 유지하다 [지키다]

1098

notorious
[noutɔ́ːriəs]

형 **악명 높은**
파 notoriously ad. 악명 높게
notoriety n. 악명

유 infamous a. 악명 높은
숙어 be notorious for ～으로 악명 높다

1099

lure
[luər]

동 **꾀다, 유혹하다**
명 **매력, 미끼**

유 • allure v. 유혹하다, 꾀다 n. 매력
• tempt v. 유혹하다, 유도하다
• entice v. 꾀다, 유혹하다

1100

trim
[trim]

동 (깎아) **다듬다, 손질하다**
파 trimly ad. 정돈하여, 손질하여
trimming n. 1. 손질 2. (테두리 등의) 장식
3. 곁들이는 음식

숙어 trim down 1. ～을 깎아서 손질하다
2. ～을 줄이다

1101

prestigious
[prestídʒiəs]

형 **명성 있는, 일류의**
파 prestige n. 명성, 위신

유 celebrated, prominent, renowned
a. 유명한, 명성 있는

1102

pervade
[pəːrvéid]

동 **만연하다, 스며들다, (널리) 보급되다**
파 pervasive a. 만연하는, 널리 스며 있는

유 prevail v. 1. 만연하다, 널리 퍼지다
2. 승리하다

1103

craving
[kréiviŋ]

명 **갈망, 열망**
파 crave v. 1. 갈망하다, 열망하다(= long for)
2. 간청하다

유 • longing n. 갈망, 열망
• yearning n. 갈망, 동경
숙어 a craving for ～에 대한 갈망

1104

liable
[láiəbl]

형 1. **～하기 쉬운, ～하는 경향이 있는**
2. (보통 법적) **책임이 있는**
파 liability n. 1. (법적) 책임 2. (개인·회사의) 부채

숙어 • be liable to do ～하기 쉽다, ～하는 경향이 있다(= be likely[apt] to do)
• be liable for N ～에 대한 책임 있다
(= be responsible for N)

각 빈칸에 알맞은 영단어 또는 우리말을 쓰시오.

01 A football game is comprised of exactly sixty minutes of play. [17 모평]

미식축구 경기는 정확히 60분 경기로 ______ ____.

02 The Rust Belt is n__________ for its poor air quality. [14 모평]

러스트 벨트(미국 북부의 공업지대)는 공기가 좋지 않은 것으로 악명이 높다.

03 Before age 30 she became a member of several highly prestigious scientific societies on the basis of her work. [14 모평]

30세 이전에 그녀는 그녀의 작업을 기반으로 대단히 __________ 몇몇 과학 학회의 회원이 되었다.

04 The thing about creativity is that at the o__________, you can't tell which ideas will succeed and which will fail. [18 모평]

창의력에 관한 중요한 것은, 처음에는 여러분이 어떤 아이디어가 성공하고 어떤 아이디어가 실패할 것인지를 알 수 없다는 것이다.

05 "Tall Poppy Syndrome" suggests that any "poppy" that o__________ the others in a field will get "cut down." [19 모평]

'키 큰 양귀비 증후군'은 밭에서 다른 것들보다 더 크게 자라는 어떤 '양귀비'이든 '잘리게' 된다는 것을 의미한다.

06 Makers of emerging forms of entertainment will likely continue to experiment with ways they can simulate and m__________ reality. [15 모평]

새롭게 등장하는 형태의 오락을 제작하는 사람들은 현실을 가상으로 만들고 조작할 수 있는 방법을 계속해서 실험할 것 같다.

07 Warming may ease extreme environmental conditions, expanding the production f__________. [14 수능]

온난화는 극한의 환경 조건을 완화하여, 생산 한계 지역을 넓혀줄 수 있다.

08 When subjects had the ability to terminate the noise with a "panic button," the negative effects disappeared. [06 수능]

피실험자들이 그 소음을 '비상버튼'으로 ______ ______ 수 있었을 때 그러한 부정적인 효과는 사라졌다.

09 Sturdy shoes prevent the chef from slipping on floors made slippery by spilled food and grease. [12 학평]

__________ 신발은 요리사가 엎질러진 음식과 기름으로 인해 미끄러운 바닥에서 미끄러지는 것을 방지한다.

19~26번 정답 ▶

19 lured	20 plunged	21 breakthroughs	22 충족시킬
23 검증	24 변화	25 encompass	26 disrupts

10 As our body m___________ the other's, we begin to experience emotional matching. [17 모평]

우리의 신체가 다른 사람의 신체를 모방함에 따라 우리는 감정적인 일치를 경험하기 시작한다.

11 Please be reassured that the survey will be completely anonymous. [20 EBS]

이번 조사는 완전히 __________ 진행될 것이니 안심하십시오.

12 Talking and laughing over coffee, they enjoyed the f___________ spring day. [17 모평]

커피를 마시며 웃고 떠들며, 그들은 그 멋진 봄날을 즐겼다.

13 This emotional and sensory appeal of soft cookies is apparently at least as strong as are the physical cravings that the product satisfies. [11 수능]

부드러운 쿠키에 대한 이런 감정적이고 감각적인 매력은 분명 적어도 그 상품이 만족시키는 신체적인 __________ 만큼이나 강하다.

14 This 'inefficient logic' p___________ the keyboard, and solved the problem of keyboard jam-up. [12 모평]

이와 같은 '비효율적인 논리'가 키보드에 널리 보급되어 키보드 엉킴의 문제를 해결했다.

15 Subsequently, one partner may systematically recall a part of the other's story as a t___________ in negotiations. [19 모평]

그 후에, 한 파트너가 상대방의 이야기의 일부분을 체계적으로 상기하여 협상에서 전술로 쓸 수도 있다.

16 Einstein wanted to illuminate the workings of the universe, allowing us all to stand in awe of its sheer beauty and elegance. [12 모평]

아인슈타인은 우주의 운동을 밝혀내길 바랐으며, 이를 통해 우리 모두가 우주의 __________ 아름다움과 우아함에 경이로움을 느낄 수 있길 원했다.

17 By keeping livestock in windowless sheds and using artificial lighting and temperature control, growing seasons could be prolonged. [18 학평]

창문이 없는 헛간에 가축을 기르고 인공조명과 온도조절장치를 사용함으로써 성장기가 __________ 수 있었다.

18 Keith was unexpectedly producing the performance of a lifetime despite the shortcomings of the piano. [17 수능]

피아노의 __________ 에도 불구하고 Keith는 예상 외로 생애 최고의 공연을 하고 있었다.

27~35번 정답 ▶ 27 다듬어진 28 sneak / sneak 29 유지된다 30 recipient 31 scheme 32 deeds 33 양립할 수 없는 34 주목할 만한 35 liable[likely]

19 A green heron dropped pieces of bread onto a surface of water and then caught fish that had been l__________ to the floating bread. [11 학평]

한 마리의 녹색 왜가리가 빵 조각을 물 표면에 떨어뜨린 다음, 떠다니는 빵에 유인된 물고기를 잡았다. *heron 왜가리

20 Her love for Rita overpowered her fear and she leapt out through the same open space in the railing and p__________ into the water. [19 모평]

Rita에 대한 사랑은 그 개의 두려움을 압도했고, 그 개는 난간의 같은 열린 공간으로 뛰어넘어 물속으로 뛰어들었다.

21 In mature markets, b__________ that lead to a major change in competitive positions and to the growth of the market are rare. [18 모평]

충분히 발달된 상태의 시장에서는, 경쟁적 지위에 중요한 변화와 시장의 성장을 가져오는 획기적인 발견들이 드물다.

22 Some people may indulge fantasies of violence by watching a film instead of working out those fantasies in real life. [15 수능]

어떤 사람들은 실제 삶 속에서 폭력에 대한 공상을 실행에 옮기는 대신 영화를 보면서 그러한 공상을 __________ 수도 있다.

23 The term *objectivity* is important in measurement because of the scientific demand that observations be subject to public verification. [15 모평]

관찰된 사실들은 공개 __________을 받아야 한다는 과학적인 요구 때문에 측정에서 '객관성'이라는 말은 중요하다.

24 At the end of the War, a transition began that replaced old-style farming with production systems that were much more intensive. [18 학평]

전쟁이 끝날 무렵, 구식 농업을 훨씬 더 집약적인 생산 체제로 대체하는 __________가 시작되었다.

25 Investigations into the economics of information e__________ a variety of categories including the costs of information and information services. [19 수능]

정보의 경제학에 대한 연구는 정보와 정보 서비스의 비용을 포함하는 다양한 범주를 포괄한다.

26 Street-level work that d__________ the infrastructure (the sewer system below or the electrical grid above) brings our *shared* dependence into view. [18 학평]

사회 기반 시설(하부에 위치한 하수도 체계나 상부에 위치한 전력망)을 혼란에 빠뜨리는 거리에서의 작업은 우리의 '공유된' 의존성을 눈에 띄게 한다.

01~09번 정답 ▶
01 구성된다　　02 notorious　　03 명성 있는　　04 outset　　05 outgrows
06 manipulate　　07 frontier　　08 끝냄[종료시킴]　　09 튼튼한

27 Upon close inspection, one could see that the pieces had been individually inscribed with some marks just inside the trimmed foot. [13 모평]

자세히 검사해보니, 그 (도자기) 작품들은 _________ 맨 아래 부분의 안쪽에 몇몇 표시들로 각각 새겨져 있는 것을 알 수 있었다.

28 These thieving bees s_________ into the nest of an unsuspecting "normal" bee, lay an egg, and then s_________ back out. [18 모평]

도둑질하는 이런 벌들은 이상한 김새를 못 챈 '보통' 벌의 집으로 몰래 들어가서 알을 낳은 다음 몰래 빠져나온다.

29 Inside a law court the precise location of those involved in the legal process is an essential part of ensuring that the law is upheld. [17 수능]

법정 안에서 법적 절차에 관련된 사람들의 정확한 위치는 법이 _________는 것을 확인시키는 꼭 필요한 부분이다.

30 If the r_________ reciprocates favor for favor, both intrinsic and extrinsic satisfaction derive from the profitable interaction. [18 학평]

만약 받는 사람이 호의를 호의로 보답한다면, 그 유익한 상호 작용으로부터 내적 만족과 외적 만족 둘 다를 얻는다.

*reciprocate 보답하다

31 The seemingly impractical knowledge we gain from space probes to other worlds tells us about our own role in the s_________ of nature. [16 수능]

외부 세계에 대한 우주탐사기로부터 우리가 얻는 비현실적인 것으로 보이는 지식이 자연의 체계 안에서의 우리 자신의 역할에 대해 우리에게 알려준다.

32 Children must be taught to perform good d_________ for their own sake, not in order to receive stickers, stars, and candy bars. [11 수능]

아이들은 스티커, 별, 그리고 막대사탕을 받기 위해서가 아니라 선행 그 자체를 위해 좋은 행동들을 하도록 가르침을 받아야 한다.

33 As in Einstein's formulation, the two theories underlying the tremendous progress of physics were mutually incompatible. [12 모평]

아인슈타인의 공식에서와 같이, 물리학의 엄청난 진보의 기초가 되는 두 이론은 서로 _________ 것이었다.

34 Despite some notable collaborations in the arts and sciences, the most impressive acts of creative thought appear to have been the products of individuals. [19 학평]

예술과 과학에서 몇몇 _________ 공동 작업이 있지만, 가장 인상적인 창조적 사고의 행위는 개개인의 산물이었던 것으로 보인다.

35 Physiologically, their blood vessels are more l_________ to contract and their blood pressure rises. [11 학평]

생리학적으로 그들의 혈관은 좀 더 수축하는 경향이 있어서 혈압이 상승한다.

10~18번 정답 ▶

10 mimics	**11** 익명으로	**12** fabulous	**13** 갈망	**14** pervaded
15 tactic	**16** 완전한	**17** 연장될	**18** 결점	

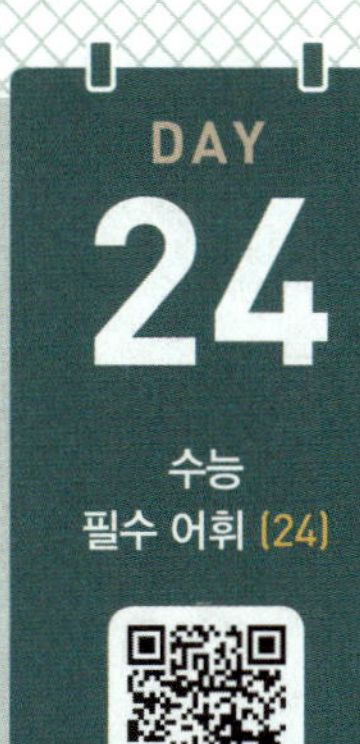

PREVIEW 34 Words

- [ ] comply
- [ ] constitute
- [ ] milestone
- [ ] animate
- [ ] underestimate
- [ ] column
- [ ] consent
- [ ] dissent
- [ ] entity
- [ ] integral
- [ ] divert
- [ ] recur
- [ ] configuration
- [ ] evade
- [ ] erect
- [ ] foremost
- [ ] haunt
- [ ] lurk
- [ ] browse
- [ ] kneel
- [ ] array
- [ ] nuance
- [ ] nuisance
- [ ] intrigue
- [ ] potent
- [ ] overflow
- [ ] overturn
- [ ] ambiguous
- [ ] patch
- [ ] patriot
- [ ] stale
- [ ] blast
- [ ] feat
- [ ] ingenuity

➕ 수능 PLUS 수능 이렇게 나온다

1105

comply
[kəmplái]

통 따르다, 준수하다

파 compliance n. 따름, 준수
compliant a. 순응하는, 따르는

숙어 comply with ~을 따르다, ~을 지키다(= observe, abide by)
기출 어구 • comply with the trend 추세를 따르다
• comply with rules 규칙을 지키다

1106

constitute
[kánstitjùːt]

통 1. 구성하다, 이루다
2. 설립하다, 제정하다

파 constitution n. 1. 구성, 구조 2. 헌법
constitutional a. 헌법의, 합헌적인
constituent n. 주민, 유권자, 구성 요소

유 • make up ~을 구성하다
• set up ~을 설립하다
• establish v. 설립하다, 제정하다
기출 어구 constitute our value system 우리의 가치 체계를 구성하다

1107

milestone
[máilstòun]

명 이정표, 획기적인 사건, 중요한 단계

cf. landmark n. 획기적인 사건, 랜드마크 (주요 지형지물)
기출 어구 milestones of development 발달의 중요한 단계들

1108

animate
[동: ǽnəmèit / 형: ǽnəmət]

통 생명을 불어넣다, 생기 있게 하다
형 살아 있는, 생기 있는

파 animation n. 1. 생기, 활기 2. 만화 영화
(= animated cartoon)
animator n. 만화 영화 제작자

유 • alive a. 살아 있는
• lively a. 생기 있는
반 inanimate a. 무생물의, 활기 없는
cf. reanimate v. 되살리다, 소생시키다

1109

underestimate
[동: ʌndəréstəmeit / 명: ʌndəréstəmət]

통 과소평가하다, (비용을) 너무 적게 잡다
명 과소평가

파 underestimation n. 과소평가

유 underrate, undervalue v. 과소평가하다
반 • overestimate v. 과대평가하다, (비용을) 너무 많이 잡다 n. 과대평가
• overrate, overvalue v. 과대평가하다

DAY 24

1110

column
[kάləm]

뗑 1. (둥근 석조) **기둥, 기념비** 2. **세로줄, 열**
    3. (신문·잡지의) **정기 기고란**
파 columnist n. 기고자, 칼럼니스트

유 pillar n. 기둥, 기념비
기출 어구 a column of figures 숫자 열
cf. row n. 가로줄, 행

1111

consent
[kənsént]

뗑 **동의, 허락**
동 **동의하다, 허락하다**
파 consensus n. 의견 일치, 합의

유 • assent n. 동의, 찬성 v. 동의하다, 찬성하다
• agreement n. 동의
• agree v. 동의하다
숙어 consent to = give one's consent to ~에 동의하다

1112

dissent
[disént]

뗑 **반대, 반대 의견**
동 **반대하다**

유 • opposition n. 반대
• oppose v. 반대하다, 대립하다
반 • assent n. 동의, 찬성 v. 동의하다, 찬성하다
• consent n. 동의 v. 동의하다

1113

entity
[éntəti]

뗑 **실재(물), 존재, 독립체**

기출 어구 • a single entity 단일 개체
• a separate entity 별개의 독립체

1114

integral
[íntəgrəl / intégrəl]

혱 1. (전체를 구성하는 일부로서) **필수적인**
    2. (필요한 모든 부분이 갖춰져) **완전한**
파 integrally ad. 없어서는 안 되게, 완전하게

유 • essential, vital a. 필수적인
• fundamental a. 필수적인, 기본적인
숙어 integral to ~에 필수적인
기출 어구 • an integral part of ~에 필수적인 부분
• an integral element 필수 요소

1115

divert
[divə́ːrt]

동 (방향을) **전환시키다,**
    (생각·관심을) **다른 데로 돌리다**
파 diversion n. 전환
diverting a. 기분 전환이 되는, 즐거운

유 distract v. (주의를) 딴 데로 돌리다
숙어 divert oneself in ~으로 기분 전환을 하다

1116

recur
[rikə́ːr]

동 **재발하다, 되풀이하다, 반복되다**
파 recurrence n. 재발, 반복
recurrent a. 되풀이되는, 반복되는

유 • reoccur v. 다시 일어나다, 재발하다
• repeat v. 반복하다, 되풀이하다

1117

configuration
[kənfìgjuréiʃən]

몡 1. 구성, 배열 2. (컴퓨터의) 환경 설정

파 configure v. 1. 구성하다, 배열하다
2. (컴퓨터의) 환경을 설정하다

cf. reconfiguration n. 재구성, 구성 변경

1118

evade
[ivéid]

동 회피하다, 모면하다

파 evasion n. 회피, 모면
evasive a. 1. 회피적인 2. 덧없는

유 • avoid v. (회)피하다, 막다
• dodge v. 피하다, 면하다
• elude v. (교묘히) 피하다, 빠져나가다

1119

erect
[irékt]

형 똑바로 선, 직립의
동 세우다, 건립하다

파 erection n. 직립, 건립, 설치

유 • upright a. (자세가) 똑바른, 꼿꼿한, 수직의
• build v. 짓다, 건설하다
• set up ~을 세우다
기출 어구 an erect position 똑바로 선 자세

1120

foremost
[fɔ́ːrmòust]

형 가장 중요한, 으뜸가는, 맨 앞의
부 맨 먼저

숙어 first and foremost
무엇보다 먼저, 맨 먼저

1121

haunt
[hɔːnt]

동 1. (생각 등이) 계속 떠오르다,
   (오랫동안) 괴롭히다
2. (유령 등이) 출몰하다

파 haunted a. 1. 유령이 나오는 2. 사로잡힌, 불안한
haunting a. 잊을 수 없는

cf. a haunted house
유령[귀신]이 나오는 집

1122

lurk
[ləːrk]

동 숨다, 잠복하다, 살금살금 다니다

유 • hide v. 숨다
• sneak v. 살금살금[몰래] 움직이다

1123

browse
[brauz]

동 1. 둘러보다, 훑어보다
2. (정보를 찾아) 인터넷을 돌아다니다

파 browser n. 1. 둘러보는 사람 2. (컴퓨터) 브라우저

유 look around ~을 둘러보다
숙어 browse through (책을) 여기저기 읽다[훑어보다]
기출 어구 • browse through the papers 신문을 훑어보다
• browse the Web 인터넷 정보를 검색하다

DAY 24

kneel
[niːl]

동 무릎을 꿇다
파 knee n. 무릎

(kneel – knelt – knelt)

숙어 kneel down (on) (~에) 무릎 꿇고 앉다

array
[əréi]

명 1. 정렬, 배열 2. 모음, 무리
동 정렬시키다, 배열하다

유 arrangement n. 정리, 배열
숙어 an (wide) array of
다수의 ~, 다양한 ~

nuance
[njúːɑːns]

명 뉘앙스, 미묘한 차이
파 nuanced a. 미묘한 차이가 있는

기출 어구 nuances of the concept
그 개념의 미묘한 차이들
cf. shade n. 색깔, 미묘한 차이

nuisance
[njúːsəns]

명 성가신 사람[것], 골칫거리

유 • trouble n. 어려움, 성가신 일
• bother n. 골칫거리, 귀찮은 일

intrigue
[intríːg]

동 1. 흥미[호기심]를 끌다 2. 음모를 꾸미다
명 1. 호기심, 흥미로움 2. 음모
파 intriguing a. 아주 흥미로운(= interesting)

기출 어구 • intrigue researchers 연구자들의 흥미를 끌다
• cognitive intrigue 인지적 호기심
유 • interest v. 흥미를 끌다
• plot v. 모의하다 n. 음모

potent
[póutənt]

형 강한, 강력한, 유력한

유 strong, powerful a. 강한, 강력한
반 impotent a. 무력한, 허약한
기출 어구 potent agents of aging 노화의 강력한 동인들

overflow
[동: òuvərflóu /
명: óuvərflou]

동 넘치다, 범람하다
명 넘침, 범람

유 • spill over 넘치다
• spillover n. 넘침, 과잉
숙어 • overflow with ~가 넘쳐나다
• overflow into ~로 넘쳐 흐르다

overturn
[동: òuvərtə́ːrn /
명: óuvərtə̀ːrn]

동 뒤집히다, 뒤집다, 전복시키다
명 전복, 타도

유 • reverse v. 뒤바꾸다, 뒤집다
• overthrow v. 전복시키다, 타도하다

1132

ambiguous
[æmbíɡjuəs]

형 애매모호한, 모호한, 여러 가지로 해석할 수 있는

파 ambiguity n. 애매모호함
ambiguously ad. 애매모호하게

유 vague, unclear a. 모호한, 불명확한
반 unambiguous a. 모호하지 않은, 분명한(= clear)

1133

patch
[pætʃ]

명 1. (덧대는 데 쓰이는) 조각, (주변과는 다른 작은) 부분
2. 작은 땅 3. 시기
동 조각을 덧대다

기출 어구 • a patch of sunlight 한 조각의 햇빛
• a cabbage patch 양배추밭
• the rough patches 힘든 시기

1134

patriot
[péitriət]

명 애국자
파 patriotism n. 애국심
patriotic a. 애국적인, 애국자의

cf. • nationalist n. 국가주의자, 민족주의자
• national anthem 애국가

1135

stale
[steil]

형 1. 신선하지 않은, 상한 2. 진부한

유 decayed a. 부패한, 썩은
기출 어구 a stale routine 진부한 일상
cf. a stale expression 진부한 표현 (= a cliché)

1136

blast
[blæst]

동 1. 폭발시키다, 폭파하다
2. (큰 소리가) 쾅쾅 울리다
명 1. 폭발 2. 큰 소리

유 explode v. 폭발하다, 폭파시키다

1137

feat
[fiːt]

명 1. 위업, 공적 2. (뛰어난) 재주, 묘기

유 • achievement, accomplishment n. 업적, 공적
• exploit n. (pl.) 위업, 공적

1138

ingenuity
[ìndʒənjúːəti]

명 창의력, 독창성, 재간
파 ingenious a. 기발한, 독창적인, 재간이 많은
(cf. ingenuous a. 순진한, 솔직한)

유 • inventiveness n. 창의력, 발명
• creativity n. 창조성, 독창력

DAY 24

각 빈칸에 알맞은 영단어 또는 우리말을 쓰시오.

01 The result was to have an inefficient keyboard configuration. [12 모평]

그 결과는 비효율적인 키보드 __________이 었다.

02 Many who have experienced a major loss often go on to achieve remarkable feats in spite of their hardships. [13 모평]

큰 상실을 경험한 많은 사람들은 자신들의 역경에도 불구하고 종종 놀랄만한 __________을 달성해 나간다.

03 She was determined to make her students understand that themes recur throughout a piece. [11 수능]

그녀는 학생들에게 한 악보 전체에 걸쳐 주제 부분이 __________는 것을 이해시키기로 결심했다.

04 Information has become a recognized entity to be measured, evaluated, and priced. [19 수능]

정보는 측정되고, 평가되고, 값이 매겨지는 인정된 __________가 되었다.

05 If glaciers did start to advance again, what exactly would we do? B__________ them with TNT or maybe nuclear missiles? [19 모평]

만약에 빙하가 다시 (형성을) 진행하기 시작한다면 우리는 정확히 무엇을 할 것인가? 그것들을 폭약(TNT)이나 아니면 어쩌면 핵미사일로 폭파할 것인가?

06 Patriotism, as a value, demands sacrifices and is sometimes disadvantageous as far as individual well-being is concerned. [12 학평]

가치로서의 __________은 희생을 요구하고 때때로 개인의 행복에 관한 한 불이익이 된다.

07 One of them would k__________ down behind someone and the other would push the person over. [09 모평]

그들 중 한 명은 누군가의 뒤에 무릎을 꿇고, 다른 한 명은 그 사람을 밀어 넘어뜨리곤 했다.

08 If the hunter did not kill the animal properly, the animal could return as a ghost and h__________ the hunter. [20 EBS]

만약 그 사냥꾼이 그 동물을 적절하게 죽이지 않는다면, 그 동물은 유령으로 돌아와 사냥꾼을 괴롭힐 수 있다.

09 This comes from how we experience our own bodies; namely, that we experience ourselves as being erect. [15 학평]

이것은 우리가 우리 자신의 신체를 어떻게 경험하는가에 기인한다. 즉, 우리는 우리 자신을 __________ 존재로 경험한다는 것이다.

19~26번 정답 ▶   **19** patches   **20** 뒤집어진   **21** array   **22** milestones   **23** 골칫거리   **24** 회피할   **25** diverted   **26** 과소평가된다

10 Failure to c__________ with any of the above rules will disqualify the entry. [12 모평]

위의 규칙 중 하나라도 준수하지 않을 경우, 그 출품작은 실격될 것입니다.
*disqualify 실격시키다

11 Our total set of values and their relative importance to us c__________ our value system. [17 모평]

우리의 총체적인 가치관과 우리에게 있어 그 것(가치)들의 상대적 중요성이 우리의 가치 체계를 구성한다.

12 Experiment and observation provide us with clues, but the clues are cryptic, and require some considerable ingenuity to solve. [12 모평]

실험과 관찰은 우리에게 단서를 제공하지만, 그 단서들은 비밀스럽고, (그것들을) 풀기 위해서는 상당한 __________을 필요로 한다.
*cryptic 비밀스러운

13 These fierce radicals, built into life as both protectors and avengers, are potent agents of aging. [14 수능]

보호자이자 보복자로 생명체에 내장되어 있는 이 사나운 활성산소는 노화를 일으키는 __________ 동인이다.

14 Even your choice of words should be selective; you must pay attention to their nuances. [13 모평]

단어를 선택하는 것조차도 선별적이 되어야 하고, 그 단어의 __________에 대해서도 주의를 기울여야 한다.

15 Such mental rehearsal is disastrous cognitive static when it becomes trapped in a stale routine that captures attention. [13 수능]

그러한 정신적 예행 연습이 주의력을 빼앗는 __________ 일상에 사로잡힐 때, 그것은 파멸적인 인지적 정지 상태가 된다.
*static 정지 상태

16 The percentage of parents who browsed shelves is the same as that of parents who borrowed print books. [16 수능]

서가를 __________ 부모의 비율은 인쇄된 책을 빌린 부모의 비율과 같다.

17 He grew up in a farming community and within a very large family, so living simply was integral to his life philosophy. [14 수능]

그는 농촌 지역의 대가족 속에서 성장해서, 소박하게 사는 것은 그의 삶의 철학에 __________ 부분이었다.

18 If strong bonds make even a single d__________ less likely, the performance of groups and institutions will be impaired. [11 수능]

만약 강한 유대감이 단 하나의 반대조차도 덜 가능하게 한다면, 그룹과 기관의 수행 능력은 손상될 것이다.
*impair 손상시키다

27~34번 ▶ 정답

27 ambiguous	28 overflowing	29 animated	30 lurking
31 흥미를 끌지	32 으뜸가는	33 기둥들	34 consent

19 More often, an entire habitat does not completely disappear but instead is reduced gradually until only small p__________ remain. [11 수능]

더 흔한 경우에, 서식지 전체가 완전히 사라지는 것이 아니라, 그 대신에 점진적으로 줄어들어서 결국에는 오직 작은 면적들만이 남게 된다.

20 Even after many of the rules were overturned by radical concepts, composers still organized their thoughts in ways that produced an overall, unifying structure. [17 학평]

많은 규칙이 급진적인 개념에 의해 __________ 이후에도, 작곡가들은 전체적이고 통일적인 구조를 만들어 내는 방식으로 여전히 자신들의 생각을 구성했다.

21 Ta-Nahesi Coates, a senior editor at *The Atlantic Monthly*, ran a personal blog for years, and he posts daily on a wide a__________ of subjects. [16 학평]

〈애틀랜틱 월간지〉의 수석 편집자인 Ta-Nahesi Coates는 몇 년 동안 개인 블로그를 운영해 왔는데, 그는 매일 다양한 주제에 대해 글을 올린다.

22 Parental enthusiasm for these motor accomplishments is not at all misplaced, for they are, indeed, m__________ of development. [18 모평]

이러한 운동 기능의 성취에 대한 부모의 열성은 전혀 문제가 있는 것이 아닌데, 왜냐하면 그것은 실제로 발달의 중요한 단계들이기 때문이다.

23 Their protests are then seen by planners and developers as an expensive nuisance, so the public become the 'enemy'. [17 학평]

대중의 항의는 기획자와 개발자들에게 돈이 많이 드는 __________로 여겨지기 때문에 대중은 '적'이 된다.

24 If wealthy, respected members of the community continually find ways to evade paying taxes, isn't the government justified in publishing their names? [08 학평]

부유하고 존경받는 지역사회 구성원들이 계속해서 세금을 내는 것을 __________ 방법을 찾는다면, 정부가 그들의 이름을 발표하는 것은 정당하지 않겠는가?

25 Few people know that more than 50 percent of the river's water is d__________ through four huge tunnels before it reaches Niagara Falls. [08 학평]

강물의 50퍼센트 이상이 나이아가라 폭포에 도달하기 전에 네 개의 거대한 터널을 통해 방향이 전환된다는 것을 아는 사람은 거의 없다.

26 Large numbers have been found to lack meaning and to be underestimated in decisions unless they convey affect(feeling). [19 수능]

정서적 반응(감정)을 전달하지 않는다면 큰 숫자는 의미가 없으며 결정을 할 때 __________는 것이 밝혀졌다. *affect 정서, 감정

01~09번 ▶ 정답
01 구성[배열]　02 위업[공적]　03 되풀이된다　04 실재[독립체]　05 Blast
06 애국심　07 kneel　08 haunt　09 똑바로 선[직립의]

27 Linguists usually call a word "a__________" only when there is some uncertainty about which meaning is being used in the particular instance. [15 학평]

언어학자들은 특정한 상황에서 어떤 의미가 사용되고 있는지에 대해 어느 정도의 불명확함이 있을 때에만 어떤 단어가 '애매모호하다'고 대체로 말한다.

28 This is now causing its own problems as storage ponds designed to store a few years' waste become filled or o__________. [19 모평]

몇 년간의 폐기물을 저장하기 위해 만들어진 저장조가 가득 차거나 넘쳐나게 되면서 이것이 이제 그 자체의 문제를 일으키고 있다.

29 Thanks to their very elastic skin, a__________ by complex muscles, faces can quickly display various emotions. [06 학평]

복잡한 근육에 의해 생명이 불어넣어지는(살아 움직이게 되는) 매우 탄력적인 피부 덕분에, 얼굴은 다양한 감정을 빠르게 나타낼 수 있다. *elastic 탄력 있는

30 Early humans did not possess any natural weapons to defend themselves against the dangers l__________ on the savannas. [18 EBS]

초기 인류는 사바나에 잠복하고 있는 위험으로부터 스스로를 방어하기 위한 그 어떤 타고난 무기도 지니고 있지 않았다.

31 They can react badly when forced to put more important work on hold to complete a task that doesn't intrigue them. [16 모평]

그들은 그들의 __________ 않는 과제를 완수하기 위해 더 중요한 일을 보류할 수밖에 없을 때 좋지 않은 반응을 보일 수 있다.

32 Years ago, when I was working with dogs in Europe, I witnessed an intelligence test given by some of the foremost trainers and behaviorists in the field. [14 학평]

수년 전, 내가 유럽에서 개들과 함께 일하고 있을 때, 이 분야에서 __________ 조련사이자 행동주의자 중 몇 명이 출제한 지능 테스트를 본 적이 있다.

33 A normal, straight-edged ruler was of little use to the masons who needed to measure the circumference of the columns. [13 학평]

__________의 둘레를 측정할 필요가 있었던 석공들에게 보통의 직선 자는 거의 쓸모가 없었다. *mason 석공 **circumference 둘레, 원주

34 Permission marketing is a term coined by Seth Godin, meaning that the customer has given his or her c__________ to receive marketing messages from an organization. [15 학평]

허가 마케팅은 Seth Godin에 의해 만들어진 용어인데, 고객이 어떤 단체에서 마케팅 메시지를 받기로 그나 그녀가 동의하기로 한 것을 의미한다. *coin 만들다

10~18번 정답 ▶ 10 comply　11 constitute　12 창의력[재간]　13 강력한　14 뉘앙스[미묘한 차이]
15 진부한　16 둘러본　17 필수적인　18 dissent

MEGASTUDY VOCA
수능 영단어 2580

PART 3

혼동 어휘

형태와 의미가 유사하여 항상 헷갈리는 수능 혼동 어휘

Day 25~27

표제어 음성 QR코드

- beside / besides
- alley / ally
- social / sociable
- misplace / displace
- affect / effect
- abroad / aboard
- imaginative / imaginary / imagery
- principle / principal
- respectful / respective
- confident / confidential
- crash / crush
- lay / lie
- alternative / alternate
- compliment / complement
- temporary / temporal
- submit / summit
- marble / marvel
- raw / row
- memorial / memorable

1139 ~ 1140

beside
[bisáid]

전 1. ~ 옆에 2. ~에 비해

besides
[bisáidz]

전 ~ 외에도 부 게다가

1141 ~ 1142

alley
[ǽli]

명 오솔길, 골목길

ally
[명: ǽlai / 동: əlái]

명 1. 동맹국 2. 협력자
동 동맹하다, 동맹시키다
파 alliance n. 동맹, 연합

1143 ~ 1144

social
[sóuʃəl]

형 1. 사회의, 사회적인
　　2. 사교상의, 사교와 관련된
명 사교 파티, 친목회
파 socialize v. 사회화하다
society n. 사회
sociality n. 사회성

➕ 수능 PLUS 수능 이렇게 나온다

유 • next to ~ 옆에
• compared with ~에 비해
기출 어구 beside the bed 침대 옆에

유 • apart from ~ 외에도
• moreover, furthermore, what's more, in addition 게다가, 더욱이
기출 어구 Besides coal, 석탄 외에도,

유 • pathway n. 오솔길, 좁은 길
• path n. 길, 작은 길
• lane n. 좁은 길, 골목길

cf. the Allies
(1 · 2차 세계대전 당시의) 연합국들

반 antisocial a. 1. 반사회적인 2. 비사교적인
기출 어구 • (a) social animal 사회적 동물
• social interaction 사회적 상호관계
cf. **social vs. sociable:**
• social: 사회와 관련된 일이나 한 사회의 일원으로 다른 사람 또는 개체와 관계를 나타낼 때 쓰임
• sociable: 사람들과 어울리는 것을 좋아하여 상냥하고 대인관계가 좋은 사람을 나타낼 때 쓰임

sociable
[sóuʃəbl]

형 사교성이 있는, 사교적인, 붙임성 있는

파 sociability n. 사교성, 친목

유 friendly a. 친절한, 우호적인
반 unsociable a. 비사교적인, 수줍어하는
기출 어구 a sociable and charming man 사교적이고 매력적인 사람

1145 ~ 1146

misplace
[mispléis]

동 잘못 두다, 둔 곳을 잊다

파 misplacement n. 1. 잘못 둠 2. 당치 않음
misplaced a. 부적절한, 잘못된

유 mislay v. 잘못 두다
기출 어구 had misplaced his wallet 그의 지갑을 잘못 두었다[잃어버렸다]
cf. misplace = mis(wrong) + place(두다) → 잘못 두다

displace
[displéis]

동 1. (평소 위치에서) 옮겨 놓다
2. 대신[대체]하다 3. 쫓아내다

파 displacement n. 이동, 추방

유 • relocate v. 이전시키다, 옮기다
• replace v. 대체하다, 대신하다
기출 어구 displaced by an external force 외부 힘에 의해 옮겨진

1147 ~ 1148

affect
[동: əfékt / 명: ǽfekt]

동 1. (~에) 영향을 주다 2. 감동을 주다
명 정서, 감정

파 affective a. 정서적인, 감정적인(= emotional)
affection n. 애정, 애착, 호의(= fondness)
affectionate a. 애정 어린

유 • influence v. 영향을 주다 n. 영향
• move, touch v. 감동시키다
• feeling n. 감정
기출 어구 masses affect each other 물질은 서로에게 영향을 준다

effect
[ifékt]

명 1. 효과, 영향 2. 결과
동 (어떤 결과를) 가져오다, 초래하다

파 effective a. 1. 효과적인 2. 실질적인 3. 시행되는
(↔ ineffective a. 효과 없는, 실효성 없는)
effectively ad. 효과적으로

유 • result, consequent n. 결과, 영향
• bring about ~을 야기하다, 초래하다
숙어 have an effects on ~에 영향을 미치다, ~의 효과를 나타내다
기출 어구 • side effects 부작용
• snowball effect 눈덩이 효과
• (a) positive/negative/direct effect 긍정적인/부정적인/직접적인 효과[영향]

1149 ~ 1150

abroad
[əbrɔ́ːd]

부 국외로, 해외로

유 overseas ad. 해외로 a. 해외의
기출 어구 go abroad 해외로 가다

aboard
[əbɔ́ːrd]

전 ~에 탑승한
부 (배 · 비행기 · 열차 · 버스 등을) 타고, 탑승하여

유 on board 탑승하여
기출 어구 a journey aboard the Sea Cloud Sea Cloud호를 타고 하는 여행

1151 ~ 1153

imaginative
[imǽdʒənətiv]

형 창의적인, 상상력이 풍부한

파 imagine v. 상상하다
imagination n. 상상(력), 창의성
imaginativeness n. 상상력이 풍부함, 창의적임

유 • creative a. 창의적인
• inventive a. 1. 독창적인, 창의력이 풍부한 2. 발명의
기출 어구 (an) imaginative child 상상력이 풍부한 아이

imaginary
[imædʒənèri]

형 상상의, 가상적인

유 • fictional a. 허구의, 가상의
• unreal a. 가공의, 허위의
기출 어구 in an imaginary world
상상 속의 세계에서
cf. imaginable a. 상상할 수 있는
(= conceivable)

imagery
[ímidʒəri]

명 1. 〈집합적〉 (예술 작품에서의) 형상(화), 이미지
2. 화상, 사진

기출 어구 • satellite imagery 위성사진
• imagery control
(훈련 방법의 일종) 이미지 컨트롤[제어]

1154 ~ 1155

principle
[prínsəpl]

명 1. 원리, 원칙 2. 신념, 신조

기출 어구 • principles of addition
덧셈의 원리
• moral principles 윤리적 원칙

principal
[prínsəpəl]

형 주요한, 제1의   명 (단체의) 장, 교장

유 • major, chief, primary a. 주요한
• headmaster[headmistress]
n. (남재[여자]) 교장
기출 어구 the principal effect 주된 효과
cf. • (an) assistant principal 교감
• dean n. (대학의) 학과장

1156 ~ 1157

respectful
[rispéktfəl]

형 존경심을 보이는, 공손한
파 respect v. 존경하다 n. 1. 존경
(↔ disrespect v. 경멸하다 n. 무례, 경멸)
2. 측면(▶ with respect to ~의 관점에서, ~에 관하여)
respectfully ad. 공손하게, 정중하게

유 polite, courteous a. 공손한, 정중
반 • disrespectful a. 무례한, 실례되는
• rude, impolite a. 무례한
숙어 be respectful of ~를 존경하다
기출 어구 in a respectful tone
공손한 말투로
cf. respectable a. 1. 존경할 만한, 훌륭한
2. 점잖은

respective
[rispéktiv]

형 각자의, 각각의
파 respectively ad. 각각, 각자, 제각기

기출 어구 within their respective family
그들 각자의 가족 내에서
cf. irrespective (of) a. 1. (~와) 관련[관계]
없는 2. (~을) 무시하고

1158 ~ 1159

confident
[kánfidənt]

형 확신하는, 자신감 있는
파 confidence n. 1. 신뢰 2. 자신감, 확신 3. 비밀

유 • certain a. 확신하는
• assured a. 자신감 있는, 확실한
cf. overconfident a. 지나치게 자신만만한,
과신하는

confidential
[kànfidénʃəl]

형 비밀의, 기밀의
파 confidentiality n. 비밀 (유지)
confide v. (비밀을) 털어놓다

유 secret a. 비밀의, 기밀의
기출 어구 • a confidential friend
비밀 친구
• duty of confidentiality 비밀 유지 의무

1160 ~ 1161

crash
[kræʃ]

명 1. 충돌, 추락, 사고
2. 굉음 3. (컴퓨터의 갑작스런) 고장
동 1. (차량이) **충돌하다**, (항공기가) **추락하다**
2. (컴퓨터가) **갑자기 멈추다**

유 • collision n. 충돌 (사고), (의견 등의) 충돌
• collide v. 충돌하다, 부딪히다
숙어 crash into ~와 충돌하다
기출 어구 • an airplane/a car crash
비행기 추락/자동차 충돌 사고
• making a crashing sound
굉음을 내며
cf. clash n. (물리적) 충돌, (의견 차이 등에 의한) 충돌, 언쟁 v. (시합 등에서) 격돌하다

crush
[krʌʃ]

동 1. 으깨다, 눌러서 부수다 2. 밀어 넣다

유 squash v. 으깨다, 찌부러뜨리다

1162 ~ 1163

lay
[lei]

(lay–laid–laid)

동 1. 놓다, 두다 2. (알을) **낳다**

기출 어구 • lay the foundation(s) for
~의 토대[기반]를 마련하다
• lay one's eggs 알을 낳다
• laid back 느긋한, 한가로운

lie
[lai]

1. (lie–lay–lain)
2. (lie–lied–lied)

동 1. 눕다, 누워 있다, 놓여 있다;
(어떤 상태로) **있다** 2. 거짓말하다
명 거짓말
파 liar n. 거짓말쟁이

숙어 lie in ~에 있다
기출 어구 • The answer lies in ~.
답은 ~에 있다.
• detect lies 거짓말을 탐지하다

1164 ~ 1165

alternative
[ɔːltɚ́ːrnətiv]

형 대체 가능한, 대안적인 명 대안
파 alternatively ad. 양자택일로, 그 대신에

기출 어구 • an alternative energy
resource 대체 에너지원
• a safer alternative 더 안전한 대안

alternate
[동: ɔ́ːltɚrnèit /
형: ɔ́ːltɚrnət]

동 번갈아 하다 형 번갈아 하는, 교대의
파 alternation n. 교대, 교체
alternately ad. 번갈아, 교대로

유 take turns 번갈아 하다, 교대하다
기출 어구 alternating their attention
번갈아 주의 집중하면서

1166 ~ 1167

compliment
[kámpləmənt]

명 칭찬, 찬사, 경의 동 칭찬하다
파 complimentary a. 1. 칭찬하는 2. 무료의

유 praise n. 칭찬 v. 칭찬하다
기출 어구 • get compliments 칭찬받다
• the target of your compliment
여러분의 칭찬의 대상

complement
[kámpləmənt]

동 보완하다, (더 좋아지게) **덧붙이다**
명 보완, 보완물
파 complementary a. 상호 보완적인, 보충하는

기출 어구 complement each other
[one another] 서로를 보완하다

temporary
[témpərèri]

형 일시적인, 임시의

파 temporarily ad. 일시적으로, 임시로

유 • provisional a. 임시의, 일시적인
• transitory a. 일시적인, 덧없는
• momentary a. 순간적인, 잠깐의
반 permanent a. 영구적인, 영원한
기출 어구 temporary roadblocks
일시적인 장애물

temporal
[témpərəl]

형 1. 시간의 2. 현세적인, 속세의

기출 어구 • have a "temporal advantage"
'시간적 이점'을 갖다
• on its temporal extent
시간적 범위에 대한

submit
[səbmít]

동 1. (서류 · 제안서 등을) 제출하다

2. 굴복하다, 항복하다

파 submission n. 1. 제출(물) 2. 굴복, 복종
submissive a. 순종적인, 고분고분한

유 hand in 제출하다
어법 point • submit A (to B) A를 (B에게)
제출하다
• submit to ~에 굴복하다
(= surrender to, yield to, give in to,
cave in to)
기출 어구 • submit the paper
논문을 제출하다
• submit to a predatory attack
포식자의 공격에 항복하다

summit
[sʌ́mit]

명 1. 꼭대기, 정상 2. 정점, 절정
3. 정상 회담

유 • top, peak n. 1. 산꼭대기 2. 정점, 절정
• pinnacle n. 1. 뾰족한 산봉우리 2. 정점,
절정 3. 뾰족탑

marble
[mɑ́ːrbl]

명 대리석, 구술
형 대리석으로 된

기출 어구 • a bag of marbles 구슬 한 봉지
• a marble bathroom 대리석으로 된 욕실

marvel
[mɑ́ːrvəl]

명 경이(로운 사람[것]) 동 경이로워하다

파 marvelous a. 놀라운, 믿기 어려운

유 wonder n. 경탄, 경이
기출 어구 a technological marvel
기술상의 경이

raw
[rɔː]

형 1. 날것의 2. 가공하지 않은

유 • uncooked a. 익히지 않은
• natural a. 자연의, 가공하지 않은
기출 어구 • raw foods 날음식
• raw material 원료, 원자재
• raw data 미가공 데이터

row
[rou]

명 1. 열, 줄 2. 노젓기
동 (노를 써서) 배를 젓다

숙어 • a row of 한 줄로 늘어선 ~
• in a row 잇달아, 계속해서
기출 어구 • a row of telephone
booths 한 줄로 늘어선 전화 부스
• row the boat 배를 젓다
cf. oar v. 노를 젓다 n. 노

memorial
[məmɔ́ːriəl]

- 몡 기념비, 기념물, 기념관
- 혱 기념의, 추모의

유 • monument n. 1. 기념물 2. 유물, 유적
• commemorative a. (중요 인물 · 사건을) 기념하는
기출 어구 the war memorial 전쟁 기념비

memorable
[mémərəbl]

- 혱 기억할 만한, 잊지 못할, 인상적인
- 파 memorably ad. 기억할 만하게

유 unforgettable a. 잊지 못할
기출 어구 this memorable victory
이 잊지 못할 승리

각 괄호 안에서 문맥상 적절한 낱말을 고르시오.

01 Amy was in the classroom staring out of the window [beside / besides] her. [17 모평]

Amy는 교실에서 자기 옆에 있는 창의 바깥쪽을 응시하고 있었다.

02 [Beside / Besides] bad cuts on his head, he broke his right arm and was in a cast for two months. [15 모평]

머리에 난 심한 상처 외에도 그는 오른쪽 팔이 부러져 두 달 동안 깁스를 했다.

03 "The key to enjoying cycling is to choose the right streets," says one city official, adding that [allies / alleys] off main roads can be interesting areas to explore. [08 모평]

한 시 관계자는 "사이클을 즐기는 비결은 옳은 길을 선택하는 것이다."라고 말한 후, 주도로에서 벗어난 골목길이 탐험하기에 흥미로운 지역이 될 수 있다고 덧붙였다.

04 Neighborhoods with the highest levels of solidarity often were unable to block unfavorable policies and programs for lack of ties to possible [allies / alleys] elsewhere in the city. [18 모평]

가장 높은 수준의 결속력을 갖고 있는 동네는 그 도시의 다른 지역에 있는 잠재적인 협력자들과의 결속력이 부족하기 때문에 불리한 정책과 프로그램들을 흔히 저지할 수가 없다.

*solidarity 연대, 결속

05 Animals — and people — who have been raised in extreme [social / sociable] isolation are poor at reading emotional cues. [17 모평]

극단적인 사회적 고립 상태에서 양육된 동물은, 그리고 인간은, 감정적 신호를 읽는 데 서툴다.

06 Cheerful, happy babies tend to become adventurous, outgoing children who tend to become extroverted, [social / sociable] adults. [14 학평]

쾌활하고 행복한 아기는 모험을 좋아하고 외향적인 아이가 되는 경향이 있으며, 그 아이는 외향적이고 사교성이 있는 어른이 되는 경향이 있다.

07 Foods of animal origin partly [misplace / displace] plant-based foods in people's diets. [20 모평]

동물성 식품이 사람들의 식단에서 식물에 기반한 식품을 부분적으로 대체한다.

08 In his rush to get to the hotel, he had [misplaced / displaced] his wallet. [07 학평]

그는 서둘러 호텔에 도착하느라 지갑을 잘못 두었대[잃어버렸다].

09 The peculiar sounds of laughter have a direct [affect / effect] on the listener. [15 모평]

웃음의 독특한 소리는 듣는 사람에게 직접적인 영향을 미친다.

10 Knowledge of one topic may [affect / effect] learning a second topic. [19 모평]

한 주제에 대한 지식이 두 번째 주제를 배우는 데 영향을 줄 수 있다.

20~30번
정답 ▶ **20** confident   **21** confidential   **22** crush   **23** crash   **24** lie   **25** lays
   26 lied   **27** alternative   **28** alternate   **29** complimented   **30** complemented

11 Now, because of rising health care costs, travelers are going [abroad / aboard] for routine surgeries and procedures. [10 학평]

오늘날 의료비 상승으로 여행자들은 정기적인 수술과 검진을 받기 위해 해외로 가고 있다.

12 Hop [abroad / aboard] his poetry train on which each amazing poem leads to a different destination. [10 모평]

각각의 놀라운 시가 다른 목적지로 이끄는 그의 시 열차에 올라타라.

13 The children who listened to the radio produced more [imagery / imaginary / imaginative] responses, whereas the children who watched the television produced more words that repeated the original story. [15 모평]

라디오를 들은 어린이들은 더 상상력이 풍부한 응답을 했지만, 반면에 텔레비전을 시청한 어린이들은 원래 이야기를 반복하는 말을 더 많이 했다.

14 Satellites are collecting a great deal of [imagery / imaginary / imaginative] as you read this sentence. [17 수능]

여러분이 이 문장을 읽을 때에도 위성들은 많은 양의 사진을 모으고 있다.

15 The monkeys look up in the air or at the ground, or stare at some [imagery / imaginary / imaginative] point outside the cage. [13 학평]

원숭이들은 하늘을 쳐다보거나, 땅을 보거나, 우리 바깥의 어떤 가상의 지점을 응시한다.

16 An elementary school student should probably master [principles / principals] of addition before moving to multiplication. [19 모평]

초등학생은 아마도 곱셈으로 옮겨가기 전에 덧셈의 원리를 통달해야 할 것이다.

17 When issues arise that touch on women's rights, women start to think of gender as their [principle / principal] identity. [19 모평]

여성의 권리에 관련된 문제가 생기는 경우, 여성들은 성(性)을 자신들의 주된 정체성으로 생각하기 시작한다.

18 Neither prosecutor nor defender is obliged to consider anything that weakens their [respectful / respective] case. [17 모평]

검찰관과 피고 측 변호사 중 그 어느 누구도 자신들 각각의 입장을 약화시키는 것(정보)을 고려해야 할 의무는 없다.

19 A small boy, about seven years old, walked up to the men. "Excuse me, sir," the little boy said in a [respectful / respective] tone. [06 모평]

일곱 살쯤 된 작은 소년이 그 남자들에게 걸어왔다. "실례합니다. 선생님."이라고 그 어린 소년은 공손한 말투로 말했다.

31~41번 정답 ▶

31 temporal	**32** temporary	**33** Submit	**34** summit	**35** submit	**36** marble
37 marveling	**38** row	**39** raw	**40** memorial	**41** memorable	

20 She had sung and danced with her friends in the festival, part of a sensational performance. After that, she had become more [confident / confidential] and active. [15 수능]

선풍적인 공연의 일환으로 그녀는 축제에서 친구들과 함께 노래를 부르고 춤을 추었다. 그 후에 그녀는 좀 더 자신감 있고 적극적이 되었다.

21 MIC Limited is a reliable company, and your individual respones will be kept completely [confident / confidential]. [18 EBS]

MIC Limited는 신뢰할 수 있는 회사이며, 여러분의 개별적인 답변은 완전히 비밀에 부쳐질 것입니다.

22 Wolf spiders use their front legs to catch their prey, and then they bite and [crash / crush] the prey. [06 모평]

독거미들은 앞다리를 이용해 먹이를 잡은 다음, 그 먹이를 물어서 으깬다.

23 Suppose a survivor from an airplane [crash / crush] with severe injuries struggles for days through the jungle but dies just before reaching a village. [14 모평]

비행기 추락으로 심각한 부상을 입은 채 살아남은 한 생존자가 며칠 동안 힘들여 정글을 통과하지만 한 마을에 도착하기 직전에 죽는다고 가정해 보라.

24 A contour line connects all points that [lay / lie] at the same elevation. [19 수능]

등고선은 동일한 고도에 있는 모든 점을 연결한다.

25 The Cabbage White [lays / lies] its eggs on cabbages, and then the caterpillars eat the cabbage leaves! [19 수능]

양배추 화이트는 양배추에 알을 낳고, 그러고 나면 그 애벌레들은 양배추 잎을 갉아먹는다!

26 A politician may indicate that one of his statements was 'somewhat at variance with the truth,' meaning that he [laid / lay / lied]. [12 수능]

어느 정치가가 자신의 말 중 하나가 '진실과 다소 상충 관계에' 있었다고 시사할 수도 있는데, 이것은 그가 거짓말을 했다는 뜻이다.

27 Solar energy can be a practical [alternative / alternate] energy source for us in the foreseeable future. [15 수능]

태양 에너지는 예측 가능한 미래에 우리를 위한 실용적인 대체 에너지원이 될 수 있다.

28 The classes will [alternative / alternate] between cooking lessons and gardening lessons. [17 학평]

수업은 요리 수업과 원예 수업을 번갈아 진행합니다.

29 When the applause subsided, Zukerman [complimented / complemented] the artist. [12 모평]

박수 소리가 가라앉자 Zukerman은 그 음악가를 칭찬했다.

30 Given the way their strengths [complimented / complemented] one another, Hector and Sergio decided to work together. [14 학평]

그들의 강점이 서로를 보완하는 방식을 고려하여 Hector와 Sergio는 함께 일하기로 결정했다.

01~10번 정답 ▶

01 beside	02 Besides	03 alleys	04 allies	05 social
06 sociable	07 displace	08 misplaced	09 effect	10 affect

31 Freedom in time (and limits on its [temporary / temporal] extent) is equally important and probably more fundamental. [20 모평]

시간적 자유가 (그리고 시간적 범위에 대한 제한이) 동등하게 중요하며 아마 더 근본적일 것이다.

32 Subjective wellbeing is at least partly [temporary / temporal] in response to the consumption of new and novel consumer goods. [14 학평]

새롭고 신기한 소비재를 소비하는 것에 대한 주관적 행복은 적어도 어느 정도는 일시적이다.

33 [Submit / Summit] your book review by email to admin@notachs.net. [19 모평]

여러분의 독후감을 이메일을 이용하여 admin@notachs.net으로 제출하십시오.

34 In 1924, a member of the third British expedition reached an elevation of 28,126 feet—just 900 feet below the [submit / summit]. [12 수능]

1924년에 3차 영국 원정대의 대원 중 한 명이 정상에서 겨우 900피트 아래인 고도가 28,126피트 되는 지점에 도달했다.

35 A baboon on its own would probably [submit / summit] to a predatory attack from a leopard. [12 학평]

혼자 있는 개코원숭이는 아마도 표범의 포식적인 공격에 항복할 것이다.

36 Phillip told her that he was an antique [marble / marvel] collector. [19 학평]

Phillip은 자신이 오래된 구슬을 수집한다고 그녀에게 말했다.

37 He lived a peaceful life [marbling / marveling] at the wonders of nature. [12 모평]

그는 자연의 경이로움에 경탄하며 평화로운 삶을 살았다.

38 Hannah was seated in the fifth [raw / row], hallway side, even though she had wanted a window seat. [16 수능]

Hannah는 창가 자리를 원했지만, 복도 쪽 다섯 번째 줄에 앉았다.

39 Basic scientific research provides the [raw / row] materials that technology and engineering use to solve problems. [16 수능]

기초 과학 연구는 기술과 공학에서 문제를 해결하기 위해서 사용하는 원료를 제공한다.

40 An Egyptian sculpture no bigger than a person's hand is more monumental than that gigantic pile of stones that constitutes the war [memorial / memorable] in Leipzig. [19 수능]

사람 손 크기만한 이집트 조각물이 Leipzig (라이프치히, 독일 동부의 도시)의 전쟁 기념비를 구성하는 그 거대한 돌무더기보다 더 기념비적이다.

41 After enjoying this [memorial / memorable] victory, Andrew headed straight to the nursing home where his sick grandad was staying. [18 모평]

이 잊지 못할 승리를 즐기고 나서 Andrew는 자신의 아픈 할아버지가 있는 요양원으로 직행했다.

11~19번 ▶ **11** abroad　**12** aboard　**13** imaginative　**14** imagery　**15** imaginary
정답　**16** principles　**17** principal　**18** respective　**19** respectful

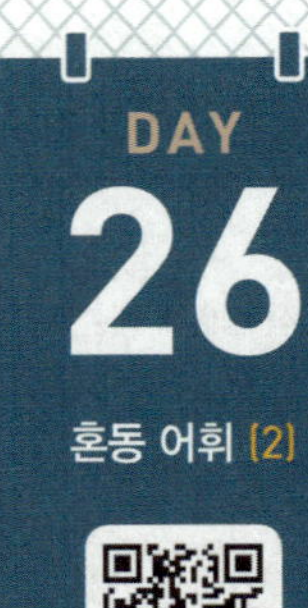

1178 ~ 1179

leak
[liːk]

[동] 1. (액체·기체 등이) **새다** 2. **누설하다**
[명] 1. 새는 곳 2. 누출, 누설

[파] leaky a. 새는, 구멍이 난
leakage n. 샘, 누출, 유출량

수능 PLUS 수능 이렇게 나온다

[기출 어구] when the roof leaks
지붕이 샐 때

lick
[lik]

[동] 핥다, 핥아먹다
[명] 한 번 핥기

[기출 어구] a quick lick 빠르게 한 번 핥기

1180 ~ 1181

ethical
[éθikəl]

[형] **윤리적인, 도덕적인, 도덕에 관계된**

[파] ethic n. 윤리, 도덕
ethics n. 〈단수 취급〉 윤리학
ethicist n. 윤리학자, 도덕가

[유] moral a. 도덕에 관계된, 도덕적인
[반] unethical a. 비윤리적인
[기출 어구] • ethical principles 윤리적 원칙
• ethical produce 윤리적 농산물
[cf.] bioethics n. 생명윤리

ethnic
[éθnik]

[형] 1. **민족의, 인종의** 2. **민족 전통의**

[파] ethnicity n. 민족, 민족성

[기출 어구] • ethnic minorities 소수 민족
• ethnic identity 민족 정체성
• ethnic backgrounds 민족적 배경

1182 ~ 1183

economic
[iːkənámik]

[형] **경제(상)의, 경제학의**

[파] economy n. 1. 경제, 경기 2. 절약, 아끼기
economics n. 〈단수 취급〉 경제학
economically ad. 1. 경제적으로 2. 알뜰하게

[기출 어구] • economic development
경제 발달
• economic crisis 경제 위기
• economically active population
경제활동인구
[cf.] socio-economic a. 사회경제적인

economical
[èkənámikəl /
iːkənámikəl]

[형] **경제적인, 절약하는, 알뜰한**

[유] • thrifty a. 검소한, 절약하는
• frugal a. 절약하는, 소박한

sow
[sou]
(sow – sowed
– sowed[sown])

동 1. (씨를) **뿌리다**
2. (감정·생각 등을) **심다**

기출 어구 sow seeds 씨를 뿌리다

sew
[sou]
(sew – sewed
– sewed[sewn])

동 **바느질하다, 깁다**

유 stitch v. 바느질하다, 꿰매다 n. 바늘땀
기출 어구 a sewing machine 재봉틀
cf. sewer n. 하수관

altitude
[ǽltitjùːd]

명 (해발) **고도, 높이**
파 altitudinal a. 고도의

유 elevation n. 1. 고도, 해발 높이 2. 승진
cf. high-altitude a. 고도가 높은

aptitude
[ǽptitjùːd]

명 **소질, 재능, 적성**

숙어 have an aptitude for ~에 소질[재능]이 있다(= have a talent[gift] for)
cf. attitude n. 태도, 자세

adapt
[ədǽpt]

동 1. **적응하다, 적응시키다**
2. (용도·상황에) **맞추다, 조정하다**
3. **개작하다, 각색하다**
파 adaptation n. 1. 적응 2. 각색
adaptive a. 1. 적응할 수 있는
(↔ maladaptive a. 부적응의) 2. 조정의
adaptability n. 적응성

숙어 adapt to ~에 적응하다, ~에 맞추다
(= adjust to)
기출 어구 • adapt to different cultures
다른 문화에 적응하다
• adapt novels 소설을 각색하다
• adapted to his ends 그의 목적에 알맞은
• a literal adaptation of the novel
소설의 문학적 각색

adopt
[ədápt]

동 1. (정책·의견 등을) **채택하다**
2. (특정 입장 등을) **취하다** 3. **입양하다**
파 adoption n. 1. 채택 2. 도입 3. 입양

기출 어구 • adopt the metric system
미터법을 채택하다
• adopt positive and optimistic
approaches 긍정적이고 낙관적인 접근법
을 취하다

quality
[kwáləti]

명 1. **질, 품질** 2. **특성**
3. (사람의) **자질, 재능**
형 **양질의, 고급의**
파 qualitative a. 질적인

기출 어구 • quality of life 삶의 질
• the 'unstable' qualities of
childhood 유년기의 '불안정한' 특성
• the essential qualities of an artist
예술가의 필수 자질

DAY 26

quantity
[kwántəti]

명 1. 양, 수량 2. 다량

파 quantitative a. 양적인
quantify v. 수량화하다

유 amount n. 양
숙어 • a (large) quantity[quantities] of
많은 ~, 다량의 ~
• a small quantity[small quantities] of
소량의 ~
기출 어구 a quantity discount
대량 구매 할인

1192 ~ 1194

migrate
[máigreit]

동 1. 이주하다, 이동하다
2. (한 곳에서 다른 곳으로) 옮기다

파 migration n. 이주, 이동
migrant n. 이주자
migratory a. 이주[이동]하는

cf. migrate: 주로 '철새나 동물이 계절에
따라 이주할 때' 쓰이며, 또는 사람이 살 곳이나
일자리를 찾아 '이주해 오거나(immigrate)',
'이주해 나갈 때(emigrate)', 두 경우 모두에
쓸 수 있다.

emigrate
[éməgrèit]

동 (타국으로) 이민 가다, 이주해 가다

파 emigration n. (타국으로의) 이민, 이주
emigrant n. (타국으로 가는) 이민자, 이주자

유 migrate v. (사람이) 이주하다
반 immigrate v. 이주해 오다
기출 어구 he emigrated to the U.S.
그는 미국으로 이민을 갔다
cf. emigrate = e(out) + migrate
→ 다른 곳으로 이주해 '나가다'

immigrate
[íməgrèit]

동 (타국으로) 이민 오다, 이주해 오다

파 immigration n. (타국에 살러 오는) 이민, 이주
immigrant n. (타국으로 온) 이민자, 이주자

유 migrate v. (사람이) 이주하다
반 emigrate v. 이주해 가다
기출 어구 his family immigrated to
the United States 그의 가족은 미국으로
이민을 왔다
cf. immigrate = in(into) + migrate →
다른 곳으로 이주해 '들어오다'

1195 ~ 1198

rise
[raiz]

(rise-rose-risen)

동 〈자동사〉 1. 오르다, 상승하다
2. 일어나다 3. 증가하다

명 1. 오름, 상승 2. 증가 3. 발생, 시작

유 • ascend, go up v. 오르다
• get up 일어나다
• increase v. 증가하다
반 fall v. 1. 떨어지다 2. 넘어지다 3. 줄다
n. 1. 낙하 2. 감소, 하락
숙어 give rise (to) (~을) 낳다, 일으키다
(= originate, cause)

raise
[reiz]

동 〈타동사〉 1. ~을 들어올리다
2. ~을 일으키다
3. (양·수준을) 올리다, 증가시키다
4. 기르다, 양육하다

유 • lift v. 들어올리다
• elevate v. 올리다
• bring up, rear v. 기르다, 양육하다

arise
[əráiz]
(arise – arose – arisen)

图 〈자동사〉 (문제 · 곤란 · 결과 등이) **발생하다, 생겨나다**

유 happen, occur v. 발생하다, 일어나다
숙어 arise from ~에서 생겨나다, ~에서 기인하다(= stem from, originate from, derive from)
기출 어구 issues arise 문제가 발생하다

arouse
[əráuz]

图 〈타동사〉 1. (감정 · 태도를) **불러일으키다, 자극하다** 2. (잠에서) **깨우다**
파 arousal n. 1. 각성, 환기 2. 흥분

유 • rouse v. 1. (감정을) 불러일으키다 2. (잠에서) 깨우다
• evoke, stir up v. 일깨우다, 불러일으키다
• stimulate v. 자극하다
• awaken v. (잠에서) 깨다, 깨우다

1199 ~ 1200

simulate
[símjulèit]

图 1. **모의 실험하다**
2. **가장하다, 흉내 내다**
파 simulation n. 1. 모의 실험, 시뮬레이션 2. 가장, 흉내
simulator n. 모의 실험 장치, 시뮬레이터
simulated a. 1. 모의의 2. 가상의, 가장된

기출 어구 • simulate reality 현실을 흉내 내다[가상 현실로 만들다]
• simulated objects 가상의 물체들
(= virtual objects)

stimulate
[stímjulèit]

图 1. **자극하다, 격려하다, 촉진하다**
2. **흥분시키다**
파 stimulation n. 1. 자극, 격려 2. 흥분
stimulus n. 자극, 자극제(pl. stimuli)

유 • rouse, arouse v. 자극하다, 불러일으키다
• encourage, prompt, spur v. 격려하다, 촉진하다
기출 어구 stimulate our senses 우리의 감각을 자극하다

1201 ~ 1202

through
[θruː]

전 1. **~을 통과하여, ~을 통해서**
2. **~ 내내**
부 1. **통해서** 2. **내내**

유 • via prep. ~을 거쳐, ~을 통해서
• throughout prep. ~ 내내, ~ 동안 쭉
숙어 go through 1. ~을 겪다, 거치다 2. ~을 통과하다 3. ~을 살펴보다, 검토하다

thorough
[θɔ́ːrou]

형 **철저한, 완전한**
파 thoroughly ad. 철저히, 완전히

유 • exhaustive a. 철저한, 완전한
• complete a. 완전한
기출 어구 thorough inspection /examination 철저한 검사/조사

1203 ~ 1204

wander
[wándər]

图 1. (정처 없이) **돌아다니다, 배회하다**
2. (길 · 일행 등에서) **벗어나다**
3. (생각이) **다른 데로 흐르다, 떠돌다**
파 wanderer n. 방랑자

유 • roam v. (이리저리) 돌아다니다, 배회하다
• stray v. (길에서) 벗어나다, 헤매다 a. 길 잃은
기출 어구 • wander around 이리저리 헤매고 돌아다니다
• allowing his mind to wander 그의 마음이 흐르는 대로 두면서

wonder
[wʌ́ndər]

동 1. 궁금해 하다 2. 놀라다
명 경이, 경탄, 불가사의
파 wonderful a. 멋진, 훌륭한

유 marvel n. 경이, 경탄
기출 어구 • wonder if ~일지 아닐지 궁금해 하다
• the wonder of science 과학에 대한 경이

1205 ~ 1206

considerate
[kənsídərət]

형 사려 깊은, 배려하는
파 consider v. 고려하다, 숙고하다
consideration n. 고려, 배려

유 • thoughtful a. 사려 깊은, 친절한
• attentive a. 배려하는, 주의 깊은
반 inconsiderate a. 사려 깊지 못한
기출 어구 be considerate toward one another 서로에게 배려심이 있다

considerable
[kənsídərəbl]

형 상당한, 많은
파 considerably ad. 상당히, 매우

유 substantial a. 상당한
기출 어구 a considerable difference 상당한 차이
cf. considering
prep. conj. ~을 고려하면

1207 ~ 1208

personal
[pə́rsənəl]

형 1. 개인의, 개인적인, 사적인
2. 직접[몸소] 하는
파 personally ad. 1. 개인적으로 2. 직접
personalize v. 1. 개인에게 맞추다 2. 의인화하다

유 • individual a. 개인적인, 개인의
• private a. 사적인
기출 어구 personal information 개인[신상] 정보
cf. impersonal a. 1. 개인과 관계 없는 2. 인간미 없는, 냉담한

personnel
[pə̀rsənél]

명 1. (조직의) 전 인원, 전 직원, 인력
2. (회사의) 인사과

기출 어구 • the personnel department 인사부
• personnel management 인사 관리

1209 ~ 1210

loyal
[lɔ́iəl]

형 충실한, 충성스러운
파 loyalty n. 충실, 충성

유 faithful a. 충실한, 충직한
반 disloyal a. 불충실한, 불충한 (= unfaithful)
기출 어구 • our loyal client 우리의 단골 고객
• members' loyalty to the group 회원들의 조직에 대한 충성심

royal
[rɔ́iəl]

형 왕[여왕]의, 왕실의
명 왕족
파 royalty n. 1. 왕족 2. 사용료, 로열티

유 regal a. 왕의
기출 어구 • the royal family 왕가, 왕실
• royal power 국왕의 권력

successful
[səksésfəl]
형 성공한, 성공적인
파 successfully ad. 성공적으로
succeed v. 1. 성공하다 2. 계승하다 3. 계속되다
success n. 성공

반 unsuccessful a. 성공하지 못한, 실패한
기출 어구 • successful people
성공한 사람들
• successful in many instances
여러 경우에 성공적인

successive
[səksésiv]
형 1. 연속적인, 연이은, 다음의
2. 계승하는
파 successively ad. 연속하여, 잇따라
(= in succession)
succession n. 1. 연속 2. 승계, 계승

유 • consecutive a. 연이은
• following a. 그 다음의
기출 어구 • two successive years in a
row 2년 연속
• through successive experiments
연속적인 실험을 통해

attach
[ətǽtʃ]
동 1. 붙이다, 첨부하다
2. (~에) 애착을 느끼다
3. (~에 중요성·의미 등을) 두다
파 attachment n. 1. 부착, 첨부 2. 애착, 집착
attached a. 1. 첨부한 2. 애착을 가진, 집착하는
attachable a. 붙일 수 있는

유 stick v. 붙이다
숙어 with no strings attached 아무런
조건 없이
기출 어구 • attach bottles to
~에 병을 부착하다
• attach meaning to
~에 의미를 두다[부여하다]
• emotionally attached to losses
손실에 감정적으로 집착하는

detach
[ditǽtʃ]
동 1. 떼어내다, 분리하다
2. 거리를 두다, 개입하지 않다
파 detachment n. 1. 분리 2. 무심함 3. 객관성
detached a. 1. 분리된 2. 거리를 두는, 무심한
(= indifferent) 3. 사심 없는, 공정한(= impartial)

유 separate v. 분리하다
숙어 detach A from B A를 B에서 분리
하다

discreet
[diskríːt]
형 분별 있는, 신중한, 조심스러운
파 discretion n. 분별, 신중

유 • prudent a. 분별 있는, 신중한
• careful a. 신중한, 조심스러운
반 indiscreet a. 무분별한, 경솔한

discrete
[diskríːt]
형 분리된, 별개의

유 separate a. 분리된, 별개의 v. 분리하다

각 괄호 안에서 문맥상 적절한 낱말을 고르시오.

01 A quick [leak / lick] or fast gulp will not register the bitter taste. [18 학평]

재빠르게 한 번 핥거나 신속하게 꿀꺽 삼키면 쓴맛을 인식하지 못할 것이다.

02 In spite of these blanketing layers, some energy must [leak / lick] through from the Sun's center to its outer regions. [15 모평]

이 덮어주는 층이 있음에도 불구하고, 얼마간의 에너지가 태양의 중심부에서 외부로 새어 나오는 것임이 틀림없다.

03 Society, through [ethical / ethnic] and economic constraints, exerts a powerful influence on what science accomplishes. [16 모평]

사회는 윤리적, 경제적 제약을 통해 과학이 달성하는 것에 강력한 영향력을 행사한다.

04 The Nuer are one of the largest [ethical / ethnic] groups in South Sudan, primarily residing in the Nile River Valley. [20 수능]

Nuer 족은 South Sudan의 가장 큰 민족 집단 중 하나로, 주로 Nile River Valley에 거주한다.

05 They are more durable, [economic / economical] and environment-friendly than paper or plastic bags. [04 모평]

그것들은 종이나 비닐봉지에 비해 내구성이 있고 경제적이며 환경 친화적이다.

06 All human societies have [economic / economical] systems within which goods and services are produced, distributed, and consumed. [14 모평]

모든 인간 사회에는 재화와 용역이 생산, 분배, 소비되는 경제 체제가 있다.

07 In fact, seeds with thinner coats were preferred as they are easier to eat or process into flour, and they allow seedlings to sprout more quickly when [sown / sewn]. [14 수능]

사실, 더 얇은 껍질을 가진 씨앗은 먹거나 가루로 가공하기가 더 수월하고 파종되었을 때 묘목이 더 빠르게 발아하도록 하기 때문에 선호되었다.

08 Searching the thrift shops in our area, my mom finally found a used [sowing / sewing] machine. [18 학평]

우리 지역의 중고 매장들을 찾아보다가, 엄마는 마침내 중고 재봉틀을 발견했다.

09 Expert chess players have a much greater [altitude / aptitude] to remember chessboard patterns compared to test subjects who do not play chess. [19 학평]

숙련된 체스 선수들이 체스를 하지 않는 실험 대상자와 비교하여 체스판 패턴을 기억하는 데 있어 훨씬 더 뛰어난 소질을 보인다.

10 People who are unaccustomed to living in high [altitudes / aptitudes] usually have trouble breathing because of the decreased oxygen levels. [09 학평]

높은 고도에서의 생활에 익숙하지 않은 사람들은 줄어든 산소 양 때문에 보통 호흡 곤란을 겪는다.

21~30번 정답 ▶

| 21 emigrated | 22 migrates | 23 immigrants | 24 thorough | 25 through |
| 26 wondered | 27 wander | 28 wonder | 29 considerable | 30 considerate |

11 People [adapt / adopt] to their environments much as gelatin does. [15 모평]

사람들은 젤라틴과 매우 비슷하게 자신의 환경에 적응한다.

12 Most people in the United States using US customary units (e.g., inch, foot, yard, mile, etc.) have resisted [adapting / adopting] the metric system. [16 수능]

미국의 관습적 단위(예컨대, 인치, 피트, 야드, 마일 등)를 사용하는 대부분의 미국 사람들은 미터법의 채택을 거부해 왔다.

13 [Adapting / Adopting] novels is one of the most respectable of movie projects. [13 수능]

소설을 각색하는 것은 가장 훌륭한 영화 프로젝트들 중 하나이다.

14 Understanding [qualities / quantities] approximately in terms of estimating ratios is a universal human intuition. [18 학평]

비율을 어림잡는 방식으로 양을 대략적으로 이해하는 것은 보편적인 인간의 직관이다.

15 One of the hallmarks of evaluating the [quality / quantity] of a black tea is by assessing how tightly the leaves are rolled. [18 모평]

홍차의 품질을 평가하는 특징 가운데 하나는 얼마나 단단히 잎이 말려 있는지를 평가하는 것이다.

16 The Nuer prefer to be called by the names of the cattle they [rise / raise / arise / arouse]. [20 수능]

Nuer 족은 자신이 기르는 소의 이름으로 불리는 것을 선호한다.

17 The dog is trained to become emotionally [risen / raised / arisen / aroused] by one smell versus another. [20 모평]

개는 다른 냄새와 대조하여 한 냄새에 의해 감정적으로 자극을 받도록 훈련된다.

18 Projections indicate that the net federal debt will [rise / raise / arise / arouse] to 90 percent of GDP by 2019. [19 모평]

2019년쯤에는 연방 정부의 순 부채가 국내 총생산의 90퍼센트까지 증가하리라는 것을 예측들이 보여주고 있다.

19 A more extreme case [rises / raises / arises / arouses] when one person comprehends things in a peculiar and individual way. [18 모평]

좀 더 극단적인 사례가 발생하는 경우는 한 사람이 특이한 개인적 방식으로 상황을 이해할 때이다.

20 Makers of emerging forms of entertainment will likely continue to experiment with ways they can [simulate / stimulate] and manipulate reality by [simulating / stimulating] our senses. [15 모평]

새롭게 등장하는 형태의 오락을 제작하는 사람들은 우리의 감각을 자극함으로써 현실을 흉내 내고 조작할 수 있는 방법을 계속해서 실험할 것 같다.

31~40번 정답 ▶

31 personal	32 personnel	33 royal	34 loyalty / loyalty	35 successive
36 successful	37 attach	38 detached	39 discreet	40 discrete

21 Later, he [emigrated / immigrated] to the U.S. and continued to make films. [17 수능]

이후에 그는 미국으로 이민을 가서 계속 영화를 만들었다.

22 The process of evolution ensures that a species [migrates / emigrate / immigrate] only if it pays it to do so. [12 모평]

진화의 과정은 한 종이 이주가 그럴만한 보상을 할 경우에만 이주를 하게 만든다.

23 Most of the vendors are [migrants / emigrants / immigrants] bringing street versions of the world's diverse food traditions to this already international metropolis. [13 모평]

노점 상인들의 대부분은 전세계의 다양한 음식 전통들의 길거리 형태를 이미 국제화된 이 대도시로 가져오는 이민자들이다.

24 Our socialization is so [through / thorough] that we usually *want* to do what our roles indicate is appropriate. [17 모평]

우리의 사회화가 너무나 철저해서 우리는 대개 우리의 역할이 적절하다고 말해주는 것을 하기 '원한다'.

25 When teachers work in isolation, they tend to see the world [through / thorough] their own eyes. [17 수능]

교사가 홀로 일을 할 때 그들은 자기 자신의 눈을 통해서 세상을 보는 경향이 있다.

26 Anderson [wandered / wondered] whether he was really suitable for teaching. [16 모평]

Anderson은 자신이 정말로 교직에 적합한지가 궁금했다.

27 As you [wander / wonder] around, you find a large rock that provides some shelter from the fury of the elements. [16 수능]

여러분은 이리저리 헤매고 돌아다니다 격렬한 악천후로부터 약간의 피난처를 제공하는 커다란 바위를 발견한다.

28 Their facility and quickness of composition causes great [wander / wonder] and admiration. [18 모평]

그들의 작곡 솜씨와 신속함은 커다란 경이감과 감탄을 불러일으킨다.

29 Advertisers gain [considerate / considerable] benefits from the price competition between the numerous broadcasting stations. [20 수능]

광고주는 수많은 방송국 간의 가격 경쟁을 통해 상당한 이득을 얻는다.

30 Over the course of a friendship, even the most [considerate / considerable] people can make mistakes, resulting in misunderstandings. [05 모평]

우정의 과정에서 아무리 사려 깊은 사람이라도 실수를 저질러 오해를 살 수 있다.

01~10번 정답 ▶ **01** lick　**02** leak　**03** ethical　**04** ethnic　**05** economical　**06** economic　**07** sown　**08** sewing　**09** aptitude　**10** altitudes

31 Clothes document [personal / personnel] history for us the same way that fossils chart time for archaeologists. [12 수능]

화석이 고고학자들에게 시대를 기록해 주는 것과 같은 방식으로 의복은 우리에게 있어 개인의 이력을 기록해 준다.

32 Today, employers are increasingly confronted with the problem of retaining talented [personal / personnel]. [11 학평]

오늘날, 고용주들은 재능 있는 인력을 보유하는 문제에 점점 더 직면하고 있다.

33 When he inherited the throne, at age nineteen, it was expected that he would continue his ancestors' [loyal / royal] patronage. [09 학평]

그가 19세의 나이에 왕좌를 계승했을 때, 그가 자신의 조상들처럼 (예술에 대한) 왕실의 후원을 계속할 것이라고 예상되었다.

34 The [loyalty / royalty] to Uncle Sam is the [loyalty / royalty] to American doughnuts. [19 모평]

미국 정부에 대한 충성은 미국 도넛에 대한 충성입니다.   *Uncle Sam 미국 정부

35 Scientific knowledge is believed to progress through [successful / successive] experiments. [17 모평]

과학적 지식은 연속적인 실험을 통해 발전하는 것으로 여겨진다.

36 In fact, at high levels of competition, all athletes have the physical skills to be [successful / successive]. [18 모평]

사실상 높은 경쟁 수준에서는 모든 선수가 성공할 수 있는 신체 능력을 갖추고 있다.

37 He realized that he could [attach / detach] a video camera to a shark or other animals. [11 학평]

그는 상어나 다른 동물들에게 비디오카메라를 부착할 수 있다는 것을 깨달았다.

38 Looking through the camera lens made him [attached / detached] from the scene. [11 수능]

카메라 렌즈를 통해 바라보는 것은 그를 현장에서 분리되게 만들었다.

39 In more [discreet / discrete] ways, filmmakers can use their cameras to make statements about the built—or unbuilt—environment. [20 EBS]

더 신중하게 말하면, 영화 제작자들은 카메라를 사용하여 지어진—혹은 지어지지 않은—배경에 대해 얘기할 수 있다.

40 Now it is true that in most of the world's musical cultures, pitches are not only fixed, but organized into a series of [discreet / discrete] steps. [20 수능]

이제, 세계의 대부분의 음악 문화에서 음 높이는 고정되어 있을 뿐만 아니라, 연속된 별개의 음정으로 조직되어 있다는 것은 사실이다.

11~20번 정답 ▶ 11 adapt   12 adopting   13 Adapting   14 quantities   15 quality
16 raise   17 aroused   18 rise   19 arises   20 simulate / stimulating

PREVIEW 39 Words

- [ ] literary / literate / literal
- [ ] expire / inspire / aspire
- [ ] exhibit / inhibit / inhabit
- [ ] eminent / imminent
- [ ] sensitive / sensible / sensory
- [ ] stationary / stationery
- [ ] vanish / banish
- [ ] confirm / conform
- [ ] contribute / distribute / attribute
- [ ] worthless / priceless / valueless / invaluable
- [ ] famine / feminine
- [ ] fertile / futile
- [ ] acclaim / exclaim / proclaim / reclaim
- [ ] diploma / diplomat
- [ ] moral / morale

1217 ~ 1219

literary
[lítərèri]

형 문학의, 문학적인

파 literarily ad. 문학상으로
literature n. 문학, 문헌

literate
[lítərit]

형 1. 읽고 쓸 수 있는
2. 교육받은, 학식 있는

파 literacy n. 글을 읽고 쓸 줄 앎

literal
[lítərəl]

형 문자 그대로의

파 literally ad. 문자 그대로, 말 그대로

1220 ~ 1222

expire
[ikspáiər]

동 (기간이) 만료되다, 끝나다

파 expiration[expiry] n. 만료, 만기, 종료

inspire
[inspáiər]

동 1. 고무하다, 격려하다
2. 영감을 주다, (감정·사상 등을) 불어넣다

파 inspiration n. 1. 고무, 격려 2. 영감
inspirational a. 1. 고무하는, 격려하는 2. 영감을 주는

aspire
[əspáiər]

동 열망하다, 바라다

파 aspiration n. 열망, 염원, 포부
aspirational a. 야심적인, 대망을 품은

➕ 수능 PLUS　수능 이렇게 나온다

기출 어구 • literary works 문학 작품
• literary genres 문학 장르
• a literary critic 문학 평론가

반 illiterate a. 1. 글을 모르는, 문맹의
2. 교육받지 못한(▶ illiteracy n. 문맹, 무식)
cf. • literate rate 식자율
• illiterate rate 문맹률

기출 어구 a literal adaptation of the
novel 그 소설의 글자 그대로의 각색

유 run out 만기가 되다
cf. expiration date = expiry date
유통 기한

유 • encourage v. 격려하다, 용기를 북돋
우다
• motivate v. 동기를 부여하다
어법 point inspire A to do
A가 ~하도록 고무하다
기출 어구 inspire enthusiasm
열정을 고취시키다

어법 point • aspire to N
~을 열망하다(= desire)
• aspire to do ~하기를 열망하다
(= desire to do)

exhibit
[igzíbit]

동 1. 전시하다 2. (감정·행동 등을) **보이다**
명 전시(품), 전시회
파 exhibition n. 전시, 전시회

유 display v. 전시하다, 보여 주다
기출 어구 • exhibit health problems
건강상의 문제를 보이다
• exhibit behaviors that
~하는 행동을 보이다

inhibit
[inhíbit]

동 억제하다, 저해하다, 못하게 하다
파 inhibition n. 억제, 방해

유 • hinder v. 방해하다, 저해하다, 막다
• restrain v. 억제하다, 저지하다
기출 어구 • inhibit rational judgment
합리적인 판단을 못하게 하다
• factors inhibiting good sleep
숙면을 방해하는 요인들

inhabit
[inhǽbit]

동 (~에) **살다, 거주하다, 서식하다**
파 inhabitant n. 주민, 거주자(= resident, dweller),
서식 동물
inhabitation n. 거주, 서식

유 live in, dwell in, reside in
~에 살다, 거주하다
cf. inhabitable a. (사람·동물이) 살기에
적합한
• habitable a. (사람이) 살기에 적합한

eminent
[émənənt]

형 1. 저명한 2. (자질이) **탁월한**
파 eminence[eminency] n. 저명, 명성

유 • well-known, renowned, noted
a. 유명한, 저명한
• prominent a. 저명한, 탁월한

imminent
[ímənənt]

형 임박한, 절박한
파 imminence[imminency] n. 급박, 절박

유 • impending a. 임박한, 곧 닥칠
• forthcoming a. 다가오는, 곧 있을

sensitive
[sénsətiv]

형 1. 민감한, 예민한 2. 세심한
파 sensitivity n. 1. 예민함, 민감성 2. 세심함

반 insensitive a. 무감각한, 둔감한, 영향을
받지 않는
숙어 sensitive to ~에 민감한[예민한]
기출 어구 • a light-sensitive layer
빛에 민감한 층
• sensitive to criticism 비판에 예민한

sensible
[sénsəbl]

형 1. 합리적인, 분별 있는
2. 느낄 수 있는, 지각할 수 있는
파 sensibility n. 감수성, 감성

반 insensible a. 1. 둔감한 2. 지각을 잃은,
알아차리지 못하는
기출 어구 • sensible alternatives
합리적인 대안들
• a sensible investment/choice
현명한 투자/선택

sensory
[sénsəri]

형 감각의, 지각의
파 sense n. 감각

기출 어구 • sensory-specific 감각 특정적
• sensory properties 감각적 특성들
cf. sensual a. 육체적 감각의, 관능적인

DAY 27

stationary
[stéiʃənèri / stéiʃənəri]

형 정지한, 움직이지 않는

유 • static a. 고정된, 정적인
• still a. 가만히 있는, 정지한
반 mobile a. 이동하는, 움직이기 쉬운
기출 어구 • a stationary bike
고정된 운동용 자전거
• a stationary target 움직이지 않는 목표

stationery
[stéiʃənèri / stéiʃənəri]

명 문방구, 문구류

cf. • writing supplies 문방구, 필기 도구
• school supplies 학용품

vanish
[vǽniʃ]

동 사라지다, 없어지다

유 disappear v. 사라지다

banish
[bǽniʃ]

동 1. (특히 국외로) 추방하다, 내쫓다
2. (공포 · 근심을) 제거하다
파 banishment n. 추방, 유배

유 • exile v. 추방하다, 유배하다 n. 추방(자), 망명(자)
• expel v. 쫓아내다, 추방하다
• get rid of, remove ~을 제거하다

confirm
[kənfə́ːrm]

동 1. (증거를 들어) 확인하다, 입증하다
2. (계약 · 예약 등을) 확정하다, 승인하다
파 confirmation n. 확인, 확정
confirmable a. 확인할 수 있는

유 • verify, prove v. 입증하다
• authorize, approve v. 승인하다
기출 어구 confirm a theory
이론을 입증하다
cf. falsify v. 그릇됨을 입증하다

conform
[kənfɔ́ːrm]

동 1. (법 · 규칙 등에) 따르다, 순응하다
2. (~에) 일치시키다
파 conformity n. 1. 따름, 순응 2. 적합, 일치
conformist n. 순응하는 사람

숙어 • conform to[with]
~에 따르다, ~에 합치하다
• in conformity to ~에 따라, ~와 일치하여
기출 어구 conform to our way of
thinking 우리의 사고방식을 따르다

contribute
[kəntríbjuːt]

동 1. 공헌하다, 기여하다
2. (~의) 한 원인이 되다 3. 기부하다
파 contribution n. 1. 공헌, 기여 2. 원인 제공 3. 기부
contributor n. 1. 기여자 2. 원인 제공자, 요인 3. 기부자

숙어 contribute to 1. ~에 기여[공헌]하다
2. ~의 원인이 되다
기출 어구 • contribute to success
성공에 기여하다
• contribute to inferior learning
질 낮은 학습의 원인이 되다

distribute
[distríbjuːt]

(동) 1. 나누어 주다, 분배하다
2. 유통하다, 분산시키다

(파) distribution n. 1. 분배, 배포 2. 유통
distributor n. 배급업자, 유통업자

(유) • give out, hand out ~을 나누어 주다
• dispense v. 분배하다, 나누어 주다
(기출 어구) • distribute resources 자원을 분배하다
• distribute a math test 수학 시험지를 나누어 주다
• distribute magazines 잡지를 유통시키다
• mass distribution 질량 분포

---

attribute
[동: ətríbjuːt / 명: ǽtrəbjùːt]

(동) (~의) 탓[덕]으로 돌리다
(명) 속성, 자질

(파) attribution n. 1. 속성 2. 귀인, 귀착시킴

(유) • ascribe v. ~의 탓으로 돌리다
• feature, quality, property n. 특성, 속성
(숙어) attribute[ascribe] A to B A를 B의 탓으로 돌리다
(기출 어구) • attribute the differences to culture 그 차이를 문화 탓으로 돌리다
• specific attributes of musical sounds 악음의 특정 속성들

1240 ~ 1243

worthless
[wə́ːrθlis]

(형) 가치 없는, 쓸모 없는

(파) worth a. ~의 가치가 있는 n. 가치

(유) • valueless a. 가치 없는
• useless a. 쓸모 없는
(반) • worthwhile, valuable a. 가치 있는
• useful a. 쓸모 있는, 유용한
(기출 어구) worthless old junk 쓸모 없는 고물

---

priceless
[práislis]

(형) 값을 매길 수 없는, 매우 귀중한

(파) price n. 값, 가격

(유) • invaluable a. 매우 귀중한
• precious, valuable a. 귀중한
(반) worthless, valueless a. 가치 없는
(기출 어구) priceless information 매우 귀중한 정보
(cf.) pricey a. 값비싼

---

valueless
[vǽljulis]

(형) 가치 없는, 하찮은

(파) value n. 가치 v. 소중히 생각하다

(유) • worthless a. 가치 없는
• insignificant a. 중요하지 않은, 하찮은
(반) • worthwhile, valuable a. 가치 있는
• significant a. 중요한

---

invaluable
[invǽljuəbl]

(형) 가치를 평가할 수 없는, 매우 귀중한, 매우 유용한

(유) • priceless a. 매우 귀중한
• precious, valuable a. 귀중한
(반) worthless, valueless a. 가치 없는
(기출 어구) an invaluable asset 매우 귀중한 자산

famine
[fǽmin]

명 기근, 기아

파 famish v. 굶주리게 하다, 굶주리다

유 hunger, starvation n. 굶주림, 기아
기출 어구 suffer from famine
기근에 시달리다

feminine
[fémənin]

형 여성의, 여성스러운

명 여성

파 femininity n. 여성임, 여성다움
(▶ masculinity n. 남성임, 남성다움)
feminist n. 페미니스트, 남녀 평등주의자

cf. • masculine a. 남성의, 남성스러움
n. 남성(cf. muscular a. 근육의, 근육질의)
• female a. 여성의, 암컷의 n. 여성, 암컷
• male a. 남성의, 수컷의 n. 남성, 수컷

fertile
[fə́ːrtl / fə́ːrtail]

형 1. 비옥한, 기름진 2. 생식력이 있는

파 fertility n. 1. 비옥, 비옥도 2. 다산, 풍요
fertilize v. 비옥하게 하다
fertilizer n. 비료, 거름, 퇴비

유 • productive a. 1. 생산적인 2. (토지가)
비옥한
• fruitful a. 1. 생산적인, 2. (땅이) 기름진
반 • infertile a. 1. 메마른, 불모의
2. 생식력이 없는
• sterile a. 1. 메마른, 불모의 2. 불임의
3. 살균한
• barren a. 불모의, 척박한
기출 어구 fertile soil 비옥한 토양

futile
[fjúːtl / fjúːtail]

형 헛된, 소용없는

파 futility n. 무익, 헛됨

유 • vain a. 헛된, 소용없는
• useless, pointless a. 소용없는
기출 어구 futile attempts to
~하려는 헛된 시도들

acclaim
[əkléim]

동 환호하다, 갈채하다, 칭송하다

명 환호, 호평, 찬사

유 • applause v. 박수갈채를 보내다, 칭찬
하다 n. 박수갈채, 칭찬
• praise v. 칭찬하다 n. 칭찬
기출 어구 critically acclaimed
비평가들의 극찬을 받은
cf. acclaim = ad[ac](toward) +
claim(cry) → ~를 향해 외치다

exclaim
[ikskléim]

동 외치다, 소리치다

파 exclamation n. 외침, 절규

유 shout v. 외치다, 소리치다
cf. exclaim = ex(out) + claim(cry)
→ 밖으로 외치다

proclaim
[proukléim]

동 선언하다, 선포하다

파 proclamation n. 선언, 선포

유 • declare v. 선언하다, 공표하다
• announce v. 알리다, 선언하다
cf. proclaim = pro(forth) +
claim(cry) → 앞에 나가 외치다

reclaim
[rikléim]

동 1. 되찾다 2. 개간하다 3. 갱생시키다
명 1. 개간 2. 갱생
파 reclamation n. 1. 개간 2. 갱생, 교화

유 • retrieve v. 되찾다, 회수하다
• regain v. 되찾다
cf. reclaim = re(again, back) + claim(cry) → 다시 외치다

1252 ~ 1253

diploma
[diplóumə]

명 졸업장, 수료증, 학위

유 graduate certification 졸업장

diplomat
[dípləmæt]

명 외교관
파 diplomacy n. 외교(술)
diplomatic a. 외교의, 외교 수완이 있는

cf. ambassador n. 대사, 사절

1254 ~ 1255

moral
[mɔ́(:)rəl]

형 도덕에 관계된, 도덕적인
파 morally ad. 도덕적으로
morality n. 도덕(성)
moralism n. 도덕주의
moralist n. 도덕가

유 ethical a. 윤리적인, 도덕적인
반 immoral a. 부도덕한, 비도덕적인
(▶ immorality n. 부도덕, 비도덕성)
기출 어구 (a) moral agent
도덕적 행위자
cf. mortal a. 1. 죽을 운명의 2. 치명적인
(↔ immortal a. 불멸의, 죽지 않는)

morale
[mərǽl]

명 사기, 의욕

기출 어구 help morale
사기를 북돋우다(= boost morale)

각 괄호 안에서 문맥상 적절한 낱말을 고르시오.

01 Her mistress was intrigued by her maid's native intelligence and introduced Zaynab to her [literary / literate / literal] friend. [14 모평]

그녀의 여주인은 자기 하녀의 타고난 지능에 관심을 가지게 되었고 Zaynab을 그녀의 학식 있는 친구에게 소개해 주었다.

02 In fact, many civilizations never got to the stage of recording and leaving behind the kinds of great [literary / literate / literal] works that we often associate with the history of culture. [20 수능]

사실, 많은 문명이 우리가 흔히 문화의 역사와 연관 짓는 그런 종류의 위대한 문학 작품을 기록하고 그것을 뒤에 남기는 단계에 결코 이르지 못했다.

03 In extremely dry conditions, living rock cactus is almost invisible: it [literarily / literately / literally] shrinks into the surrounding rocky soil. [15 모평]

매우 건조한 환경에서는 살아있는 돌선인장이 거의 보이지 않는다. 그것은 말 그대로 주변의 돌투성이 토양 속으로 오그라든다.

04 You [expire / inspire / aspire] to be better or to accomplish more. [13 학평]

너는 더 나은 사람이 되거나 더 많은 것을 성취하기를 열망한다.

05 When the patent on a drug [expires / inspires / aspires], other companies quickly enter the market and begin selling so-called generic products. [11 학평]

약에 대한 특허 시효가 만료되면, 다른 회사들이 재빨리 시장에 진입하여 이른바 복제약품을 판매하기 시작한다.

06 Whenever an Olympic swimmer sets a new world record, it [expires / inspires / aspires] others to bring out the best within them. [11 수능]

한 명의 올림픽 수영 선수가 세계 신기록을 세울 때마다, 그것은 다른 사람들이 그들 안에 있는 최고의 것을 이끌어 낼 수 있도록 고무한다.

07 Critiques of mass culture seem always to bring to mind a disrespectful image of the [famine / feminine] to represent the depths of the corruption of the people. [19 모평]

대중문화의 비평들은 항상 사람들의 타락의 깊이를 나타내기 위해 여성성의 경멸적 이미지를 상기시키는 것 같다.

08 When [famine / feminine] and civil war threaten people in sub-Saharan Africa, many African-Americans are reminded of their kinship with the continent in which their ancestors originated centuries earlier. [19 모평]

기근과 내전이 사하라 사막 이남의 아프리카 사람들을 위태롭게 하는 경우, 많은 아프리카계 미국인들은 수세기 이전에 자신의 조상들이 기원했던 그 대륙과의 혈족 관계를 떠올리게 된다.

09 This goal is far too narrow, considering the [eminent / imminent] danger of losing the next generation of news consumers. [16 EBS]

다음 세대의 뉴스 소비자를 잃어버리는 절박한 위험을 고려해 볼 때 이러한 목표는 너무 지나치게 편협하다.

10 What made him truly famous was his book 'Lives of the Most [Eminent / Imminent] Painters, Sculptors and Architects' (shortened as 'Lives'). [12 수능]

그를 진정으로 유명하게 만든 것은 그의 책, 〈가장 뛰어난 화가, 조각가, 건축가들의 생애〉 (간략하게 〈생애〉)였다.

21~31번 정답 ▶ 21 confirm　22 conform　23 worthless　24 priceless　25 valueless　26 invaluable
27 sensory　28 sensitive　29 sensible　30 futile　31 fertility

11 The physical layout of buildings encourages some uses and [exhibits / inhibits / inhabits] others. [17 수능]

건물의 물리적 배치는 어떤 사용은 권장하고 다른 사용은 억제한다.

12 You likely [exhibited / inhibited / inhabited] behaviors that are not consistent with how you usually act. [17 모평]

여러분은 아마도 평소에 행동하는 방식과 일치하지 않는 행동을 보였을 것이다.

13 People may [exhibit / inhibit / inhabit] very different worlds even in the same city, according to their wealth or poverty. [18 학평]

사람들은 자신의 부나 가난에 따라 심지어 같은 도시에서도 매우 다른 세상에서 살 수 있다.

14 Preventing eye movements during visual imagery — by having people stare at a [stationary / stationery] target — reduces the quality of the image. [17 학평]

시각적인 형상화를 하는 동안 사람들이 움직이지 않는 목표 대상을 응시하게 하여 눈의 움직임을 막는 것은 그 이미지의 질을 저하한다.

15 We had to collect our prizes at the local variety store and, while waiting in line, a little notebook in the [stationary / stationery] department caught my eye. [12 수능]

우리는 그 지역의 잡화점에서 상품을 받아야 했는데, 줄을 서고 있는 동안 학용품부에 있는 작은 공책이 내 눈에 들어왔다.

16 There have been many attempts to define what music is in terms of the specific [contributes / distributes / attributes] of musical sounds. [20 수능]

악음(樂音)의 특정 속성이라는 견지에서 음악이 무엇인가를 정의하고자 하는 많은 시도가 있었다.

17 These rituals served to bind people together and [contribute / distribute / attribute] resources. [15 모평]

이러한 의례는 사람들을 서로 결합시켜주고 자원을 분배하는 역할을 했다.

18 Genes, development, and learning all [contribute / distribute / attribute] to the process of becoming a decent human being. [20 수능]

유전자, 발달, 그리고 학습은 모두 예의 바른 인간이 되는 과정에 기여한다.

19 The impacts of tourism on the environment are evident to scientists, but not all residents [contribute / distribute / attribute] environmental damage to tourism. [17 수능]

관광산업이 환경에 미치는 영향은 과학자들에게는 명확하지만, 모든 주민들이 환경 훼손을 관광산업의 탓으로 돌리지는 않는다.

20 Some magazines are [contributed / distributed / attributed] only by subscription. [18 수능]

어떤 잡지는 오로지 구독에 의해서만 유통된다.

32~41번 정답 ▶ 32 diploma　33 diplomat　34 moral　35 morale　36 acclaim
37 proclaim　38 exclaimed　39 reclaim　40 banish　41 vanish

21 Testing allows us not merely to [confirm / conform] our theories but to weed out those that do not fit the evidence. [12 수능]

검증은 우리로 하여금 우리의 이론이 옳다는 것을 입증할 뿐만 아니라, 그 증거와 일치하지 않는 것들을 제거하도록 해준다.

22 Larger groups put more pressure on their members to [confirm / conform]. [15 수능]

규모가 더 큰 집단은 구성원들에게 순응하도록 더 큰 압력을 가한다.

23 The added feature turns out to be [worthless / priceless] because of the problems it causes. [14 수능]

추가된 특징은 그것이 일으킨 문제들 때문에 쓸모 없음이 밝혀지게 된다.

24 The doll was not so fancy but to her it was a [worthless / priceless] doll. [07 학평]

그 인형은 그렇게 화려하지는 않았지만 그녀에게 그것은 매우 귀중한 인형이었다.

25 Caravaggio was a strong-willed character and saw the painting of otherworldly beauty as [valueless / invaluable] and dishonest. [15 EBS]

Caravaggio는 의지가 강한 인물이었고, 초세속적인 아름다움을 그린 그림은 가치가 없고, 정직하지 않다고 간주했다.

26 This understanding of the Afrikaners proved to be [valueless / invaluable] later in successfully persuading them to accept his people's demands. [11 모평]

이러한 아프리카 사람들에 대한 이해는 후에 성공적으로 그들을 설득해서 그의 사람들의 요구를 수용하는 데에 매우 유용하다고 판명되었다.

27 Small changes in the [sensitive / sensible / sensory] properties of foods are sufficient to increase food intake. [18 수능]

음식의 감각적 특성의 작은 변화라도 음식의 섭취를 증가시키기에 충분하다.

28 Sometimes, if a person is already [sensitive / sensible / sensory] and upset about something, delaying feedback can be wise. [16 모평]

때때로 어떤 사람이 어떤 일에 관해 이미 예민하고 당황해 있다면, 피드백을 미루는 것이 현명할 수 있다.

29 The rule sounded [sensitive / sensible / sensory] and quickly caught on, with over a hundred other local councils followed it within a few years. [13 학평]

그 규정은 합리적인 것으로 여겨졌고 빠르게 인기를 얻어 몇 년 안에 백 곳이 넘는 다른 지역 의회가 그 규정을 따랐다.

30 Michael's [fertile / futile] attempts to open the door only increased his panic. [11 모평]

문을 열려는 Michael의 헛된 시도는 공황만 가중시켰다.

31 We depend on many other species for food, clothing, shelter, oxygen, soil [fertility / futility]—the list goes on and on. [13 모평]

우리는 의식주, 산소, 그리고 토양의 비옥함을 많은 다른 종에 의존하는데, 그 목록은 끊이지 않는다.

01~10번 정답 ▶ 01 literate　　02 literary　　03 literally　　04 aspire　　05 expires
06 inspires　　07 feminine　　08 famine　　09 imminent　　10 Eminent

32 Tammy was able to earn her high school [diploma / diplomat] and some college credit before trying her hand at a number of different jobs. [15 모평]

Tammy는 여러 다양한 일을 시도해 보기 전에 고등학교 졸업장과 어느 정도의 대학 학점을 딸 수 있었다.

33 A man who had been a poor shepherd in his early years became a very wealthy, respected [diploma / diplomat], and he was appointed as an ambassador to a country in Africa. [07 모평]

젊은 시절에 가난한 목동이었던 한 남자가 매우 부유하고 존경받는 외교관이 되었고, 그는 아프리카 한 나라의 대사로 임명되었다.

34 Human beings do not enter the world as competent [moral / morale] agents. [20 수능]

인간은 유능한 도덕적 행위자로서 세상에 들어오지 않는다.

35 Shackleton demonstrated his leadership by rationing food, rotating use of the warmer sleeping bags, and keeping a calm, positive attitude that helped [moral / morale]. [10 학평]

Shackleton은 식량을 배급하고, 더 따뜻한 침낭을 돌려가며 사용하게 하며, 사기를 북돋우는 침착하고 긍정적인 태도를 유지함으로써 지도력을 발휘했다.

36 She had danced the lead for three years now, to critical [acclaim / exclaim / proclaim / reclaim]. [20 EBS]

그녀는 비평가들의 찬사를 받으며 지금까지 3년 동안 주역을 맡아 춤을 춰 왔다.

37 The governments of the world [acclaim / exclaim / proclaim / reclaim] human rights but have a highly variable record of implementing them. [20 모평]

세계 각국 정부가 인권을 선언하고 있지만 그것을 실행에 옮기는 데는 매우 가변적인 기록을 갖고 있다.

38 "Wow!" he [acclaimed / exclaimed / proclaimed / reclaimed]. Right in front of his eyes were rows of delicious-looking chocolate bars waiting to be touched. [17 수능]

"와!" 하고 그는 외쳤다. 바로 자신의 눈앞에 맛있게 보이는 초코바들의 줄이 손길을 기다리고 있었다.

39 They are looking to [acclaim / exclaim / proclaim / reclaim] some of the flavors of old-fashioned breads that were lost as baking became more industrialized and baked goods became more refined, standardized, and—some would say—flavorless. [15 모평]

그들은 제빵이 더 산업화되고 제빵 제품이 더 세련되고 표준화되고 누군가 말하기를 맛이 없어지면서 사라진 옛날 빵의 맛 중 몇 가지를 되찾기를 기대하고 있다.

40 We often try to get rid of our own dark sides, but the belief that we can [banish / vanish] "dark sides" is unrealistic and inauthentic. [14 EBS]

우리는 종종 우리 자신의 어두운 면을 제거하려고 하지만, '어두운 면들'을 제거할 수 있다는 믿음은 비현실적이고 거짓된 것이다.

41 Throughout Earth's history, an estimated 3 million to 100 million species have disappeared, which means that this year somewhere between three and a hundred species will [banish / vanish]. [11 모평]

지구의 역사를 통틀어 대략 300만 개에서 1억 개 정도의 종들이 사라져 왔는데, 그것은 올해 세 개에서 100개에 이르는 종들이 사라질 것이라는 것을 의미한다.

11~20번 정답 ▶ 11 inhibits 12 exhibited 13 inhabit 14 stationary 15 stationery 16 attributes 17 distribute 18 contribute 19 attribute 20 distributed

MEGASTUDY VOCA
수능 영단어 2580

PREVIEW 39 Words

- [ ] last
- [ ] present
- [ ] fit
- [ ] match
- [ ] strike
- [ ] board
- [ ] fix
- [ ] code
- [ ] note
- [ ] apply
- [ ] release
- [ ] operate
- [ ] force
- [ ] degree
- [ ] fine
- [ ] stand
- [ ] object
- [ ] edge
- [ ] interest
- [ ] excuse
- [ ] meet
- [ ] beat
- [ ] matter
- [ ] party
- [ ] current
- [ ] subject
- [ ] spot
- [ ] project
- [ ] capital
- [ ] state
- [ ] ground
- [ ] practice
- [ ] cast
- [ ] illustrate
- [ ] tip
- [ ] decline
- [ ] manner
- [ ] harbor
- [ ] assume

1256

last
[læst]

동 **지속되다**(= continue)

형 1. **마지막의** 2. **지난** 3. (the ~) **결코 ~할 것 같지 않은** 부 **최후로**(= finally)

다음 각 문장 또는 어구에 밑줄 친 다의어의 의미를 괄호 안에 쓰시오.
01 for the **last** few years (   ) **02** at the **last** minute (   )
03 the **last** man to tell a lie (   )
04 In 1978, the average French meal **lasted** 82 minutes. [13 모평] (   )

1257

present
[동: prizént /
형, 명: préznt]

동 1. **주다, 수여하다** 2. **제시[제출]하다** 3. **보여주다, 나타내다**

형 1. **참석한** 2. **존재하는** 3. **현재의** 명 1. **선물** 2. **현재**

파 • presence n. 1. 참석 2. 존재 • presentation n. 1. 제출, 제시 2. 발표
숙어 present A with B A에게 B를 주다

05 pasts have to be reinvented to reflect new **presents** [19 수능] (   )
06 a remnant of dissolved salts that are **present** in all fresh water [13 수능] (   )
07 when we are **presented** with a list of alternative explanations for some phenomenon [20 수능] (   )

1258

fit
[fit]

동 **알맞다, 적합하다**(= suit)

형 1. **알맞은, 적합한**(= suitable, appropriate) 2. **건강한**

파 fitness n. 1. 적합함 2. 신체 단련, (신체적인) 건강
반 unfit a. 1. 적합하지 않은 2. 건강하지 않은
숙어 fit in[into, with] ~에 꼭 들어맞다, ~와 어울리다

08 adults who were physically **fit** [07 학평] (   )
09 Starvation helps filter out those less **fit** to survive. [19 모평] (   )
10 an experiment which does not **fit** with your expectations [16 모평] (   )

---

01 **지난** 몇 년 동안 02 **마지막** 순간에 03 **결코** 거짓말을 **할 것 같지 않은** 사람 04 1978년 프랑스인의 평균 식사는 82분간 **지속되었다**. 05 새로운 **현재**를 반영하기 위해서 과거가 재창조되어야 한다 06 모든 담수에 **존재하는** 용해된 소금의 잔존물 07 우리에게 어떤 현상에 대한 일련의 대안적 설명이 **주어질** 때 08 신체적으로 **건강한** 어른들 09 기아는 살아남기에 덜 **적합한** 것들을 걸러 내는 데 도움을 준다. 10 당신의 기대에 **들어맞지** 않는 실험

1259

match
[mætʃ]

동 1. 어울리다, 부합하다(= correspond with) 2. 필적하다
명 1. 어울리는 것 2. 경기 3. 경쟁상태, 맞수 4. 성냥

반 mismatch n. 부조화, 어울리지 않는 조합

01 The hunters were no real **match** for an angry mammoth. [17 모평] (   )
02 adopt values that **match** the general requirements of the economy [15 모평] (   )
03 They were able to **match** the youngsters' speed. [14 학평] (   )

1260

strike
[straik]

(strike – struck
– struck[stricken])

동 1. (손·무기 등으로) **치다, 공격하다** 2. **충돌하다** 3. (생각 등이 갑자기) **떠오르다,**
(~의) **느낌을 주다** 4. (재난·질병 등이 갑자기) **발생하다, 덮치다**
명 1. **치기, 공격** 2. **파업**

파 • striking a. 눈에 띄는, 두드러진 • strikingly ad. 눈에 띄게, 두드러지게
숙어 • strike a chord (with) (~의) 심금을 울리다, (~의 반응을) 불러 일으키다
• go on strike 파업하다 • strike A as B A에게 B라는 느낌[인상]을 주다

04 It did not **strike** me as strange. [09 수능] (   )
05 Major league baseball players went on **strike**. [18 학평] (   )
06 Abruptly the thought **struck** him like a bullet. [05 학평] (   )
07 Disaster of a different kind **struck** the Great Auk. [17 모평] (   )
08 I knew any slight movement might make the deadly snake **strike**. [17 학평] (   )

1261

board
[bɔːrd]

명 1. 판자 2. 게시판 3. 위원회, 이사회
동 1. 탑승하다, 승선하다 2. 하숙하다

cf. • aboard ad. 탑승하여(= on board) • board meeting 이사회, 중역 회의
• board of directors 이사회, 임원회 • a bulletin board 게시판

09 He was the first to **board** the bus in the morning. [20 수능] (   )
10 a wooden **board** [07 수능] (   ) 11 a member of the examining **board** (   )

1262

fix
[fiks]

동 1. 고정시키다 2. 수리하다 3. (문제·사태 등을) 해결하다 4. 준비하다, 마련하다
명 1. 해결책 2. 곤경

파 • fixed a. 1. 고정된, 일정한 2. 확고한, 불변의 3. 정리된
• fixation 1. 고정 2. 집착 • fixate v. 1. 고정시키다 2. 응시하다 3. 집착하다

12 Don't **fix** what is not broken. [12 모평] (   )
13 He thought he would be able to magically **fix** all of their problems. [15 수능] (   )
14 Marie noticed Nina **fixing** her eyes on their continuing challenge. [20 수능] (   )

---

01 그 사냥꾼들은 화가 난 매머드의 실제 **적수**가 되지 못했다. 02 경제의 일반 요건에 **부합하는** 가치를 채택하다 03 그들은 젊은이들의 속도에 **필적할 수** 있었다. 04 그것은 나에게 이상하다는 **느낌을 주지는** 않았다. 05 메이저 리그 야구 선수들이 **파업**에 돌입했다. 06 갑자기 그 생각이 총알처럼 그에게 **떠올랐다**. 07 다른 종류의 재난이 큰바다오리에게 **덮쳤다**. 08 나는 약간의 움직임도 그 치명적인 뱀이 **공격하도록** 만들 것이라는 것을 알았다. 09 그는 아침에 첫 번째로 버스를 **탑승한** 사람이었다. 10 나무 **판자** 11 입시 **위원회**의 위원 12 고장 나지 않은 것을 **수리하지** 마라. 13 그는 자신이 그들의 문제를 모두 마법처럼 **해결할** 수 있을 것이라고 생각했다. 14 Marie는 Nina가 그들의 계속된 도전에 눈을 **고정하는** 것을 보았다.

code
[koud]

몡 1. **암호**(= cipher) 2. (사회적) **규범, 관례**(= custom, convention) 3. **법전**

기출 어구 • a dress code 복장 규정 • code of conduct 행동 규범
cf. • encode v. 암호화하다, 부호화하다 • decode v. (암호를) 풀다, 해독하다

01 a person's moral **code** [15 수능] (   )
02 We find that nature's order is hidden from us, it is written in **code**. [12 모평] (   )

note
[nout]

몡 1. 메모, 쪽지 2. 필기, 기록 3. 음, 음표 4. 지폐 5. 어조
동 1. 주목하다, 주의하다 2. 언급하다

파 • notable a. 주목할 만한   • noted a. 유명한(▶ be noted for ~로 유명하다)
cf. • noteworthy a. 주목할 만한, 괄목할 만한
• notate v. 기록하다, 표기하다, [음악] 악보에 기보하다(▶ notation n. 악보 표기법)

03 jot down **notes** [13 수능] (   ) **04** Keith and Manfred played a few **notes**. [17 수능] (   )
05 As the novelist Aldous Huxley **noted**, [18 학평] (   )
06 **Note** that copyright laws serve a dual purpose. [18 수능] (   )
07 by keeping accurate **notes** of each observation made [13 수능] (   )

apply
[əplái]

동 1. **적용하다**, (힘 등을) **가하다** 2. **신청하다, 지원하다**
    3. (화장품 · 페인트 등을) **바르다**

파 • application n. 1. 신청(서), 지원(서) 2. 적용, 응용프로그램 3. 바르기
• applicant n. 지원자 • applicable a. 적용할 수 있는(↔ inapplicable a. 적용할 수 없는)
숙어 • apply for[to] ~에 지원하다 • apply A to B 1. A를 B에 적용하다 2. A를 B에 바르다

08 when a person is **applying** for a job [14 학평] (   )
09 by **applying** your own experience to a different protagonist [18 수능] (   )
10 You can use essential oils of these scents by **applying** them to the back of your
neck. [12 모평] (   )

release
[rilíːs]

동 1. **석방하다**(= set free) 2. **놓아 주다, 방출하다**(= discharge)
    3. (정보 · 영화 · 음악 등을) **공개하다, 발표하다**
몡 1. **석방** 2. **방출** 3. **발표, 발매, 개봉**

숙어 release A from B A를 B에서 석방하다, 놓아 주다

11 The government **released** some political prisoners. (   )
12 It absorbs or stores more carbon than it **releases**. [19 모평] (   )
13 With this letter, I authorize you to **release** any test results. [16 학평] (   )

---

01 어떤 사람의 도덕적 **규범** 02 우리는 자연의 질서가 우리로부터 감추어져 있고, **암호**로 작성되어 있음을 알게 된다. 03 **메모**를 적다 04 Keith와 Manfred가
몇 **음**을 연주했다. 05 소설가 Aldous Huxley가 **언급했듯이.** 06 저작권 법률들은 이중의 목적에 기여한다는 점에 **주목하라.** 07 관찰한 것을 정확히 **기록함으로**
써 08 한 개인이 어떤 직장에 **지원할** 때 09 여러분 자신의 경험을 다른 주인공에게 **적용함**으로써 10 이러한 향기가 나는 방향유는 목의 뒤 쪽에 **발라** 사용할 수
있다. 11 정부는 몇 명의 정치범을 **석방시켰다.** 12 그것은 **방출하는** 것보다 더 많은 탄소를 흡수하거나 저장한다. 13 이 서한으로, 저는 당신이 어떠한 검사 결과
라도 **공개하는** 것을 승인합니다.

operate
[ápərèit]

동 1. (기계 · 기관 등이) **작동하다**, (기계 · 장치 등을) **조작하다**

　　2. **영업하다, 운영하다** 3. **수술하다**

파 • operation n. 1. 작동, 조작 2. 운영 3. 수술
• operator n. 1. 조작자 2. 운영자 • operational a. 운영상의
숙어 operate on 1. ~으로 작동하다 2. ~을 수술하다

01 Some chefs **operate** only at certain times of day. [13 모평] (　　　)
02 This system **operates** at all levels. [12 수능] (　　　)
03 how we **operate** an audio system [15 모평] (　　　)
04 Surgeons **operate** on the brain for problems ranging from tumors to movement disorders. (　　　)

force
[fɔːrs]

동 **강요하다**(= compel)

명 1. **힘**(= power, might) 2. **물리력, 무력** 3. (pl.) **군대**(= army), **경찰(력)**

파 • forceful a. 힘 있는, 강력한 • forcibly ad. 강제로, 억지로
어법 point force A to do A가 ~하도록 강요하다
기출 어구 • driving force 추진력, 원동력 • the air force 공군

05 Masses affect each other by exerting a **force**. [13 수능] (　　　)
06 They **forced** their employees to work very long hours. [19 수능] (　　　)
07 The warrior king turned his army into a fearsome fighting **force**. [12 모평] (　　　)

degree
[digríː]

명 1. (각도 · 온도의 단위인) **도** 2. **정도** 3. **학위**

숙어 • to some[a certain] degree 약간은[어느 정도는] • by degrees 서서히
• earn a degree 학위를 받다
cf. '학위'의 종류: • bachelor's degree 학사 학위 • master's degree 석사 학위
• doctor's degree 박사 학위

08 a considerable **degree** of social influence [19 수능] (　　　)
09 He earned a medical **degree** and qualified as a doctor. [18 모평] (　　　)
10 Global temperatures have gone up by just under one **degree** Celsius. [14 모평] (　　　)

fine
[fain]

형 1. **좋은** 2. **날씨가 맑은** 3. **건강한** 4. (알갱이가) **고운, 미세한**

명 **벌금**(= penalty) 동 〈주로 수동태로〉 **벌금을 부과하다**

기출 어구 • fine arts 미술 • fine dust 미세먼지

11 **Fine** particles like sulfate reflect the sun's light and heat. [14 모평] (　　　)
12 You have to pay a **fine** for parking illegally. [12 모평] (　　　)

---

01 어떤 주방장들은 하루의 특정 시간에만 **영업한다**. 02 이러한 체계는 모든 수준에서 **작동한다**. 03 우리가 오디오 시스템을 **조작하는** 방법 04 외과 의사들은 종양에서 운동 장애에 이르는 문제들에 대해 뇌를 **수술한다**. 05 질량은 힘을 발휘함으로써 서로에게 영향을 미친다. 06 그들은 자신의 일꾼들에게 매우 오랜 시간을 일하도록 **강요했다**. 07 그 전사 출신 왕은 자신의 군사들을 무시무시한 전투 **군대**로 바꾸어 놓았다. 08 상당한 **정도**의 사회적 영향력 09 그는 의학 **학위**를 받고, 의사 자격을 얻었다. 10 전 지구의 기온이 단지 섭씨 1**도** 미만으로 상승하였다. 11 황산염과 같은 **미세한** 입자들은 태양의 빛과 열을 반사시킨다. 12 당신은 불법적으로 주차한 것에 대해 **벌금**을 내야 합니다.

DAY 28

stand
[stænd]

(stand – stood – stood)

[동] 1. 서다, 서 있다 2. (~에) 있다, 위치해 있다 3. (~한 상태)이다
4. 참다, 견디다(= endure, bear)
[명] 1. 입장, 태도(= stance) 2. 가판대(= stall), 전시대

[파] standing a. 서 있는 n. 지위, 평판
[숙어] • stand out 두드러지다, 뛰어나다   • stand up for ~을 지지하다(= support)
• stand for ~을 상징하다, 의미하다   • take a stand 입장을 취하다
[cf.] standpoint n. 견해, 관점(= perspective, viewpoint, point of view)

01 The castle **stands** on top of a hill. (   )
02 The house **stood** empty for a long time. (   )
03 Human nature cannot **stand** the strain too long. (   )
04 once we have made a choice or taken a **stand** [11 학평] (   )

object
[명: ábdʒikt /
동: əbdʒékt]

[명] 1. 물건, 물체 2. (감정 · 행위의) 대상 3. 목적, 목표(= goal, aim, purpose)
[동] 반대하다

[파] • objection n. 반대, 이의   • objectionable a. 반대할 만한, 불쾌한
• objective n. 목적, 목표 a. 객관적인(↔ subjective a. 주관적인)
[숙어] object to N[-ing] ~에[~하는 것에] 반대하다

05 the perception of a moving **object** as a car [19 모평] (   )
06 The real **object** of the test was to demonstrate that ~. [12 학평] (   )
07 When schools began allowing students to use portable calculators, many parents
objected. [14 학평] (   )
08 Early photography continued the trend toward the imprisonment of the **object** of
representation. [10 모평] (   )

edge
[edʒ]

[명] 1. 모서리, 가장자리 2. (칼 등의) 날 3. 위기 4. 유리함, 우위 5. 신랄함, 날카로움
[동] 테두리를 두르다

[파] • edgy a. 1. 날카로운(= sharp), 신랄한 2. 초조해하는, 불안한(= nervous)
• edged a. 1. 가장자리가 있는 2. 날이 있는 3. 통렬한
[숙어] • on edge 안절부절 못하여
• on the edge of 1. ~의 가장자리에 2. 막 ~하려는 참에(= on the verge of)
• cutting edge 최첨단, 선두
[cf.] double-edged a. 양날의, 서로 상반된 두 가지로 이뤄진

09 There was a definite **edge** in his voice. (   )
10 It was located along the **edge** of a lake. [19 모평] (   )
11 Many animals are literally on the **edge** of extinction. [07 모평] (   )
12 He wanted to maintain an information **edge** over coworkers. [13 학평] (   )

---

01 그 성은 언덕 위에 **위치해 있다**. **02** 그 집은 오랫동안 비어있는 **상태였다**. **03** 인간의 본성은 그 부담을 너무 오래 **견딜** 수 없다. **04** 일단 우리가 어떤 선택을 했거나 어떤 **입장**을 취했다면 **05** 움직이는 **물체**를 자동차로 인식하는 것 **06** 이 실험의 실제 **목적**은 ~을 증명하는 것이었다. **07** 학생들이 휴대용 계산기를 사용하도록 학교에서 허락하기 시작했을 때, 많은 학부모들이 **반대했다**. **08** 초기 사진술은 표현의 **대상**을 구속하는 경향을 지속했다. **09** 그의 목소리에는 뚜렷한 **날카로움**이 있었다. **10** 그것은 호수의 **가장자리**에 위치해 있었다. **11** 많은 동물들이 말 그대로 멸종 **위기**에 처해 있다. **12** 그는 동료들보다 정보 **우위**를 유지하기를 원했다.

1274

interest
[íntərəst]

圀 1. 흥미, 관심 2. 이자 3. (주로 *pl.*) 이익 4. 이해관계

동 흥미[관심]를 갖게 하다

반 disinterest n. 1. 무관심 2. 사심 없음(▶ disinterested a. 1. 무관심한 2. 사심이 없는, 객관적인)
숙어 in the interests of ~을 위해, ~의 이익을 도모하여
cf. • uninterested a. 무관심한, 냉담한   • self-interest n. 사리사욕, 사리 추구

01 lack of **interest** in worldly affairs [20 모평] (   )
02 All wildlife species act in ways that harm human **interests**. [20 모평] (   )
03 The finished map appears separate from any **interests** and influences. [17 수능] (   )
04 **Interest** rates and exchange rates are fluctuating more rapidly than at any time. [12 학평]
(   )

1275

excuse
[동: ikskjúːz /
명: ikskjúːs]

명 1. 변명, 핑계, 구실(= reason, justification) 2. 사유(서)

동 1. 변명하다(= justify) 2. 용서하다, 용납하다(= forgive, pardon)

　　3. (책임 · 세금 등을) 면하다, 면제하다(= exempt, relieve)

파 excusable a. 변명이 되는, 용납이 되는

05 Please **excuse** me for offending you. (   )
06 Illness provides an **excuse** for not being more productive. [07 학평] (   )
07 to justify and **excuse** themselves for the messiness of their workspaces [12 수능] (   )

1276

meet
[miːt]

(meet–met–met)

동 1. 만나다(= come across, encounter) 2. (문제 · 위기를) 겪다(= experience),

　　대처하다(= deal with) 3. 충족시키다, 맞추다(= satisfy, fulfill)

명 1. 모임 2. (운동) 경기[대회]

숙어 • make ends meet 수지타산을 맞추다, 겨우 먹고 살다   • athletic meet 체육 대회, 운동회

08 our ability to **meet** emergencies [19 모평] (   )
09 to **meet** your own personal needs [20 모평] (   )

1277

beat
[biːt]

(beat–beat–beaten)

동 1. 때리다, 두드리다(= hit, strike) 2. 이기다, 능가하다(= defeat)

　　3. (심장이) 뛰다(= pound) 명 1. 고동, 맥박(= purse) 2. 박자, 비트

파 unbeatable a. 이길 수 없는, 무적의
숙어 beat oneself up 자책하다

10 They prefer to march to their own **beat**. [16 모평] (   )
11 In a great battle, he was **beaten** and captured. [06 학평] (   )
12 Nina's heart was **beating** fast at each leap and twist. [20 수능] (   )
13 He had **beaten** Timothy Tandon, the winner of the 2016 National Chess Championship. [18 모평] (   )

---

01 세상사에 대한 **관심** 결여 02 모든 야생 동물 종들은 인간의 **이익**에 해를 끼치는 방식으로 행동한다. 03 완성된 지도는 어떠한 **이해관계**와 영향력으로부터 분리된 것처럼 보인다. 04 금리[**이자율**]와 환율이 어느 때보다 빠르게 요동치고 있다. 05 제가 마음을 상하게 했다면 **용서하세요**. 06 아픈 것은 더 생산적이지 못한 것에 대한 **구실**을 제공한다. 07 자신들의 근무 공간이 너저분한 것을 정당화하고 **변명하기** 위해서 08 비상사태에 **대처하는** 우리의 능력 09 개인적인 필요를 **충족시키기** 위해 10 그들은 자신의 **박자**에 맞추어 나아가는 것을 선호한다. 11 큰 전투에서 그는 **얻어맞고** 붙잡혔다. 12 비약할 때마다 Nina의 심장은 빠르게 **뛰고** 있었다. 13 그는 2016년 전국 체스 선수권 대회의 우승자인 Timothy Tandon을 **이겼다**.

1278

matter
[mǽtər]

图 **중요하다**(= count)

몡 **1. 문제, 사안**(= affair) **2. 상황, 사태** **3. 물질**(= substance, material)

숙어 • (as) a matter of fact 사실은   • to make matters worse 설상가상으로

01 to produce organic **matter** [14 학평] (   )
02 Feelings sometimes **matter** more than facts. [20 모평] (   )
03 Being full and feeling sated are separate **matters**. [18 수능] (   )

1279

party
[pɑ́ːti]

몡 **1. 정당 2. 단체, 동행 3. 당사자, 관계자 4. 파티, 모임**

기출 어구 • a third party 제삼자   • an interested party 이해당사자

04 The **party** was formed under the slogan "Clean Politics." (   )
05 Mediation involves adopting a neutral role between two opposing **parties**. [12 수능]
(   )
06 People no longer have to spend most of their time hoping that a hunting **party** will return with meat. [13 학평] (   )

1280

current
[kə́ːrənt]

혱 **1. 현재의, 지금의 2. 통용되는**

몡 **1. 흐름 2. 해류, 전류 3. 경향, 추세**

파 • currently ad. 현재   • currency n. 1. 통화, 화폐 2. 통용, 유통

07 Those coins are no longer **current**. (   )
08 to form new **currents** of human interaction [07 모평] (   )
09 They floated completely along the North Pacific **currents**. [12 수능] (   )
10 You have to venture beyond the boundaries of your **current** experience and explore new territory. [18 수능] (   )

1281

subject
[명, 형: sʌ́bdʒikt /
동: səbdʒékt]

몡 **1. 주제, 화제**(= theme, topic) **2. 과목 3. 대상 4. 피실험자 5. 국민, 신하**

혱 **1. (영향 등을) 받기 쉬운 2. (~을) 받아야 하는 3. (~의) 지배를 받는**

동 **1. 종속시키다 2. (좋지 않은 경험 등을) 겪게 하다**

숙어 • be subject to ~을 받기 쉽다, ~의 대상이다   • be subjected to ~을 받다[당하다]
cf. subject matter 주제, 소재

11 to assess **subjects**' real life experiences [14 모평] (   )
12 I taught various **subjects** under the social studies umbrella. [17 수능] (   )
13 Doing a portrait, the artist may ask the **subject** to look serious. [13 모평] (   )
14 because of the scientific demand that observations be **subject** to public verification
[15 모평] (   )

---

01 유기 **물질**을 만들어 내기 위해서 02 때로는 감정이 사실보다 더 **중요하다**. 03 배가 부르다는 것과 충분히 만족감을 느낀다는 것은 별개의 **문제**이다. 04 그 **정당**은 '깨끗한 정치'라는 표어를 내걸고 결성되었다. 05 중재에는 두 대립되는 **당사자들** 사이에서 중립적인 역할을 채택하는 것을 포함한다. 06 사람들은 더 이상 대부분의 시간을 사냥 나간 **무리**가 고기를 가지고 돌아오기를 바라면서 소비할 필요가 없다. 07 그 동전들은 더 이상 **통용되지** 않는다. 08 인간 상호작용의 새로운 **경향**을 형성하기 위해서 09 그것들은 완전히 북태평양 **해류**를 따라 떠다녔다. 10 당신은 **현재** 경험의 한계를 넘어서는 모험을 해야 하고 새로운 영역을 탐사해야 한다. 11 **피실험자들**의 실생활 경험을 평가하기 위해 12 나는 사회 교과에 속한 다양한 **과목들**을 가르쳤다. 13 초상화를 그릴 때 화가는 **대상**에게 진지하게 보이라고 요구할 수 있다. 14 관찰된 사실들은 공개 검증을 **받아야 한다는** 과학적인 요구 때문에

1282

spot
[spat]

명 1. 장소, 곳, 지점 2. 점, 반점 3. 얼룩(= stain) 4. 발진(= rash)

동 1. 발견하다, 알아채다(= detect) 2. 얼룩지게 하다

숙어 on the spot 즉석에서, 현장에서
기출 어구 a blind spot 맹점
cf. spotless a. 티끌 하나 없는, 오점이 없는

01 Steve **spotted** Dave in the hallway. [18 수능] (   )
02 Moles are dark **spots** on human skin. [05 수능] (   )
03 It might look like a perfect **spot** for fishing. [16 학평] (   )
04 The spilled coffee left a **spot** on my dress. (   )

1283

project
[명: prάdʒekt /
동: prədʒékt]

명 1. 계획, 기획(= scheme) 2. 과제(= assignment)

동 1. 계획하다 2. 예상하다, 추정하다 3. 투영하다, 비추다

파 • projection n. 1. 예상, 추정 2. 투영   • projector n. 영사기
숙어 be projected to *do* ~할 것으로 예상되다

05 The **project** of creating the tomb of Pope Julius II [16 모평] (   )
06 Workers aged 55 and older are **projected** to show the biggest increase. [06 학평] (   )
07 The view the wearer of some special device sees is **projected** on the screen behind him.

[15 모평] (   )

1284

capital
[kǽpitəl]

명 1. 수도 2. 자본(금), 자산 3. 대문자

형 1. 주요한 2. 자본의 3. 대문자인

파 • capitalize v. 1. ~을 활용하다(on ~) 2. 출자하다, 자본화하다 3. 대문자로 쓰다
 • capitalization n. 자본화, 현금화   • capitalism n. 자본주의   • capitalist n. 자본가

08 He saw his name in **capital** letters on the door. [15 학평] (   )
09 Private **capital** started to flow into seed production. [16 수능] (   )
10 They will transport middle-class Americans to ten European **capitals**. [12 모평] (   )

1285

state
[steit]

명 1. 상태 2. 국가, 주 3. (the State) 정부   형 국가의, 주의

동 1. 말하다, 진술하다 2. (문서에) 명시하다

파 statement n. 1. 진술(서), 설명(서) 2. 보고서, 명세서
cf. • statesman n. 정치인   • overstate v. 과장해서 말하다   • understate v. 축소해서 말하다

11 Modern psychological theory **states** that ~. [19 모평] (   )
12 Living things naturally return to a **state** of balance. [12 수능] (   )
13 They will happen only through **state** intervention, based on parliamentary decision.

[17 수능] (   )

---

01 Steve는 복도에서 Dave를 **발견했다**. 02 점은 사람의 피부에 있는 검은 **점**을 일컫는다. 03 그곳은 낚시하기 딱 좋은 **지점**처럼 보일지도 모른다. 04 엎질러진 커피가 내 드레스에 **얼룩**을 남겼다. 05 교황 Julius 2세의 무덤을 만들려는 **계획** 06 55세 이상의 근로자들은 가장 큰 증가를 보일 것으로 **예상된다**. 07 어떤 특수 장치를 착용한 사람이 보는 광경이 그의 뒤에 있는 스크린에 **투사된다**. 08 그는 자신의 이름이 **대문자**로 문 위에 적혀 있는 것을 봤다. 09 사적 **자본**이 종자 생산으로 유입되기 시작했다. 10 그것들은 중산층 미국인들을 10개의 유럽 **수도**로 수송할 것이다. 11 현대의 심리학 이론은 ~라고 **진술한다**. 12 생명체들은 저절로 균형 **상태**로 돌아간다. 13 그것은 의회의 결정에 근거한 **국가**의 개입을 통해서만 일어날 것이다.

ground
[graund]

명 1. 지면, 땅, 토양 2. (특정 용도를 위한) 장소, -장 3. (건물 주변의) 부지, 구내
4. 근거, 이유 5. 입장, 의견

동 (~에) 근거[기초]를 두다

숙어 • on the grounds that ~라는 근거[이유]로
• be grounded in ~에 근거하다, ~에 기초하다
cf. • groundless a. 근거 없는, 사실 무근의 • battleground n. 전장
• burial ground 매장지, 묘지 • common ground 공통된 입장, 합의점
• ground: grind(빻다)의 과거 · 과거분사 (grind – ground – ground)

01 the training **grounds** of a community [19 오평] (   )
02 a large window overlooking the college **grounds** [15 학평] (   )
03 The two parties have been talking to find some common **ground**. (   )
04 Best career choices tend to be **grounded** in things you're good at. [18 오평] (   )
05 The case was dismissed on the **grounds** that there was not enough evidence.
(   )

practice
[prǽktis]

명 1. 실행, 실천 2. 관행, 관습 3. 연습 4. (의사 · 변호사 등 전문직의) 개업, 영업
동 1. 실행하다 2. 연습하다 3. (전문직을) 업으로 하다, 개업하다

파 practitioner n. 개업 의사, 변호사
숙어 • in practice 실제는 • practice medicine 의료업에 종사하다, 병원을 개업하고 있다

06 **Practice** and active repetition make the master. [18 학평] (   )
07 His father, who **practiced** law, encouraged him to read a lot. [09 오평] (   )
08 *totemism* (the **practice** of regarding humans as animals) [20 수능] (   )
09 To know the nature of knowledge is to **practice** its moral value. [15 수능] (   )

cast
[kæst]

(cast – cast – cast)

동 1. 던지다 2. (빛을) 발하다, (그림자를) 드리우다 3. 배역을 맡기다
4. 투표하다 5. 주조하다
명 1. 배역 2. 거푸집, 주형 3. 깁스

파 casting n. 1. 배역 선정, 캐스팅 2. 주물
숙어 • cast a glance at ~을 흘끗 보다 • cast a shadow 그림자를 드리우다
• cast a doubt on ~에 의혹을 던지다[제기하다]

10 a statue which is **cast** in bronze (   )
11 The actor is often **cast** as the villain. (   )
12 I turned on the flashlight, which **cast** a feeble beam. (   )
13 He broke his right arm and was in a **cast** for two months. [15 오평] (   )
14 Recent behavioral research **casts** doubt on this fundamental assumption. [19 수능]
(   )

---

01 공동체의 훈련장 02 학교 **구내**가 내려다보이는 커다란 창문 03 그 두 정당은 어느 정도 공통 **입장**을 찾기 위해 이야기를 나누고 있다. 04 가장 좋은 직업 선택은 여러분이 잘하는 것에 **기초를 두는** 경향이 있다. 05 그 사건은 증거가 불충분하다는 **이유**로 기각되었다. 06 **연습**과 능동적인 반복은 마스터가 되게 한다. 07 변호**사업을 하시는** 그의 아버지는 그에게 독서를 많이 하라고 장려했다. 08 '토테미즘' (인간을 동물로 간주하는 **관행**) 09 지식의 본질을 아는 것은 그것의 도덕적 가치를 **실행하는** 것이다. 10 동으로 **주조된** 동상 11 그 배우는 자주 악당의 **배역을 맡는다.** 12 나는 약한 불빛을 **발하는** 손전등을 켰다. 13 그는 오른쪽 팔이 부러져 두 달 동안 **깁스**를 했다. 14 최근의 행동 연구는 이러한 근본적인 가정에 의혹을 **제기한다.**

1289

illustrate
[íləstrèit]

동 1. (예를 들어) **설명하다, 분명히 보여주다**(= explain, show)

2. **실증하다**(= demonstrate), **실지로 보여주다** 3. **삽화를 넣다**

파 • illustration n. 1. 설명, 실례, 보기 2. 삽화　• illustrator n. 1. 설명자 2. 삽화가
• illustrative a. 예시가 되는, 설명적인

01 We can simply state our beliefs, or we can tell stories that **illustrate** them. [15 학평]
(　　　　)

02 From covers to the content within, a good deal of children's books are **illustrated**.
(　　　　)

03 These regulations do not work adequately, as the Enron scandal in 2001 clearly
illustrates. [18 모평] (　　　　)

1290

tip
[tip]

명 1. (뾰족한) **끝, 꼭대기, 정상** 2. **조언, 정보** 3. **팁, 봉사료**

동 1. **기울이다** 2. (기울여서) **비우다** 3. **팁을 주다** 4. (내밀하게) **정보를 주다**

숙어 • the tip of the iceberg 빙산의 일각　• tip ~ off ~에게 귀띔해 주다(tip-off n. 제보, 귀띔)
• tip over ~을 넘어뜨리다, 뒤집어 엎다

04 The **tip** of the cross-country pole is bent. [10 모평] (　　　　)
05 Here are some **tips** to consider when choosing a dog. [12 모평] (　　　　)
06 She took a step back and hit the small table, **tipping** it **over**. [11 수능] (　　　　)

1291

decline
[dikláin]

동 1. **감소하다, 쇠퇴하다**(= decrease) 2. **기울다, 기울이다**

3. **거절하다**(= refuse, reject, turn down)

명 **감소, 하락, 쇠퇴**

숙어 in decline 하락[쇠퇴]하고 있는

07 The hill **declines** gently to the lake. (　　　　)
08 It was difficult for anyone to **decline** that invitation. [13 수능] (　　　　)
09 The populations of many species are **declining** rapidly. [17 학평] (　　　　)

1292

manner
[mǽnər]

명 1. (일의) **방법, 방식** 2. (사람의) **태도** 3. (pl.) **예절** 4. **관습**

숙어 in a manner that ~하는 방식으로(= in a way that)

10 use the term in a serious **manner** [20 모평] (　　　　)
11 in a **manner** that pleases them [15 모평] (　　　　)
12 the social morals and **manners** of the 18th century (　　　　)
13 manuals teaching "table **manners**" to the offspring of aristocrats [20 모평] (　　　　)

---

01 우리는 우리의 믿음을 간단하게 말할 수도 있고, 또는 그것의 **실례를 보여주는** 이야기를 말할 수도 있다. 02 상당량의 아동 도서에는 표지부터 본문까지 **삽화가 들어간다.** 03 2001년의 Enron 스캔들이 **실증하듯이**, 이러한 규정들은 제대로 작동하지 않는다. 04 크로스컨트리 폴의 **끝**은 구부러져 있다. 05 개를 고를 때 고려할 몇 가지 **조언**이 여기에 있습니다. 06 그녀는 한 걸음 뒤로 물러나 작은 테이블을 치면서 **넘어뜨렸다.** 07 그 언덕은 호수까지 완만하게 **기울어 있다.** 08 누구든지 그런 초대를 **거절하는** 것은 어려웠다. 09 많은 종의 개체 수가 빠르게 **감소하고** 있다. 10 진지한 **태도**로 그 용어를 사용하다 11 그들을 기분 좋게 만드는 **방식**으로 12 18세기의 사회적 윤리와 **관습** 13 귀족의 자손들에게 '식사 **예절**'을 가르치는 지침서들

harbor
[hάːrbər]

(= harbour)

명 1. 항구(= port) 2. 피난처, 은신처(= refuge)

동 1. (사람 · 물건 등을) **숨겨 주다, 수용하다**(= accommodate)

2. (어떤 장소가 동물 등의) **거처[서식지]가 되다**

3. (계획 · 생각 등을) **품다**(= bear)

cf. dock n. 부두, 선착장 v. (배를) 부두에 대다

01 The ship is at anchor in the **harbor**. (   )
02 There are some people who **harbor** suspicions about his motives. (   )
03 Madagascar alone **harbors** some 8,000 species of flowering plants. [13 모평] (   )
04 Switzerland is a neutral country in world wars, a safe place that **harbors** refugees.
(   )

assume
[əsjúːm]

동 1. **추정하다**(= presume), **가정하다**

2. (책임 등을) **떠맡다**(= take on)

3. (특질 · 양상을) **띠다**(= take on), **취하다**

파 assumption n. 1. 추정, 가정 2. 인수

05 by **assuming** the responsibilities of being primary caregivers to children [19 모평]
(   )

06 We tend to **assume** that the way to get more time is to speed up. [16 모평] (   )
07 The tribal member at birth **assumes** the soul and identity of a part of nature. [17 모평]
(   )

---

01 배가 **항구**에 정박해 있다. 02 그의 동기에 대해 의혹을 **품고 있는** 사람들이 있다. 03 마다가스카르만 해도 약 8,000종의 화초들에게 **서식지가 된다**. 04 스위스는 세계 전쟁 중에 중립국으로, 피난민들을 **수용하는** 안전한 곳이다. 05 아이들에게 일차적인 돌봄 제공자가 되는 책임을 **떠맡음**으로써 06 우리는 더 많은 시간을 얻는 방법이 속도를 내는 것이라고 **추정하는** 경향이 있다. 07 그 부족의 일원은 태어날 때 자연의 일부로 영혼과 정체성을 **띤다**.

DAY 29

다의어 [2]

표제어 음성 QR코드

- [ ] account
- [ ] suit
- [ ] serve
- [ ] mean
- [ ] means
- [ ] character
- [ ] manage
- [ ] credit
- [ ] charge
- [ ] succeed
- [ ] count
- [ ] appreciate
- [ ] article
- [ ] content
- [ ] bound
- [ ] engage
- [ ] bear
- [ ] conduct
- [ ] reserve
- [ ] feature
- [ ] direct
- [ ] fair
- [ ] term
- [ ] observe
- [ ] contract
- [ ] figure
- [ ] deliver
- [ ] odd
- [ ] address
- [ ] measure
- [ ] even
- [ ] due
- [ ] flat
- [ ] branch
- [ ] sentence
- [ ] property
- [ ] drive
- [ ] reflect
- [ ] concern

1295

account
[əkáunt]

명 1. 설명, 이야기 2. 이유, 근거 3. 계좌, 계정 4. 거래 장부

동 1. 설명하다 2. (비율을) 차지하다

파 • accountable **a.** 1. 설명할 수 있는 2. 책임이 있는(= responsible)
• accounting **n.** 회계   • accountant **n.** 회계원

숙어 • give an account of ~을 설명하다(= explain)
• account for 1. ~을 설명하다 2. ~의 이유가 되다 3. (부분 · 비율을) 차지하다
• on account of ~ 때문에(= because of)   • on that account 그러한 이유로
• take ~ into account ~을 고려하다(= take ~ into consideration)

다음 각 문장 또는 어구에 밑줄 친 다의어의 의미를 괄호 안에 쓰시오.
01 Her father employed her in keeping **accounts**. [08 모평] (   )
02 I've put Saturdays' earnings into a savings **account** for you. [15 학평] (   )
03 to give a long chronological **account** of procedures [17 수능] (   )
04 Subscriptions **account for** almost 90 percent of total magazine circulation. [18 수능]
(   )
05 People have been using birth order to **account for** personality factors. [09 수능] (   )

1296

suit
[sjuːt]

명 1. 정장, 옷 한 벌(= outfit), -복(服) 2. 소송(= lawsuit)

동 1. (~에) 맞다, 맞추다 2. (~에게) 어울리다

파 • suitable **a.** 적합한, 알맞은(= appropriate)   • suitor **n.** 1. 소송인 2. 구혼자

06 involved in a legal **suit** (   )   07 Lighter shades **suit** you better. (   )
08 our tendency to see the world in ways that **suit** our desires [19 모평] (   )
09 posing in fancy dresses and **suits** for photographers [16 수능] (   )

---

01 그녀의 아버지는 **장부**를 기록하는 데에 그녀를 고용했다. 02 내가 너를 위해 매주 토요일 수입을 저축 **계좌**에 넣어 왔어. 03 연구과정에 관한 긴 연대기적인 **설명**을 하는 것 04 구독은 전체 잡지 판매 부수의 거의 90퍼센트를 **차지한다**. 05 사람들은 성격 요인을 **설명하기** 위해 출생 순서를 이용해 왔다. 06 **소송**에 휘말린 07 당신에게는 더 연한 색조가 더 잘 **어울린다**. 08 우리의 갈망에 **맞는** 방식으로 세상을 바라보는 우리의 경향 09 화려한 드레스와 **정장**을 입고 사진사들을 위해 포즈를 취하고 있는

serve
[sɜːrv]

동 1. **도움이 되다, 기여하다** 2. (특정 용도로) **쓰일 수 있다**, (~의) **역할을 하다**(as ~)
3. (음식 등을) **제공하다, 시중들다** 4. **근무하다, 복무하다** 5. (테니스 등에서) **서브를 넣다**

파 servant n. 하인, 종업원, 고용인

01 Everything we **serve** is grown on our farm! [16 모평] (   )
02 Can self-enhancement motives still **be served** in such situations? [18 모평] (   )
03 He was honored to **serve** a number of posts in the city government. [13 수능] (   )
04 Music for motion pictures often **serves** to provide a sense of nostalgia. [15 모평] (   )

mean
[miːn]

(mean – meant – meant)

동 1. **의미하다**(= signify) 2. **의도하다**, (~할) **작정이다**(= intend)
형 1. **중간의, 평균의**(= middle, average) 2. **비열한**(= nasty)

파 • meaning n. 의미 • meaningful a. 의미 있는

05 I knew what I **meant** to say. [09 모평] (   )
06 Doing the right thing **means** thinking about utmost justice. [12 모평] (   )
07 They were heartless, tough, even **mean** in their criticism. [10 학평] (   )
08 The !Kung San were divided into twenty five groups with a **mean** size of eighteen to twenty people. [17 모평] (   )

means
[miːnz]

pl. means

명 1. 〈단수 · 복수 취급〉 **수단, 방법**(= vehicle)
2. 〈복수 취급〉 **재산, 재력**(= wealth), **수입**(= income, earnings)

숙어 • by no means 결코 ~이 아닌 • by means of ~으로, ~을 써서, ~에 의하여
• by all means 어떤 일이 있더라도, 반드시, 〈구어〉 아무렴(= certainly)

09 The past and the present are our **means**; only the future is our end. [11 수능] (   )
10 Television sets were priced beyond the **means** of a general public whose modest living standards did not allow the acquisition of luxury goods. [09 수능] (   )

character
[kǽriktər]

명 1. **성격, 개성**(= personality) 2. **특징, 특성** 3. (도덕적) **인격, 품성**
4. (책 · 영화 등의) **등장인물** 5. **문자, 글자**

11 a major **character** in the novel (   )
12 raise a child with a strong moral **character** [07 수능] (   )
13 Twitter raised their **character** limit to 280 in 2017. (   )
14 Empathy is a **character** trait that we value in ourselves. [15 모평] (   )
15 Does the inherent **character** of a seed change when it grows into a tree? [14 학평] (   )

---

01 우리가 **제공하는** 모든 것은 우리 농장에서 재배됩니다! 02 그런 상황에서도 자기 고양감의 동기가 여전히 **도움이 될까**? 03 그는 시 정부에서 다수의 직책으로 **근무하는** 영예를 얻었다. 04 영화 음악은 흔히 향수의 느낌을 제공하는 **역할을 한다**. 05 나는 내가 말하고자 **의도한** 바를 알고 있었다. 06 옳은 일을 하는 것은 최고의 정의에 대해 생각한다는 것을 **의미한다**. 07 그들은 비평에 있어 비정하고, 냉정했으며, 심지어는 **비열할** 정도였다. 08 !Kung San족은 **평균적인** 규모가 18명에서 20명인 25개의 집단으로 나뉘어 있었다. 09 과거와 현재는 우리의 **수단**이고, 단지 미래만이 우리의 목적이다. 10 텔레비전 수상기는 소박한 생활 수준으로 인해 사치스런 물건을 취득할 수 없었던 일반 대중의 **수입**을 넘어서서 가격이 매겨져 있었다. 11 그 소설의 주요 **등장인물** 12 자녀를 도덕적 **인성**을 잘 갖춘 아이로 양육하다 13 트위터는 2017년에 **글자** 수 제한을 280개로 늘렸다. 14 공감은 우리가 우리 자신에게서 소중하게 여기는 **성격** 특성이다. 15 씨앗이 나무로 성장할 때 그것의 내재적인 **특성**은 변하는가?

manage
[mǽnidʒ]

동 1. 간신히[용케] ~해내다 2. (문제 · 곤경을 헤치며) **살아 나가다**(on ~)

3. 운영하다, 관리하다 4. 다루다, 처리하다

파 • management n. 운영, 관리 • manageable a. 관리 할 수 있는, 다루기 쉬운
• manager n. 경영자, 관리자

어법 point manage to *do* 가까스로 ~해내다

01 A short time later he **managed** to escape to America. [19 모평] (　　　)
02 After his wife lost her job, they had to **manage** on his salary. (　　　)
03 Functional managers are specialists in the area they **manage**. [16 모평] (　　　)

credit
[krédit]

명 1. 신용 (거래), 신뢰 2. 학점 3. 인정, 칭찬

동 신용하다, 믿다

반 discredit n. 불신 v. 신용을 손상하다, 신용하지 않다
숙어 • get[receive] credit for ~(의 공적)을 인정받다
• *A* be credited to *B* *A*에 대해 *B*의 공을 인정하다, *A*는 *B*의 덕택이다

04 with cheap **credit** and tax breaks for home buyers [14 수능] (　　　)
05 Individuals receive no **credit** for their creative achievements. [19 모평] (　　　)
06 Junior scholars earn college **credit** from a choice of 40 courses. [14 학평] (　　　)

charge
[tʃɑːrdʒ]

동 1. (요금 · 값 등을) 청구하다 2. (일 · 책임 등을) **맡기다** 3. 충전하다

4. 기소하다, 비난하다 5. 돌격하다, 공격하다

명 1. 요금 2. 책임 3. 비난, 혐의 4. 기소, 고발 5. 돌격, 공격

반 discharge v. 1. (책임 등에서) 면제하다 2. 방전되다
숙어 • charge (*A*) for *B* (*A*에게) *B*에 대해 청구하다 • free of charge 무료로
• be charged with 1. ~을 책임지다[떠맡다] 2. ~로 기소되다
• take charge of ~을 떠맡다, ~을 책임지다 • in charge of ~을 담당해서, ~을 맡아서
cf. recharge v. 충전하다, (에너지를) 재충전하다

07 He was **charged** with theft. (　　　)
08 He is **charged** with heavy responsibilities. (　　　)
09 White Light: Your smartphone is fully **charged**. [19 수능] (　　　)
10 He **took charge of** about a dozen failing "special ed" kids. [15 수능] (　　　)
11 The children see the crowd **charging** toward a landing helicopter. [10 학평] (　　　)
12 They were **charged** three times more than the usual fare. [20 모평] (　　　)

---

01 얼마 후에 그는 **가까스로** 미국으로 도피**해갔다**. 02 그의 아내가 실직한 후, 그들은 그의 봉급으로 **살아야** 했다. 03 기능형 관리자들은 자신이 **관리하는** 영역에서 전문가들이다. 04 주택 구매자를 위한 저렴한 **신용(대출)**과 세금 우대 조치가 있다면 05 개인은 자신의 창의적인 업적에 대해 **인정**을 받지 못한다. 06 후학자들은 40개의 과목 중에서 선택해서 대학 **학점**을 받는다. 07 그는 절도 혐의로 **기소되었다**. 08 그는 무거운 책임을 **지고 있다**. 09 흰색 빛: 스마트폰이 완전히 **충전되었습니다**. 10 그는 약 12명의 낙제하는 '특별 교육' 아이들을 **떠맡았다**. 11 아이들은 군중이 착륙하는 헬리콥터를 향해 **돌진하는** 것을 본다. 12 그들은 평상시 요금보다 세 배나 많은 금액을 **청구 받았다**.

DAY 29

succeed
[səksíːd]

[동] 1. (일·계획 등에) **성공하다, 출세하다** 2. **계승하다, 상속하다**(= take over)
3. **계속되다, 이어지다**(= follow)

[파] • success n. 성공 • succession n. 1. 승계, 계승 2. 연속
[숙어] • succeed in ~에 성공하다 • succeed to N ~을 계승하다, ~을 상속하다

01 The wind died away, and a calm **succeeded**. (   )
02 When the King dies, his eldest son will **succeed to** the throne. (   )
03 The organization has **succeeded in** registering hundreds of thousands of voters. [09 수능]
(   )

count
[kaunt]

[동] 1. **세다, 계산하다**(= calculate) 2. **중요하다, 가치가 있다**(= matter)
3. **간주되다, 여기다**(= consider, regard)
[명] 1. **집계, 계산** 2. **사항**

[파] countless a. 셀 수 없이 많은, 무수한(= innumerable)
[숙어] • count on ~에 의지하다(= rely on, depend on, turn to)
• count ~ in ~을 포함시키다 • count as ~으로 간주되다

04 the desire to **count** sheep [20 수능] (   )
05 why the number of group members **counts** [15 수능] (   )
06 Scholarships may **count as** income for tax purposes. (   )

appreciate
[əpríːʃièit]

[동] 1. **고마워하다** 2. **감상하다** 3. **인식하다, 이해하다** 4. **진가를 알아보다, 인정하다**

[파] • appreciation n. 1. 감사 2. 이해 3. 감상, 평가 • appreciative a. 1. 감사하는 2. 감상하는
[cf.] depreciate v. 가치를 떨어뜨리다, 평가 절하하다

07 I **appreciate** your support of my tuition and your faith in me. [16 모평] (   )
08 It is difficult to **appreciate** what a temperature of 20,000,000℃ means. [15 모평] (   )
09 Audiences **appreciate** aha moments so much that they also enjoy simply *expecting*
them. [18 학평] (   )

article
[ɑ́ːrtikl]

[명] 1. **물품** 2. (신문·잡지의) **글, 기사** 3. (계약서·법률 등의) **조항** 4. 〈문법〉 **관사**

10 Footwear has long been an **article** of necessity. [07 수능] (   )
11 **Article** 9 of the Human Rights Act protects our freedom of thought. (   )
12 While browsing through reading materials, he came across an **article** in a scientific
journal. [08 모평] (   )

---

01 바람은 잠들고 고요함이 **이어졌다**. 02 왕이 죽으면, 장남이 왕위를 **계승할** 것이다. 03 그 단체는 수십만 명의 유권자를 등록하는 **데 성공했다**. 04 양의 수를
세고자 하는 욕구 05 왜 집단 구성원의 수가 **중요한가** 06 세금 목적으로 장학금은 소득**으로 간주될** 수 있다. 07 제 등록금에 대한 지원과 저에 대한 신뢰에 **감사
드립니다**. 08 섭씨 2천만 도의 온도가 무엇을 의미하는지 **이해하는** 것은 어렵다. 09 관객들은 '아하' 하는 순간의 **진가를** 너무나 잘 **알아서** 그것을 단순히 '기대
하는 것' 또한 즐긴다. 10 신발은 오랫동안 필수 **물품**이었다. 11 인권법 제**9조**는 우리의 사상의 자유를 보호한다. 12 그는 독서 자료를 뒤적거리다가 과학잡지에
실린 한 **기사**를 우연히 발견했다.

content
[명: kántent /
형, 동: kəntént]

图 1. (*pl.*) 내용(물) 2. (*pl.*) (책의) 목차 3. 함유량, 함량
图 만족하는   图 만족하다

파 • contentment n. 만족(감)(= satisfaction)
• contented a. 만족한(▶ content는 서술적 용법으로, contented는 명사를 수식하는 제한적 용법으로 쓰인다.)
반 discontent a. 불만스러운 n. 불만(스러운 것)(= dissatisfaction)
숙어 be content with ~에 만족하다(= be satisfied with)

01 Tomatoes have a very high water **content**. [16 학평] (　　　　)
02 My grandpa loved his little home and was **content** with what he had. [14 수능] (　　　　)
03 The spoon slips from your hand, pouring its **contents** on your bare foot. [16 모평]
(　　　　)

bound
[baund]

图 1. 묶인, 얽매인 2. (~할) 의무가 있는 3. 반드시 ~하게 되어 있는
4. ~행(行)의, ~로 향하는
图 1. 경계를 이루다 2. 뛰다, 튀어 오르다
图 1. 경계(선) 2. 한계, 범위

숙어 • bound for ~행의, ~로 향하는
• be bound to *do* 1. ~할 의무가 있다(= be obliged to *do*) 2. 꼭 ~할 것이다(= be supposed to *do*)
cf. • boundless a. 무한한, 끝없는   • rebound v. 다시 튀어 오르다, 반등하다
• abound v. 풍부하다, 아주 많다   • inbound a. 오는   • outbound a. 나가는, 떠나는
• bind(묶다)의 과거분사형인 bound(bind–bound–bound)와 연관하여 형용사로 암기

04 **bound** for a different destination [11 모평] (　　　　)
05 keep family conflict within acceptable **bounds** [09 모평] (　　　　)
06 The liquid nature of services means they don't have to be **bound** to materials. [20 모평]
(　　　　)
07 Given the methodologies of science, the law of gravity was **bound** to be discovered
by somebody. [17 모평] (　　　　)

engage
[ingéidʒ]

图 1. 관여하다, 참여하다 2. 고용하다
3. (주의 · 관심을) 사로잡다 4. 약속하다, 약혼하다

파 • engagement n. 1. 개입, 관여, 참여 2. 고용 3. 약속, 약혼 4. 교전
• engaged a. 1. ~하고 있는 2. 약혼한   • engaging a. 호감 가는, 매력적인
숙어 • be engaged in ~에 종사하다, ~을 하다   • be engaged to ~와 약혼한 상태이다

08 We're **engaging** the services of a professional accountant. (　　　　)
09 All human beings should be allowed to **engage** in political activity. [20 모평] (　　　　)
10 Some forms of new media even **engage** our senses of touch and smell. [15 모평] (　　　　)

---

01 토마토는 매우 높은 수분 **함량**을 갖고 있다. 02 우리 할아버지는 자신의 작은 집을 좋아하셨고 그가 소유한 것에 **만족해하셨다**. 03 숟가락이 손에서 미끄러지면서 맨발에 (숟가락에 담겨있던) **내용물**이 쏟아지게 된다. 04 다른 목적지로 **향하는** 05 가정의 갈등을 용인할 수 있는 **범위** 내에서 유지하다 06 서비스의 유동적인 특성은 그것들이 물질에 **얽매일** 필요가 없다는 것을 의미한다. 07 과학의 방법론을 고려해 보면, 중력의 법칙은 누군가에 의해 **반드시** 발견되게 **되어 있었다**. 08 우리는 전문 회계사의 서비스를 **고용하고** 있다. 09 모든 인간은 정치 활동에 **참여하도록** 허용되어야 한다. 10 몇몇 형태의 새로운 매체는 우리의 촉각과 후각까지도 **사로잡는다**.

DAY 29

bear
[bɛər]

(bear–bore
–born[borne])

동 1. **참다, 견디다**(= endure, stand, put up with)　2. (무게를) **지탱하다**　3. (책임 등을) **떠맡다**

4. **품다, 지니다**　5. (아이를) **낳다**, (꽃·열매·결실을) **맺다**　**명** **곰**

파 • bearable a. 견딜 수 있는, 참을 만한(↔ unbearable a. 견딜[참을] 수 없는)
• bearing n. 1. 관련, 영향 2. 태도

숙어 bear ~ in mind ~을 명심하다(= keep ~ in mind)

01 **bear** resentment (　　　)　02 The strain is hard to **bear**. (　　　)
03 the stress on weight-**bearing** joints [05 모평] (　　　)
04 It **bears** striped markings of the zebra. [06 학평] (　　　)
05 You have to keep nurturing, for the soil to **bear** fruit. [13 학평] (　　　)
06 Passengers **bear** responsibility for their actions. [07 학평] (　　　)

conduct
[동: kəndʌ́kt /
명: kándʌ̀kt]

동 1. **행동하다**(= behave)　2. **수행하다, 실시하다**(= carry about)

3. **지도[안내]하다**, (악단을) **지휘하다**　4. (전기·소리·열을) **전도하다**

명 1. **행동, 처신**(= behavior, demeanor)　2. **수행**　3. **안내, 지휘**

파 • conductor n. 안내자, 지휘자　• conduction n. 유도, 전도　• conductive a. 전도성의
cf. • semiconductor n. 반도체　• misconduct n. 비행, 위법 행위 v. 부정을 저지르다

07 **conduct** their research and excavations [20 모평] (　　　)
08 The orchestra was **conducted** by a famous composer. (　　　)
09 You have to learn how to **conduct** yourself in public. [18 학평] (　　　)
10 The person will tend to feel guilty when his or her own **conduct** violates that principle. [15 수능] (　　　)
11 In a singer some of the auditory stimulus is **conducted** to the ear through the singer's own bones. [16 모평] (　　　)

reserve
[rizə́ːrv]

동 1. **예약하다**(= book)　2. **비축하다, 남겨 두다**(= set aside)

3. (판단을) **보류하다**　4. (권한 등을) **보유하다**

명 1. **비축(물), 매장량**　2. **지정 보호구역**

파 • reservation n. 1. 예약(▶ make a reservation 예약하다) 2. 보호구역 3. 의구심, 거리낌
• reserved a. 1. 따로 마련된 2. 보류된 3. 예약된 4. 내성적인

12 **Reserve** your tickets at www.tiinprogrammers.org. [16 수능] (　　　)
13 Oil and gas **reserves** could be affected by new climate conditions. [14 수능] (　　　)
14 America's broadcasting authorities **reserved** 50 or so channels for TV stations. [12 학평]
(　　　)
15 The bank **reserves** the right to modify any of the terms and conditions. (　　　)

---

01 분노를 **품다** 02 그 부담감은 **참기** 어렵다. 03 체중을 **지탱하는** 관절에 가해지는 압박 04 그것은 얼룩말과 같은 줄무늬를 **지닌다**. 05 토양이 열매를 **맺으려면** 계속 보살펴야 한다. 06 승객들은 자신의 행동에 대해 책임을 **진다**. 07 연구와 발굴을 **수행하다** 08 그 오케스트라는 유명한 작곡가에 의해 **지휘되었다**. 09 여러분은 공공장소에서 **처신하는** 법을 배워야 한다. 10 그 사람은 자신의 **행동**이 그 원칙에 위배되면 죄책감을 느끼는 경향이 있을 것이다. 11 가수의 경우에 청각적 자극의 일부가 가수 자신의 뼈를 통해서 귀로 **전달된다**. 12 www.tiinprogrammers.org에서 입장권을 **예매하십시오**. 13 석유와 가스의 **매장량**은 새로운 기후 조건에 의해 영향을 받을 수 있을 것이다. 14 미국 방송 당국이 50여 개의 채널을 TV 방송국을 위해 **남겨 두었다**. 15 그 은행은 약관을 수정할 권리를 **보유한다**.

feature
[fíːtʃər]

명 1. 특징, 특색 2. (얼굴) 생김새, 용모 3. 특집 기사
동 1. 특징으로 삼다 2. 특별히 포함하다, 출연시키다 3. 특종으로 다루다

01 universal **features** discovered in different cultures [16 수능] (   )
02 Cute, baby-like **features** are inherently appealing. [18 모평] (   )
03 The festival app **features** a complete list of all events. [17 모평] (   )
04 Professional magazines usually **feature** highly targeted advertising. [18 수능] (   )

direct
[dirékt / dairékt]

형 1. 직접적인(= firsthand) 2. 똑바른, 직행의(= straight)
동 1. 명령하다, 지시하다(= command) 2. ~로 향하다, (주의 · 노력 등을 ~에) 쏟다
3. (길을) 안내하다, ~로 향하게 하다 4. 지도하다, (영화 등을) 연출[감독]하다

파 • directly ad. 1. 직접적으로 2. 곧장, 똑바로 3. 즉시 4. 바로
• direction n. 1. 방향 2. 목적, 목표 3. 지시, 지도, 지휘 4. (영화 등의) 연출, 감독
• directive n. 지시, 명령 a. 지시하는
• director n. 1. (회사의) 임원, 중역, 이사 2. 관리자 3. (영화 등의) 연출자, 감독
반 indirect a. 간접적인
cf. • misdirect v. 잘못 지도하다, 엉뚱한 방향으로 보내다
• goal-directed a. 목표 지향적인

05 stand in **direct** sunlight [15 학평] (   )
06 a film produced and **directed** by Francis Ford Coppola [18 수능] (   )
07 The peculiar sounds of laughter have a **direct** effect on the listener. [15 모평] (   )
08 Politics is a unique collective activity that is **directed** at certain common goals. [20 모평]
(   )

fair
[fɛər]

형 1. 공정한(= unbiased, impartial) 2. 타당한
3. (수 · 크기 · 양이) 상당한 4. (날씨가) 맑은
명 1. 박람회 2. 장터

파 • fairly ad. 1. 공평[공정]하게(↔ unfairly ad. 부당하게) 2. 상당히   • fairness n. 공정성, 공평
반 unfair a. 불공정한(= biased, partial)

09 We've had a **fair** amount of rain this week. (   )
10 The rules should be **fair** and consistent. [11 학평] (   )
11 My father took me to a pony **fair** and let me try some ponies. [17 모평] (   )
12 The $2 admission fee will be used to cover the expenses of the Buckeye Book **Fair**.
[14 학평] (   )

---

01 서로 다른 문화에서 발견되는 보편적 **특징들** 02 귀엽고 아기 같은 **생김새**는 선천적으로 사람의 마음을 끈다. 03 그 축제 정보 앱은 모든 행사의 전체 목록을 **특별히 포함하고 있습니다.** 04 전문가용 잡지는 보통 매우 표적화된 광고를 **특징으로 한다.** 05 **직사**광선에 서 있다 06 Francis Ford Coppola가 제작하고 **감독한** 영화 07 웃음의 독특한 소리는 듣는 사람에게 **직접적인** 영향을 끼친다. 08 정치는 어떤 공동의 목표를 **향한** 독특한 집단 활동이다. 09 이번 주에 **상당한** 양의 비가 왔다. 10 규칙들은 **공정하면서** 일관성 있어야 한다. 11 아버지께서는 나를 조랑말 **시장**에 데려가서 내가 조랑말 몇 마리를 타 보게 하셨다. 12 2달러의 입장료는 Buckeye 도서 **박람회** 비용을 충당하기 위해 사용될 것이다.

DAY 29

term
[təːrm]

명 1. 용어, 말 2. 기간, 학기 3. (pl.) (합의 · 계약 등의) **조건, 조항**

4. (주로 pl.) **관계, 사이** 5. (주로 pl.) **관점, 면**

동 일컫다, 이름 짓다

숙어 in terms of 1. ~의 말로 2. ~의 관점에서, ~의 면에서

01 good short-**term** solutions to the problem [14 학평] (　　　)
02 when considered in **terms** of evolutionary success [18 모평] (　　　)
03 The **term** *objectivity* is important in measurement. [15 모평] (　　　)
04 The consumer agrees to purchase the product under the original **terms**. [14 수능] (　　　)

observe
[əbzə́ːrv]

동 1. 관찰하다(= watch) 2. 준수하다, 지키다(= comply with)

3. (발언 · 논평 · 의견을) **말하다**(= remark)

파 • observation n. 1. 관찰, 감시 2. 의견, 논평　• observance n. 준수, 엄수　• observer n. 관찰자
cf. observatory n. 관측소, 기상대

05 Scientists must **observe** one fundamental rule of professional science. [17 모평] (　　　)
06 Simply knowing they are being **observed** may cause people to behave differently.

[19 수능] (　　　)

07 The Greek philosopher Socrates **observed**, "The unexamined life is not worth living." [12 모평] (　　　)

contract
[명: kántrækt /
동: kəntrǽkt]

명 계약(서)　**동** 1. 계약하다 2. 수축하다 3. (병에) **걸리다**(= come down with)

08 service **contracts** for their equipment [17 모평] (　　　)
09 The sun is slowly getting brighter as its core **contracts** and heats up. [13 모평] (　　　)
10 He **contracted** a strange illness that confined him to well-heated rooms for the rest of his life. [14 수능] (　　　)

figure
[fígjər]

명 1. 모습, 형상 2. 인물 3. 몸매 4. 도형, 도표 5. 숫자, 수치

동 1. (~이라고) **생각하다, 판단하다** 2. 계산하다

숙어 figure out (생각한 끝에) ~을 이해하다, 알아내다(= find out)

11 adding up a column of **figures** [10 모평] (　　　)
12 Liz saw a dark **figure** creep into the open. [13 모평] (　　　)
13 He **figured** he'd be better off sitting at his desk. [17 학평] (　　　)
14 Inflated **Figures**: The Driving Force for Investment [18 모평] (　　　)
15 The conference includes lectures by renowned industry **figures**. [16 수능] (　　　)

---

01 그 문제에 대한 좋은 **단기** 해결책 **02** 진화적 성공의 **관점**에서 고려해 볼 때 **03** 측정에서 '객관성'이라는 **말**은 중요하다. **04** 소비자가 원래의 계약 **조건** 하에서 제품을 구매하는 데 동의한다. **05** 과학자는 전문적인 과학의 한 가지 근본적인 규칙을 **지켜야** 한다. **06** 단지 자신이 **관찰되고** 있다는 것을 아는 것만으로도 사람들이 다르게 행동하도록 유발할 수 있다. **07** 그리스 철학자인 소크라테스는 "검토되지 않은 삶은 살 가치가 없다."라고 **말했다**. **08** 장비에 대한 서비스 **계약** **09** 태양은 중심부가 **수축하고** 뜨거워지면서 서서히 밝아지고 있다. **10** 그는 이상한 질병에 **걸려서** 그 병 때문에 남은 생애 동안 난방이 잘된 방 안에 갇혀 살아야만 했다. **11** **숫자**의 열을 더하는 것 **12** Liz는 검은 **형체**가 공터가 있는 쪽으로 살금살금 기어가는 것을 보았다. **13** 그는 책상에 앉아 있는 것이 나을 것이라고 **생각했다**. **14** 부풀려진 **수치**: 투자를 위한 추진력 **15** 그 회의는 업계 유명 **인물**들에 의한 강연을 포함합니다.

1321

deliver
[dilívər]

[동] 1. 배달하다, 전달하다 2. (연설 등을) 하다 3. (판결 등을) 내리다
4. (결과를) 내놓다 5. (약속·임무 등을) 지키다 6. (아기를) 분만[출산]하다

[파] delivery n. 1. 전달, 배달 2. 분만, 출산

01 **deliver** newspapers (　　　)
02 **deliver** a healthy baby (　　　)
03 Assured, Gabby smiled and started to **deliver** her speech. [16 모평] (　　　)
04 The government has failed to **deliver** on all its pre-election promises. (　　　)
05 Jurors today expect clearer proof than forensic science is capable of **delivering**. [16 학평]
(　　　)

1322

odd
[ɑd]

[형] 1. 이상한, 기묘한, 특이한(= peculiar) 2. 홀수의
3. 가끔의(= occasional) 4. (특정한 형태 없이) 잡다한, 다양한

[파] oddity n. 이상함, 특이함
[cf.] • odd number 홀수 • odds n. (어떤 일이 있을) 가능성(= probability, chances, likelihood)

06 **odd**-looking tomatoes [10 모평] (　　　)
07 As he grew up, he held many **odd** jobs to help his family. [20 모평] (　　　)
08 Because of the **odd** number of members, deadlocks are unlikely when disagreements occur. [15 수능] (　　　)

1323

address
[명: ədrés, ǽdres / 동: ədrés]

[명] 1. 주소 2. 인사말, 연설
[동] 1. 말을 걸다, (호칭으로) 부르다 2. 연설하다 3. (~ 앞으로 우편물을) 보내다
4. (문제·상황 등을) 다루다, 처리하다(= deal with, handle)

[파] addressee n. 수신인, 수취인
[cf.] address the audience 청중에게 연설하다

09 Holiday cards **addressed** to him came pouring. [11 학평] (　　　)
10 You can send it to me at the **address** in my application. [17 모평] (　　　)
11 He **addressed** a few introductory remarks to the audience. (　　　)
12 The research **addresses** the question of how global vegetation has responded to changes in rainfall. [07 모평] (　　　)

---

01 신문을 **배달하다** 02 건강한 아이를 **출산하다** 03 자신감이 생긴 Gabby는 미소를 지으며 **연설을 하기** 시작했다. 04 정부는 선거 전 약속을 모두 **지키지는** 못했다. 05 오늘날의 배심원들은 법의학이 **내놓을** 수 있는 것보다 더 명확한 증거를 기대한다. 06 **이상한** 모양의 토마토 07 그는 자라면서 가족을 돕기 위해 여러 **잡다한** 일들을 했다. 08 구성원의 수가 **홀수로** 이루어져 있어서, 의견 충돌이 일어나더라도 교착 상태가 일어날 가능성은 없다. 09 그에게 **보내진** 휴일 카드들이 쏟아지듯 왔다. 10 제 지원서에 있는 **주소로** 그것을 보내주시면 됩니다. 11 그는 청중에게 몇 마디 소개 **연설을 했다.** 12 그 연구는 전 세계의 식물이 강우량 변화에 어떻게 반응했는가 하는 문제를 **다루고 있다.**

measure
[méʒər]

동 1. 측정하다, 재다 2. (길이·크기·양 등이) ~이다
3. 평가하다, 판단하다(= assess)
명 1. 치수, 양 2. 측정, 도량법 3. 기준, 척도 4. 조치, 대책

파 • measurement n. 1. 측정 2. 치수
• measurable a. 1. 측정할 수 있는(↔ immeasurable a. 측정할 수 없는, 무한한) 2. 상당히 중요한
숙어 take measures 조치를 취하다
cf. countermeasure n. 대책, 대응책

01 Entropy is a **measure** of disorder or randomness. [14 학평] (   )
02 the person's score on a **measure** of conscientiousness [16 학평] (   )
03 I ask you to take **measures** to prevent the noise at night. [20 수능] (   )
04 Information has become a recognized entity to be **measured**. [19 수능] (   )
05 This land is the Great Bear Rainforest, which **measures** 6.4 million hectares. [20 모평]
(   )

even
[íːvən]

형 1. 평평한, 고른(= smooth, level) 2. 일정한, 균등한 3. 짝수의
부 1. (비교급 강조하여) 훨씬 더 2. ~조차(도), 심지어

파 evenly ad. 1. 평평하게 2. 균등하게
반 uneven a. 울퉁불퉁한, 고르지 못한(▶ unevenly ad. 고르지 못하게)
cf. even number 짝수(↔ odd number 홀수)

06 Judy's acting was **even** better than her music. (   )
07 No one, **even** your child, is exactly like you. (   )
08 The table has an **even** finish, with no bumps. (   )
09 Groups with an **even** number of members may split into halves. [15 수능] (   )

due
[djuː]

형 1. 지급 기일이 된 2. (~하기로) 예정된
3. 적절한, 마땅한 4. ~ 때문에

숙어 • be due to N ~ 때문이다   • be due to do ~하기로 되어 있다, ~할 예정이다
cf. • overdue a. 연착한, 기한이 지난   • due date 만기일   • undue a. 지나친, 과도한(= excessive)

10 The day when the assignment was **due** came. [13 학평] (   )
11 I was **due** to present my new idea to the company at 10 a.m. [15 수능] (   )
12 Discoveries can be made only **due to** existing knowledge. [19 모평] (   )

---

01 엔트로피는 무질서나 무작위의 **척도**이다. 02 성실성 **측정**에서 그 사람이 받은 점수 03 저는 귀하께서 밤에 나는 그 소음을 막을 **조치**를 취해 줄 것을 요청합니다. 04 정보는 **측정될** 수 있는 하나의 실재가 되었다. 05 이 지대는 Great Bear Rainforest인데, 면적이 640만 헥타르의 **크기이다**. 06 Judy의 연기는 그녀의 음악보다 **훨씬** 더 나았다. 07 누구도, **심지어** 당신의 자녀**조차도** 당신과 똑같지는 않다. 08 그 탁자는 울퉁불퉁한 곳 없이 **매끈하게** 마무리 되어 있다. 09 **짝수의** 구성원을 지닌 집단은 반반으로 나뉠지도 모른다. 10 숙제를 **제출해야 하는** 날이 왔다. 11 나는 오전 10시에 회사에 새로운 아이디어를 발표**하기로 되어** 있었다. 12 발견은 기존의 지식 **때문**만으로도 이루어질 수 있다.

1327

flat
[flæt]

형 1. 평평한 2. 납작한 3. 펑크 난
4. 김빠진, 기운이 없는 5. (가격 · 요금이) **균일의**

명 1. 아파트 2 (타이어의) **펑크**

파 flatten v. 평평하게[납작하게] 만들다

01 We charge a **flat** rate of $5 per hour. (   )
02 Steve found that his bicycle had a **flat** tire. [18 수능] (   )
03 If you don't put the top back on the soda bottle, it will go **flat**. (   )
04 In the past, making uniformly **flat** glass was almost impossible. [12 학평] (   )

1328

branch
[bræntʃ]

명 1. 나뭇가지 2. 지점, 분관 3. 분야, 부문 4. 부서

동 갈라지다, 나뉘다

cf. • twig n. 잔가지 • bough n. 큰 가지

05 For moralists, political life is a **branch** of ethics. [20 모평] (   )
06 I was charmed by the native birds moving among the **branches**. [18 수능] (   )
07 The RPC has its major **branches** in Washington, D.C., New York, and Los Angeles. [09 모평]
(   )

1329

sentence
[séntəns]

명 1. 문장 2. 판결, 선고(= verdict) 3. 형벌, 형량(= punishment)

동 (형을) **선고하다**(= convict, condemn)

cf. • life sentence 종신형(= life imprisonment) • be sentenced to death 사형을 선고받다

08 He was **sentenced** to 10 years in jail.
09 while leading some judges to pass harsher **sentences** [08 모평] (   )
10 What she found in her paper was scribbled words and half **sentences**. [20 모평]
(   )

1330

property
[prápərti]

명 1. 재산(= asset, fortune), **소유물**(= possessions, belongings)
2. 부동산, 토지(= estate) 3. 특성, 속성(= trait, attribute)

11 intellectual **property** rights [16 수능] (   )
12 small changes in the sensory **properties** of foods [18 수능] (   )
13 **Property** owners cannot reduce the amount of space available for rent. [15 모평] (   )

---

01 저희는 시간당 5달러의 **균일한** 요금을 부과합니다. 02 Steve는 자신의 자전거가 **펑크 난** 것을 발견했다. 03 탄산음료병의 마개를 닫지 않으면, **김이 빠질** 것이다. 04 과거에는 고르게 **평평한** 유리를 만드는 것이 거의 불가능했다. 05 도덕주의자들에게 정치적 삶은 윤리의 한 **분야**이다. 06 나는 **나뭇가지** 사이에서 움직이는 토종의 새들에게 매혹되었다. 07 RPC는 워싱턴, 뉴욕, 로스앤젤레스에 주요 **지사**를 두고 있다. 08 그는 10년 징역형을 **선고받았다**. 09 일부 판사로 하여금 더 가혹한 **형량**을 선고하도록 유도하면서 10 그녀의 논문(과제)에서 그녀가 발견한 것은 마구 갈겨쓴 단어들과 반쪽 짜리 **문장들**이었다. 11 지적 **재산권** 12 음식의 감각적 **특성**의 작은 변화들 13 **부동산** 소유자는 임대 가능한 공간의 양을 줄일 수 없다.

drive
[draiv]

(drive – drove – driven)

명 1. 욕구, 충동 2. 투지, 추진력 3. (모금 등의 조직적인) **운동**

동 1. 운전하다 2. 구동하다, (기계에) **동력을 공급하다**

3. (어떤 행동을 하도록) **몰고 가다**, (어떤 상태 · 행위에) **이르게 하다**

01 motor-**driven** vehicles (   )
02 how to donate children's books for our book **drive** [19 모평] (   )
03 People should be **driven** to "forget" undesirable events. [19 수능] (   )
04 The motivation for exploration had its roots in a curiosity **drive**. [17 모평] (   )

reflect
[riflékt]

동 1. 반사하다 2. (거울 등에) **비치다, 비추다**

3. 반영하다, 나타내다 4. 숙고하다, 곰곰이 생각하다

파 • reflection n. 1. 반사 2. (거울에 비친) 상 3. 반영 4. 성찰, 심사숙고
• reflective a. 1. 반사하는 2. (~을) 반영하는, 투영된 3. 깊이 생각하는, 사색적인
숙어 reflect on[upon] ~을 곰곰이 생각하다
cf. self-reflection n. 자기 반성

05 He saw his face **reflected** in the polished glass. [05 모평] (   )
06 Light clothes are better at **reflecting** the sun's heat. [15 학평] (   )
07 An introvert would enjoy **reflecting** on their thoughts. [19 모평] (   )
08 Maps do indeed **reflect** the world views of their makers. [17 수능] (   )

concern
[kənsə́ːrn]

명 1. 걱정, 염려 2. 관심(사)

동 1. 걱정하다, 걱정시키다 2. 관련되다, (~에) **관계하다**

3. (~에) 관심을 갖다, (~을) **중시하다**

파 • concerned a. 1. 걱정[염려]하는 2. 관심이 있는 3. 관련된 • concerning prep. ~에 관하여
숙어 • be concerned with 1. ~에 관계가 있다 2. ~에 관심이 있다
• be concerned about 1. ~에 관심을 가지다 2. ~에 대해 걱정하다

09 Inflation can be a major life **concern** for most people. [16 모평] (   )
10 talk with your neighbors about matters of mutual interest or **concern** [17 모평] (   )
11 Great scientists are not **concerned** with results but with the next questions. [19 수능]

(   )

---

01 모터로 **구동되는** 차량 02 도서 기부 **운동**을 위해 아동 도서를 기부하는 방법 03 사람들은 바람직하지 않은 사건을 '잊도록' **이끌릴** 것이다. 04 탐구의 동기는 호기심의 **욕구**에 그 뿌리를 두고 있었다. 05 그는 잘 닦인 유리에 **비친** 자신의 얼굴을 보았다. 06 밝은 색의 옷들이 태양열을 더 잘 **반사한다**. 07 내성적인 사람은 자신의 생각을 즐겨 **성찰할** 것이다. 08 지도는 정말로 지도 제작자의 세계관을 **반영한다**. 09 인플레이션은 대부분의 사람들에게 삶의 주요한 **걱정거리**가 될 수 있다. 10 공동의 흥미나 **관심거리**에 대해 이웃과 이야기하다 11 위대한 과학자들은 결과에 **관심을 두는** 것이 아니라 다음 문제에 **관심을 둔다**.

DAY 30

다의어 (3)

표제어 음성 QR코드

- discharge
- stroke
- settle
- commission
- vessel
- attend
- manual
- command
- correspond
- relative
- grave
- promote
- company
- suspend
- issue
- treat
- order
- bar
- occupy
- spell
- press
- deposit
- conceive
- dictate
- scale
- plot
- plain
- stock
- bother
- pitch
- commit
- dismiss
- lean
- host
- yield
- domestic
- post
- converse
- profile

1334

discharge

[동: distʃάːrdʒ /
명: dístʃαːrdʒ]

동 **1.** (기체·액체·에너지 등을) **방출하다**(= release) **2. 방전하다** **3.** (의무·책임 등을) **면제하다**

4. 석방하다, 제대시키다, 해고하다(= dismiss), **퇴원시키다** **5.** (빚을) **갚다**

명 **1. 방출 2. 면직, 해고, 제대, 퇴원**

다음 각 문장 또는 어구에 밑줄 친 다의어의 의미를 괄호 안에 쓰시오.

01 My mobile phone battery has completely **discharged**. (   )

02 Some patients were **discharged** from the hospital due to the lack of beds. (   )

03 Factories were **discharging** mercury into the waters of Minamata Bay. [18 수능] (   )

1335

stroke

[strouk]

명 **1. 때리기, 타격 2. 한 동작, 수영법 3. 발작, 뇌졸중**

동 **쓰다듬다, 어루만지다**

숙어 at a (single) stroke 단숨에, 일격으로

04 Show children how to **stroke** the cat. [09 모평] (   )

05 Until the 1920's, there were only three competitive swimming **strokes**. [12 수능] (   )

06 One male musician suffered a **stroke** in his left brain, the area for speech. (   )

1336

settle

[sétl]

동 **1. 정착하다 2. 결정하다, 확정하다**

3. (문제·논쟁 등을) **해결하다, 끝내다 4. 진정[안정]시키다**

파 • settlement **n. 1.** 정착(지) 2. 합의, 해결   • settler **n.** 정착민
숙어 settle down 1. 정착하다 2. 진정시키다, 진정되다

07 At length, they **settled** the deal, and he was delighted to purchase the carving. [17 수능]

(   )

08 During the New Stone Age people began to **settle** into fixed agricultural communities. [10 모평] (   )

---

01 내 휴대전화 배터리가 완전히 **방전되었다**. 02 병상 부족으로 몇몇 환자들이 **퇴원했다**. 03 공장들이 Minamata 만의 수역으로 수은을 **방출하고** 있었다. 04 아이들에게 고양이를 **쓰다듬는** 법을 보여 주어라. 05 1920년대까지는 시합에서 경쟁하는 **수영법**이 세 가지밖에 없었다. 06 한 남성 음악가는 말하기 영역인 왼쪽 뇌에 **뇌졸중**을 앓았다. 07 마침내 그들은 거래를 **성사시켰고**, 그는 그 조각품을 구입하게 되어 기뻤다. 08 신석기 시대 동안 사람들은 고정된 농업 공동체에 **정착하기** 시작했다.

commission
[kəmíʃən]

명 1. 〈집합적〉 위원회 2. 수수료 3. 위임, 의뢰, 주문

동 의뢰하다, 주문하다

01 the Securities and Exchange **Commission** [18 모평] (   )
02 Ehret's reputation for scientific accuracy gained him many **commissions** from wealthy patrons. [15 수능] (   )

vessel
[vésəl]

명 1. (대형) 선박, 배(= ship) 2. (동물의) 혈관, (식물의) 물관 3. 그릇, 용기(= container)

03 Fill the space between the **vessels** with water. [10 학평] (   )
04 Physiologically, their blood **vessels** are more liable to contract and their blood pressure rises. [11 학평] (   )
05 A journey aboard the Sea Cloud is an intimate experience on one of the most elegant **vessels** on the sea. [06 모평] (   )

attend
[əténd]

동 1. 참석하다, (~에) 다니다 2. (~을) 돌보다, 시중들다(on ~, to ~)
　　3. (~에) 주의를 기울이다, 처리하다(to ~)

파 • attendance n. 출석, 참석　• attention n. 1. 주의, 주목 2. 관심 3. 돌봄
• attendant n. 1. 참석자 2. 안내원, 시중드는 사람 a. 부수적인, 따르는
• attentive a. 주의 깊은, 세심한(↔ inattentive a. 주의를 기울이지 않는, 부주의한)

06 to **attend** to a technical matter [12 학평] (   )
07 Readers would not simply **attend** to the poet's work. [16 수능] (   )
08 A charitable lady helped him **attend** a local military school. [14 수능] (   )
09 Three composers **attended** a show at the Café Concert des Ambassadeurs. [17 모평]
(   )

manual
[mǽnjuəl]

형 1. 손으로 하는, 수동의 2. 노동력을 사용하는, 육체노동의

명 설명서, 안내서, 소책자

파 manually ad. 손으로, 수동으로
반 automatic a. 자동의
cf. • manual labor 육체노동(= physical labor)　• instruction manual 사용 설명서

10 The amount of data is huge and **manual** analysis is not possible. [17 학평] (   )
11 learn how to use a computer just by reading an instruction **manual** (   )
12 These great musicians simply postponed the unpleasant **manual** labor of committing their music to paper. [18 모평] (   )

---

01 증권 거래 **위원회** 02 과학적 정확성에 대한 Ehret의 명성은 그가 부유한 후원자로부터 많은 **의뢰**를 받게 했다. 03 **용기** 사이의 공간을 물로 채워라. 04 생리학적으로 그들의 **혈관**은 좀 더 수축하는 경향이 있어서 혈압이 상승한다. 05 Sea Cloud를 타고 하는 여행은 바다에 떠 있는 가장 우아한 **선박** 중 하나에서의 친밀한 경험이다. 06 기술적인 문제를 **처리하기** 위해 07 독자들이 단순히 시인의 작품에만 **주의를 기울이는** 것은 아니다. 08 한 인정 많은 여인이 그가 지역의 군사학교에 **다니는** 것을 도와주었다. 09 세 명의 작곡가가 Café Concert des Ambassadeurs에서 있었던 한 쇼에 **참석했다**. 10 자료의 양이 엄청나서 **수동으로 하는** 분석은 가능하지 않다. 11 사용 **설명서**를 보고 컴퓨터 사용법을 배우다 12 이 위대한 음악가들은 자신들의 음악을 종이에 옮기는 유쾌하지 않은 **육체노동**을 미루어 두었을 뿐이었다.

command
[kəmǽnd]

명 1. 명령 2. 지휘, 통솔 3. 사령부 4. (특히 언어) 능력, 구사력

동 1. 명령하다(= order) 2. 지휘하다(= direct)

　　3. 내려다보다 4. (말을) 자유자재로 구사하다

파 commander n. 지휘관, 사령관

숙어 • take command of ~을 통제하다

• have (a) good command of ~을 자유자재로 구사하다

01 He has a good **command** of English. (　　　)
02 The castle **commands** a view of the whole city. (　　　)
03 The soldier **commanded** him to leave his home. [11 학평] (　　　)
04 Are the flocks of birds all following the **commands** of a leader? [13 모평] (　　　)

correspond
[kɔ̀(:)rispánd]

동 1. (~에) 일치하다, 부합하다(to ~, with ~) 2. (~에) 해당[상응]하다(to ~)

　　3. (~와) 편지를 주고받다(with ~)

파 • correspondence n. 1. 상응, 해당, 유사성 2. 서신, 편지 왕래

• correspondent n. 기자, 특파원, 편지를 쓰는 사람 • corresponding a. 상응하는, 해당하는, 유사한

• correspondingly ad. 일치하여, 부합하여

05 No object **corresponding** to the word 'and' exists in the world. [17 모평] (　　　)
06 J. K. Rowling has personally **corresponded** with several dying children. [16 학평] (　　　)
07 Brain responses **correspond** to people's self-reports that social support from a loved one helps reduce stress. [13 모평] (　　　)

relative
[rélətiv]

형 1. 상대적인, 비교상의 2. (~과) 관련 지은, (~에) 비례한

　　3. (~과) 관계가 있는, 관련된

명 1. 친척 2. 동족, 동류

파 • relatively ad. 비교적, 상대적으로 • relativity n. 상대성 • relativism n. 상대주의

숙어 relative to ~에 비해서, ~에 비례하여, ~에 관하여

08 Are these facts **relative** to the case? (　　　)
09 try to console the victim's **relatives** [14 모평] (　　　)
10 Our total set of values and their **relative** importance to us constitute our value system. [17 모평] (　　　)

---

01 그는 영어를 자유자재로 **구사한다**. 02 그 성은 도시의 전경을 **내려다보고 있다**. 03 그 병사는 그에게 집을 떠나라고 **명령했다**. 04 그 새 떼들은 모두 한 지도자의 **명령**을 따르고 있는 것인가? 05 '~와(and)'라는 단어에 **상응하는** 어떤 물체도 이 세계에 존재하지 않는다. 06 J. K. 롤링은 개인적으로 몇몇 죽어가는 아이들과 **편지를 주고 받았다**. 07 뇌 반응은 사랑하는 사람으로부터의 사회적 지지가 스트레스를 줄이는 데 도움이 된다는 사람들의 자기 보고와 **일치한다**. 08 이 사실들이 그 사건과 **관련이 있는가**? 09 그 희생자의 **친척들**을 위로하고자 하다 10 우리의 일련의 전체 가치와 우리에게 있어 그것(가치)들의 **상대적인** 중요성이 우리의 가치 체계를 구성한다.

grave
[greiv]

형 **1. 중대한, 심각한**(= serious, severe) **2. 근엄한, 엄숙한**(= solemn)
명 **무덤, 묘**(= tomb)

파 gravely ad. 진지하게, 엄숙히, 근엄하게
cf. • gravestone n. 묘비(= tombstone, headstone) • graveyard n. 묘지, 묘소(= cemetery)

01 The little girl directed her to a **grave** and placed the rose on it. [10 모평] (　　　　)
02 put the survival of species, and the fisheries dependent on them, at **grave** risk [17 수능]
(　　　　)

promote
[prəmóut]

동 **1. 촉진하다, 조장하다, 장려하다 2. 홍보하다 3. 승진시키다**

파 • promotion n. 1. 조장 2. 홍보, 판촉 활동 3. 승진　• promotive a. 조장하는, 촉진하는
• promotional a. 1. 홍보의, 판촉의 2. 승진의

03 when **promoted** to the position of project manager [16 모평] (　　　　)
04 **Promoting** attractive images of one's country is not new. [19 모평] (　　　　)
05 He established the Barnes Foundation to **promote** the education of fine arts. [18 모평]
(　　　　)

company
[kʌ́mpəni]

명 **1. 회사**(= firm) **2. 무리, 단체**
　　3. 함께 있음, 동행(= companion) **4. 친구, 교제**(= companionship)

숙어 in the company of = in one's company 1. ~와 함께 2. ~ 앞에서

06 When my friend Rob headed for a hot dog stand, I decided to keep his **company**.
[12 학평] (　　　　)
07 Suddenly, baby locusts are born with bright colors and a preference for **company**.
[16 모평] (　　　　)

suspend
[səspénd]

동 **1. 걸다, 매달다 2. 중단하다**
　　3. 연기하다, 보류하다 4. 정학[정직]시키다

파 • suspended a. 1. 매달린, 걸린 2. 집행 유예의
• suspension n. 1. 중지, 정지 2. 연기, 보류 3. 정학, 정직 4. (액체의) 부유(浮游) 상태, 현탁액
cf. suspense n. 긴장감, 서스펜스

08 The principal **suspended** the boys for a day. [10 모평] (　　　　)
09 A campaign forced the project to be **suspended**. [10 모평] (　　　　)
10 According to ancient lore, every man is born into the world with two bags **suspended** from his neck. (　　　　)

---

01 어린 소녀는 그녀를 **무덤**으로 이끌었고 장미꽃을 그 위에 놓았다. 02 종의 생존과 그것들에 의존하는 어업을 **심각한** 위기에 처하게 하다 03 사업형 관리자의 지위로 **승진될** 때 04 자기 나라의 매력적인 이미지를 **홍보하는 것**이 새로운 것은 아니다. 05 그는 미술 교육을 **장려하기** 위하여 Barnes 재단을 설립하였다. 06 내 친구 Rob이 핫도그 가판대로 향했을 때, 나는 그와 **동행하기로** 했다. 07 갑자기 밝은 색을 띠고 **함께 있기**를 선호하는 새끼 메뚜기들이 태어난다. 08 교장 선생님께서는 그 남학생들을 하루 동안 **정학시켰다.** 09 캠페인으로 인해 그 사업이 **중단될** 수밖에 없었다. 10 고대 전설에 따르면, 모든 사람은 목에 두 개의 가방을 **매달고** 세상에 태어난다고 한다.

issue
[íʃuː]

뗑 1. 쟁점, 안건, 사안 2. 발행, 배포 3. 발행물, (잡지 · 신문 등의) 호
뗑 1. (명령 · 경보 등을) 내리다, 발표하다, 공표하다 2. 발행하다, 발부하다

01 Fish advisories have been **issued** for many lakes. [18 수능] (   )
02 Individual notifications will be **issued** to winners. [20 모평] (   )
03 The agent quickly **issued** a revalidated ticket to the woman. [14 수능] (   )
04 However, there is one **issue** that needs further consideration. [15 모평] (   )
05 Potential readers explore a new magazine by buying a single **issue**. [18 수능] (   )

treat
[triːt]

뗑 1. 치료하다 2. 다루다, 취급하다, 대하다(= handle, deal with)
   3. 대우하다, 대접하다, 한턱 내다 4. (화학 물질 등으로) 처리하다
뗑 1. 특별한 것 2. 대접, 한턱 내기

뗑 treatment n. 1. 치료(법) 2. 처리 3. (사람 · 사물에 대한) 대우
cf. mistreat v. 학대하다, 혹사하다(▶ mistreatment n. 학대, 혹사)

06 He was being **treated** for a rare genetic disease. (   )
07 Ricky was **treated** like a hero among his playmates. [18 모평] (   )
08 where wood is **treated** with chemicals to improve fire-resistance [14 모평] (   )
09 Young people **treat** the mobile phone as an essential necessity of life. [16 모평] (   )

order
[ɔ́ːrdər]

뗑 1. 순서 2. 정돈, 질서 3. 명령, 지시 4. 주문
뗑 1. 명령하다, 지시하다 2. 주문하다

뗑 orderly a. 질서 있는, 순서 바른, 정돈된
뗑 disorder n. 1. 무질서, 혼란 2. (신체) 장애

10 He had **ordered** two black coffees. [17 모평] (   )
11 We find that nature's **order** is hidden from us, it is written in code. [12 모평] (   )
12 What is the best **order** for a report, paper or other technical document? [17 수능] (   )

bar
[baːr]

뗑 1. 바, 막대 (모양의 것)(= stick) 2. 술집(= pub)
   3. 장애(물)(= obstacle) 4. (the ~) 법조계, 변호사 업계
뗑 금지하다, 막다(= prevent)

13 a **bar** graph (   )
14 pass the **bar** exam [20 모평] (   )
15 People brought drinks from the **bar** and gathered in groups. (   )
16 The government voted to **bar** the import of exotic birds. (   )

---

01 많은 호수들에 물고기에 대한 권고안이 **발표되었다**. 02 수상자에게는 개별 통지가 **내려질** 것이다. 03 그 직원은 재빨리 그 여자에게 갱신된 표를 **발부했다**. 04 그렇지만, 추가적인 고려가 필요한 한 가지 **사안**이 있다. 05 잠재적 독자들은 낱**권**의 잡지를 구매함으로써 새로운 잡지를 탐색한다. 06 그는 희귀한 유전병으로 **치료를 받고** 있었다. 07 Ricky는 놀이 친구들 사이에서 영웅으로 **대접받았다**. 08 나무가 내화성(耐火性)을 향상시키기 위해 화학물질로 **약품 처리되는** 경우 09 젊은이들은 휴대전화를 생활에 꼭 필요한 필수품으로 **취급한다**. 10 그는 블랙커피 두 잔을 **주문했다**. 11 우리는 자연의 **질서**가 우리로부터 감추어져 있고, 암호로 작성되어 있음을 알게 된다. 12 보고서, 논문, 혹은 다른 전문적인 문서를 위한 최선의 **순서**는 무엇인가? 13 **막대** 그래프 14 **변호사** 시험을 통과하다 15 사람들이 **술집**에서 음료수를 가져와서 무리를 지어 모여었다. 16 정부는 이국적인 새의 수입을 **금지하기로** 투표했다.

occupy
[ɑ́kjupài]

圖 **1. 차지하다**(= take up) **2.** (방·건물 등을) **사용하다, 거주하다**(= inhabit)

3. (군대 등이) **점령하다 4. 종사시키다 5. 몰두시키다**

파 • occupation **n.** 1. 점유 2. 직업, 종사 • occupational **a.** 직업의
• occupant **n.** 점유자, 거주자
숙어 be occupied with N/-ing ~에 전념하다, ~하느라 바쁘다

01 He had met the man who was to **occupy** the other bed. [11 모평] (   )
02 You will find your thoughts wholly **occupied** with the past or the future. [11 수능]
(   )
03 Cuisine and table narrative **occupy** a significant place in the training grounds of a
community. [19 모평] (   )

spell
[spel]

圖 **1. 철자를 말하다[쓰다] 2.** (나쁜 결과를) **가져오다**
圈 **1. 한차례, 한동안 2. 주문, 마법**

파 spelling **n.** 철자(법)
숙어 • spell out 1. ~을 분명히 설명하다 2. 철자를 옳게 쓰다
• cast a spell on ~에게 마법을 걸다
cf. misspell **v.** 잘못 쓰다, 철자가 틀리다

04 When she was a little girl, a witch cast a **spell** on her. (   )
05 She even taught him how to **spell** and to write sentences. [06 모평] (   )
06 Due to the long **spell** of dry weather, the soil has completely dried out. (   )

press
[pres]

圈 **1.** (the ~) **언론, 신문 2. 언론인들, 기자 3. 인쇄(기)**
圖 **1.** (내리)**누르다, 압축하다 2. 압박하다, 강요하다**

파 • pressure **n.** 압력, 압박 • pressing **a.** 긴급한, 시급한
cf. printing press 인쇄기

07 a **press** conference (   )
08 Big discoveries are covered in the **press**. [19 수능] (   )
09 The **printing press** boosted the power of ideas to copy themselves. [19 수능] (   )
10 She **pressed** the automatic "lock" button on the car's remote key system. [12 학평]
(   )
11 **Pressed** for time and stuck in a deadlock, she had no idea how to finish the paper.
[20 모평] (   )

---

01 그는 다른 침대를 **사용하게** 될 그 남자를 만났었다. 02 당신은 당신의 생각이 완전히 과거나 미래에 **사로잡혀** 있다는 것을 알게 될 것이다. 03 음식과 요리 이야기가 한 공동체의 훈련장에서 중대한 위치를 **차지한다.** 04 그녀가 어린 소녀였을 때, 마녀가 그녀에게 **마법을** 걸었다. 05 그녀는 그에게 **철자를 쓰는** 법과 문장을 쓰는 법까지 가르쳐 주었다. 06 장**기간**의 건조한 날씨 때문에 토양이 완전히 말라버렸다. 07 **기자** 회견 08 큰 발견들은 **언론에** 보도된다. 09 **인쇄기**는 생각이 스스로를 복제하는 능력을 신장시켰다. 10 그녀는 자동차의 원격 키 시스템에 있는 자동 '잠금' 버튼을 **눌렀다.** 11 시간의 **압박을 받고** 교착상태에 빠진 채, 그녀는 그 논문(과제)을 어떻게 끝내야 할지 몰랐다.

deposit
[dipázit]

동 1. 두다, 놓다 2. 예금하다, 맡기다 3. 침전시키다, 퇴적시키다
명 1. 예치금 2. 보증금, 계약금 3. 침전물

파 deposition n. 1. 침전(물) 2. 공탁 3. 관직 박탈, 파면
cf. refundable/non-refundable deposit 환불되는/환불되지 않는 보증금

01 I signed up and paid the non-refundable **deposit** for the second week program.
[16 수능] (   )

02 Egyptian civilization was built on the banks of the Nile River, which flooded each year, **depositing** soil on its banks. [09 수능] (   )

conceive
[kənsíːv]

동 1. 생각하다, 상상하다(= imagine) 2. 구상하다, 계획하다 3. 임신하다

파 • conceivable **a.** 상상할 수 있는, 가능한(↔ inconceivable **a.** 상상도 할 수 없는)
• conception **n.** 1. 개념 2. 구상, 착상 3. 임신
cf. preconceived **a.** (생각 등이) 사전에 형성된

03 They were trying to **conceive** via artificial fertilization. (   )
04 Ancient maps were not **conceived** through the same processes as modern maps.
[10 모평] (   )

05 It often requires great cleverness to **conceive** of measures that tap into what people are thinking. [19 수능] (   )

dictate
[díkteit / diktéit]

동 1. 받아쓰게 하다, 구술하다 2. 명령하다, 지시하다 3. 좌우하다, 영향을 주다
명 명령, 지시

파 • dictation **n.** 구술, 받아쓰기 • dictator **n.** 독재자 • dictatorship **n.** 독재 정권

06 The teacher **dictated** a text in order to test his students' spelling. (   )
07 There is nothing inherent in knowledge that **dictates** any specific social or moral application. [15 수능] (   )

scale
[skeil]

명 1. 저울 2. 규모 3. 척도, 등급 4. (지도 · 모형 등의) 축척, 비율 5. (물고기의) 비늘

숙어 on a large[small] scale 대[소]규모로

08 one of the most important global-**scale** environmental problems [20 수능] (   )
09 Whenever you stand on a **scale** in your bathroom, you are measuring weight. [12 모평]
(   )

10 In America a numerical system based on a **scale** of 1 to 70 has been introduced. [08 수능]
(   )

---

01 저는 두 번째 주 프로그램에 등록을 하고 환불이 안 되는 **보증금**을 지불했습니다. 02 이집트 문명은 나일강의 강둑 위에 세워졌는데, 나일강은 강둑 위에 흙을 **퇴적시키며** 해마다 범람했다. 03 그들은 인공수정을 통해 **임신을 하려고** 노력하고 있었다. 04 고대의 지도들은 현대의 지도와 동일한 과정을 거쳐서 **구상되지** 않았다. 05 사람들이 생각하고 있는 것에 접근할 방안을 **생각해 내는** 것은 종종 대단한 영민함을 필요로 한다. 06 선생님은 그의 학생들의 철자 능력을 시험하기 위해 교과서를 **받아쓰게 했다.** 07 지식에는 구체적인 사회적 또는 도덕적 적용을 **좌우하는** 내재적인 것은 없다. 08 가장 중요한 세계 **규모** 환경 문제 중 하나 09 당신이 욕실에서 **체중계**에 올라설 때마다, 당신은 무게를 측정하고 있는 것이다. 10 미국에서는 1부터 70까지의 **등급**에 기초한 숫자로 나타내는 체계가 도입되었다.

plot
[plɑt]

명 1. 줄거리, 구상 2. 음모 3. (특정 용도의) 작은 땅

동 1. 계획하다, 음모를 꾸미다 2. (토지를) 구분[구획]하다

파 plotter n. 음모자

01 The typical **plot** of the novel is the protagonist's quest for authority within. [19 모평]
(   )

02 He put the twenty-by-thirty-foot structure on a small **plot** of land in Pleasant Hill.
[14 수능] (   )

03 Toward the end of the American Revolution, Lovell became deeply involved in a **plot** to overthrow the king. [13 모평] (   )

plain
[plein]

형 1. 분명한(= clear) 2. 단순한, 쉬운(= simple) 3. 평범한, 소박한(= ordinary)
  4. 무늬가 없는 5. 솔직한(= frank)

명 평원   **부** 전적으로

파 plainly ad. 1. 분명히 2. 소박하게 3. 솔직하게

04 a round hill rising above a **plain** [19 수능] (   )
05 translate technical terms into **plain** English [12 모평] (   )
06 The **plain** old telephone was interactive, but not integrated as it only transmitted speech and sounds. [15 수능] (   )

stock
[stɑk]

명 1. 재고(품), 비축(물), 저장(물) 2. 주식(= share)
  3. 가축(= livestock) 4. (식물의) 줄기

동 1. (상품을) 갖추다, 채우다 2. 비축하다

숙어 out of stock 품절이 되어, 재고가 떨어진
cf. • stockpile v. 저장하다, 비축하다 n. 비축(량)   • seed stock 1. (씨앗 등의) 종자 2. 양식 동물
• stockholder n. 주주(= shareholder)   • stockbroker n. 주식 중개인, 증권 중개인
• stock market 주식 시장, 증권 거래소

07 We built up an ample **stock** of food before the storm. (   )
08 Bookstores in the United States rarely **stock** more than Nobel Prize winner Naguib Mahfouz's *Cairo Trilogy*. [16 모평] (   )
09 The Securities and Exchange Commission forces firms to meet certain reporting requirements before their **stock** can be listed on exchange. [18 모평] (   )

---

01 소설의 전형적인 **줄거리**는 주인공의 내적인 권위에 대한 탐구이다. 02 그는 Pleasant Hill에 있는 작은 구획의 **땅**에 가로 세로 20피트와 30피트의 건물을 지었다. 03 독립전쟁이 끝날 무렵, Lovell은 왕을 전복시키려는 **음모**에 깊이 개입하게 되었다. 04 **평야** 위로 솟은 둥그런 산 05 기술적인 용어들을 **쉬운** 영어로 옮기다 06 **평범한** 구식 전화는 쌍방향이었지만, 그것은 오지 말과 소리만 전송했기 때문에 통합적이지 않았다. 07 우리는 폭풍이 오기 전에 충분한 **비축** 식량을 마련했다. 08 미국의 서점은 노벨상 수상 작가인 Naguib Mahfouz가 쓴 〈카이로 삼부작〉 이외의 작품을 좀처럼 **갖추어 놓지** 않는다. 09 증권 거래 위원회는 회사의 **주식**이 거래소에 상장이 되기 전에 그 회사에게 특정한 보고 요건을 충족시키라고 강요한다.

bother
[bɑ́ðər]

- 동 1. 괴롭히다, 귀찮게 하다 2. 신경 쓰다, 걱정하다 3. 일부러 ~하다
- 명 1. 성가심 2. 성가신 일[사람]

cf. bothersome a. 성가신

01 Few of us are **bothered** by such restrictions. [17 모평] (   )
02 Most jazz musicians can read music but often don't **bother**. [19 모평] (   )
03 Probably folks might like the idea of that, but they won't necessarily **bother** to leave the house to go vote for it. [15 학평] (   )

pitch
[pitʃ]

- 동 1. 내던지다 2. (천막 등을) 치다
- 명 1. 던지기, 투구 2. 최고조, 정점 3. 음 높이 4. 경기장
  5. (물건을 팔기 위한) 권유, 홍보

04 The names of **pitches** are associated with particular frequency values. [14 수능] (   )
05 Imagine, for example, that baseballs are **pitched** to two different batters. [17 수능] (   )
06 A team of economists looked at how consumers reacted to various **pitches** by banks to take out a loan. [12 모평] (   )

commit
[kəmít]

- 동 1. (잘못 · 범죄 등을) 저지르다, 범하다 2. 약속하다
  3. 충실하다, 전념[헌신]하다 4. 위임하다, 위탁하다

파 commitment n. 1. 약속 2. 전념, 헌신 3. 책무

07 To help avoid **committing** these errors, engage in perception checking. [17 모평] (   )
08 The increasing social pressure discourages us from **committing** ourselves to shared social conventions of behaviour. [17 모평] (   )

dismiss
[dismís]

- 동 1. 무시하다, 묵살하다 2. (생각 · 느낌 등을) 떨쳐 버리다
  3. 해고하다(= lay off) 4. 해산시키다

파 dismissal n. 1. 묵살, 일축 2. 퇴거, 해산 3. 해고, 면직

09 We often **dismiss** new ideas that could further our growth. [13 모평] (   )
10 The class has been **dismissed** early today due to the state of emergency. (   )
11 Minorities tend not to have much power or status and may even be **dismissed** as troublemakers. [19 수능] (   )

---

01 우리 중 그러한 제한을 **귀찮아하는** 사람들은 거의 없다. 02 재즈 음악가 대부분은 악보를 읽을 수 있지만 흔히 **신경 쓰지** 않는다. 03 아마 주민들은 그러한 생각이 마음에 들지 모르지만, 그들이 그것에 찬성하여 투표를 하러 가기 위해 **일부러** 집을 나서는 수고를 반드시 **하지는** 않을 것이다. 04 **음 높이**의 명칭은 특정한 진동수 값과 관련이 있다. 05 예를 들어, 야구공이 두 명의 다른 타자에게 **던져진다고** 상상해보라. 06 한 팀의 경제학자들이 대출을 받게 하기 위한 은행의 다양한 **권유들**에 소비자들이 어떻게 반응하는지를 살펴보았다. 07 이러한 잘못을 **저지르는** 것을 피하는 데 도움을 주기 위해서 인식 점검을 해보라. 08 증가하는 사회적 압력은 우리가 행동에 대한 공유된 사회적 관례에 **충실하지** 못하게 한다. 09 우리는 종종 우리의 성장을 촉진시켜줄 수 있는 새로운 생각들을 **묵살한다**. 10 오늘 수업은 비상사태로 인해 일찍 **파하였다**. 11 소수 집단은 큰 힘이나 지위를 갖지 않는 경향이 있으며, 심지어는 말썽꾼으로 **일축되기도** 한다.

DAY 30

lean
[liːn]

(lean – leaned[leant] – leaned[leant])

통 1. 기울다, 굽히다, (몸을) 숙이다 2. 기대다, 의지하다
형 1. (고기가) 지방분이 적은, 살코기인 2. 불충분한, 부족한
3. 군살이 없는, 호리호리한

파 leaning n. 기울기, 경사

01 One is **leaning** back in his chair with his eyes closed and his feet on the desk. [14 학평]
(   )

02 People doing aerobic exercises establish a new metabolism and a **leaner** body. [14 모평]
(   )

03 In years of bountiful crops people ate heartily, and in **lean** years they starved. [15 모평]
(   )

host
[houst]

명 1. (손님을 초대한) 주인, 주최, 진행자 2. (기생 생물의) 숙주 3. 다수, 무리
동 1. 주최하다 2. 수용하다

숙어 a host of 다수의 ~

04 by advertising on a **host** of channels with separate audiences [20 수능] (   )
05 Join the charity tournament event **hosted** by Cliffield Community Center! [20 수능]
(   )
06 These thieving bees lay an egg near the pollen mass being gathered by the **host** bee for her own offspring. [18 모평] (   )

yield
[jiːld]

동 1. (농산물을) **산출하다**, (이익·결과 등을) **가져오다**(= produce)
2. 항복하다, 굴복하다 3. 양보하다, 넘겨주다
명 (농작물 등의) **산출량, 수확량**

파 unyielding a. 굽히지 않는, 단호한
숙어 yield to 1. ~에 굴복하다(= give in to) 2. ~에 양보하다(= give way to)

07 Drivers should **yield** to pedestrians in marked crosswalks. [15 모평] (   )
08 The crop **yields** of organic farms are much lower than those of traditional farms.
[13 모평] (   )
09 Reading text over and over again **yields** diminishing returns in actual knowledge.
[13 모평] (   )

---

01 한 명은 눈을 감고 책상 위에 발을 올린 채로 의자에 뒤로 **기대어** 앉아 있다. **02** 유산소 운동을 하는 사람들은 새로운 신진대사와 **더 날씬한** 몸을 갖게 된다. **03** 농작물이 풍부한 해에는 사람들이 마음껏 먹었고, 수확이 **적은** 해에는 굶주렸다. **04** 별도의 시청자가 있는 **다수**의 채널에 광고를 함으로써 **05** Cliffield 커뮤니티 센터가 **주최하는** 자선 토너먼트 행사에 참가하세요! **06** 도둑질하는 이런 벌들은 **숙주** 벌이 자신의 새끼를 위해 모으고 있는 꽃가루 덩어리 근처에 알을 낳는다. **07** 표시가 있는 건널목에서 운전자들은 보행자에게 **양보해야** 한다. **08** 유기 농업의 작물 **수확량**은 전통 농업의 수확량보다 훨씬 더 적다. **09** 글을 되풀이하여 읽는 것은 실제 지식에 있어서 얻는 것이 줄어드는 결과를 **가져온다.**

domestic
[dəméstik]

[형] 1. 가정의 2. 국내의 3. (동물이) 길들여진, 집에서 키우는

[파] domesticate v. 사육하다, 길들이다

01 **Domestic** cats adjust to our routines. [14 모평] (   )
02 The **Domestic** category makes up about a third of Total Urban Solid Waste. [15 모평] (   )
03 Mexico had a deliberate policy of building its **domestic** economy independent of the outside world. [13 학평] (   )

post
[poust]

[동] 1. (웹사이트에 정보·사진을) 올리다, 게시하다 2. 발송하다 3. (근무지를) 배치[파견]하다

[명] 1. 우편 2. 지위, 직책, 직위 3. 기둥, 말뚝

[파] • postal a. 우편의   • postage n. 우편 요금

04 toss the rings around the **post** [10 수능] (   )
05 Winners will be **posted** on the website on June 21. [20 모평] (   )
06 She was appointed Honorary Assistant in Mexican Archaeology at the Peabody Museum of Harvard University, a **post** she held for forty-seven years. [14 모평] (   )

converse
[명: kánvəːrs /
형, 동: kənvə́ːrs]

[명] (the ~) 정반대(의 것)

[형] 정반대의, 거꾸로의, 역의(= opposite)

[동] 대화하다, 담화하다

[파] • conversely ad. 정반대로, 거꾸로   • conversation n. 대화

07 We always **converse**, by implication, with the book's author. [15 학평] (   )
08 In the US, you drive on the right-hand side of the road, but in the UK the **converse** applies. (   )

profile
[próufail]

[명] 1. 옆얼굴, 옆모습 2. 윤곽, 측면 3. 인물 소개, 프로필
4. 개요, 분석표 5. 인지도, (대중의) 관심

[동] 1. (~의) 윤곽을 그리다 2. 개요를 작성하다

기출 어구 (a) high profile 1. 대중의 높은 관심, 높은 인지도 2. 고자세, 명확한 태도[입장]

09 It's not just that their high **profile** draws business. [14 모평] (   )
10 as opposed to the formal frontal or **profile** portrait. [11 모평] (   )
11 The church has a handsome **profile** with its blue and white bell tower. [12 모평] (   )

---

01 **길들여진** 고양이들은 우리의 일상에 적응한다. 02 **가정** (폐기물) 부문은 도시 전체 고형 폐기물 총량의 약 3분의 1을 차지한다. 03 멕시코는 **자국내의** 경제를 외부 세계로부터 독립적으로 만드는 의도적인 정책을 가지고 있었다. 04 **기둥**에 고리를 던지다 05 수상자는 6월 21일에 웹사이트에 **게시될** 것입니다. 06 그녀는 47년간 재직한 **직책**인, 하버드 대학의 Peabody 박물관에서 멕시코 고고학의 명예 조수로 임명되었다. 07 우리는 암암리에 책의 작가와 항상 **대화한다**. 08 미국에서는 길의 오른쪽으로 운전하지만, 영국에서는 **그 반대**가 적용된다. 09 그들이 가지고 있는 **대중의** 높은 **관심**만이 사업을 유치하는 것은 아니다. 10 격식을 갖춘 정면 또는 **옆모습** 초상화와는 반대로 11 그 교회는 푸른색과 흰색의 종탑이 있어 **윤곽**이 아름답다.

T

메가스터디
수능 2580
영단어

메가스터디

영단어

수능 2580

Book 1
필수 어휘

메가스터디 BOOKS

메가스터디
영단어
수능 2580

Mega Voca

메가스터디

영단어

수능 2580

2580

60일 완성

주제별 어휘 / 수능 필수 숙어 / 고난도 어휘 / 최신 기출 어휘

PART 5

주제별 어휘

수능 독해 주제별로 꼭 암기해야 하는 어휘

Day 31~53

PREVIEW 36 Words

- [ ] please
- [ ] delight
- [ ] rejoice
- [ ] agreeable
- [ ] thrill
- [ ] impress
- [ ] awe
- [ ] enchant
- [ ] grin
- [ ] solitude
- [ ] sorrow
- [ ] grief
- [ ] despair
- [ ] distress
- [ ] miserable
- [ ] gloomy
- [ ] depress
- [ ] lament
- [ ] mourn
- [ ] moan
- [ ] groan
- [ ] sob
- [ ] weep
- [ ] regret
- [ ] pity
- [ ] compassion
- [ ] sympathy
- [ ] empathy
- [ ] console
- [ ] reassure
- [ ] affection
- [ ] hatred
- [ ] disgust
- [ ] envy
- [ ] hostile
- [ ] revenge

1373

please
[pliːz]

동 **기쁘게 하다, 만족시키다**

파 pleasure n. 기쁨, 즐거움
pleasant a. 기분 좋은, 상냥한
(↔ unpleasant a. 불쾌한, 무례한)
pleased a. 기뻐하는

＋ 수능 PLUS 수능 이렇게 나온다

유 • delight v. 기쁘게 하다
• satisfy v. 만족시키다
반 displease v. 불쾌하게 하다,
기분 상하게 하다
숙어 • be pleased with
~에 기뻐하다, ~에 만족하다
• be pleased to *do*
~하게 되어 기쁘다, 기꺼이 ~하다

1374

delight
[diláit]

명 **기쁨, 기쁨을 주는 것**
동 **기쁘게 하다**

파 delightful a. 기분 좋은, 마음에 드는(= pleasant)
delighted a. 아주 기뻐하는(= pleased)

유 joy, pleasure, enjoyment n. 기쁨,
즐거움
숙어 • take delight in ~에서 기쁨을 얻다
• be delighted with[by] ~을 기뻐하다
기출 어구 tears of delight 기쁨의 눈물

1375

rejoice
[ridʒɔ́is]

동 **크게 기뻐하다**

숙어 rejoice in ~에 기뻐하다

1376

agreeable
[əgrí(ː)əbl]

형 **1. 기분 좋은, 마음에 드는, 쾌활한**
　　2. 선뜻 동의하는

파 agree v. 동의하다, 일치하다

유 pleasing, pleasant a. 기분 좋은
반 disagreeable a. 불쾌한, 마음에 들지
않는, 무례한

1377

thrill
[θril]

명 **전율, 흥분**
동 **전율하게 하다, 열광[흥분]시키다**

파 thrilled a. 황홀한, 아주 흥분한

유 • excitement n. 흥분
• excite v. 흥분시키다

1378

impress
[imprés]

동 깊은 인상을 주다, 감동시키다

파 impression n. 인상, 감동
impressive a. 인상적인
impressively ad. 인상 깊게
impressionist n. 인상파 화가 a. 인상주의의

유 move, touch v. 감동시키다
숙어 be impressed with[by]
~에 깊은 인상을 받다, ~에 감동하다
기출 어구 • first impression 첫인상
• an impressionist painter 인상파 화가

1379

awe
[ɔ:]

명 경외(심), 두려움

동 두려움을 느끼게 하다

파 awesome a. 경탄할 만한, 훌륭한, 아주 멋진
(= terrific)
awful a. 끔찍한, 지독한(= terrible)
awfully ad. 정말, 몹시

숙어 in awe of ~을 경외하여
기출 어구 • in awe of the original
master 원작을 경외하다
• stand in awe of its sheer beauty
그 완전한 아름다움에 경외심을 품다

1380

enchant
[intʃǽnt]

동 1. 황홀하게 하다, 매혹하다

2. 마법을 걸다

파 enchantment n. 1. 황홀감 2. 마법에 걸린 상태
enchanting a. 매혹적인

유 charm, attract, fascinate v. 매혹하다

1381

grin
[grin]

동 (이를 드러내고) 씩 웃다, 활짝 웃다

명 활짝 웃음

cf. giggle v. 낄낄 웃다 n. 낄낄 웃음

1382

solitude
[sálitjùːd]

명 1. 고독, 외로움

2. 떨어져 있음, 외딴 곳

파 solitary a. 1. 혼자의, 고독한(= lonely)
2. 외딴, 고립된(= isolated) 3. 단 하나의(= sole)

유 • loneliness n. 고독, 외로움
• isolation n. 고립(된 상태), 고독
숙어 in solitude 혼자서, 외롭게

1383

sorrow
[sárou]

명 슬픔, 비애　동 슬퍼하다

파 sorrowful a. 슬퍼하는, 비통에 잠긴
(↔ cheerful a. 발랄한, 쾌활한)

유 • sadness n. 슬픔, 비애
• grief n. 큰 슬픔, 비탄
반 joy, delight, pleasure n. 기쁨

1384

grief
[griːf]

명 큰 슬픔, 비탄

파 grieve v. 몹시 슬퍼하다, 비탄하다
grievous a. 슬픈, 비통한

유 sorrow n. 슬픔, 비애
숙어 (deep) in grief (깊은) 슬픔에 잠겨서

1385

despair
[dispέər]

명 절망 동 절망하다, 체념하다
파 desperate a. 1. 절망적인, 자포자기한 2. 필사적인
desperately ad. 1. 절망적으로 2. 필사적으로
desperation n. 절망, 자포자기

숙어 • in despair 절망하여, 자포자기 하여
• desperate for ~을 간절히 원하는
• desperate to *do* 간절히 ~하고 싶어하는

1386

distress
[distrés]

명 1. (정신적) 고통, 괴로움
동 괴롭히다, 고민하게 하다
파 distressful a. 고민이 많은, 괴로운, 비참한
distressed a. 고통스러워하는, 괴로워하는

유 • suffering, pain, agony
n. 고통, 괴로움
• torment n. 고통, 고뇌 v. 괴롭히다
cf. stress n. 1. 스트레스 2. 강조
v. 1. 압력을 주다 2. 강조하다

1387

miserable
[mízərəbl]

형 비참한, 불쌍한, 형편없는
파 misery n. 비참함, 고통, 불행
miserably ad. 비참하게, 불쌍하게, 초라하게

유 • woeful a. 비참한, 몹시 슬픈
• dismal a. 음울한, 비참한

1388

gloomy
[glúːmi]

형 1. 우울한, 침울한 2. 어두운
파 gloom n. 1. 우울 2. 어둠
v. 1. 침울해지다 2. 어두워지다(*cf*. groom n. 신랑)

유 • depressing a. 우울한
• dismal a. 음울한, 비참한
• melancholy a. 우울한, 구슬픈 n. 우울
• dark a. 어두운

1389

depress
[diprés]

동 1. 우울하게 하다
2. 침체시키다, 하락시키다
파 depression n. 1. 우울증 2. 불경기, 불황
(= recession n. 불경기)
depressive a. 우울증의 n. 우울증 환자

유 sadden, grieve v. 슬프게 하다
기출 어구 • depress the market
시장을 침체시키다
• recover from depression
우울증에서 회복하다
• depressive disorder 우울장애

1390

lament
[ləmént]

동 슬퍼하다, 한탄하다, 후회하다
명 슬픔, 비탄

유 • grieve v. 몹시 슬퍼하다, 비탄하다
• grief n. 큰 슬픔, 비탄

1391

mourn
[mɔːrn]

동 슬퍼하다, 한탄하다, (죽음을) 애도하다
파 mournful a. 슬픔에 잠긴, 애도하는
mourning n. 슬픔, 애도, 한탄
mourner n. 조문객

숙어 • mourn for[over] N(사람)
~을 애도하다, ~을 슬퍼하다(= grieve for)
• mourn the death of ~의 죽음을 애도
하다(= lament for the death of)

1392

moan
[moun]

동 1. 신음하다 2. 한탄하다, 불평하다
명 1. 신음 2. 한탄, 불평
파 moaner n. 비탄하는 사람, 불평가

유 • groan v. 신음소리를 내다, 끙끙거리다
• grumble v. 투덜거리다
• complain v. 불평하다

1393

groan
[groun]

동 (고통·짜증으로) 신음소리를 내다,
끙끙거리다
명 신음, 끙끙거리는 소리

유 moan v. 신음하다 n. 신음

1394

sob
[sɑb]

동 흐느껴 울다
명 흐느껴 울기[우는 소리]
파 sobbing a. 흐느껴 우는

유 • cry v. (소리 내어) 울다
• weep v. (소리 없이) 울다, 눈물을 흘리다

1395

weep
[wiːp]

동 울다, 눈물을 흘리다
파 weepy a. 눈물을 흘리는, 슬픈

(weep–wept–wept)

유 shed tears 눈물을 흘리다

1396

regret
[rigrét]

동 1. 후회하다 2. 유감스럽게 생각하다
명 1. 후회 2. 유감
파 regretful a. 1. 후회하는 2. 유감스러워하는
regrettable a. 1. 후회되는 2. 유감스러운

어법 point • regret -ing ~했던 것을 후회
하다
• regret to do ~하게 되어 유감이다

1397

pity
[píti]

명 1. 동정, 연민 2. 유감
동 동정하다, 연민을 느끼다
파 pitiful a. 불쌍한, 측은한

숙어 take pity on = feel pity for
~을 가엾이 여기다

1398

compassion
[kəmpǽʃən]

명 동정(심), 연민
파 compassionate a. 동정하는, 인정 많은

유 pity, sympathy n. 동정, 연민
숙어 • feel[have] compassion
for[toward] ~을 측은히 여기다
• be touched[overwhelmed] with
compassion[pity] ~에게 측은한 마음이
들다

1399

sympathy
[símpəθi]

명 1. 동정, 연민 2. 공감

파 sympathize v. 1. 동정하다 2. 공감하다
sympathetic a. 1. 동정적인 2. 공감하는

반 antipathy n. 반감, 혐오
숙어 feel sympathy for[toward] =
sympathize with 1. ~을 동정하다
2. ~에 공감하다

1400

empathy
[émpəθi]

명 공감, 감정 이입

파 empathic a. 공감의, 감정 이입의
empathize v. 공감하다, 감정 이입을 하다
empathically ad. 공감하여, 감정 이입하여

유 sympathy n. 공감
숙어 feel empathy for[with]
~와 공감하다

1401

console
[kənsóul]

동 위로하다, 위안을 주다

파 consolation n. 위로, 위안

유 comfort v. 위로하다, 안심시키다
숙어 • console oneself with N
~으로 스스로를 위안하다
• console oneself by -ing
~하여 스스로를 달래다

1402

reassure
[rìːəʃúər]

동 안심시키다

파 reassurance n. 안심시키기, 안심시키는 말[행동]

유 comfort, console v. 위로하다,
안심시키다
cf. assure v. 보장하다, 확신시키다

1403

affection
[əfékʃən]

명 애정, 애착

파 affectionate a. 애정 어린(= loving, fond)
affective a. 정서적인, 감정적인

유 • fondness n. 애정, 좋아함, 기호
• attachment n. 애착, 애정
반 dislike n. 싫어함, 반감

1404

hatred
[héitrid]

명 혐오, 증오

파 hate v. 몹시 싫어하다, 증오하다 n. 증오
hateful a. 몹시 싫은, 미워하는

유 • dislike n. 싫어함, 반감
• aversion n. 아주 싫어함, 혐오
• loathing n. 혐오, 증오
(▶ loathe v. 혐오하다)
• detestation n. 아주 싫어함, 혐오, 증오
(▶ detest v. 몹시 싫어하다, 혐오하다)

1405

disgust
[disɡʌ́st]

명 혐오감, 역겨움

동 혐오감을 주다, 역겹게 하다

파 disgusting a. 역겨운, 혐오스러운, 불쾌한

유 • revulsion, repulsion n. 혐오감,
역겨움
• repel, repulse v. 1. 혐오감을 주다
2. 물리치다, 격퇴하다

envy
[énvi]

명 부러움, 선망, 질투
동 부러워하다, 질투하다

파 envious a. 시기심이 많은, 부러워하는(= jealous)
enviable a. 부러운, 선망의 대상이 되는

유 jealousy n. 질투, 시샘
숙어 • in envy of ~을 부러워하여
• be the envy of ~의 부러움을 사다, ~의 선망의 대상이다

hostile
[hástl / hóstail]

형 적대적인, 비우호적인, 어렵게 하는

파 hostility n. 1. 적의, 적대감
2. (pl.) 전투, 교전(cf. hospitality n. 환대, 접대)

유 • antagonistic a. 적대적인
• unfriendly a. 비우호적인
• unfavorable a. 호의적인 아닌, 불리한
기출 어구 • a hostile environment 적대적인[좋지 않은] 환경
• have hostility to ~에게 적의를 품다

revenge
[rivénʤ]

명 복수, 보복   동 복수하다

파 revengeful a. 복수심에 불타는
revenger n. 복수하는 사람

유 avenge v. 복수하다
숙어 • in revenge of[for] ~에 대한 보복으로
• have one's revenge 복수하다, 원한을 풀다
• take revenge on[against] ~에게 복수하다

각 빈칸에 알맞은 영단어 또는 우리말을 쓰시오.

01 She went toward her son and, with tears of delight, hugged him tightly. [13 모평]

그녀는 아들이 있는 쪽으로 가서 _________의 눈물을 흘리며 그를 꽉 껴안았다.

---

02 Nothing t_________ them more than a "big find." [16 모평]

'거대한 발견'보다 더 그들을 열광시키는 것은 없다.

---

03 I became severely d_________ as one dream after another faded from me. [12 모평]

꿈이 하나씩 사라지면서 나는 몹시 우울해졌다.

---

04 She knew she would r_________ it later, but it seemed like there was nothing she could do. [19 모평]

그녀는 나중에 그것을 후회하게 되리라는 것을 알았지만, 자신이 할 수 있는 일이라곤 아무것도 없는 것 같았다.

---

05 The monkeys sit in a corner and avoid any random movements; even a brief touch could be interpreted as the beginning of hostile action. [13 학평]

원숭이들은 구석에 앉아, 어떤 우발적인 움직임도 피하는데, 심지어 순간적인 접촉조차 _________ 행동의 시작으로 해석될 수 있기 때문이다.

---

06 Negative emotions like grief offer a kind of testimonial to the authenticity of love or respect. [17 수능]

_________과 같은 부정적인 감정은 사랑과 존경심의 진실성에 대한 일종의 증거를 제공한다.   *testimonial 증거   **authenticity 진실성

---

07 He concludes that a decline of empathy and a rise in narcissism are exactly what we would expect to see in children who have little opportunity to play socially. [17 학평]

사회적으로 놀 기회를 거의 갖지 못하는 아이들에게서 우리가 볼 것으로 예상하는 것은 바로 _________의 감소와 자아도취의 증가라고 그는 결론 내린다.

---

08 The pianist looked out at him standing in the rain, completely soaked, and took p_________ on him. [17 수능]

그 피아니스트는 완전히 젖은 채로 빗속에 서 있는 그를 내다보았고 그를 가엾이 여겼다.

---

09 My father took me to a pony fair and let me try some ponies, but he always found some fault with them, leaving me in despair. [17 모평]

아버지께서는 나를 조랑말 시장에 데려가서 내가 조랑말 몇 마리를 타 보게 하셨지만, 늘 그 녀석들에게서 어떤 결점을 찾아내서 나를 _________에 빠지게 하셨다.

19~27번 ▶ **19** grin   **20** 고통   **21** 신음소리를 내고   **22** 침울한[우울한]   **23** 크게 기뻐하다
정답   **24** hatred   **25** mourned   **26** impress   **27** sympathy

10 During the dinner, we had an agreeable conversation. [11 학평]

저녁 식사 동안 우리는 _________ 대화를 나누었다.

---

11 Aesthetics is the branch of philosophy that deals with the ways things p_________ people in being experienced. [16 모평]

미학은 사물이 경험되면서 사람들을 기쁘게 하는 방식을 다루는 철학의 분야이다.

---

12 I went out into the yard and w_________ all by myself. [19 모평]

나는 뜰로 나가서 혼자 울었다.

---

13 Instead of evoking admiration of beauty, artists may evoke puzzlement, shock, and even disgust. [16 모평]

아름다움에 대한 감탄을 불러일으키는 대신에, 예술가들은 당혹감, 충격, 심지어는 _________을 불러일으킬 수도 있다.

---

14 When von Bülow arrived he was spotted and immediately thrown out. But the pianist had his r_________. [17 EBS]

von Bülow가 도착했을 때, 그는 발각되어 즉시 쫓겨났다. 그러나 그 피아니스트는 자신의 원한을 풀었다.

---

15 When Marty picked Pepsi up, the dog went from rigid to limp in his arms and let out a painful moan. [15 EBS]

Marty가 Pepsi를 들어올리자 그 개는 그의 품속에서 경직된 상태에서 축 처진 상태로 바뀌더니 고통스런 _________을 내뱉었다.

*limp 축 처진

---

16 Comparing yourself with others is natural and can be motivational, but too much of it leads to e_________. [11 모평]

자신을 다른 사람들과 비교하는 것은 자연스러운 일이며 동기부여가 될 수 있지만, 그것이 과하면 질투로 이어진다.

---

17 We feel their loves and losses, their joys and s_________, hopes and fears, somewhat as if they were our own. [02 수능]

우리는 마치 그것들이 우리 자신의 것인 것처럼, 그들의 사랑과 상실, 기쁨과 슬픔, 그리고 희망과 두려움을 느낀다.

---

18 He was famous for his remarkable ability to harmonize himself with his guests' thoughts and to think one step ahead, enchanting them by adapting to their taste. [11 학평]

그는 자기 자신을 손님들의 생각과 조화시키고 한 발 앞서 생각해서 그들의 취향에 맞춤으로써 그들을 _________ 그의 뛰어난 능력으로 유명했다.

28~35번 ▶ 정답

28 고독	**29** miserable	**30** 흐느껴 울고 있는	**31** console
32 슬퍼했다[한탄했다]	**33** compassion	**34** awe	**35** 애정 / 안심시키기

19 With a nervous g__________ on her face, Phyllis masks the anger she feels. [11 학평]

긴장된 웃음을 얼굴에 머금으며 Phyllis는 그녀가 느끼는 분노를 감춘다.

20 When we are unable to set healthy limits, it causes distress in our relationships. [14 수능]

우리가 건전한 한계를 설정할 수 없을 때, 그것은 우리의 관계에 __________을 야기한다.

21 We groaned, laughed, and looked around for the offending source. [10 학평]

우리는 __________ 웃으면서, 불쾌감을 주는 원인을 찾아 두리번거렸다.

22 Andrew arrived at the nursing home in a gloomy mood, but he was blessed with good news. [18 모평]

Andrew는 __________ 기분으로 요양원에 도착했지만, 축복 어린 희소식이 전해졌다.

23 If your commitment becomes weak, remember your dream and rejoice in the little victories or small steps forward. [15 모평]

만일 당신의 전념이 약해지면, 당신의 꿈을 기억하고, 작은 승리 혹은 조금이라도 앞으로 나아가는 것에 __________.

24 'War follows from feelings of h__________', wrote Carl Schmitt. [19 수능]

Carl Schmitt는 '전쟁은 증오의 감정에서 따라 나온다.'고 기술했다.

25 Families in Egypt also m__________ the death of a cat and had the body of the dead cat wrapped in cloth before it was finally laid to rest. [07 학평]

이집트의 가족들은 또한 고양이의 죽음을 애도했고, 죽은 고양이의 몸을 마지막으로 매장하기 전에 헝겊으로 쌌다.

26 If you can take a different angle from the rest of the class in a paper, you're more likely to i__________ your professors. [12 모평]

만약 당신이 논문에서 그 반의 다른 학생들과는 다른 관점을 취한다면, 당신은 교수들에게 깊은 인상을 줄 가능성이 더 높다.

27 We cannot understand the gap between human-rights ideals and the real world of human-rights violations by s__________ or by legal analysis. [20 모평]

인권에 대한 이상과 인권 침해라는 현실 세계 사이의 간극을 공감이나 법리적 분석으로는 이해할 수 없다.

01~09번 ▶ 정답

01 기쁨	02 thrills	03 depressed	04 regret	05 적대적인
06 슬픔	07 공감 (능력)	08 pity	09 절망	

28 As much as any other kind of thinking, reflection requires solitude. [12 모평]

다른 어떤 종류의 사고만큼이나, 성찰은 ____ ______을 필요로 한다.

29 We all know that regret can make people m__________. [05 학평]

우리 모두는 후회가 사람들을 비참하게 만들 수 있다는 것을 알고 있다.

30 As she got out of her car, she noticed a girl sitting on the street sobbing. [10 모평]

그녀가 차에서 내렸을 때, 길거리에 앉아 __________ 한 소녀를 발견했다.

31 Suppose you must try to c__________ the victim's relatives. [14 수능]

그 희생자의 유족들을 위로해야 한다고 가정해 보자.

32 The photos were beautiful but, he lamented afterward he felt that he had missed out on the most important first moment of his son's life. [11 수능]

사진들은 아름다웠지만, 그는 나중에 자기 아들의 삶에서 가장 중요한 첫 순간을 놓쳤다는 생각이 들었다며 __________.

33 My friend had been watching and listening to the woman's woeful story, and her heart was touched with c__________ for the distressed mother. [14 수능]

그녀의 비참한 이야기를 보고 또 들어 왔기에, 내 친구는 그 괴로워하는 엄마에게 동정심이 생겼다.

34 We are expected to be in a__________ of the original master and appreciate the art, the value and the historical significance. [11 학평]

우리는 원작을 경외하고 그 미술 작품과 가치, 그리고 역사적 의의를 높이 평가할 것으로 기대된다.

35 A pet's continuing affection becomes crucially important for those enduring hardship because it reassures them that their core essence has not been damaged. [17 수능]

애완동물의 지속적인 __________은 고난을 견디고 있는 사람들에게 매우 중요한데, 애완동물이 사람들에게 그들의 핵심적인 본질이 손상되지 않았다고 __________ 때문이다.

10~18번 ▶ 정답

10 기분 좋은	11 please	12 wept	13 혐오감	14 revenge
15 신음	16 envy	17 sorrows	18 매혹시키는	

DAY 32

감정 · 기분 (2)

표제어 음성 QR코드

PREVIEW 35 Words

☐ sentiment	☐ annoy	☐ dread	☐ puzzle
☐ outburst	☐ irritate	☐ frighten	☐ perplex
☐ nostalgia	☐ upset	☐ terrify	☐ dismay
☐ boredom	☐ furious	☐ intimidate	☐ overwhelm
☐ dull	☐ rage	☐ phobia	☐ awkward
☐ tedious	☐ outrage	☐ startle	☐ humiliate
☐ disappoint	☐ resent	☐ astonishment	☐ ashamed
☐ discourage	☐ anxiety	☐ astounding	☐ flush
☐ frustrate	☐ panic	☐ stun	

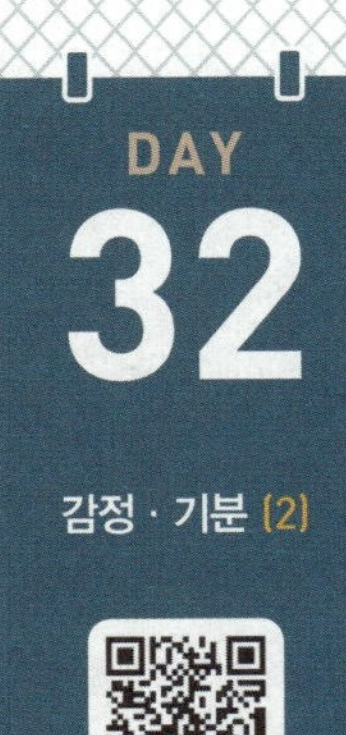

수능 PLUS 수능 이렇게 나온다

1409

sentiment [séntəmənt]

명 **감정, 정서, 감상**

파 sentimental **a.** 감상적인, 정서적인

유 emotion, feeling **n.** 감정, 정서

cf. consumers' sentiment [경제] 소비자 심리

1410

outburst [áutbə̀ːrst]

명 **1.** (감정의) **분출, 폭발** **2.** (활동의) **급격한 증가**

유 • explosion **n.** 1. 폭발, 폭파 2. (감정의) 폭발 3. 폭발적인 증가
• eruption **n.** 1. (화산의) 폭발 2. (감정의) 폭발

1411

nostalgia [nɑstǽldʒə]

명 **향수, 옛날을 그리워함**

파 nostalgic **a.** 향수의, 옛날을 그리워하는

유 homesickness **n.** 향수

숙어 nostalgia for ~에 대한 향수

1412

boredom [bɔ́ːrdəm]

명 **지루함, 따분함**

파 bored **a.** 지루해하는
boring **a.** 지루하게 하는

유 dullness, tediousness **n.** 지루함

1413

dull [dʌl]

형 **1. 지루한, 따분한** **2.** (칼날 등이) **무딘, 우둔한** **3.** (색 등이) **흐린, 칙칙한**

동 **둔하게 하다**

파 dullness **n.** 1. 지루함 2. 무딤, 둔함 3. 불경기

유 • boring, tedious **a.** 지루한
• dreary **a.** 따분한, 음울한

반 exciting, thrilling **a.** 신나는, 흥미진진한

1414

tedious [tíːdiəs]

형 **지루한, 싫증나는, 지긋지긋한**

파 tediousness **n.** 지루함

유 • boring, dull **a.** 지루한
• dreary **a.** 따분한, 음울한

disappoint
[dìsəpóint]

동 실망시키다, 좌절시키다

파 disappointment n. 실망
disappointed a. 실망한

유 let A(사람) down A를 실망시키다, A의 기대를 저버리다
숙어 be disappointed in ~에 대해 실망하다

discourage
[diskə́:ridʒ]

동 1. 낙담시키다, 의욕을 꺾다
2. 막다, 단념시키다

파 discouragement n. 1. 낙심, 좌절 2. 방해 요소
discouraged a. 낙담한

유 dishearten v. 낙담시키다
반 encourage v. 1. 격려하다, 용기를 북돋우다 2. 장려하다
어법 point discourage A from -ing A가 ~하지 못하게 하다

frustrate
[frʌ́strèit]

동 1. 좌절감을 주다
2. 좌절시키다, 방해하다

파 frustration n. 좌절(감)
frustrated a. 좌절한, 실망한

유 • discourage, disappoint v. 낙담시키다, 좌절시키다
• hinder v. 방해하다

annoy
[ənɔ́i]

동 짜증나게 하다, 귀찮게 하다

파 annoyance n. 짜증, 귀찮음, 골칫거리
annoying a. 짜증스러운, 성가신

유 • irritate v. 짜증나게 하다
• bother v. 귀찮게 하다

irritate
[írətèit]

동 짜증나게 하다, 화나게 하다

파 irritation n. 짜증, 불쾌, 화
irritated a. 짜증이 난
irritable a. 신경질적인, 짜증을 잘 내는

유 • annoy v. 짜증나게 하다, 귀찮게 하다
• anger v. 화나게 하다
숙어 be irritated with ~에 짜증[화]이 나다

upset
[동, 형: ʌpsét / 명: ʌ́psèt]

동 1. 속상하게 하다 2. 뒤엎다, 망쳐 놓다
형 기분이 상한, 화난
명 1. 심란, 좌절 2. 전복

파 upsetting a. 속상하게 하는

숙어 get upset about[over] ~에 대해 속상해 하다
cf. (an) upset stomach 배탈

furious
[fjú(:)əriəs]

형 1. 몹시 화가 난, 격노한 2. 맹렬한

파 fury n. 1. 격노 2. 맹렬함, 맹위
furiously ad. 1. 격노하여 2. 맹렬히

유 • angry a. 화가 난
• raging a. 격노한, 맹렬한
• fierce a. 격렬한, 맹렬한
기출 어구 at a furious rate 맹렬한 속도로

1422

rage
[reidʒ]

몡 1. 분노, 격노 2. 맹렬함, 맹위

동 몹시 화내다, 사납게 휘몰아치다

파 raging a. 격노한, 맹렬한
enrage v. 격분하게 만들다

유 fury, anger n. 화, 분노, 격노
기출 어구 • road rage (도로에서 운전 중)
분통 터뜨리기, 운전자 폭행
• air rage (항공기 탑승객의) 기내 난동

1423

outrage
[áutrèidʒ]

몡 1. 격분, 격노 2. 잔학 행위

동 1. 격노하게 만들다 2. 난폭한 짓을 하다

파 outraged a. 격분한, 화가 난
outrageous a. 너무나 충격적인, 지나친

유 • fury, rage n. 분노, 격노
• infuriate, enrage v. 격분하게 하다

1424

resent
[rizént]

동 분하게 여기다, 분개하다, 화를 내다

파 resentment n. 분함, 분개
resentful a. 분개하는

유 be[feel] bitter about
~에 대해 억울해 하다

1425

anxiety
[æŋzáiəti]

몡 1. 불안, 걱정 2. 열망

파 anxious a. 1. 걱정하는, 불안한 2. 열망하는

유 uneasiness n. 불안, 걱정
숙어 • be anxious about
~에 대해 걱정하다
• be anxious for N ~을 열망하다
• be anxious to do ~하기를 열망하다
cf. anxiety disorder 불안 장애

1426

panic
[pǽnik]

(panic – panicked
– panicked)

몡 (갑작스러운) 공포, 공황 상태

동 겁에 질려 어쩔 줄 모르다,
공황 상태에 빠지다

파 panicky a. 공황 상태에 빠진

유 fear, terror, fright, horror n. 공포
숙어 in (a) panic
공포에 휩싸여, 공황 상태에 빠진

1427

dread
[dred]

동 두려워하다, 몹시 무서워하다

몡 두려움, 공포

파 dreadful a. 무서운, 끔찍한

유 • fear v. 두려워하다, 무서워하다
• be scared[frightened, terrified] of
~을 두려워하다[무서워하다]
• fear, terror, fright, horror n. 공포

1428

frighten
[fráitən]

동 겁먹게 하다, 깜짝 놀라게 하다

파 fright n. 놀람, 두려움, 공포
frightened a. 겁먹은, 무서워하는(= scared)

숙어 • be frightened of ~을 무서워하다
• be frightened at ~에 놀라다
기출 어구 stage fright 무대 공포증

1429

terrify
[térəfài]

동 **무섭게 하다, 겁나게 하다**

파 terror n. 공포
terrified a. 무서워하는, 겁이 난
terrifying a. 무서운, 겁나게 하는

유 frighten, scare v. 무섭게 하다,
겁나게 하다
cf. terrific a. 아주 멋진, 훌륭한

1430

intimidate
[intímidèit]

동 **겁먹게 하다, 위협하다**

파 intimidation n. 협박, 위협
intimidating a. 겁먹게 하는, 위협적인
intimidated a. 겁먹은, 위축된

유 • frighten, scare v. 무섭게 하다,
겁나게 하다
• threaten v. 위협하다, 협박하다

1431

phobia
[fóubiə]

명 **공포(증), 혐오(증)**

파 phobic a. 공포증이 있는

cf. paranoia n. 편집증, 피해망상증,
심한 공포증

1432

startle
[stá:rtl]

동 **깜짝 놀라게 하다**

파 startled a. 놀란

유 surprise, amaze, astonish,
astound v. 깜짝 놀라게 하다

1433

astonishment
[əstáni∫mənt]

명 **깜짝 놀람, 놀라운 일[것]**

파 astonish v. 깜짝 놀라게 하다
astonishing a. 깜짝 놀랄 만한, 놀라운
astonished a. 깜짝 놀란

유 surprise, amazement n. 깜짝 놀람
숙어 • in astonishment 깜짝 놀라서
• to the astonishment of = to one's
astonishment ~에게 놀랍게도

1434

astounding
[əstáundiŋ]

형 **몹시 놀라게 하는, 믿기 어려운**

파 astound v. 몹시 놀라게 하다, 큰 충격을 주다
astoundingly ad. 몹시 놀랍게도, 믿기 어려울 정도로

유 • surprising, amazing, astonishing
a. 몹시 놀라운
• beyond belief 놀랄 만한, 믿을 수 없을
정도인

1435

stun
[stʌn]

동 **1. 놀라게 하다, 아연하게 하다**
　　2. 기절시키다

파 stunning a. 깜짝 놀랄, 멋진

유 • shock, astound v. 몹시 놀라게 하다,
충격을 주다
• knock ~ out ~을 기절시키다

1436

puzzle
[pʌ́zl]

동 **어리둥절하게 만들다, 혼란스럽게 하다**
명 **퍼즐, 수수께끼**

파 puzzlement n. 어리둥절함, 얼떨떨함, 당황
puzzled a. 어리둥절해하는, 당황한

기출 어구 • a puzzled look 어리둥절해하
는 표정
• a crossword puzzle 십자말풀이
• a jigsaw puzzle 조각 그림 맞추기

1437

perplex
[pərpléks]

图 **당혹하게 하다, 난처하게 하다**

회 perplexity n. 당혹감, 곤혹
perplexed a. 당혹스러운, 난처한

유 • puzzle v. 어리둥절하게 만들다
• bewilder v. 당황하게[어리둥절하게] 하다
(▶ bewilderment n. 당혹, 어리둥절함)
• baffle v. 당황하게 하다, 도저히 이해할 수 없다

1438

dismay
[disméi]

图 **경악하게 하다, 크게 실망시키다**
명 **당황, 실망**

회 dismayed a. 실망한

숙어 to one's dismay 놀랍게도, 실망스럽게도

1439

overwhelm
[òuvərhwélm]

图 **압도하다, 휩싸다, 어쩔 줄 모르게 하다**

회 overwhelming a. 압도적인, 엄청난

유 overpower v. 압도하다, 사로잡다
숙어 be overwhelmed with[by]
~에 압도되다, ~을 감당할 수 없다

1440

awkward
[ɔ́:kwərd]

형 **1. (기분이) 어색한 2. (솜씨가) 서투른**
3. (다루기) 곤란한

회 awkwardly ad. 어색하게, 서투르게
awkwardness n. 어색함, 거북함

유 • uncomfortable a. (기분이) 불편한
• inconvenient a. 불편한, 곤란한

1441

humiliate
[hju:mílièit]

图 **창피하게 하다, 굴욕감을 주다**

회 humiliation n. 창피함, 굴욕
humiliating a. 창피한, 굴욕적인

유 • shame v. 창피하게 하다 n. 수치심
• embarrass v. 부끄럽게 하다, 당황하게 하다

1442

ashamed
[əʃéimd]

형 **부끄러운, 창피한, 수치스러운**

숙어 • be ashamed of ~을 부끄러워하다
(= feel shame at)
• be ashamed to *do* ~하기가 부끄럽다,
부끄러워서 ~하지 못하다

1443

flush
[flʌʃ]

图 **1. 얼굴이 붉어지다 2. 물을 내리다**
명 **1. 홍조, (감정이) 울컥 솟구침 2. 물 내림**

회 flushed a. 홍조를 띤, 흥분한

유 blush v. 얼굴을 붉히다, 부끄러워하다
숙어 be flushed with ~에 얼굴을 붉히다

각 빈칸에 알맞은 영단어 또는 우리말을 쓰시오.

01 Feeling f__________, she began to think about giving up on the race. [19 모평]

좌절감을 느끼면서 그녀는 경주를 포기하는 것에 대해 생각하기 시작했다.

02 As she was listening to the d__________ tick-tock of the clock, her phone vibrated. [20 모평]

그녀가 시계의 지루한 똑딱똑딱 소리를 듣고 있을 때, 그녀의 휴대전화가 진동했다.

03 He was startled, because she seemed to know what he was thinking about. [17 모평]

그는 __________데, 왜냐하면 그가 생각하고 있는 것을 그녀가 알고 있는 것처럼 보였기 때문이었다.

04 When every now and then his kicking became a__________ and noisy, Margo ordered him to stop. [07 수능]

가끔씩 그의 발차기가 서툴러서 시끄러운 소리를 낼 때, Margo는 그에게 멈추라고 명령했다.

05 Music for motion pictures often serves to authenticate the era or to provide a sense of nostalgia. [15 모평]

영화 음악은 시대를 확인하거나 __________의 느낌을 제공하는 데 도움이 된다.

06 When I saw them puzzled over some concept that I thought I had explained, I gave another example. [10 모평]

내가 설명했다고 생각되는 어떤 개념에 대해 그들이 __________ 하는 것을 보고 나는 또 다른 예를 들었다.

07 I got out of the car and was immediately s__________ by the power and weight of the scene. [08 학평]

나는 차에서 내려 그 광경의 강력함과 무게에 바로 아연실색했다.

08 What is f__________ him is the sense of the unknown stretching into the black distance. [13 모평]

그를 겁먹게 하는 것은 암흑의 먼 곳까지 뻗어 있는 미지의 것에 대한 느낌이다.

09 You've never murdered, but your murderer's r__________ will be drawn from memories of your own extreme anger. [18 수능]

여러분은 결코 살인을 한 적이 없지만, 여러분 자신의 극단적인 분노에 대한 기억으로부터 살인자의 격노가 도출될 것이다.

19~27번 ▶ **19** 불안   **20** disappointed   **21** annoying   **22** outrage   **23** 겁먹게 하는[위협적인]
정답   **24** 실망했다   **25** 당혹스러워했다   **26** sentiments / sentiments   **27** upset

10 Henry glanced at his coach who looked f__________ as he screamed at him. [08 모평]

Henry는 그에게 소리를 지르면서 화가 난 듯한 그의 코치를 흘끗 쳐다보았다.

11 There is no excuse for the sudden, violent outbursts of anger among airline passengers. [07 학평]

비행기 탑승객들 사이에서 갑자스럽고, 격렬한 분노의 __________에는 변명의 여지가 없다.

12 I had no idea that I was in for one of the most terrifying experiences of my life. [12 수능]

나는 내가 내 인생에서 가장 __________ 경험들 중 하나를 곧 겪게 될 것이라는 것을 전혀 몰랐다.

13 At length he saw one and went in, a little a__________ of selling something so worthless. [12 모평]

마침내 그는 (가게) 하나를 보았고, 그렇게 가치 없는 물건을 파는 것을 조금 부끄러워하면서 안으로 들어갔다.

14 It became so dark while we were sitting on the bus that we began to shiver at the sense of dread. [18 학평]

버스에 앉아 있는 동안 날이 너무 어두워져서 우리는 __________에 몸을 떨기 시작했다.

15 Watching Amy look so discouraged, Laurie, her best friend, decided she needed some cheering up. [17 모평]

Amy가 크게 __________ 있는 모습을 보고서, 그녀의 가장 친한 친구인 Laurie는 그녀에게 힘이 나게 할 만한 것이 좀 필요하다고 결론을 내렸다.

16 This is obviously mainly due to humans' astonishing capacity of adaptation and imitation. [18 학평]

확실히 이것은 주로 인간의 __________ 적응력과 모방력 때문이다.

17 When people are o__________ with the volume of information confronting them, they have difficulty knowing what to focus on. [19 모평]

사람들은 자신들이 직면해 있는 정보의 양에 압도당할 때, 무엇에 초점을 두어야 할지 알기 어렵다.

18 That scene in which your octogenarian feels humiliated will draw on your experience of humiliation in the eighth grade. [18 수능]

여러분이 만들어낸 80대의 사람이 __________을 느끼는 장면은 여러분이 중학교 2학년 때 느꼈던 __________의 경험에서 이끌어낸 것이다. *octogenarian 80대의 사람

28~35번 정답 ▶ **28** tedious **29** 몹시 놀라운 **30** flushed **31** 공포(증)

32 Boredom **33** panic **34** 분개할 **35** 짜증이 나는[짜증을 내는]

19 Anxiety has a damaging effect on mental performance of all kinds. [13 수능]

__________은 모든 종류의 정신적인 활동에 해로운 영향을 준다.

20 Andrew was greatly delighted, but he could not help being d__________ in a corner of his mind. [18 모평]

Andrew는 매우 기뻤지만, 그는 마음 한구석에서 실망하지 않을 수 없었다.

21 Unlike food, email isn't always rewarding; in fact, it is often a__________. [17 학평]

이메일이 음식과 달리 항상 보람 있는 것은 아니다. 사실, 종종 짜증스러울 수도 있다.

22 A teacher may feel o__________ when a student refuses to make eye contact during a reprimand. [19 EBS]

훈계를 하는 중에 학생이 눈을 맞추려 하지 않을 때 교사는 격분할 수 있다.

*reprimand 질책, 훈계

23 Finding the way from the classroom to the bus at 3:30 by themselves is even more intimidating. [20 EBS]

3시 30분에 자기들끼리 교실에서 버스까지 길을 찾아가는 것은 훨씬 더 __________ 것이다.

24 He was most dismayed when his publisher told him it would not be issued until January 1954. [08 학평]

그는 출판사가 1954년 1월까지는 그것이 발행되지 않을 것이라고 말했을 때 매우 __________.

25 Students of ethics have been perplexed whether to classify their subject as a science, an art, or otherwise. [19 학평]

윤리학 학생들은 자신의 과목을 과학, 예술 또는 다른 것으로 분류해야 할지 __________.

26 The utility of "negative s__________" lies in their providing a kind of guarantee of authenticity for such dispositional s__________ as love and respect. [17 수능]

'부정적인 감정'의 유용성은 그것들이 사랑과 존경심 같은 그러한 성향적인 감정에 대한 일종의 진실성을 보장해 준다는 점에 있다.

*dispositional 성향의

27 Preparing to solve a problem for next time feels better than getting u__________ about our failure to solve it this time. [20 모평]

다음을 위한 문제 해결을 준비하는 것이 우리가 그것을 이번에 해결하지 못한 것에 대해 속상해 하는 것보다 더 기분 좋게 느껴진다.

01~09번 ▶ 정답

01 frustrated　　02 dull　　03 깜짝 놀랐는　　04 awkward　　05 향수
06 어리둥절해　　07 stunned　　08 frightening　　09 rage

28 Getting rid of the mines from the ground is t__________, painstaking work. [04 학평]

땅에서 지뢰를 제거하는 것은 지루하고 힘든 일이다.

29 It was an astounding achievement that was not surpassed for 28 years. [12 수능]

그것은 28년 동안 깨지지 않은 __________ 업적이었다.

30 Although the freezing wind pounds upon me, I feel f__________ with warmth. [10 모평]

비록 얼어붙을 듯한 차가운 바람이 나를 때리지만, 나는 따뜻함으로 인해 얼굴이 붉어지는 것을 느낀다.

31 This wariness persists in our present psychological makeup in the form of some of our deepest aversions and phobias. [17 EBS]

이러한 조심스러움은 우리의 가장 깊은 혐오와 __________의 일부라는 형태로 우리의 현재 심리적 구조에 남아있다.

*wariness 조심, 경계

32 B__________ and loneliness are more likely to come to the surface when the rush of the day is done and the night stretches ahead. [12 수능]

따분함과 외로움은 낮 동안의 분주함이 끝나고 밤이 앞에 펼쳐질 때 표면으로 나타날 가능성이 더 높다.

33 Each of the subjects inside the pressure chamber showed all the usual signs of p__________—racing pulse and elevated blood pressure. [12 학평]

압력실 안의 각 피실험자는 빨라지는 맥박과 높은 혈압 등 모든 일반적인 공포 증상을 보였다.

34 People rooted in landscape may resent the invasion of outsiders who they believe are different and challenge their common identity. [18 모평]

풍경에 뿌리를 둔 사람들은 자신들과 다르고 자신들의 공통된 정체성에 도전한다고 여겨지는 외부인이 몰려드는 것에 __________ 수도 있다.

35 Nursery rhymes are just the thing for those periods at the end of the morning or afternoon when children are often easily irritated. [06 수능]

동요는 아이들이 종종 쉽게 __________ 때인 아침 끝 무렵이나 오후의 시간에 안성맞춤의 것이다.

10~18번 정답 ▶ **10** furious **11** 분출[폭발] **12** 무서운 **13** ashamed **14** 두려움 **15** 낙담[낙심]하고 **16** 놀라운 **17** overwhelmed **18** 굴욕(감) / 굴욕

1444

personality
[pə̀rsənǽləti]

명 1. 성격, 인격, 개성 2. 유명인

파 personal a. 개인의

➕ 수능 PLUS 수능 이렇게 나온다

유 • character n. 성격, 개성
• celebrity n. 유명 인사
기출 어구 • (a) personality type 성격 유형
• (a) personality trait 성격 특성

1445

temper
[témpər]

명 1. 성질, 기질, 기분 2. 화, 짜증

동 누그러뜨리다

유 temperament n. 기질, 성미
숙어 lose one's temper 화내다
cf. -tempered: 〈복합어를 이루어〉 '~한 기질의, ~한 성미의'의 의미
• hot-tempered, short-tempered a. 성미가 급한
• bad-tempered a. 성미가 까다로운, 성질을 잘 내는

1446

stance
[stæns]

명 1. 입장, 태도 2. (특히 스포츠에서) 자세

유 • attitude n. 태도, 자세
• position n. 1. 입장, 태도, 자세 2. 위치
숙어 a stance on[toward]
~에 대한 입장[태도]

1447

grace
[greis]

명 1. 우아함, 품위 2. 은혜, 은총

파 graceful a. 우아한, 품위 있는
gracious a. 우아한, 자애로운, 상냥한

유 elegance n. 우아, 고상
cf. disgrace n. 망신, 수치, 불명예
(▶ disgraceful a. 수치스러운, 불명예스러운)

1448

elegant
[éləɡənt]

형 1. 우아한, 고상한
2. (계획 · 생각이) 명쾌한, 멋진

파 elegance n. 우아, 고상

유 graceful a. 우아한, 품위 있는

1449

sophisticated
[səfístəkèitid]

형 1. 세련된, 교양 있는
2. 정교한, 복잡한

파 sophistication n. 1. 교양, 세련 2. 정교함

유 • refined, cultured, cultivated
a. 세련된, 교양 있는
• educated a. 학식 있는, 교양 있는
• polished a. 세련된, 우아한
• complex, complicated a. 복잡한

1450

decent
[díːsənt]

형 1. 품위 있는, 예의 바른
2. (수준·질이) 괜찮은, 제대로 된

파 decency n. 체면, 품위, 예절
decently ad. 1. 점잖게, 친절히 2. 상당히, 꽤

반 indecent a. 1. 품위 없는, 버릇없는
2. 적정하지 않은

1451

dignity
[dígnəti]

명 존엄성, 위엄, 품위

파 dignify v. 위엄[품위] 있어 보이게 하다

cf. indignity n. 모욕, 경멸
(▶ indignant a. 분개한, 성난)

1452

sincere
[sinsíər]

형 진실된, 성실한

파 sincerely ad. 진심으로
sincerity n. 정직, 성실

유 • honest a. 진실한, 솔직한
• genuine a. 1. 진실한 2. 진짜의
반 insincere a. 가식적인, 진실하지 못한

1453

earnestly
[ə́ːrnistli]

부 진지하게, 진정으로, 성실하게

파 earnest a. 진지한, 진심 어린, 성실한

유 • seriously ad. 1. 진지하게, 진심으로
2. 심각하게
• sincerely ad. 진심으로

1454

integrity
[intégrəti]

명 1. 진실성, 고결, 청렴 2. 온전함

유 honesty n. 정직, 성실
기출 어구 moral integrity 도덕적 청렴함

1455

virtue
[və́ːrtʃuː]

명 1. 선, 선행, 미덕 2. 장점

파 virtuous a. 도덕적인, 고결한

유 • goodness n. 선량함
• merit n. 장점, 가치
반 vice n. 악, 악덕
숙어 by virtue of ~ 덕분으로, ~에 의해서

1456

goodwill
[gúdwíl]

명 호의, 선의, 친절, 친선

유 kindness, friendliness n. 친절, 호의
cf. goodness n. 선량함

1457

courtesy
[kə́ːrtəsi]

명 예의 바름, 공손함, 정중함

파 courteous a. 예의 바른, 공손한, 정중한(= polite)
courteously ad. 예의 바르게, 친절하게

유 politeness n. 예의 바름, 공손함
반 discourtesy n. 무례, 실례

1458

hospitality
[hàspitǽləti]

명 환대, 후한 대접, 접대

파 hospitable a. 1. 환대하는, 친절한(= welcoming)
2. (기후 · 환경이) 쾌적한[알맞은]

유 welcome n. 환영, 환대, 접대
반 inhospitality n. 푸대접, 냉대
cf. hostility n. 적의, 적대감

1459

gratitude
[grǽtitjùːd]

명 고마움, 감사

파 grateful a. 고마워하는, 감사하는
(↔ ungrateful a. 감사할 줄 모르는)
gratefulness n. 고마움, 감사

유 • thankfulness n. 감사
• appreciation n. 1. 감사 2. 감상
반 ingratitude n. 배은망덕, 고마움을 모름
숙어 express one's gratitude (for)
(~에 대한) 감사의 뜻을 표하다

1460

merciful
[mə́ːrsifəl]

형 자비로운, 인정 많은

파 mercy n. 자비, 인정
mercifully ad. 자비롭게도, 다행히도
(↔ mercilessly ad. 무자비하게)

유 benevolent a. 자비심이 많은, 인정 많은
반 merciless a. 무자비한, 인정사정없는
숙어 at the mercy of ~의 마음대로,
~에 좌우되어

1461

generous
[dʒénərəs]

형 관대한, 너그러운, 후한

파 generosity n. 관용, 관대, 너그러움
generously ad. 관대하게, 후하게

반 • ungenerous a. 옹졸한, 비열한, 인색한
• mean a. 비열한, 인색한
기출 어구 a generous portion of 넉넉한 양
의 ~

1462

tolerate
[tálərèit]

동 1. 너그럽게 봐주다, 용인하다
2. 참다, 견디다

파 tolerance n. 1. 관용, 용인 2. 인내, 내성
(↔ intolerance n. 불관용, 편협)
toleration n. 관용, 용인
tolerant a. 1. 관대한 2. 잘 견디는, 내성이 있는
tolerable a. 참을 수 있는

유 • endure, stand, bear v. 참다, 견디다
• put up with ~을 참다[견디다]
숙어 tolerance to ~에 대한 내성
기출 어구 • tolerate nastiness 불쾌함을 용
인하다
• tolerate the shift 변화를 견뎌 내다
• have an inborn tolerance for risk
위험에 대해 타고난 내성이 있다

1463

humble
[hʌ́mbl]

형 1. 겸손한 2. 비천한, 보잘것없는

유 modest a. 겸손한, 소박한, 수수한
반 arrogant a. 거만한, 오만한

1464

modest
[mάdist]

형 1. 겸손한 2. 적당한 3. 소박한, 수수한

파 modesty n. 1. 겸손 2. 적당함 3. 소박함
modestly ad. 1. 겸손하게 2. 적당하게

유 • humble a. 겸손한, 비천한
• moderate a. 적당한, 온건한, 절제하는
기출 어구 • modest amount 적당한 양
• modest growth 완만한 성장세
• modest living standards
소박한 생활 수준

1465

trustworthy
[trʌ́stwə̀ːrði]

형 신뢰할 만한, 믿을 만한

파 trustworthiness n. 신뢰성, 신용
trust v. 믿다, 신뢰하다 n. 1. 신뢰 2. 위탁 사업체

유 reliable, dependable a. 믿을 수 있는
반 untrustworthy, unreliable a. 믿을
수 없는

1466

thoughtful
[θɔ́ːtfəl]

형 사려 깊은, 친절한

파 thoughtfully ad. 사려 깊게, 친절하게
thoughtfulness n. 사려 깊음, 친절

유 • considerate a. 사려 깊은, 배려하는
• kind a. 친절한
반 thoughtless a. 무심한, 배려심 없는

1467

mindful
[mάindfəl]

형 주의하는, 유념하는, 염두에 두는

파 mindfully ad. 주의하여, 염두에 두고
(↔ mindlessly ad. 아무 생각 없이, 부주의하게)
mindfulness n. 주의 깊음
(↔ mindlessness n. 부주의함, 무심함)

유 careful a. 주의 깊은, 조심스러운
반 mindless a. 아무 생각 없는, 부주의한
숙어 mindful of[about] ~을 유념하는,
~을 신경 쓰는(↔ mindless of[about] ~
에 상관하지 않는)

1468

alert
[ələ́ːrt]

형 1. 기민한 2. 경계하는
동 (위험 등을) 알리다, 경보를 발하다
명 경계, 경보

파 alertness n. 1. 기민함 2. 경계

유 • watchful a. 경계하는, 주의 깊은
• attentive a. 주의 깊은
숙어 • be alert to ~에 주의를 기울이다
• on (the) alert (방심하지 않고) 경계하여

1469

reckless
[réklis]

형 무모한, 부주의한, 난폭한

파 recklessly ad. 무모하게

유 • careless a. 부주의한, 조심성 없는
• rash a. 무분별한, 무모한, 성급한

1470

hasten
[héisn]

동 재촉하다, 앞당기다, 서둘러 하다

파 haste n. 서두름, 급함, 성급
hasty a. 서두르는, 성급한

유 • hurry, rush v. 서두르다, 급히 하다
• accelerate v. 가속화하다, 촉진하다
숙어 in (one's) haste 서둘러서, 서두른
나머지

enthusiasm
[inθú:ziæzəm]

[명] **열정, 열의, 열광**

[파] enthusiastic a. 열정적인, 열렬한
enthusiastically ad. 열렬히
enthusiast n. 열광적인 팬[지지자]

[유] eagerness, passion, zeal
n. 열정, 열의
[반] indifference n. 무관심
[숙어] with enthusiasm 열심히, 열중하여

passionate
[pǽʃənit]

[형] **열정적인, 열렬한**

[파] passion n. 열정, 열의
passionately ad. 열렬히

[유] enthusiastic, zealous a. 열정적인,
열렬한
[반] indifferent a. 무관심한

keen
[ki:n]

[형] **1. 열망하는, 열정적인**

  2. (감정·욕망 등이) 강렬한

  3. 예리한, 날카로운

[파] keenly ad. 1. 열심히 2. 강렬하게 3. 날카롭게

[어법 point] be keen to *do* = be keen
on -*ing* ~하기를 열망하다, 간절히 ~하고
싶어하다(= be eager to *do*)
[기출 어구] • keen observers 예리한 관찰
자들
• keen sensual pleasure
강렬한 감각적 즐거움

willing
[wíliŋ]

[형] **기꺼이 ~하는, 꺼리지 않는, 자발적인**

[파] willingness n. 기꺼이 하는 마음, 의지
willingly ad. 기꺼이, 자진해서

[반] • unwilling a. ~하고 싶어하지 않는,
꺼리는, 본의 아닌
• reluctant a. 마음 내키지 않는, 꺼리는
[숙어] be willing to *do* 기꺼이 ~하다
(= be pleased to *do*)
[cf.] • will n. 1. 의지 2. 소망 3. 유언
• willpower n. 의지력

optimistic
[àptəmístik]

[형] **낙관적인, 낙천적인**

[파] optimism n. 낙관주의, 낙천주의
optimist n. 낙관주의자

[유] • positive a. 긍정적인
• hopeful a. 희망적인

pessimistic
[pèsəmístik]

[형] **비관적인, 염세적인**

[파] pessimism n. 비관론, 비관주의
pessimist n. 비관주의자, 염세주의자

[유] • negative a. 부정적인
• hopeless a. 가망 없는, 절망적인

skeptical
[sképtikəl]

[형] **회의적인, 의심 많은**

[파] skepticism n. 회의(론), 의심
skeptic n. 회의론자, 의심 많은 사람

[유] doubtful a. 의심스러운, 회의적인
[숙어] be skeptical of ~에 대해 회의적이다

1478

cynical
[sínikəl]

형 냉소적인, 부정적인, 비꼬는

파 cynic n. 냉소적인 사람, 비꼬는 사람

유 sarcastic a. 빈정대는, 비꼬는

1479

sarcastic
[sɑːrkǽstik]

형 빈정대는, 비꼬는, 풍자적인

파 sarcasm n. 빈정댐, 비꼼, 풍자

유 satirical a. 풍자적인, 비꼬는
기출 어구 a sarcastic speaker 빈정거리는 화자

1480

indifferent
[indífərənt]

형 무관심한, 냉담한

파 indifference n. 무관심, 냉담
indifferently ad. 무관심하게, 냉담히

유 unconcerned, uninterested
a. 무관심한, 흥미 없는
반 concerned, interested a. 관심이 있는, 흥미가 있는
cf. different(다른)의 반의어가 아님에 주의

1481

reluctant
[rilʌ́ktənt]

형 꺼리는, 마지못한, 주저하는

파 reluctance n. 꺼림, 마지못해 함
reluctantly ad. 마지못해, 억지로

유 unwilling a. 꺼리는, 마지못해 하는
반 • willing a. 기꺼이 ~하는, 꺼리지 않는
• keen, eager a. 하고 싶어하는, 열망하는
숙어 be reluctant to do
~하기를 꺼리다[주저하다]

1482

hesitate
[hézitèit]

동 망설이다, 주저하다

파 hesitation n. 망설임, 주저함
hesitant a. 망설이는, 주저하는
hesitantly ad. 망설이며, 주저하면서

어법 point • hesitate over N
~을 두고 망설이다
• hesitate to do
~하는 것을 망설이다[주저하다]

1483

passive
[pǽsiv]

형 수동적인, 소극적인, 수동태의

파 passively ad. 수동적으로, 소극적으로
passivity n. 수동성, 소극성

유 inactive a. 소극적인, 활발하지 않은
반 active a. 적극적인, 활동적인, 능동(태)의
기출 어구 • (the) passive voice 수동태
• passive smoking 간접흡연

1484

obedient
[oubíːdiənt]

형 순종적인, 복종하는

파 obey v. 1. 순종[복종]하다 2. (명령 · 법 등을) 따르다
obedience n. 순종, 복종

유 • compliant a. 순응하는, 따르는
• submissive a. 순종적인, 고분고분한
반 disobedient a. 반항하는, 거역하는
숙어 obedient to N ~에 순종적인,
~의 말을 잘 듣는

1485

receptive
[riséptiv]

형 잘 받아들이는, 수용적인,
감수성이 풍부한

파 receptiveness n. 수용성, 감수성

반 resistant a. 저항하는, 반대하는
기출 어구 receptive to new ways
새로운 방식을 잘 받아들이는

각 빈칸에 알맞은 영단어 또는 우리말을 쓰시오.

01 A few hundred people cannot sustain a sophisticated technology. [14 수능]

몇백 명의 사람들이 __________ 기술을 유지할 수는 없다.

02 John was as famous for his tennis skills as he was for his fits of t__________ on the court. [11 모평]

John은 코트에서 벌컥 화를 내는 것만큼이나 그의 테니스 기술로도 유명했다.

03 It is important to be mindful about every single aspect of purchasing food. [08 수능]

식품을 구입하는 모든 측면에 대해 _________ 것이 중요하다.

04 Adrian wasn't always k__________ to take his dad's advice. [16 모평]

Adrian은 항상 아버지의 충고를 받아들이기를 열망하지는 않았다.

05 There are times when having a pessimistic view is beneficial. [10 학평]

__________ 견해가 유리한 경우가 있다.

06 Evidence suggests an association between loud, fast music and r__________ driving. [14 모평]

시끄럽고 빠른 음악과 난폭한 운전 사이의 연관성을 제시하는 증거가 있다.

07 John went back to work with tremendous e__________ and confidence and energy. [14 모평]

John은 엄청난 열정과 자신감과 에너지를 갖고 업무에 복귀했다.

08 I know a father who devoted himself earnestly to photographing the birth of his first and only child. [11 수능]

나는 첫 아이이자 외동아이의 탄생 사진을 찍는 데 __________ 몰두했던 한 아버지를 알고 있다.

09 Hobbes, his heart touched, immediately gave the man a generous offering. [13 모평]

Hobbes는 마음이 움직여서 즉시 그 남자에게 __________ 적선을 해주었다.

10 Patience is clearly an important v__________, yet so many people stand in front of their microwaves thinking "Hurry up!" [10 수능]

인내는 분명히 중요한 미덕이지만, 너무나 많은 사람들이 "서둘러!"라고 생각하면서 전자레인지 앞에 서 있다.

11 Investigators as a personality type place a high value on science, process, and learning. [16 모평]

__________ 유형으로서의 조사자는 과학, 절차, 그리고 학습에 높은 가치를 둔다.

22~31번 정답 ▶ 22 optimistic　23 수동적 / 수용적　24 우아함　25 반항적　26 willing

27 진실된　28 hospitality　29 courtesy　30 modest　31 hesitate

12 Please try to remember to show your goodwill and support! [18 수능]

여러분의 __________와 후원을 보여주는 걸 꼭 기억하세요!

---

13 Never doubt that a small group of t__________, committed citizens can change the world. [18 학평]

사려 깊고 헌신적인 시민으로 이루어진 작은 집단이 세상을 바꿀 수 있다는 것을 의심하지 마라.

---

14 If a person loves only one other person and is i__________ to the rest of his fellow men, his love is not love but an enlarged egotism. [14 학평]

한 사람이 다른 한 사람만을 사랑하고 나머지 동료들에게 무관심하다면, 그의 사랑은 사랑이 아니라 확대된 자기중심주의다.

---

15 Much of his work employs irony as well, and reflects his cynical attitude towards human emotions. [10 EBS]

그의 작품의 많은 부분이 풍자도 사용하고 있으며, 인간의 감정에 대한 그의 __________ 태도를 반영하고 있다.

---

16 Parents are commonly reluctant to grant their grown children equal footing with them as adults. [15 학평]

부모들은 보통 다 자란 자녀들에게 어른으로서 대등한 지위를 부여하는 것을 __________.

---

17 Their teachings influenced reformers such as Martin Luther, who explained that work was virtuous if we had integrity and were honest in our dealings with our fellow men. [16 학평]

그들의 가르침은 Martin Luther와 같은 개혁가들에게 영향을 주었는데, 그는 만약 우리가 동료와의 관계에서 __________을 지니고 정직하다면, 노동은 고결하다고 설명했다.

---

18 Many doctors are skeptical about the helpfulness of online medical information. [10 학평]

많은 의사들은 온라인 의료 정보의 유용성에 대해서 __________.

---

19 Jeremy was a h__________ man who cleaned the floors of the king and was always smiling and happy. [17 학평]

Jeremy는 왕의 (궁궐) 바닥을 청소하는 비천한 신분의 사람이었지만, 항상 미소를 짓고 행복했다.

---

20 I am writing this letter to express my g__________ for considering me for the position of Senior Supervisor at ITC Corporation. [11 학평]

ITC사의 선임 감독관 자리에 저를 고려해 준 것에 대해 감사의 뜻을 표하기 위해 이 편지를 드립니다.

---

21 Fundamental to most moral approaches is the idea that human life has a special dignity and value that is worth preserving even at the expense of self-interest. [14 학평]

대부분의 도덕적 접근방식의 기본은 인간의 삶은 사리사욕을 희생하더라도 보존할만한 가치가 있는 특별한 __________과 가치를 가지고 있다는 생각이다.

32~41번 ▶ 정답

| 32 tolerate | 33 alert | 34 열정적인 | 35 자비로운 | 36 빈정대는 / 빈정대고 |
| 37 우아한 | 38 hastening | 39 decent | 40 신뢰할 만한 | 41 태도 |

22 As the students' attitudes became more o__________, their confidence with math grew too. [15 수능]

학생들의 태도가 점점 낙관적이 되면서 수학에 대한 그들의 자신감도 자랐다.

23 Contrary to what we usually believe, the best moments in our lives are not the passive, receptive, relaxing time. [11 수능]

우리가 대체로 믿고 있는 것과는 반대로, 우리 삶의 최고의 순간들은 __________이고, __________이며, 편안한 시간들이 아니다.

24 While in New Mexico, she was also fascinated by the simple geometric grace of adobe churches and the majesty of the desert. [14 모평]

New Mexico에 있을 때 그녀는 또한 어도비 양식으로 지은 교회들의 단순한 기하학적 __________과 사막의 장엄함에 매료되었다.
  *adobe 흙을 재료로 한 건축 양식의 일종

25 Under the circumstances, he will become clingy, or disobedient, or both. [14 수능]

이런 상태에서는, 아이가 (부모에게) 집착하거나 __________이 되고, 혹은 그 두 가지 모두를 하게 된다.

26 Many consumers are w__________ to pay premium prices for organic foods, convinced that they are helping the earth and eating healthier. [13 모평]

많은 소비자들은 자신들이 지구에 도움이 되고, 건강에 더 좋은 식사를 하고 있다고 확신하면서 유기농 식품에 아주 높은 가격을 기꺼이 지불하고 있다.

27 When sincere apologies are offered in an ordinary human relationship, they are readily accepted by the victims. [13 수능]

평범한 인간관계에서 __________ 사과가 주어질 때, 그것들은 쉽사리 상처를 입은 사람에게 받아들여진다.

28 This plate is all I have. It is delicate and faded, but it hangs in my dining room as a pleasant reminder of her h__________. [14 모평]

이 접시가 내가 가지고 있는 전부이다. 그것은 깨지기 쉽고 색이 희미해졌지만, 그것은 그녀의 환대를 기분 좋게 생각나게 해주는 물건으로 나의 주방에 걸려 있다.

29 They want to have the service rendered to them in a manner that pleases them; they want not only efficiency but c__________ and consideration. [15 모평]

그들은 서비스가 자신들을 기분 좋게 만드는 방식으로 제공되기를 원하는데, 그들은 효율성뿐만 아니라 정중함과 배려도 원한다.

30 Television sets were priced beyond the means of a general public whose m__________ living standards not allow the acquisition of luxury goods. [09 수능]

텔레비전 수상기는 소박한 생활 수준으로 인해 사치스런 물건을 취득할 수 없었던 일반 대중의 수입을 넘어서서 가격이 매겨져 있었다.

31 Unlike most species, man did not h__________ to learn from other creatures and copy their ways. [11 학평]

대부분의 종과 달리 인간은 다른 생물에게서 배우고 그들의 방식을 모방하는 것을 주저하지 않았다.

01~11번 ▶ 정답
01 정교한	02 temper	03 주의하는	04 keen	05 비관적인	06 reckless
07 enthusiasm	08 진지하게	09 후한[관대한]	10 virtue	11 성격	

32 Anyone today who looks at the blog can quickly tell this community isn't going to t__________ nastiness. [16 학평]

오늘날 그 블로그를 보는 누구라도 금방 이 커뮤니티는 불쾌함을 용인하지 않을 것이라는 사실을 알 수 있다.

33 Studies show that people feel relaxed, passive, and less a__________ while watching television. [09 학평]

연구에 따르면 사람들은 텔레비전을 보는 동안 편안하고 수동적이며 덜 기민하게 느낀다.

34 He was driven by a passionate belief that the deepest understanding of the universe would reveal its truest wonder. [12 모평]

그는 우주에 대한 가장 깊은 이해가 우주의 가장 진정한 경이로움을 드러내줄 것이라는 __________ 믿음에 사로잡혔다.

35 Right away, the merciful gods changed him into a creature having all the new features. [05 수능]

그 즉시, __________ 신은 그를 완전히 새로운 모습을 한 동물로 변화시켰다.

36 When communicators are attempting to determine if a speaker is sarcastic, they compare the verbal and nonverbal message and if the two are in opposition, communicators may conclude that the speaker is being sarcastic. [17 모평]

의사 전달자들은 어떤 화자가 __________ 것인지 아닌지를 판단하려고 할 때 언어적 메시지와 비언어적 메시지를 비교하며, 두 개가 서로 반대이면 그 화자가 __________ 있다는 결론을 내릴 수 있다.

37 This English actress, one of the most elegant film stars of the period, had spent much of her career in Hollywood. [12 학평]

이 영국 여배우는 그 시대의 가장 __________ 영화배우 중 한 명으로, 그녀는 경력의 많은 부분을 할리우드에서 보냈다.

38 Digital technology accelerates dematerialization by h__________ the migration from products to services. [20 모평]

디지털 기술은 제품에서 서비스로의 이동을 앞당겨서 비물질화를 가속화한다.

39 Now more and more elderly people find it difficult to lead a d__________ life due mainly to financial hardship. [11 학평]

현재 주로 경제적인 어려움 때문에 제대로 된 삶을 사는 것이 어렵다고 느끼는 노인들이 점점 더 많아지고 있다.

40 Distrust of one who is sincere in her efforts to be a trustworthy person might cause her to doubt her own perceptions and to distrust herself. [20 모평]

__________ 사람이 되려는 노력에 있어 진실된 사람을 불신하는 것은 그 사람으로 하여금 자신의 인식을 의심하고 자신을 불신하게 할 수 있다.

41 The sense of tone and music in another's voice gives us an enormous amount of information about her stance toward life. [15 수능]

어떤 사람의 목소리의 어조와 음성을 감지하는 것은 그 사람의 삶에 대한 __________ 에 관한 엄청난 양의 정보를 우리에게 준다.

12~21번 정답 ▶ 12 호의[선의]　13 thoughtful　14 indifferent　15 냉소적인　16 꺼린다　17 진실성　18 회의적이다　19 humble　20 gratitude　21 존엄성

PREVIEW 42 Words

- [ ] naive
- [ ] clumsy
- [ ] tact
- [ ] cowardly
- [ ] timid
- [ ] bold
- [ ] dare
- [ ] outgoing
- [ ] extrovert
- [ ] candid
- [ ] outspoken
- [ ] decisive
- [ ] stubborn
- [ ] rigid
- [ ] strict
- [ ] stern
- [ ] solemn
- [ ] mischief
- [ ] wicked
- [ ] nasty
- [ ] tease
- [ ] mock
- [ ] ridicule
- [ ] flatter
- [ ] ambitious
- [ ] greedy
- [ ] selfish
- [ ] arrogant
- [ ] self-esteem
- [ ] insult
- [ ] disregard
- [ ] despise
- [ ] scorn
- [ ] contempt
- [ ] betray
- [ ] aggressive
- [ ] cruel
- [ ] brutal
- [ ] savage
- [ ] vicious
- [ ] insane
- [ ] frantic

1486

naive
[nɑːíːv]

형 (경험 · 지식 부족으로) **순진한, 세상을 모르는**
파 naively ad. 순진하게

+ 수능 PLUS 수능 이렇게 나온다

유 innocent a. 순진한, 천진난만한
반 worldly a. 세속적인, 세상 경험이 많은

1487

clumsy
[klʌ́mzi]

형 **어설픈, 서투른, 덤벙대는**
파 clumsily ad. 어설프게, 서투르게
clumsiness n. 어설픔, 서투름

유 • awkward a. 어색한, 서투른
• inept a. 서투른, 솜씨 없는
숙어 be clumsy at ~에 서툴다
(= be poor at)

1488

tact
[tækt]

명 **요령, 눈치, 재치**
파 tactful a. 요령 있는, 눈치 있는
(↔ tactless a. 요령 없는, 눈치 없는)

숙어 • use tact 재치를 발휘하다
• be tactful 눈치가 빠르다, 재치가 있다
(= be quick-witted, have quick wits)

1489

cowardly
[káuərdli]

형 **겁 많은, 비겁한**
부 **겁쟁이같이, 비겁하게**
파 coward n. 겁쟁이, 비겁자
cowardice n. 겁, 비겁
(↔ bravery, courage, valor n. 용기)

반 brave, courageous a. 용감한

1490

timid
[tímid]

형 **소심한, 용기가 없는, 수줍어하는**
파 timidly ad. 소심하게, 겁을 먹고
timidity n. 소심, 수줍음

유 shy a. 수줍어하는, 겁 많은

1491

bold
[bould]

형 1. 대담한, 용감한
2. 선명한, 선이 굵은

파 boldly ad. 대담하게
boldness n. 대담함, 눈에 띔

유 • brave, courageous a. 용감한
• daring a. 대담한, 용감한
기출 어구 • bold print 볼드체
• (a) bold behavior 대담한 행동
• bold, bright color 진하고 밝은 색
cf. bald a. 대머리의

1492

dare
[dɛər]

동 감히 ~하다, 감히 ~할 용기가 있다

파 daring a. 대담한, 용감한 n. 대담성

어법 point • dare to *do* 감히 ~하다
• dare가 부정문, 의문문, if절에 사용될 때는 조동사처럼, to 없이 「dare+(주어)+동사원형」의 형태로 쓰이고, 3인칭 단수 뒤에도 -s를 붙이지 않는다.

1493

outgoing
[áutgòuiŋ]

형 1. 사교적인, 외향적인
2. 나가는, 떠나는

유 • extroverted a. 외향적인, 사교적인
• sociable a. 사교적인
• outbound a. 나가는, 떠나는
cf. easygoing a. 태평한, 느긋한

1494

extrovert
[ékstrəvə̀ːrt]

명 외향적인 사람

파 extroverted a. 외향적인, 사교적인

반 introvert n. 내성적인 사람
(▶ introverted a. 내성적인)

1495

candid
[kǽndid]

형 솔직한, 숨김 없는

파 candidly ad. 솔직히, 숨김없이

유 frank a. 솔직한, 숨김 없는

1496

outspoken
[àutspóukən]

형 솔직한, 거침 없이 말하는

유 • blunt a. 솔직한, 직설적인
• forthright a. 솔직한, 거리낌 없는

1497

decisive
[disáisiv]

형 1. 결단력 있는, 단호한 2. 결정적인

파 decisively ad. 1. 단호히 2. 결정적으로
decisiveness n. 1. 단호함 2. 결정적임

유 • resolute, determined
a. 단호한, 확고한
• crucial a. 중대한, 결정적인
반 indecisive a. 1. 우유부단한
2. 결말이 안 난
기출 어구 • take decisive action 단호한 조치를 취하다
• a decisive moment/role/factor 결정적인 순간/역할/요인

1498

stubborn
[stʌ́bərn]

형 1. 완고한, 고집스러운
2. 없애기[다루기] 힘든
파 stubbornness n. 완고, 완강함
stubbornly ad. 완고하게, 완강하게

유 • obstinate a. 완고한, 고집 센
• persistent a. 끈질긴, 집요한
반 compliant a. 유순한, 순응하는

1499

rigid
[rídʒid]

형 1. 융통성 없는, 엄격한
2. 잘 휘지 않는, 뻣뻣한
파 rigidity n. 1. 엄격 2. 단단함, 딱딱함
rigidly ad. 융통성 없이, 엄격히

유 • strict a. 엄한, 엄격한
• inflexible a. 1. 융통성 없는
2. 잘 구부러지지 않는
반 flexible a. 1. 융통성 있는
2. 잘 구부러지는

1500

strict
[strikt]

형 엄한, 엄격한, 엄밀한
파 strictly ad. 엄격히, 엄밀하게

반 lenient a. 관대한, 너그러운
기출 어구 • strict rules/regulations
엄격한 규칙/규제
• strict accuracy 엄밀한 정확성

1501

stern
[stəːrn]

형 1. 엄격한, 근엄한 2. 심각한
파 sternly ad. 엄격하게, 준엄하게

유 • strict a. 엄한, 엄격한
• severe a. 심각한, 엄격한

1502

solemn
[sɑ́ləm]

형 엄숙한, 근엄한, 진지한
파 solemnly ad. 장엄하게, 진지하게

유 • serious a. 심각한, 진지한
• grave a. 근엄한, 엄숙한, 심각한

1503

mischief
[místʃif]

명 (보통 아이들의) 장난, 못된 짓
파 mischievous a. 짓궂은, 말썽꾸러기의(= naughty)

기출 어구 get into mischief 장난치다,
못된 짓을 꾸미다
cf. • misbehavior n. 나쁜 행실, 부정 행위
• misdeed n. 비행, 악행

1504

wicked
[wíkid]

형 1. 사악한, 못된 2. 짓궂은
파 wickedness n. 1. 사악함 2. 짓궂음

유 • evil a. 사악한, 못된
• mischievous a. 짓궂은, 말썽꾸러기의

1505

nasty
[nǽsti]

형 1. 심술궂은, 못된
2. (맛 · 냄새가) 고약한, 불쾌한
파 nastiness n. 불쾌함

유 • mean a. 비열한, 심술궂은
• disgusting a. 역겨운, 불쾌한

1506

tease
[tiːz]

동 **놀리다, 괴롭히다**

파 teasing a. 놀리는, 짓궂게 괴롭히는
teaser n. 1. 괴롭히는 것[사람] 2. 어려운 문제
3. 예고 광고

유 • pick on ~을 괴롭히다
• make fun of ~을 놀리다, ~을 비웃다
cf. harass v. (집요하게, 악의를 가지고)
괴롭히다

1507

mock
[mɑk]

동 **조롱하다, 놀리다**   형 **가짜의, 모조의**

파 mockery n. 조롱, 놀림

유 • tease v. 놀리다, 괴롭히다
• make fun of ~을 놀리다
• laugh at ~을 비웃다

1508

ridicule
[rídikjùːl]

동 **비웃다, 조롱하다**   명 **비웃음, 조롱**

파 ridiculous a. 우스꽝스러운, 터무니없는
ridiculously ad. 터무니없이

유 • mock v. 조롱하다, 놀리다
• laugh at, sneer at ~을 비웃다[조롱하다]

1509

flatter
[flǽtər]

동 **아첨하다, 치켜세우다**

파 flattery n. 아첨, 아부
flattering a. 아첨하는, 비위를 맞추는

숙어 • flatter oneself 스스로를 치켜세우다, 우쭐해하다
• be flattered to do ~해서 우쭐해하다

1510

ambitious
[æmbíʃəs]

형 **야심 있는, 의욕적인**

파 ambition n. 야망, 야심, 포부

반 unambitious a. 야심이 없는

1511

greedy
[gríːdi]

형 **탐욕스러운, 욕심 많은**

파 greed n. 탐욕, 큰 욕심
greedily ad. 탐욕스럽게, 욕심 내어

숙어 be greedy for ~에 대해 욕심을 부리다

1512

selfish
[sélfiʃ]

형 **이기적인, 자기중심적인**

파 selfishness n. 이기심

유 • self-centered a. 자기중심적인
• egocentric a. 자기중심적인, 이기적인
반 • selfless a. 이타적인, 사심 없는
• unselfish a. 이기적이 아닌, 사심이 없는
• altruistic a. 이타적인

1513

arrogant
[ǽrəgənt]

형 **거만한, 오만한**

파 arrogance n. 거만, 오만

유 • (too) proud a. 거만한, 오만한
• conceited a. 자만하는, 자부심이 강한
반 modest, humble a. 겸손한

1514

self-esteem
[sèlfistíːm]

명 자부심, 자존감

cf. • self-respect n. 자기 존중, 자존심
• self-confidence n. 자신감
• esteem v. 존경하다 n. 존경(= respect)

1515

insult
[동: insʌ́lt / 명: ínsʌlt]

동 모욕하다
명 모욕, 모욕적인 말[행동]

파 insulting a. 모욕적인
insultingly ad. 모욕적으로

유 • affront v. 모욕하다 n. 모욕
• indignity n. 모욕, 경멸

1516

disregard
[dìsrigáːrd]

동 무시하다, 경시하다
명 무시, 경시

유 • ignore, neglect v. 무시하다
• make light of ~을 경시하다

1517

despise
[dispáiz]

동 경멸하다, 몹시 싫어하다

유 • scorn, disdain v. 경멸하다
• look down on ~을 경멸하다
• loathe, detest v. 몹시 싫어하다, 혐오하다
반 • admire, respect v. 존경하다
• look up to ~을 존경하다

1518

scorn
[skɔːrn]

동 경멸하다, 깔보다
명 경멸, 멸시, 조롱

파 scornful a. 경멸하는, 멸시하는

유 • despise, disdain v. 경멸하다
• contempt n. 경멸, 멸시

1519

contempt
[kəntémpt]

명 경멸, 멸시, 무시

파 contemptuous a. 경멸[멸시]하는(= scornful)

유 • scorn, disdain n. 경멸, 멸시
• disregard n. 무시, 경시

1520

betray
[bitréi]

동 1. 배신하다, 배반하다
2. (정보 · 감정 등을) 무심코 드러내다

파 betrayal n. 배신, 배반
betrayer n. 배신자(= traitor)

숙어 • betray one's trust 신뢰를 저버리다
• betray one's feelings 감정을 드러내다

1521

aggressive
[əgrésiv]

형 공격적인, 대단히 적극적인

파 aggressively ad. 공격적으로, 적극적으로
aggress v. 공격하다
aggression n. 공격(성), 침략

cf. defensive a. 방어적인

1522

cruel
[krú(:)əl]

형 1. 잔인한 2. 고통스러운, 끔찍한

파 cruelty n. 잔인함, 학대
cruelly ad. 잔인하게

기출 어구 • a cruel ruler/war 잔인한 통치자/전쟁
• the cruel world 고통스러운[끔찍한] 세상

1523

brutal
[brú:təl]

형 1. 잔혹한, 야만적인 2. 혹독한

파 brute n. 짐승 (같은 사람)
brutality n. 잔혹함, 야만성, 만행
brutally ad. 1. 잔혹하게, 야만스럽게 2. 심하게

cf. • brutal a. (야만스러울 정도의) 잔인한
• cruel a. (고통을 주는) 잔인한
• inhuman a. (비인간적이게) 냉혹한, 잔혹한
• pitiless, merciless a. (인정사정 없이) 무자비한
• ruthless a. (목적을 이루기 위해) 무자비한

1524

savage
[sǽvidʒ]

형 야만적인, 포악한, 몹시 사나운

명 야만인

파 savagery n. 야만성, 야만적인 행위
savagely ad. 잔혹하게, 사납게

유 • barbaric a. 야만적인
• ferocious a. 흉포한, 사나운
• barbarian n. 야만인

1525

vicious
[víʃəs]

형 1. 사악한, 악의 있는 2. 사나운, 포악한
　　3. 극심한

파 vice n. 악, 악덕, 범죄
viciously ad. 1. 사악하게 2. 심하게

유 • malicious a. 악의 있는
• brutal a. 잔혹한, 악랄한
기출 어구 vicious cycle[circle] 악순환

1526

insane
[inséin]

형 정신 이상의, 미친, 비상식적인

파 insanity n. 정신 이상, 광기, 미친 짓
(↔ sanity n. 제정신)

반 sane a. 제정신의, 분별 있는
숙어 go insane 미치다
cf. '비정상적인'의 의미인 표현:
• mad a. 미친, 정신 이상의, 매우 화난
• crazy a. 미친, 정상이 아닌
• lunatic a. 미친 n. 정신 이상자, 괴짜
• eccentric a. 괴짜인, 별난 n. 괴짜
• deranged a. (정신병으로 인해 행동과 사고가) 정상이 아닌
• mentally ill 정신적으로 병든

1527

frantic
[frǽntik]

형 (흥분·공포 등으로) 제정신이 아닌, 광분한, 미쳐 날뛰는

파 frantically ad. 미친 듯이, 굉장히

유 frenzied a. 광분한, 광란한
(▶ frenzy n. 광분, 광란)

각 빈칸에 알맞은 영단어 또는 우리말을 쓰시오.

01 Penguins may be c__________ on land. [10 학평]

펭귄은 육지에서는 서툴 수도 있다.

02 Sometimes I feel I am the object of envy, especially from frantic teens. [05 학평]

때때로 나는 내가 특히 __________ 십대들의 질투의 대상이라고 느낀다.

03 As a child I wasn't particularly academic or a__________, and certainly didn't work very hard at my studies. [11 모평]

어렸을 때 나는 특별히 학구적이거나 야심이 있지 않았고, 당연히 열심히 공부하지도 않았다.

04 When your friend scores the winning goal during a critical soccer match, you beam with pride and experience a boost to your self-esteem. [18 모평]

여러분의 친구가 중요한 축구 시합에서 결승 골을 넣을 때 여러분은 자랑스럽게 활짝 웃고, __________을 고취시키는 힘을 경험한다.

05 In fact, people we scorn, envy, or resent can make as much of a difference to our feelings as loved ones. [18 EBS]

사실 우리가 __________, 부러워하거나, 분개하는 사람들은 사랑하는 사람들만큼이나 우리의 감정에 많은 영향을 미친다.

06 Some large parrots will even seem to go i__________ if subjected to long periods of isolation. [14 학평]

몇몇 큰 앵무새들은 오랫동안 고립되면 심지어 미쳐가는 것처럼 보일 것이다.

07 When you directly compliment other people, they tend to discount your efforts because they suspect you are intentionally trying to influence them through flattery. [17 학평]

여러분이 다른 사람들을 직접적으로 칭찬할 때, 그들은 여러분이 __________을 통해 의도적으로 그들에게 영향을 미치려고 노력하고 있다고 의심하기 때문에 여러분의 노력을 깎아 내리는 경향이 있다.

08 Confirmation bias is not the same as being stubborn, and is not constrained to issues about which people have strong opinions. [17 학평]

확증 편향은 __________ 것과 똑같은 것은 아니며 사람들이 강력한 의견을 갖고 있는 사안들에 국한되지 않는다.

09 While he was in his little hut, watching his family care for him, he regretted being g__________ and realized that there were more important things than being rich. [17 학평]

그가 작은 오두막에 있는 동안 가족이 자신을 돌보는 것을 보면서, 그는 욕심을 부린 것을 후회했고, 부유해지는 것보다 더 중요한 것들이 있음을 깨달았다.

10 If you tend to be shy or t__________, give yourself a push to be more a__________ when taking photos of people. [10 학평]

만약 여러분이 수줍거나 소심한 경향이 있다면, 사람들의 사진을 찍을 때 더 공격적이 되도록 자신을 몰아붙여라.

21~30번 정답 ▶ 21 mischief 22 단호한[결단력 있는] 23 엄숙했고 24 잔인한 25 야만적인
26 경멸 27 조롱하는 28 outgoing 29 outspoken 30 거만한 / wicked

11 Most of us are also naive realists: we tend to believe our culture mirrors a reality shared by everyone. [12 수능]

우리들 대부분은 또한 __________ 현실주의 자들이다. 즉, 우리는 우리의 문화가 모든 사람에 의해서 공유되는 현실을 반영한다고 믿는 경향이 있다.

12 Since everything is down to you, you have to take charge and use t__________ to solve these challenges. [18 EBS]

모든 것이 당신의 책임이므로, 책임을 지고 이런 난제들을 해결하기 위해 재치를 발휘해야 한다.

13 Whether the thing you are leaving behind is something that you cherish or despise, it is familiar to you. [15 EBS]

여러분이 두고 가는 것이 여러분이 소중히 여기는 것이든 __________ 것이든, 그것은 여러분에게 친숙하다.

14 When the hypothesis being tested fails to hold up to a later challenge, consumers feel b__________ by what is simply the normal course of science. [18 EBS]

검증되고 있는 가설이 이후의 이의 제기를 견디지 못하면, 소비자들은 그저 과학의 일반적인 과정인 것에 의해 배신 당했다고 느낀다.

15 When I was young, the only love I experienced was the immature, s__________ love of "I love her because she makes me feel good." [11 모평]

젊었을 때, 내가 경험한 유일한 사랑은 "나는 그녀가 나를 기분 좋게 해주기 때문에 그녀를 사랑해."와 같은 미숙하고 이기적인 사랑이었다.

16 The nonverbal message is deliberate, but designed to let the partner know one's candid reaction indirectly. [15 모평]

그 비언어적 메시지는 의도적이지만, 상대방에게 자신의 __________ 반응을 간접적으로 알리려고 계획된 것이다.

17 To our eyes, brightly colored insects are beautiful, but to predators such as birds, bright colors are a warning sign that indicates the insect is likely to contain nasty chemical compounds. [20 EBS]

우리의 눈에는 밝은 색의 곤충들이 아름답지만, 새와 같은 포식 동물들에게 밝은 색은 그 곤충이 __________ 화합물을 함유할 가능성이 있다는 것을 나타내는 경고 신호이다.

18 Travis could easily have t__________ Andrew for being fat for his size, as he often did. [17 학평]

Travis는 필시 그가 종종 그랬듯이 Andrew가 체구에 비해 뚱뚱하다고 놀렸을 수도 있다.

19 Stricter regulations are in place to ensure that fish pens are placed in sites where there is good water flow to remove fish waste. [15 수능]

물고기 양식장은 반드시 어류 폐기물을 제거하도록 물의 흐름이 원활한 장소에 설치되도록 하는 더 __________ 규제들이 시행되고 있다.　　　　　*pen 우리, 울타리

20 Taking a stand for the Yasuni oilfield's protection is a bold move, considering that about seventy percent of Ecuador's income is from oil. [12 학평]

에콰도르 수입의 약 70%가 석유에서 나온다는 점을 고려하면, Yasuni 유전을 보호하는 입장을 취하는 것은 __________ 조치이다.

31~40번 ▶ 정답

| 31 잔혹하거나 | 32 엄격한 | 33 (근)엄한 | 34 mock | 35 introverts / extroverts |
| 36 vicious | 37 무시한다 | 38 모욕하는 | 39 dare | 40 비겁한 / 비겁하게 |

21 He was a wild boy, always getting into m__________.
[96 수능]

그 애는 다루기 힘든 소년이었으며, 항상 장난을 쳤다.

22 Take decisive action to restore a sharp edge to your productivity. [16 학평]

생산성을 대폭 회복시키기 위해 __________ 조치를 취하라.

23 My father paid the check, but became quite solemn and distant toward Bryan for the rest of the visit.
[18 EBS]

아버지가 계산서를 지불하긴 했지만, 아버지는 Bryan이 방문한 남은 시간 동안 아주 __________. 그에게 냉랭하게 대했다.

24 If someone told you that Chinese Emperor Qin Shihuang was a cruel ruler, would you simply accept this as the truth? [13 모평]

만약 어떤 사람이 당신에게 중국의 황제 진시황이 __________ 통치자였다고 말한다면 단순히 이것을 사실로 받아들이겠는가?

25 The behavior found in native cultures was not the distinctive feature of savage 'otherness' but the expression of a capacity that may exist in all of us.
[09 수능]

원주민 문화에서 발견된 행동은 __________ '타자성'의 독특한 특징이 아니라, 우리 모두에게 있어서 존재할 수 있는 능력의 표현이다.

26 The dictionary defines courage as a 'quality which enables one to pursue a right course of action, through which one may provoke disapproval, hostility, or contempt.' [11 수능]

사전은 용기를 '반감, 적의, 또는 __________ 을 유발할 수 있는 올바른 행동 방침을 추구할 수 있게 하는 특성으로 정의한다.

27 From that time it has been the custom to ridicule the people who act like they know what they do not with the pointed caution, "Stick to your last!" [11 수능]

그때부터 자신이 모르는 것을 아는 것처럼 행동하는 사람들을 "네 하던 일이나 계속하라!"라는 빗댄 경고의 말로 __________ 것이 관습이 되었다.

28 Cheerful, happy babies tend to become adventurous, o__________ children who tend to become extroverted, sociable adults. [14 학평]

쾌활하고 행복한 아기들은 모험적이고 외향적인 아이들이 되고, 그 아이들은 외향적이고 사교적인 어른이 되는 경향이 있다.

29 Many of what we now regard as 'major' social movements (e.g. Christianity or feminism) were originally due to the influence of an o__________ minority. [19 수능]

우리가 현재 '주요한' 사회 운동으로 간주하는 많은 것들(예를 들어, 기독교 사상 또는 남녀평등주의)이 원래는 거침없이 말하는 소수 집단의 영향력 때문에 생겨났다.

30 On hearing this, the arrogant officer laughed because the cities he'd visited were full of w__________ liars and barbarians. [06 학평]

그 __________ 관리는 이 말을 듣고서 비웃었는데, 그가 방문한 도시에는 사악한 거짓말쟁이들과 야만인들이 가득 차 있었기 때문이다.

01~10번 ▶ 정답
01 clumsy　02 광분한[제정신이 아닌]　03 ambitious　04 자부심　05 경멸하거나
06 insane　07 아첨　08 고집스러운　09 greedy　10 timid / aggressive

31 A dictatorship can, in theory, be brutal or benevolent. [13 모평]

독재 정권은 이론상 _________ 자비로운 것일 수 있다.

32 Some empires were big, but the rigid social control required to hold an empire together was not beneficial to science. [15 수능]

일부 제국들은 컸지만, 제국을 하나로 뭉치게 하는 데 필요한 _________ 사회적 통제는 과학에 이롭지 못했다.

33 I realized his stern look had melted from his face, and there was a smile on his lips. [19 학평]

나는 _________ 표정이 그의 얼굴에서 사라지고, 그의 입술에 미소가 감도는 것을 깨달았다.

34 An insecure group leader may try to assert power by getting everyone in his/her crowd to m_________ an outsider. [04 학평]

불안한 그룹 지도자는 자신의 군중 속에 있는 모든 사람들로 하여금 외부인을 조롱하도록 함으로써 권력을 확인하려고 할 수도 있다.

35 A psychologist called a group of i_________ to his lab and asked them to act like e_________ while pretending to teach a math class. [15 수능]

한 심리학자가 한 그룹의 내성적인 사람들을 그의 실험실에 불러 놓고 수학 수업을 가르치는 척하면서 외향적인 사람들처럼 행동할 것을 요청했다.

36 Unfortunately, because of this avoidance, the child fails to improve the capabilities he has, and so a v_________ cycle has set in. [16 수능]

불행하게도 이러한 회피 때문에 그 아이는 자신이 가진 능력을 개선하지 못하게 되며, 그래서 악순환이 시작되는 것이다.

37 It is important to take into consideration absent-mindedness or poor eyesight before believing that a friend is actually disregarding you. [03 수능]

어떤 친구가 실제로 당신을 _________고 믿기 전에 (그 사람이) 정신이 멍한 상태이거나 시력이 안 좋은 것이 아닌지 고려해 보는 것이 중요하다.

38 An introvert is far less likely to make a mistake in a social situation, such as inadvertently insulting another person whose opinion is not agreeable. [19 모평]

내성적인 사람은, 찬성할 수 없는 의견을 가진 다른 사람을 무심코 _________ 것과 같은, 사교적 상황에서 실수할 가능성이 훨씬 더 적다.

*inadvertently 무심코

39 If you d_________ to take the initiative in self-revelation, the other person is much more likely to reveal secrets to you. [11 모평]

당신이 감히 솔선하여 자기 자신을 드러낸다면, 상대방도 당신에게 비밀을 폭로할 가능성이 훨씬 더 높다.

40 Plato is sure that the representation of cowardly people makes us cowardly; the only way to prevent this effect is to suppress such representations. [15 수능]

플라톤은 _________ 사람들을 표현하는 것은 우리를 _________ 만들기 때문에, 이러한 영향을 막는 유일한 방법은 그러한 표현들을 억누르는 것이라고 확신한다.

11~20번 ▶ 11 순진한   12 tact   13 몹시 싫어하는   14 betrayed   15 selfish
정답   16 솔직한   17 고약한   18 teased   19 엄격한   20 대담한

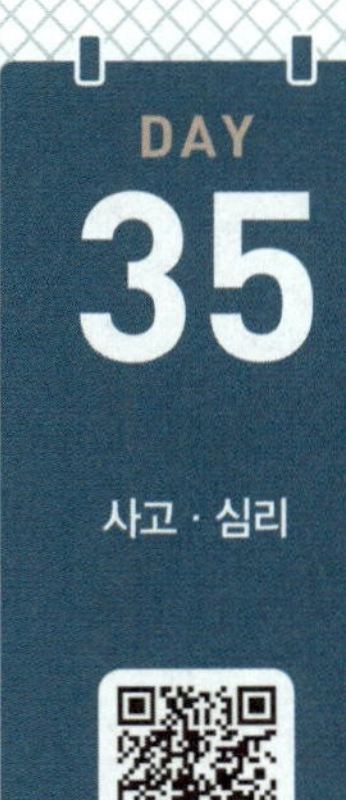

1528

psychology
[saikάlədʒi]

명 심리, 심리학

파 psychological a. 심리적인, 정신적인
psychologist n. 심리학자

＋ 수능 PLUS 수능 이렇게 나온다

기출 어구 • human psychology 인간 심리
• social/child/experimental psychology
사회/아동/실험 심리학

1529

philosophy
[filάsəfi]

명 철학

파 philosophical a. 철학적인, 철학의
philosopher n. 철학자

기출 어구 life philosophy 삶의 철학, 인생관

1530

mental
[méntəl]

형 마음의, 정신의

파 mentality a. 사고방식, 정신
mentally ad. 마음속으로, 정신적으로

반 physical a. 신체의
기출 어구 • mental capacity
정신 능력, 지능
• mental health 정신 건강
• mental disorder 정신 장애, 정신병
• mental trauma 정신적 외상

1531

conscious
[kάnʃəs]

형 의식하고 있는, 의식이 있는

파 consciousness n. 의식, 인식
consciously ad. 의식적으로, 자각하여

반 unconscious a. 무의식적인, 의식이
없는 n. 무의식
숙어 be conscious of ～을 의식하다, ～을
알고 있다
cf. self-conscious a. 남의 시선을 의식하는,
자의식이 강한

1532

subconscious
[sʌ̀bkάnʃəs]

형 잠재의식의

명 (the ~) 잠재의식

파 subconsciously ad. 잠재의식적으로

기출 어구 the subconscious mind
잠재의식적인 마음

1533

cognitive
[kάgnətiv]

형 인식의, 인지적인

파 cognition n. 인식, 인지
cognitively ad. 인식적으로

기출 어구 • (a) cognitive psychologist 인지 심리학자
• cognitive ability 인지능력

1534

ego
[í:gou]

명 자아, 자부심, 자존심

cf. • egocentric a. 자기중심의, 이기적인
• egoism n. 자기중심주의, 이기주의
• egoist n. 자기중심주의자, 이기주의자

1535

conscience
[kάnʃəns]

명 양심, 도덕심

파 conscientious a. 양심적인, 성실한

cf. • morality n. 도덕성
• ethics n. 윤리

1536

intuition
[ìntjuːíʃən]

명 직관(력), 직감

파 intuitive a. 직관적인, 직감에 의한
(↔ counterintuitive a. 반(反)직관적인, 직관에 어긋나는)

유 sixth sense 직감
숙어 by intuition 직감적으로
기출 어구 follow one's intuition 자신의 직관을 따르다

1537

instinct
[ínstiŋkt]

명 1. 본능, 소질 2. 직관, 직감

파 instinctive a. 본능적인, 직관에 따르는
intuitively ad. 본능적으로, 직관적으로

숙어 by instinct 본능적으로
기출 어구 • a natural/basic instinct 선천적인/기본적인 본능
• survival instincts 생존 본능

1538

insight
[ínsàit]

명 통찰(력), 이해, 식견

파 insightful a. 통찰력 있는

숙어 gain[have] an insight into ~에 대한 통찰력[식견]이 있다

1539

perceive
[pərsíːv]

동 인지하다, 인식하다, (~로) 여기다

파 perception n. 인식, 인지, 지각
perceptual a. 지각의
perceivable a. 지각할 수 있는
perceptive a. 통찰력이 있는, 지각의

숙어 perceive A as B A를 B로 여기다
(= consider A as B, regard A as B)

1540

suppose
[səpóuz]

동 가정하다, 추측하다

파 supposition n. 가정, 추정
supposedly ad. 추측건대, 아마도

숙어 be supposed to do ~하기로 되어 있다
cf. presuppose v. 예상하다, ~을 전제로 하다

1541

presume
[prizú:m]

동 추정하다, 간주하다

파 presumption n. 추정
presumably ad. 아마, 짐작건대

유 assume v. 추정하다, 추측하다

1542

infer
[infə́:r]

동 추론하다, 추측하다

파 inference n. 추론, 추측

유 • deduce v. 추론하다, 연역하다
• guess, conjecture v. 추측하다

1543

speculate
[spékjulèit]

동 1. 사색하다 2. 추측[짐작]하다
   3. 투기하다

파 speculation n. 1. 사색 2. 추측 3. 투기
speculative a. 1. 사색적인 2. 추측에 근거한 3. 투기적인

숙어 speculate about[on, as to]
1. ~에 대해 사색하다 2. ~에 대해 추측하다

1544

ponder
[pándər]

동 숙고하다, 곰곰이 생각하다

파 ponderous a. 1. 대단히 무거운 2. 장황한

유 • consider v. 숙고하다, 고려하다
• contemplate v. 심사숙고하다
• dwell on ~에 대해 곰곰이 생각하다

1545

contemplate
[kántəmplèit]

동 1. 숙고하다, 고려하다 2. 응시하다

파 contemplation n. 1. 사색, 명상 2. 응시
contemplative a. 숙고하는

유 • consider, ponder v. 숙고하다
• stare at ~을 응시하다

1546

meditate
[méditèit]

동 명상하다

파 meditation n. 명상
meditator n. 명상[묵상]가

cf. mediate v. 중재하다, 조정하다

1547

justify
[dʒʌ́stəfài]

동 정당화하다, 옳음을 증명하다

파 justification n. 정당화, 정당한 이유
justified a. 정당한(↔ unjustified a. 정당하지 않은)

유 • rationalize v. 합리화하다
• excuse v. 변명하다
cf. • self-justifying a. 자기 변명의
• self-justification n. 자기 정당화[변명]

1548

envision
[invíʒən]

동 마음속에 그리다, 상상하다

유 • imagine v. 상상하다, 마음에 그리다
• visualize v. 마음에 그리다, 상상하다
• envisage v. 예상하다, 상상하다
cf. vision n. 1. 상상 2. 시력, 시야

1549

viewpoint
[vjúːpɔ̀int]

명 1. 견해, 관점 2. 보는 방향
파 view n. 견해, 관점 v. 바라보다, ~라고 생각하다

유 point of view, view, standpoint, perspective n. 견해, 관점

1550

perspective
[pərspéktiv]

명 1. 시각, 관점 2. 전망 3. 원근법

숙어 put ~ in perspective
~을 올바른[균형 잡힌] 시각으로 보다
cf. prospective a. 장래의, 유망한

1551

outlook
[áutlùk]

명 1. 관점, 견해 2. (앞날에 대한) 전망
3. (어떤 장소의) 전망, 경치

숙어 an outlook on ~에 대한 관점

1552

notion
[nóuʃən]

명 개념, 관념, 생각

기출 어구 • a common notion 통념
• a preconceived notion 선입견
• a popular notion 일반적인 생각

1553

dilemma
[dilémə]

명 딜레마, 궁지

기출 어구 • a moral dilemma
도덕적 딜레마
• in a dilemma 딜레마에 빠진
• face a dilemma 딜레마에 봉착하다

1554

logic
[ládʒik]

명 논리, 논리학, 타당성
파 logical a. 논리적인, 타당한
(↔ illogical a. 비논리적인, 터무니없는)

유 • reason n. 이유, 근거, 이성
• rationale n. 이유, 근거

1555

reasonable
[ríːzənəbl]

형 1. 합리적인, 논리적인, 타당한
2. 비싸지 않은
파 reason n. 이유, 근거, 이성 v. 추론하다
reasoning n. 추리, 추론
reasonably ad. 1. 합리적으로 2. 상당히

반 unreasonable a. 불합리한
기출 어구 • a reasonable excuse
합리적인 변명
• a reasonable price 적절한 가격
• a reasonable amount 적정한 양

1556

rational
[ræʃənəl]

형 이성적인, 합리적인
파 rationality n. 합리성
rationalize v. 합리화하다
rationalism n. 합리주의

유 • reasonable, logical
a. 합리적인, 논리적인
• sensible a. 합리적인, 분별 있는
반 irrational a. 비이성적인, 불합리한

1557

coherent
[kouhí(:)ərənt]

형 일관성 있는, 논리 정연한

파 coherence n. 일관성, 결합, 응집성
cohere v. 일관성이 있다, 결합하다
cohesive a. 결합하는

유 consistent a. 일관성 있는
반 • incoherent a. 일관되지 않는, 모순된
• inconsistent a. 일관성 없는

1558

intrinsic
[intrínsik]

형 본질적인, 고유한, 내재적인

파 intrinsically ad. 본질적으로

유 • inherent a. 본질적인, 내재된
• essential a. 본질적인
반 extrinsic a. 비본질적인, 외적인
기출 어구 • intrinsic values 본질적인 가치들
• intrinsic/extrinsic motivation
내재적/외적 동기

1559

ideal
[aidí(:)əl]

형 이상적인, 관념적인　명 이상, 공상

파 ideally ad. 이상적으로　idealize v. 이상화하다
idealism n. 이상주의　idealist n. 이상주의자
idealistic a. 이상주의적인, 이상주의의

반 • real a. 현실적인, 실제의
• reality n. 현실
cf. • realism n. 현실주의, 사실주의
• realist n. 현실주의자, 사실주의 작가[화가]

1560

ideology
[àidiálədʒi / ìdiálədʒi]

명 이념, 이데올로기, 관념

파 ideological a. 관념적인, 이념적인

cf. 이데올로기: 인간, 자연, 사회에 대해
규정짓는 현실적이며 이념적인 의식의 형태

1561

radical
[rǽdikəl]

형 1. 급진적인, 과격한　2. 근본적인
명 급진주의자, 과격파

파 radically ad. 1. 급진적으로, 과격하게 2. 근본적으로
radicalism n. 급진주의

유 • extreme a. 극도의, 극단적인
• extremist n. 극단론자, 과격주의자
반 moderate a. 온건한 n. 온건파[중도파]
인 사람
기출 어구 radical concepts 급진적인
개념들

1562

stereotype
[stériətàip]

명 고정관념, 정형화된 생각[표현]
동 정형화하다

유 fixed idea 고정관념

1563

bias
[báiəs]

명 편견, 선입관
동 편견[선입관]을 갖게 하다

파 biased a. 편견[선입관]을 가진
(↔ unbiased a. 편견[선입관]이 없는)

기출 어구 • confirmation bias 확증 편향
• gender-biased a. 성차별적인

1564

prejudice
[prédʒudis]

명 편견, 선입관
동 편견[선입관]을 갖게 하다

파 prejudiced a. 편견[선입관]을 가진
(↔ unprejudiced a. 편견[선입관]이 없는)

기출 어구 overcome one's prejudice
편견을 극복하다

1565

misconception
[mìskənsépʃən]

명 오해, 잘못된 생각

유 misunderstanding n. 오해, 언쟁
기출 어구 • a common/popular/
widespread misconception
흔한/일반적인/널리 퍼진 오해
cf. preconception n. 1. 예상
2. 편견, 선입관

1566

illusion
[ilúːʒən]

명 환상, 환영, 착각

파 illusionary a. 환상의, 착각의
illusionist n. 착각에 빠져 있는 사람, 마술사

기출 어구 optical illusion 착시
cf. • fantasy n. (기분 좋은) 공상, 상상
• delusion n. 망상, 현혹

1567

obsess
[əbsés]

동 (망상·강박 등이) 사로잡다, 집착하게 하다,
강박감을 갖다

파 obsessive a. 사로잡힌, 강박적인
obsession n. 집착, 강박관념

숙어 • be obsessed with[by]
~에 사로잡히다, ~에 집착하다
• obsess over ~에 대해 강박감을 갖다

1568

preoccupy
[priːάkjupai]

동 (생각·걱정이) 사로잡다, 몰두하게 하다

파 preoccupied a. (생각·걱정에) 사로잡힌, 몰두한
preoccupation n. 몰두, 집착

숙어 be preoccupied with
~에 사로잡히다, ~에 몰두하다
(= be absorbed in, be immersed in,
be engrossed in)

각 빈칸에 알맞은 영단어 또는 우리말을 쓰시오.

01 Following your i__________ could lead you to make impulsive decisions that you may regret later. [06 수능]

본능을 따르는 것은 나중에 후회할지도 모르는 충동적인 결정을 하게 할 수도 있다.

02 It pushes negative notions of female taste and subjectivity. [19 모평]

그것은 여성 취향과 주관성이라는 부정적인 __________을 강요한다.

03 Even an invention as elementary as finger-counting changes our c__________ abilities dramatically. [19 수능]

손가락으로 헤아리기와 같은 기본적인 발명조차도 우리의 인지적인 능력을 엄청나게 변화시킨다.

04 It is easy to j__________ your failure to help by telling yourself someone else will stop. [14 모평]

다른 누군가가 멈춰 설 것이라고 스스로에게 말함으로써 도와주지 못한 것을 정당화하기는 쉽다.

05 What is required is an ability to put many pieces of a task together to form a coherent whole. [16 모평]

요구되는 것은 __________ 전체를 만들기 위해 어떤 과업의 많은 조각을 모으는 능력이다.

06 S__________ that I look at a fruit bowl, and think that there is an apple and an orange in that bowl. [17 모평]

내가 과일 그릇을 보면서 그 그릇 안에 사과와 오렌지가 들어 있다고 생각한다고 가정해 보라.

07 We have to slow down a bit and take the time to contemplate and meditate. [13 모평]

우리는 약간 속도를 늦추고, __________ 명상하기 위해 시간을 내야 한다.

08 They found that they could understand and predict events better if they reduced passion and prejudice, replacing these with observation and inference. [15 수능]

열정과 __________을 줄이고 이것들을 관찰과 추론으로 대체하면 사건을 더 잘 이해하고 예측할 수 있다는 것을 그들은 알아냈다.

09 People pay attention to information that supports their v__________, while ignoring evidence to the contrary. [16 학평]

사람들은 자신들의 견해를 뒷받침하는 정보에는 주의를 기울이는 반면에, 그와 반대되는 증거는 무시한다.

10 Researchers in p__________ follow the scientific method to perform studies that help explain and may predict human behavior. [19 수능]

심리학 연구자들은 인간의 행동을 설명하는 데 도움을 주고 예측할 수 있는 연구를 수행하기 위해 과학적인 방법을 따른다.

21~29번 ▶ **21** 정신적   **22** 양심   **23** 오해   **24** 고정관념   **25** ideology
정답   **26** logic   **27** speculated   **28** 추정한다[간주한다]   **29** 몰두함 / obsessing

11 For moralists, political life is a branch of ethics — or moral p__________. [20 모평]

도덕주의자들에게 정치적 삶은 윤리학 혹은 도덕적 철학의 한 분야이다.

12 Each event allows the student to examine the concept from a different p__________. [20 모평]

각각의 사건은 학생들이 다른 관점에서 그 개념을 검토할 수 있도록 한다.

13 We all want to believe that our brains sort through information in the most rational way possible. [16 학평]

우리 모두는 우리의 뇌가 가능한 가장 ______ 방법으로 정보를 가려낸다고 믿고 싶어 한다.

14 Many of the rules were overturned by radical concepts in more recent times. [17 학평]

많은 규칙이 더 최근 들어 __________ 개념에 의해 뒤집어졌다.

15 Confirmation bias acts at a subconscious level to control the way we gather and filter information. [16 학평]

확증 편향은 __________ 수준에서 작용하여 우리가 정보를 수집하고 가려내는 방식을 통제한다.

16 Dharma demonstrated the Zen art of meditation to the Chinese by sitting in front of a wall for nine years. [05 모평]

Dharma는 9년 동안 벽 앞에 앉아 있음으로써, 중국인에게 __________의 참선 기술을 보여 주었다. *Zen (참)선

17 These are easy to lead to the familiar d__________ in the social sciences where we have two conflicting theories. [12 수능]

이것들은 두 개의 상충되는 이론이 존재하는 사회과학에서 익숙한 딜레마로 이어지기 쉽다.

18 Experimental studies have shown that insight is actually the result of ordinary analytical thinking. [18 모평]

실험 연구들은 __________이란 실제로 평범한 분석적 사고의 결과라는 것을 보여 주었다.

19 The student p__________ for a long time but confessed that he didn't know the answer. [04 학평]

그 학생은 오랫동안 곰곰이 생각했지만, 답을 모른다고 고백했다.

20 Useful attributes tending to increase with age include experience of one's field and ability to help other people without one's own e__________ getting in the way. [14 학평]

나이와 함께 증가하는 경향이 있는 유용한 속성에는 자신의 분야에 대한 경험과 자기 자아의 방해를 받지 않고 다른 사람들을 도와주는 능력이 포함된다.

30~39번 정답 ▶　30 outlook　31 intuition　32 conscious　33 bias　34 illusion
35 상상했을　36 perceive　37 infer　38 이상적인　39 내재적(인) / 합리적

21 As Duhigg explains, our habits are necessary mental energy savers. [20 모평]

Duhigg의 설명에 따르면, 우리의 습관은 꼭 필요한 __________ 에너지를 절약하는 장치이다.

22 Zach's conscience whispered that a true victory comes from fair competition. [14 모평]

Zach의 __________은 진정한 승리란 공정한 경쟁으로부터 나오는 것이라고 속삭였다.

23 One misconception that often appears in the writings of physical scientists who are looking at biology from the outside is that the environment appears to them to be a static entity. [20 모평]

외부로부터 생물학을 보고 있는 물리 과학자들의 글에서 자주 나타나는 한 가지 __________는 그들에게는 환경이 정적인 독립체로 보인다는 것이다.

24 Since African American culture appreciates a greater flexibility of gender roles, African American women are not as bound as white women by gender role stereotypes. [15 모평]

미 흑인 문화가 성 역할에 대한 더 많은 유연성을 인정하므로, 미 흑인 여성은 백인 여성만큼 성 역할 __________에 의해 구속을 받지 않는다.

25 The very trust that this apparent objectivity inspires is what makes maps such powerful carriers of i__________. [17 수능]

이러한 외관상의 객관성이 불러일으키는 바로 그 신뢰성이 지도를 매우 강력한 이념의 전달자로 만드는 것이다.

26 Within the philosophical disciplines, l__________ must be learned through the use of examples and actual problem solving. [15 수능]

철학 교과 내에서 논리는 실례의 사용과 실질적인 문제 해결을 통해서 학습되어야 한다.

27 The Greeks s__________ about the nature of the world they found themselves in and created models of it. [14 학평]

그리스인들은 자신들이 속해 있는 세상의 본질에 대해 사색했고, 그것의 모델을 만들었다.

28 Darwin's theories of evolution presume that individuals should act to preserve their own interests. [12 모평]

다윈의 진화론은 개인이 자신의 이익을 보존하기 위해 행동해야 한다고 __________.

29 People of any size may try to escape an emotional experience by preoccupying themselves with eating or by o__________ over their shape and weight. [19 모평]

신체 크기와 관계없이 사람들은 먹는 것에 __________으로써 또는 자기 몸매와 몸무게에 대해 강박감을 가짐으로써 감정적인 경험에서 벗어나려고 할 수 있다.

01~10번 ▶ 정답

01 instincts	02 개념들	03 cognitive	04 justify	05 일관성이 있는
06 Suppose	07 숙고하고	08 편견	09 viewpoints	10 psychology

30 He developed a healthy, positive o__________ towards the future. [14 학평]

그는 미래에 대한 건강하고 긍정적인 관점을 발달시켰다.

31 By giving yourself freedom to follow your i__________, you develop your sensitivity to your inner voice. [16 모평]

자신의 직관을 따르는 자유를 자기 자신에게 줌으로써, 당신은 마음의 목소리에 대한 감성을 계발하게 된다.

32 Much of what we do each day is automatic and guided by habit, requiring little c__________ awareness. [20 모평]

우리가 매일 하는 일의 많은 부분은 자동적이고 습관에 의해 유도되며, 의식적인 인식을 거의 필요로 하지 않는다.

33 Scientists should be careful to reduce b__________ in their experiments. [13 수능]

과학자들은 그들의 실험에서 편견을 줄일 수 있도록 조심해야 한다.

34 The speed with which computers tackle multiple tasks feeds the i__________ that everything happens at the same time. [15 수능]

컴퓨터가 다수의 일을 처리하는 속도는 모든 것이 동시에 일어난다는 착각을 일으키게 한다.

35 When participants envisioned the most positive outcome, their energy levels, as measured by blood pressure, dropped. [14 모평]

참여자들이 가장 긍정적인 결과를 __________ 때, 혈압으로 측정한 그들의 에너지 수준은 떨어졌다.

36 If parents, relatives, and other agents of socialization p__________ a child as smart, they will act toward him or her that way. [19 학평]

만약 부모, 친지, 그리고 사회화의 다른 행위자들이 아이를 똑똑하다고 인식하면, 그들은 아이에게 그렇게 행동할 것이다.

37 We can i__________ that there was prosperity in ancient Athens because this was a time that saw the planting of many olive trees. [11 모평]

고대 아테네는 많은 올리브 나무를 심었던 시기였기 때문에, 우리는 고대 아테네가 번영했다고 추론할 수 있다.

38 At its most radical, moralism produces descriptions of ideal political societies known as Utopias. [20 모평]

가장 급진적인 부분에서, 도덕주의는 유토피아라고 알려진 __________ 정치 사회에 대한 묘사를 만들어 낸다.

39 Using a pedagogy based on theories of intrinsic motivation appears to be a more reasonable and effective approach to enhancing learning among culturally diverse students. [16 수능]

__________ 동기 부여 이론에 기초를 둔 교수법을 사용하는 것이 문화적으로 다양한 학생들 사이에서 학습을 증진시키는 데 더 __________이고 효과적인 접근법인 것 같다. *pedagogy 교수법

| 11~20번
정답 | 11 philosophy | 12 perspective | 13 이성적인[합리적인] | 14 급진적인 | 15 잠재의식적인 |
| | 16 명상 | 17 dilemma | 18 통찰력 | 19 pondered | 20 ego |

PREVIEW 42 Words

- [ ] beverage
- [ ] recipe
- [ ] ingredient
- [ ] spice
- [ ] sour
- [ ] edible
- [ ] appetite
- [ ] starve
- [ ] intake
- [ ] devour
- [ ] feast
- [ ] cottage
- [ ] shelter
- [ ] reside
- [ ] dwell
- [ ] adjacent
- [ ] rent
- [ ] lease
- [ ] tenant
- [ ] renovate
- [ ] furnish
- [ ] ventilate
- [ ] spacious
- [ ] cozy
- [ ] ceiling
- [ ] garment
- [ ] outfit
- [ ] costume
- [ ] ornament
- [ ] cosmetic
- [ ] thread
- [ ] texture
- [ ] fabric
- [ ] tailor
- [ ] weave
- [ ] fashion
- [ ] detergent
- [ ] laundry
- [ ] chore
- [ ] errand
- [ ] utensil
- [ ] wrench

➕ 수능 PLUS 수능 이렇게 나온다

1569

beverage
[bévəridʒ]

명 (물이 아닌) **음료, 마실 것**

유 drink n. 음료, 마실 것

1570

recipe
[résəpìː]

명 1. **요리법, 조리법** 2. **방안, 비결**

유 cuisine, cookery n. 요리(법)
cf. culinary a. 요리의, 음식의

1571

ingredient
[ingríːdiənt]

명 (음식의) **재료, 성분, 구성 요소**

유 component, element n. 요소, 성분
기출 어구 • a key ingredient
핵심 재료[요소]
• ingredients of success 성공의 요소들

1572

spice
[spais]

명 1. **양념, 향신료** 2. **맛, 흥취**
동 **양념을 치다**

파 spicy a. 양념이 된, 매콤한

유 seasoning n. 양념, 조미료
숙어 spice ~ up ~의 맛을 돋구다,
~의 흥취를 돋구다

1573

sour
[sáuər]

형 1. (맛이) **신, 시큼한** 2. (음식이) **상한**

cf. • bitter a. (맛이) 쓴
• salty a. (맛이) 짠
• sweet a. (맛이) 달콤한

1574

edible
[édəbl]

형 **먹을 수 있는, 식용의**

유 eatable a. 먹을 수 있는, 식용에 적합한
반 inedible a. 먹을 수 없는

1575

appetite
[ǽpitàit]

명 식욕, 욕구, 욕망

파 appetizing a. 입맛을 돋우는
appetizer n. 식욕을 돋우는 음식, 전채

유 • hunger n. 갈망, 배고픔, 굶주림
• desire n. 욕구, 욕망
숙어 lose one's appetite 식욕을 잃다

1576

starve
[stɑːrv]

동 굶주리다, 굶어 죽다

파 starvation n. 기아, 굶주림(= hunger, famine)

숙어 starve for ~을 갈망하다
cf. famish v. 굶어 죽게 하다

1577

intake
[íntèik]

명 섭취(량), 흡입

기출 어구 • food intake 음식 섭취
• calorie intake 칼로리 섭취량
cf. take in ~을 받아들이다, 섭취하다, 흡수하다

1578

devour
[diváuər]

동 1. 게걸스레 먹다, 집어삼키다
2. (엄청난 관심과 열의로) 탐독하다

유 • consume, eat v. 먹다, 소비하다
• swallow v. 삼키다
기출 어구 devour huge portions 많은 양을 게걸스럽게 먹다
cf. devour a novel 소설을 탐독하다

1579

feast
[fiːst]

명 연회, 잔치, 축제
동 (즐겁게) 실컷 먹다, 즐기다, 즐겁게 하다

유 • banquet n. 연회, 만찬
• festival n. 축제
• devour v. 게걸스럽게 먹다
숙어 • feast on[upon] ~을 실컷 먹다, ~을 실컷 즐기다
• feast one's eye on ~을 눈요기 하다, ~을 실컷 보며 즐기다

1580

cottage
[kάtidʒ]

명 오두막집, (시골의) 작은 집

cf. • hut n. 오두막집
• cabin n. 1. (나무로 된) 오두막집, 2. 객실
• lodge n. 오두막집, 산장 v. 숙박하다

1581

shelter
[ʃéltər]

명 1. 주거지 2. 피신(처), 보호소
동 보호하다, 피신하다

파 sheltered a. 보호된, 지켜지고 있는

유 • refuge n. 피난(처), 도피(처)
• cover n. 숨는 곳, 피난처
• protect, shield v. 보호하다
숙어 shelter A from B
A를 B로부터 보호하다
기출 어구 • homeless shelter 노숙자 보호소
• bomb shelter 공습 대피소, 방공호

1582

reside
[rizáid]

동 거주하다, 살다

파 resident n. 1. 주민, 거주자 2. 레지던트, 전문의 수
련자 a. 거주하는
residence n. 거주(지)
residential a. 주거의, 거주지의

숙어 reside in 1. ~에 거주하다
2. ~에 있다, ~에 속하다
기출 어구 • local residents 지역민들
• urban residents 도시민들
• private residences 민가, 사택

1583

dwell
[dwel]

(dwell –
dwelled[dwelt] –
dwelled[dwelt])

동 1. 살다, 거주하다
　　2. 곰곰이 생각하다

파 dweller n. 거주자
dwelling n. 거주지

숙어 • dwell in ~에 거주하다
(= reside in)
• dwell on ~을 곰곰이 생각하다
(= think over, ponder (on[over])),
~을 곱씹다(= chew on)

1584

adjacent
[ədʒéisənt]

형 인접한, 가까운

파 adjacently ad. 인접하여, 이웃에

유 • adjoining a. 서로 접한, 부근의
• neighboring a. 이웃의, 인접한
숙어 adjacent to ~에 인접한(= next to)

1585

rent
[rent]

동 임대하다, 빌려주다, 임차하다, 빌리다
명 집세, 임대(료)

파 rental n. 대여, 임대(료)

숙어 rent out ~을 임대하다
cf. • hire v. 빌리다, 임차하다
n. 빌림, 대여(▶ hire out ~을 빌려주다)
• let (out) v. 세를 놓다
• lend v. 빌려주다
• borrow v. 빌리다

1586

lease
[liːs]

명 임대차 계약
동 임대하다, 임차하다

유 rental contract[agreement]
임대차 계약

1587

tenant
[ténənt]

명 세입자, 임차인

cf. • landlord n. 집주인, 임대주
• lessor n. 임대인
• lessee n. 임차인

1588

renovate
[rénəvèit]

동 개조[보수]하다, 새롭게 하다

파 renovation n. 수리, 혁신

유 • renew v. (낡고 오래된 것을) 새로
교체하다
• repair v. 보수하다, 수리하다

1589

furnish
[fɔ́ːrniʃ]

동 (가구 등을) **갖추다, 공급[제공]하다**

파 furnished a. 가구가 비치된
furnishing n. 비품, 가구
furniture n. 가구

숙어 furnish A with B A에 B를 갖추다, A에게 B를 공급[제공]하다
기출 어구 fully furnished 내부 완비된
cf. • furnish v. (특히 살림에 필요한 편의·설비를) 공급하다
• equip v. (특정 기능을 위해 필요한) 장비를 설치하다
• supply v. (특히 모자라는 것을) 공급하다

1590

ventilate
[véntəlèit]

동 **환기하다**

파 ventilation n. 환기 (장치), 통풍

cf. • ventilation fan 환기용 선풍기
• ventilation hole 환기구

1591

spacious
[spéiʃəs]

형 **넓은, 널찍한**

파 space n. 공간

유 • roomy a. 널찍한, 광대한
• capacious a. 널찍한

1592

cozy
[kóuzi]

형 **아늑한, 편안한**

유 • comfortable a. 편안한
• homely a. (집처럼) 아늑한, 편안한
• snug a. 포근한, 아늑한

1593

ceiling
[síːliŋ]

명 **1. 천장 2. 상한선, 최고 한도**

유 • maximum n. 최고치
• upper limit 상한치

1594

garment
[gáːrmənt]

명 **옷, 의류**

유 • clothes n. 〈일반적〉 옷, 의복
• clothing n. 〈집합적〉 의류, 의복
• apparel n. (매장에서 판매되는) 의류, (공식 행사 때 입는) 의복[복장]
• attire n. (갖춰 입은) 의복, 복장

1595

outfit
[áutfit]

명 **(특정한 경우를 위해 입는) 옷, 복장, 장비**

기출 어구 a cowboy outfit
카우보이 복장

1596

costume
[kástjuːm]

명 **의상, 복장**

기출 어구 • traditional costume 전통의상
• modern costume 현대의상
cf. costume: (특정 지역·시대의 또는 연극 등에서) 의상, 복장

1597

ornament
[명: ɔ́ːrnəmənt /
동: ɔ́ːrnəmènt]

명 장식(품), 장신구 동 장식하다

파 ornamental n. (pl.) 장식물
a. 장식용의(= decorative)

유 • decoration n. 장식(품)
• embellishment n. 꾸밈, 장식(물)
• accessory n. 액세서리, 장식구
• decorate, adorn, embellish v. 장식하다

1598

cosmetic
[kɑzmétik]

명 (주로 pl.) 화장품

형 화장용의, 성형의

파 cosmetically ad. 화장용으로

cf. cosmetic surgery 성형 수술
(= plastic surgery)

1599

thread
[θred]

명 1. 실, 가닥 2. 줄거리, 맥락

동 실을 꿰다

기출 어구 the common thread
공통된 맥락

1600

texture
[tékstʃər]

명 1. 직물, 천 2. 질감, 감촉
3. 조직, 구조

기출 어구 smooth-textured
a. 매끈한 질감의

1601

fabric
[fǽbrik]

명 1. 직물, 천 2. (사회·조직 등의) 구조

유 • textile n. 1. 직물, 옷감 2. (pl.) 섬유산업
a. 직물의, 방직의
• cloth n. 천, 옷감, 직물
기출 어구 a social fabric 사회 구조

1602

tailor
[téilər]

명 재단사

동 (특정한 목적·요구에) 맞추다, 조정하다

숙어 • tailor to ~에 맞게 만들다
• tailored to ~에 맞춘
cf. • tailor n. (주로 남성복을 주문 받아
만드는) 재단사, 양복점
• dressmaker n. (주로 여성복을 만드는)
양재사, 양장점

1603

weave
[wiːv]

동 (실·천 등을) 짜다, 엮다

파 weaver n. 베 짜는 사람, 직공

(weave – wove – woven)

숙어 weave A into B A를 B에 짜 넣다
기출 어구 weave webs 거미줄을 치다
(= spin webs)
cf. • interweave v. 섞어 짜다, 섞어 넣다
• knit v. 뜨개질을 하다

fashion
[fǽʃən]

명 1. 유행, 패션 2. 방식
동 만들어 내다
파 fashionable a. 유행의, 유행을 따르는

유 • vogue n. 유행, 유행품
• fad n. (일시적) 유행
• craze n. (특히 일시적인) 대유행, 열풍
숙어 • in fashion 유행하고 있는
• out of fashion 유행이 지난
• in a ~ fashion ~의 방식으로
cf. • old-fashioned a. 구식의
• refashion v. 고쳐 만들다, 개조하다

detergent
[ditə́ːrdʒənt]

명 세제
파 deterge v. 세정하다
detergency n. 세정력

cf. laundry detergent 세탁용 세제

laundry
[lɔ́ːndri]

명 세탁, 세탁물, 세탁소

숙어 do the laundry 세탁하다
기출 어구 dirty laundry 치부, 수치스러운 일
cf. laundromat n. 빨래방

chore
[tʃɔːr]

명 1. 집안일, 허드렛일 2. 하기 싫은 일

cf. household[domestic] chores 집안일

errand
[érənd]

명 심부름, 잡일

숙어 run[go on] an errand 심부름 가다

utensil
[juːténsəl]

명 가정용품, 기구, 도구

기출 어구 cooking utensils 조리 기구
cf. • appliance n. 기기, 가전제품
• gadget n. (작고 유용한) 도구, 장치
• apparatus n. (특정한 용도의 한 벌의) 기구, 기계

wrench
[rentʃ]

명 1. 렌치, 스패너 2. 비틀기, 뺌
동 1. 비틀다, 삐다 2. 왜곡하다

유 • twist v. 비틀다, 삐다 n. 비틀기, 뺌
• sprain v. 삐다
cf. 렌치: 너트를 죄는 기구

각 빈칸에 알맞은 영단어 또는 우리말을 쓰시오.

01 In years of bountiful crops people ate heartily, and in lean years they s__________. [15 모평]

농작물이 풍부한 해에는 사람들이 마음껏 먹었고, 수확이 적은 해에는 굶주렸다.

02 If you r__________ in this area, you may get it free of charge. [07 수능]

여러분이 이 지역에 거주하면 그것을 무료로 얻을 수 있습니다.

03 It is notable that we find no evidence in Classical times of t__________ or dressmakers: the word itself barely exists in Greek or Latin. [13 모평]

고대 그리스 · 로마 시대에 재단사나 양재사에 대한 어떤 증거도 없다는 것은 주목할 만하다. 그리스어나 라틴어에는 그 단어 자체가 거의 존재하지 않는다.

04 Property owners cannot reduce the amount of space available for r__________ in their buildings. [15 모평]

부동산 소유자는 자신들이 소유한 건물의 임대 가능한 공간의 양을 줄일 수 없다.

05 Phillip told him briefly about his marble collection and noted the differences in size, color, and texture of each marble. [19 학평]

Phillip은 그에게 자신의 구슬 수집에 대해 간략하게 말하고, 각 구슬의 크기, 색상, 그리고 __________의 차이에 대해 언급했다.

06 Man has been brewing b__________ from caffeine-based plants since the Stone Age. [10 학평]

인간은 석기 시대 이후로 카페인을 기반으로 하는 식물에서 음료를 양조해오고 있다.

07 People hung the pine tree with beautiful ornaments and fastened a lot of colored bulbs to its branches. [04 학평]

사람들은 그 소나무에 아름다운 __________을 매달고 다양한 색깔의 전구를 그 나무의 가지에 매달았다.

08 The farmer gave the student a cozy room in which to sleep and a big breakfast the next morning. [04 학평]

농부는 학생들에게 잠잘 __________ 방과 다음날 아침 푸짐한 아침 식사를 제공해 주었다.

09 An overweight teen may eat moderately while around his friends but then d__________ huge portions when alone. [11 모평]

어떤 과체중의 십대는 주변에 친구들이 있을 때는 적당히 먹지만, 혼자 있게 되면 많은 양을 게걸스럽게 먹을지도 모른다.

10 Early human beings had to be good at maintaining an intimate memory of e__________ and i__________ plants, insects, and small animals. [11 학평]

초기 인간은 먹을 수 있고 먹을 수 없는 식물, 곤충, 그리고 작은 동물들에 대한 친밀한 기억을 유지하는 데 능숙해야 했다.

22~31번 정답 ▶

22 wrench	23 lease	24 fashion	25 세탁물	26 utensils
27 shelter	28 직물[옷감]	29 인접한[가까운]	30 furnish	31 ingredients

11 Tofu is an excellent substitute for meat in many vegetarian r__________ . [06 학평]

두부는 많은 채식주의 요리법에서 고기의 훌륭한 대용품이다.

12 The women of the village used to count on him to run their e__________ , and he would never refuse to help a neighbor. [05 모평]

마을의 여자들은 그가 심부름을 하는 것을 기대하곤 했는데, 그는 이웃을 돕는 것을 결코 거절하지 않았다.

13 Ghost spiders have tremendously long legs, yet they weave webs out of very short t__________ . [17 모평]

유령거미는 엄청나게 긴 다리를 가지고 있지만 매우 짧은 가닥들로 거미줄을 친다.

14 It took four years to build the small c__________ , and when they moved in, the roof wasn't even on! [14 수능]

그 오두막집을 짓는 데 4년이 걸렸는데, 그들이 (그 집으로) 이사했을 때 심지어 지붕도 없었다!

15 The city installed the statue when they r__________ the park. [19 EBS]

그 시가 공원을 보수했을 때, 그 동상을 설치했다.

16 If you intend to make the room appear higher, paint both the c__________ and the walls in a color. [12 학평]

만약 당신이 방을 더 높게 보이려고 한다면, 천장과 벽 모두를 색깔로 칠하라.

17 Sensory-specific satiety is defined as a decrease in a__________ with little change in the hedonics of uneaten food. [18 수능]

감각 특정적 포만감이란 먹지 않은 음식에 대한 쾌락에는 변화가 거의 없는 채로 식욕이 감소하는 것으로 정의된다.
*satiety 포만(감) **hedonics 쾌락

18 Ancient Greek and Roman c__________ is essentially draped, and presents a traditional stability and permanence. [13 모평]

고대 그리스와 로마의 의상은 본질적으로 주름을 잡아 걸치는 것이고, 전통적인 안정감과 영속성을 보여준다.

19 Since the 1970s, more and more Maasai have given up the traditional life of mobile herding and now d__________ in permanent huts. [18 학평]

1970년대 이래로 점점 더 많은 마사이족이 이동식 목축(유목)이라는 전통적인 생활을 버리고 지금은 계속 설치되어 있는 오두막에서 거주한다.

20 In Kongjui and Patjui, the Korean version of the Cinderella story, Kongjui's stepmother orders her to complete three impossible c__________ . [09 학평]

신데렐라 이야기의 한국판인 콩쥐팥쥐에서 콩쥐의 새엄마는 콩쥐에게 세 가지 불가능한 허드렛일을 마무리하라고 시킨다.

21 There will always be good times and bad, f__________ and famines, hot summers and cold winters. [16 학평]

좋은 시절과 나쁜 시절, 잔치와 기근, 더운 여름과 추운 겨울이 항상 있을 것이다.

32~41번 정답 ▶

32 intake	**33** detergent	**34** woven	**35** 넓게	**36** 화장품
37 통풍[환기]	**38** tenant	**39** outfit	**40** garment	**41** sour / spices

22 All I have to do is tighten the nut with a w__________. [13 수능]

나는 렌치로 너트를 조이기만 하면 된다.

23 The hassle of moving once my l__________ was up was a huge roadblock for me. [07 학평]

일단 임대차 계약이 끝나면 이사를 해야 하는 번거로움이 나에게는 커다란 어려움이었다.

24 Cultural property is not always in f__________, but remains important. [08 모평]

문화재가 항상 유행하는 것은 아니지만, 여전히 중요하다.

25 She had sauce stains on her apron and sometimes allowed the laundry to pile up. [13 모평]

그녀의 앞치마에는 소스 얼룩이 묻어 있었고, 그녀는 때때로 __________이 쌓이도록 했다.

26 Teflon, an extremely slippery synthetic substance employed as a coating on cooking u__________, was invented in 1938, but it didn't coat its first pan till 1954. [15 모평]

조리 기구의 코팅 막으로 쓰이는 매우 미끈거리는 합성 물질인 Teflon은 1938년에 발명되었지만 1954년이 되어서야 첫 번째 (프라이)팬에 코팅 막을 씌웠다.

27 As you wander around, you find a large rock that provides some s__________ from the fury of the elements. [16 수능]

주변을 서성이다가 당신은 격렬한 악천후로부터 약간의 피난처를 제공하는 커다란 바위를 발견한다.

28 Consumers desire products that can be personalized through fit preferences, color selection, fabric choices, or design characteristics. [15 학평]

소비자들은 크기나 모양에 대한 선호도, 색상 선택, __________ 선택 또는 디자인 특성을 통해 개인의 요구에 맞추어질 수 있는 상품을 원한다.

29 If the chimp pointed to the plate having more treats, it would immediately be given to a fellow chimp in an adjacent cage. [14 모평]

침팬지가 더 많은 맛있는 먹이가 들어 있는 접시를 가리키면, 그 접시는 __________ 우리에 있는 동료 침팬지에게 주어졌다.

30 While awaiting the birth of a new baby, North American parents typically f__________ a room as the infant's sleeping quarters. [10 수능]

새 아기의 탄생을 기다리는 동안, 북미의 부모들은 일반적으로 아기의 침실로 방 하나를 갖추어 놓는다.

31 Advances in technology, from refrigeration to air transportation that carries fresh i__________ around the world, contributed immeasurably to baking and pastry making. [15 모평]

냉장에서부터 전 세계에 신선한 (음식) 재료들을 실어 나르는 항공 운송에 이르기까지 기술의 진보는 제빵과 페이스트리 제조에 대단한 기여를 했다.

01~10번 ▶ 정답

01 starved	**02** reside	**03** tailors	**04** rent	**05** 질감
06 beverages	**07** 장식물들	**08** 아늑한	**09** devour	**10** edible / inedible

32 Food i __________ is essential for the survival of every living organism. [16 수능]

음식 섭취는 모든 생물의 생존을 위해 필수적이다.

33 The use of d __________ to clean the fruit can also cause additional water pollution. [07 수능]

과일을 씻기 위해 세제를 사용하는 것 또한 추가적인 수질 오염을 야기할 수 있다.

34 Classical costume has no form in itself, as it consisted of a simple rectangular piece of cloth w __________ in varying sizes according to its intended use and the height of the customer. [13 모평]

고대 (그리스·로마의) 의상은 본질적으로 어떤 형태를 가지고 있지 않았는데, 이는 그것이 의도된 용도와 고객의 신장에 따라 다양한 크기로 짜여진 단순한 직사각형의 천 조각으로 되어 있기 때문이다.

35 Little wonder that home-improvers are so often fixated on making their rooms appear as spacious as possible. [12 학평]

주택 수리자들이 종종 그들의 방을 가능한 __________ 보이도록 만드는 것에 집착하는 것도 당연해 보인다.   *fixate (~에) 집착하다

36 Female models advertise cosmetics and thus, many female consumers believe that these products make them beautiful. [16 학평]

여성 모델들이 __________ 을 광고하므로, 많은 여성 소비자들은 이 제품들이 그들을 아름답게 만든다고 믿는다.

37 Consider the ancient Egyptians' ventilation domes that produced interior cooling amid burning desert heat. [16 학평]

타는 듯한 사막 열기 한 가운데서 내부를 시원하게 해주는 고대 이집트인들의 __________ 돔을 생각해 보라.

38 When there is no t __________ occupying an apartment, the lessor is said to have a vacancy. [06 학평]

아파트를 사용하고 있는 세입자가 없을 때, 임대인은 빈 방이 있다고 한다.

39 Even if you thought his o __________ was out-of-place for the event, don't immediately write that person off as a potential friend. [18 학평]

그 사람의 옷이 그 행사에 어울리지 않는다고 생각했을지라도, 그 사람을 잠재적인 친구가 될 수 없을 거라고 즉각 단념하지 마라.

40 Based on the exact image, body scanning software then defines and captures all the measurements necessary for actually producing the g __________ or shoe. [15 학평]

신체 스캐닝 소프트웨어는 정확한 이미지에 기반하여, 의류나 신발을 실제로 생산하는 데 필요한 모든 치수를 정의하고 포착한다.

41 If you want to slow down kimchi from becoming s __________ , you have to use more salt and less s __________ such as garlic and ginger. [07 학평]

김치가 시는 것을 늦추려면 소금을 더 사용하고 마늘, 생강과 같은 향신료들을 덜 사용해야 한다.

11~21번 ▶ 정답

11 recipes	12 errands	13 threads	14 cottage	15 renovated	16 ceiling
17 appetite	18 costume	19 dwell	20 chores	21 feasts	

1611

vehicle
[víːikl]

명 1. 탈것, 차량, 운송 수단 2. 수단

➕ 수능 PLUS 수능 이렇게 나온다

유 means, medium n. 수단
기출 어구 • a motor vehicle 자동차
• vehicles to promote the sale
판매를 촉진하기 위한 수단

1612

transport
[명: trǽnspɔ̀ːrt /
동: trænspɔ́ːrt]

명 운송, 수송
동 운송[수송]하다, 나르다
파 transportation n. 운송, 수송, 교통 수단
transportable a. 운송[수송] 가능한

유 • transit n. 운송, 수송
• conveyance n. 운송, 수송, 탈것
• convey v. 운반하다, 실어 나르다
• carry v. 나르다, 운반하다
기출 어구 public transport[transportation]
대중교통

DAY 37

1613

carriage
[kǽridʒ]

명 탈것, 마차, (기차의) 객차
파 carry v. 나르다, 운반하다
carrier n. 운반인, 운송 회사

cf. • wagon n. 4륜 마차, 화물차
• coach n. 대형 4륜 마차, (기차의) 객차

1614

compartment
[kəmpáːrtmənt]

명 1. (기차의) 객실 2. 칸, 구획
파 compartmental a. 구분된, 구획이 있는
compartmentalize v. 구분하다, 구획하다

기출 어구 • a railway compartment
기차의 객실
• (the) vegetable compartment
채소 칸
cf. cubicle n. (칸막이한) 작은 방

1615

fare
[fɛər]

명 (교통) 요금, 운임

cf. fee n. (전문적인 서비스에 대한) 수수료,
(조직 · 기관 등에 내는) 요금

1616

toll
[toul]

명 1. 사용료, 통행료 2. 사상자 수
동 (요금을) 징수하다

유 charge n. (상품 · 서비스에 대한) 요금
v. (요금 등을) 청구하다
기출 어구 toll booth 요금 징수소, 통행료 징수소
cf. death toll (사고 · 전쟁 · 재난 등에 의한) 사망자 수

1617

intersection
[ìntərsékʃən]

명 교차로, 교차 지점
파 intersect v. 교차하다, 가로지르다

유 • junction 교차로, 환승역
• crossroad n. 교차로, 샛길, (pl.) 네거리

1618

pedestrian
[pədéstriən]

명 보행자 형 보행자의

cf. • motorist n. 운전자(= driver)
• pedestrian crossing 횡단보도
(= crosswalk)
• traffic light 신호등
• jaywalking n. 무단 횡단

1619

pave
[peiv]

동 (길을) 포장하다
명 (도로) 포장
파 pavement n. 포장도로, 인도, 보도(= sidewalk)

숙어 • pave the way to ~로의 길을 내다
• pave the way for ~을 위해 길을 내다,
~을 용이하게 하다

1620

bypass
[báipæs]

동 우회하다 명 우회 도로

유 • detour v. 우회하다 n. 우회로
• get round 우회하다, 에둘러가다
(= take a detour)
cf. take a shortcut 지름길로 가다

1621

congestion
[kəndʒéstʃən]

명 혼잡, 정체
파 congest v. 혼잡하게 하다. 정체시키다
congested a. 1. 혼잡한, 정체된 2. 코가 막힌

기출 어구 traffic congestion
교통 혼잡, 교통 정체(= traffic jam)

1622

depart
[dipáːrt]

동 출발하다, 떠나다
파 departure n. 출발, 떠남

유 • leave v. 떠나다, 출발하다
• set out 1. 출발하다 2. 착수하다
반 arrive v. 도착하다
cf. • embark v. 1. (배 · 비행기에) 탑승하다
2. 착수하다
• transfer v. 갈아타다 n. 환승

1623

destination
[dèstənéiʃən]
명 목적지, 도착지, 여행지

반 (a) point of departure, (a) starting point (여행의) 출발지
기출 어구 (a) tourist destination 관광지
cf. terminus n. 종착역, 종점

1624

shipping
[ʃípiŋ]
명 1. 〈집합적〉 선박, 배 2. 선적, (해상) 운송
파 ship n. 배, 선박 v. 운송[수송]하다

cf. shipment n. 선적(량), 수송(품)

1625

cabin
[kǽbin]
명 1. (배·항공기의) 객실, 선실 2. 오두막집

유 hut, cottage, lodge n. 오두막집
cf. compartment n. (기차의) 객실

1626

crew
[kruː]
명 1. 〈집합적〉 승무원, 선원
2. (함께 일을 하는) 팀, 반, 조

cf. • cabin[flight] crew (항공기 승무원 전체를 통틀어 말할 때) 항공기 승무원
• flight attendant (개별적으로 말할 때) 항공기 승무원

1627

canal
[kənǽl]
명 운하, 수로

유 • waterway n. 수로, 항로, 운하
• channel n. 수로, 물길

1628

navigate
[nǽvəgèit]
동 길을 찾다, 항해하다, 조종하다
파 navigation n. 항해, 운항
navigator n. 항해사, 조종사

유 steer v. 조종하다

1629

steer
[stiər]
동 1. 조종하다, 나아가다 2. 이끌다

기출 어구 • steering handle 조종 핸들
• steer toward ~로 몰고 가다, 이끌다

1630

anchor
[ǽŋkər]
명 1. 닻 2. (뉴스) 앵커
동 1. 닻을 내리다, 정박시키다
2. 고정시키다

숙어 be anchored in ~에 뿌리박고 있다, ~에 단단히 기반을 두다
기출 어구 drop anchor 닻을 내리다
cf. • sail n. 돛 v. 항해하다
• deck n. (배의) 갑판

1631

dock
[dɑk]

명 부두, 선착장
동 (배를) 부두에 대다

cf. • port n. 항구
• pier n. 부두, 방파제

1632

wreck
[rek]

명 난파(선)
동 1. 난파시키다 2. 파괴시키다
파 wrecked a. 난파된, 망가진
wreckage n. 난파, 잔해

유 shipwreck n. 난파(선)
v. (해상에서) 난파시키다
cf. sunken ship 침몰선

1633

paddle
[pǽdl]

명 (카누용 등의 짧은) 노
동 노를 젓다, 물장구를 치다

유 • oar n. 노 v. 노를 젓다
• row n. 노 젓기 v. 노를 젓다

1634

recreation
[rèkriéiʃən]

명 1. 휴양, 여가 활동, 오락
    2. 재현, 재창조
파 recreate v. 1. 기분 전환을 하다 2. 재현하다, 되살리다
recreational a. 휴양의, 기분 전환의, 오락의

유 • leisure n. 여가
• pastime n. 기분 전환, 오락
기출 어구 • outdoor recreation 야외 오락
• recreation facilities 오락시설
• recreational activities 여가 활동

1635

landscape
[lǽndskèip]

명 1. 경관, 풍경(화) 2. 전망, 지형
동 조경하다
파 landscaping n. 조경

유 • scenery n. 경치, 풍경
• prospect, outlook n. 전망, 경치
숙어 dot the landscape 곳곳[도처]에 산재하다

1636

trail
[treil]

명 1. 오솔길 2. 자취, 흔적
동 1. (질질) 끌다, 끌리다 2. 뒤쫓다

유 • path n. 오솔길, 작은 길
• footpath n. (시골) 오솔길, (보행자용) 작은 길
• track, trace n. 자취, 흔적
cf. mountain trail 등산로

1637

exotic
[igzátik]

형 외국의, 이국적인

유 foreign, alien a. 외국의, 이질적인
기출 어구 • an exotic place 이국적인 장소
• exotic species 외래종
• an exotic plant 외래식물

1638

spectacular
[spektǽkjulər]

웹 **장관의, 화려한, 멋진**

웹 spectacle n. 1. 장관, 광경, 구경거리 2. (*pl.*) 안경
spectator n. 관중, 구경꾼

유 • breathtaking a. (너무 아름답거나 놀라워서) 숨이 멎는 듯한
• magnificent a. 장엄한, 훌륭한
기출 어구 • (a) spectacular sight 장관
• (a) spectacular landscape 장엄한 경치[풍경]

1639

souvenir
[sù:vəníər]

명 **기념품, 선물**

기출 어구 a souvenir shop 기념품 가게

1640

jet lag
[dʒétlæg]

명 **시차증, 시차로 인한 피로**

cf. lag n. 시간적 간격 v. (속도가) 뒤처지다

1641

accommodate
[əkámədèit]

동 **1. 숙박시키다, 수용하다**

2. (환경 등에) 적응하다

파 accommodation n. 1. 숙박 시설, 수용 2. 적응
accommodating a. 다루기 쉬운, 친절한

유 put up ~을 (자기 집에) 재워 주다
숙어 accommodate to ~에 적응하다
(= adjust to, adapt to)
cf. lodge v. 숙박하다

1642

roam
[roum]

동 **돌아다니다, 배회하다**

유 wander v. 돌아다니다, 헤매다
cf. roaming n. (휴대 전화의) 로밍

1643

expedition
[èkspədíʃən]

명 **탐험(대), 원정(대)**

파 expeditionary a. 탐험의, 원정의

cf. • trip n. (짧은) 여행
• journey n. (멀리 가는) 여행
• tour n. 관광
• excursion n. (단체로 짧게 하는) 여행
• outing n. (단체로 당일로 하는) 야유회

각 빈칸에 알맞은 영단어 또는 우리말을 쓰시오.

01 All travellers should ensure they have adequate travel insurance before they d__________. [07 수능]

모든 여행자들은 출발하기 전에 적절한 여행 보험에 들었는지를 확실히 해야 한다.

02 To get there, she had to go over a bridge paying a t__________ of $2.50. [11 모평]

그곳에 가려면, 그녀는 통행료 2.5달러를 내고 다리를 건너야 했다.

03 It meant that a w__________ or a rock was buried there that could tear the life out of the strongest vessel that ever floated. [10 모평]

그것은 이제껏 운항되었던 것 중 가장 튼튼한 배로부터 생명을 앗아갈 수 있는 난파선이나 암석이 그곳에 묻혀 있었다는 것을 의미했다.

04 Niagara Falls is one of the most s__________ sights I have ever seen. [08 학평]

나이아가라 폭포는 내가 이제껏 본 가장 멋진 광경 중 하나이다.

05 Major changes arise periodically, such as moving from horse-drawn c__________ to motor-driven v__________. [16 학평]

말이 끄는 마차들에서 모터로 움직이는 차량들로 바뀐 것과 같은 주요한 변화는 주기적으로 발생한다.

06 We are wondering if you will be able to accommodate our guests for that night and offer them a significant discount. [17 학평]

우리는 귀하가 그날 밤 우리의 손님들을 __________ 수 있는지, 그리고 그들에게 상당한 할인을 제공할 수 있을지 궁금합니다.

07 The rider sits on a saddle and s__________ by turning handlebars that are attached to the fork. [08 모평]

타고 있는 사람은 안장에 앉아 포크에 부착된 핸들을 돌림으로써 조종한다.

08 If you're concerned with producing right answers rather than generating original ideas, you'll bypass the germinal phase of the creative process. [08 학평]

독창적인 아이디어를 만들어내는 것보다 올바른 답을 만들어내는 것에 관심이 있다면 창의적인 과정의 초기 단계를 __________ 것이다.

09 Justin's dad sold plastic s__________ to tourists from a street stall. [15 학평]

Justin의 아버지는 노점에서 관광객들에게 플라스틱 기념품들을 팔았다.

10 Some residents express concern that tourists overcrowd the local fishing, hunting, and other recreation areas or may cause traffic and pedestrian congestion. [17 수능]

몇몇 주민들은 관광객들이 현지의 낚시터, 사냥터 및 기타 __________ 지역에 지나치게 몰리거나 교통과 __________ __________을 초래할지도 모른다는 우려를 표한다.

---

11 I tried to p__________ back to shore but my arms and legs were paralyzed. [12 수능]

나는 해안으로 노를 저어 돌아가려 했지만 팔과 다리가 마비되었다.

12 When he went on board, he found another passenger was to share the c__________ with him. [11 모평]

승선했을 때, 그는 다른 한 명의 승객이 자신과 선실을 함께 사용하게 될 것임을 알게 되었다.

13 They traveled by foot or horseback along t__________ unfit for wheeled vehicles. [19 학평]

그들은 바퀴 달린 차량에 부적합한 오솔길을 따라 도보나 말을 타고 이동했다.

14 It is those explorers, through their unceasing trial and error, who have p__________ the way for us to follow. [07 수능]

그들의 끊임 없는 시행 착오를 통해 우리가 가야 할 길을 내어 놓은 것은 바로 이러한 탐험가들이다.

15 What its builders had not considered was that the advent of the railroad would assure the c__________'s instant downfall. [11 수능]

운하를 건설한 사람들이 고려하지 않았던 것은 철도의 출현이 운하의 즉각적인 쇠락을 확실하게 할 것이라는 점이었다.

16 According to Cambodian legends, lions once r__________ the countryside attacking villagers and their precious buffalo. [12 모평]

캄보디아 전설에 따르면, 사자들이 한때 마을 사람들과 그들의 귀중한 물소를 공격하며 시골을 돌아다녔다.

17 The first eight e__________ to Everest were British, all of which attempted the mountain from the northern, Tibetan, side. [12 수능]

최초 여덟 팀의 에베레스트 원정대는 영국 사람들이었는데, 그들은 모두 산의 북쪽, 즉 티베트 쪽에서 등반을 시도했다.

18 Sailors who select a port because they are driven to it have scarcely one chance in a thousand of dropping a__________ in the right one. [19 모평]

어떤 항구로 내몰리기 때문에 그것을 선택하는 선원들은 적기에 닻을 내릴 기회를 천 번 중에 한 번도 거의 가지지 못한다.

19 A philosopher witnessed from the shore the shipwreck of a vessel, of which the c__________ and passengers all drowned. [06 학평]

한 철학자가 해안에서 난파된 선박을 목격했는데, 선원과 승객들은 모두 익사한 상태였다.

20 I had huge difficulty persuading the staff at the bank on Johansgate Street to cash sufficient traveler's checks to pay the 1,200-krone bus f__________. [05 모평]

나는 Johansgate 가에 있는 은행의 직원들로 하여금 버스 요금 1,200 크론을 지불하기에 충분한 액수의 여행자 수표를 현금으로 바꾸도록 설득하는 데 큰 어려움을 겪었다.

01~10번 정답 ▶
01 depart 02 toll 03 wreck 04 spectacular 05 carriages / vehicles
06 수용할 07 steers 08 우회할 09 souvenirs 10 휴양[오락] / 보행자 / 혼잡

21 Some towns and college campuses have put 'look up' signs in dangerous stairwells and intersections. [18 학평]

몇몇 마을과 대학 캠퍼스들은 위험한 계단과 _________에 '올려다 보세요'라는 표지판을 두었다.

22 There were Impressionist painters who used a photograph in place of the model or l_________ they were painting. [19 수능]

자신이 그리고 있는 모델이나 풍경 대신에 사진을 사용하는 인상파 화가들이 있었다.

23 In early modern Europe, t_________ by water was usually much cheaper than t_________ by land. [17 학평]

근대 초기 유럽에서 수로를 통한 운송은 대개 육로를 통한 운송보다 훨씬 더 저렴했다.

24 The outside dock area in winter is no place for an employee to conduct a thorough inspection of incoming products! [10 학평]

겨울철에 외부에 위치한 _________ 구역은 직원이 반입 제품의 면밀한 검사를 수행할 수 있는 장소가 되지 못한다!

25 The quotation inspired in me countless childhood daydreams about meeting new people from e_______ places. [10 수능]

그 글귀는 나에게 이국적인 곳에서 온 새로운 사람들을 만나는 것에 대한 무수한 어린 시절의 공상을 불러일으켰다.

26 That is why people experience j_______ l_________ when traveling across time zones. [17 모평]

그렇기 때문에 사람들이 표준 시간대를 가로질러 여행을 할 때에 시차로 인한 피로감을 경험하게 된다.

27 The company gives a price break to these buyers because they help cut the costs of selling, storing, shipping, and billing. [01 수능]

회사는 이러한 구매자들에게 가격 할인을 제공하는데, 그들이 판매, 보관, _________, 청구서 작성 등의 비용을 줄이는 데 도움이 되기 때문이다.

28 For the calculations necessary for the satellite-based global positioning system (GPS) that helps you n____ ____ while driving, Einstein's theory must be used. [13 수능]

운전하는 동안 길을 찾는 것을 도와주는 인공위성에 기반을 둔 위성 위치 확인 시스템 (GPS)에 필요한 계산을 위해서는, 아인슈타인의 이론이 사용되어야 한다.

29 Everyone knows what is supposed to happen when two Englishmen who have never met before come face to face in a railway compartment; they start talking about the weather. [07 학평]

전에 만난 적이 없는 두 명의 영국인이 기차의 _________에서 마주치면 무슨 일이 일어날 것인지를 모두가 알고 있다. 그들은 날씨에 대해 이야기하기 시작한다.

11~20번 ▶ 정답

11 paddle	**12** cabin	**13** trails	**14** paved	**15** canal
16 roamed	**17** expeditions	**18** anchor	**19** crew	**20** fare

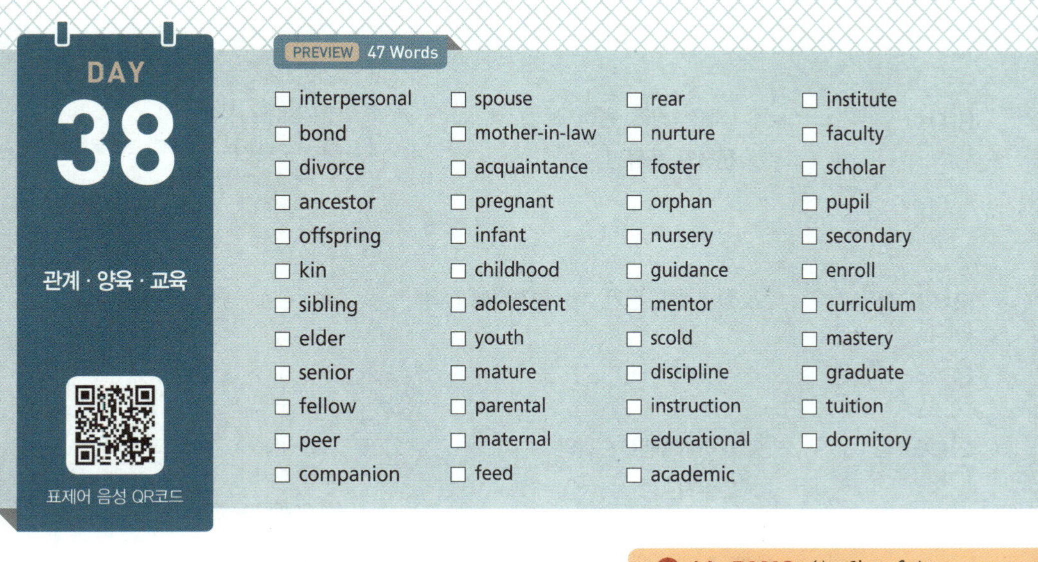

DAY
38
관계 · 양육 · 교육

표제어 음성 QR코드

PREVIEW 47 Words

☐ interpersonal	☐ spouse	☐ rear	☐ institute
☐ bond	☐ mother-in-law	☐ nurture	☐ faculty
☐ divorce	☐ acquaintance	☐ foster	☐ scholar
☐ ancestor	☐ pregnant	☐ orphan	☐ pupil
☐ offspring	☐ infant	☐ nursery	☐ secondary
☐ kin	☐ childhood	☐ guidance	☐ enroll
☐ sibling	☐ adolescent	☐ mentor	☐ curriculum
☐ elder	☐ youth	☐ scold	☐ mastery
☐ senior	☐ mature	☐ discipline	☐ graduate
☐ fellow	☐ parental	☐ instruction	☐ tuition
☐ peer	☐ maternal	☐ educational	☐ dormitory
☐ companion	☐ feed	☐ academic	

수능 PLUS 수능 이렇게 나온다

1644

interpersonal
[ìntərpə́ːrsənəl]

형 **대인 관계의**

기출 어구 interpersonal relation(s) [relationship(s)] 대인 관계

cf. personal **a.** 개인의, 개인적인

1645

bond
[bɑnd]

명 **1. 유대(감), 결속 2. 접착제**

동 **유대감을 형성하다**

유 tie **n.** 유대 (관계)

숙어 form[establish] a bond with ~와 유대를 맺다

1646

divorce
[divɔ́ːrs]

동 **1. 분리하다, 단절시키다 2. 이혼하다**

명 **1. 분리, 단절 2. 이혼**

파 divorced **a.** 1. 분리된 2. 이혼한

유 • split up 분리하다, 이혼하다, 헤어지다
• separate **v.** 분리하다, 헤어지다, 별거하다
• split-up **n.** 분리, 이혼, 별거
• separation **n.** 분리, 헤어짐, 별거

숙어 divorce *A* from *B* *A*를 *B*로부터 분리하다

1647

ancestor
[ǽnsestər]

명 **1. 조상, 선조 2.** (사물의) **원형, 전신**

파 ancestry **n.** 가계, 혈통
ancestral **a.** 1. 조상의 2. 원형이 되는

유 • forefather, forebear **n.** 조상, 선조
• antecedent **n.** 선조, 전례
• forerunner **n.** 선구자, 전신

1648

offspring
[ɔ́(ː)fspriŋ]

명 **자식, 자손,** (동물의) **새끼**

유 descendant **n.** 자손, 후예

어법 point offspring은 '단수(한 자손)', '복수(많은 자손)' 둘 다를 가리키므로, '복수'의 의미일 때에도 뒤에 -s를 붙이지 않는다.

1649

kin
[kin]

명 〈집합적〉 **친족, 친척**
형 **친척인, 동류인**

유 relatives n. 친척
cf. • kinship n. 친척[혈족] 관계, 유대감
• blood kin 혈연, 친척

1650

sibling
[síbliŋ]

명 **형제자매, 동기**　형 **형제자매 간의**

cf. sibling rivalry 형제자매 간의 경쟁(심)

1651

elder
[éldər]

형 **나이가 위인, 손위의**
명 **연장자**
파 elderly a. 나이가 지긋한(▶ the elderly 노인들)
eldest a. 가장 나이가 많은, 맏이인 n. (the ~) 맏이

반 younger a. 더 어린, 손아래의
n. 연하인 사람
cf. **older vs. elder :**
• older, oldest: 사람 · 사물에 쓰이며, 일
반적인 「나이 · 햇수」의 많고 적음을 나타냄
• elder, eldest: 사람에게만 쓰이며,
「서열의 관계」를 나타냄

1652

senior
[síːnjər]

형 **1. 손위의, 선배인 2. 최고학년의**
명 **1. 연장자, 선배 2. (최)상급생**

반 junior a. 손아래의, 후배인 n. 1. 연하인
사람, 후배 2. (3년제 대학 · 고교의) 2학년생,
(4년제 대학 · 고교의) 3학년생
기출 어구 senior citizen 어르신, 노인
cf. • freshman n. (대학 · 고교의) 신입생
• sophomore n. (대학 · 고교의) 2학년생

1653

fellow
[félou]

명 **1. 동료, 친구**
　　2. (남자 · 소년을 일컫는) 사나이, 녀석
형 **동료의**
파 fellowship n. 1. 동료 의식, 연대감
2. (이해 · 목표 등을 같이하는) 단체

기출 어구 • a young fellow 젊은이
• (one's) fellow men[humans]
인간, 다른 사람들
cf. • colleague n. (같은 직장이나 직종에
종사하는) 동료
• comrade n. (뜻을 함께 하는) 동지, 동료

1654

peer
[piər]

명 **동료, 또래**
동 **유심히 보다, 응시하다**

기출 어구 • peer group 또래 집단
• peer pressure 또래 압력(동료 집단으로
부터 받는 사회적 압력)

1655

companion
[kəmpǽnjən]

명 **동료, (마음 맞는) 친구, 동반자, 동행**
파 companionship n. 동료애, 우정

cf. • mate n. 짝, 친구, 배우자
• partner n. 동료, 동반자, 배우자
• company n. 친구, 일행

1656

spouse
[spaus]

명 배우자

파 spousal **a.** 결혼의, 혼례의

유 partner **n.** 배우자(남편 또는 아내), 동거 상대

1657

mother-in-law
[mʌ́ðərinlɔ̀ː]

명 장모, 시어머니

cf. • father-in-law **n.** 장인, 시아버지
• son-in-law **n.** 사위
• daughter-in-law **n.** 며느리

1658

acquaintance
[əkwéintəns]

명 1. 아는 사람, 지인 2. 면식, 교제
3. 앎, 지식

파 acquaint **v.** 숙지시키다, 알게 하다
acquainted **a.** 알고 있는, 안면이 있는
acquaintanceship **n.** 안면, 면식

숙어 get[gain] acquainted with
~와 알고 있다, ~을 알게 되다

기출 어구 mutual acquaintance
서로가 아는 지인, 공통의 지인

1659

pregnant
[prégnənt]

형 임신한

파 pregnancy **n.** 임신

숙어 • get pregnant 임신하다
(= conceive (a child))
• be pregnant 임신 중이다
(= expect a baby)
기출 어구 (a) pregnant woman 임신부

1660

infant
[ínfənt]

명 유아
형 유아의, (발달) 초기의
파 infancy **n.** 유아기, 초창기

숙어 in (one's) infancy (~가) 어렸을 때,
(~의) 초기에
기출 어구 (a) newborn infant 신생아
(= newborn baby)
cf. toddler **n.** 걸음마를 배우는 아이

1661

childhood
[tʃáildhùd]

명 어린 시절, 유년기

cf. • childish **a.** 어린애 같은, 유치한
• childlike **a.** 아이 같은, 순진한
• adulthood **n.** 성인임, 성인기

1662

adolescent
[æ̀dəlésənt]

명 청소년
형 청소년기의
파 adolescence **n.** 청소년기

유 • juvenile (격식 또는 법률 상의)
n. 청소년 **a.** 청소년의
• teenager **n.** 십 대
• teenage **a.** 십 대의
cf. puberty **n.** 사춘기

1663

youth
[juːθ]

명 젊음, 청년(기), (the ~) 젊은이(들)

파 youthful a. 젊은, 젊은이다운

유 youngster n. 청소년, 젊은이

1664

mature
[mətjúər]

형 성숙한, 다 자란, 익은

동 성숙해지다, 다 자라다, 숙성하다

파 maturity n. 성숙, 원숙함

유 • full-grown a. 다 자란, 성장한
• grown-up a. 어른이 된, 다 큰
n. 성인, 어른
• adult a. 성인의, 다 자란 n. 성인, 어른
반 immature a. 미숙한, 다 자라지 못한
cf. premature a. 조숙한, 너무 이른

1665

parental
[pəréntəl]

형 부모의, 어버이의

파 parent n. 부모(중 한쪽) v. 부모 노릇을 하다

cf. parenthood n. 부모임

1666

maternal
[mətə́ːrnəl]

형 어머니의, 모성의

파 maternity n. 어머니임, 모성
(cf. paternity n. 아버지임, 부성)

cf. • paternal a. 아버지의, 부성의
• maternal grandmother 외할머니

1667

feed
[fiːd]

(feed–fed–fed)

동 먹이를 주다, 부양하다

명 먹이, 사료

숙어 • feed on ~을 먹다, ~을 먹고 살다
• feed off ~을 먹다, (정보원·동력 등을)
~에서 얻다

1668

rear
[riər]

동 기르다, 양육하다

형 뒤의, 후방의

명 뒤(쪽), 후방

파 rearing n. 사육, 양육

유 • bring up ~을 기르다[양육하다]
• raise, nurture v. 기르다, 양육[사육]하다
• back a. 뒤(쪽)의 n. 뒤쪽
• hind a. 뒤의
기출 어구 • rear legs 뒷다리들
• child-rearing n. 자녀 양육

1669

nurture
[nə́ːrtʃər]

동 1. 보살피다, 양육하다
　　2. 양성[육성]하다

명 1. 양육 2. 양성, 육성

파 nurturing n. 1. 양육 2. 양성, 육성
nurturer n. 양육[보육]하는 사람

cf. nature and nurture: 본성과 양육(심리학에서 인간의 성격 형성에 유전(본성)과 환경(양육) 중 어느 것이 더 중요한지에 대한 논쟁에서 사용되는 용어)

foster
[fɔ́(:)stər]

동 1. (양자를 맡아) **기르다**
2. **촉진하다, 조장하다**
형 **수양의, 위탁의**
파 fosterage n. 1. 양육 2. 촉진, 장려

유 encourage, promote, further
v. 촉진하다, 조장하다
cf. • foster parent(s) 양부모
• foster home 위탁 가정

orphan
[ɔ́ːrfən]

명 **고아**   동 **고아로 만들다**
파 orphanage n. 고아원

숙어 be orphaned = be left[made]
an orphan 고아가 되다

nursery
[nə́ːrsəri]

명 **육아실, 아기 방, 탁아소, 보육원**

cf. • nursery school 보육원, 유치원
(= kindergarten, preschool)
• nursing home 양로원

guidance
[gáidəns]

명 (연장자·경력자에 의한) **지도, 안내**
파 guide v. 안내하다, 지도하다 n. 안내자, 길잡이

cf. misguidance n. 그릇된 지도
(▶ misguide v. 그릇되게 지도하다, 잘못
이끌다)

mentor
[méntɔːr]

명 **조언자, 스승**
동 **조언하다, 가르침을 주다**

cf. • mentee n. 조언 받는 사람
• mentoring n. 멘토링(지식이나 경험이 풍부
한 사람이 1:1로 지도와 조언을 해주는 것)

scold
[skould]

동 **꾸짖다, 야단치다**
파 scolding n. 꾸중, 잔소리 a. 꾸중하는

유 • tell ~ off ~에게 야단치다
• admonish v. 꾸짖다, 훈계하다
• rebuke, reprimand v. 꾸짖다, 질책하다

discipline
[dísəplin]

명 1. **훈련, 규율, 훈육** 2. **절제력**
3. **학과, 학문 분야**
동 **훈련하다, 징계하다**
파 disciplinary a. 1. 훈련의, 규율상의 2. 징계적의
3. (분야별) 학문의
disciplined a. 훈련된, 규율에 따르는

기출 어구 • school discipline 학교 규율
• with discipline 절도 있게, 질서 있게
• practical disciplines 실용적인 학문들
• a disciplined control of the desire
욕구의 훈련된 통제
cf. self-discipline n. 자기 훈련[수양], 자제

DAY 38

instruction
[instrʌ́kʃən]

몡 1. 교육, 가르침 2. 지시, 명령
3. (pl.) 설명(서)

파 instruct v. 1. 가르치다, 교육하다 2. 지시하다
instructor n. 강사, 교사
instructive a. 교육적인, 유익한
instructional a. 교육의

기출 어구 • safety instruction 안전 교육
• follow the teacher's instructions
선생님의 지시를 따르다
• an instruction manual 사용 안내서
cf. • teaching n. 가르침
• training n. (특정 직업·일에 필요한)
교육, 훈련
• schooling n. 학교 교육, 교실 수업
• lesson n. 수업, 교육 시간, 교훈
• tutoring n. (가정 과외 교사로) 교습,
(할당된 학생을) 지도

educational
[èdʒukéiʃənəl]

혱 교육의, 교육적인

파 educate v. 교육하다, 가르치다
education n. 교육, 지도
educated a. 학식 있는, 교양 있는

유 • academic a. 학업의, 학문의
• instructive a. 교육적인, 유익한
기출 어구 • (an) educational
institution 교육기관, 학교
• (an) educational institute 학회, 학원
• one's educational background 학력
(= one's academic background)

academic
[æ̀kədémik]

혱 학업의, 학문의, 학교의
몡 교수, 학자

파 academy n. 학교, 학원, 학회

기출 어구 • academic performance
학업 성적
• academic achievement(s) 학업 성취
• academic development 학문적 발달
• the academic community 학계

institute
[ínstitjùːt]

몡 (교육) 기관, 협회
동 (제도 등을) 도입하다, 설립하다

파 institution n. 1. 기관, 협회 2. 제도
institutional a. 1. 기관의 2. 제도의

cf. • institute: 주로 학술 관련 기관, 협회
등과 같은 조직
• institution: 교육기관, 금융기관과 같이
주로 특정 목적의 공익 서비스를 제공하는 비
교적 큰 기관

faculty
[fǽkəlti]

몡 1. 교수진 2. (대학의) 학부
3. (타고난) 능력, 재능

유 • teaching staff 교수진
• department n. ~부, 학과
• gift, talent n. 능력, 재능

scholar
[skɑ́lər]

몡 1. 학자 2. 장학생

파 scholarship n. 1. 학문, 학식 2. 장학금
scholarly a. 학구적인(= academic), 박식한

유 academic n. 교수, 학자
기출 어구 • a scholarship fund 장학 기금
• a scholarly journal 학술 잡지

1683

pupil
[pjúːpəl]

명 1. 학생, 제자 2. 동공, 눈동자

기출 어구 • elementary school pupils
초등학생들
• the pupils of the cat's eyes
그 고양이의 눈동자

1684

secondary
[sékəndèri]

형 1. 중등교육의, 중등학교의
2. 이차적인, 부수적인

숙어 secondary to ~에 비해 부차적인
[이차적인]
cf. • preschool n. 유치원 a. 취학 전의
• elementary[primary] school 초등학교
• secondary[junior high] school 중학교
• high school 고등학교
• post-secondary education
중등 과정 후의 교육

1685

enroll
[inróul]

동 등록하다, 입학시키다

파 enrollment n. 등록, 입학

숙어 enroll in[at] ~에 등록하다
(= register for, sign up for)

1686

curriculum
[kəríkjuləm]

명 교육[교과] 과정

파 curricular a. 교육[교과] 과정의
(cf. extra-curricular a. 정규 교과 외의, 과외의)

cf. • syllabus n. (강연 · 강의 등의) 개요,
교수 요목
• extra-curricular activities
과외[특별] 활동

1687

mastery
[mǽstəri]

명 1. 숙달, 전문 기술 2. 지배(력), 장악(력)

파 master n. 1. 달인, 대가 2. 주인(↔ servant n. 하인, 종)
3. 석사 학위 (소지자) v. 숙달하다
masterful a. 1. 능수능란한 2. 주인 행세하는

유 proficiency n. 숙달, 능숙
숙어 achieve[acquire] mastery of
~에 숙달하다
(= become proficient[skillful, expert] in)

DAY 38

1688

graduate
[동: grǽdʒuèit /
명, 형: grǽdʒuət]

동 졸업하다 명 졸업생, 대학원생
형 졸업한, 대학원생의

파 graduation n. 졸업(식)

숙어 graduate from ~을 졸업하다
cf. • undergraduate n. 대학생, 학부생
a. 학부의
• postgraduate n. 대학원생
• a graduate school 대학원

1689

tuition
[tjuːíʃən]

명 수업료, 등록금

cf. entrance fee, admission fee 입학금

1690

dormitory
[dɔ́ːrmitɔ̀ːri]

명 기숙사

(= dorm)

cf. a boarding school 기숙 학교

각 빈칸에 알맞은 영단어 또는 우리말을 쓰시오.

01 An old man holding a puppy can relive a c__________ moment with complete accuracy. [17 수능]

강아지를 안고 있는 노인은 매우 정확하게 어린 시절의 한 순간을 다시 체험할 수 있다.

02 O__________ when his parents died during World War II, he was raised by his relatives. [17 수능]

제2차 세계 대전 중 그의 부모님이 돌아가셨을 때 고아가 된 그는 친척들에 의해 키워졌다.

03 Job mastery will mean keeping up with the rapidly evolving tools available on the Internet. [19 모평]

일에 대한 __________은 인터넷에서 이용 가능한 빠르게 발전하는 도구들을 계속 따라잡는 것을 의미할 것이다.

04 I__________ enter the world ready to respond to pain as bad and to sweet (up to a point) as good. [16 수능]

유아는 고통은 나쁘다고 반응하고 (어느 정도까지) 달콤함은 좋다고 반응할 준비가 된 채로 세상에 나온다.

05 From an evolutionary perspective, fear has contributed to both f__________ and limiting change, and to preserving the species. [17 모평]

진화의 관점에서 볼 때, 두려움은 변화를 촉진하고 제한하며, 종을 보존하는 데 기여해 왔다.

06 Adolescents have been quick to immerse themselves in technology with most using the Internet to communicate. [16 모평]

__________은 대부분이 소통하기 위해 인터넷을 사용하며 빠르게 과학 기술에 빠져들었다.

07 To construct a third-party compliment you will need to find a mutual friend or acquaintance who knows both you and your person of interest. [17 학평]

제삼자의 칭찬을 만들어 내기 위해서 여러분은 여러분과 여러분의 관심 대상인 사람을 모두 알고 있는 공통의 친구나 __________을 찾을 필요가 있을 것이다.

08 Because of my father's failing health, my parents recently moved from Florida to Maryland to live with my e__________ sister and her family. [14 모평]

아버지의 건강 악화 때문에, 부모님은 언니와 그녀의 가족들과 함께 살기 위해 Florida에서 Maryland로 최근에 이사했다.

09 Warren McArthur g__________ from Cornell in 1908 with a degree in mechanical engineering. [13 모평]

Warren McArthur는 1908년에 기계공학 학위를 받으며 Cornell 대학을 졸업했다.

10 The school had no d__________, so students stayed with families in the neighborhood. [20 EBS]

그 학교에는 기숙사가 없어서 학생들은 이웃에 있는 가족들과 함께 지냈다.

11 The trout will produce more o__________ and m__________ to a reproductive size at a faster rate when populations are threatened. [14 모평]

개체 수가 위협을 받을 때, 송어는 더 많은 새끼를 낳고 더 빠른 속도로 번식 가능한 크기로 성숙하게 된다.

23~33번 정답 ▶ **23** scholar **24** nurturing **25** pupils **26** 장모 **27** Enrolling / Institute **28** kin **29** nursery **30** 엄마의 **31** discipline **32** 지도 **33** bonded / feeding

12 The adult forgets the troubles of his y__________.
[05 수능]

어른들은 젊었을 때의 고생을 잊어버린다.

13 Most animals, including our a__________, lived very close to the margin of survival. [18 모평]

우리의 조상들을 포함하여 대부분의 동물들은 생존하는 것이 매우 힘든 상황에서 살았다.

14 The great Emperor penguin conserves heat through contact with its f__________ in large groups. [10 모평]

황제펭귄은 무리를 지어 동료들과 접촉함으로써 열을 보존한다.

15 Standard English allows access to certain e__________ and economic opportunities, which is the primary reason for teaching it. [12 수능]

표준영어는 어떤 교육적이고 경제적인 기회에 접근할 수 있게 해주는데, 그것이 표준영어를 가르치는 주된 이유이다.

16 Team sports dominate the curriculum at the expense of various individual and dual sports. [16 모평]

단체 스포츠가 다양한 개인 스포츠와 2인 스포츠를 희생시키며 __________을 장악하고 있다.

17 Louise, a mother who attended my seminars, shared how her mother dealt with s__________ fighting. [18 모평]

Louise는 나의 세미나에 참석한 어머니였는데, 자신의 어머니가 어떻게 형제자매간의 싸움을 다루었는지에 관한 내용을 사람들에게 들려주었다.

18 P__________ women are told to stay indoors just in case there's an adverse effect on their unborn child.
[09 학평]

태어나지 않은 아이에게 부작용이 있을 경우를 대비해서 임신부들은 실내에 머물러 있도록 권고된다.

19 The intention to convey certain experiences to viewers is sometimes secondary to the intention to express the artistic imagination creatively. [14 모평]

보는 사람들에게 어떤 경험을 전달하려는 의도는 때때로 예술적 상상력을 창의적으로 표현하고자 하는 의도에 비하면 __________이다.

20 In the course of his fieldwork, Plotkin helped a Suriname shaman, who was also his m__________, collect and document hundreds of types of medicinal plants. [08 학평]

Plotkin은 현장 연구 중, 자신의 스승인 수리남 주술사를 도와 수백 종의 약초를 수집하고 문서화했다. *shaman 주술사, 무속인

21 We are pleased to inform you that you have received a scholarship that covers full t__________. [16 학평]

귀하가 수업료 전액를 지원하는 장학금을 받게 되었음을 알려드리게 되어 기쁩니다.

22 Research suggests that overstructuring the child's environment may actually limit creative and a__________ development. [17 수능]

연구는 아이의 환경을 지나치게 구조화하는 것이 실제로 창의적 그리고 학문적 발달을 제한할지도 모른다는 것을 보여준다.

34~43번 정답 ▶

| 34 senior | 35 peers | 36 companion | 37 faculty | 38 배우자 |
| 39 분리하는 | 40 parental | 41 대인 관계의 | 42 instruction | 43 rearing / scold |

23 Despite his fame as a classical s__________, he actually published little. [16 모평]

고전학자로서 그의 명성에도 불구하고, 그는 실제로 책을 거의 출판하지 않았다.

---

24 A mother's own well-being may conflict with n__________ her baby. [07 모평]

엄마 자신의 행복은 아이를 양육하는 것과 충돌할 수도 있다.

---

25 The cliché that teachers learn as much as their p__________ is certainly true. [15 모평]

교사가 그들의 학생들만큼 많이 배운다는 상투적인 말은 분명히 사실이다.

---

26 When he contracts influenza, he never attributes this event to his behavior toward the tax collector or his mother-in-law. [18 수능]

유행성 독감에 걸릴 때, 그는 이 사건을 세금 징수원이나 자신의 __________에 대한 자신의 행동 탓으로 결코 보지 않는다.

---

27 E__________ at the Hobbiton l__________ of Photography is one of the easiest, most cost-effective ways to take your photography to the next level. [12 수능]

Hobbiton 사진 협회에 등록하는 것은 당신의 사진술을 한 단계 끌어올리는 가장 쉬우면서도, 비용 측면에서 가장 효율적인 방법 중의 하나입니다.

---

28 Scientists used to think that animals would risk their lives like this only for k__________ with whom they shared common genes. [15 모평]

과학자들은 동물들이 오직 공통 유전자를 나눠 가진 친족을 위해서만 이처럼 생명을 건 위험을 무릅쓸 것으로 생각했었다.

---

29 Switching on the light in the n__________, Evelyn found her baby daughter, Julie, tossing feverishly and giving out odd little cries. [12 모평]

아이 방의 불을 켜자, Evelyn은 어린 딸 Julie가 열로 인해 뒤척이며 이상한 작은 울음소리를 내는 것을 알았다.

---

30 The 'still face' — maternal unresponsiveness — also causes elevated levels of the stress hormone cortisol in some babies. [19 EBS]

이 '움직이지 않는 얼굴', 즉 __________ 무반응은 또한 일부 아기에게 스트레스 호르몬인 코르티솔의 수치를 높인다.

---

31 We need the d__________ offered by similarity, just as children need regular bedtimes and familiar foods. [11 학평]

우리는 아이들이 규칙적인 취침시간과 친숙한 음식을 필요로 하는 것처럼 유사성에 의해 제공되는 규율이 필요하다.

---

32 According to Erikson, by becoming parents we learn that we have the need to be needed by others who depend on our knowledge, protection, and guidance. [19 모평]

Erikson에 따르면, 부모가 됨으로써 우리는 우리의 지식, 보호, 그리고 __________에 의존하는 다른 사람들에 의해 필요해지고 싶은 욕구가 있다는 것을 알게 된다.

---

33 Rita immediately b__________ with her, petting her, f__________ her, teaching her basic commands, and letting her sleep on Rita's bed. [19 모평]

Rita는 곧바로 그 개와 유대를 형성해서, 그 개를 어루만지고, 먹이를 주고, 기본적인 명령을 가르치고, Rita의 침대에서 잠들게 했다.

01~11번 정답 ▶ 01 childhood 02 Orphaned 03 숙달 04 Infants 05 fostering 06 청소년들 07 지인 08 elder 09 graduated 10 dormitory[dorm] 11 offspring / mature

34 The s＿＿＿＿＿ citizens became ill less frequently, and in interviews expressed greater happiness. [08 모평]

노인들이 덜 자주 아프게 되었고, 면담에서 좀 더 행복하다고 말했다.

35 Although in some cultures the social clock is becoming more flexible, it still exerts pressure to keep pace with your p＿＿＿＿＿ . [13 모평]

어떤 문화에서는 사회적 시계가 더욱 유연해 지고 있지만, 그것은 여전히 당신의 또래들과 맞추어 가라는 압력을 행사한다.

36 If you are alone you are completely yourself, but if you are accompanied by a single c＿＿＿＿＿ you are half yourself. [07 수능]

만일 당신이 혼자 있다면 완전히 당신 자신이 지만, 한 명의 동반자와 같이 있다면 반쪽만 당신 자신인 것이다.

37 In 1865 Mitchell became a f＿＿＿＿＿ member at Vassar College, making her the first female astronomy professor in the United States. [16 학평]

1865년 Mitchell은 Vassar 대학의 교수진 의 일원이 되어 미국 최초의 여성 천문학 교수 가 되었다.

38 The standard you have set for yourself may be the standard of some important person in your life, such as a parent or a boss or a spouse. [17 학평]

당신이 자신을 위해 세운 기준은 부모, 사장, 혹은 ＿＿＿＿＿와 같은 당신의 삶 속의 어 떤 중요한 사람의 기준일 수도 있다.

39 This refusal functions to divorce the critic from an image of a mindless, pleasure-seeking crowd he or she has actually manufactured. [19 모평]

이런 거부는 비평가가 만들어낸 아무 생각 없 고 즐거움만 추구하는 군중의 이미지로부터 비평가를 ＿＿＿＿＿ 기능을 한다.

40 Genetic tendencies toward intelligence, sociability, and aggression can be stimulated, controlled, or suppressed by p＿＿＿＿＿ response and other environmental influences. [15 학평]

지능, 사회성, 공격성에 대한 유전적 경향은 부모의 반응과 다른 환경적 영향에 의해 자극, 통제 또는 억압될 수 있다.

41 Investigators are not interested in leadership, and developing the interpersonal skills necessary to fuel collaboration is a hurdle for many of them. [16 모평]

조사자는 리더십에는 관심이 없으며, 공동 작 업을 촉진하는 데 필요한 ＿＿＿＿＿ 기술을 발전시키는 것은 그들 중 많은 사람에게 난관 이다.

42 The summer camp will include programs in which participants can receive flight i＿＿＿＿＿ from professional pilots, go on field trips, and do a lot more. [20 모평]

여름 캠프에는 참가자들이 전문 조종사들로 부터 비행 교육을 받을 수 있으며, 현장학습을 가고, 그리고 더 많은 것을 하는 프로그램들이 포함될 것입니다.

43 Child-r＿＿＿＿＿ experts always caution parents not to tell children they're bad when they misbehave, but rather to s＿＿＿＿＿ them for doing bad things. [14 학평]

아이 양육 전문가들은 아이들이 버릇없이 굴 때 아이들이 나쁘다고 말하기보다는, 나쁜 짓 을 한 것에 대해 꾸짖어야 한다고 항상 주의를 준다.

12~22번 정답 ▶ **12** youth **13** ancestors **14** fellows **15** educational **16** 교육[교과] 과정 **17** sibling
18 Pregnant **19** 부차적 **20** mentor **21** tuition **22** academic

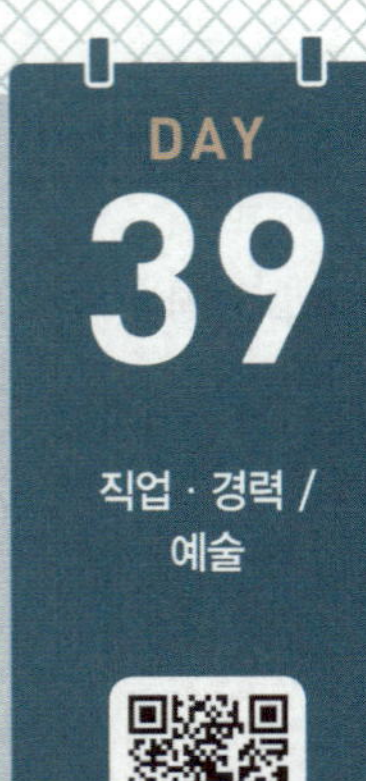

DAY 39

직업 · 경력 / 예술

표제어 음성 QR코드

PREVIEW 43 Words

- [ ] career
- [ ] vocation
- [ ] professional
- [ ] expertise
- [ ] specialize
- [ ] novice
- [ ] labor
- [ ] workforce
- [ ] department
- [ ] recruit
- [ ] employ
- [ ] executive
- [ ] supervise
- [ ] client
- [ ] colleague
- [ ] coworker
- [ ] commute
- [ ] resign
- [ ] retire
- [ ] wage
- [ ] incentive
- [ ] janitor
- [ ] craft
- [ ] sculpture
- [ ] statue
- [ ] pottery
- [ ] architecture
- [ ] antique
- [ ] genuine
- [ ] authentic
- [ ] aesthetic
- [ ] portray
- [ ] mold
- [ ] carve
- [ ] inscribe
- [ ] masterpiece
- [ ] vocal
- [ ] tune
- [ ] lyric
- [ ] repertoire
- [ ] choir
- [ ] auditorium
- [ ] rehearse

1691

career
[kəríər]

명 직업, 경력, 이력

➕ 수능 PLUS 수능 이렇게 나온다

기출 어구 career path 진로

cf. • job n. (정기적으로 보수를 받고 하는) 일, 일자리

• work n. (생계 · 벌이를 위한) 일, 직장, 직업

• career n. (일생의 일이라고 할 전문적) 직업, 직장 (생활)

1692

vocation
[voukéiʃən]

명 1. 직업, 천직 2. 소명 (의식), 사명감

파 vocational a. 직업의, 직업상의

유 calling n. 1. 직업, 천직 2. 소명 (의식)

기출 어구 vocational education 직업 교육

cf. • occupation n. 〈격식〉 직업

• profession n. (의사 · 변호사 · 교사 등) 전문직, 직업

• trade n. (훈련과 기술이 필요한) 직업, 일

1693

professional
[prəféʃənəl]

형 직업의, 전문적인

명 전문가, 전문직 종사자, 직업 선수

파 profession n. (의사 · 변호사 · 교사 등) 전문직, 직업
professionalism n. 전문성

유 • specialized, expert a. 전문가의, 전문적인

• specialist, expert n. 전문가

반 amateur n. 비전문가 a. 직업[전문]적이 아닌

기출 어구 professional career (직업상의) 경력

1694

expertise
[èkspəːrtíːz]

명 전문 지식[기술]

파 expert n. 전문가 a. 전문적인, 숙달된

유 professional[specialized, expert] knowledge/skill 전문 지식/기술

1695

specialize
[spéʃəlàiz]

동 **전공하다, 전문으로 하다**
파 specialized a. 전문적인, 전문화된
specialization n. 전문화   specialist n. 전문가
specialty[speciality] n. 1. 전문[전공] (분야)
2. (식당의) 전문 요리

숙어 specialize in ~을 전공하다, ~을 전문으로 하다(= major in ~을 전공하다)

1696

novice
[návis]

명 **초보자, 신출내기**

유 • beginner n. 초보자, 초심자
• newcomer n. 신출내기
cf. • trainee n. 훈련생, 수습
• apprentice n. 견습생, 도제

1697

labor
[léibər]

명 **1. 노동 2. 수고 3. 분만**
동 **1. 일하다 2. 애쓰다**
파 laborious a. 힘든, 고단한
laborer n. 노동자

기출 어구 • manual labor 육체 노동
(= physical labor)
• a labor union 노동 조합
• labor cost(s) 인건비
• labor force 노동력, 노동 인구

1698

workforce
[wɜ́ːrkfɔ̀ːrs]

명 (특정 회사의 모든) **노동자, 노동 인구, 노동력**

기출 어구 enter the workforce
직장에 들어가다
cf. • staff n. (전체) 직원
• personnel n. (회사 · 군대 등의) 전 직원
• manpower n. 인력

1699

department
[dipáːrtmənt]

명 (정부 · 회사의) **부서,** (대학의) **학과**
파 departmental a. 부서의, 학과의

기출 어구 • the Department of the
Interior 내무부
• human resources department
인사부

1700

recruit
[rikrúːt]

동 (사원 · 회원 등을) **모집하다, 징집하다**
명 **신입 사원, 신병**
파 recruitment n. 채용, 신규 모집, 신병 모집

유 • draft v. 징병하다, 선발하다
• enlist v. 징집하다, 입대하다

1701

employ
[implɔ́i]

동 **1. 고용하다 2.** (기술 · 방법 등을) **이용하다**
파 employment n. 고용, 취업
employer n. 고용주
employee n. 고용인, 직원

유 • hire v. 고용하다
• use, utilize v. 이용하다
cf. • full-time employment 정규직
• unemployment n. 실직, 실업률
• unemployed a. 실직한 n. (the ~)
실업자(= the jobless)

1702

executive
[igzékjutiv]

명 1. 임원, 경영진 2. (the ~) 행정부
형 1. 경영의 2. 행정의
파 execute v. 1. 실행[수행]하다 2. 처형[사형]하다

cf. • management n. 경영진, 운영진
• board of directors 이사회, 경영진
• (a) board member 이사, 임원
• director n. 임원, 중역
• manager n. 경영자, 관리자

1703

supervise
[súːpərvàiz]

동 감독하다, 관리하다
파 supervisor n. 감독관, 관리자, 상사
supervision n. 감독, 관리

유 • manage v. 경영하다, 관리하다
• oversee v. 감독하다, 감시하다
• watch over ~을 감시하다, ~을 감독하다

1704

client
[kláiənt]

명 고객, (전문가 서비스를 받는) 의뢰인

cf. • customer n. (상점 등의) 고객
• guest n. (호텔 등의) 손님
• patron n. (서비스업의) 고객, 단골
• client n. (변호사 · 회계사 · 건축가 등의)
고객, 의뢰인

1705

colleague
[káliːg]

명 동료, 동업자

유 fellow worker (직장) 동료

1706

coworker
[kóuwə̀ːrkər]

명 (직장) 동료, 협력자, 공동 작업자

cf. • collaborator n. 공동 연구자, 협력자
• associate n. (사업 · 직장) 동료

1707

commute
[kəmjúːt]

동 통근하다   명 통근 (거리)
파 commuter n. 통근자

cf. telecommute v. 재택 근무하다

1708

resign
[rizáin]

동 1. 사임하다, 사직하다 2. 포기하다
파 resignation n. 사임, 사직, 사표
resigned a. 1. 사직한 2. 체념한

유 • quit, leave v. (직장 · 학교 등을) 그만
두다
• step down 사임하다, 물러나다
숙어 resign oneself to (체념하고) ~을
받아들이다

1709

retire
[ritáiər]

동 퇴직하다, 은퇴하다
파 retirement n. 퇴직, 은퇴
retired a. 퇴직한, 은퇴한   retiree n. 퇴직자, 은퇴자

cf. • retirement home 퇴직자용 주거시
설, 노인용 주거시설
• retirement pension 퇴직 연금

1710

wage
[weidʒ]

명 임금, 급료
동 (전쟁 등을) **벌이다**

기출 어구 • minimum wage 최저 임금
• wage a war 전쟁을 벌이다
cf. • pay(check) n. (노동의 대가로 받는 일반적인) 급료, 보수
• wage(s) n. (가게 · 공장 등에서 시급 · 주급으로 받는) 임금
• salary n. (매달 받는) 급여, 월급
• earnings, income n. 소득, 수입

1711

incentive
[inséntiv]

명 1. 우대책, 장려책 2. 동기

유 • inducement n. 유인책, 장려책
• encouragement, motivation n. 장려, 자극, 동기
cf. • bonus n. 상여금
• pension n. 연금

1712

janitor
[dʒǽnitər]

명 문지기, 수위, 관리인
파 janitorial a. 문지기의

유 • doorkeeper, porter, doorman, gatekeeper n. 문지기, 수위
• caretaker n. 경비원, 관리인

1713

craft
[kræft]

명 1. 공예, 기술 2. 선박, 비행기
동 정교하게 만들다
파 craftsman n. 장인(= artisan), 공예가
crafty a. 술수가 뛰어난, 교활한(= cunning)

cf. • craftwork, craft item 공예품
• handicraft n. 수공예(품)
• aircraft n. 항공기
• spacecraft n. 우주선

1714

sculpture
[skʌ́lptʃər]

명 조각(품)   동 조각하다
파 sculpt v. 조각하다, 형태를 만들다
sculptor n. 조각가

cf. • statue n. 동상, 조각상
• figure n. (사람 · 동물의) 조상(彫像)
• carving n. 조각품
• carve v. 조각하다

1715

statue
[stǽtʃuː]

명 동상, 조각상

cf. stature n. 1. 위상 2. (사람의) 키

1716

pottery
[pátəri]

명 도자기, 도예
파 potter n. 도예가, 도공

유 ceramic n. 도자기, (pl.) 도자기 공예
a. 도자기의

1717

architecture
[ɑ́ːrkitèktʃər]

명 1. 건축(학), 건축물 2. 구조, 구성

파 architectural a. 건축의, 건축(학)상의
architect n. 건축가

cf. • construction n. 건설, 구조
• building n. 건축, 건축물
• structure n. 1. 건축물 2. 구조, 구성

1718

antique
[æntíːk]

형 골동품의, 고대의, 옛날의   명 골동품

파 antiquity n. 고대 (유물), 옛날

기출 어구 • antique furniture 고가구
• an antique dealer 골동품상

1719

genuine
[dʒénjuin]

형 1. 진짜의, 진품의 2. 진실된, 진심의

파 genuinely ad. 진정으로

유 • real a. 진짜의, 진실한
• authentic a. 진정한, 진짜의, 진품의
• sincere a. 진실된, 성실한

1720

authentic
[ɔːθéntik]

형 1. 진품[진본]인 2. 진실된, 진심의

파 authenticity n. 진짜임, 진실성
authenticate v. 진짜임을 증명하다

반 fake a. 가짜의, 위조의 n. 위조품
cf. • counterfeit a. 위조의 n. 위조(품)
v. 위조하다
• forge v. 위조하다   • forgery n. 위조품
• phony a. 가짜의, 허위의 n. 위조품, 가짜

1721

aesthetic
[esθétik]

형 미의, 미학의, 심미적인

파 aesthetics n. 미학
aesthetically ad. 미학적으로, 심미적으로

기출 어구 aesthetic preferences 미적
선호
cf. artistic a. 예술의, 예술적인

1722

portray
[pɔːrtréi]

동 그리다, 묘사하다, 표현하다

파 portrayal n. 묘사
portrait n. 1. 초상화 2. 묘사

유 • depict v. 그리다, 묘사하다
• describe v. 묘사하다, 서술하다
• represent v. 나타내다, 표현하다

1723

mold
[mould]

명 1. 틀, 거푸집 2. 곰팡이

동 (틀에 넣어) 만들다

파 molding n. 틀로 만들기, 조형, 주조

유 • cast n. 거푸집, 주형 v. 주조하다
• shape n. 모양, 형태 v. ~의 형체로 만들다
• fashion v. 만들어 내다

1724

carve
[kɑːrv]

동 1. 조각하다 2. 새기다

파 carving n. 조각(품)

유 • sculpt, sculpture v. 조각하다
• engrave, inscribe v. 새기다

inscribe
[inskráib]
동 (책·비석 등에) **새기다, 쓰다**
파 inscription n. (책·비석 등에) 새겨진 글, 비문

유 engrave, carve v. 새기다

masterpiece
[mǽstərpìːs]
명 **걸작, 명작**

유 masterwork n. 걸작, 명작
기출 어구 artistic masterpiece 예술 명작

vocal
[vóukəl]
형 **목소리의, 음성의**
명 [음악] **보컬, 노래 부분**
파 vocalize v. 표현하다, 목소리를 내다
vocalist n. 보컬리스트, 가수

기출 어구 • vocal cords 성대
• vocal pitch 음도(음의 높낮이)
cf. • (instrumental) accompaniment
n. (악기) 반주 • accompanist n. 반주자

tune
[tjuːn]
명 **곡, 곡조, 선율**
동 1. (악기를) **조율하다**
2. (방송 채널 등을) **맞추다, 조정하다**

유 • melody n. 선율, 멜로디
• attune v. (악기 등을) 조율하다, 맞추다
숙어 • in tune (with) (~와) 음이 맞는,
(~와) 조화되어
• tune (in) to (채널을) ~에 맞추다

lyric
[lírik]
명 1. (주로 pl.) **가사** 2. **서정시**
형 **서정시의**
파 lyrical a. 서정적인

기출 어구 • song lyrics 노래 가사
• lyrical writings 서정적인 글

repertoire
[répərtwàːr]
명 1. **연주[노래, 공연] 목록,
레퍼토리**(= repertory)
2. (능력이나 기술의) **전 범위, 목록**

기출 어구 • repertoire of musical
classics 고전 음악 작품의 연주 목록
• counselor's repertoire of
techniques 상담사의 기법 목록

choir
[kwáiər]
명 **합창단, 성가대** 동 **합창하다**
파 choral a. 합창(단)의

유 chorus n. 합창곡 v. 합창하다
cf. hymn n. 찬송가, 찬가

auditorium
[ɔ̀ːditɔ́ːriəm]
명 **강당, 객석**

cf. • theater n. 극장
• concert hall 콘서트 홀
• venue n. (콘서트·스포츠 경기 등의) 장소

rehearse
[rihə́ːrs]
동 1. **예행연습을 하다** 2. **되풀이하다**
파 rehearsal n. 예행연습, 리허설

유 • run through 예행연습을 하다
(▶ run-through n. (연극·공연의) 예행연
습, 리허설) • repeat v. 되풀이하다

DAY 39

각 빈칸에 알맞은 영단어 또는 우리말을 쓰시오.

01 Functional managers head one of a firm's d__________ such as marketing or engineering. [16 모평]

기능형 관리자들은 마케팅이나 엔지니어링 같은 한 회사의 부서들 중의 하나를 이끈다.

02 At the feather factory, despite the minimum w__________, people appreciated their job and worked hard. [08 학평]

깃털 공장에서 최저 임금이 지불되었음에도, 사람들은 그들의 직업에 감사하고 열심히 일했다.

03 A medical student must have e__________ in human anatomy before studying surgical techniques. [19 모평]

의대생은 수술의 기법을 공부하기 전에 인간 해부학에 대한 전문 지식을 갖고 있어야만 한다.

04 On his first day of school, Charlie kept a lookout for his dad, who was the janitor of the school. [07 학평]

Charlie는 학교에 간 첫 날, 학교 __________이신 아빠를 계속해서 경계했다.

05 After some years of c__________, he completed *Moses*, one of the most famous s__________ of the tomb. [16 모평]

몇 년간 조각을 한 후에, 그는 그 무덤의 가장 유명한 조각상들 중 하나인 〈Moses(모세)〉를 완성했다.

06 For a substantial fee, those efficiency experts would impart their knowledge to their c__________. [11 모평]

상당한 액수의 수수료를 받고, 그 효율성 전문가들은 자신들의 지식을 고객들에게 전달해 주곤 했다.

07 After graduation, Jeremy joined an organization that r__________ future leaders to teach in low-income communities. [15 수능]

졸업 후에 Jeremy는 저소득층 지역에서 가르칠 미래의 지도자들을 모집하는 한 단체에 들어갔다.

08 Greenery can create an atmosphere where children are better supervised, and buildings better watched. [07 수능]

나무들은 아이들이 더 잘 __________, 건물들이 더 잘 보이는 환경을 만들어낼 수 있다.

09 Classical music is like perpetually wet clay. A musician grabs hold of it and m__________ it according to personal tastes and experiences. [07 모평]

고전 음악은 영구히 젖은 진흙과 같다. 음악가는 그것을 움켜잡고 개인적인 취향과 경험에 따라 틀을 만든다.

10 Their pottery, sculptures, and other manufactured goods had symbols on them to note the tradesmen who created them. [17 모평]

그들의 __________, __________, 그리고 다른 제조품들에는 그것들을 만들어낸 장인들을 나타내는 상징이 표시되어 있었다.

21~30번 정답 ▶

21 resign	22 specialized	23 강당	24 incentives	25 professional / career
26 architecture	27 commute	28 inscribed	29 임원들	30 retired

11 Many retired workers had to reenter the w___________ just to make ends meet. [15 모평]

많은 은퇴자들이 단지 먹고 살기 위해 직장에 다시 들어가야만 했다.

12 The next time we hear the song, we hear a l___________ we didn't catch the first time. [20 모평]

다음에 우리가 그 노래를 들으면, 처음에는 듣지 못했던 가사가 들린다.

13 If you learn the proper techniques, then the passion, if it is g___________, will come through. [10 모평]

당신이 올바른 기술을 배운다면, 열정은, 만약 그것이 진실하다면, 드러날 것이다.

14 After watching the novice take several swings at the tennis ball, the pro stopped him and suggested ways he could improve his stroke. [20 EBS]

그 ___________가 테니스공을 여러 번 스윙하는 것을 지켜본 후, 프로는 그를 멈추고 그의 타법을 개선할 수 있는 방법을 제안했다.

15 If a colleague around you doesn't understand your idea, or its potential, you are being given an important message. [14 모평]

당신 주변의 ___________가 당신의 생각, 또는 그것의 가능성을 이해하지 못한다면, 당신은 중요한 메시지를 받고 있는 것이다.

16 Fijians have developed their palm mat and shell jewelry c___________ into profitable tourist businesses. [16 모평]

피지 제도에 사는 사람들은 야자수 깔개와 조개껍질 장신구 공예를 돈벌이가 되는 관광 산업으로 발전시켰다.

17 It was his practice to conceal himself at previews of his paintings in order to hear the public's opinions of his masterpieces. [11 수능]

자신의 ___________에 대한 대중의 의견을 듣기 위해 그림을 시연할 때 숨어 있는 것이 그의 습관이었다.

18 Afraid of the world that is p___________ on TV, people stay in their homes with close family and do not build bonds with their neighbors. [12 수능]

사람들은 TV에서 묘사되는 세상을 두려워하여, 가까운 가족과 함께 집에 머무르며 이웃과 유대관계를 맺지 않는다.

19 The pop song will rarely be sung and played exactly as written; the singer is apt to embellish that v___________ line to give it a "styling." [18 모평]

대중음악이 작곡된 대로 정확히 노래가 불리거나 연주되는 경우는 드물 것이다. 가수는 노래 파트를 꾸며서 그것에 '스타일'을 더하는 경향이 있다.   *embellish 꾸미다

20 The "restored" Sistine Chapel may look "a___________" today, but will it still look so when aesthetic and historical theories have changed? [13 모평]

'복구된' 시스틴 성당이 오늘날 '진짜'처럼 보일 수도 있지만, ___________ 그리고 역사적 이론이 변했을 때도 여전히 그렇게 보일까?

31~39번 ▶ 31 employed   32 labor   33 antique   34 coworkers[colleagues]   35 rehearse
정답   36 연주 목록   37 choir   38 tuned   39 소명

21 Faraday had to r__________ his job before going on the tour. [17 학평]

Faraday는 여행을 떠나기 전에 직장을 그만둬야 했다.

22 The notion that art s__________ in the expression of the emotions was particularly attractive in this light. [20 모평]

예술이 감정의 표현을 전문으로 한다는 개념은 이런 관점에서 특히 매력적이었다.

23 The auditorium was filled with aspiring artists, distinguished teachers, and well-known performers. [12 모평]

그 __________은 열정 넘치는 음악가들, 출중한 교사들, 그리고 유명한 연주자들로 가득 차 있었다.

24 To expand job creation, new social policies must provide better i__________ for entrepreneurship and innovation. [11 학평]

일자리 창출을 확대하려면 새로운 사회 정책은 기업가 정신과 (기술) 혁신에 대한 더 나은 장려책들을 제공해야 한다.

*entrepreneurship 기업가 정신

25 Identifying what we can do in the workplace serves to enhance the quality of our p__________ c__________. [17 수능]

직장에서 우리가 할 수 있는 것을 식별하는 것은 우리의 직업상 경력의 질을 향상시키는 역할을 한다.

26 Mud a__________ is highly resistant to temperature change and insulates against the day's heat and the night's cold. [14 모평]

진흙 건축물은 온도 변화에 매우 강하고 낮의 열기와 밤의 한기를 차단한다.

*insulate 차단하다

27 All the people seeking to minimize their own driving time add up to a longer c__________ for everyone. [14 모평]

자신의 운전 시간을 최소화하려는 모든 사람들의 시도가 결국 모두에게 더 길어진 통근 시간이 되어 버리고 만다.

28 Upon close inspection, one could see that the pieces had been individually i__________ with some marks on the underside. [13 모평]

자세히 살펴보니, 그 조각들의 밑면에 몇몇 표시들이 개별적으로 새겨져 있다는 것을 알 수 있었다.

29 Ideally, executives should present their vision for the company in a manner that reaches out and grabs people's attention. [17 모평]

이상적으로는, 사람들의 관심에 도달해 그것을 붙잡는 방식으로 __________이 회사를 위한 그들의 비전을 제시해야만 한다.

30 Millions of workers who r__________ with pensions during the 1960s and 1970s found that inflation pushed up costs far beyond their expected expenses. [16 모평]

1960년대와 1970년대에 연금을 받고 퇴직한 수백만 명의 근로자들은 인플레이션이 (생활에 필요한) 비용을 올려 자신들이 예상한 경비를 훨씬 넘어서게 했다는 것을 알게 되었다.

01~10번 ▶ 정답

| 01 departments | 02 wage | 03 expertise | 04 수위 | 05 carving / statues |
| 06 clients | 07 recruits | 08 감독되고 | 09 molds | 10 도자기 / 조각품들 |

31 Her father e__________ her in keeping accounts and in dealing with tenants. [08 모평]

그녀의 아버지는 회계를 관리하고 세입자들을 관리하는 데에 그녀를 고용했다.

32 Cost estimates follow from time estimates simply by multiplying the hours required by the required l__________ rates. [13 모평]

원가 견적은 필요 시간과 필요 노동 임금을 단순히 곱함으로써 (산출되는) 시간 견적으로부터 나온다.

33 Over the years various systems of grading coins have been developed by a__________ coin specialists. [08 수능]

수년간 주화의 등급을 매기는 다양한 시스템이 골동품 주화 전문가들에 의해 개발되어 왔다.

34 Office workers are regularly interrupted by ringing phones, impromptu meetings, and chattering c__________. [14 수능]

사무 직원들은 전화벨 소리, 급작스런 회의, 그리고 잡담을 하는 동료들 때문에 주기적으로 방해를 받는다.

35 On stage, the actors have a detailed script that allows them to r__________ exactly what they will say and do. [09 학평]

무대에서는, 배우들이 할 말과 행동을 정확히 연습할 수 있는 상세한 대본을 가지고 있다.

36 The repertoire varied according to the performing medium and from region to region, but the core was largely the same. [19 모평]

연주하는 표현 수단과 지역에 따라 ________이 다양했지만, 그 핵심은 대부분 동일했다.

37 Music in the Christian church is organised with communally sung hymns, anthems, and other liturgical items sung by the specially trained c__________. [17 학평]

기독교 교회의 음악은 공동으로 부르는 찬송가, 성가, 그리고 특별 훈련을 받은 성가대가 부르는 다른 예비용 악곡으로 구성되었다.

*liturgical 예배용의

38 Led Zeppelin, a band popular in the 70s, often t__________ their instruments away from the modern A440 standard to give their music an uncommon sound. [14 수능]

70년대에 인기 밴드였던 Led Zeppelin은 종종 자신들의 음악에 흔하지 않은 소리를 입히려고 현대의 A440 표준음에서 벗어나서 악기의 음을 맞추었다.

39 There was a social pressure for art to come up with some vocation that both distinguished it from science and, at the same time, made it equal in stature to science. [20 모평]

예술이 과학과는 구별되면서도 동시에 예술을 과학과 동등한 위상으로 만드는 어떤 ________ _______을 제시해야 한다는 사회적 압력이 있었다.

11~20번 ▶ 정답

11 workforce	**12** lyric	**13** genuine	**14** 초보자	**15** 동료
16 crafts	**17** 걸작들	**18** portrayed	**19** vocal	**20** authentic / 미학적

➕ 수능 PLUS 수능 이렇게 나온다

1734

verbal
[və́ːrbəl]

형 1. 언어의, 말의 2. 구두의

파 verbally ad. 말로, 구두로
verbalize v. 말로 표현하다

반 nonverbal a. 비언어적인, 말[언어]을 사용하지 않는
기출 어구 verbal[nonverbal] communication/expression 언어적[비언어적] 의사소통/표현

1735

oral
[ɔ́(ː)rəl]

형 1. 구두의, 구술의 2. 입의

파 orally ad. 1. 구두로 2. 입을 통해서

유 • spoken a. 구두의, 구어의
• verbal a. 구두의
• vocal a. 목소리의, 음성의
반 written a. 문자로 된, 기록된
기출 어구 • oral tradition 구전
• oral history 구술[구전] 역사
• oral ingestion 경구섭취(입을 통한 섭취)

1736

linguistic
[liŋgwístik]

형 언어의, 언어학의

파 linguistics n. 언어학
linguist n. 언어학자
lingual a. 1. 언어[말]의 2. 혀의

기출 어구 • linguistic structure 언어 구조
• linguistic play (아이들의) 말놀이

1737

pronounce
[prənáuns]

동 1. 발음하다, 말을 하다
2. (공식적으로) 선언하다

파 pronunciation n. 발음
pronouncement n. 선언, 발표
pronounced a. 1. 발음된 2. 천명된, 단호한
3. 현저한, 두드러진

유 • articulate v. 1. (또렷이) 발음하다
2. 분명히 표현하다
• declare, announce v. 선언하다
어법 point 〈5형식〉 pronounce A (to be) B A를 B로 선언하다
cf. mispronounce v. 잘못 발음하다

1738

utter
[ʌ́tər]

동 입 밖에 내다, 말을 하다
형 완전한, 순전한
파 utterance n. 발화, 발언
utterly ad. 완전히, 순전히
(= completely, absolutely)

유 • voice v. 입 밖에 내다, 말로 나타내다
• pronounce v. 발음하다, 말을 하다
• complete, absolute, sheer
a. 완전한, 순전한
기출 어구 • without uttering a word
한 마디도 말하지 않고
• utterly useless 완전히 쓸모 없는
cf. mutter v. 중얼거리다, 투덜거리다

1739

interpret
[intə́ːrprit]

동 1. 통역하다 2. 해석하다, 이해하다
파 interpretation n. 1. 통역 2. 해석, 설명
interpreter n. 1. 통역사 2. 해설사

반 misinterpret v. 1. 잘못 통역하다
2. 잘못 해석하다[이해하다]
cf. • overinterpret v. 확대[과대] 해석하다
• reinterpret v. 재해석하다

1740

translate
[trænsléit]

동 번역하다, 통역하다, 옮기다
파 translation n. 번역, 통역
translator n. 번역[통역]가

숙어 translate (A) into B
(A)를 B로 번역하다, 옮기다

1741

dialect
[dáiəlèkt]

명 방언, 사투리

유 regional[local] language 사투리
cf. • accent n. (출신 지역이나 계층을 보
여 주는) 말씨, 억양
• standard language 표준어

1742

fluent
[flú(:)ənt]

명 (언어, 특히 외국어 실력이) 유창한
파 fluency n. 유창함
fluently ad. 유창하게

cf. affluent a. 풍부한, 부유한

1743

eloquent
[éləkwənt]

형 1. 달변의, 설득력 있는
2. (표정ㆍ동작 등이) 감정을 드러내는
파 eloquence n. 달변, 웅변, 유창함

유 • expressive a. (생각ㆍ감정을) 잘 나타
내는, 표현력이 있는
• persuasive a. 설득력 있는

1744

bilingual
[bailíŋgwəl]

형 2개 국어를 할 줄 아는
명 이중 언어 사용자

cf. • monolingual a. 하나의 언어를 사용
하는 n. 단일 언어 사용자
• multilingual a. 다국어를 하는 n. 다중
언어 사용자
• mother tongue 모국어

1745

monologue
[mánəlɔ̀(:)g]

명 독백, 긴 이야기

cf. dialogue n. (사람 사이에 대화, 특히 소설 · 극에서의) 대화

1746

phrase
[freiz]

명 구, 구절, 문구

동 표현하다

파 phrasal a. 구의, 구로 된

cf. • paraphrase v. 다른 말로 바꾸어 표현하다 n. 바꾸어 말하기
• idiom n. 관용어구, 숙어
• proverb, saying n. 속담, 격언
• maxim n. 격언, 금언

1747

paragraph
[pǽrəgræf]

명 단락, 절

cf. sentence n. 문장

1748

script
[skript]

명 1. 대본, 원고 2. 손으로 쓰기
3. 서체

동 대본[원고]을 쓰다

cf. • scenario n. (영화 등의) 시나리오, 각본
• handwriting n. 손으로 쓰기, 서체

1749

manuscript
[mǽnjuskrìpt]

명 (책 · 악보 등의) 원고, 필사본, 손으로 쓴 것

cf. scribe n. (인쇄술 발명 전에 사본을 베껴 쓰던) 사본 필경자, 대서인

1750

theme
[θi:m]

명 주제, 화제, 테마

유 • subject n. 주제, 화제, (다뤄지고 있는) 문제(▶ subject matter (책 · 연설 · 그림 등의) 주제[소재])
• motif n. 주제, 테마, 동기
cf. plot n. 줄거리(= story)

1751

context
[kántekst]

명 문맥, (일의) 맥락, 전후 상황

파 contextual a. 문맥상의, 맥락과 관련된
contextualize v. 문맥에 맞추다, 맥락과 관련짓다

cf. • circumstance n. (일을 둘러싼) 상황, 환경
• background n. (글 · 그림 등의) 배경, (일의) 배후 사정
• setting n. (연극 · 소설 등의) 배경

1752

protagonist
[proutǽgənist]

명 1. (극 · 소설의) 주인공
2. (사상 · 주의 등의) 주창자

유 • hero[heroine] n. 주인공, 영웅
• main character 주인공
• leading role 주인공
cf. • antagonist n. 적대자
• villain n. (연극 · 소설의) 악역, 악당

1753

genre
[ʒɑ́:nrə]

몡 (예술 작품의) **장르, 유형**

기출 어구 • literary[literature] genre 문학 장르
• musical genre 음악 장르

1754

narrative
[nǽrətiv]

몡 **서술, 이야기**   톙 **서술의, 이야기의**

파 narrate v. 서술하다, 이야기하다
narration n. 서술, 이야기하기
narrator n. 서술자, 이야기하는 사람

cf. • story n. 이야기, 줄거리
• tale n. (사실 · 전설 · 가공 등의) 이야기
(▶ folk tale 민간 설화 fairy tale 동화, 꾸며낸 이야기)
• fable n. 우화, 꾸며낸 이야기

1755

novel
[nɑ́vəl]

몡 (장편) **소설**   톙 **새로운, 참신한**

파 novelist n. 소설가
novelty n. 새로움, 참신함

유 original a. 독창적인, 창의성이 풍부한
cf. short story 단편 소설

1756

fiction
[fíkʃən]

몡 **소설, 허구, 꾸며낸 이야기**

파 fictional a. 소설의, 허구적인, 가상의
fictionalize v. 소설화[허구화]하다

cf. • science fiction(SF)
공상 과학 소설[영화]
• nonfiction n. (소설 외의) 산문 문학
(역사, 전기, 수필 등)

1757

myth
[miθ]

몡 **1. 신화 2. 근거 없는 믿음, 통념**

파 mythical[mythic] a. 신화상의, 가공의

유 mythology n. 〈집합적〉 신화, 근거 없는 믿음(▶ mythological a. 신화의)
cf. • legend n. 전설(적 인물), 신화
• urban myth 도시 괴담

1758

anecdote
[ǽnikdòut]

몡 **일화**, (pl.) **비화**

파 anecdotal a. 일화의

유 episode n. 사건, 일화
기출 어구 biographical anecdotes
전기적 일화

1759

verse
[vəːrs]

몡 **운문, 시**, (시의) **연**, (노래의) **절**

cf. • poetry n. 〈집합적〉 시
• prose n. 산문(체)
• epic n. 서사시 a. 서사시의

1760

rhyme
[raim]

몡 (시 · 노래의) **운**, (pl.) **운문**

동 **운이 맞다, 운을 맞추다**

파 rhyming a. 운이 맞는, 운율이 있는

기출 어구 nursery rhymes 동요, 자장가

1761

recite
[risáit]

동 (시·산문 등을) **암송하다, 낭독하다**

파 recital n. 낭송, 연주회

기출 어구 recite poetry 시를 암송하다

1762

metaphor
[métəfɔ̀r]

명 **은유, 비유**

파 metaphoric[metaphorical]
a. 은유의, 은유[비유]적인
metaphorically ad. 비유적으로

cf. • a metaphorical expression 은유적 표현(= a figurative expression)
• rhetoric n. 미사여구, 수사법

1763

analogy
[ənǽlədʒi]

명 1. 유사점, 비유 2. 유추

파 analogize v. 1. 유사하다 2. 유추하다
analogous a. 유사한

유 • similarity, resemblance, likeness
n. 유사(점), 닮음
• parallel n. 유사(점) a. 유사한

1764

irony
[áirəni]

명 1. 모순, 아이러니 2. 반어법, 비꼼

파 ironic a. 1. 모순[역설]적인 2. 반어적인, 비꼬는

cf. • sarcasm n. 풍자, 빈정댐, 비꼼
(▶ sarcastic a. 풍자적인, 빈정대는, 비꼬는)
• satire n. 풍자(▶ satirical a. 풍자적인)
• allegory n. 우화, 풍자

1765

paradox
[pǽrədàks]

명 **역설, 모순, 역설적인 것**

파 paradoxical a. 역설의, 자기모순의
paradoxically ad. 역설적으로

유 contradiction n. 모순
기출 어구 a paradox of plenty 풍요의 역설

1766

connote
[kənóut]

동 **함축하다, 내포하다, 암시하다**

파 connotation n. 함축, 내포

유 imply v. 함축하다, 암시하다

1767

riddle
[rídl]

명 **수수께끼, 수수께끼 같은 일**
동 **수수께끼를 내다**

유 • puzzle n. 퍼즐, 수수께끼
• mystery n. 미스터리, 수수께끼
• enigma n. 수수께끼 (같은 일)
• conundrum n. 수수께끼, 어려운 문제

1768

author
[ɔ́:θər]

명 **저자, 작가**

유 writer n. 필자, 작가
cf. • playwright, dramatist n. 극작가
• biographer n. 전기 작가
• poet n. 시인

1769

quote
[kwout]

동 **인용하다,** (남의 말을) **전달하다**
명 **인용, 인용구**
파 quotation n. 인용, 인용구

cf. • quotation marks 따옴표
• quota n. 할당량, 한도, 정원

1770

cite
[sait]

동 **인용하다, 예로 들다, 언급하다**
파 citation n. 인용, 인용구

cf. **cite vs. quote :**
• cite v. (증거로 사례 등을) 인용하다
• quote v. (남의 문장이나 말을 그대로) 인용하다

1771

draft
[dræft]

명 1. 원고, 초안 2. 징병
동 1. 초안을 작성하다
  2. 선발하다, 징병하다

기출 어구 • a first[rough] draft 초고
• draft notice (군대) 징집영장

1772

edit
[édit]

동 **편집하다, 수정하다**
파 editor n. 편집자, 논설위원
editing n. 편집
edition n. 1. (출간 책의) 판 2. (잡지 · 신문의) 판, 호
editorial a. 편집의 n. 사설, 논설

유 revise v. 수정하다, 개정하다
기출 어구 • the first edition 초판
• a revised edition 개정판
cf. compile v. (여러 출처에서 자료를 따와) 엮다, 편집하다

1773

publish
[pʌ́bliʃ]

동 1. 출판하다 2. 발표하다
파 publication n. 1. 출판 2. 발표, 공표
publisher n. 출판인, 출판사
publishing n. 출판(업)

유 • issue v. 1. 발행하다 2. 발표하다
• print v. 인쇄하다, 출간하다
• announce v. 발표하다

1774

comment
[kάment]

명 **논평, 비판, 주석**
동 **논평하다, 의견을 말하다**
파 commentary n. 논평, 주석, 실황 방송
commentator n. 평론가, 해설자

유 remark n. 논평, 언급
v. 논평하다, 의견을 말하다
숙어 comment on[upon]
~에 대해 논평하다

DAY 40

각 빈칸에 알맞은 영단어 또는 우리말을 쓰시오.

01 Without playing a note or u__________ a word, he placed the instrument back in its case. [12 모평]

그는 어떠한 연주나 말도 하지 않은 채 그 악기를 다시 케이스에 넣었다.

02 We could compare a thought and its v__________ expression with toothpaste and its 'expression' from a tube. [17 모평]

우리는 생각과 그것의 언어적 표현을 치약과 튜브에서 나오는 것에 대한 '표현'과 비교할 수 있다.

03 Feel free to c__________ direct text from the book, but don't go overboard. [08 학평]

그 책에서 본문을 직접적으로 인용하는 것은 자유지만, 지나치게는 하지 마라.

04 He significantly improved Greek texts and e__________ four plays written by Euripides. [16 모평]

그는 그리스어로 된 원문을 상당히 개선시켰고, Euripides가 쓴 희곡 4편을 편집했다.

05 It rejects the notion that any social institution can be understood in isolation from its own c__________. [20 모평]

그것은 어떤 사회 제도가 그것 자체의 맥락으로부터 분리되어 이해될 수 있다는 개념을 거부한다.

06 We now know that "hands-on" is a dangerous p__________ when speaking about learning science. [20 수능]

이제 우리는 과학을 배우는 것에 대해 말할 때에 '직접 해보는'이 위험한 문구라는 것을 알게 되었다.

07 We need more science writers, and more science writing that is clear, wise and e__________, and that demands to be read. [12 모평]

우리는 보다 많은 과학 저술가들과 더 많은 명료하고, 지혜롭고, 설득력 있으면서 읽을 필요가 있는 과학 저술이 필요하다.

08 Translating sound, whether in animal noises, children's poetry or in nonsense r__________, demands imaginative solutions. [17 모평]

동물의 소리, 아동용 시, 또는 무의미한 운율에서든, (그 안의) 소리를 번역한다는 것은 상상력이 풍부한 해결책을 요구한다.

09 Here in New Jersey it is the heart of winter and I remember the poet Houseman's v__________: *Fifty winters are not enough to see the cherry hung with snow*. [17 EBS]

이곳 뉴저지는 한겨울이고, 나는 시인 Houseman의 시구 '쉰 번의 겨울로는 눈 쌓인 벚나무를 충분히 볼 수 없다'를 떠올린다.

10 The researchers rated children's imaginativeness by recording the n__________ elements they used in their responses. [15 모평]

연구원들은 어린이들의 응답에서 그들이 사용한 참신한 요소들을 기록함으로써 어린이들의 상상력의 풍부함을 평가했다.

21~30번 정답 ▶　**21** 주인공　**22** oral　**23** comments　**24** metaphors　**25** translate　**26** pronounce　**27** 유사성　**28** myth　**29** paragraph　**30** bilingual

11 When fact bends to f__________, the predictable result is political distrust and polarization. [19 모평]

사실이 허구에 굴복하면, 예견 가능한 결과는 정치적 불신과 대립이다.

12 When we interact, we behave like actors by following s__________ that we have learned from others. [09 학평]

우리가 상호작용을 할 때, 우리는 다른 사람들로부터 배운 대본을 따라 배우처럼 행동한다.

13 Cultures are different, and other people rarely behave or i__________ experience according to our cultural plan. [12 수능]

문화들은 서로 다르며, 다른 사람들이 우리의 문화적 모형에 따라 행동하거나 경험을 해석하는 일은 거의 없다.

14 By talking about the event, people gradually constructed a social n__________ and a collective memory of the emotional event. [19 수능]

그 사건에 대해 이야기함으로써 사람들은 점차적으로 그 감정적 사건에 대한 사회적 서술과 집단 기억을 구축했다.

15 Pen names are an absolute necessity for a__________ who work in more than one g__________. [09 학평]

필명은 한 가지 이상의 장르에서 창작하는 작가들에게 절대적으로 필요한 것이다.

16 Justin is a f__________ speaker and has lots of background knowledge and she has a lot of debating experience. [19 학평]

Justin은 유창한 연설가로서 배경지식이 많고 토론 경험도 풍부하다.

17 Whether you wear torn jeans or like to r__________ poetry, by doing so you make a statement of belonging to a group of people. [10 모평]

당신이 찢어진 청바지를 입든, 시를 암송하기를 좋아하든, 그렇게 함으로써 당신은 한 집단의 사람들에 속해 있다는 것을 말한다.

18 Marjorie Kinnan Rawlings, an American author born in Washington, D.C. in 1896, wrote novels with rural t__________ and settings. [19 수능]

1896년 Washington D.C.에서 태어난 미국 작가인 Marjorie Kinnan Rawlings는 전원적 주제와 배경이 있는 소설을 집필했다.

19 In a revised edition of *Lives* in 1568, complete with portraits of the artists, he combined biographical anecdotes with critical comment. [12 수능]

예술가들의 초상을 완비한, 1568년에 발행된 개정판 〈생애〉에서 그는 전기적 __________을 비평과 함께 실었다.

20 Andrew Williams, one of the greatest entertainers, was asked to be a part of a show for World War II veterans. He told them his schedule was busy, so he had to leave immediately after one short monologue. [06 학평]

가장 위대한 연예인 중 한 명인 Andrew Williams는 2차 세계대전 참전용사들을 위한 쇼에 출연하도록 요청받았다. 그는 그들에게 자신의 일정이 바쁘기 때문에 짧은 __________ 하나를 한 후 즉시 떠나야 한다고 말했다.

31~40번 ▶ 정답

31 Paradoxes	32 linguistic	33 drafts	34 publish	35 Riddles / riddle
36 irony	37 dialect	38 quote	39 필사본	40 내포하는[함축하는]

21 The typical plot of the novel is the protagonist's quest for authority. [19 모평]

소설의 전형적인 줄거리는 __________의 권위에 대한 추구이다.

22 Music based on o__________ tradition had previously seldom been performed for more than one or two generations. [16 학평]

구전을 기반으로 한 음악은 이전에 한두 세대 이상 공연된 적이 거의 없었다.

23 You will always face the challenge of other people's c__________ and opinion. [15 모평]

여러분은 다른 사람들의 논평과 의견이라는 도전에 항상 직면할 것이다.

24 Some used familiar m__________ to describe their ahas, such as a light being turned on, a button being pressed, or a click. [17 학평]

몇몇 사람들은 불이 켜지는 것, 버튼이 눌러지는 것, 또는 딸깍하는 소리 같은 친숙한 비유들을 사용하여 '아하(깨달음의 순간)'를 묘사했다.

25 Jokes that involve a play on words are difficult, and in some cases impossible to t__________ into other languages. [11 모평]

언어의 유희가 포함된 농담은 어렵고, 어떤 경우에는 다른 언어로 번역하는 것이 불가능하다.

26 To impress his audience, the alchemist would throw in some mysterious powder and p__________ a few equally mysterious phrases. [07 모평]

청중들에게 깊은 인상을 주기 위해, 그 연금술사는 알 수 없는 가루를 뿌리고, 똑같이 알 수 없는 몇 구절을 발음하곤 했다. *alchemist 연금술사

27 Superficial analogies between the eye and a camera obscure the much more fundamental difference between the two. [13 수능]

눈과 카메라 사이의 피상적인 __________은 둘 사이의 훨씬 더 근본적인 차이를 모호하게 한다. *superficial 피상적인

28 What makes a story a m__________ is the fact that it is received by a given society and that a given society participates in its transmission. [14 모평]

하나의 이야기를 신화로 만드는 것은 그것이 특정한 사회에서 받아들여지고 특정한 사회가 그것을 전파하는 일에 참여한다는 사실이다.

29 On the first day of Spanish class, you read us a p______ __________ in a language that we knew nothing about, and I didn't understand a word of it. [08 모평]

스페인어 수업 첫날, 당신은 우리에게 우리가 전혀 모르는 언어로 된 한 단락을 읽어 주었고, 나는 그것의 한 마디도 이해하지 못했다.

30 The United States seeks to eliminate foreign language skills among ethnic minorities by reducing existing b__________ programs, out of haste to force their assimilation. [06 수능]

미국은 그들의 동화를 강요하기 위해 서두르기 때문에 기존의 2개 국어 프로그램을 줄임으로써 소수 민족들 사이에 외국어 능력을 없애려고 한다. *assimilation 동화

01~10번 ▶ 정답

| 01 uttering | 02 verbal | 03 cite | 04 edited | 05 context |
| 06 phrase | 07 eloquent | 08 rhymes | 09 verse | 10 novel |

31 P__________ are statements that seem contradictory but are actually true. [17 학평]

역설은 모순되는 것처럼 보이지만, 실제로는 사실인 진술이다.

32 A thought might get expressed out loud in a statement with a particular l__________ structure. [17 모평]

생각은 특정 언어의 구조를 지닌 진술로 소리 내어 표현될지도 모른다.

33 The early d__________ are not discarded like mistakes, but are viewed as the initial steps in unfolding the idea. [07 모평]

초기의 원고들은 실수처럼 버려지는 것이 아니라 생각을 펼치는 초기 단계로 여겨진다.

34 I got a phone call from my agent, Bill, who was helping me p__________ my first novel. [15 모평]

나는 내 첫 소설을 출간하는 일을 돕고 있는 에이전트인 Bill로부터 전화 한 통을 받았다.

35 R__________ provide commonplace instances of such insight problems, such as the classic r__________ that the Sphinx posed to Oedipus. [16 모평]

수수께끼들이 그런 통찰 문제의 아주 흔한 사례를 제공하는데, 스핑크스가 오이디푸스에게 제기했던 고전적인 수수께끼 같은 것이다.

36 The i__________ is that the more committed we are to our vocation, the more likely it is that we will experience time stress and burnout. [20 EBS]

모순은 우리가 우리의 직업에 더 많이 헌신할수록, 시간적 스트레스와 극도의 피로를 경험할 가능성이 더 커진다는 것이다.

37 What should teachers do when a student says, "I ain't got no pencil," or brings some other nonstandard d__________ into the classroom? [12 수능]

학생이 "I ain't got no pencil.(연필이 없어요.)"이라고 말하거나 수업 시간에 어떤 다른 표준어가 아닌 사투리를 사용할 때 교사들은 어떻게 해야 하는가?

38 In referring to anything your friend has said in his letter, it is best to q__________ the exact words, and not to give a summary of them in your words. [06 학평]

당신의 친구가 편지에 쓴 내용을 언급할 때, 정확한 단어를 인용하는 것이 가장 좋으며, 그것을 당신의 말로 요약하지 않는 것이 좋다.

39 Punctuation marks, which were used differently from one scribe to another in the manuscript era, became part of the standardized, rule-bound system of the printed page. [16 학평]

__________의 시대에 필경자마다 다르게 사용되던 문장부호는 인쇄된 페이지의 표준화되고, 규칙을 따르는 시스템의 일부가 되었다.

40 Youngsters may or may not behave ethically, but childhood tends to connote innocence — a frame of mind that affects behavior. [14 학평]

아이들은 윤리적으로 행동할 수도 있고 행동하지 않을 수도 있지만, 어린 시절은 행동에 영향을 주는 정신의 틀인 순수함을 __________ 경향이 있다.

11~20번 ▶ **11** fiction **12** scripts **13** interpret **14** narrative **15** authors / genre
정답 **16** fluent **17** recite **18** themes **19** 일화들 **20** 독백

PREVIEW 44 Words

- [ ] sociology
- [ ] population
- [ ] household
- [ ] community
- [ ] province
- [ ] district
- [ ] urban
- [ ] rural
- [ ] metropolis
- [ ] cosmopolitan
- [ ] gender
- [ ] racial
- [ ] equality
- [ ] discriminate
- [ ] abuse
- [ ] exploit
- [ ] suicide
- [ ] reform
- [ ] revolution
- [ ] paradigm
- [ ] humanity
- [ ] welfare
- [ ] charity
- [ ] donate
- [ ] celebrity
- [ ] publicity
- [ ] privacy
- [ ] broadcast
- [ ] coverage
- [ ] civil
- [ ] collective
- [ ] custom
- [ ] mainstream
- [ ] prevail
- [ ] outdated
- [ ] taboo
- [ ] folk
- [ ] noble
- [ ] privilege
- [ ] slavery
- [ ] primitive
- [ ] aboriginal
- [ ] tribe
- [ ] nomadic

1775

sociology
[sòusiálədʒi]

명 **사회학**

파 sociological a. 사회학의, 사회 문제의
(*cf.* social a. 사회의, 사회적인)
sociologist n. 사회학자

➕ 수능 PLUS 수능 이렇게 나온다

cf. • the Department of Sociology
사회학과
• social science 사회 과학

1776

population
[pàpjuléiʃən]

명 **인구, (전체) 주민, 개체군[수]**

파 populate v. 살다, 거주시키다(= inhabit)

기출 어구 • population density 인구밀도
• population growth 인구 증가, (동물)
개체군 성장
• densely/sparsely populated 인구가
조밀한 / 희박한
cf. • overpopulation n. 인구 과잉
• unpopulated a. 사람이 살지 않는

1777

household
[háushòuld]

명 **가구, 가정, 세대**
형 **가정의**

기출 어구 • single-person household
1인 가구
• household duties[chores] 가사, 집안일

1778

community
[kəmjú:nəti]

명 **지역 사회[주민], 공동체**

기출 어구 • scientific community 과학계
• community center 지역 문화 센터
cf. communal a. 공동 사회의, 공용의

1779

province
[právins]

명 **1.** (행정 단위) **주, 도**
2. (the provinces) (수도 외의) **지방 3. 분야**
파 provincial a. 1. 주[도]의 2. 지방의(= local, regional)

cf. county n. 자치주, 자치구

1780

district
[dístrikt]

명 지역, 지구, 구역

cf. **area vs. region vs. district:**
• area n. (일반적인) 지역
ex. a cultivated area 경작 지역
• region n. (다른 곳과 구분되는 특징을 지닌) 지역, 지방
ex. a tropical region 열대 지방
• district n. (행정 · 사법 등의 특별한 목적으로 구분된) 지역, 지구, 구역
ex. an electoral district 선거구

1781

urban
[ə́ːrbən]

형 도시의

파 urbanize v. 도시화하다
urbanization n. 도시화
urbanized a. 도시화된

유 • civic a. 시의, 도시의, 시민의
• municipal a. 자치 도시의, 시의
반 rural a. 시골의, 지방의, 전원의
cf. • suburban a. 교외의, 도시 근처의
(▶ suburb n. 교외, 근교)
• downtown n. 도심 a. 도심의 ad. 도심에

1782

rural
[rúərəl]

형 시골의, 전원의, 지방의

유 • country a. 시골의, 지방의 n. 1. 지역 2. 국가
• pastoral a. 시골의, 전원적인, 목가적인
• rustic a. 시골의, 소박한
반 urban a. 도시의
cf. countryside n. 시골 (지역)

1783

metropolis
[mitrɑ́pəlis]

명 대도시, 수도

파 metropolitan a. 1. 대도시의 2. 수도의
n. 대도시[수도] 주민

cf. • capital n. 수도
• metropolitan area 대도시권, 수도권

1784

cosmopolitan
[kɑ̀zməpɑ́litən]

형 (문화의 다양성에서) 세계적인, 범세계주의적인
명 세계인, 세계주의자

cf. cosmopolitan city 국제 도시
(= cosmopolis)

1785

gender
[dʒéndər]

명 성별, 성(性)

기출 어구 • gender role 성역할
• gender equality 양성 평등
cf. **sex vs. gender:**
• sex n. (주로 생물학적인) 성, 성별
• gender n. (주로 사회학적인) 성, 성별

racial
[réiʃəl]

형 인종의, 민족의

파 race n. 1. 인종 2. 경주 v. 경주하다
racism n. 인종 차별(주의)
racist n. 인종 차별주의자

cf. • ethnic a. 인종의, 민족의(racial에 비해 언어 · 문화 · 종교 등의 동질성이 강조되는 경우에 사용)
• multiracial a. 다민족의, 복합 인종의

equality
[ikwáləti]

명 평등, 균등

파 equal a. 동등한, 평등한

반 inequality n. 불평등, 불균형
cf. • gender[sexual] equality/inequality 양성 평등/불평등
• racial equality/inequality 인종간의 평등/불평등
• equity n. 공평, 공정(= fairness, justice, impartiality)

discriminate
[diskrímənèit]

동 1. 차별하다 2. 구별하다, 식별하다

파 discrimination n. 1. 차별 2. 구별, 식별(력)

유 • segregate v. 분리하다, 차별하다
• differentiate, distinguish v. 구별하다, 식별하다
숙어 discriminate A from B[between A and B] A와 B를 구별하다
cf. • racial discrimination 인종 차별
• sexual discrimination 성차별
• indiscriminate a. 무분별한, 마구잡이의

abuse
[명: əbjúːs / 동: əbjúːz]

명 1. 오용, 남용 2. 학대

동 1. 악용하다, 남용하다 2. 학대하다

파 abusive a. 모욕적인, 학대하는

유 • misuse n. 오용, 남용 v. 오용하다, 남용하다
• mistreatment n. 학대, 혹사
• mistreat v. 학대[혹사]하다
cf. • child abuse 아동 학대
• alcohol/drug abuse 알코올/약물 남용

exploit
[동: iksplɔ́it / 명: éksplɔit]

동 1. (부당하게) 이용하다, 착취하다
2. (최대한) 활용하다, 개발하다

명 위업, 공적

파 exploitation n. 1. (부당한) 이용, 착취 2. 개발

유 • take advantage of ~을 이용하다
• feat n. 위업, 업적
기출 어구 • exploit other species 다른 종들을 착취하다
• exploit natural resources 천연자원을 이용하다[개발하다]

1791

suicide
[sjúːisàid]

명 자살

숙어 commit suicide 자살하다
(= kill oneself, take one's own life)

1792

reform
[rifɔ́ːrm]

명 개혁, 개선

동 개혁하다, 개선하다

파 reformer n. 개혁가
reformation n. 개혁, 개선

기출 어구 • (a) reform movement
개혁[혁신] 운동
• political reforms 정치 개혁
cf. the Reformation (16세기 유럽의) 종교 개혁

1793

revolution
[rèvəlúːʃən]

명 1. 혁명, 큰 변혁 2. 회전, 공전

파 revolutionary a. 혁명적인 n. 혁명가
revolutionize v. 혁명[혁신]을 일으키다
revolve v. 돌다, 회전하다

유 upheaval n. 격변, 대변화
기출 어구 • the Industrial Revolution
산업 혁명
• the digital revolution 디지털 혁명

1794

paradigm
[pǽrədàim]

명 1. 패러다임, 사고의 틀[인식 체계], 방법론
2. 전형적인 예

cf. • 패러다임: 어떤 시대 또는 분야에서의 특징적인 사고 방식 · 인식의 틀
• scientific paradigm 과학적 패러다임 [인식 체계]
• paradigm shift 패러다임[인식 체계]의 대전환

1795

humanity
[hjuːmǽnəti]

명 1. 인류 2. 인류애, 인간성

파 humanities n. 인문학

유 • the human race 인류
• humankind n. 인류, 인간
cf. • humanism n. 인본주의
• humane a. 인간적인, 인도적인
(↔ inhumane a. 비인간적인, 비인도적인)
• humanitarian a. 인도주의적인

1796

welfare
[wélfɛ̀ər]

명 복지, 안녕, 행복

유 well-being n. 복지, 안녕, 행복
cf. wellness n. 건강

1797

charity
[tʃǽrəti]

명 1. 자선 (단체), 구호품 2. 자비심

파 charitable a. 자선을 베푸는, 자비로운

유 • aid n. 원조, 지원
• benevolence n. 자비심
• generosity n. 관용, 관대, 너그러움

1798

donate
[dóuneit]

동 기부하다, 기증하다

파 donation n. 기부(금), 기증
donor n. 기부자, 기증자

유 • contribute v. 기부하다, 기여하다
• subscribe v. (자선 단체에 정기적으로)
기부하다
숙어 donate[contribute] *A* to *B*
*A*를 *B*에 기부하다
cf. fund-raising campaign[drive]
(자선 단체 · 조직 등을 위한) 기금 모금 운동

1799

celebrity
[səlébrəti]

명 1. 유명 인사 2. 명성

파 celebrated a. 유명한

기출 어구 political celebrities 정치적 유
명 인사들[유명 정치인들]
cf. • personality n. 유명인(특히 연예인 ·
스포츠 선수)
• a public figure 공인, 유명 인사

1800

publicity
[pʌblísəti]

명 1. 널리 알려짐, 평판

　　2. 광고, 홍보

파 public a. 공공의, 공적인 n. (the ~) 대중
publicize v. 알리다, 광고하다
publicist n. 홍보 담당자

유 • advertising n. 광고
• promotion n. 홍보
• propaganda n. 선전
기출 어구 (a) publicity seeker 명성을
좇는 사람

1801

privacy
[práivəsi]

명 1. 사생활, 프라이버시 2. 비밀

파 private a. 1. 사적인, 사유의 2. 은밀한, 비밀의

유 private life 사생활
기출 어구 invade[violate] privacy 사생
활을 침해하다

1802

broadcast
[brɔ́ːdkæst]

동 방송[방영]하다, 널리 알리다

명 방송

(broadcast–
broadcasted[broadcast]
–broadcasted[broadcast])

파 broadcasting n. 방송(업)
broadcaster n. 방송인

유 • air v. 방송하다
• transmit v. 전송하다, 방송하다
기출 어구 • a broadcasting station
방송국
• broadcast journalism 방송 저널리즘

1803

coverage
[kʌ́vəridʒ]

명 1. (뉴스의) 보도, 취재 범위

　　2. (정보 · 적용의) 범위, (보험의) 보상 범위

파 cover v. 1. (사건을) 다루다, 보도[취재]하다 2. 덮다

기출 어구 • news coverage 뉴스 보도
• media coverage 언론 보도
• insurance coverage 보험 보장 범위

1804

civil
[sívəl]

[형] 1. 시민의, 민간인의
2. 예의 바른, 정중한
[파] civilian n. 일반 시민, 민간인

[유] • civic a. 시민의, 시의
• polite, courteous a. 예의 바른, 정중한
[기출 어구] • civil rights (시)민권
• civil war 내전
• civil service 공무원, 공무, 행정 사무

1805

collective
[kəléktiv]

[형] **집합적인, 집단의, 공동의**
[파] collectively ad. 집합[집단]적으로, 총괄하여
collect v. 모으다, 수집하다
collection n. 수집품, 소장품

[유] joint a. 공동의, 합동의
[반] individual a. 개인적인, 개인의
[cf.] recollective a. 기억의, 기억력이 있는

1806

custom
[kʌ́stəm]

[명] 1. 관습, 풍습 2. (pl.) 관세, 세관
[형] **맞춤의**
[파] customary a. 관례적인, 관습적인
customize v. (주문에) 맞추어 만들다
customization n. 주문 제작

[유] • tradition n. 전통, 관습
• convention n. 관습, 관례
• practice n. 관행, 관례

1807

mainstream
[méinstrì:m]

[형] **주류의, 대세의**
[명] **주류, 대세**

[유] dominant, predominant,
prevailing a. 우세한, 지배적인

1808

prevail
[privéil]

[동] 1. 만연하다, 널리 퍼지다
2. 이기다, 우세하다
[파] prevalent a. 만연한, 널리 퍼진(= widespread)
prevailing a. 우세한, 지배적인
prevalence n. 널리 퍼짐, 우세, 유행

[유] • be widespread 널리 퍼지다
• predominate v. 우세하다, 지배적이다
• triumph v. 이기다
[기출 어구] the prevailing moral point
of view 지배적인 도덕적 관점

1809

outdated
[àutdéitid]

[형] **구식의, 시대에 뒤진**

[유] • obsolete, dated, old-fashioned
a. 구식의, 뒤떨어진
• out of date 1. 구식의 2. 유효 기간이 지난
[반] modern, up-to-date, the latest
a. 최신의

1810

taboo
[təbú:]

[명] **금기, 터부**
[형] **금기의**

[cf.] taboo word 금기어(보통 인체 · 인종
등에 관련된 말들)

1811

folk
[fouk]

형 민속의, 민간의

명 (pl.) (일반적인) 사람들

기출 어구 • a folk song 민요
• a folk dance 민속 무용
cf. folklore n. 민속, 민속 신앙, 전통 문화

1812

noble
[nóubl]

명 귀족, 상류층

형 귀족의, 고귀한

파 nobility n. 1. (the ~) (집합적) 귀족 (계급)(= the aristocracy) 2. 고귀함

유 • nobleman, aristocrat, lord n. 귀족
• aristocratic a. 귀족(적)인
• honorable a. 고귀한
cf. commoner n. 평민, 서민

1813

privilege
[prívəlidʒ]

명 특권, 특혜

동 특권을 주다

파 privileged a. 특권을 가진(↔ underprivileged a. (사회·경제적) 혜택을 받지 못하는, 특권이 없는)

기출 어구 • legal professional privilege 변호사의 (비밀유지) 특권
• a privileged few 소수의 특권 계급 사람들
cf. the privileged class 특권 계급

1814

slavery
[sléivəri]

명 노예제도, 노예 (신분)

파 slave n. 노예

기출 어구 abolish slavery 노예제도를 폐지하다

1815

primitive
[prímitiv]

형 초기의, 원시 (사회)의, 원시적인

명 원시인

반 • advanced a. 진보한
• modern a. 현대의
기출 어구 a primitive society/community/culture
원시 사회/공동체/문화

1816

aboriginal
[æbərídʒənl]

형 원주민의, 토착의,
(Aboriginal) 오스트레일리아 원주민의

명 (특히 오스트레일리아) 원주민

유 • native a. 원주민의, 태어난 곳의
• indigenous a. 토착의, 그 지역 고유의
기출 어구 aboriginal culture
원주민[토착] 문화

1817

tribe
[traib]

명 부족, 종족

파 tribal a. 부족의, 종족의
tribesman n. 부족[종족] 구성원

cf. • a primitive tribe 원시 부족
• a native[indigenous] tribe 토착 부족
• clan n. 씨족, 혈족

1818

nomadic
[noumǽdik]

형 유목의, 방랑의

파 nomad n. 유목민, 방랑자

유 wandering a. 방랑하는
cf. (a) nomadic tribe 유목 민족

각 빈칸에 알맞은 영단어 또는 우리말을 쓰시오.

01 Inflation makes it difficult for h__________ to plan ahead. [15 모평]

인플레이션은 가정들이 장래의 계획을 세우는 것을 어렵게 만든다.

02 African American women are not as bound as white women by g__________ role stereotypes. [15 모평]

아프리카계 미국인 여성은 백인 여성만큼 성 역할 고정관념에 의해 구속을 받지 않는다.

03 Now MittagLeffler was a true c__________; his name was in the newspapers all the time. [18 학평]

이제 MittagLeffler는 진정한 유명 인사였다. 그의 이름은 언제나 신문 속에 있었다.

04 Renewal and r__________ always depend on a capacity for going backwards to go forward. [17 학평]

쇄신과 개혁은 앞으로 나아가기 위해 되돌아가는 능력에 항상 의지한다.

05 During all the periods, the percentages of male children with asthma were higher in u__________ areas than in r__________ areas. [11 수능]

모든 기간 동안, 천식을 앓고 있는 남자 아이들의 비율은 시골 지역에서보다 도시 지역에서 더 높았다.

06 Work in contemporary society was described as a p__________ of the free. [16 학평]

현대 사회에서 일하는 것은 자유인의 특권으로 묘사되었다.

07 The growth in the size and complexity of human p__________ was the driving force in the evolution of science. [15 수능]

인구의 규모와 복잡성의 증가는 과학 발전의 추진력이었다.

08 The opportunity to sell native artworks to tourists or perform f__________ dances for them may encourage local artists to preserve traditional art forms. [16 모평]

관광객들에게 고유의 미술품을 판매하거나 그들을 위해 민속춤을 공연할 기회는 지역의 예술가들에게 전통적인 예술 형태를 보존하도록 격려해 줄 수 있다.

09 Costa Rica continued its unusual development after it separated from Spain in 1821, becoming the first Latin American country to abolish s__________. [10 모평]

코스타리카는 1821년에 스페인으로부터 독립한 후에 독특한 발전을 계속해왔고, 노예제도를 폐지한 첫 번째 남미 국가가 되었다.

10 This pattern has completely changed with the advent of globalization, coupled with the digital r__________ that has enhanced communication. [16 학평]

이러한 경향은 의사소통을 향상시킨 디지털 혁명과 더불어 세계화의 도래로 완전히 바뀌었다.

21~30번 ▶   **21** equality   **22** privacy   **23** 유목의   **24** province   **25** outdated
정답   **26** humanity   **27** civil   **28** racial   **29** metropolis   **30** 원시인들 / 지배적인[우세한]

11 The destiny of a c__________ depends on how well it nourishes its members. [19 모평]

한 공동체의 운명은 그 공동체가 얼마나 잘 그 구성원들을 기르는지에 달려 있다.

12 The reindeer had a weakness that mankind would mercilessly e__________ : it swam poorly. [19 수능]

순록에게는 인류가 무자비하게 착취할 약점이 하나 있었는데, 그것은 순록이 헤엄을 잘 못 친다는 점이었다.

13 Insects generally do not d__________ between organic and conventional as well as we do. [14 모평]

곤충들은 대개 유기농법과 재래농법을 우리만큼 잘 구별하지 않는다.

14 A scientific truth has little standing until it becomes a c__________ product. [19 모평]

과학적 진실은 집단의 산물이 될 때까지 설 자리가 거의 없다.

15 In an ancient t__________, living in small huts in a tiny village settlement, a mother would have been able to hear any of the babies crying in the night. [17 모평]

고대 부족에서는 소규모 마을 정착지의 작은 움막에 살았기에 아기 엄마는 밤에 우는 어떤 아기의 울음소리도 들을 수 있었을 것이다.

16 To paraphrase Einstein, problems cannot be solved from within the same p__________ in which they were created. [16 학평]

Einstein의 말을 바꾸어 말하자면, 문제들이 발생한 동일한 패러다임 내에서는 그 문제들이 해결될 수 없다.

17 "Today's t__________," Kamide presumed, is "to forget your mobile phone or let your battery die."

[20 EBS]

Kamide는 "오늘날의 금기는 핸드폰을 두고 나오거나 배터리가 소모되도록 내버려두는 것"이라고 추정했다.

18 Behaviors which are successful have persisted in the form of c__________, while those which are unsuccessful have suffered extinction. [18 학평]

성공적인 행동들은 관습의 형태로 존속해왔고, 반면에 성공적이지 않은 행동들은 소멸을 겪어왔다.

19 Some people in the sociology of sport are now working with colleagues in other disciplines who share interests in the body. [11 수능]

스포츠 __________의 몇몇 사람들은 이제 신체에 대한 관심을 공유하는 다른 분야의 동료들과 함께 일하고 있다.

20 Any scientist who announces a so-called discovery at a press conference without first permitting expert reviewers to examine his or her claims is automatically castigated as a p__________ seeker. [19 모평]

먼저 전문적인 검토자에게 자신의 주장을 검증하도록 허용하지 않은 채로 기자 회견에서 이른바 발견을 발표하는 과학자는 누구나 자동으로 명성을 좇는 사람이라는 혹평을 받는다.

*castigate 혹평하다

31~40번 ▶ 정답
31 district　　**32** mainstream　　**33** abused　　**34** suicide　　**35** broadcast / coverage
36 welfare　　**37** noble　　**38** (범)세계적인　　**39** 원주민[토착]　　**40** donate / charities / charity

21 Democracies require more e___________ if they are to grow stronger. [11 학평]

민주주의가 더 강력해지려면 더 많은 평등이 필요하다.

22 To ensure all colonists' autonomy and p___________, no one may visit a studio without invitation. [13 학평]

모든 마을 사람들의 자율성과 사생활을 보장하기 위해서 아무도 초대 없이 스튜디오를 방문하는 것이 허락되지 않는다.

23 Early human societies were nomadic, based on hunting and gathering. [16 모평]

초기 인간 사회는 수렵과 채집을 기반으로 한 ___________ 생활이었다.

24 In 1876, Japanese government ordered each p___________ to send its own map in order to make a modern map of Japan. [05 학평]

1876년, 일본 정부는 일본의 현대 지도를 만들기 위해 각 도에 그곳의 지도를 보내라고 명령했다.

25 Today we are so interdependent that the concept of war has become o___________. [10 수능]

오늘날 우리는 매우 상호 의존적이어서 전쟁이라는 개념은 시대에 뒤진 것이 되었다.

26 In the practice of totemism, he has suggested, an unlettered h___________ "broods upon itself and its place in nature." [20 수능]

토템 신앙의 풍습에서 문맹의 인류는 "자연 속에서의 자신과 자신의 위치에 대해 곰곰이 생각한다."라고 그는 말했다.

  *unlettered 문맹의 **brood 곰곰이 생각하다

27 Being of mixed race, Mary and her family had few c___________ rights — they could not vote, hold public office or enter the professions. [12 학평]

Mary와 그녀의 가족들은 혼혈인이라는 이유로 시민권이 거의 없어서 투표를 할 수도, 공직을 맡을 수도, 전문 직업을 가질 수도 없었다.

28 Once r___________ and ethnic segregation is eliminated and people come together, they must learn to live, work, and play with each other. [20 모평]

일단 인종적, 민족적 차별이 제거되고 사람들이 화합하고 나면, 서로 함께 살고 일하고 노는 법을 배워야 한다.

29 Most of the vendors are immigrants bringing street versions of the world's diverse food traditions to this already international m___________. [13 모평]

노점 상인들의 대부분은 전세계의 다양한 음식 전통들의 길거리 형태를 이미 국제화된 이 대도시로 가져오는 이민자들이다.

30 Among primitives, because of their supernaturalistic theories, the prevailing moral point of view gives a deeper meaning to disease. [18 수능]

___________ 사이에서는, 그들의 초자연적인 생각 때문에, ___________ 도덕적 관점이 질병에 더 깊은 의미를 더한다.

01~10번 정답 ▶

01 households   02 gender   03 celebrity   04 reform   05 urban / rural
06 privilege   07 populations   08 folk   09 slavery   10 revolution

31 Tomorrow he would go into the roaring downtown d＿＿＿＿＿ and find work. [11 모평]

내일 그는 떠들썩한 시내 지구로 들어가 일자리를 찾을 것이다.

32 The Internet has changed their approach to integration into m＿＿＿＿＿ American society. [15 학평]

인터넷은 주류 미국 사회로의 그들의 통합에 대한 접근 방식을 바꾸었다.

33 Criticizing all forms of totalitarian rule, she was drawn to those who were a＿＿＿＿＿ by authority. [12 학평]

모든 유형의 전체주의 통치를 비판하면서, 그녀는 권력에 의해 학대당하는 자들에게 마음이 끌렸다.

34 Nuclear weapons have turned war between superpowers into a mad act of collective s＿＿＿＿＿. [19 EBS]

핵무기는 초강대국 사이의 전쟁을 집단적 자살이라는 미친 행동으로 바꾸었다.

35 The prize for b＿＿＿＿＿ journalism often seems to be going to the first, as opposed to the best, c＿＿＿＿＿. [07 모평]

방송 저널리즘에 주어지는 상은 종종 가장 좋은 보도보다는 가장 빠른 보도에게 돌아가는 것처럼 보인다.

36 It is only when a political issue affects the w＿＿＿＿＿ of those in a particular group that identity assumes importance. [19 모평]

정체성이 중요성을 띠는 시기는 바로 어떤 정치적 문제가 특정 집단 사람들의 안녕에 영향을 줄 때만이다.

37 When a n＿＿＿＿＿ contracted with a painter for a work, the contract specified details like the deadline and penalties for delays. [15 학평]

귀족이 화가와 작품을 계약할 때 계약서에는 마감일과 지연에 대한 벌금과 같은 세부사항이 명기되었다.

38 As the opposite of local networks, cosmopolitan networks offer little solidarity and have little capacity to comfort and sustain members. [18 모평]

지역 네트워크의 반대(개념)로서의 ＿＿＿＿＿ 네트워크는 결속력을 거의 주지 못하고 (그 안의) 구성원들을 위로하고 지탱할 능력이 거의 없다.

39 One remarkable aspect of aboriginal culture is the concept of "totemism," where the tribal member at birth assumes the soul and identity of a part of nature. [17 모평]

＿＿＿＿＿ 문화의 한 가지 두드러진 측면은 부족의 일원이 태어날 때 자연의 일부로 영혼과 정체성을 취한다는 '토테미즘'의 개념이다.

40 Those who d＿＿＿＿＿ to one or two c＿＿＿＿＿ seek evidence about what the c＿＿＿＿＿ is doing and whether it is really having a positive impact. [18 수능]

한두 자선 단체에 기부하는 사람들은 그 자선 단체가 무슨 일을 하고 있는지와 그것이 실제로 긍정적인 영향을 끼치고 있는지에 관한 증거를 찾는다.

11~20번 ▶ **11** community   **12** exploit   **13** discriminate   **14** collective   **15** tribe
정답   **16** paradigm   **17** taboo   **18** customs   **19** 사회학   **20** publicity

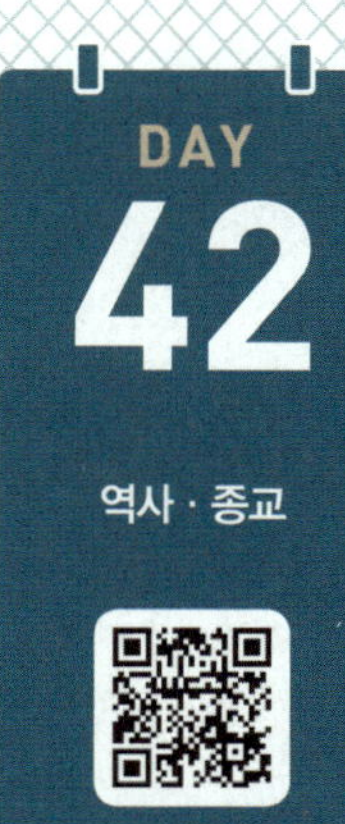

표제어 음성 QR코드

- historical
- archaeology
- anthropology
- civilization
- originate
- descend
- inherit
- legacy
- heritage
- monument
- commemorate
- remains
- artifact
- excavate
- prehistoric
- medieval
- dynasty
- empire
- colony
- lord
- religion
- faith
- divine
- sacred
- spiritual
- ceremony
- ritual
- sermon
- priest
- bless
- pray
- worship
- chant
- immortal
- destiny
- prophecy
- superstition
- supernatural

1819

historical
[hìstɔ́:rikəl]

형 **역사상의, 역사와 관련된**

파 history n. 역사
historian n. 사학자
historically ad. 역사상, 역사적으로

1820

archaeology
[à:rkiálədʒi]

명 **고고학**

파 archaeologist n. 고고학자
archaeological a. 고고학의, 고고학적인

1821

anthropology
[æ̀nθrəpálədʒi]

명 **인류학**

파 anthropologist n. 인류학자
anthropological a. 인류학의, 인류학적인

1822

civilization
[sìvəlizéiʃən]

명 **문명(사회)**

파 civilize v. 문명화하다, 개화하다
civilized a. 문명화된, 교양 있는

1823

originate
[ərídʒənèit]

동 **1. 기원하다, 비롯되다, 유래하다**
　　2. 발명하다

파 origin n. 1. 기원, 유래 2. 출신
original a. 1. 원래의, 최초의 2. 독창적인 n. 원서, 원본
originality n. 독창성

➕ 수능 PLUS 수능 이렇게 나온다

cf. **historic vs. historical :**
• historic a. 역사적으로 중요한, 역사적인
(중요하여 기념할 만한 가치가 있는 것을 말할 때 쓰임)
• historical a. 역사상의, 역사와 관련된
(역사와 관련된 것에 대하여 말할 때 쓰임)

기출 어구 an archaeological site
고고학적 유적지

기출 어구 cultural anthropology
문화 인류학

기출 어구 ancient civilization(s)
고대 문명

숙어 originate from[in] ~에서 비롯되다
(= arise from, come from,
spring from, be derived from)

1824

descend
[disénd]

동 1. 내려오다, 하강하다
2. (성질 · 재산 등이 자손에게) **전해지다, 유래하다**

파 descent n. 1. 하강 2. 혈통, 가문
descendant n. 자손, 후예(= offspring)

반 ascend v. 오르다, 올라가다
(▶ ascent n. 상승
ascendant n. 선조, 조상)
숙어 be descended from
~의 자손이다, ~에서 유래하다

1825

inherit
[inhérit]

동 1. **상속받다**
2. (유전적으로) **물려받다, 계승하다**

파 inheritance n. 1. 상속 (재산), 유산 2. 유전적 성질
inherited a. 1. 물려받은 2. 유전의
inheritor n. 상속자, 후계자

유 succeed to ~을 계승하다
기출 어구 • inherit the throne
왕좌를 물려받다[계승하다]
• a genetically inherited trait
유전적으로 물려받은 특성
cf. hand down, pass down,
leave ~ behind ~을 물려주다, 상속하다

1826

legacy
[légəsi]

명 **유산, 유물**

유 inheritance, heritage, bequest
n. 유산
기출 어구 leave a legacy 유산을 남기다

1827

heritage
[héritidʒ]

명 1. (국가 · 사회의) **유산, 세습 재산**
2. **전통**

파 heir n. 상속인, 계승자
heritable a. 1. 상속 가능한 2. 유전성의

유 • inheritance, legacy, bequest
n. 유산
• tradition n. 전통
기출 어구 (a) cultural heritage 문화 유산

1828

monument
[mánjumənt]

명 **기념물, 유물, 유적**

파 monumental a. 1. 기념비적인(= historic)
2. 엄청난
monumentality n. 기념성

유 memorial n. 기념관, 기념비 a. 기념의
기출 어구 historical monuments
역사적인 기념물들

1829

commemorate
[kəmémərèit]

동 (중요 인물 · 사건을) **기념하다, 기리다**

파 commemoration n. 기념 (행사)
commemorative a. 기념하는

유 memorialize v. 기념하다, 추모하다

1830

remains
[riméinz]

명 1. **남은 것, 잔해** 2. **유물, 유적**

파 remain v. 1. 남다 2. ~인 채로 있다
remainder n. 1. 나머지 2. (pl.) 유적, 유물

유 • leftover(s) n. 남은 것, 잔재, 유물
• ruins n. 잔해, 폐허, 유적
• relic(s) n. 유적, 유물
기출 어구 human remains 인간의 유해

artifact
[ɑ́ːrtəfæ̀kt]

(= artefact)

몡 인공물, 인공 유물, 공예품

파 artificial a. 인공적인, 인조의

기출 어구 historical artifacts[artefacts]
역사적 유물

excavate
[ékskəvèit]

동 1. 발굴하다 2. (구멍 등을) 파다

파 excavation n. 발굴(지), 땅파기

유 • dig v. 파다, 파내다
• unearth v. 발굴하다, 파내다

prehistoric
[prìːhistɔ́ːrik]

형 선사 시대의, 역사 기록 이전의

파 prehistory n. 선사 시대(= prehistoric times)

기출 어구 prehistoric remains[artifacts]
선사 시대의 유물
cf. prehistoric = pre(before) +
historic(역사의) → 역사 이전의

medieval
[mìːdiíːvəl]

형 중세의

cf. the Middle Ages
중세 시대(500-1450 A.D.)

dynasty
[dáinəsti]

몡 왕조, 왕가

기출 어구 the Joseon Dynasty 조선 왕조
cf. throne n. 왕좌, 왕위

empire
[émpaiər]

몡 제국, 왕국

파 emperor n. 황제

cf. imperial a. 제국의, 황제[황실]의
(▶ imperialism n. 제국주의
imperialist n. 제국주의자)

colony
[kάləni]

몡 1. 식민지 2. (동식물의) 군체
3. (같은 부류 사람들의) 집단, 마을

파 colonial a. 식민지의, 식민지 시대의
colonialist n. 식민지 개척자, 식민지 이주민
colonialism n. 식민주의   colonize v. 1. 식민지로 만
들다 2. (동식물이) 군체를 이루다
colonization n. 1. 식민지화 2. (동식물의) 군체 형성

기출 어구 • the American colonies
아메리카 식민지들
• monkey colonies 원숭이 군체
• the colonial era[period] 식민지 시대

lord
[lɔːrd]

몡 1. (중세 봉건) 군주, 주인 2. 귀족, 경(卿)
3. (the Lord) 하느님, 주님

파 lordly a. 군주[귀족]다운, 으스대는, 위풍당당한

cf. • monarch n. 군주
• overlord n. 대군주, 권력자
• landlord n. 집주인
• load n. 짐, 적재량 v. 싣다, 적재하다

DAY 42

religion
[rilídʒən]

명 종교, 신앙

파 religious a. 종교(상)의, 종교적인, 신앙심 깊은

cf. '종교' 관련 표현:
• theology n. 신학
• Buddhism n. 불교
• Christianity n. 기독교
• Islam n. 이슬람교
• Catholicism n. 천주교
• Protestantism n. 개신교

faith
[feiθ]

명 믿음, 신념, 신앙(심)

파 faithful a. 충실한, 충직한(= loyal)
faithfully ad. 충실하게

유 belief n. 믿음, 신앙(심)
기출 어구 good faith 선의
cf. (a) religious faith 종교적 신앙[믿음]

divine
[diváin]

형 신(神)의, 신성한

파 divinity n. 1. 신, 신성(神性) 2. 신학

유 • holy a. 신성한, 경건한
• sacred a. 신성한, 성스러운
• blessed a. 신성한, 축복 받은

sacred
[séikrid]

형 신성한, 성스러운, 종교적인

cf. scared a. 무서워하는, 겁먹은

spiritual
[spíritʃuəl]

형 1. 정신의, 영적인 2. 종교적인

파 spirit n. 정신, 영혼
spirituality n. 정신성, 영성

반 • physical a. 물질의, 물질적인
• material a. 물질의, 물질적인
cf. • spirited a. 활발한
• dispirited a. 의기소침한

ceremony
[sérəmòuni]

명 의식, 식, 의례

파 ceremonial a. 의식의, 예식의 n. 의식 절차

기출 어구 • a religious ceremony
종교 의식
• a graduation ceremony 졸업식
• an award ceremony 시상식

ritual
[rítʃuəl]

명 1. (종교적) 의식 2. 의례적인 일
형 1. 의식의 2. 의례적인

유 • rite, ceremony n. 의식, 의례
• ceremonial a. 의식의, 예식의
• routine n. 판에 박힌 일 a. 정례적인
기출 어구 • perform a ritual
(종교) 의식을 거행하다
• (a) ritual ceremony 제례 의식

1846

sermon
[sə́ːrmən]

뗭 설교, 훈계

㊠ preachment n. 설교
(▶ preach v. 설교하다)

1847

priest
[priːst]

뗭 성직자, 신부, 목사

㊠ • clergy n. (집합적) 성직자
• minister n. 1. 성직자, 목사 2. 장관
• pastor n. 목사
cf. • pope n. 교황
• monk n. 수도사, 수도승
• nun n. 수녀
• saint n. 성인(聖人), 성자

1848

bless
[bles]

뗭 1. 축복하다, 은총을 베풀다 2. 감사하다

ﾋ blessing n. 축복, 은총, 좋은 점
bliss n. 행복

뗕 curse v. 저주하다, 욕설을 퍼붓다
뗺 • be blessed with 축복으로 ～을 갖다[누리다]
• a mixed blessing 은총이자 저주이기도 한 것[좋기도 하고 나쁘기도 한 것]
• a blessing in disguise (문제인 줄 알았던 것이 가져다 준) 뜻밖의 좋은 결과[이득]

1849

pray
[prei]

뗭 기도하다, 빌다, 기원하다

ﾋ prayer n. 기도(문), 기원

뗺 • pray to ～에게 기도하다
• pray for ～을 위해 기도하다

1850

worship
[wə́ːrʃip]

뗭 숭배하다, 예배하다
뗭 숭배, 예배

ﾋ worship(p)er n. 예배자, 숭배자

㊠ • revere v. 숭배하다
• reverence n. 숭배
• (church[divine]) service n. 예배
cf. • chapel n. 예배당, 예배실
• temple n. 신전, 사원, 절

1851

chant
[tʃænt]

뗭 1. (노래 · 기도문 등을) 읊조리다, 성가[노래]를 부르다 2. 구호를 외치다
뗭 1. (반복적인 곡조의) 성가, 노래
2. (연이어 외치는) 구호

cf. hymn n. 찬송가, 찬가

1852

immortal
[imɔ́ːrtl]

형 불멸의, 죽지 않는

파 immortality n. 불사, 불멸
(↔ mortality n. 1. 죽을 운명 2. 사망률)

반 mortal a. 1. 죽을 운명의 2. 치명적인
cf. immoral a. 비윤리적인

1853

destiny
[déstəni]

명 운명, 숙명

파 destine v. 운명짓다, (운명으로) 정해지다
(▶ be destined to *do* ~할 운명이다)

유 fate n. 운명, 숙명

1854

prophecy
[práfəsi]

명 (종교적인) 예언, 예지력

파 prophesy v. 예언하다
prophet n. 선지자, 예언자
prophetic a. 예언의, 예언적인

유 prediction, forecast n. 예언, 예측
cf. oracle n. 신탁

1855

superstition
[sùːpərstíʃən]

명 미신

파 superstitious a. 미신의, 미신적인

cf. • a folk belief 민간 신앙
• totemism n. 토템 신앙

1856

supernatural
[sùːpərnǽtʃərəl]

형 초자연적인

파 supernaturalism n. 초자연성, 초자연주의
supernaturalistic a. 초자연주의의

기출 어구 • supernatural beings
초자연적 존재들
• supernatural powers 초자연적인 힘

각 빈칸에 알맞은 영단어 또는 우리말을 쓰시오.

01 Fieldwork is the hallmark of cultural anthropology.
[12 모평]

현장 연구는 문화 __________의 특징이다.
*hallmark 특징

02 Cats were associated with the moon goddess, Bast, so the Egyptians w__________ them as holy animals.
[07 학평]

고양이는 달의 여신인 바스트와 연관되어 있어서 이집트인들은 그들을 신성한 동물로 숭배했다.

03 Usually, religious myths feature tales of supernatural beings that in various ways illustrate the society's ethical code in action. [11 학평]

보통 종교적 신화는 그 사회의 윤리적 행동 규정을 다양한 방식으로 보여주는 __________ 존재에 관한 이야기들을 특징으로 한다.

04 He had expected to see some old castles and h__________ m__________, but now he saw nothing like that awaiting him. [20 수능]

그는 몇몇 오래된 성들과 역사적인 기념물들을 보기를 기대했었지만, 이제 그를 기다리고 있는 것은 전혀 그러한 것이 아니었다.

05 Andrew arrived at the nursing home in a gloomy mood, but he was b__________ with good news. [18 모평]

Andrew는 우울한 기분으로 요양원에 도착했지만, 희소식을 전해 듣는 축복을 받았다.

06 The rise in commerce and the decline of authoritarian r__________ allowed science to follow reason in seventeenth-century Europe. [15 수능]

상업의 융성과 권위주의적인 종교의 쇠퇴는 17세기 유럽에서 과학이 이성을 따르는 것을 가능하게 했다.

07 They had already lost one son, and now their other son was to lose his legs. However, they did not lose their f__________. [15 학평]

그들은 이미 아들 한 명을 잃었고, 이제 다른 아들은 다리를 잃게 되었다. 그러나 그들은 믿음을 잃지 않았다.

08 Every clan represented in a village has a clanhouse in which the masks and other s__________ items used in the c__________ are kept when not in use. [11 모평]

한 마을을 대표하는 모든 씨족은, 의식들에 사용되는 가면과 다른 신성한 도구들을 쓰지 않을 때 보관해두는 씨족회관을 보유한다.

**17~24번
정답**

| 17 descended | 18 sermons | 19 praying | 20 spiritual / rituals |
| 21 medieval | 22 destiny | 23 remains | 24 civilizations |

09 It was as difficult to stop being a l__________ as it was to cease being a servant. [09 모평]

주인이기를 멈추는 것은 하인이기를 중단하는 것만큼 어렵다.

10 Unquestionably, the arts play a significant role in any society. They can be used to commemorate events or individuals. [09 학평]

의심할 여지없이, 어떤 사회에서나 예술은 중요한 역할을 한다. 그것은 사건이나 사람을 __________ 위해서 이용될 수 있다.

11 They may show profit on the balance sheets of our generation, but our children will i__________ the losses. [17 수능]

그것들은 우리 세대의 대차 대조표 상에서는 이익을 보여줄지 모르지만, 우리의 자녀들이 그 손실을 물려받을 것이다.

12 In China it has never been rare for e__________ to paint, but Huizong took it so seriously that the entire Northern Song D__________ is thought to have fallen because of it. [09 학평]

중국에서는 황제들이 그림을 그리는 것이 결코 드문 일이 아니었으나, 휘종은 이것을 너무 진지하게 여겨서 북송 왕조 전체가 이로 인해 붕괴했다고 여겨진다.

13 In any case, the names of p__________ serving in the church have been preserved from the eighteenth century on. [12 모평]

어떤 경우에라도, 그 교회에서 종사했던 성직자들의 이름은 18세기부터 계속해서 보존되어 왔다.

14 The saying, "To err is human, to forgive, d__________," shows the ideal we should have: people should be forgiving of other's mistakes. [09 학평]

'실수하는 것은 인간이고, 용서하는 것은 신이다'라는 말은 우리가 가져야 할 이상을 보여준다. 즉, 사람들은 다른 사람의 실수를 용서해야 한다는 것이다.

15 England's plan to establish c__________ in North America, starting in the late sixteenth century, was founded on a false valid idea. [14 모평]

북미에 식민지들을 건설하려는, 16세기 말에 시작된 잉글랜드의 계획은 그릇된 생각에 기반을 두고 있었다.

16 Heritage is concerned with the ways in which very selective material artefacts, mythologies, memories and traditions become resources for the present. [19 수능]

__________은 매우 선택적인 물질적 __________, 신화, 기억, 그리고 전통이 현재를 위한 자원이 되는 방식과 관련이 있다.

25~32번 ▶ 정답

25 미신들	26 불멸(성)	27 prehistoric	28 legacy
29 originated	30 예언	31 Chanting	32 excavated / 고고학자들

17 All the koalas in southern Australia today are d__________ from a small number of recent ancestors. [07 학평]

오늘날 호주 남부에 있는 모든 코알라는 최근까지 살아남았던 몇 안 되는 조상으로부터 유래되었다.

18 King Charles II asked Bishop Edward Stillingfleet why, when Stillingfleet preached at court, he always read his s__________ . [17 EBS]

Charles 2세 왕은 Edward Stillingfleet 주교에게 왜 그가 궁중에서 설교할 때 항상 설교를 (글로) 읽었는지를 물었다.

19 Each day they asked the doctor for a delay, p__________ that their son's legs would somehow heal. [15 학평]

매일 그들은 아들의 다리가 어떻게든 치료되기를 기도하면서, 그 의사에게 연기를 요청했다.

20 Totems are more than objects. They include s__________ r__________ and oral histories. [17 모평]

토템은 물체 그 이상의 것이다. 그것들은 영적 의식과 구전 역사를 포함한다.

21 Porto still carries the features of a busy m__________ town in a strategically important location for defense. [09 모평]

Porto는 여전히 전략적으로 중요한 방어 위치에 있는 분주한 중세 도시의 특징을 지니고 있다.

22 For the heroes in Greek tragedies where fate embodied in the oracles prevails, there is no free will. The gods control a man's d__________, and one cannot fight the gods. [10 모평]

신탁에 구현된 운명이 우세한 그리스 비극의 영웅들에게는 자유 의지가 없다. 신들이 인간의 운명을 지배하고, 인간은 신들과 싸울 수 없다. *embody 구현하다

23 This would explain why humans appear to have reached Australia around 50,000 years ago, while the oldest human r__________ in Europe are only around 35,000 years old. [11 모평]

이는 유럽에 있는 가장 오래된 인간의 유해가 약 35,000년 밖에 되지 않는 데 반해, 왜 인간이 약 50,000년 전에 호주에 도착했던 것처럼 보이는지를 설명해 줄 것이다.

24 Many c__________ never got to the stage of recording and leaving behind the kinds of great literary works that we often associate with the history of culture. [20 수능]

많은 문명이 우리가 흔히 문화의 역사와 연관 짓는 그런 종류의 위대한 문학 작품을 기록하고 그것을 뒤에 남기는 단계에 결코 이르지 못했다.

01~08번 ▶ 정답

01 인류학	02 worshiped	03 초자연적인	04 historical / monuments
05 blessed	06 religion	07 faith	08 sacred / ceremonies

25 According to ancient superstitions, moles reveal a person's character. [05 수능]

고대의 __________에 따르면, 점은 사람의 성격을 드러낸다.

26 Horace, Petrarch, Shakespeare, Milton, and Keats all hoped that poetic greatness would grant them a kind of earthly immortality. [16 수능]

Horace, Petrarch, Shakespeare, Milton, 그리고 Keats는 모두 시의 위대함이 자신들에게 일종의 세속적 __________을 부여해 주기를 바랐다.

27 Speculations about the meaning and purpose of p__________ art rely heavily on analogies drawn with modern-day hunter-gatherer societies. [20 수능]

선사 시대 예술의 의미와 목적에 대한 고찰은 현대의 수렵 채집 사회와의 사이에서 끌어낸 유사점들에 많은 것을 의존한다.

28 Rome left an enduring l__________ in many areas and multiple ways. [18 학평]

로마는 많은 분야와 다양한 방식으로 지속하는 유산을 남겼다.

29 Many African-Americans are reminded of their kinship with the continent in which their ancestors o__________ centuries earlier. [19 모평]

많은 아프리카계 미국인들은 수세기 이전에 자신의 조상들이 기원했던 대륙과의 연대감을 떠올리게 된다.

30 To do a scientific study of dream prophecy, we would need to establish some base of how commonly correspondences occur between dream and waking reality. [12 수능]

꿈 __________의 과학적인 연구를 하기 위해서는 꿈과 깨어있는 현실 사이에서 우연의 일치가 얼마나 흔하게 발생하는지에 대한 토대를 확립할 필요가 있을 것이다.

31 C__________ a request, such as "Time to come to breakfast," may be more effective than simply saying the request. [06 수능]

가령, '아침 먹을 시간'과 같은 요청을 (노래로) 읊조리는 것이 그 요청을 말로 하는 것보다 더 효과적일 수도 있다.

32 Archaeologists needed more than a decade of year-round conservation before they could even catalog all the finds from an eleventh-century AD wreck they had e__________. [18 수능]

__________은 그들이 발굴한 서기 11세기 난파선의 모든 발굴물의 목록을 만들 수 있기까지 10여 년의 기간 내내 보존이 필요했다.

09~16번 정답			
09 lord	10 기념하기	11 inherit	12 emperors / Dynasty
13 priests	14 divine	15 colonies	16 (문화) 유산 / 유물[인공물]들

DAY 43

정치 · 외교 · 전쟁

표제어 음성 QR코드

- [ ] politics
- [ ] policy
- [ ] authority
- [ ] rule
- [ ] govern
- [ ] reign
- [ ] dominate
- [ ] sovereign
- [ ] autonomy
- [ ] regime
- [ ] dictatorship
- [ ] oppression
- [ ] torture
- [ ] federal
- [ ] municipal
- [ ] president
- [ ] minister
- [ ] nominate
- [ ] democracy
- [ ] vote
- [ ] ballot
- [ ] elect
- [ ] candidate
- [ ] poll
- [ ] congress
- [ ] parliament
- [ ] council
- [ ] agenda
- [ ] petition
- [ ] slogan
- [ ] rally
- [ ] rebel
- [ ] overthrow
- [ ] territory
- [ ] border
- [ ] warfare
- [ ] combat
- [ ] warrior
- [ ] weapon
- [ ] spear
- [ ] bullet
- [ ] military
- [ ] martial
- [ ] troop
- [ ] dispatch
- [ ] march
- [ ] invade
- [ ] conquer
- [ ] fortress
- [ ] refuge
- [ ] delegate

1857

politics
[pάlitiks]

명 정치, 정치학

파 political **a.** 정치적인
politician **n.** 정치가(= statesman)

수능 PLUS 수능 이렇게 나온다

기출 어구 • international[global] politics 국제 정치
• a political figure 정치인, 정치적 인물
• a political scientist 정치학자

1858

policy
[pάləsi]

명 1. 정책, 방침 2. 보험 증권

파 policymaker **n.** 정책 입안자
policymaking **n.** 정책 입안

기출 어구 • (a) government/public policy 정부/공공 정책
• insurance policy 보험 증권

1859

authority
[əθɔ́ːrəti]

명 1. 권위, 권한, 권력

2. (주로 *pl.*) (정부) 당국

파 authorize **v.** 권한을 부여하다, 허가하다
authorization **n.** 허가(증)
authoritative **a.** 권위 있는, 권위적인
authoritarian **a.** 권위주의적인, 독재적인
n. 권위[독재]주의자

기출 어구 • legal authority 법적 권한, 법률 당국
• local authority 지방 정부 당국

1860

rule
[ru:l]

동 통치하다, 지배하다
명 1. 통치, 지배 2. 규칙, 규정

파 ruler **n.** 1. 통치자, 지배자 2. 자

숙어 • rule out 배제하다, 제외하다 (= exclude)
• rule of thumb 경험에 의거한 방법, 어림 감정
• as a rule 일반적으로, 대개, 보통

1861

govern
[gʌ́vərn]

동 1. 통치하다, 지배하다
2. 〈주로 수동태로〉 좌우하다

파 government n. 정부, 정권
governmental a. 정부의
governance n. 관리, 통치

유 • rule, reign v. 통치하다, 지배하다
• control v. 통제하다, 지배하다
숙어 A is governed by B
A는 B에 의해 좌우되다

1862

reign
[rein]

명 통치 (기간), 군림
동 통치하다, 지배하다, 군림하다

cf. **reign vs. rule vs. govern:**
• reign: 실제 국정을 통제한다기 보다는 제왕으로 국민 위에 군림한다는 의미
• rule: 군주, 독재자 등이 힘으로 국민을 복종시켜 지배한다는 의미
• govern: 합법적으로 인정된 권력자가 국민을 다스리면서 국정을 통제한다는 의미

1863

dominate
[dámənèit]

동 지배하다, 우세하다

파 dominant a. 지배적인, 우세한
domination[dominance] n. 지배, 우세

유 • control v. 통제하다, 지배하다
• prevail v. 우세하다
cf. predominate v. (수적 · 양적으로) 지배적이다, 우세하다

1864

sovereign
[sávərən]

형 1. (국가가) 자주적인, 독립된
2. 주권을 가진, 최고 권력을 가진
명 군주, 국왕

파 sovereignty n. 통치권, 주권

유 • autonomous a. 자주적인, 자치의
• independent a. 독립된
• supreme a. (계급 · 위치 면에서) 최고의
• monarch n. 군주, 제왕
기출 어구 (a) sovereign state
주권국(主權國), 독립국

1865

autonomy
[ɔːtánəmi]

명 자치(권), 자율(성)

유 • independence n. 독립, 자주
• self-government, self-rule
n. 자치(권)

1866

regime
[reiʒíːm]

명 정권, 제도, 체제

유 government n. 정부, 정권
cf. 정치체제:
• monarchy n. 군주제, 군주국
• republicanism n. 공화제
• (a) totalitarian regime
[government] 전체주의 체제[정권]
• (an) authoritarian regime
[government] 권위주의 체제[정권]

1867

dictatorship
[diktéitərʃip]

명 독재 정권, 독재 국가

파 dictator n. 독재자(= tyrant n. 독재자, 폭군)

유 • autocracy n. 독재[전제] 정치, 독재 [전제] 국가
• tyranny n. 1. 독재 국가 2. 폭정, 압제

1868

oppression
[əpréʃən]

명 억압, 탄압, 압제

파 oppress v. 억압하다, 탄압하다
oppressive a. 억압[탄압]적인
oppressor n. 억압자, 압제자

유 repression n. 탄압, 억압
기출 어구 political oppression
정치적 억압[압제]
cf. persecution n. (종교적) 박해

1869

torture
[tɔ́rtʃər]

동 고문하다, 몹시 괴롭히다

명 고문, (고문 같은) 고통

파 torturous a. 고문의, 고통스러운
torturer n. 고문하는 사람[것]

유 torment, distress v. 괴롭히다
n. 고통, 괴로움
숙어 torture oneself (with)
(~으로) 스스로를 고문하다, 자학하다

1870

federal
[fédərəl]

형 연방제의, 연방 정부의

파 federation n. 연방 (국가), 연합
federate v. 연합하다

cf. (a) federal government 연방 정부
(▶ (a) state government 주 정부)

1871

municipal
[mjuːnísəpəl]

형 1. 시의, 자치 도시의 2. 지방 자치제의

파 municipality n. 지방 자치제

cf. (a) municipal government
지방 정부, 시정(市政)

1872

president
[prézidənt]

명 대통령, 회장, 의장

파 presidency n. 대통령 임기[직], 회장 임기[직]
presidential a. 대통령의, 회장의

기출 어구 • vice president 부통령, 부회장
• former president 전직 대통령

1873

minister
[mínəstər]

명 1. (흔히 Minister) 장관 2. 성직자, 목사

파 ministerial a. 장관의, 성직자의

유 priest, pastor n. 성직자, 목사
기출 어구 • the Prime Minister
수상, 국무총리
• the Foreign Minister 외무부 장관
• the Minister of Health and
Welfare 보건복지부 장관
• the Labor Minister 노동부 장관

1874

nominate
[námənèit]

동 1. (중요 지위 · 선거 · 수상자 등의 후보자로) **지명[추천]하다 2. 임명하다**

파 nomination n. 1. 지명 2. 임명
nominator n. 지명자
nominee n. 지명[추천]된 사람, 후보

유 • designate v. (특정한 자리나 직책에) 지명하다, 지정하다
• appoint v. 임명하다
숙어 • be nominated for *N*(지위 · 상) ~에 지명되다
• be nominated as *N*(자격) ~으로 지명되다

1875

democracy
[dimákrəsi]

명 **민주주의, 민주 국가**

파 democratic a. 민주주의의, 민주적인
democratize v. 민주화하다

cf. 기타 현대 정치 · 경제체제:
• communism n. 공산주의
• socialism n. 사회주의
• capitalism n. 자본주의

1876

vote
[vout]

동 **투표하다** 명 **투표, 총 투표수**

파 voter n. 투표인, 유권자

숙어 • vote for 1. ~에 찬성 투표를 하다 2. 〈구어〉 ~을 제안[제의]하다
• vote against ~에 반대 투표를 하다
기출 어구 vote unanimously 만장일치로 투표하다

1877

ballot
[bǽlət]

명 (무기명) **투표, 투표용지**
동 **투표하다**

숙어 • cast a ballot[vote] (for/against) (~에 찬성하여/반대하여) 투표하다
• cast a blank ballot 기권표를 던지다
• a ballot box 투표함

1878

elect
[ilékt]

동 **선출[선거]하다, 선택하다** 형 **당선된**

파 election n. 선거, 당선
electoral a. 선거의
elective a. 선거에 의한, 선택의 n. 선택 과목
electability n. 당선 가능성

cf. the elected, (an) elected person, (a) successful candidate 당선자

1879

candidate
[kǽndidèit / kǽndidət]

명 **후보자, 지원자**

유 • applicant n. 지원자, 후보자
• runner n. 후보자, 주자
cf. run for ~에 출마하다

1880

poll
[poul]

명 1. 여론 조사 2. 투표, 투표[득표]수
동 **여론 조사를 하다**

파 pollster n. 여론 조사원

유 survey n. 여론 조사 v. 여론 조사를 하다
숙어 conduct[take] a (opinion) poll = poll the public 여론 조사를 실시하다
cf. census n. 인구 조사

1881

congress
[káŋgris]

명 1. (흔히 Congress) (특히 미국의) **국회, 의회**
2. (공식적인) **회의**

파 congressman n. (특히 미국의) 하원 의원
(*cf.* senator n. 상원 의원)

어법 point '국회, 의회'의 뜻일 때는 보통 관사 없이 Congress 또는 Parliament로 표기
cf. legislature n. 1. (미국의 주) 의회
(= State Legislature) 2. 입법부

1882

parliament
[páːrləmənt]

명 (흔히 Parliament) (특히 영국의) **국회, 의회**

파 parliamentary a. 의회의

cf. • a member of Parliament
하원 의원(= M.P.)
• the National Assembly (한국의) 의회

1883

council
[káunsəl]

명 1. (지방 자치 단체의) **의회**
2. **위원회, 협의회**

파 councilor[councilman] n. (시의회의) 의원

유 • assembly n. 의회
• committee, board n. 위원회
기출 어구 (the) city[municipal] council 시의회
• (the) student council 학생 자치 위원회
• the National Council of Teachers of Mathematics 전국 수학교사 협회의

1884

agenda
[ədʒéndə]

명 의제, 안건, 의사 일정

cf. agenda setting 의제 설정,
[정치] (정부의) 정책 과제 설정

1885

petition
[pətíʃən]

명 **청원(서), 탄원(서)**
동 **청원하다, 탄원하다**

기출 어구 sign a petition
탄원서에 서명하다

1886

slogan
[slóugən]

명 (정당·광고 등의) **구호, 표어, 슬로건**

cf. • catch phrase 이목을 끄는 문구,
선전 표어
• motto n. 표어, 좌우명

1887

rally
[ræli]

명 (특히 정치적인 대규모의) **집회**
동 (원조·지지를 위해) **결집하다**

기출 어구 political rallies 정치 집회
cf. demonstration, protest n. 시위

1888

rebel
[동: ribél / 명: rébəl]

동 **반역을 일으키다, 반항[저항]하다**
명 **반역자, 반항[저항] 세력**

파 rebellious a. 반역하는, 반항적인
rebellion n. 반란

cf. • riot n. 폭동, 소요, 시위
v. 폭동을 일으키다
• uprising, revolt n. 봉기, 반란

1889

overthrow
[동: òuvərθróu /
명: óuvərθròu]

图 (정부 · 제도 등을) **전복시키다, 타도하다**

图 **전복, 타도**

(overthrow – overthrew
– overthrown)

cf. • revolution n. 혁명
• coup (d'état) n. 쿠데타
• anarchy n. 무정부 상태, 무정부주의(론)

1890

territory
[térətɔ̀ːri]

图 1. (한 국가 · 통치자가 다스리는) **영토, 영지**

2. (행동 · 사상) **영역**

파 territorial a. 영토의
territoriality n. 영토권, (동물의) 텃세권

기출 어구 • protect one's territory 자신의 영토를 지키다
• explore new territory 새로운 영역을 탐사하다
cf. terrain n. 지형, 지역

1891

border
[bɔ́ːrdər]

图 **국경, 경계, 가장자리**

图 (국경 · 경계를) **접하다, ~에 접해 있다**

파 bordered a. 경계를 이룬, 접한

유 • frontier n. 국경 (지역), 경계
• boundary n. 경계(선), 한계
cf. • cross-border a. 국경을 넘는
• borderline a. 경계선상의, 이쪽도 저쪽도 아닌

1892

warfare
[wɔ́ːrfɛ̀ər]

图 **전쟁, 전투, 교전**

유 war n. 전쟁, 전투

1893

combat
[동: kəmbǽt /
명: kɑ́mbæt]

图 1. **싸우다** 2. (문제에) **대항하다**

图 **전투, 싸움**

파 combatant n. 전투원 a. 전투적인

유 • battle v. 싸우다 n. 싸움, 전투
• resist v. 저항하다

1894

warrior
[wɔ́ːriər]

图 **전사, 용사**

cf. • soldier n. 군인
• fighter n. 전사
• gladiator n. 검투사

1895

weapon
[wépən]

图 **무기**

유 arms n. 무기
cf. weaponry n. 〈집합적〉 무기류

1896

spear
[spiər]

图 **창**

图 **찌르다**

cf. • sword n. 칼, 검 • lance n. 긴 창
• bow n. 활 • shield n. 방패
• armor n. 갑옷 v. 갑옷을 입히다

1897

bullet
[búlit]

몡 총알, 탄환

cf. • bulletproof a. 방탄이 되는
• trigger n. (총의) 방아쇠
(▶ pull the trigger 방아쇠를 당기다)
• shot n. (총기) 발사, 발포
(▶ fire a shot (at) (~에 총을) 한 방 쏘다)

1898

military
[mílitèri]

몡 군대의, 군사의

몡 (the ~) (한 나라의) 군대, 〈집합적〉 군인

기출 어구 a military campaign
군사 행동, 군사 작전

1899

martial
[má:rʃəl]

몡 전쟁의, 싸움의, 군대의

숙어 martial art(s) 무술
cf. marital a. 결혼의, 부부의

1900

troop
[tru:p]

몡 1. (pl.) (대규모의) 병력, 군대 2. 무리, 떼

몡 무리 짓다

유 • army n. 군대, 육군
• armed[military] forces 군대
• group, crowd n. 무리, 집단

1901

dispatch
[dispǽtʃ]

몡 발송하다, 파견하다

몡 발송, 파견, 급보

유 send v. 보내다, 발송하다
cf. dispatch an army 군대를 파견하다

1902

march
[ma:rtʃ]

몡 1. 행진[행군] 2. (시위로) 가두 행진

몡 1. 행진[행군]하다 2. 가두 행진하다

유 parade n. 가두 행진 v. 가두 행진하다

1903

invade
[invéid]

몡 침략하다, 침입하다

파 invasion n. 침략, 침입
invader n. 침략자, 침입자
invasive a. 침략적인, 침입하는, 급속히 퍼지는

유 • raid v. 급습하다, 침입하다
• overrun v. 침략하다, 격파하다

1904

conquer
[káŋkər]

몡 정복하다, 차지하다, 극복하다

파 conquest n. 정복, 극복
conqueror n. 정복자

유 • seize v. 장악하다, 점령하다
• occupy v. 점령하다, 점거하다
• overcome v. 극복하다, 이겨내다
기출 어구 • conquer new lands/
territories 새로운 땅을/영토를 정복하다
• conquer famine 기아를 극복하다

1905

fortress
[fɔ́ːrtris]

명 (대규모의) **요새**

파 fortify v. 요새화하다, 강화하다
fortification n. 요새화, 무장, 방어 시설

유 • fort n. 요새, 보루
• stronghold n. 요새, 성채, 근거지
cf. defend v. 방어하다, 수비하다

1906

refuge
[réfjuːdʒ]

명 1. **피난(처), 도피(처)** 2. **위안**

파 refugee n. 난민, 망명자

유 • shelter n. 피신(처), 보호소
• cover n. 숨는 곳, 피난처
숙어 take refuge in 1. ~에 피난하다
2. ~에서 위안을 구하다

1907

delegate
[명: déligət / 동: déligèit]

명 (정치적 회의 등의) **대표자, 사절**
동 (대표로서) **파견하다, 위임하다**

파 delegation n. 대표단, 위임

유 • representative n. 대표자, 대리인
• entrust v. 맡기다, 위임하다
cf. • ambassador n. 대사, 사절
• diplomat n. 외교관

각 빈칸에 알맞은 영단어 또는 우리말을 쓰시오.

01 For soldiers, the wound meant surviving c__________ and returning home. [12 학평]

군인들에게 그 부상은 전투에서 살아남아 집으로 돌아가는 것을 의미했다.

---

02 In 1921 the Tibetan government opened its b__________ to foreigners, while Nepal remained off limits. [12 수능]

1921년에 티베트 정부는 외국인들에게 국경을 개방했으나, 네팔은 출입 금지 구역의 상태로 남아 있었다.

---

03 Because it was controlled by m__________ leaders, the empire carried within it the seeds of its own breakdown. [07 모평]

그 제국은 군사 지도자들의 통치를 받았기 때문에, 내부에 붕괴의 씨앗을 지니고 있었다.

---

04 When the Nazis i__________ Denmark in 1940, he was performing in Sweden, and a short time later managed to escape to America. [19 모평]

1940년에 나치가 덴마크를 침공했을 때, 그는 스웨덴에서 공연하고 있었고, 얼마 후에 가까스로 미국으로 도피하였다.

---

05 Richard Burton went on to become a praised actor of stage and screen, who was n__________ for an Academy Award seven times, but never won an Oscar. [19 모평]

Richard Burton은 이어서 칭송받는 연극과 영화 연기자가 되었는데, 그는 7번이나 아카데미상 후보로 지명되었지만, 오스카상(=아카데미상)을 받지는 못했다.

---

06 Some philosophers of science such as Bronowski claim that science cannot be practiced in authoritarian r__________. [18 학평]

Bronowski와 같은 일부 과학 철학자들은 과학이 권위주의적 체제[정권]에서는 실천될 수 없다고 주장한다.

---

07 During the war with Russia, Napoleon's t__________ were battling in the middle of a small town, when he was accidentally separated from his men. [09 학평]

러시아와의 전쟁 중에 나폴레옹의 군대는 작은 마을 한복판에서 전투를 벌이고 있었는데, 그때 나폴레옹은 우연히 부하들과 떨어지게 되었다.

---

08 Ever since the first scientific opinion p__________ revealed that most Americans are at best poorly informed about politics, analysts have asked whether citizens are equipped to play the role d__________ assigns them. [19 모평]

첫 번째 과학적 여론 조사가 대부분의 미국인들이 정치에 대해서 기껏해야 형편없이 알고 있다는 것을 밝힌 이후에, 분석가들은 시민들이 민주주의가 그들에게 부여한 역할을 할 능력을 갖추었는지 물어 왔다.

---

09 Although there are no legal constraints on the number of m__________ a protester can attend, the fact that there are only twenty-four hours in a day imposes an implicit ceiling. [18 학평]

비록 시위자가 참여할 수 있는 행진들의 횟수에 법적 제한은 없지만, 하루에 24시간 밖에 없다는 사실은 내재된 상한을 설정한다.

10 The fact that he is M__________ of Health and Welfare may qualify him as an expert in the health field. [10 학평]

그가 보건복지부 장관이라는 사실이 그를 보건 분야의 전문가로 자격을 부여할 수도 있다.

11 Many scientists do, in fact, act out of pure intellectual curiosity. However, only rarely do scientists dictate the scientific a__________. [17 학평]

많은 과학자들은 사실 순수한 지적 호기심 때문에 연구를 하는 것이다. 그러나, 과학자들이 과학적 의제를 좌지우지하는 일은 거의 없다.

12 Toward the end of the American Revolution, she became deeply involved in a plot to overthrow the king. [13 모평]

독립전쟁이 끝날 무렵 그녀는 (영국) 왕을 __________ 음모에 깊이 개입하게 되었다.

13 Like life in traditional society, but unlike other team sports, baseball is not g__________ by the clock. [17 모평]

전통 사회의 삶과 마찬가지로, 그러나 다른 팀 스포츠와는 달리, 야구는 시계에 의해 좌우되지 않는다.

14 Even defending the existing t__________ against barbarian invaders became too expensive, and Rome, the predator, became the prey. [11 학평]

야만적인 침략자들로부터 기존의 영토를 방어하는 것조차도 너무 비싸졌고, 약탈자인 로마는 먹잇감이 되었다.

15 The 2009 Nobel Prize for Literature was awarded to Romanian-born German author Herta Müller, a distinct and compelling voice of opposition against political oppression. [12 학평]

2009년 노벨 문학상은 정치적인 __________ 에 저항하는 분명하고 강렬한 반대의 목소리를 지닌 루마니아 태생의 독일 작가 Herta Müller에게 수여되었다.

16 Essentially the same structural forms of politics can nevertheless take on very different "flavors." For example, a dictatorship can, in theory, be brutal or benevolent. [13 모평]

본질적으로 동일한 구조의 __________ (형태) 임에도 서로 매우 다른 '특징'을 띨 수 있다. 예를 들어, __________은 이론적으로 잔혹할 수도 자비로울 수도 있다.

35~43번 ▶ **35** council　**36** policies　**37** petition　**38** fortress　**39** warriors / weapons
정답　**40** martial　**41** slogans　**42** 자치 도시의　**43** 권위 / 반항하는

17 Both the budget deficit and f__________ debt have soared during the recent financial crisis and recession. [19 모평]

최근의 재정 위기와 경기 침체 동안에 재정 적자와 연방 정부의 부채가 모두 치솟았다.

18 Buffon was a famous zoologist and botanist during the r__________ of the French monarch Louis. [11 모평]

Buffon은 프랑스 군주 루이 16세의 통치 기간에 유명한 동물학자이자 식물학자였다.

19 Historically, the idea was first suggested by Benjamin Franklin as an American d__________ in Paris. [11 학평]

역사적으로, 그 아이디어는 미국의 사절로 파리에 주재하던 Benjamin Franklin에 의해서 처음으로 제안되었다.

20 Horses were domesticated and became important for transportation and came to play a major part in warfare. [10 모평]

말들은 길들여져서 중요한 이동 수단이 되었고, __________에서 중요한 역할을 하게 되었다.

21 A b__________ is a piece of paper listing the c__________ for president. [06 학평]

투표용지는 대통령 후보들을 나열한 한 장의 종이이다.

22 Out of the political rallies and electoral parades that marked Jacksonian America, Whitman defined poetic fame in relation to the crowd. [16 수능]

Jackson 시대 미국을 특징지었던 정치 __________과 선거 행진들에서, Whitman은 시적 명성을 군중과 관련하여 정의했다.

23 Evil is always a weakness, and virtue is always strength, even if things appear to be quite the opposite (a tyrant, and men tortured by a tyrant). [19 EBS]

비록 상황이 완전 정반대(폭군과 폭군에게 __________ 사람들)인 것처럼 보이더라도, 악은 항상 약한 것이고 덕은 항상 강한 것이다.

24 No state could be sovereign if its inhabitants lacked the ability to change a course of action adopted by their forefathers in the past. [20 모평]

국민들이 과거에 그들의 조상들에 의해 채택된 행동 방침을 바꿀 능력이 부족하다면 그 어떤 국가도 __________일 수 없을 것이다.

25 Jeannette became the first woman e__________ to the U.S. C__________ in 1916, before women nationwide had the right to v__________. [15 학평]

Jeannette은 전국적으로 여성들이 투표권을 가지기 전인 1916년에 미국 의회에 선출된 최초의 여성이 되었다.

01~08번 정답 ▶

01 combat	02 borders	03 military	04 invaded
05 nominated	06 regimes	07 troops	08 polls / democracy

26 The pilum was a heavy s__________ , used for thrusting or throwing by Roman soldiers. [11 학평]

필룸은 로마 병사들이 찌르거나 던지는 데 사용되던 무거운 창이었다.　*pilum (로마의) 투창

27 As all items were in stock, they have been d__________ to you today. [04 학평]

모든 품목들이 재고가 있어서, 오늘 귀하에게 발송되었습니다.

28 Volcanic activity caused the island r__________ to sink completely beneath the waves, and surviving individuals were forced to find shelter elsewhere. [17 모평]

화산 활동은 그 섬의 피난처를 완전히 바닷속으로 가라앉게 했고 살아남은 개체들은 어쩔 수 없이 다른 곳에서 피난처를 찾아야 했다.

29 Luria's famous patient, Zasetsky, whom he studied for many years, received a terrible b__________ wound during the Second World War. [19 EBS]

Luria가 오랜 세월 동안 연구한 그의 유명한 환자인 Zasetsky는 제2차 세계 대전 중에 끔찍한 총상을 입었다.

30 Mandela's greatest contribution as p__________ of the South Africans including the Afrikaners was the way he chose to leave the p__________ . [11 모평]

남아프리카 태생 백인들을 포함한 남아프리카 사람들의 대통령으로서 Mandela의 가장 큰 공헌은 그가 대통령직에서 물러나기로 선택한 방식이었다.

31 Early human writing is d__________ by wheeling and dealing: a collection of bets, bills, and contracts. [20 수능]

초기의 인간의 글쓰기는 내기의 대상, 계산서, 계약서의 모음과 같이 목적을 위해서는 수단을 가리지 않는 것에 의해 지배된다.
　*wheeling and dealing 목적을 위해 수단을 가리지 않음

32 The awful roads interrupted intercolonial communications, which further developed the provinces' sense of isolation and autonomy. [19 학평]

그 끔찍한 길은 식민지 간의 통신을 가로막았으며, 이는 나아가 그 지방의 고립감과 __________을 발달시켰다.

33 Universal domains of society (such as kinship, politics, and religion) are represented by specific institutions (such as the family, the British Parliament, and the Church of England). [20 모평]

사회라는 보편적인 영역들(예를 들면, 친족 관계, 정치, 그리고 종교)이 구체적인 제도들(예를 들면, 가족, 영국 __________, 그리고 영국 국교회)에 의해 표현된다.

34 Although they were well organized militarily, the Mongols had no developed concept for ruling conquered populations. [07 모평]

몽골인들은 군사적으로 잘 조직되어 있었지만, __________ 사람들을 __________ 위한 발전된 개념을 가지고 있지 않았다.

09~16번 ▶
정답

09 marches	10 Minister	11 agenda	12 타도하려는[끌어내리려는]
13 governed	14 territory	15 압제[억압]	16 정치 / 독재 정권

35 A week ago, we were asked by the city c__________ to paint pictures on some of the factory walls. [14 수능]

일주일 전에 우리는 시의회로부터 공장 벽의 일부에 그림을 그려달라는 요청을 받았다.

36 Scientifically designed p__________ can serve interests that run counter to the public interest. [14 수능]

과학적으로 설계된 정책들은 대중의 이익에 역행하는 사안에 도움이 될 수 있다.

37 50 psychologists signed a p__________ calling for a ban on the advertising of children's goods. [15 모평]

50명의 심리학자들이 아동 상품의 광고에 대한 금지를 요구하는 탄원서에 서명했다.

38 Jaisalmer is the only f__________ city in India still functioning, with one quarter of its population living within the walls. [11 모평]

Jaisalmer는 여전히 기능하고 있는 인도의 유일한 요새 도시로, 인구의 4분의 1이 성벽 안에 살고 있다.

39 In the Middle Ages, horses were mainly used to carry armored w__________ with shields and w__________. [07 학평]

중세에 말은 주로 방패와 무기로 무장한 전사들을 실어 나르는 데 사용되었다.

40 Long before the great Khmer Empire began in the 9th century, farmers developed a fierce m__________ art to defend themselves against the predator. [12 모평]

9세기 크메르 제국이 시작되기 훨씬 이전에, 농부들은 약탈에 대항해 자신들을 방어하기 위하여 격렬한 무술을 개발했다.

41 Young men are encouraged to 'be all they can be' as football players and to live by s__________ such as "There is no 'I' in t-e-a-m." [11 모평]

젊은 사람들은 미식축구 선수로서 '그들이 될 수 있는 모든 것이 되고', "팀에 '나'라는 존재는 없다"와 같은 구호에 따라 살아가도록 격려 받는다.

42 It is postulated that such contamination may result from airborne transport from remote power plants or municipal incinerators. [18 수능]

그러한 오염이 멀리 떨어진 발전소 혹은 __________ 소각로로부터 공기를 통해 전파된 결과로 발생할 수 있다는 것이 가정된다.

*postulate 가정하다 **incinerator 소각로

43 The practices of graffiti are generally related to a sub-culture that rebels against social authorities. [06 학평]

그래피티의 관행은 일반적으로 사회의 __________ 에 __________ 하위문화와 관련이 있다.

17~25번 ▶ 17 federal   18 reign[rule]   19 delegate   20 전쟁   21 ballot / candidates
정답   22 집회들   23 고문당하는   24 자주적[독립적]   25 elected / Congress / vote

---

수능 PLUS 수능 이렇게 나온다

1908

legal
[líːɡəl]

형 **법률(상)의, 합법적인**

파 legalize v. 합법화하다
legalization n. 합법화
legality n. 적법, 합법

유 legitimate, lawful a. 합법적인
반 illegal, illegitimate, unlawful
a. 불법의
기출 어구 • legal system 법률 제도, 법 체제
• a legal right 합법적 권리

1909

legislation
[lèdʒisléiʃən]

명 **법률, 입법, 법률 제정**

파 legislate v. 법률을 제정하다
legislature n. 입법부, 입법 기관
legislative a. 입법(부)의 n. 입법부
legislator n. 입법자, 국회의원

유 • law n. 법률
• lawmaking n. 입법, 법률 제정
• enactment n. 법률, 입법, 법률 제정
cf. • the Charter (권리를 명시한) 헌장
• the Constitution 헌법

1910

enact
[inǽkt]

동 **1. (법을) 제정하다 2. 실행하다**

파 enactment n. 1. 법률, 입법, 법률 제정 2. 실행

유 • legislate v. 법률을 제정하다
• perform v. 수행하다, 실행하다

1911

amend
[əménd]

동 **(법 등을) 개정하다, 수정하다**
명 (pl.) **보상, 변상**

파 amendment n. 개정, 수정, (미국 헌법) 수정 조항

유 alter, modify, revise v. 변경하다, 바꾸다
숙어 make amends (for)
(~을) 보상하다, 벌충하다
cf. mend v. 수리하다, 고치다

1912

abolish
[əbáliʃ]

동 **(법률 · 제도 · 조직을) 폐지하다**

파 abolition[abolishment] n. 폐지

유 do away with ~을 없애다, 폐지하다

---

outlaw
[áutlɔ̀ː]

동 불법화하다, 금지하다
명 무법자

유 • illegalize v. 불법화하다
• prohibit, ban v. 금지하다
반 legalize v. 합법화하다

enforce
[infɔ́ːrs]

동 1. (법을) 집행하다, 시행하다
2. 강요하다
파 enforcement n. 집행, 시행
enforced a. 강요된, 강제적인
enforceable a. 시행할 수 있는, 강제할 수 있는

유 put ~ in force[effect] (법을) 시행하다
기출 어구 • enforce the law 법을 시행하다
• law enforcement 법 집행

violate
[váiəlèit]

동 위반하다, 침해하다
파 violation n. 위반, 침해
violator n. 위반자, 침해자

숙어 violate the law 법을 위반하다
(= break[infringe] the law)
cf. observe[obey, follow, abide by]
the law 법을 준수하다

copyright
[kápiràit]

명 저작권, 판권

기출 어구 copyright protection 저작권
보호(↔ infringement of copyright 저
작권 침해)
cf. • patent n. 특허권 v. 특허를 받다
• intellectual property 지적 재산권

justice
[dʒʌ́stis]

명 1. 정의, 공정, 정당성
2. 사법, 재판(관)

반 injustice n. 부정, 부당, 불공평
cf. • judicial a. 사법의, 재판의
• judiciary n. 사법부, 법관[판사]들

sue
[suː]

동 소송을 제기하다, 고소하다

숙어 sue A for B A를 B에 대해 고소하다
cf. • suit, lawsuit, (legal) action,
complaint n. 고소, 소송

accuse
[əkjúːz]

동 1. 고발하다, 기소하다 2. 비난하다
파 accusation n. 1. 고발, 기소 2. 비난
accusing[accusatory] a. 1. 고발하는, 혐의를 제기하는
2. 비난하는
accuser n. 1. 고소[고발]인 2. 비난자

숙어 accuse A of B 1. A를 B의 이유로
고발하다 2. A를 B의 이유로 비난하다
(= blame A for B)
cf. • the accused (형사상의) 피고인
(▶ defendant n. (민사상의) 피고인)
• plaintiff n. (민사상의) 원고, 고소인

1920

attorney
[ətɜ́rni]

명 변호사, (법적) 대리인

유 • lawyer n. (미국) 변호사
• solicitor n. (영국) 변호사
• counsel n. 변호인, 변호인단
기출 어구 (a) defense attorney
피고측 변호사(= defender)

1921

prosecutor
[prásəkjùːtər]

명 검사, 검찰관

파 prosecute v. 기소하다, 공소하다
prosecution n. 1. 기소 2. (the ~) 검찰측

유 prosecuting attorney (기소) 검사, 검찰관

1922

trial
[tráiəl]

명 1. 재판 2. 시도 3. 시험

파 try v. 시도하다, 노력하다

숙어 trial and error 시행착오
cf. court (of law), law court 법정

1923

judge
[dʒʌdʒ]

동 1. 재판하다 2. 판단하다, 심판하다
명 1. 판사 2. 심판

파 judgement n. 1. 판결 2. 판단, 심판

숙어 • judge (A) by B (A를) B로 판단하다
• pass judgment on ~의 판결을 내리다, ~에 대해 판단하다

1924

jury
[dʒúəri]

명 배심원단, 심사위원단

cf. juror n. (한 사람의) 배심원

1925

plead
[pliːd]
(plead – pleaded [pled] – pleaded [pled])

동 1. 간청하다 2. (재판에서 피고가 유·무죄를) 항변하다, 변호하다

파 plea n. 1. 애원, 간청 2. 항변, 변호

유 beg, appeal v. 간청하다, 호소하다
숙어 plead with A A에게 간청하다, A에 항변하다
cf. • plead not guilty (to) (~에 대해) 무죄를 주장하다
• plead guilty (to) (~에 대해) 유죄를 인정하다

1926

witness
[wítnis]

명 목격자, 증인   동 목격하다

유 • observer n. 목격자
• observe v. 목격하다

1927

testimony
[téstəmòuni]

명 1. (법정에서의) 증언 2. 증거, 증명

파 testify v. 1. (법정에서) 증언하다 2. 증명하다
testimonial n. 증명서, 추천장

숙어 bear testimony to ~을 증언[입증]하다(= testify to, bear witness to)

1928

guilty
[gílti]

형 유죄의, 죄책감이 드는

파 guilt n. 유죄, 죄책감
guiltiness n. 유죄임

반 • guiltless a. 죄가 없는, 결백한
• innocent a. 무죄의, 결백한
기출 어구 • the accused is guilty
피고에게 죄가 있다
• feel guilty 죄책감을 느끼다

1929

verdict
[və́ːrdikt]

명 (배심원단의) 평결, 결정, 의견

유 • ruling, judgment n. 판결, 결정
• finding n. 1. (법정의) 판결, 평결
2. (조사 · 연구 등의) 결과

1930

conviction
[kənvíkʃən]

명 1. 신념, 확신 2. 유죄 선고[판결]

파 convict v. 유죄를 선고하다 n. 죄수

cf. • convict A(사람) (of B(죄))
= find[declare] A guilty
= give A the guilty verdict
A에게 (B에 대해) 유죄를 선고하다
• find[judge, declare] A innocent
[not guilty] A에게 무죄를 선고하다

1931

condemn
[kəndém]

동 1. 비난하다 2. 형을 선고하다

파 condemnation n. 1. 비난 2. 유죄 선고

유 sentence v. 형을 선고하다 n. 선고, 형벌
숙어 be condemned to death 사형 선고
를 받다(= be sentenced to death)

1932

punish
[pʌ́niʃ]

동 처벌하다, 벌주다

파 punishment n. 벌, 처벌

숙어 punish A for B A를 B에 대해 처벌
하다

1933

penalty
[pénəlti]

명 1. 처벌, 형벌, 벌금
2. 벌칙, 불이익

파 penalize v. 1. 처벌하다 2. 벌칙을 주다

유 • punishment n. 벌, 처벌
• fine n. 벌금
cf. death penalty 사형
(= capital punishment)

1934

execute
[éksəkjùːt]

동 1. 처형하다, 사형하다
2. 실행[수행]하다

파 execution n. 1. 처형, 사형 2. 실행, 수행

유 • put ~ to death, punish ~ by
death ~을 사형에 처하다
• carry out ~을 수행[이행]하다
• implement v. 실행하다
• perform v. 수행하다, 실행하다

1935

imprison
[imprízn]

동 투옥하다, 감금하다, 가두다

파 imprisonment n. 투옥, 감금

유 jail v. 투옥하다 n. 교도소, 감옥
(= prison)
cf. prisoner n. 수감자, 죄수

1936

crime
[kraim]

명 범죄, 범행

파 criminal n. 범죄자 a. 범죄의
criminalize v. 1. 범인 취급하다 2. 불법화하다

유 • offence[offense] n. 위반, 범죄
• wrongdoing n. 범법 행위, 비행
• criminal act 범죄 행위
cf. sin n. (도덕적 · 종교적) 죄

1937

offend
[əfénd]

동 1. 기분을 상하게 하다
　　2. 범죄를 저지르다

파 offence[offense] n. 1. 모욕, 공격 2. 위반, 범죄
offensive a. 불쾌한, 모욕적인, 공격적인
offender n. 위반자, 범죄자

유 • insult v. 모욕하다
• commit a crime 범죄를 저지르다
• break the law 법을 어기다

1938

violence
[váiələns]

명 1. 폭력 2. 격렬함

파 violent a. 1. 폭력적인 2. 격렬한, 맹렬한
(= fierce, intense)
violently ad. 격렬하게, 맹렬히

반 nonviolence n. 비폭력
숙어 use[resort to] violence
폭력을 행사하다

1939

theft
[θeft]

명 절도, 도둑질

파 thieve v. 훔치다
thievish a. 훔치는 버릇이 있는
thief n. 도둑, 절도범

유 stealing n. 절도
cf. • identity theft 신원 도용
• pickpocket n. 소매치기 v. 소매치기하다
• shoplifting n. 가게 물건 훔치기

1940

rob
[rɑb]

동 강탈하다, 도둑질하다

파 robber n. 강도, 도둑
robbery n. 강도질, 도둑질

유 • mug v. 강도짓하다
• steal v. 도둑질하다
숙어 rob A of B A에게서 B를 빼앗다

1941

burglar
[bə́ːrglər]

명 절도범, 빈집털이범

파 burglary n. 절도, 빈집털이

유 • thief n. 도둑, 절도범
• housebreaker n. 주거 침입 강도
cf. trespass n. 무단 침입 v. 무단 침입하다

1942

kidnap
[kídnæp]

图 유괴하다, 납치하다

画 kidnap(p)ing n. 유괴, 납치
kidnap(p)er n. 유괴범, 납치범

cf. • hijack v. (배·비행기를) 납치하다
• piracy n. 1. 해적질 2. 저작권 침해
• hostage n. 인질

1943

murder
[mə́:rdər]

图 살인   图 살해하다

画 murderer n. 살인자

유 homicide n. [법률] 살인 (행위)
cf. • massacre n. 대학살 v. 대학살하다
• assassinate v. (정치가 · 지도자를) 암살
하다

1944

corrupt
[kərʌ́pt]

형 부패한, 타락한

图 부패하게 하다, 타락시키다

画 corruption n. 부패, 타락

반 incorrupt a. 부패하지 않은, 청렴한
cf. a corrupt regime 부패 정권

1945

bribe
[braib]

图 뇌물   图 뇌물을 주다, 매수하다

画 bribery n. 뇌물 수수

cf. blackmail n. 갈취, 공갈 v. 갈취하다,
협박하다

1946

fraud
[frɔːd]

图 사기(꾼), 속임

유 • deception n. 사기, 속임
• scam n. (신용) 사기 v. 사기치다
cf. falsify v. 위조하다

1947

suspect
[图: səspékt / 图: sʌ́spekt]

图 1. 의심하다, 혐의를 두다
   2. ~일 것 같다고 생각하다

图 용의자

画 suspicion n. 의심, 혐의
suspicious a. 의심하는, 수상쩍은

유 doubt v. 의심하다
숙어 • be suspected of ~의 혐의를 받다
• be suspicious of ~을 의심하다
cf. a murder suspect 살인 용의자

1948

patrol
[pətróul]

图 순찰(대)   图 순찰을 돌다

cf. on patrol 순찰 근무 중

1949

arrest
[ərést]

图 체포하다, 구속하다
图 체포, 구속

유 • catch, capture v. 범인을 잡다
• apprehend v. 1. 체포하다 2. 이해하다,
파악하다
반 release v. 풀어 주다, 석방하다
cf. put handcuffs on ~에 수갑을 채우다

각 빈칸에 알맞은 영단어 또는 우리말을 쓰시오.

01 A second factor causing poverty in Latin America is governmental corruption. [05 학평]

라틴 아메리카에서 가난을 유발하는 두 번째 요인은 정부의 _________이다.

02 The b__________ finally put up his hands in surrender and waited for the police to arrive. [12 학평]

그 절도범은 마침내 항복하여 두 손을 들고 경찰이 오기를 기다렸다.

03 Some city planning experts called for l__________ against texting while walking. [18 학평]

몇몇 도시 계획 전문가들은 보행 중 문자 보내기를 금지하는 법률 제정을 요구했다.

04 While he was en route to Spain as his enterprise's traveling partner, pirates r__________ him of all his goods, including a consignment of pearls. [13 수능]

그가 사업체의 여행 파트너로 스페인으로 가는 도중에, 해적들이 그에게서 진주 위탁판매품을 포함한 그의 모든 물건을 빼앗았다.
*consignment 위탁판매품

05 To alleviate such concerns, the first Congress approved 10 amendments to the U.S. Constitution, commonly known as the Bill of Rights. [19 EBS]

그런 걱정을 완화하기 위해 첫 번째 미국 의회는 흔히 권리 장전으로 알려진, 미국 헌법에 대한 10가지 _________을 승인했다.
*alleviate 완화하다

06 When a noble contracted with a painter for a work, the contract specified details like the deadline and p__________ for delays. [15 학평]

귀족이 화가와 작품을 계약할 때 계약서에는 마감일과 지연에 대한 벌금과 같은 세부사항이 명기되었다.

07 Testimony from members of the Crow tribe about the destruction of their culture provides an extreme and tragic example of this. [14 수능]

Crow 부족 구성원들의 그들 문화의 파멸에 대한 _________은 이에 대한 극단적이고 비극적인 사례를 제시해 준다.

08 Despite its long tradition in Cambodia, *bokator* disappeared when the Khmer Rouge took power in 1975 and executed most of the discipline's masters. [12 모평]

bokator는 캄보디아에서 오랜 전통을 갖고 있음에도 불구하고, 1975년 Khmer Rouge가 정권을 잡은 후 그 수련법의 대가들 대부분을 _________ 때 사라졌다.

09 Proven innocent within a matter of days, Mr. Stone s__________ the old man for falsely a__________ him of theft. [19 EBS]

며칠 만에 무죄임이 입증된 Stone 씨는 자신을 절도 혐의로 허위로 고소한[누명을 씌운] 것에 대해 그 노인을 고소하였다.

19~27번 정답 ▶ 19 copyright　20 guilty　21 금지[불법화]했다　22 thieves / theft　23 prosecutor
24 offended　25 감금하는[가두는]　26 legal　27 attorney / trial

10 Convictions that may have once been true and useful may change. [17 학평]

한때는 진실이었고 유용했을지 모르는 ＿＿＿＿＿＿이 바뀔지도 모른다.

---

11 Movies tell stories that, in the end, we find satisfying. The bad guys are usually p＿＿＿＿＿＿. [20 수능]

영화는 결국 우리가 만족스럽다고 느끼는 이야기를 한다. (그것은) 나쁜 사람들은 보통 벌을 받게 된다는 것이다.

---

12 The city council said that they e＿＿＿＿＿＿ the law in response to complaints from residents and businesses. [08 학평]

시의회는 거주민과 기업들의 불만에 대한 응답으로 그 법률을 제정했다고 말했다.

---

13 Researchers had fifty-seven students rate their moral distaste for several morally dubious acts, such as politicians taking b＿＿＿＿＿＿, students cheating on tests, and the like. [13 학평]

연구자들은 57명의 학생들로 하여금 뇌물을 받는 정치인이나 부정행위를 하는 학생들과 같은 여러 가지 도덕적으로 수상쩍은 행동들에 대한 그들의 도덕적 혐오의 정도에 등급을 매기도록 했다. *dubious 수상쩍은

---

14 A prosecuting attorney constructs an argument to persuade the j＿＿＿＿＿＿ or a j＿＿＿＿＿＿ that the accused is guilty. [17 모평]

기소 검사는 피고가 유죄라고 판사나 배심원단을 설득하기 위한 논거를 구성한다.

---

15 One of the things which they talked about was how to e＿＿＿＿＿＿ laws against dumping waste into water sources. [06 학평]

그들이 이야기했던 것 중 하나는 어떻게 수원에 쓰레기를 버리는 것을 금지하는 법을 시행할지에 관한 것이었다.

---

16 The basic aim of a nation at war in establishing an image of the enemy is to distinguish as sharply as possible the act of killing from the act of m＿＿＿＿＿＿. [19 수능]

적의 이미지를 확립하는 데 있어서 전쟁 중인 국가의 기본적인 목표는 죽이는 행위와 살인 행위를 가능한 한 뚜렷하게 구별하는 것이다.

---

17 Once you've given your statement to the police as a witness, it will be used to track down the people who committed the crime. [09 학평]

일단 ＿＿＿＿＿＿로서 당신의 진술을 경찰에게 제공하면, 이는 범죄를 저지른 사람들을 추적하는 데 이용될 것이다.

---

18 Although the manufacture and sale of such products do not v＿＿＿＿＿＿ the law, intentionally making false claims for a product is f＿＿＿＿＿＿. [09 모평]

그런 제품들의 제조와 판매가 법을 위반하는 것은 아니지만, 상품에 대해 고의적으로 거짓된 주장을 하는 것은 사기 행위이다.

28~36번 ▶ 정답

28 평결	**29** 순찰했고	**30** arresting	**31** justice	**32** 유괴 / 용의자
33 abolish	**34** pleading	**35** 비난하는	**36** violence / crimes	

19 Any publication less than 125 years old has to be checked for its c__________ status. [18 수능]

125년이 넘지 않은 출판물이라면 어떤 것이든 저작권 상태를 확인해 봐야 한다.

---

20 They may not strike the g__________ person himself, but rather one of his relatives or tribesmen, to whom responsibility is extended. [18 수능]

그들은 죄가 있는 바로 그 사람이 아니라, 오히려 (죄의) 책임이 확장되는 그의 친척이나 부족민 중의 한 명을 공격할지도 모른다.

---

21 The Swedish government has outlawed television advertising of products aimed at children under 12. [15 모평]

스웨덴 정부는 12세 미만 아이들을 겨냥한 제품의 텔레비전 광고를 __________.

---

22 Auto makers, alarm installers, insurers, police, and the biggest experts of all — car t__________ — all agree that alarms do nothing to stop t__________. [07 수능]

자동차 제조업자, 경보장치 설치자, 보험업자, 경찰, 그리고 이 모든 사람들 중 최고의 전문가인 자동차 절도범들 모두 경보장치가 절도를 막는 데 아무런 역할도 못한다는 데 동의한다.

---

23 Neither p__________ nor defender is obliged to consider anything that weakens their respective cases. [17 모평]

검찰관과 피고측 변호사 중 그 어느 누구도 자신들 각자의 입장을 약화시키는 것을 고려해야 할 의무는 없다.

---

24 An assertive counselor would find a way to call that person's attention to the fact that the joke is racist, explaining how it o__________ the hearer. [16 수능]

확신에 찬 상담사라면 그 농담이 인종차별적이라는 사실에 그 사람의 주의를 환기시키는 방법을 찾고, 어떻게 그것이 듣는 사람의 기분을 상하게 했는지 설명할 것이다.

---

25 In isolation, hope disappears, despair rules, and you can no longer see a life beyond the invisible walls that imprison you. [08 수능]

고립감 속에서는 희망이 사라지고 절망감이 지배하며, 당신을 __________ 보이지 않는 벽 너머에 있는 삶을 더 이상 볼 수 없다.

---

26 Inside a law court the precise location of those involved in the l__________ process is an essential part of ensuring that the law is upheld. [17 수능]

법정 안에서 법률상의 절차에 관련된 사람들의 정확한 위치는 법이 유지된다는 것을 확인시키는 꼭 필요한 부분이다.

---

27 A defense a__________ in the same t__________ constructs an argument to persuade the same judge or jury toward the opposite conclusion. [17 모평]

동일한 재판의 피고측 변호사는 동일한 판사나 배심원단을 정반대의 결론으로 설득하기 위한 논거를 구성한다.

---

28 Kerry watched as the verdict was passed over to the judge. [04 학평]

Kerry는 __________이 판사에게 넘겨지는 것을 지켜보았다.

29 With faithful, silent regularity, he patrolled the hills, removed the leaves and branches, and cleared away the sand. [05 모평]

충실하고 조용한 규칙성을 가지고, 그는 언덕을 __________, 나뭇잎과 나뭇가지를 제거했고, 모래를 치웠다.

30 They report seeing a policeman a__________ a youth when he was, in fact, giving the youth directions. [14 학평]

경찰이 사실은 한 젊은이에게 길을 가르쳐주고 있는 것을, 그 경찰이 그 젊은이를 체포하는 것으로 보았다고 그들은 전한다.

31 Legal professional privilege is a fundamental condition on which the administration of j__________ as a whole rests. [17 학평]

변호사의 비밀유지특권은 전체적인 사법 집행에 바탕이 되는 기본적인 조건이다.

32 They then issue special broadcasts with details of the kidnapping and advise the public to look out for the child and the suspect. [06 학평]

그런 다음 그들은 __________와 관련된 세부 사항을 담은 특별방송을 내보내고, 사람들에게 그 아이와 __________를 찾아 볼 것을 당부한다.

33 Costa Rica continued its unusual development after it separated from Spain in 1821, becoming the first Latin American country to a__________ slavery. [10 모평]

코스타리카는 1821년에 스페인으로부터 독립한 후에 색다른 발달을 계속했고, 노예제도를 폐지한 최초의 남미 국가가 되었다.

34 If a beggar's p__________ becomes so distracting and disturbing that we cannot ignore him, we may give him some money just to be free of him. [20 EBS]

만약 어떤 거지가 간청하는 것이 너무나도 마음을 어지럽히고 불안하게 하여 우리가 그를 무시할 수 없다면, 우리는 단지 그로부터 자유롭기 위해서 그에게 약간의 돈을 줄지도 모른다.

35 To pass judgment on anger and condemn those who admit to becoming angry is the equivalent of robbing people of their humanness. [17 EBS]

분노에 대한 판단을 내리고 화가 난 것을 인정하는 사람을 __________ 것은 사람에게서 사람됨(인간성)을 빼앗는 것과 동일한 것이다.

36 According to the study, v__________ and property c__________ were nearly twice as high in sections of the buildings where vegetation low, compared with the sections where vegetation was high. [07 수능]

연구에 따르면, 폭력과 절도 범죄들은 식물이 많이 있는 구역에 비해 식물이 적게 있는 건물들의 구역에서 두 배 가까이 높았다.

PREVIEW 41 Words

- [ ] earn
- [ ] income
- [ ] consume
- [ ] purchase
- [ ] afford
- [ ] refund
- [ ] exchange
- [ ] import
- [ ] luxury
- [ ] bargain
- [ ] secondhand
- [ ] thrifty
- [ ] commodity
- [ ] cost
- [ ] expense
- [ ] soar
- [ ] inflation
- [ ] recession
- [ ] fluctuate
- [ ] monopoly
- [ ] surplus
- [ ] wealth
- [ ] prosper
- [ ] flourish
- [ ] poverty
- [ ] finance
- [ ] fund
- [ ] monetary
- [ ] asset
- [ ] estate
- [ ] revenue
- [ ] invest
- [ ] budget
- [ ] profit
- [ ] margin
- [ ] tax
- [ ] debt
- [ ] loan
- [ ] bankrupt
- [ ] auction
- [ ] bid

1950

earn
[əːrn]

동 1. (돈 등을) **벌다** 2. **얻다, 받다**
파 earnings n. 소득, 수입

🟧 **수능 PLUS** 수능 이렇게 나온다

숙어 • earn one's keep 생활비를 벌다
• earn[make] a living 생계를 꾸리다

1951

income
[ínkʌm]

명 **소득, 수입**

반 spending, expenditure n. 지출, 소비
cf. **income vs. earnings:**
 • income n. (일 · 투자 등을 통한 정기적인) 소득, 수입
 • earnings n. (저축 이자와 같은 불로소득을 제외한 모든) 소득, 수입

1952

consume
[kənsúːm]

동 1. **소비하다, 다 써버리다**
2. **먹다, 마시다**
3. (강렬한 감정이) **사로잡다**
파 consumer n. 소비자
consumption n. 1. 소비(량) 2. 섭취

유 • spend, waste v. 쓰다, 소비하다
• devour v. 먹다
• preoccupy v. (생각 · 걱정이) 사로잡다
기출 어구 • consume electricity 전기를 소비하다
• consume more food 더 많은 음식을 섭취하다
• felt an uneasy darkness consume him 불안한 어둠이 그를 사로잡는 것을 느꼈다
cf. consumerism n. 소비지상주의

1953

purchase
[pə́ːrtʃəs]

동 **구입하다, 구매하다**
명 **구입(품), 구매**
파 purchaser n. 구매자

반 • sell v. 팔다
• sale n. 판매
숙어 • make a purchase 구매하다
• purchase price 구입가

afford
[əfɔ́ːrd]

동 1. (~을 살) 형편이 되다, (~할) 여유가 있다
2. 제공하다

파 affordable a. (가격이) 알맞은, 감당할 수 있는
(↔ unaffordable a. 너무 비싼)

기출 어구 • cannot afford a home computer 가정용 컴퓨터를 살 형편이 되지 않다
• cannot afford to sleep too long 너무 오래 잘 (시간적) 여유가 없다
• enjoyment afforded by products of mass culture 대중문화 상품이 제공하는 즐거움

refund
[명: ríːfʌnd / 동: rifʌ́nd]

명 환불(금), 반환
동 환불하다, 반환하다

파 refundable a. 환불 가능한
(↔ non-refundable a. 환불이 안 되는)

기출 어구 • receive[get] a full refund 전액 환불을 받다
• non-refundable deposit 환불이 안 되는 보증금

exchange
[ikstʃéindʒ]

동 교환하다, 맞바꾸다
명 교환

유 • interchange v. 교환하다 n. 교환
• trade v. 거래하다, 교환하다 n. 거래, 교환
• swap v. 서로 교환하다 n. 교환, 교체
숙어 • exchange A for B A를 B로 교환하다
• in exchange for ~ 대신으로, ~와 교환으로
• exchange rate 환율
cf. barter n. 물물교환 v. 물물교환하다

import
[동: impɔ́ːrt / 명: ímpɔːrt]

동 수입하다 명 수입, 수입품
파 importation n. 수입(품), 외래의 것
(↔ exportation n. 수출(품))
importer n. 수입업자

유 bring ~ in ~을 들여오다, 도입하다
반 export v. 수출하다 n. 수출(품)
cf. imported goods[products] 수입품
(↔ domestic goods[products] 국산품)

luxury
[lʌ́kʃəri]

명 호사, 사치, 사치품
형 호화로운, 사치스러운

파 luxurious a. 호화로운, 사치스러운

유 extravagance n. 사치(품), 낭비, 과도함
cf. luxury goods 사치품

bargain
[bɑ́ːrgən]

명 1. 흥정, 합의 2. 싸게 산 물건, 특가(품)
동 흥정하다, 협상하다

숙어 at a bargain price 싼 값으로, 특가로
cf. • sale price 매매가, 특가
• a good buy[deal] 싸게 잘 산 물건

secondhand
[sékəndhǽnd]

[형] 1. 중고(품)의 2. 간접적인
[부] 1. 중고로 2. 간접적으로

[유] • used a. 중고의
• indirect a. 간접적인
[반] • brand new a. 완전 새것인
• firsthand a. 직접적인 ad. 직접, 바로
[기출 어구] secondhand goods 중고품
[cf.] • secondhand smoking 간접흡연
• flea market 벼룩시장

thrifty
[θrífti]

[형] 검소한, 절약하는

[파] thrift n. 검소, 절약

[유] • frugal a. 절약하는, 소박한
• economical a. 절약하는, 알뜰한
[반] extravagant a. 사치스러운, 낭비하는
[기출 어구] a thrift shop 중고품 판매점
[cf.] • stingy a. 인색한
• miser n. 구두쇠

commodity
[kəmάdəti]

[명] 상품, 물품

[유] • goods n. 상품, 제품, [경제] 재화
(▶ goods and services 재화와 용역)
• product n. 상품, 제품, 생산물

cost
[kɔːst]

[명] 1. 값, 비용 2. 희생, 대가
[동] (~의 값·비용이) 들다
[파] costly a. 값비싼, 비용이 많이 드는

[숙어] at the cost of ~의 비용을 지불하고,
~을 희생하고(= at the expense of)
[cf.] **price vs. cost :**
• price n. (어떤 물품·서비스에 대해 내는)
값, 가격
• cost n. (무엇을 얻거나 달성하는 데 드는)
비용, 대가

expense
[ikspéns]

[명] (어떤 일에 드는) 비용, 경비
[파] expend v. (돈·시간·노력을) 들이다, 쓰다
expenditure n. 지출, 소비, 비용

[cf.] **expense vs. expenditure :**
• expense n. (어떤 목적을 위해 쓰거나 필
요한) 비용, 경비
• expenditure n. (정부·기관·개인의)
지출, 비용(▶ income이나 revenue와 상
대되는 개념)

soar
[sɔːr]

[동] 1. (높이) 치솟다, (물가 등이) 급등하다
2. 날아오르다

[유] • skyrocket v. 급상승하다, 급등하다
• surge v. (물가 등이) 급등하다 n. 급등
[반] plunge, plummet v. (물가 등이) 급락
하다
[cf.] sore a. 아픈

1966

inflation
[infléiʃən]

명 **1. 부풀리기, 팽창**
2. [경제] **인플레이션, 물가 상승(률)**

파 inflate **v.** 1. 부풀리다 2. 가격을 올리다
(↔ deflate **v.** 1. 공기를 빼다 2. 가격을 끌어내리다)

반 deflation **n.** 1. 수축 2. [경제] 디플레이션, 물가 하락(률)

cf. • 인플레이션: 통화량의 증가로 화폐가치가 하락하고, 물가가 전반적으로 상승하는 경제 현상
• 디플레이션: 경제 전반적으로 상품과 서비스의 가격이 지속적으로 하락하는 현상

1967

recession
[riséʃən]

명 **1. 경기 침체, 불경기, 불황**
2. 물러남, 후퇴

파 recede **v.** 1. 물러나다 2. 약해지다

유 depression, stagnation, slump **n.** 불경기, 불황

반 boom **n.** 1. (사업·경제의) 붐, 호황 2. 갑작스런 인기 3. 쾅 하는 소리 **v.** 호황을 누리다

1968

fluctuate
[flʌ́ktʃuèit]

동 (가격 · 양 등이) **변동을 거듭하다, 오르내리다**

파 fluctuation **n.** 변동, 오르내림
fluctuating **a.** 변동하는, 오르내리는

유 vary **v.** 바뀌다, 변하다

반 stabilize **v.** 안정되다, 고정되다

1969

monopoly
[mənɑ́pəli]

명 (시장의) **독점(권), 전매(권)**

파 monopolize **v.** 독점하다
monopolistic **a.** 독점적인

cf. **접두사 mono-:** '하나(one)'의 의미
• monologue **n.** 독백, 혼자 하는 대사
• monotonous **a.** 단조로운, 지루한
• monolingual **a.** 하나의, 언어를 사용하는

1970

surplus
[sə́ːrplʌs]

명 **1. 과잉, 잉여 2. 흑자**
형 **과잉의, 여분의**

유 • excess **n.** 초과(량), 과잉 **a.** 초과한, 여분의
• spare **a.** 여분의, 남는
• superfluous **a.** 과잉의, 남아도는

반 • shortage, deficiency **n.** 부족, 결핍
• deficit **n.** 적자, 부족
• deficient, insufficient **a.** 부족한

1971

wealth
[welθ]

명 **부**(富), (많은) **재산, 풍부한 양**

파 wealthy **a.** 부유한
(= rich, prosperous, affluent, well-off)

유 • prosperity **n.** (재정적인) 번영, 번성
• affluence **n.** 풍족, 부, 부유

반 poverty **n.** 빈곤, 가난

기출 어구 • material wealth 물질적 부[풍요]
• emotional wealth 감정적 부[풍요]

1972

prosper
[práspər]

동 번영하다, 번성하다

파 prosperous a. 번영하는, 번성하는
prosperity n. 번영, 번성

유 thrive, flourish v. 번영하다, 번창하다
기출 어구 • prosper economically 경제적으로 번영하다
• material prosperity 물질적 번영[풍요]

1973

flourish
[flə́ːriʃ]

동 번영하다, 번창하다, 잘 자라다

파 flourishing a. 번영하는, 번창하는

유 thrive v. 번영하다, 번창하다, 잘 자라다

1974

poverty
[pávərti]

명 가난, 빈곤

파 poor a. 가난한

반 • wealth, affluence n. 부, 부유
• prosperity n. (재정적인) 번영, 번성
기출 어구 grow up in poverty
가난하게 자라다

1975

finance
[fáinæns / fənǽns]

명 재무, 재정, 금융, 자금
동 자금을 대다

파 financial a. 재정의, 금융의
financially ad. 재정적으로

기출 어구 a financial crisis 재정[금융] 위기
cf. • financial affairs 재정, 재무
• banking n. 금융

1976

fund
[fʌnd]

명 기금, 자금
동 자금을 대다

파 funding n. 자금, 재정 지원

유 finance n. 자금 v. 자금을 대다
기출 어구 • set up a scholarship fund
장학 기금을 조성하다
• an emergency fund 비상 준비금

1977

monetary
[mánitèri]

형 1. 통화의, 화폐의
2. 금전(상)의, 재정(상)의

파 money n. 돈

기출 어구 • the International Monetary
Fund(IMF) 국제통화기금
• monetary economy 화폐경제
• monetary compensation 금전적 보상

1978

asset
[ǽset]

명 자산, 재산

유 • property n. 재산, 자산, 부동산
• fortune n. 재산, 부, 거금

1979

estate
[istéit]

명 1. 사유지, 토지 2. 재산

유 property n. 재산, 자산, 부동산
cf. • real estate 부동산
• real estate agency 부동산 중개업소

1980

revenue
[révənjùː]

명 1. (정부·기관의) **(총)수입**
2. (정부의) **세입** 3. (the ~) **국세청**

반 spending, expenditure n. 지출, 소비
cf. 사업체나 단체의 (총)수입을 나타낼 때 revenue를 쓰며, 개인의 수입을 나타낼 때는 income을 주로 쓴다.

1981

invest
[invést]

동 **투자하다**

파 investment n. 투자 (자금)
investor n. 투자자

숙어 invest in = make an investment in ~에 투자하다

1982

budget
[bʌ́dʒit]

명 **예산, 예산안**

동 **예산을 세우다**

파 budgetary a. 예산(상)의

기출 어구 • budget deficit 예산[재정] 적자
• allocated budget 배정 예산

1983

profit
[práfit]

명 **이익, 이윤**

동 **이익을 얻다**

파 profitable a. 이익이 되는, 수익성이 있는
(↔ unprofitable a. 이익이 없는, 수익을 못 내는)
profitability n. 수익성, 이윤율

유 gain n. 이익, 이득 v. 이익을 얻다
반 loss n. 손해, 손실
숙어 • make a profit 이익을 내다
• (a) net profit 순이익
cf. • nonprofit a. 비영리적인 n. 비영리 단체
• proceeds n. (거래·투자 등에 의한) 수입, 수익금

1984

margin
[máːrdʒin]

명 1. **가장자리, 끝** 2. **여유, 여지**
3. **이익, 수익**

파 marginal a. 1. 가장자리의 2. 중요하지 않은

숙어 by a narrow margin 아슬아슬하게
기출 어구 • a margin of safety 안전의 여지
• profit margin 이익률, 이익폭
• operating margin 영업 이익

1985

tax
[tæks]

명 **세금** 동 **세금을 부과하다**

파 taxation n. 과세, 징수

유 duty, levy n. (일반적인) 세금
기출 어구 • tax-free a. 면세의
• (a) taxpayer n. 납세자
• (a) tax collector 세금 징수원
• (a) tax break 세금 우대 조치
cf. tariff, customs n. 관세

debt
[det]

명 빛, 부채

파 debtor n. 채무자(↔ creditor n. 채권자)

기출 어구 national debt 국가 부채
cf. indebted a. 1. 빚이 있는 2. 감사하는
(▶ be indebted to ~에게 빚을 지다,
~에게 감사하다(= owe))

loan
[loun]

명 대출(금), 대여   동 빌려주다

유 lend v. 빌려주다
기출 어구 take out a loan 대출을 받다
cf. mortgage n. 담보 대출(금) v. 저당 잡히다

bankrupt
[bǽŋkrʌpt]

형 파산한   동 파산시키다

명 파산자

파 bankruptcy n. 파산, 도산

유 broke a. 파산한, 무일푼의
숙어 go bankrupt 파산하다(= go out of business)

auction
[ɔ́ːkʃən]

명 경매   동 경매로 팔다

파 auctioneer n. 경매인

숙어 put ~ up for auction
~을 경매에 붙이다

bid
[bid]

(bid – bid – bid)

동 1. 말하다, 명령하다

2. (경매에서) 입찰하다

명 입찰

파 bidding n. 입찰
bidder n. 입찰자

숙어 • bid farewell to ~에게 작별을 고하다
• make a bid for ~에 입찰하다, ~을 얻으려고 노력하다

각 빈칸에 알맞은 영단어 또는 우리말을 쓰시오.

01 Your strengths are your core, your hard-wired a__________ . [18 모평]

여러분의 강점은 여러분의 핵심이고, 여러분의 하드웨어에 내장된(본래 갖추고 있는) 자산이다.

02 Abundant timber would do away with the need to i__________ wood from Scandinavia. [14 모평]

풍부한 목재가 스칸디나비아로부터 목재를 수입할 필요를 없애 줄 것이었다.

03 As real e__________ prices rose, many of their neighbors sold their homes and lots. [14 수능]

부동산 가격이 오르자, 많은 이웃들이 자신들의 집과 땅을 팔아버렸다.

04 As a result, interest rates and exchange rates now f__________ more rapidly than at any time. [12 학평]

그 결과, 금리와 환율은 현재 어느 때보다 더 빠르게 오르내리고 있다.

05 Your donations will help support children in our community who may not be able to a__________ books. [19 모평]

귀하의 기부는 도서를 살 형편이 되지 않을 수도 있는 저희 지역 사회의 어린이를 지원하는 데 도움이 될 것입니다.

06 The thrill of b__________ hunting motivates shoppers and gives them a feeling of winning over the retailers. [15 학평]

특가품 쇼핑의 전율은 쇼핑객들에게 동기를 부여하고 소매상들로부터 유리한 거래를 이끌어 냈다는 기분을 준다.

07 The Sales department showed the largest gap between the allocated b__________ and its actual spending among the six departments. [14 모평]

영업부는 6개의 부서 중에서 할당된 예산과 실제 지출 사이에 가장 큰 차이를 보였다.

08 I am extremely frustrated with the overall inferior quality of the camera. I insist on receiving a full r__________ . [13 모평]

저는 카메라의 전반적인 열등한 품질에 극도로 실망하고 있습니다. 저는 전액 환불을 받기를 주장합니다.

09 A__________ seats in the incoming freshman class to the highest bidders might raise r__________ but also erode the integrity of the college and the value of its diplomas. [12 학평]

신입생 자리를 최고가 입찰자에게 경매하는 것(기부 입학제)은 수입을 올릴 수는 있겠지만 그 대학의 신뢰와 학위의 가치를 떨어뜨릴 수도 있다.

19~27번 정답 ▶ 19 수익 20 profits 21 poverty 22 파산 23 earn / income 24 잉여 25 번영할 26 secondhand 27 경기 침체 / 치솟았다

10 Traditional consumption was not particularly thrifty. [15 모평]

전통적인 소비가 특별히 _________ 것은 아니었다.

11 When two cultures come into contact, they do not e_________ every cultural item. [16 수능]

두 문화가 접촉할 때, 그 두 문화가 모든 문화 항목을 교환하는 것은 아니다.

12 They settled the deal, and he was delighted to p_________ the carving at a reasonable price. [17 수능]

그들은 거래를 성사시켰고, 그는 적당한 가격에 그 조각품을 구입하게 되어 기뻤다.

13 When a firm discovers a new drug, patent laws give the firm a monopoly on the sale of that drug. [11 학평]

한 회사가 새로운 약을 발견할 때 특허법은 그 회사에 그 약의 판매에 대한 _________을 준다.

14 In general, people accept offers where the m_________ compensation is near the amount that they were hoping for. [13 학평]

일반적으로, 사람들은 금전적 보상이 그들이 원하던 액수에 가까운 제의를 받아들인다.

15 Another share will be i_________ in the shift from coal to more expensive fuels, like conventional gas. [17 수능]

다른 많은 석탄에서 재래식 가스와 같은 더 비싼 연료로의 이동에 투자될 것이다.

16 Material w_________ in and of itself does not necessarily generate meaning or lead to emotional w_________. [16 수능]

물질적 풍요가 그 자체로서 반드시 의미를 만들어내거나 감정적인 풍요로 이끌어주는 것은 아니다.

17 Those people, organizations, and countries that possess the highest-quality information are likely to p_________ economically, socially, and politically. [19 수능]

가장 고품질의 정보를 소유하고 있는 그런 사람들, 조직들, 그리고 국가들이 경제적으로, 사회적으로, 그리고 정치적으로 번영할 가능성이 높다.

18 All human societies have economic systems within which goods and services are produced, distributed, and c_________. [14 모평]

모든 인간 사회는 재화와 용역이 생산, 분배, 소비되는 경제 체제를 갖고 있다.

28~36번 ▶ 정답

28 inflation	**29** financed	**30** luxury	**31** 입찰자 / 입찰	**32** commodity
33 funds	**34** tax	**35** costs / expenses	**36** debt	

19 Since 1999, the operating margin decreased until 2001 and then continually increased. [09 모평]

1999년 이후, 2001년까지 영업 ________ 이 감소했다가 계속 증가하였다.

20 My research shows that companies sometimes see p__________ increase after a rival's launch. [14 모평]

나의 연구는 경쟁사가 (신제품을) 출시한 후에 때로는 회사의 이익이 증가하기도 한다는 것을 보여준다.

21 With smaller herds, the Lapps found it more difficult to survive, and the snowmobile was eventually viewed as a product that drove the Lapps into p__________. [11 모평]

(순록) 무리가 줄어들자 Lapp 족들은 살아가기가 더 어렵다는 것을 알게 되었고, 결국 눈 자동차는 Lapp 족들을 가난으로 몰아간 제품으로 여겨졌다.

22 The company was on the brink of bankruptcy when its CEO, Robert McEwen, got a radical idea. [12 학평]

회사의 최고경영자인 Robert McEwen이 급진적인 아이디어를 생각했을 때, 그 회사는 ________ 직전이었다.

23 Fijians e__________ additional i__________ by performing folk dances and fire walking. [16 모평]

피지 사람들은 민속춤과 불 속 걷기 공연을 함으로써 부가적인 소득을 얻고 있다.

24 Urbanization has been taking place since the Neolithic Revolution, when agriculture enabled food surpluses to create a division of labor in settlements. [18 학평]

도시화는 신석기 혁명 이래로 계속되고 있는데, 신석기 혁명 시대에 농업은 식량의 ________로 인해 정착지에 분업이 생기는 것을 가능하게 했다.

25 It is clear that as a social activity science cannot flourish in an authoritarian climate. [18 학평]

사회적 활동으로서의 과학은 권위주의적인 환경에서 ________ 수 없는 것이 분명하다.

26 From the twelve million articles on Wikipedia to the millions of free s__________ goods offered on websites, we are discovering that money is not the only motivator. [12 모평]

위키피디아에 있는 1천 2백만 개의 기사에서부터 웹사이트들에 제공되는 수백만 개의 무료 중고 상품에 이르기까지, 우리는 돈이 유일한 동기 요인이 아니라는 것을 깨닫고 있다.

27 Both the budget deficit and federal debt have soared during the recent financial crisis and recession. [19 모평]

최근의 재정 위기와 ________ 동안에 재정 적자와 연방 정부의 부채가 모두 ________.

01~09번 ▶ 정답

01 assets	02 import	03 estate	04 fluctuate	05 afford
06 bargain	07 budget	08 refund	09 Auctioning / revenue	

28 If i__________ averages two percent, prices roughly double every thirty-six years. [16 모평]

물가 상승률이 평균 2퍼센트라면, 물가는 36년마다 대략 두 배가 된다.

---

29 During 2009-2010, nearly 40 percent of federal expenditures were f__________ by borrowing. [19 모평]

2009년~2010년 동안에 연방정부 지출의 거의 40퍼센트가 대출에 의해 자금이 조달되었다.

---

30 Television sets were priced beyond the means of a general public whose modest living standards not allow the acquisition of l__________ goods. [09 수능]

텔레비전 수상기는 소박한 생활 수준으로 인해 사치스런 물건을 취득할 수 없었던 일반 대중의 수입을 넘어서서 가격이 매겨져 있었다.

---

31 The bidding would continue higher and higher until each bicycle was sold to the highest bidder. [08 학평]

각 자전거가 가장 높은 __________에게 팔릴 때까지 __________은 점점 더 높은 가격으로 계속되었다.

---

32 With the industrial society evolving into an information-based society, the concept of information as a product, a c__________ with its own value, has emerged. [19 수능]

산업 사회가 정보에 기반을 둔 사회로 발달해 가면서, 하나의 상품, 즉 그 나름의 가치를 지닌 상품으로서 정보라는 개념이 등장했다.

---

33 Just less than a year after the initial work on the tomb began, it stopped because of lack of f__________. [16 모평]

무덤에 대한 초기 작업이 시작되고 나서 겨우 일 년도 되지 않아 그것은 자금 부족 때문에 중단되었다.

---

34 With cheap credit and t__________ breaks for home buyers, it's tempting to stretch one's finances to build or buy a larger house. [14 수능]

주택 구매자에게 저렴한 신용대출과 세금 우대 조치가 있다면 더 큰 집을 짓거나 구입하려고 자금조달을 늘리고 싶은 마음이 생길 것이다.

---

35 Millions of workers who retired with pensions during the 1960s and 1970s found that inflation pushed up c__________ far beyond their expected e__________. [16 모평]

1960년대와 1970년대에 연금을 받고 퇴직한 수백만 명의 근로자들은 인플레이션이 (생활에 필요한) 비용을 올려 자신들이 예상한 비용을 훨씬 넘어서게 했다는 것을 알게 되었다.

---

36 Future generations may blame us for our wasteful ways, but they can never collect on our d__________ to them. [17 수능]

미래 세대들은 우리의 낭비적인 방식을 비난할지 모르지만, 그들에게 진 우리 빚을 결코 상환 받을 수 없다.

10~18번 ▶   **10** 검소한   **11** exchange   **12** purchase   **13** 독점권   **14** monetary
정답   **15** invested   **16** wealth / wealth   **17** prosper   **18** consumed

DAY 46

산업 · 농업

표제어 음성 QR코드

DAY 46

PREVIEW 46 Words

- ☐ industrial
- ☐ produce
- ☐ manufacture
- ☐ infrastructure
- ☐ facility
- ☐ machinery
- ☐ inventory
- ☐ warehouse
- ☐ output
- ☐ corporate
- ☐ enterprise
- ☐ venture
- ☐ merge
- ☐ headquarters
- ☐ commerce
- ☐ transaction
- ☐ marketable
- ☐ merchandise
- ☐ wholesale
- ☐ retail
- ☐ vendor
- ☐ label
- ☐ patent
- ☐ agriculture
- ☐ peasant
- ☐ cultivate
- ☐ plow
- ☐ irrigation
- ☐ reservoir
- ☐ crop
- ☐ grain
- ☐ weed
- ☐ pesticide
- ☐ organic
- ☐ ripen
- ☐ harvest
- ☐ grind
- ☐ dairy
- ☐ livestock
- ☐ cattle
- ☐ herd
- ☐ pasture
- ☐ graze
- ☐ hay
- ☐ orchard
- ☐ timber

➕ 수능 PLUS 수능 이렇게 나온다

1991

industrial
[indʌ́striəl]

형 **산업의, 공업(용)의**

파 industry n. 1. 산업 2. 근면
industrialist n. 기업가, (공장) 경영주
industrialize v. 산업[공업]화하다
industrialization n. 산업[공업]화

기출 어구 • the Industrial Revolution 산업혁명
• industrial capitalism 산업 자본주의
• industrial materials 공업 원료
cf. • industrious a. 근면한, 부지런한
(= diligent, hard-working)
• post-industrial a. 산업[공업]화 이후의, 탈공업화(시대)의

1992

produce
[동: prədjúːs /
명: prɑ́djuːs]

동 **생산하다, 제조하다**
명 〈집합적〉 **생산물, 농산물, 수확물**

파 production n. 생산(량), 제품
productive a. 생산적인
(↔ nonproductive a. 비생산적인)
productivity n. 생산성, 생산 능력
producer n. 생산자, 제작자

유 • manufacture v. 생산하다, 제조하다
• crop n. 농작물, 수확물
• yield n. (농작물 등의) 수확(량)
기출 어구 • produce goods 상품을 생산하다
• ethical produce 윤리적 농산물

1993

manufacture
[mǽnjufǽktʃər]

동 **제조하다, (대량) 생산하다**
명 **제조, (대량) 생산**

파 manufacturing n. 제조(업)
manufacturer n. 제조업체, 생산 회사

유 • (mass) produce v. (대량) 생산하다
• (mass) production n. (대량) 생산
기출 어구 • manufactured goods
[products] 제조품, 공산품
• manufacturing facilities 생산 시설
• manufacturing jobs 생산직

1994

infrastructure
[ínfrəstrʌ̀ktʃər]

몡 1. (사회) **기반 시설**, (경제) **기반**
2. (단체 등의) **하부 조직**

기출 어구 • tourism infrastructure
관광 기반 시설
 • transportation infrastructure
교통 기반 시설
cf. 사회 기반 시설: 사회 유지와 경제 발전의
기초가 되는 공공 시설

1995

facility
[fəsíləti]

몡 (주로 *pl.*) **1. 시설, 설비 2.** (타고난) **재능**
3. 편의, 편리함

파 facilitate v. 용이하게 하다, 촉진하다

유 • amenity n. (*pl.*) (생활 편의) 시설
 • equipment n. 설비, 장비
 • ability n. 능력
숙어 with facility 수월하게(= with ease)
기출 어구 • public facilities 공공 시설
 • recreation[recreational] facilities
오락 시설
 • their facility of composition
그들의 작곡 재능

1996

machinery
[məʃíːnəri]

몡 1. 〈집합적〉 **기계(류) 2. 기제, 구조**

파 machine n. 기계
mechanize v. 기계화하다
mechanical a. 1. 기계의, 기계적인 2. 역학의

유 • equipment n. 설비, 장비
 • apparatus n. 기구, 기계, 장치
 • mechanism n. 기제, 구조
기출 어구 • automatic machinery
자동 기계[기기]
 • farm machinery 농기구
 • our inner machinery 우리의 내부 기제
 • neural machinery 신경 기제

1997

inventory
[ínvəntɔ̀ːri]

몡 **물품 목록, 재고(품)**

유 stock n. 재고(품), 저장(품)
기출 어구 inventory management
재고 관리

1998

warehouse
[wɛ́ərhàus]

몡 **창고, 큰 소매점**

유 storehouse n. 창고
cf. • garage n. 차고, 주유소
 • barn n. 헛간, 곳간

1999

output
[áutpùt]

몡 **생산(량), 산출(량)**
동 **생산하다, 산출하다**

유 • production n. 생산(량)
 • yield n. 생산(량), 산출(량)
반 input n. 투입(량), 입력 v. 입력하다
cf. output per capita 1인당 생산량

2000

corporate
[kɔ́ːrpərit]

형 1. 기업의, 회사의, 법인의
　　 2. 공동의

파 corporation n. (큰 규모의) 기업, 회사, 법인
(= Corp.)

기출 어구 • corporate social responsibility 기업의 사회적 책임
• climb up the corporate ladder 회사의 높은 지위에 오르다, 승진하다
cf. incorporate v. 포함하다, 법인 조직으로 만들다

2001

enterprise
[éntərpràiz]

명 1. 기업, 회사 2. (대규모) 사업

파 enterprising a. 진취적인
entrepreneur n. 사업가, 기업가

유 • business n. 기업, 사업
• company, firm n. 회사
기출 어구 a commercial enterprise 영리 기업
cf. entrepreneurship n. 기업가 정신

2002

venture
[véntʃər]

동 위험을 무릅쓰다, 모험하다
명 (위험이 따르는) 모험, 벤처 (사업)

숙어 • joint venture 합작 투자 (사업)
• venture business[company] 벤처 기업
기출 어구 Nothing ventured, nothing gained. 모험을 하지 않으면 아무것도 얻을 수 없다.
cf. adventure n. (위험이 따르지 않고 설레는) 모험

2003

merge
[məːrdʒ]

동 1. 합병하다, 합치다
　　 2. 융합되다, 섞이다

파 merger n. (조직체 · 사업체의) 합병

유 combine, join v. 결합하다, 결합시키다
반 separate v. 분리하다, 나누다
cf. • mergers and acquisitions[M&A] 기업 인수 합병
• affiliate v. 제휴하다 n. 계열사

2004

headquarters
[hédkwɔ̀ːrtərz]

(= HQ)

명 〈단수 취급〉 본사, 본부

파 headquarter v. ~에 본사[본부]를 두다

유 head office 본사
반 branch (office) n. 지사, 지점
cf. • subsidiary n. 자회사
• quarters n. 숙소, 막사

2005

commerce
[kámə(:)rs]

명 상업, 무역

파 commercial a. 상업(용)의, 상업적인 n. 상업 광고
(▶ commercial break (상업) 광고 시간)
commercialize v. 상업화하다
commercialization n. 상업화

유 trade n. 거래, 교환, 무역
cf. • e-commerce 전자 상거래 (제품이나 서비스의 온라인 매매)
• commence v. 시작하다, 시작되다

2006

transaction
[trænsǽkʃən]

명 1. 거래, 매매 2. (업무) 처리

파 transact v. 1. 거래하다 2. 처리하다

유 deal n. 거래, 취급, 처리
기출 어구 commercial[business] transaction 상거래(= commercial deal)

2007

marketable
[mɑ́ːrkitəbl]

형 잘 팔리는, 시장성이 있는

파 market n. 시장 v. (시장에) 내놓다

기출 어구 • marketable concept 시장성 있는 개념
• market share 시장 점유율
• niche market 틈새시장
cf. in demand 수요가 많은

2008

merchandise
[mə́ːrtʃəndàiz]

명 〈집합적〉 (매매용) 물품, 상품

파 merchant n. 상인, 무역상 a. 상업의

유 goods, commodities, products n. 상품, 물품, 제품

2009

wholesale
[hóulsèil]

형 도매의 동 도매로 팔다 명 도매

파 wholesaler n. 도매업자, 도매상

cf. • at wholesale 도매로, 대량으로
• wholesale price 도매가
• (a) wholesale dealer 도매상

2010

retail
[ríːteil]

형 소매의 명 소매 동 소매로 팔다

파 retailer n. 소매업자, 소매상

기출 어구 • retail price 소매가
• (a) retail outlet[store] 소매점
• retail market 소매 시장
cf. distributor n. 유통업자

2011

vendor
[véndər]

명 노점상, 판매 회사

cf. vending machine 자동 판매기

2012

label
[léibəl]

명 꼬리표, 상표, 라벨
동 꼬리표[상표]를 붙이다, 일컫다

유 • tag n. 꼬리표
• trade mark, brand n. 상표
숙어 label A (as) B
A를 B라고 일컫다[부르다]
기출 어구 • food label (포장 식품의) 식품 내용 표시 라벨
• record[music] label 음반사

2013

patent
[pǽtənt]

명 특허(권) 동 특허를 받다

파 patentee n. 특허권 소유자

기출 어구 • patent law 특허법
• patent application 특허 출원
• issue a patent to ~에게 특허를 주다
• patent an invention 발명품의 특허를 받다

2014

agriculture
[金grikʌltʃər]

명 **농업, 농사**

파 agricultural a. 농업의, 농사의
(↔ non-agricultural a. 비농업의)
agricultur(al)ist n. 농업 전문가, 농민

유 farming n. 농업, 농사
cf. agricultural[farming] population
농업 인구

2015

peasant
[pézənt]

명 **농부, 소작농**

cf. **farmer vs. peasant:**
• farmer n. (일반적인) 농부
• peasant n. (영세한 규모의 가난한)
농부, 소작농

2016

cultivate
[kʌltəvèit]

동 **1. 경작하다, 재배하다**
　 2. 기르다, 함양하다

파 cultivation n. 1. 경작, 재배
2. (재능·정신 등의) 양성, 함양
cultivated a. 1. 경작[재배]된 2. 세련된, 교양 있는
(↔ uncultivated a. 1. 경작되지 않은 2. 교양 없는)
cultivator n. 1. 경작[재배]자 2. 경운기

유 • farm v. 경작하다
• grow v. 재배하다
• nurture v. 양성[육성]하다
기출 어구 • cultivated terraces
계단식 농경지
• cultivate creativity 창의성을 기르다

2017

plow
[plau]

(= plough)

동 (땅을) **쟁기로 갈다, 경작하다**

명 **쟁기**

파 plowman n. 농부

유 till v. (논밭을) 갈다
기출 어구 • plow a field 밭을 갈다
• plow the soil 땅을 갈다

2018

irrigation
[ìrəgéiʃən]

명 **물대기, 관개**

파 irrigate v. 물을 대다, 관개하다

기출 어구 irrigation system[scheme]
관개 시설

2019

reservoir
[rézərvwàːr]

명 **1. 저수지 2. 비축, 저장소**

기출 어구 (a) reservoir of information/
wisdom 정보/지혜의 저장고

2020

crop
[krɑp]

명 **1. 작물, 농작물 2. 수확(량)**

기출 어구 • a staple crop 주요 (식량) 작물
• an export crop 수출 작물
• crop yields 작물 수확량

2021

grain
[grein]

명 **1. 곡물, (곡식의) 낟알 2. 알갱이, 입자**

기출 어구 • feed grains 사료용 곡물
• food grains 식량용 곡물
cf. fine-grained a. 결이 고운, 미립자의

DAY 46

2022

weed
[wiːd]

명 잡초 동 잡초를 뽑다
파 weedy a. 잡초가 무성한

숙어 weed out (잡초를) 뽑아내다, ~을 제거하다
cf. wild plant 야생 식물

2023

pesticide
[péstisàid]

명 농약, 살충제

기출 어구 synthetic pesticide 합성 살충제
cf. • pest n. 해충 • fertilizer n. 비료

2024

organic
[ɔːrɡǽnik]

형 1. 유기농법의 2. 유기체의, 생물의
파 organism n. 유기체

반 inorganic a. 무생물의, 무기물의
기출 어구 • organic farming 유기 농업
• (an) organic material 유기 물질

2025

ripen
[ráipən]

동 익다, 숙성하다
파 ripe a. 익은, 숙성한(↔ unripe a. 덜 익은)

유 mature v. 잘 익다, 숙성하다
a. 잘 익은, 숙성한

2026

harvest
[háːrvist]

명 수확(물), 추수(기)
동 수확하다, 거둬들이다

유 • crop, produce n. 농작물, 수확물
• yield n. (농작물 등의) 수확(량)
• reap, gather v. 수확하다, 거두다

2027

grind
[graind]
(grind–ground–ground)

동 갈다, 빻다
파 grinder n. 가는[빻는] 기구
grinding n. 갈기, 빻기

cf. mill v. (가루가 되도록) 갈다
n. 1. 방앗간 2. 공장

2028

dairy
[dɛ́(ː)əri]

형 유제품의 명 낙농업, 유제품 회사

기출 어구 • dairy product 유제품
• (the) dairy industry 낙농업

2029

livestock
[láivstàk]

명 〈집합적, 단 · 복수 취급〉 가축(류)

기출 어구 • tend livestock 가축을 돌보다
• grazing livestock 방목 가축
cf. livestock farming 목축(업)

2030

cattle
[kǽtl]

명 〈집합적〉 소

cf. cattlepost n. 축사, 소 키우는 곳

2031

herd
[həːrd]

명 (짐승의) 떼, 무리　동 떼 지어 몰다

파 herder n. 목동(= herdsman, shepherd), 목축업자

기출 어구 mobile herding 유목, 이동 목축

cf. **herd**: 군집 생활을 하는 동물의 무리를 나타낼 때 쓴다.
- a herd of cattle 소 떼
- a herd of zebra(s) 얼룩말 무리

2032

pasture
[pǽstʃər]

명 초원, 목초지, 방목지

유 • meadow, grassland n. 초원, 목초지
- pastureland n. 목초지, 방목지

cf. • ranch n. (대규모) 목장
- pastoral a. 목가적인, 전원적인

2033

graze
[greiz]

동 풀을 뜯다, 방목하다

파 grazing n. 방목, 목초지
grazer n. 방목 가축, 방목자

cf. overgrazing n. 과도한 방목

기출 어구 • graze on the ground 땅의 풀을 뜯다
- graze one's animals 가축을 방목하다

2034

hay
[hei]

명 건초, 말린 풀

cf. • hay fever 고초열(꽃가루 알레르기)
- straw n. 짚, 지푸라기

2035

orchard
[ɔ́ːrtʃərd]

명 과수원

기출 어구 tend the orchard
과수원을 돌보다

2036

timber
[tímbər]

명 목재, (목재용) 수목

cf. • lumber n. 1. 목재, 재목 2. 잡동사니
- log n. 1. 통나무 2. 일지
  v. 1. 벌목하다 2. 일지에 기록하다

DAY 46

각 빈칸에 알맞은 영단어 또는 우리말을 쓰시오.

01 Most plastic is m__________ using oil by-products and natural gas. [11 모평]

대부분의 플라스틱은 석유 부산물과 천연 가스를 사용하여 제조된다.

02 A v__________ in a city set up shop and sold doughnuts and coffee to passersby. [10 모평]

도시의 한 노점 상인이 가게를 차리고 행인들에게 도넛과 커피를 팔았다.

03 The hotel was in a dark neighborhood of shipping offices and warehouses. [09 모평]

그 호텔은 선적 사무실들과 __________이 있는 어두운 동네에 있었다.

04 At feeding time, each elephant was given a big bundle of h__________. [12 학평]

먹이를 줄 때, 각 코끼리에게 큰 건초 한 묶음이 주어졌다.

05 Garrett Hardin used the example of an area of p__________ on which all the cattle-owners are permitted to g__________ their animals free of charge. [13 수능]

Garrett Hardin은 모든 소 주인들이 무료로 그들의 동물들을 방목하도록 허용되는 한 목초지의 예를 사용했다.

06 Workers began to pay for leisure activities organized by capitalist enterprises. [19 수능]

노동자들은 자본주의 __________이 조직한 여가 활동에 돈을 지불하기 시작했다.

07 In the 1890s, some sellers in Paris felt that refrigeration would spoil their p__________. [18 학평]

1890년대에 파리의 몇몇 판매자들은 냉장이 그들의 농산물을 상하게 할 것이라고 생각했다.

08 Wetlands are converted in favor of more profitable options such as dams or irrigation schemes. [11 학평]

습지는 댐이나 __________ 시설과 같은 더 수익성 있는 선택으로 전환된다.

09 Experimental observations are limited to those organisms that we can collect live and keep and c__________ in the laboratory. [20 모평]

실험 관찰은 우리가 산 채로 수집하여 실험실에서 두고 기를 수 있는 그러한 생물로 제한된다.

10 Nowadays, automatic m__________ and i__________ robots are taking the place of human workers on the assembly line. [10 모평]

요즘은 조립 라인에서 자동 기계류와 산업용 로봇이 인간 노동자를 대체하고 있다.

20~28번 정답 ▶ **20** 저장소　**21** 특허권　**22** harvests　**23** Cattle / agriculture　**24** merchant / merchandise　**25** commerce　**26** facilities　**27** grains / grains　**28** herd / orchard

11 In 1712, she invented a new way to g__________ corn into meal. [13 학평]

1712년에 그녀는 옥수수를 갈아서 식사로 먹는 새로운 방법을 발명했다.

12 Some users take advantage of this privilege by hacking into government and c__________ systems. [09 모평]

일부 사용자들은 정부와 기업의 시스템을 해킹하는 것으로 이 특권을 이용하고 있다.

13 Natural objects do not come with l__________, of course, but these days, most physical artifacts do. [09 수능]

물론 자연물에는 꼬리표들이 붙어 있지 않지만, 요즘의 대부분의 물리적 인공물에는 그러하다.

14 You have to v__________ beyond the boundaries of your current experience and explore new territory. [18 수능]

당신은 현재 경험의 한계를 넘어서는 모험을 해야 하고 새로운 영역을 탐사해야 한다.

15 The price that the farmer gets from the wholesaler is much more flexible from day to day than the price that the retailer charges consumers. [19 모평]

__________에게서 농부가 받는 가격은 __________이 소비자에게 부과하는 가격보다 그날그날 훨씬 더 유동적이다.

16 The commonest daily foods for the Nuer are d__________ products, especially milk for the young and soured milk, like yogurt, for adults. [20 수능]

Nuer 족에게 가장 일반적인 일상 음식은 유제품으로, 특히 어린이들을 위해서는 우유이고 어른들을 위해서는 요구르트와 같은 산유(酸乳)이다.

17 Just before bananas r__________, they are picked, packaged, and finally delivered to our local supermarkets. [08 모평]

바나나들은 익기 바로 직전에 따서, 포장해서, 마침내 우리 지역 슈퍼마켓으로 배달된다.

18 The t__________ was sold on the open market and the soil converted to crops and pastureland. [12 수능]

목재는 공개 시장에서 팔렸고 토양은 농경지와 목초지로 전환되었다.

19 Once the organizational structure was set, by-laws agreed upon, and all the volunteers had actually m__________, then the h__________ site was decided on. [10 모평]

일단 조직적 구조가 정해지고, 조례가 합의되고, 모든 자원봉사자들이 사실상 합쳐지자 본부 부지가 결정되었다.   *by-law 조례

29~37번 정답 ▶ 29 plow 30 livestock 31 시장성이 있는 32 crops / 살충제[농약] 33 유기농 / 잡초
34 기반 시설 35 거래들 36 peasant 37 생산량 / 재고

20 They have a large reservoir where they store that information. [09 모평]

그들은 그 정보를 저장하는 큰 __________를 가지고 있다.

21 The ancient Greeks used an awards system to recognize design achievements, which performed some of the same functions as the modern patent system. [17 모평]

고대 그리스 사람들은 디자인 업적을 인정해 주기 위한 시상 시스템을 사용했는데, 이것은 현대의 __________제도와 어느 정도 동일한 기능을 수행했다.

22 Kenya, which lies on the equator, is one of the countries with the potential of year-round h__________. [17 학평]

적도에 위치한 케냐는 일년 내내 수확이 가능한 나라 중 하나이다.

23 C__________ were domesticated both for meat and skin and as work animals for a__________. [10 모평]

소는 고기와 가죽, 그리고 농업에 필요한 일을 하는 동물로 길들여졌다.

24 Gregorio Dati was a successful m__________ of Florence, who entered into many profitable partnerships dealing in wool, silk, and other m__________. [13 수능]

Gregorio Dati는 Florence의 성공한 상인으로, 양모, 실크, 그리고 다른 상품들을 취급하는 수익성 좋은 동업관계를 맺었다.

25 The rise in c__________ and the decline of authoritarian religion allowed science to follow reason in seventeenth-century Europe. [15 수능]

상업의 융성과 권위주의적인 종교의 쇠퇴는 17세기 유럽에서 과학이 이성을 따르는 것을 가능하게 했다.

26 Some residents feel tourism provides more parks and recreation areas and improves the quality of the roads and public f__________. [17 수능]

몇몇 주민들은 관광산업이 더 많은 공원과 휴양지를 제공하고, 도로와 공공시설의 질을 개선한다고 생각한다.

27 The changes in diet that usually accompany higher incomes will require relatively greater increases in the production of feed g__________, rather than food g__________. [20 모평]

보통 더 높은 소득에 수반하는 식단의 변화는 식용 곡물보다 사료용 곡물의 생산에서 상대적으로 더 큰 증가를 요구할 것이다.

28 Depending on the weather and time of year, she either takes the h__________ to the meadow, tends the o__________, or cards some wool. [11 모평]

날씨와 시기에 따라 그녀는 (소) 떼를 목초지로 데려가거나 과수원을 돌보거나 양털을 빗질하여 다듬는다.

*card (양털 등을) 빗질하여 다듬다

01~10번 ▶ 정답

01 manufactured	02 vendor	03 창고들	04 hay	05 pasture / graze
06 기업들	07 produce	08 관개	09 cultivate	10 machinery / industrial

29 Farmers p__________ soil to improve it for crops. [09 학평]

농부들은 작물을 위한 토질을 향상시키기 위해 땅을 간다.

30 Overgrazing of l__________ resulted in further deterioration of the soil. [12 수능]

가축을 지나치게 방목한 결과 토질 악화가 심화되었다.

31 The narratives that people create to understand their landscapes come to be viewed as marketable entities and a source of income for residents. [18 모평]

사람들이 자신의 풍경을 이해하기 위해 만들어내는 이야기는 __________ 실재이자 주민들의 소득원으로 여겨지게 된다. *entity 실재

32 High-yield varieties are genetically weaker c__________ that require expensive chemical fertilizers and toxic pesticides. [12 모평]

높은 수확량의 변종들은 또한 값비싼 화학 비료와 유독성 __________를 필요로 하는 유전적으로 약한 작물이다.

33 Organic fields suffer more from weeds and insects than conventional fields. [13 모평]

__________ 경작지는 전통적인 경작지보다 __________와 벌레로부터 더 많은 피해를 입는다.

34 While the transportation infrastructure may shape *where* we travel today, in the early eras of travel, it determined whether people could travel at all. [19 모평]

교통 __________이 오늘날에 는 우리가 여행하는 '곳'을 정할 수 있지만, 여행의 초기 시대에는 그것이 사람들이 여행을 할 수 있는지 여부를 결정했다.

35 The desire for written records has always accompanied economic activity, since transactions are meaningless unless you can clearly keep track of who owns what. [20 수능]

누가 무엇을 소유하고 있는지 명확하게 파악할 수 없다면 __________은 의미가 없기 때문에 서면 기록에 대한 열망은 항상 경제 활동과 동반된다.

36 The capitalist mode of production is affecting p__________ production in the less developed world in such a way as to limit the production of staple foods. [18 수능]

자본주의적 생산 방식이 저개발 세계에서 주요 식품의 생산을 제한하는 방식으로 소작농의 생산에 영향을 끼치고 있다. *staple 주요한

37 When the supply of a manufactured product exceeds the demand, the manufacturer cuts back on output, and the merchant reduces inventory to balance supply and demand. [15 모평]

공산품의 공급이 수요를 초과하면, 수요와 공급의 균형을 맞추기 위해 제조자는 __________을 줄이고 상인은 __________를 줄인다.

11~19번 정답 ▶   11 grind   12 corporate   13 labels   14 venture   15 도매상 / 소매상
   16 dairy   17 ripen   18 timber   19 merged / headquarters

PREVIEW 44 Words

- [ ] flock
- [ ] burrow
- [ ] dormant
- [ ] tame
- [ ] breed
- [ ] hatch
- [ ] fur
- [ ] vegetation
- [ ] stem
- [ ] sprout
- [ ] bud
- [ ] bloom
- [ ] pollen
- [ ] biological
- [ ] species
- [ ] hybrid
- [ ] organism
- [ ] germ
- [ ] parasitic
- [ ] gene
- [ ] cell
- [ ] clone
- [ ] evolve
- [ ] mutation
- [ ] ape
- [ ] reptile
- [ ] mammal
- [ ] primate
- [ ] predator
- [ ] prey
- [ ] ecology
- [ ] ecosystem
- [ ] habitat
- [ ] wildlife
- [ ] rainforest
- [ ] deforestation
- [ ] extinct
- [ ] endanger
- [ ] conserve
- [ ] preserve
- [ ] soil
- [ ] erode
- [ ] barren
- [ ] wilderness

2037

flock
[flɑk]

명 떼, 무리
동 떼를 짓다, (많은 수가) 모이다

＋ 수능 PLUS 수능 이렇게 나온다

cf. • flock n. (양 · 염소 · 새 등의) 떼
• swarm n. (곤충의) 떼 v. 떼지어 움직이다
• school n. (물고기의) 떼

2038

burrow
[bə́ːrou]

동 굴을 파다, (~ 속으로) 파고들다
명 (토끼 · 여우 등의) 굴, 은신처
파 burrower n. 굴 파는 동물

유 dig v. 파다, 파내다
cf. cave n. (일반적인) 동굴 v. 굴을 파다
(▶ cave in 함몰되다, 항복하다)

2039

dormant
[dɔ́ːrmənt]

형 (동식물이) 활동을 중단한, 휴면[동면] 중인
파 dormancy n. 휴면[동면] 상태, 비활동 상태

유 inactive a. 활동하지 않는
cf. • hibernate v. 동면하다
(▶ hibernation n. 동면)
• latent a. (식물) 휴면의, [병리] 잠복성의

2040

tame
[teim]

동 길들이다, 다스리다
형 길들여진
파 tamer n. 조련사(= trainer)

유 • domesticate v. 길들이다, 사육하다
• domesticated a. 길들여진
반 • wild a. 야생의
• untamed a. 길들여지지 않은, 야성 그대로의

2041

breed
[briːd]
(breed–bred–bred)

동 1. 새끼를 낳다, 번식하다
2. 사육하다, 재배하다 3. 야기하다
명 품종
파 breeding n. (동식물의) 사육, 번식

기출 어구 breeding season 번식기
(↔ nonbreeding season 비번식기)
cf. mate v. 짝짓기를 하다

2042

hatch
[hætʃ]

동 부화하다, 부화시키다

명 (배 · 항공기의) 출입구

cf. incubate v. (새가 알을) 품다, 부화하다, (세균 등을) 배양하다

2043

fur
[fɜːr]

명 (포유 동물의) 부드러운 털, 모피

cf. fur seal n. 물개(= seal)

2044

vegetation
[vèdʒətéiʃən]

명 〈집합적〉 (특정 지역의) 초목, 식물

파 vegetable n. 채소, 야채
vegetarian n. 채식주의자
(▶ vegan n. 엄격한 채식주의자)

cf. • flora n. (특정 장소 · 시대 · 환경의) 식물군
• botany n. 식물학
(▶ botanical a. 식물(학)의)

2045

stem
[stem]

명 (식물의) 줄기

동 생기다, 일어나다

유 stalk n. (식물의) 줄기, 대
숙어 stem from ~에서 생기다, ~에서 유래하다(= derive from, arise from)
cf. 식물 부위:
• stem cell 줄기 세포
• root n. 뿌리
• branch n. 나뭇가지
• trunk n. 나무의 몸통

2046

sprout
[spraut]

명 싹, 새싹

동 싹이 나다, 발생하다

유 • bud n. 싹, 눈 v. 싹을 틔우다
• shoot n. (새로 돋아난) 순[싹]
숙어 sprout from ~에서 생기다
(= stem from)

2047

bud
[bʌd]

명 싹, 눈, 꽃봉오리

동 싹을 틔우다, 봉오리를 맺다

파 budding a. 싹트기 시작하는, 신예의

기출 어구 • young bud 어린 눈, 새싹
• taste bud (혀의) 미뢰, 맛봉오리
• budding young writers
젊은 신예 작가들

2048

bloom
[bluːm]

동 꽃이 피다

명 1. (과수의) 꽃 2. 한창때, 최성기

파 bloomer n. 1. 꽃이 피는 식물 2. 재능을 발휘하는 사람

유 • blossom n. 꽃 v. 1. 꽃이 피다
2. 번영하다
• prime n. 한창때, 전성기
기출 어구 intellectual bloomers
지적으로 재능을 발휘할 학생들

DAY 47

2049

pollen
[pálən]

명 꽃가루

cf. • pollinate v. 수분(受粉)하다[꽃가루받이를 하다]
• pollination n. 수분
• pollinator n. 수분을 하는 곤충
• nectar n. (꽃의) 꿀, 과일즙

2050

biological
[bàiəládʒikəl]

형 생물학의, 생물학적인

파 biology n. 생물학, 생명 활동
biologist n. 생물학자

기출 어구 • biological diversity 생물의 다양성(= biodiversity)
• biological evolution 생물학적 진화

2051

species
[spíːʃiːz]

명 (생물 분류상의) 종(種)

pl. species

cf. • species-specific a. 한 종에만 국한된, 종 특이의
• breed n. (특히 개 · 고양이 · 가축의) 품종

2052

hybrid
[háibrid]

명 (동식물의) 잡종, 혼합물
형 잡종의, 혼합된

파 hybridize v. 잡종을 만들다
hybridization n. (이종) 교배

유 crossbreed n. 잡종 v. 이종 교배하다
기출 어구 • a hybrid art 혼합 예술
• hybrid breeding 잡종 교배[번식]

2053

organism
[ɔ́ːrgənìzəm]

명 유기체, (작은) 생물

기출 어구 (a) living organism 생명체, 생물체
cf. microorganism n. 미생물 (= microbe)

2054

germ
[dʒəːrm]

명 1. 미생물, 세균 2. (생물의) 싹
3. 기원

파 germinate v. 싹트다, 시작되다
germinal a. 초기의

기출 어구 • (a) germ carrier 보균자
• helpful germs 도움이 되는 세균들
• the germinal phase 초기 단계
cf. bacteria n. 박테리아, 세균
(▶ 〈단수〉 bacterium)

2055

parasitic
[pærəsítik]

형 기생하는, 기생충에 의한

파 parasite n. 기생 동물[식물], 기생충

기출 어구 • (a) parasitic relationship 기생적 관계
cf. host n. (기생 생물의) 숙주

2056

gene
[dʒiːn]

명 유전자

파 genetic a. 유전적인, 유전(학)의
genetically ad. 유전적으로
genetics n. 유전적 특질, 유전학

기출 어구 • genetic engineering
유전 공학
• a genetically inherited trait
유전적으로 물려받은 특성
• genetically modified
유전자가 조작된
cf. generic a. 일반적인, 포괄적인

2057

cell
[sel]

명 1. (생물) 세포 2. (전기) 전지
3. 독방, 작은 방

파 cellular a. 1. 세포의 2. 휴대 전화의

cf. • stem cell 줄기 세포
• nerve cell 신경 세포
• cellphone n. 휴대 전화
(= mobile phone)
• tissue n. (세포들로 이뤄진) 조직

2058

clone
[kloun]

동 복제하다
명 복제품, 복제 생물

cf. • DNA cloning DNA 생물 복제
• gene cloning 유전자 복제

2059

evolve
[iválv]

동 1. 진화하다, 진화시키다
2. (점진적으로) 발달하다, 발달시키다

파 evolution n. 1. 진화 2. 발달, 발전
evolutionary a. 1. 진화의 2. 점진적인

반 regress v. 퇴보하다, 퇴행하다
숙어 evolve into ~으로 진화하다
cf. coevolve v. 함께 진화하다

2060

mutation
[mju(ː)téiʃən]

명 돌연변이, (형태·구조상의) 변화, 변이

파 mutate v. 돌연변이가 되다, 변화하다
mutational a. 돌연변이의, 변화하는

cf. • genetic mutation 유전적 돌연변이
• mutant n. 돌연변이체(돌연변이를 겪은
유기체) a. 돌연변이의

2061

ape
[eip]

명 유인원

cf. ape 종류:
• chimpanzee n. 침팬지
• gorilla n. 고릴라
• baboon n. 개코원숭이

2062

reptile
[réptil]

명 파충류

파 reptilian a. 파충류의

cf. amphibian n. 양서류 a. 양서류의

2063

mammal
[mǽməl]

명 포유동물

파 mammalian a. 포유류의

cf. rodent n. 설치류 a. 설치류의

2064

primate
[práimèit]

명 영장류

cf. 영장류: 유인원(ape), 원숭이, 인간을 포괄하는 개념

2065

predator
[prédətər]

명 포식자, 포식[육식] 동물, 약탈자

파 predatory a. 포식성의, 약탈하는
predation n. 약탈, 포식

cf. • carnivore n. 육식 동물
(= predator, meat-eating[carnivorous, predatory] animal)
 • herbivore n. 초식 동물
(= herbivorous animal)

2066

prey
[prei]

명 1. 먹이, 사냥감 2. 희생자
동 잡아먹다, 포식하다

유 • game n. 사냥감
 • victim n. 희생자
숙어 • fall prey to ~의 먹이[희생양]가 되다
 • prey on ~을 잡아먹다
cf. pray v. 기도하다, 빌다

2067

ecology
[ikάlədʒi]

명 생태 환경, 생태학

파 ecological a. 생태계의, 생태학적인
ecologist n. 생태학자

기출 어구 • ecological balance 생태계의 균형
 • ecological diversity 생태학적 다양성

2068

ecosystem
[íkousìstəm]

명 생태계

유 ecological system 생태계
cf. • agro-ecosystem n. 농업 생태계
 • eco-friendly a. 환경 친화적인

2069

habitat
[hǽbitæt]

명 서식지, 거주지

파 habitant n. 서식 동물, 주민(= inhabitant)

기출 어구 • natural habitat 자연 서식지
 • native habitat 토착 서식지
cf. biome n. (숲 · 사막 같은 특정 환경 내의) 생물군계

2070

wildlife
[wáildlàif]

명 야생 동물, 야생 생물

기출 어구 wildlife species 야생 동물 종
cf. • a wildlife habitat 야생 동물 서식지
 • preserve wildlife 야생 동식물을 보호하다

2071

rainforest
[réinfɔ̀ːrist]

명 (열대) 우림

cf. • tropical rainforest 열대 우림 (기후)
• temperate rainforest 온대강우림

2072

deforestation
[diːfɔ̀ːristéiʃən]

명 삼림 벌채, 삼림 파괴

cf. forest conservation, protection of forests 삼림 보호

2073

extinct
[ikstíŋkt]

형 1. 멸종된, 사라진
2. (화산 등이) 활동을 멈춘

파 extinction n. 멸종, 소멸

기출 어구 • an extinct species 멸종된 종
• become extinct 멸종되다(= die out)

2074

endanger
[indéindʒər]

동 위험에 빠뜨리다, 위태롭게 하다

파 endangered a. 위험에 처한,
(동식물이) 멸종 위기에 처한

유 • jeopardize v. 위태롭게 하다
• threaten v. 위태롭게 하다, 위협하다
• put ~ at risk[in danger]
~을 위험에 처하게 하다

cf. • an endangered species 멸종 위기
에 처한 종(= a threatened species 절멸
위기 종)
• a protected species 보호 종

2075

conserve
[kənsə́ːrv]

동 1. 보존하다, 보호하다
2. (자원 등을) 아껴 쓰다

파 conservation n. 1. 보존, 보호 2. 절약
conservationist n. 환경 보호 활동가

기출 어구 • conserve energy/heat
에너지를 / 열을 보존하다
• conserve resources 자원을 아껴 쓰다
• environmental conservation
환경 보존

cf. • conservatory n. 온실
• conservative a. 보수적인 n. 보수주의자

2076

preserve
[prizə́ːrv]

동 1. 보존하다, 보호하다
2. (식품을 가공하여) 보존하다

파 preservation n. 보존, 보호
preservative n. 방부제

유 • conserve v. 보존하다, 보호하다
• protect v. 보호하다
기출 어구 • preserve natural habitats
자연 서식지를 보존하다
• preserve biodiversity 생물의 다양성을
보존하다
• preserve a past culture 과거 문화를
보존하다
cf. self-preservation n. 자기 보존

DAY 47

2077

soil
[sɔil]
몡 흙, 토양

기출 어구 soil fertility 토양 비옥도
cf. topsoil n. 표토(表土)

2078

erode
[iróud]
동 1. 침식하다, 부식하다
2. (서서히) 약화시키다

파 erosion n. 침식, 부식
erosive a. 침식의

기출 어구 soil erosion 토양 침식
cf. • weather v. (암석 등을) 풍화시키다
(▶ weathering n. 풍화작용)
• deposit v. 퇴적[침적]시키다 n. 퇴적물
• corrode v. (금속이) 부식하다

2079

barren
[bǽrən]
형 1. (땅이) 불모의, 척박한
2. 불임의

유 infertile a. 1. 불모의 2. 불임의
반 fertile a. 1. 비옥한, 기름진 2. 다산의

2080

wilderness
[wíldərnis]
몡 황야, 황무지

유 • the wild(s) (야생 상태의) 자연, 황야, 황무지
• wasteland n. 황무지, 불모지
cf. wildness n. 야생, (토지 등의) 황폐

각 빈칸에 알맞은 영단어 또는 우리말을 쓰시오.

01 Today most maize seed cultivated are hybrids. [16 수능]

오늘날 재배되는 대부분의 옥수수는 ________ 이다.

02 The seeds of many wild plants remain d________ for months until winter is over and rain sets in. [14 수능]

많은 야생 식물의 씨앗이 겨울이 끝나고 비가 오기 시작할 때까지 여러 달을 휴면 상태로 있는다.

03 Starvation is part of the process of selection by which biological evolution functions. [19 모평]

기아는 ________ ________ 가 기능하게 되는 선택 과정의 일부이다.

04 Self-awareness is observed in chimpanzees and the other a________. [20 EBS]

자기 인식은 침팬지와 다른 유인원에서 관찰된다.

05 The butterflies help us grow some other plants because they carry p________ from flower to flower. [19 수능]

나비들은 이 꽃에서 저 꽃으로 꽃가루를 옮기기 때문에 우리가 다른 식물들을 키우는 데 도움을 준다.

06 The brown tree snake is infamous for causing the extinction of the majority of native bird species in Guam. [18 모평]

갈색 나무 뱀은 괌에 있는 대부분의 토종 새의 ________을 야기한 것으로 악명이 높다.

07 The loss of biodiversity has generated concern over the consequences for ecosystem functioning. [20 수능]

생물 다양성 상실은 ________ 기능에 미치는 영향에 대한 염려를 불러일으켰다.

08 Once the v________ has started to recover, insects, birds and other animals will travel into the newly regenerated area. [18 모평]

일단 식물이 회복하기 시작하면 곤충, 새, 그리고 다른 동물들이 그 새롭게 재생된 지역으로 이동할 것이다.

09 O________ must compete for resources not only with members of their own s________, but with members of other s________. [15 모평]

유기체들은 자신과 같은 종의 구성원들뿐만 아니라 다른 종의 구성원들과도 자원을 두고 경쟁해야 한다.

19~27번 정답 ▶ 19 buds　20 싹이 나도록　21 생태학　22 돌연변이들　23 habitat / breeding
24 cells　25 보존하는　26 primate　27 predators / prey

10 The banana tree is the largest plant on earth without a woody s__________ . [08 모평]

바나나 나무는 나무로 된 줄기가 없는 지구상에서 가장 큰 식물이다.

11 Genetic engineers utilize gene manipulation to c__________ domestic animals. [20 EBS]

유전 공학자들은 유전자 조작을 이용하여 가축을 복제한다.

12 The individual fish or bird is reacting almost instantly to the movements of its neighbors in the school or f__________ . [13 모평]

각각의 물고기나 새는 떼나 무리에서 옆에 있는 동료들의 움직임에 거의 즉각적으로 반응하고 있다.

13 Some studies on r__________ and amphibians indicate that they also sleep. [15 학평]

파충류와 양서류에 관한 몇몇 연구들은 그것들 또한 잠을 잔다는 것을 보여 준다.

14 Many species of tree are now endangered, including mahogany and teak. [14 모평]

마호가니와 티크를 포함하여 많은 종의 나무들이 이제 __________ 있다.

15 Many of the g__________ that live in or on the bodies of all animals contribute important protective, stimulant or nutritional effects. [14 학평]

모든 동물의 몸속에 또는 몸에 살고 있는 많은 세균들은 중요한 보호적, 촉진적, 또는 영양적인 효과에 기여한다.

16 How lucky we will be if, like the walnut, we b__________ in every aspect of the life that is given us. [11 모평]

우리에게 주어진 인생의 모든 면에서 우리가 호두처럼 꽃을 피운다면 우리는 얼마나 운이 좋겠는가.

17 This new approach increases biological diversity by c__________ hedges and the wildflowers, insects, birds and other animals that live on the land. [18 모평]

이러한 새로운 접근(방식)은 산울타리와 그 지역에 서식하는 야생화, 곤충, 새 그리고 그 밖의 다른 동물들을 보존함으로써 생물 다양성을 증대시킨다. *hedge 산울타리

18 Our essentially subtropical body isn't well suited to life in the Arctic because we don't have the f__________ of polar bears or the thick, insulating fat of sea m__________ . [14 학평]

우리의 아열대 몸은 북극곰의 털이나 바다 포유류들의 두껍고 단열이 되는 지방이 없기 때문에 본질적으로 북극에서의 생활에 적합하지 않다.

28~36번 정답 ▶ 28 황무지   29 굴   30 genes   31 불모의   32 침식 / 토양
33 tames   34 hatches   35 기생충들   36 열대 우림 / 삼림 벌채 / 야생 동물[생물]

19 The willows were bursting out in young b__________.
[05 학평]

버드나무의 어린 싹들이 움트고 있었다.

20 Seeds with thinner coats were preferred as they allow seedlings to sprout more quickly when sown. [14 수능]

더 얇은 껍질을 가진 씨앗은 파종되었을 때 묘목이 더 빠르게 __________ 하기 때문에 선호되었다.　　　　　*seedling 묘목

21 There is an axiom in ecology that 'complete competitors cannot coexist.' [17 모평]

'완전한 경쟁자는 공존할 수 없다'는 __________의 원리가 있다.　　*axiom 원리, 공리

22 Even genetic mutations are, to some extent, caused by environmental factors. [15 학평]

심지어 유전적 __________도 어느 정도는 환경적 요소에 의해 유발된다.

23 Migrants are free to choose the optimal h__________ for reproduction during the b__________ season.
[20 수능]

철새들은 번식기 동안에 번식을 위한 최적의 서식지를 자유롭게 선택한다.

24 Slow muscle fibers are muscle c__________ that can sustain repeated contractions but don't generate a lot of quick power for the body. [13 수능]

느린 근섬유는 반복적인 수축을 견딜 수 있지만, 신체를 위한 빠른 힘을 많이 만들어내지는 않는 근육 세포들이다.

25 While there are aesthetic and ethical reasons for preserving biodiversity, there are practical considerations as well. [13 모평]

생물의 다양성을 __________ 데에는 미학적이고 도덕적인 이유가 있지만 또한 실질적인 고려사항도 있다.

26 We can argue that tool-making, one of the fundamental distinguishing features of p__________ cognition, depends on this ability. [18 모평]

우리는 영장류 인지력의 근본적이고 독특한 특징 중의 하나인 도구 제작이 이 능력에 의존한다고 주장할 수 있다.

27 Most p__________ have to single out and focus on a single individual, in order to successfully capture a p__________. [12 학평]

대부분의 포식자들은 성공적으로 먹이를 잡기 위해 단 하나의 개체를 선택하여 집중해야 한다.

01~09번
정답 ▶　01 잡종들　　02 dormant　　03 생물학적 / 진화　　04 apes　　05 pollen
　　　　　06 멸종　　　07 생태계　　　08 vegetation　　　09 Organisms / species / species

28 The quake devastated 24,000 square miles of wilderness, much of it glaciated. [19 모평]

그 지진은 2만 4천 제곱 마일의 _________를 황폐화시켰는데, 그것의 많은 부분이 빙하로 덮여 있었다.

29 Many small mammals living in cold climates tend to sleep a lot, often in insulating burrows. [15 학평]

추운 기후에서 사는 작은 포유동물은 흔히 단열이 되는 _________에서 수면을 많이 취하는 경향이 있다.

30 Our technological creations are great extrapolations of the bodies that our g_________ build. [20 모평]

우리의 기술적인 창조물들은 우리의 유전자들이 형성하는 신체의 위대한 연장이다.

*extrapolation 연장

31 Pollution from excess feed and fish waste created huge barren underwater deserts. [15 수능]

과도한 사료와 어류 폐기물로부터 발생하는 오염이 거대한 _________ 해저 사막을 만들어 냈다.

32 New soil forms when the weathering of rock exceeds losses from erosion. [15 학평]

암석의 풍화가 _________으로 인한 손실보다 많을 때 새로운 _________이 형성된다.

33 Experienced animal trainers take a stool with them when they step into a cage with a lion. It t_________ a lion better than anything. [06 모평]

숙련된 동물 조련사는 사자와 우리로 들어갈 때 의자를 가지고 간다. 그 의자는 그 어떤 것보다도 사자를 잘 길들인다.

34 When the egg of the thief h_________, it kills the host's offspring and then eats the pollen meant for its victim. [18 모평]

그 도둑의 알이 부화하면, 그것은 숙주의 새끼를 죽이고 나서 그것의 희생자를 위해 마련된 꽃가루를 먹는다.

35 To improve their own chances of survival, some parasites cause their hosts to act in ways that are very different from their normal behavior. [11 학평]

그들 자신의 생존 가능성을 높이기 위해서 몇몇 _________은 숙주가 그들의 정상적인 행동과는 매우 다른 방식으로 행동하도록 야기한다.

36 Deforestation, particularly in tropical rainforests, has had a severe impact both on local communities and on native plants and wildlife. [14 모평]

특히, _________의 _________는 지역 사회뿐만 아니라 토착 식물과 _________에도 심각한 영향을 미쳤다.

10~18번 정답 ▶ **10** stem **11** clone **12** flock **13** reptiles **14** 멸종 위기에 처해 **15** germs **16** bloom **17** conserving **18** fur / mammals

DAY
48

자연 · 환경 (2)

표제어 음성 QR코드

PREVIEW 44 Words

☐ twilight	☐ equator	☐ erupt	☐ dump
☐ mist	☐ peak	☐ landslide	☐ dispose
☐ temperate	☐ plateau	☐ drought	☐ radioactive
☐ humid	☐ marine	☐ flood	☐ toxic
☐ geography	☐ tide	☐ disaster	☐ emit
☐ geology	☐ bay	☐ catastrophe	☐ stink
☐ hemisphere	☐ polar	☐ devastate	☐ pollute
☐ continent	☐ Arctic	☐ casualty	☐ contaminate
☐ peninsula	☐ glacier	☐ trash	☐ fossil
☐ horizon	☐ earthquake	☐ debris	☐ renewable
☐ latitude	☐ volcano	☐ landfill	☐ deplete

수능 PLUS 수능 이렇게 나온다

2081

twilight [twáilàit]

명 **1. 황혼, 땅거미 2. 황혼기, 쇠퇴기**

유 dusk n. 황혼, 땅거미
cf. • the twilight years (인생의) 황혼기
• sunset n. 일몰, 해질녘

2082

mist [mist]

명 (엷은) **안개, 연무**

파 misty a. 안개가 낀, 부연

cf. • fog n. (짙은) 안개, 농무
• smog n. (대기오염으로 인한) 스모그, 연무

2083

temperate [témpərit]

형 **1.** (기후 · 지역이) **온난한**
2. (태도가) **절제하는, 삼가는**

파 temperately ad. 적당하게, 절제하여
temperance n. 절제, 자제

유 • mild a. (날씨가) 온화한, (태도가) 순한, 온화한
• moderate a. 적당한, 온건한, 절제하는
반 intemperate a. 1. (기후 · 지역이) 혹심한 2. 무절제한
기출 어구 • temperate zone 온대
• temperate climate 온대 기후

2084

humid [hjú:mid]

형 (대기 · 날씨가) **습한, 눅눅한**

파 humidity n. 습도, 습기

유 • moist a. 축축한, 습한
• damp a. 축축한, 습기가 있는
cf. **'대기' 관련 표현:**
• temperature n. 온도
• rainfall n. 강우(량)
• atmospheric pressure 기압

2085

geography [dʒiágrəfi]

명 **지리(학), 지형**

파 geographical[geographic] a. 지리학의, 지리적인
geographer n. 지리학자

cf. geography = geo(earth) + graph(write) + y(명사형 접미어)
→ '땅에 관해 기술한 것'이라는 뜻으로 땅에서 형성된 여러 지형들을 연구하는 학문

2086

geology
[dʒiálədʒi]

명 지질학

파 geological a. 지질학의
geologist n. 지질학자

cf. geology = geo(earth) + logy(study) → '땅을 연구하는 학문'이라는 뜻으로, geography와 달리, 땅 자체에 대해서 연구하는 학문으로 지구의 기원, 구조 등과 어떤 지역의 암석, 광물 등에 대해 다룬다.

2087

hemisphere
[hémisfìər]

명 (지구·뇌의) **반구, 반구체**

파 hemispheric a. 반구의, 반구형의

기출 어구 • the right hemisphere of the brain 우뇌
• the Southern/Northern/Western hemisphere 남반구/북반구/서반구

2088

continent
[kántənənt]

명 **대륙, 육지, 본토**

파 continental a. 대륙의

유 • landmass n. 대륙, 광대한 육지
• mainland n. 본토, 대륙
cf. • the continental shelf 대륙붕
• continental Europe
(영국·아일랜드를 제외한) 유럽 대륙

2089

peninsula
[pənínsələ]

명 **반도**

파 peninsular a. 반도의

cf. the Korean peninsula 한반도

2090

horizon
[həráizən]

명 1. **지평선, 수평선**
2. (인식·사고 등의) **시야, 범위**

파 horizontal a. 수평(선)의, 가로의 n. 수평선
(↔ vertical a. 수직의, 세로의 n. 수직선)

기출 어구 • above the horizon 지평선[수평선] 위에
• expand horizons 시야를 넓히다

2091

latitude
[lǽtətjùːd]

명 1. **위도** 2. (pl.) (위도상) **지역**
3. (선택·행동 등의) **자유, 허용 범위**

파 latitudinal a. 위도의

기출 어구 • at similar latitudes 비슷한 위도에 있는
• give people the latitude to do 사람들에게 ~할 자유를 주다
cf. longitude n. 경도

2092

equator
[ikwéitər]

명 (the ~) **적도**

파 equatorial a. 적도의

숙어 on[at] the equator 적도에(서)

2093

peak
[piːk]

명 1. 산꼭대기 2. 절정, 최고점
형 절정기의, 최고의
동 최고점에 이르다

유 summit, top n. 1. 산꼭대기
2. 절정, 최고점
기출 어구 • a mountain peak 산봉우리
• reach one's peak 절정에 이르다
• peak season 성수기
(↔ off-peak season 비수기)
cf. a mountain slope 산비탈

2094

plateau
[plætóu]

명 1. 고원 2. 안정기, 정체기
동 안정기[정체기]를 유지하다

cf. • highland n. 고지, 산악 지방
• valley n. 계곡, 골짜기
• canyon n. 협곡

2095

marine
[məríːn]

형 바다의, 해양의

기출 어구 • a marine biologist
해양 생물학자
• marine life 해양 생물
cf. submarine n. 잠수함

2096

tide
[taid]

명 1. 조수(潮水) 2. (여론 등의) 흐름
파 tidal a. 조수의

cf. • ebb tide 썰물
• flood tide 밀물
• high tide 만조(밀물로 해수면이 가장 높은
상태)
• low tide 간조(썰물로 해수면이 가장 낮은
상태)
• current n. 해류, 흐름

2097

bay
[bei]

명 (바다, 호수의) 만(灣)

cf. 해안의 지형:
• gulf n. 만(bay보다 큰 사이즈)
• shore n. 해안, 해변
• cliff n. (해안의) 절벽

2098

polar
[póulər]

형 1. 북극[남극]의 2. (자석) 양극의
　　3. 극과 극의
파 pole n. 1. (지구 또는 자석의) 극 2. 막대기
polarize v. 양극화하다
polarization n. 양극화
polarity n. 양극성

기출 어구 • (a) polar bear 북극곰
• political polarization 정치적 양극화,
정치적 의견 대립

2099

Arctic
[ɑ́ːrktik]

휑 북극의 명 (the ~) 북극 (지방)

윤 • north-polar a. 북극의
• the North-Pole n. 북극
cf. Antarctic a. 남극의(= south-polar)
n. (the ~) 남극 (지방)
(= the South Pole)

2100

glacier
[gléiʃər]

명 빙하

파 glacial a. 빙하의

cf. 빙하: 눈이 쌓여 압축되어 생긴 얼음덩어리
• a continental glacier 대륙 빙하
• an alpine glacier 산악 빙하

2101

earthquake
[ə́ːrθkwèik]

명 1. 지진 2. (정치적·사회적) 대변동, 격동

윤 quake n. 떨림, 진동, 지진
cf. earthquake epicenter 지진 진원지

2102

volcano
[vɑlkéinou]

명 화산

파 volcanic a. 화산의, 화산 작용에 의한

cf. • volcanic ash 화산재
• active/dormant/extinct volcano
활/휴/사화산
• crater n. 분화구
• lava n. 용암

2103

erupt
[irʌ́pt]

동 1. (화산 등이) 분출하다, 폭발하다
2. (감정을) 터트리다

파 eruption n. 분출, 폭발

윤 • explode v. 폭발하다, 터지다
• blow up 폭발하다
• break out 터트리다
기출 어구 • (a) volcanic eruption
화산 분출, 분화
• erupt into a roar of laughter
폭소를 터트리다

2104

landslide
[lǽndslàid]

명 1. 산사태 2. (선거의) 압도적 승리

cf. avalanche n. 1. 눈사태, 산사태
2. (일·불행 등의) 쇄도

2105

drought
[draut]

명 가뭄

반 flood n. 홍수

2106

flood
[flʌd]

명 1. 홍수 2. 쇄도
동 1. 범람하다, 범람시키다 2. 쇄도하다

기출 어구 • information flood
정보의 홍수[쇄도]
• people began flooding into
사람들이 ~로 몰려들기 시작했다

2107

disaster
[dizǽstər]

명 재난, 재해, 재앙

파 disastrous a. 처참한, 피해가 막심한
(= catastrophic, devastating)

기출 어구 • (a) disaster strikes, be hit by (a) disaster 재해가[재난이] 닥치다
• (a) natural disaster 자연 재해

2108

catastrophe
[kətǽstrəfi]

명 큰 재해, 대참사

파 catastrophic a. 큰 재해의, 파멸의

유 disaster, calamity n. 재난, 재해, 재앙
기출 어구 damage from catastrophe 큰 재해로 인한 피해

2109

devastate
[dévəstèit]

동 1. 황폐시키다, 완전히 파괴하다
2. 망연자실하게 하다

파 devastation n. 황폐, (대대적인) 파괴
devastating a. 황폐시키는, 파괴적인, 처참한

유 destroy v. 파괴하다
기출 어구 devastate entire cities 도시 전체를 황폐시키다

2110

casualty
[kǽʒjuəlti]

명 사상자, 희생자

유 • victim n. 희생자, 피해자
• fatality n. (재난 · 질병 등의) 사망자, (질병의) 치사율

2111

trash
[træʃ]

명 〈집합적〉 쓰레기, 폐기물

유 • rubbish, garbage, waste n. 쓰레기, 폐기물
• litter n. 쓰레기 v. (쓰레기 등을) 버리다
기출 어구 pick up trash 쓰레기를 줍다

2112

debris
[dəbríː]

명 1. 잔해, 파편 2. 쓰레기

유 • remains n. 잔해
• fragment n. 파편, 조각

2113

landfill
[lǽndfil]

명 쓰레기 매립지

cf. a landfill site 쓰레기 매립 부지

2114

dump
[dʌmp]

동 (쓰레기 등을) 버리다, 내던지다
명 (쓰레기) 폐기장, 쓰레기 더미

파 dumping n. 쏟아버림, 투기

유 throw away[out] ~을 내다버리다
cf. • dumping ground 쓰레기장
• dump truck 덤프트럭

2115

dispose
[dispóuz]

동 1. 폐기하다, 처분[처리]하다
2. 배치하다 3. 경향을 갖게 하다

파 disposal n. 폐기, 처분[처리]
disposable a. 사용 후 버릴 수 있는, 일회용의
disposition n. 1. 배열, 배치 2. 기질, 성향
(= temperament)
dispositional a. 성향적인, 기질의

숙어 • dispose of ~을 없애다, ~을 처리하다(= get rid of, do away with)
• at one's disposal ~의 마음대로 이용할 수 있게(= available for one's use)
기출 어구 • radioactive waste disposal 방사능 폐기물 처리
• disposable diapers 일회용 기저귀

2116

radioactive
[rèidiouǽktiv]

형 방사성의, 방사능의

파 radioactivity n. 방사능

기출 어구 radioactive nuclear waste 방사능 핵폐기물

2117

toxic
[táksik]

형 유독한, 독성이 있는, 유해한

파 toxin n. 독소, 독성물질

유 • poisonous a. 유독한, 독성이 있는
• harmful a. 유해한
반 harmless a. 무해한
기출 어구 a toxic substance 독성 물질

2118

emit
[imít]

동 (빛·가스·냄새 등을) 내뿜다, 발산하다, 방출하다

파 emission n. 발산, 배출(물), 배기가스

유 • give off (빛·가스·냄새 등을) 내다, 발산하다
• release v. 발산하다, 방출하다
• discharge v. (기체·액체를) 방출하다
• radiate v. (열·빛·에너지를) 내뿜다, 방출하다
기출 어구 • carbon emissions 탄소 배출(량), 탄소 배기가스
• greenhouse gas emissions 온실가스 배출(량)

2119

stink
[stiŋk]

동 악취를 풍기다, 고약하다
명 악취

(stink – stank – stunk)

파 stinky a. 악취가 나는

cf. smell bad, give off a bad smell 악취가 나다

2120

pollute
[pəlú:t]

동 오염시키다, 더럽히다

파 pollution n. 오염 (물질), 공해
pollutant n. 오염 물질, 오염원

반 purify v. 정화하다, 정제하다
기출 어구 • pollute the air 공기를 오염시키다
• air pollution 대기 오염

2121

contaminate
[kəntǽmənèit]

동 오염시키다, 더럽히다

파 contamination n. 오염
contaminant n. 오염 물질, 오염원

유 pollute v. 오염시키다, 더럽히다
반 • purify v. 정화하다, 정제하다
• decontaminate v. 오염 물질을 제거하다
cf. contaminated water/food
오염된 물/음식

2122

fossil
[fásl]

명 화석

파 fossilize v. 화석화하다, 화석화되다

기출 어구 fossil fuel (석유 · 석탄 · 가스 등)
화석 연료 (▶ biofuel n. (자연에서 얻는) 생
물 연료, 바이오 연료)

2123

renewable
[rinjú:əbl]

형 1. 재생 가능한 2. 갱신[연장] 가능한

파 renew v. 새롭게 하다(= renovate), 갱신하다
renewal n. 재개, 갱신, 연장

반 nonrenewable a. 1. 재생이 안 되는
2. 갱신이 안 되는
기출 어구 renewable energy 재생 에너지
cf. 재생 에너지 종류:
• solar a. 태양열의
• geothermal a. 지열의
• hydroelectric a. 수력 전기의

2124

deplete
[diplí:t]

동 고갈시키다, 대폭 감소시키다

파 depletion n. 고갈, 소모

유 • use up ~을 다 써버리다
• exhaust v. 1. 다 써버리다, 고갈시키다
2. 기진맥진하게 만들다 n. 배기가스
• drain v. 차츰 소모시키다, 고갈시키다
기출 어구 ozone depletion (대기 오염으
로 인한) 오존층 감소

DAY 48

각 빈칸에 알맞은 영단어 또는 우리말을 쓰시오.

01 It was so hot and h__________ that I could not enjoy the tour fully. [18 수능]

너무 덥고 습해서 나는 그 여행을 완전히 즐길 수가 없었다.

02 T__________ are created because the Earth and the Moon are attracted to each other. [07 학평]

조수는 지구와 달이 서로 끌어 당기기 때문에 만들어진다.

03 The carbon dioxide that is e__________ from the car exhaust pipes causes global warming. [10 모평]

자동차 배기관에서 배출되는 이산화탄소는 지구 온난화를 유발한다.

04 The first Everesters were obliged to trek 400 miles from Darjeeling across the Tibetan plateau to reach the foot of the mountain. [12 수능]

최초의 에베레스트 등반가들은 Darjeeling에서 티베트의 __________을 가로질러 에베레스트의 산기슭에 이르는 400마일의 거리를 걸어야 했다.

05 For every t__________ substance, process, or product in use today, there is a safer alternative. [19 모평]

오늘날 사용 중인 모든 독성 물질, 공정 혹은 제품에는 더 안전한 대안이 있다.

06 D__________ of electronics responsibly through recycling is crucial in keeping our community clean and vibrant. [18 학평]

재활용을 통해 책임감 있게 전자제품을 폐기하는 것은 우리 공동체를 깨끗하고 활기차게 유지하는 데 중요하다.

07 Thousands of people fell ill in Soho, and more than 500 died. His map soon revealed a clustering of casualties around the intersection. [10 학평]

소호에서는 수천 명의 사람들이 병에 걸렸고, 500명 이상이 죽었다. 그의 지도는 곧 교차점 주변에서 한 무더기의 __________을 보여 주었다.

08 If glaciers started re-forming, they have a great deal more water now to draw on so they would grow very much quicker. [19 모평]

만일 __________이 다시 형성되기 시작한다면, 그것들은 이제는 이용할 훨씬 더 많은 물을 가지고 있어서, 훨씬 더 빠르게 커질 것이다.

09 It is relatively easy to calculate latitude—your distance north or south of the equator—by measuring the height of the Sun above the horizon at noon. [18 학평]

정오에 __________ 위의 태양의 높이를 측정함으로써, __________에서 북쪽 혹은 남쪽으로 여러분이 있는 곳까지의 거리인 __________를 계산하는 것은 상대적으로 쉽다.

19~27번 정답 ▶ **19** marine　　**20** 지질학　　**21** mist　　**22** radioactive　　**23** landfill
　24 stank　　**25** debris　　**26** 가뭄　　**27** 화산 / 분출

10 The Great Salt Lake is the largest salt lake in the Western H__________ . [13 수능]

Great Salt Lake는 서반구에서 가장 큰 염수호이다.

11 People speaking Korean have long been limited mostly to those from the peninsula. [05 수능]

한국어를 구사하는 인구는 오랫동안 대체로 그__________ 출신인 인구에 한정됐다.

12 The food receiving area should be kept extremely clean, since you do not want to contaminate incoming food. [10 학평]

반입 식품을 __________ 싶지 않으므로, 식품 반입 구역은 매우 청결하게 유지되어야 한다.

13 At school they learned that children earn Lincoln Dollars for picking up t__________ on the playground or for helping a young child find the bathroom. [11 수능]

그들은 아이들이 운동장에서 쓰레기를 줍거나 어린 아이가 화장실을 찾도록 도와준 것에 대한 보상으로 링컨 달러(5달러)를 받는다는 것을 학교에서 배웠다.

14 The pale gold of the sinking sun fades out into the smoky gray of the winter t__________ . [07 학평]

지는 해의 희미한 금빛이 겨울 황혼의 어슴푸레한 잿빛으로 사라져갔다.

15 One of the things which they talked about was how to enforce laws against d__________ waste into water sources. [06 학평]

그들이 이야기한 것 중 하나는 어떻게 하면 수원에 쓰레기를 버리는 것을 금지하는 법을 시행할지에 관한 것이었다.

16 Most applications in geography and environmental studies do not require extremely fine-grained temporal resolution. [17 수능]

__________과 환경 연구에서 대부분의 응용 프로그램들은 극단적으로 결이 고운 시간적 해상도를 필요로 하지 않는다.

*resolution 해상도

17 Factories were discharging mercury into the waters of Minamata B__________ , which also harbored a commercial fishing industry. [18 수능]

공장들이 Minamata 만의 수역으로 수은을 방출하고 있었는데, 그곳은 또한 상업적 어업이 이루어지는 곳이었다.

18 Across the A__________ , p__________ bear numbers are in decline. [12 모평]

북극 전역에서 북극곰의 수가 감소하고 있다.

28~36번 ▶ 28 peak 29 온화한 30 devastated 31 pollute 32 renewable / deplete
정답 33 화석 34 큰 재해들 35 대륙들 36 홍수 / 산사태 / 지진 / 재난들

19 Coral reefs are among the most threatened m________ environments on Earth. [16 모평]

산호초는 지구상에서 가장 위협을 받고 있는 해양 환경에 속한다.

---

20 Interest in extremely long periods of time sets geology and astronomy apart from other sciences. [18 모평]

매우 긴 시간에 대한 관심은 ________과 천문학을 다른 과학들과는 구별시킨다.

---

21 The line of distant mountains and shapes of houses were gradually emerging through the m________. [13 수능]

멀리 일렬로 솟아 있는 산과 집의 형태들이 안개를 뚫고 점차 모습을 드러내고 있었다.

---

22 For years, Switzerland had been trying to find a place to store r________ nuclear waste. [13 학평]

수년 동안 스위스에서는 방사능 핵폐기물을 저장할 장소를 찾기 위해 노력해 왔다.

---

23 Even though paper products may theoretically be biodegradable, in most l________, they do not biodegrade. [11 모평]

종이 제품은 이론적으로 생물 분해될 수 있다고 하더라도, 대부분의 쓰레기 매립지에서 그것들이 생물 분해되는 것은 아니다.
*biodegrade 생물 분해되다

---

24 The idea of germs and microscopic organisms challenged a variety of other ideas, including that the source of disease was probably linked to things that s________. [20 EBS]

세균과 미생물에 대한 생각은 질병의 근원이 아마도 고약한 냄새가 나는 것들과 연관이 있으리라는 것을 포함하여 여러 다른 생각들에 의문을 제기했다.

---

25 Rediscovered in 1980, when a fisherman caught a piece of the airship's d________ in his net, the wreck was recently surveyed using sonar. [13 모평]

한 어부가 그 비행선 잔해 조각을 그물에서 건졌던 1980년에 다시 발견되어, 그 비행선은 음파 탐지기를 이용하여 최근에 조사되었다.

---

26 Paleontologists who study early human civilizations have uncovered evidence that our ancestors faced frequent periods of drought and freezing. [18 모평]

초기 인류 문명에 대해 연구하는 고생물학자들은 우리의 조상들이 빈번한 ________과 혹한의 시기에 직면했다는 증거를 밝혀냈다.
*paleontologist 고생물학자

---

27 The most significant event in Tristan's recent history was the 1961 volcanic eruption. [08 학평]

Tristan의 최근 역사에서 가장 중요한 사건은 1961년의 ________ ________이었다.

01~09번 ▶ **01** humid **02** Tides **03** emitted **04** 고원 **05** toxic
정답　　　**06** Disposing **07** 사상자들 **08** 빙하들 **09** 수평선[지평선] / 적도 / 위도

28 I finally put my step on the ice-covered p_________ of the mountain. [10 모평]

나는 마침내 얼음으로 뒤덮인 산봉우리에 발을 디뎠다.

29 In temperate parts of the world, either trees dominate (in forests) or grasses dominate (in grasslands). [17 모평]

지구상의 _________ 지역에서 (숲에서는) 나무가 우세하거나 혹은 (초원에서는) 풀이 우세하게 된다.

30 The quake d_________ 24,000 square miles of wilderness, much of it glaciated. [19 모평]

그 지진은 2만 4천 제곱 마일의 황무지를 황폐화시켰는데, 그 황무지의 많은 부분이 빙하로 덮여 있었다.

31 The right to clean air and a healthy climate would win over the right to p_________. [16 학평]

깨끗한 공기와 건강한 기후에 대한 권리는 오염시킬 권리를 이길 것이다.

32 Biomass is plant-derived material usable as a r_________ energy source which does not d_________ existing supplies. [08 학평]

바이오매스 연료는 기존 공급원을 고갈시키지 않는 재생 에너지원으로 사용할 수 있는, 식물에서 얻어지는 물질이다.

33 The energy output from solar panels may need to be assessed differently when compared to most fossil fuel extraction technologies. [19 수능]

태양열 전지판으로부터의 에너지 생산은 대부분의 _________ 연료 추출 기술과 비교했을 때 다르게 평가될 필요가 있을 수 있다.

34 To help societies prevent or reduce damage from catastrophes, a huge amount of effort and technological sophistication are often employed. [19 수능]

사회가 _________로 인한 피해를 막거나 줄이는 데 도움을 주기 위해서, 엄청난 양의 노력과 기술적인 정교한 지식이 자주 사용된다.

35 Twenty thousand years ago, at the height of the last glacial period, sea level was so low that dry land joined what are now separate continents. [17 모평]

2만 년 전에, 마지막 빙하기가 한창일 때, 해수면은 아주 낮아서 지금은 별개인 _________이 육지로 이어졌다.

36 Although floods, landslides and earthquakes are natural processes, the disasters that can be associated with them are not a result of natural processes, but of human vulnerability. [14 모평]

_________, _________, 그리고 _________이 자연적인 과정임에도 불구하고, 그것들과 연관될 수 있는 _________은 자연적인 과정의 결과가 아닌 인간의 취약성에 의한 결과이다.

10~18번 정답 ▶ **10** Hemisphere	**11** 반도	**12** 오염시키고	**13** trash	**14** twilight
15 dumping	**16** 지리학	**17** Bay	**18** Arctic / polar	

2125

experiment
[명: ikspérəmənt / 동: ikspérəmènt]

명 **실험** 동 **실험하다**

파 experimental a. 실험의, 실험적인
experimentation n. 실험 (작업), 실험법
experimenter n. 실험을 하는 사람

➕ 수능 PLUS 수능 이렇게 나온다

기출 어구 • conduct (an) experiment (on) (~에 대한) 실험을 하다
• (a) scientific experiment 과학 실험
• experimental procedure 실험 절차
• experimental results[findings] 실험 결과

2126

hypothesis
[haipάθisis]

pl. hypotheses

명 **가설**(假設)

파 hypothetical a. 가설의, 가설에 근거한
hypothesize v. 가설을 세우다

기출 어구 prove/modify/abandon a hypothesis 가설을 입증/수정/폐기하다
cf. formulate/confirm a hypothesis 가설을 세우다/검증하다

2127

apparatus
[æpərǽtəs]

명 1. (특정한 용도의 한 벌의) **기구, 기계**
2. (특히 정부의) **조직** 3. (신체의) **기관**

유 • equipment n. 장비, 용품
• device n. 장치, 기구
• organization n. 조직
기출 어구 • physical apparatus 물리 기계
• exercise apparatus for patients 환자용 운동 기구

2128

microscope
[máikrəskòup]

명 **현미경**

파 microscopic a. 현미경을 이용한, 미세한

cf. 실험실 기구(laboratory apparatus):
• barometer n. 1. 기압계 2. 지표
• hygrometer n. 습도계
• gauge n. 측정기, 계량기

2129

laboratory
[lǽbrətɔ̀ːri]

(= lab)

명 **실험실, 연구소**

cf. • research laboratory 연구소
• language laboratory 어학 실습실

2130

vacuum
[vǽkjuəm]

명 진공 (상태), 진공청소기

동 (진공청소기로) **청소하다**

기출 어구 • in a vacuum 진공(상태)에서, 외부와 단절된 상태로
• a vacuum tube 진공관
• a vacuum cleaner 진공청소기
cf. void n. 빈 공간, 공허감

2131

equilibrium
[ìːkwəlíbriəm]

명 1. 평형[균형] (상태) 2. (마음의) 평정

파 equilibrate v. 평형이 되다, 균형 잡다

기출 어구 keep[maintain] equilibrium 평형[균형]을 유지하다

2132

solid
[sálid]

형 **고체의, 단단한, 견고한**

명 **고체, 고형물**

파 solidify v. 굳어지다, 굳히다
solidity n. 고체성, 굳음 (cf. solidarity n. 연대, 결속)

유 • hard a. 굳은, 단단한, 견고한
• concrete a. 고체화된, 굳어진
기출 어구 • solid waste 고형 폐기물
• solid rock 단단한 바위
• solid knowledge 견고한 지식

2133

liquid
[líkwid]

명 **액체**

형 **액체의, 유동적인**

기출 어구 • be converted into liquid form 액체 형태로 전환되다
• liquid nature of services 서비스의 유동적인 본질

2134

fluid
[flú(ː)id]

명 **유체(流體), 유동체**

형 **1. 유동성의 2. 유동적인, 변하기 쉬운**

기출 어구 bodily fluid(s) 체액
cf. 유동체: 액체(liquid)와 기체(gas)를 총칭함

2135

solution
[səljúːʃən]

명 **1. 용해, 용액 2. 해결, 해결책**

파 soluble a. 1. (액체에) 녹는 2. 해결할 수 있는
solve v. 풀다, 해결하다

기출 어구 • sour solution 시큼한 용액
• soluble solids 가용성[용해되는] 고형물
cf. solvent n. 용제, 용매(물질을 녹여 용액을 만들 때 쓰는 액체를 가리키는 말)

2136

dissolve
[dizálv]

동 **1. 녹다, 녹이다, 용해하다, 용해시키다**

2. (관계를) 끝내다, (조직 등을) 해산시키다

파 dissolution n. 1. 용해 2. 소멸, 해산

유 • melt v. 녹다, 용해되다
• break up 끝내다, 해산시키다
반 solidify v. 굳어지다, 굳히다

2137

dilute
[dilúːt / dailúːt]

형 **희석된, 묽은**

동 **희석하다, 묽게 하다, 약화시키다**

유 watered-down a. 물로 희석된
반 concentrated a. 농축된
기출 어구 • dilute vinegar 묽은 식초
• dilute genetic diversity 유전적 다양성을 희석시키다[약화시키다]

2138

vapor
[véipər]

명 증기

파 vaporize v. 증발하다, 증발시키다(= evaporate)

기출 어구 water vapor 수증기
cf. steam n. 김, 증기 v. 증기를 내뿜다, (음식 등을) 찌다

2139

evaporate
[ivǽpərèit]

동 1. 증발하다, 증발시키다 2. 사라지다

파 evaporation n. 증발
evaporative a. 증발의, 증발에 의한

유 • vaporize v. 증발하다, 증발시키다
• disappear, vanish v. 사라지다
cf. distill v. 증류하다(액체를 가열하여 생긴 기체를 냉각하여 다시 액체로 만드는 것)

2140

condense
[kəndéns]

동 1. (기체를) 응결시키다, (액체를) 농축시키다
2. (글·정보를) 요약하다

파 condensation n. 1. 응결, 농축 2. 압축, 요약

유 • summarize v. 요약하다
• sum up 요약하다
• compress v. 압축하다, 요약하다
숙어 condense A into B A를 B로 응결시키다[요약하다]

2141

combustion
[kəmbʌ́stʃən]

명 연소, 산화

파 combust v. 연소하다
combustible a. 불이 잘 붙는, 가연성의
(= flammable)

기출 어구 internal combustion engine 내연 기관

2142

chemical
[kémikəl]

형 화학의, 화학적인
명 화학 물질

파 chemistry n. 화학
chemist n. 화학자

기출 어구 • a chemical reaction 화학 반응
• a chemical composition 화학 성분
• (a) chemical property 화학적 특성
• chemical fertilizer 화학 비료
cf. biochemical a. 생화학의, 생화학적인
n. 생화학 물질

2143

compound
[명, 형: kámpaund /
동: kəmpáund]

명 화합물, 혼합물, 복합체
형 합성의, 복합의 동 혼합하다

유 mixture n. 혼합물
기출 어구 a compound of oxygen 산소 화합물

2144

particle
[pɑ́ːrtikl]

명 입자, 미립자, 극소량

기출 어구 • fine particles 미세한 입자
• fine dust particles 미세 먼지 입자

2145

molecule
[máləkjùːl]

명 분자

파 molecular a. 분자의

기출 어구 the DNA molecule
DNA 분자

2146

atom
[ǽtəm]

명 원자

파 atomic a. 원자의, 원자력의

기출 어구 an atomic bomb 원자 폭탄
cf. the splitting of the atom
원자의 분열

2147

nuclear
[núːkliər]

형 (원자)핵의, 원자력의, 핵무기의

파 nucleus n. (원자)핵, (세포)핵, 중심

기출 어구 • nuclear[atomic] energy
핵에너지, 원자력
• nuclear[atomic] power plant
원자력 발전소
• nuclear weapon 핵무기

2148

carbon
[káːrbən]

명 탄소

기출 어구 carbon footprint 탄소 발자국
(온실 효과를 유발하는 이산화탄소의 배출량)
cf. • carbon dioxide 이산화탄소
• oxygen n. 산소

2149

hydrogen
[háidrədʒən]

명 수소

기출 어구 • hydrogen energy/engines
수소 에너지/엔진
cf. nitrogen n. 질소

2150

physics
[fíziks]

명 물리학

파 physicist n. 물리학자
physical a. 1. 물리(학)의, 물리적인, 물질의(= material)
2. 신체의(↔ mental, spiritual a. 정신의)

기출 어구 • nuclear physics 핵물리학
• a physical object 물질
• physical education[P. E.] 체육
• physical appearance 용모, 외모
cf. physician n. 내과의사

2151

mass
[mæs]

명 1. [물리] 질량 2. 덩어리
　　3. 다량 4. 무리, 대중
형 1. 많은, 대량의 2. 대중의

파 massive a. 거대한, 엄청난

유 • lump n. 덩어리
• lot, load n. 많음, 다수, 다량
기출 어구 • mass distribution 질량 분포
• muscle mass 근육량
• mass production/consumption
대량 생산/소비
• mass media/culture 대중 매체/문화
cf. • volume n. 1. [물리] 부피 2. 음량
3. (시리즈로 된 책의) 권
• amass v. 모으다, 축적하다(= accumulate)

2152

gravity
[grǽvəti]

명 중력, 인력

파 gravitational a. 중력의
gravitate v. 저절로 끌리다

숙어 gravitate to[toward] ~에 끌리다
기출 어구 • gravitational pull 중력
• the law of gravity 중력의 법칙
cf. zero gravity 무중력 (상태)
(= weightlessness)

2153

magnet
[mǽgnit]

명 1. 자석 2. 마음을 끄는 것

파 magnetic a. 자석의, 자성에 의한 2. 마음을 끄는
magnetism n. 자성, 자력

기출 어구 • magnetic fields 자기장
• electromagnetic fields 전자기장

2154

friction
[fríkʃən]

명 1. 마찰(력) 2. 충돌, 불화

파 frictional a. 마찰의, 마찰로 일어나는
frictionless a. 마찰이 없는

유 conflict n. 갈등, 충돌
cf. resistance n. [물리] 저항(력)

2155

elastic
[ilǽstik]

형 1. 고무로 된
2. 탄성의, 탄력[신축성] 있는
명 고무 밴드

파 elasticity n. 탄성, 탄력

유 • rubbery a. 고무 같은
• flexible a. 신축성 있는, 융통성 있는
기출 어구 • elastic band 고무 밴드
(= rubber band)
• elastic skin 탄력 있는 피부

2156

mechanical
[məkǽnikəl]

형 1. 기계의 2. 역학의, 물리의
3. 기계적인

파 mechanics n. 기계학, 역학
mechanism n. 1. 방법, 메커니즘 2. (생물의) 기제, 구조
3. (기계) 장치

기출 어구 • mechanical engineering
기계 공학
• mechanical stress 기계적 압력
cf. • biomechanical a. 생체 역학의
• mechanic n. 정비사

2157

magnitude
[mǽgnətjùːd]

명 1. 엄청난 규모, 중요성
2. 크기, (지진의) 규모, (별의) 광도

기출 어구 be equal in magnitude
크기가 동일하다

2158

electronic
[ilèktrúnik]

형 전자의, 전자 공학의
명 (pl.) 전자 공학, 전자 기기

파 electron n. [물리] 전자

기출 어구 • electronic devices/
equipment/media 전자 기기/장치/미디어
• an electronics firm 전자 회사

2159

electric
[iléktrik]

형 1. 전기의, 전기를 이용하는
　　2. 긴장된, 열광하는

파 electricity n. 전기
electrician n. 전기 기사

기출 어구 • electric[electrical] telegraph 전기 전신
• electrical[electric] wiring 전기 배선
• static electricity 정전기
cf. electrical a. 전기의, 전기를 이용하는
(▶ electric과 유사한 의미이나 electric의 비유적인 뜻인 2번 뜻으로는 쓰이지 않음)

2160

circuit
[sə́ːrkit]

명 1. 회로, 회선 2. 순환, 순회

기출 어구 • brain circuit 뇌 회로
• electronic circuit 전자 회로
• computer's circuit 컴퓨터 회로
cf. circuitry n. 전기 회로도

2161

spectrum
[spéktrəm]

명 1. (빛의) 스펙트럼 2. 범위, 영역

pl. spectra
　[spectrums]

유 range, scope n. 범위, 영역
기출 어구 • across the spectrums of ~의 스펙트럼 전체에 걸쳐 있는
• cover a full spectrum of 모든 범위의 ~을 포함하다

2162

ray
[rei]

명 광선, 빛

유 beam n. 광선, 빛줄기
cf. • infrared a. 적외선의 n. 적외선
(= infrared rays)
• ultraviolet a. 자외선의 n. 자외선
(= ultraviolet rays)
• ultrasound n. 초음파
(▶ ultrasonic a. 초음파의)

2163

radiate
[réidièit]

동 (열 · 빛 · 에너지 등을) 내뿜다, 방출하다

파 radiation n. 1. 방사선 2. (열 · 에너지 등의) 복사
(輻射)
radiant a. 1. 빛[열]을 내는 2. 복사의

유 • emit v. 내뿜다, 방출하다
• give off ~을 방출하다, 발산하다
기출 어구 radiate the body's heat 체열을 방출하다

2164

thermal
[θə́ːrməl]

형 1. 열의, 온도의 2. 보온이 잘 되는

기출 어구 thermal mass 열질량, 열용량
cf. • thermometer n. 온도계
• geothermal a. 지열의

DAY 49

각 빈칸에 알맞은 영단어 또는 우리말을 쓰시오.

01 Science is not conducted in a vacuum. [16 모평]

과학은 _________ 속에서 실행되지 않는다.

02 Its mass of plants and other organic material absorb and store tons of carbon. [19 모평]

그것의 수많은 식물 및 다른 유기 물질은 많은 양의 _________를 흡수하고 저장한다.

03 Both eye and camera have a lens that focuses light r_________ from the outside world into an image. [13 수능]

눈과 카메라는 둘 다 외부 세계로부터 오는 광선들을 하나의 이미지에 집중시키는 렌즈를 가지고 있다.

04 In p_________, scientists invent models, or theories, to describe and predict the data we observe about the universe. [13 수능]

물리학에서, 과학자들은 우주에 관해 우리가 관찰하는 자료를 설명하고 예측하기 위해서 모델, 즉 이론을 만든다.

05 They must be equal in magnitude but opposite in direction so that they sum to zero net force. [12 모평]

그것들은 _________에 있어서 서로 동등해야 하지만, 그것들의 알짜 힘의 합이 0이 되려면 방향은 서로 반대이어야 한다.

*net force [물리] 알짜 힘

06 Plants generate hundreds of compounds that they use to protect themselves from being overconsumed by insects and animals. [14 학평]

식물은 곤충과 동물에 의해 과도하게 먹히는 것으로부터 자신을 보호하기 위해 사용하는 수백 가지나 되는 _________을 발생시킨다.

07 Our eyes and ears receive lights and sounds across the s_________ of visible and audible wavelengths. [17 학평]

우리의 눈과 귀는 볼 수 있고 들을 수 있는 파장의 스펙트럼 전체에 걸쳐 있는 빛과 소리를 받아들인다.

08 Whenever a geneticist unlocks new secrets of the DNA m_________, it adds to our knowledge base and enables us to better the human condition. [11 수능]

유전학자가 DNA 분자의 새로운 비밀을 밝혀낼 때마다, 그것은 우리 지식의 기반에 더해져서 우리로 하여금 인간 상황을 더 좋게 만들 수 있게 해준다.

09 Scientific e_________ should be designed to show that your h_________ is wrong and should be conducted completely objectively. [16 모평]

과학 실험들은 여러분의 가설이 틀렸다는 것을 보여주도록 설계되어야 하고, 완벽하게 객관적으로 수행되어야 한다.

19~27번 정답 ▶ **19** particles **20** 회로 **21** magnets **22** microscopes **23** vapor / condenses **24** 평형[균형] 상태 **25** liquid **26** nuclear **27** 증발 / 용해된

10 Water will escape into the stratosphere and be broken down by UV light into oxygen and h__________ . [13 모평]

물은 성층권으로 빠져나와 자외선에 의해 산소와 수소로 분해될 것이다.

*stratosphere 성층권

11 I am not talking here about some physical a__________ that we can put on and take off, like a pair of glasses. [10 모평]

여기서 나는 안경처럼 쓰고 벗을 수 있는 어떤 물리적 기계에 대해 말하는 것이 아니다.

12 The combustion of oxygen that keeps us alive and active sends out by-products called oxygen free radicals. [14 수능]

우리를 살아 있게 하고 활동적으로 유지시켜 주는 산소의 __________는 활성 산소라 불리는 부산물을 발산한다.

13 The grasp and support forces must match overall object m__________ and fragility. An egg requires a more delicate touch than a rock. [17 모평]

붙잡고 지지하는 힘은 전반적인 물체 질량과 연약함에 부합해야 한다. 달걀은 바위보다 더 섬세한 손길을 요구한다.

14 An object's weight is the force exerted on it by g__________, usually the earth's g__________ . [12 모평]

한 사물의 무게는 중력, 대개 지구의 중력에 의해 그 사물에 가해지는 힘이다.

15 Though light clothes are better at reflecting the sun's heat, dark clothes are better at radiating the body's heat. [15 학평]

밝은 색의 옷들이 태양열을 더 잘 반사하지만, 어두운 색의 옷들은 체열을 더 잘 __________.

16 Mica has the remarkable property of peeling into thin sheets which not only can be bent but also are elastic. [09 학평]

운모는 구부릴 수 있을 뿐만 아니라 __________, 얇은 판으로 벗겨지는 놀라운 성질을 가지고 있다. *mica (광물) 운모

17 Since life began in the oceans, most life, including freshwater life, has a c__________ composition more like the ocean than fresh water. [18 모평]

생명체는 바다에서 시작되었기 때문에, 담수 생명체를 포함한 대부분의 생명체는 담수보다 바다와 더 흡사한 화학적 성분을 지니고 있다.

18 Soak your tongue for 15 seconds in a sour solution, such as unsweetened lemon juice. Then, try tasting some other sour solution, such as dilute vinegar. [12 모평]

달지 않은 레몬주스와 같은 시큼한 __________에 혀를 15초 동안 담가라. 그런 다음, __________ 식초와 같은 다른 시큼한 __________을 맛보아라.

28~35번 정답 ▶ 28 electronic 29 고체의 30 electric[electrical] 31 mechanical / atom / atom / atom
32 fluids 33 laboratory 34 마찰 35 thermal / mass

19 Indeed, living things are made of the same tiny p______ ____ that make up nonliving things. [09 학평]

실제로, 생물은 무생물을 구성하는 것과 같은 작은 입자들로 이루어져 있다.

20 When we learn Arabic numerals we build a circuit to quickly convert those shapes into quantities. [19 수능]

우리가 아라비아 숫자를 배울 때 우리는 그러한 모양들을 빠르게 수량으로 변환하는 _________를 만든다.

21 Tides are created because the Earth and the Moon are attracted to each other, just like m__________ pull toward each other. [07 학평]

조수는, 자석들이 서로를 끌어 당기는 것처럼 지구와 달이 서로 끌어 당기기 때문에 만들어진다.

22 In 1665 Hooke wrote *Micrographia*, a book describing observations made with m__________ and telescopes. [16 학평]

1665년 Hooke는 현미경과 망원경으로 한 관찰을 기술한 책인 〈Micrographia〉를 썼다.

23 When water v__________ c__________ on a dry mirror, it does so as separate droplets. [12 EBS]

수증기가 마른 거울에 응결될 때, 그것은 개개의 물방울로 응결한다.

24 *Homeostasis* is the word we use to describe the ability of an organism to maintain internal equilibrium by adjusting its physiological processes. [12 수능]

'항상성'은 생리적인 과정들을 조절하여 내적인 _________를 유지하는 생명체의 능력을 묘사하기 위해서 우리가 사용하는 단어이다.

25 If you want to suck the l__________ out of the inner parts of the phone, try using a vacuum cleaner. [12 학평]

전화기 내부 부품에서 액체를 빨아내고자 한다면, 진공청소기를 한번 이용해 보라.

26 Radioactive waste disposal has become one of the key environmental battlegrounds over which the future of n__________ power has been fought. [19 모평]

방사능 폐기물 처리는 원자력의 미래를 두고 싸워 온 핵심적인 환경 문제의 전쟁터(논쟁거리) 중의 하나가 되었다.

27 As the water evaporated, the traces of dissolved salts were gradually concentrated in the shrinking lake. [13 수능]

물이 _________하면서 미량의 _________ 소금이 줄어드는 호수에서 서서히 농축되었다.

01~09번 정답 ▶ **01** 진공 　 **02** 탄소 　 **03** rays 　 **04** physics 　 **05** 크기
　 06 화합물들 　 **07** spectrums 　 **08** molecule 　 **09** experiments / hypothesis

28 Faraday's experiments were the beginning of the e __________ age. [16 수능]

Faraday의 실험은 전자 시대의 시작이 되었다.

29 Portions of rock can be incorporated into the magma, becoming molten or remaining as solid fragments within it. [18 학평]

암석 일부가 마그마 안에 통합되어 녹거나 __________ 조각들로 그 안에 남아 있을 수 있다.

30 It was only in 1837, with the invention of the e __________ telegraph, that the traditional link between transport and the communication of messages was broken. [17 학평]

1837년에야 비로서 전기 전신의 발명으로 운송과 메시지 교신 사이의 전통적인 연계가 깨졌다.

31 Whenever a material experiences m __________ stress, it absorbs the force by dispersing it from a __________ to a __________, reducing the total force that each individual a __________ has to absorb. [19 학평]

물질이 기계적 압력을 받을 때마다 그것은 원자에서 원자로 힘을 분산시켜 흡수하여, 각각의 개별 원자가 흡수해야 하는 힘의 총량을 줄인다.

32 As improbable as this may seem, the bodily f __________ of aquatic animals show a strong similarity to oceans. [18 모평]

이것이 있을 법하지 않게 보일지는 모르지만, 수중 동물의 체액은 바다와의 강한 유사성을 보여 준다.

33 When you hear the word science, the first thing that comes to mind is probably an image of a l __________ filled with glassware and sophisticated equipment. [13 모평]

여러분이 과학이라는 단어를 들을 때 첫 번째로 떠오르는 것은 아마도 유리 기구들과 복잡한 장비로 가득한 실험실의 모습일 것이다.

34 Researchers were surprised to discover that shark skin, which is rough enough to be used as sandpaper when dried, is one of the animal skins with the least friction. [14 학평]

연구자들은 상어 가죽이 마르면 사포로 쓰일 정도로 거친데도 최소한의 __________ 을 받는 동물 가죽 중 하나라는 것을 발견하고 놀랐다.

35 Consider the igloo, a building using the t __________ m __________ of ice to enclose heat and resist snow. [16 학평]

열은 에워싸고 눈은 견뎌내기 위해 얼음의 열 질량을 이용한 건물인 이글루를 생각해 보라.

10~18번 정답 ▶ 10 hydrogen 11 apparatus 12 연소 13 mass 14 gravity / gravity 15 방출한다 16 탄력 있는 17 chemical 18 용액 / 묽은 / 용액

DAY 50

우주 /
수학 · 통계

표제어 음성 QR코드

수능 PLUS 수능 이렇게 나온다

2165

astronomy
[əstránəmi]

명 천문학

파 astronomical **a.** 천문학의
astronomer **n.** 천문학자

cf. • astronaut **n.** 우주 비행사
• astrology **n.** 점성술

2166

cosmos
[kázməs]

명 우주

파 cosmic **a.** 1. 우주의 2. 무한한

유 • universe **n.** 우주
• (outer) space **n.** 우주 공간, 외계
cf. • galaxy **n.** 은하계
(= the galactic system)
• celestial bodies 천체
(= heavenly bodies)

2167

solar
[sóulər]

형 태양의, 태양열을 이용한

기출 어구 • the solar system 태양계
• lunar and solar eclipses 월식과 일식
cf. • lunar **a.** 달의, 음력의
• planetary **a.** 행성의

2168

satellite
[sǽtəlàit]

명 위성, 인공위성

cf. • comet **n.** 혜성
• meteor **n.** 유성, 별똥별
• meteoroid **n.** 유성체

2169

telescope
[téləskòup]

명 망원경

cf. • space telescope 우주망원경
• binoculars **n.** 쌍안경

2170

orbit
[ɔ́ːrbit]

명 궤도 동 궤도를 돌다

파 orbital **a.** 궤도의

기출 어구 in orbit 궤도에 있는

2171

probe
[proub]

동 1. 캐묻다, 조사하다 2. 탐사하다
명 1. 조사 2. (우주) 탐사선

유 • investigate v. 조사하다
• explore v. 탐험[탐사]하다, 조사하다
기출 어구 • probe for related ideas 관련된 생각에 대해 캐묻다
• (a) space probe 우주 탐사선

2172

alien
[éiljən]

형 외계의, 외국의, 이질적인
명 외계인, 외국인
파 alienate v. 소외감을 느끼게 하다, 멀리하다
alienation n. 소외(감), 멀리함

유 • foreign a. 외국의, 이질적인
• extraterrestrial a. 외계의 n. 외계인
기출 어구 • an alien culture 외국 문화, 이질적인 문화
• an alien concept 이질적인 개념

2173

calculate
[kǽlkjulèit]

동 1. 계산하다, 산출하다 2. 추정하다
파 calculation n. 계산, 산출
calculator n. 계산기

유 • compute v. 계산하다, 산출하다
• work out ~을 계산[산출]하다
• estimate v. 추정하다
cf. count v. 세다, 계산하다
(▶ calculate보다 단순한 계산)

2174

compute
[kəmpjú:t]

동 계산하다, 산출하다
파 computation n. 계산

cf. computerize v. 컴퓨터로 처리하다
(▶ computational a. 컴퓨터를 사용한)

2175

subtract
[səbtrǽkt]

동 빼다, 공제하다
파 subtraction n. 뺄셈, 공제, 삭감
subtractive a. 빼는, 공제하는

유 deduct v. (총계 · 총액에서) 빼다, 공제하다
반 add v. 더하다
(▶ addition n. 덧셈, 추가)

2176

multiply
[mʌ́ltəplài]

동 1. 곱하다 2. 크게 증가하다
  3. 증식하다
파 multiplication n. 1. 곱셈 2. 증식
multiple a. 많은, 다양한 n. [수학] 배수

기출 어구 • Multiply that number by 365. 그 숫자에 365를 곱해라.
• the benefits multiply 혜택이 크게 증가하다
cf. square n. 제곱 v. 제곱하다

2177

divide
[diváid]

동 나누다, 분리하다
파 division n. 1. 나눗셈 2. 분리, 분할
  3. (관청 · 회사 등의) 부
divisible a. 나눌 수 있는

숙어 divide into ~으로 나누다
cf. • dividend n. 1. 배당금
2. [수학] 나눔수, 피제수(被除數)
• divisor n. 나눗수, 제수(除數)
• subdivide v. 더 작게 나누다, 세분하다

sum
[sʌm]

뗑 1. 액수, 총계, 합계 2. 요약

뗑 1. 합계하다, 합계가 ~이 되다

2. 요약하다

유 • total, aggregate n. 총계, 합계
• summary n. 요약
숙어 • sum up 1. 합산하다(= add up)
2. 요약하다(= summarize)
• sum to 합계가 ~이 되다
• in sum 요약하면, 요컨대(= to sum up)
cf. zero-sum a. (한쪽의 득점이 다른 쪽에는
같은 수의 실점이 되는) 영합(零合)의

equate
[ikwéit]

뗑 동일시하다, 동일하다

파 equation n. 1. [수학] 방정식, 등식 2. 동일시

숙어 • equate A with B A와 B를 동일
시하다(= identify A with B)
• equate to ~와 동일하다
cf. equator n. (the ~) 적도

approximate
[동: əpráksəmèit /
형: əpráksəmət]

뗑 (수량 등이) ~에 가까워지다, 비슷하다

뗑 근사치의, 대략의

파 approximately ad. 거의, 대략(= roughly)
approximation n. 근사치, 근접

숙어 approximate to ~에 가깝다
기출 어구 • approximate the original
원본과 비슷하다
• approximate to zero 제로에 가깝다

formula
[fɔ́ːrmjulə]

뗑 1. 공식, −식(式) 2. 방법, 비결

3. 정형화된 문구

파 formulate v. 1. 공식화하다 2. (세심하게) 만들어 내다
formulation n. 1. 공식화 2. 명확한 어구
formulaic a. 정형화된, 틀에 박힌

기출 어구 • (a) mathematical formula
수학 공식, 수식
• (a) chemical formula 화학 공식, 화학식
• formulate a principle 원리를 공식화하다

arithmetic
[명: əríθmətik /
형: æriθmétik]

뗑 연산, 산수

뗑 산수의(= arithmetical)

cf. • mathematics n. 수학(= math(s))
• algebra n. 대수학

numerical
[nuːmérikəl]

뗑 수의, 수적인, 숫자로 나타낸

파 numerically ad. 숫자상으로
numeral n. 숫자
numerate v. 세다, 계산하다

기출 어구 • a numerical system 숫자 체계
• a numerical value 수치

numerous
[núːmərəs]

뗑 수많은, 다수의

파 numerously ad. 수없이, 무수히

유 • many a. 많은, 다수의
• countless, innumerable
a. 셀 수 없이 많은, 무수한
반 few a. 거의 없는

2185

maximum
[mǽksəməm]

형 **최대의, 최고의**

명 **최대, 최고**

파 maximize v. 최대화하다, 극대화하다
maximal a. 최대의, 최고의

기출 어구 • maximum weight/
speed/length 최고 무게/속도/길이
• maximize profit(s)/sales
이익을/판매를 극대화하다
cf. the maximum value
[수학] 최댓값, 극댓값

2186

minimize
[mínəmàiz]

동 **최소화하다, 축소하다**

파 minimum a. 최소의, 최저의 n. 최소, 최저
minimal a. 최소의, 아주 적은

기출 어구 • minimize time/risk
시간/위험을 최소화하다
• minimum wage 최저 임금
cf. the minimum value
[수학] 최솟값, 극솟값

2187

statistics
[stətístiks]

명 〈단수 취급〉 **통계학**, 〈복수 취급〉 **통계 (자료)**

파 statistical a. 통계적인, 통계(학)상의
statistically ad. 통계상으로
statistician n. 통계학자, 통계 전문가

기출 어구 • statistics show[indicate]
that ~, according to statistics
통계에 따르면
• industry statistics 업계 통계

2188

gross
[grous]

형 1. 〈명사 앞에서〉 **총(總)－, 총계의, 총체의**

   2. **엄청난, 중대한**

기출 어구 • gross domestic product
(GDP) 국내 총생산
• realize their gross error in
judgment 판단에서 중대한 오류를 깨닫다
• gross human inequality is still
widespread 엄청난 인간 불평등이 여전히
널리 퍼져 있다[만연해 있다]

2189

ratio
[réiʃou]

명 **비(比), 비율**

숙어 the ratio of A to B A대 B의 비율,
B 대비 A의 비율
cf. percentage n. 백분율, (백분율로 나타
낸) 비율

2190

proportion
[prəpɔ́ːrʃən]

명 1. **비율, 부분** 2. **균형, 비례**

파 proportional a. 비례적인
proportionate a. 비례하는, 균형이 잡힌
(↔ disproportionate a. 균형이 안 맞는, 불균형의)

유 • ratio, rate n. 비율
• portion, part n. 부분
숙어 • in proportion to[with]
~에 비례하여, ~와 균형을 이루어
• out of proportion to[with]
~에 비례하지 않게, ~와 균형이 맞지 않게

DAY 50

2191

portion
[pɔ́ːrʃən]

명 1. 부분, 일부 2. 몫, (음식의) 1인분
동 분배하다, 할당하다

유 • part n. 부분, 일부
• share n. 몫, 할당
• serving, helping n. 1인분
기출 어구 • devour huge portions 많은 양을 먹어 치우다
• a major portion of ~의 대부분

2192

quarter
[kwɔ́ːrtər]

명 1. 4분의 1 2. 15분
3. (pl.) 숙소, (병사의) 막사
파 quarterly a. 연 4회의, 철마다의 ad. 연 4회씩, 철마다

cf. three quarters 4분의 3
(= three fourths)

2193

variable
[vέ(ː)əriəbl]

명 [수학] 변수
형 변하기 쉬운, 변덕스러운
파 variably ad. 변하기 쉽게, 일정하지 않게
(↔ invariably ad. 변함없이)

유 • changeable, unstable a. 변하기 쉬운
• fluctuating a. 변동하는, 오르내리는
반 constant n. [수학] 정수, 상수 a. 일정한, 변함없는
• invariable a. 변함없는
• static a. (변화 · 움직임이 없이) 고정된
cf. various a. 다양한

2194

correlation
[kɔ̀(ː)rəléiʃən]

명 연관성, 상관관계
파 correlate v. (밀접한) 연관성이[상관관계가] 있다, 서로 연관시키다

숙어 • correlation between A and B
A와 B 사이의 상관관계
• correlate with ~와 연관성이 있다

2195

geometry
[dʒiámətri]

명 기하학, 기하학 구조
파 geometric(al) a. 기하학(상)의, 기하학적인
geometrically ad. 기하학상, 기하학적으로

cf. geometry = geo(earth) + metry (measure) → '땅을 측정하는 것'이라는 의미로 도형 및 공간의 성질에 대하여 연구하는 학문

2196

linear
[líniər]

형 1. 직선의, 길이의
2. [수학] 선형의, 1차의
파 linearly ad. 선으로, 길이로, 연속으로

반 curved a. 곡선의, 굽은, 휜
기출 어구 • linear motion 선형 운동
• a linear settlement 선형의 취락
• linearly related 선형 관계가 있는
cf. linear equation 1차 방정식

2197

curve
[kəːrv]

명 곡선, 곡선길[커브]
동 곡선을 이루다, 굽히다
파 curved a. 곡선의, 굽은, 휜

기출 어구 • a sloping curve 경사진 곡선길
• (a) curved line 곡선
cf. arch n. 1. 활모양, 반원형 2. 아치, 둥근 천장

2198

spiral
[spáiərəl]

명 나선, 나선형, 소용돌이
형 나선(형)의

기출 어구 (a) death spiral 죽음의 소용돌이

2199

sphere
[sfiər]

명 1. 구(球), 구체
2. (활동 · 영향 · 관심) 영역, 범위
파 spherical a. 구의, 구체의

유 scope, range, domain n. 영역, 범위
cf. • hemisphere n. 반구(체)
• biosphere n. 생물권(생물이 살 수 있는 지구 표면과 대기권)

2200

oval
[óuvəl]

형 달걀 모양의, 타원형의
명 타원형, 타원체

유 elliptical a. 타원형의
cf. • rectangular a. 직사각형의, 직각의
(▶ rectangle n. 직사각형)
• cylindrical a. 원통[실린더]형의
(▶ cylinder n. 원통, 원기둥)

2201

dimension
[diménʃən]

명 1. 치수, 크기, 규모
2. [수학 · 물리] 차원
파 dimensional a. 1. 치수의 2. 차원의

cf. • multidimensional a. 다차원의
• three-dimensional a. 삼차원의, 입체적인

2202

length
[leŋkθ]

명 길이, 기간
파 long a. 길이가 ~인, 긴
lengthy a. (시간 · 치수가) 긴, 오랜, 장황한
lengthen v. 늘리다, 늘어나다

숙어 at length 1. 길게, 상세히 2. 마침내
cf. width n. 폭, 너비, 가로(▶ wide a. 폭이 ~인, 넓은 widen v. 넓히다, 넓어지다)

2203

depth
[depθ]

명 깊이, 입체감
파 deep a. 깊은
deepen v. 깊어지다, 깊게 하다

숙어 in depth 깊이, 상세히
cf. height n. 높이

2204

diameter
[daiǽmitər]

명 지름, 직경

기출 어구 in diameter 직경이 ~인
cf. radius n. 반지름, 반경

2205

span
[spæn]

명 1. 한 뼘 2. (지속되는) 기간
3. 폭, 너비, 범위
동 걸치다, (~ 기간에) 걸쳐 이어지다

기출 어구 • their hand span
그들의 손 한 뼘
• covering a span of time
일정 기간에 걸친
• life span 수명
• (an) attention span 주의 지속 시간

각 빈칸에 알맞은 영단어 또는 우리말을 쓰시오.

01 Due to rounding, the percentages may not s_________ to 100%. [20 모평]

반올림 때문에, 퍼센트가 100퍼센트로 합계 되지 않을 수 있다.

02 Satellites are collecting a great deal of imagery as you read this sentence. [17 수능]

여러분이 이 문장을 읽을 때에도 _________은 많은 양의 사진을 모으고 있다.

03 Understanding quantities approximately in terms of estimating r_________ is a universal human intuition. [18 학평]

비율을 어림잡는 방식으로 양을 대략적으로 이해하는 것이 보편적인 인간의 직관이다.

04 Walter Mischel found that the typical correlation between personality traits and behavior was quite modest. [15 모평]

Walter Mischel은 성격 특성과 행동 사이 의 전형적인 _________가 그리 크지 않다는 것을 발견했다.

05 Oxygen will be left in the stratosphere — perhaps misleading a_________ into thinking the planet is still inhabited. [13 모평]

산소는 성층권에 남아서 어쩌면 외계인들이 지구에 여전히 생명체가 살고 있다고 착각하 게 만들 수도 있다.   *stratosphere 성층권

06 Since the Industrial Revolution began in the eighteenth century, CO_2 released during industrial processes has greatly increased the p_________ of carbon in the atmosphere. [19 모평]

산업 혁명이 18세기에 시작된 이후로, 산업 공정 중에 배출된 이산화탄소는 대기 내의 탄 소의 비율을 크게 증가시켰다.

07 Sumerians had a calendar that d_________ the year into 30 day months, and the day into 12 periods. [12 모평]

수메르인들은 1년을 30일로 된 월들로 나누고, 하루를 12시로 나눈 달력을 갖고 있었다.

08 In America a numerical system based on a scale of 1 to 70 has been introduced, in which 1 is the lowest grade possible and 70 is perfect. [08 수능]

미국에서는 1부터 70까지의 등급에 기초한 _________ 체계가 도입되었는데, 이 체계에 서는 1이 가능한 최저 등급이고 70은 완벽함 을 나타내는 등급이다.

09 Before the night sky observations with t_________, there will be a special lecture on a_________. [20 모평]

망원경으로 밤하늘을 관찰하기 전에 천문학에 관한 특별 강연이 있을 것입니다.

19~27번 정답 ▶ **19** statistics **20** maximum **21** equate **22** 선형의 **23** cosmos
24 probes **25** gross **26** calculate[compute] **27** 타원형 / 나선형

10 Some discoveries seem to entail n_________ phases and discoverers, none of which can be identified as definitive. [20 수능]

일부 발견에는 수많은 단계와 발견자들이 수반되는 것처럼 보이는데, 그 중에 어느 것도 확정적인 것으로 확인될 수 없다.

11 It consisted of carved stone wheels called *fei*, ranging in d_________ from a foot to 12 feet. [16 학평]

그것은 'fei'라고 불리는 조각된 돌 바퀴들로 구성되었는데, 지름이 1피트에서 12피트에 이르렀다.

12 The island is twelve miles in l_________ and six miles in width. [13 모평]

그 섬은 길이가 12마일이며, 폭이 6마일이다.

13 Maybe women find it frustrating that they cannot squeeze the brakes easily because their hand s______ is not large enough. [11 학평]

아마도 여성들은 자신의 손 한뼘의 길이가 충분히 크지 않기 때문에 브레이크를 쉽게 잡을 수 없어서 힘들게 느낄 것이다.

14 When a robot scans a room, it sees nothing but a vast collection of straight and c_________ lines, which it converts to pixels. [09 학평]

로봇은 어떤 방을 훑어볼 때 단지 직선과 곡선의 방대한 집합체로만 보며, 로봇은 그것을 화소로 전환한다.

15 In the political s_________, the result was democracy, in which supporters of rival policies vied for rhetorical supremacy. [15 모평]

정치적 영역에서 그 결과는 민주주의였는데, 민주주의에서 경쟁적인 정책의 지지자들은 수사적인 우위를 차지하려고 다투었다.
 *rhetorical 수사적인 **supremacy 우위, 패권

16 In any society an individual learns only a small p______ _____ of his cultural habits by free trial-and-error. [18 학평]

어떤 사회에서든 한 개인은 규칙에 얽매이지 않는 시행착오 학습을 통해서는 자신의 문화적 습관의 작은 부분만 배우게 된다.

17 A method of c_________ the heights of mountains from sea level became popular among many scientists. [12 학평]

많은 과학자들 사이에서 해수면으로부터 산의 높이를 계산하는 방법이 인기를 끌었다.

18 S_________ panels in o_________ are always in sunlight and they can always point directly at the Sun. [17 학평]

궤도에 있는 태양 전지판은 항상 햇빛을 받고, 항상 태양을 똑바로 향할 수 있다.

28~37번 ▶ **28** 공식들   **29** 기하학   **30** depth   **31** 변수들   **32** minimize
정답   **33** 산수[연산]   **34** quarters   **35** 가까워지기   **36** dimensions   **37** subtract / Multiply

19 Industry s__________ indicate that the average age of video gamers is rising by about one year each year. [18 학평]

업계 통계에 따르면 비디오 게임을 하는 사람들의 평균 연령이 매년 약 한 살씩 증가하고 있다.

20 If N equals the number of people in the circle, then the m__________ number of balls you can have in motion is N minus 1. [18 수능]

N이 원을 그리고 둘러선 사람들의 수와 같다면, 여러분이 움직이게 할 수 있는 공의 최대 수는 N-1개이다.

21 While we generally e__________ myths with the ancient Greeks or Romans, modern myths are realized in many aspects of popular culture. [09 모평]

우리는 일반적으로 신화를 고대 그리스나 로마 신화와 동일시하지만, 현대 신화들은 대중문화의 여러 측면에서 구체화된다.

22 A *linear* settlement, in which houses are lined up along both sides of a river, canal, or road, has an intermediary position. [18 학평]

가옥들이 강, 수로, 또는 도로의 양 옆을 따라 줄지어 선 '__________' 취락은 중간의 형태이다.

23 Drawing on astronomy, geology, and paleontology, they argue that humans might indeed be alone in the c__________. [05 학평]

천문학, 지리학 그리고 고생물학을 이용하여, 그들은 인간이 정말로 이 우주상에 유일한 존재일 수도 있다고 주장한다.

*paleontology 고생물학

24 The seemingly impractical knowledge we gain from space p__________ to other worlds tells us about our planet and our own role in the scheme of nature. [16 수능]

외부 세계에 대한 우주탐사기들로부터 우리가 얻는 비실용적인 것으로 보이는 지식이 우리의 행성과 자연의 체계 안에서의 우리 자신의 역할에 대해 우리에게 알려준다.

25 The above chart shows four OECD countries' expenditures for public/private educational institutions as a percentage of g__________ domestic product (GDP). [07 학평]

위 도표는 OECD 4개국의 공교육/사교육 기관에 대한 지출 비용을 국내총생산(GDP)에서의 백분율로 보여준다.

26 We should c__________ what concentration of greenhouse gases each country has put into the atmosphere over time and use those figures to allocate emissions cuts. [12 수능]

우리는 각 나라가 일정 기간 동안 대기에 배출해 온 온실가스 농도가 얼마만큼인지를 계산해서, 그 수치를 배기가스 감소량을 할당하는 데 사용해야 한다.

27 A computer sees only a collection of circles, ovals, spirals, straight lines, curly lines, corners, and so on. [09 학평]

컴퓨터는 오직 원, __________, __________, 직선, 곡선, 모서리 등등의 집합만 본다.

01~09번 정답 ▶ 01 sum　　02 (인공)위성들　　03 ratios　　04 상관관계　　05 aliens

06 proportion　　07 divided　　08 숫자의[숫자로 나타낸]　　09 telescopes / astronomy

28 They view recipes as strict formulas, not to be changed. [17 학평]

그들은 조리법을 변경할 수 없는 엄격한 _________로 간주한다.

29 Renaissance artists achieved perspective using geometry. [05 수능]

낭만주의 예술가들은 _________을 사용하여 원근법을 터득했다.

30 Sperm whales can travel across entire oceans and can dive to a d_________ of a kilometer. [14 수능]

향유고래는 온 대양을 가로질러 이동할 수 있고, 수심 1킬로미터의 깊이까지 잠수할 수 있다.

31 Almost everyone would agree that the weather is a function of a finite number of variables such as sunspots, high-altitude jet streams, and barometric pressure. [20 모평]

거의 모든 사람이 날씨는 태양의 흑점, 높은 고도의 제트 기류, 그리고 기압과 같은 유한한 수의 _________의 작용이라는 데 동의할 것이다.

32 All the people seeking to m_________ their own driving time add up to a longer commute for everyone. [14 모평]

자신의 운전 시간을 최소화하려는 모든 사람들의 시도가 결국 모두에게 더 길어진 통근 시간이 되어 버리고 만다.

33 The human species is unique in its ability to expand its functionality by inventing new cultural tools. Writing, arithmetic, science—all are recent inventions. [19 수능]

인간은 새로운 문화적 도구를 발명함으로써 자신의 기능성을 확장하는 능력에 있어서 독특하다. 쓰기, _________, 과학, 이 모든 것들이 최근의 발명품이다.

34 Plants are bathed in an atmosphere composed of roughly three-q_________ nitrogen, yet their growth is frequently restricted by lack of nitrogen. [18 모평]

식물은 대략 4분의 3에 이르는 질소로 구성된 환경 속에 감싸여 있지만, 그것들의 성장은 질소 부족에 의해 제한되는 경우가 빈번하다.

35 As industrialization peaks, the birth rate falls and begins to approximate the death rate. [08 모평]

산업화가 최고조에 달하면, 출산율이 떨어져서 사망률에 _________ 시작한다.

36 Preschoolers and young school-age children confuse temporal and spatial d_________. [20 수능]

미취학 아동과 어린 학령기 아동은 시간 차원과 공간 차원을 혼동한다.

37 Start with the number 79, the average life expectancy. Now, s_________ your current age. M_________ that number by 365. [10 모평]

평균 수명인 숫자 79로 시작해라. 이제 당신의 현재 나이를 빼라. 그 숫자에 365를 곱하라.

10~18번 정답 ▶ **10** numerous　**11** diameter　**12** length　**13** span　**14** curved
15 sphere　**16** portion　**17** computing[calculating]　**18** Solar / orbit

PREVIEW 31 Words

- ☐ anatomy
- ☐ physiology
- ☐ spine
- ☐ skull
- ☐ limb
- ☐ forehead
- ☐ beard
- ☐ corpse
- ☐ organ
- ☐ tissue
- ☐ lung
- ☐ flesh
- ☐ vein
- ☐ nerve
- ☐ neural
- ☐ sensation
- ☐ sight
- ☐ visual
- ☐ optical
- ☐ naked
- ☐ auditory
- ☐ pulse
- ☐ breathe
- ☐ respiration
- ☐ inhale
- ☐ perspire
- ☐ motor
- ☐ athletic
- ☐ reflex
- ☐ gymnastics
- ☐ sprint

＋ 수능 PLUS 수능 이렇게 나온다

2206

anatomy
[ənǽtəmi]

명 1. 해부학 2. (동식물의) **구조, 조직**
    3. **해부, 분석**

파 anatomize v. 해부하다
anatomic a. 해부(학)의

유 • structure, make-up, composition
n. 구조, 구성, 조직
 • analysis n. 분석
 • dissection n. 해부
(▶ dissect v. 해부하다, 분석하다)
cf. autopsy n. (사체) 부검, 검시

2207

physiology
[fìziálədʒi]

명 **생리학, 생리 (현상)**

파 physiological a. 생리학의, 생리적인
physiologist n. 생리학자

기출 어구 • human physiology
인체 생리학, 인간 생리 (현상)
 • physiological function/processes/
changes 생리적인 기능/과정/변화

2208

spine
[spain]

명 1. **척추, 등뼈** 2. (동식물의) **가시**
파 spinal a. 척추의
spiny a. 가시가 많은

유 backbone n. 척추
cf. spineless a. 척추가 없는, 가시가 없는

2209

skull
[skʌl]

명 **두개골**

cf. • bone n. 뼈, 골격
 • skeleton n. 해골, 골격 a. 골격의

2210

limb
[lim]

명 1. (하나의) **팔다리, 사지**
    2. (큰) **나뭇가지**

유 bough n. 큰 나뭇가지
cf. • an artificial limb 의수, 의족
 • limbless a. 팔다리가 없는
 • limp v. 다리를 절다 a. 축 늘어진

2211

forehead
[fɔ́ːrhèd]

명 **이마**

cf. '얼굴' 관련 표현:
 • cheek n. 뺨
 • jaw n. 턱
 • eyelid n. 눈꺼풀
 • eyebrow n. 눈썹

2212

beard
[biərd]

명 턱수염

cf. mustache n. 콧수염

2213

corpse
[kɔːrps]

명 (사람의) **시신, 시체, 송장**

cf. • carcass n. (동물의) 시체
• corps n. 부대, 단체

2214

organ
[ɔ́ːrgən]

명 1. (생물의) **기관, 장기**
2. (악기) **오르간**

기출 어구 • reproductive organs
생식 기관
• internal organs 내부 장기

2215

tissue
[tíʃuː]

명 1. (근육·신경 등의 세포) **조직**
2. **화장지, 얇은 종이**

기출 어구 muscle tissue 근육 조직
cf. transplant tissue 조직을 이식하다

2216

lung
[lʌŋ]

명 **폐, 허파**

cf. liver n. 간

2217

flesh
[fleʃ]

명 1. (사람·동물의) **살, 고기**
2. (정신·영혼에 대비되는) **육체, 몸**
파 fleshy a. 1. 살집이 있는 2. (과일이) 다육질의

기출 어구 a flesh-and-blood beast
살과 피가 있는 짐승
cf. skin n. 피부

2218

vein
[vein]

명 1. **혈관, 정맥** 2. (식물의) **잎맥**
3. **방식, 태도**

기출 어구 • adrenaline pumping
through my veins 내 혈관을 타고 솟구치
는 아드레날린
• in this vein 이러한 방식으로
cf. artery n. 동맥

2219

nerve
[nəːrv]

명 1. **신경** 2. **긴장, 불안**
3. **용기, 뻔뻔함**
파 nervous a. 초조해하는, 불안한
nervousness n. 신경질, 조바심, 긴장

유 • tension n. 긴장, 불안
• bravery, courage, guts n. 용기
기출 어구 • nerve cells 신경 세포
• nerve damage 신경 손상
• could not believe the nerve of
~의 뻔뻔함을 믿을 수 없었다

2220

neural
[njú(:)ərəl]

형 신경(계)의

기출 어구 • the neural system 신경계
(= the nerve[nervous] system)
• neural machinery 신경 기제
cf. • neurology n. 신경학
• neurological a. 신경(학)의

2221

sensation
[senséiʃən]

명 1. 감각, 느낌 2. 센세이션, 대사건

파 sensational a. 1. 선풍적인 2. 선정적인
sensationalize v. 선정적으로 표현하다[다루다]
sensationalism n. 선정주의

유 • sense n. 감각
• feeling n. 느낌, 감각
기출 어구 • a burning sensation
타는 듯한 느낌
• a sensational performance
선풍적인 공연
cf. sense vs. sensation:
• sense: 오감 중의 하나로서의 감각
• sensation: 자극을 받아서 느끼게 되는
감각

2222

sight
[sait]

명 1. 시력, 시각 2. 봄, 시야, 광경
3. (pl.) 관광지, 명소

유 • eyesight n. 시력
• vision n. 시력, 시각, 시야
• view n. 시야, 광경
숙어 • at first sight 첫눈에
• out of sight 보이지 않는 곳에
• at the sight of ~을 보고
기출 어구 • sense of sight 시각
• come into sight 시야에 들어오다
cf. • sightseeing n. 관광
• near[far]-sighted a. 근[원]시의
• short-sighted a. 근시안적인

2223

visual
[víʒuəl]

형 시각의, 시각적인, (눈으로) 보는

파 vision n. 시력, 시각, 시야
visually ad. 시각적으로, 눈에 보이게
visualize v. 1. 시각화하다 2. 마음속에 그리다
visualization n. 시각화, 구상화

기출 어구 • visual perception 시지각
• visual art 시각 예술
• visual material 시각 자료
cf. visible a. (눈에) 보이는, 알아볼 수 있는

2224

optical
[áptikəl]

형 1. 눈의, 시각의, 시력의
2. 광학의, 빛의

유 visual a. 시각의
기출 어구 optical sense 시각
cf. 기타 감각:
• (sense of) smell 후각
(= olfactory sense)
• (sense of) taste 미각
• (sense of) touch 촉각

2225

naked
[néikid]

형 1. 벌거벗은, 나체의 2. 육안의

유 • bare a. 벌거벗은
• nude a. 나체의
기출 어구 the naked eye 육안

2226

auditory
[ɔ́ːditɔ̀ːri]

형 귀의, 청각의

유 • aural a. 청각의
• acoustic a. 1. 청각의 2. 소리의, 음향의
기출 어구 auditory sense 청각
(= acoustic sense, sense of hearing)
cf. audible a. 잘 들리는, 들을 수 있는
(↔ inaudible a. 들리지 않는)

2227

pulse
[pʌls]

명 1. 맥박, 고동 2. (규칙적인) 리듬, 박자

유 • beat n. 고동, 맥박
• rhythm n. 리듬
기출 어구 • pulse meter 맥박 측정기
• racing pulse 고동치는 맥박

2228

breathe
[briːð]

동 호흡하다, 숨을 쉬다

파 breath n. 숨, 호흡

유 respire v. 호흡하다
기출 어구 take a deep breath 심호흡하다
cf. • breathless a. 숨이 가쁜
• breathtaking a. (너무 아름답거나 놀라워서) 숨이 멎는 듯한

2229

respiration
[rèspəréiʃən]

명 호흡 (작용)

파 respire v. 호흡하다
respiratory a. 호흡의, 호흡 기관의

유 breathing n. 호흡
기출 어구 respiratory disease 호흡기 질환

2230

inhale
[inhéil]

동 (숨을) 들이쉬다,
　　(가스 · 연기 등을) 들이마시다

파 inhalation n. 흡입
inhaler n. 흡입기

유 breathe in 숨을 들이쉬다
반 exhale v. (숨을) 내쉬다, 내뿜다
(= breathe out)

2231

perspire
[pərspáiər]

동 땀을 흘리다

파 perspiration n. 땀, 노력

유 sweat v. 땀을 흘리다 n. 땀

2232

motor
[móutər]

형 1. 운동의, 운동 신경의
2. 모터가 달린, 자동차의
명 모터, 원동기, 자동차
파 motorist **n.** 운전자

기출 어구 • motor behavior/development 운동 행동/발달
• a motor vehicle 자동차
• an electric motor 전기 모터

2233

athletic
[æθlétik]

형 1. 운동의, 운동 경기의
2. (몸이) 탄탄한
파 athletics **n.** 운동 경기
athlete **n.** 운동선수

유 fit **a.** (몸이) 탄탄한, 건강한
기출 어구 athletic time/skills 운동 시간/기술

2234

reflex
[ríːfleks]

명 반사 운동, 반사 작용
형 반사적인

cf. a reflex response[reaction] 반사적인 반응

2235

gymnastics
[dʒimnǽstiks]

명 체조, 체육
파 gymnastic **a.** 체조의 **n.** 훈련, 단련
gymnasium[gym] **n.** 체육관
gymnast **n.** 체조 선수

cf. • aerobics **n.** 에어로빅, 유산소 운동
• fitness **n.** 피트니스, 신체 단련, (신체적인) 건강
• physical exercise 운동, 체조

2236

sprint
[sprint]

동 (단거리를) 전력 질주하다
명 전력 질주, 단거리 경주
파 sprinter **n.** 단거리 주자

cf. gallop **v.** (말 등이) 전속력으로 달리다, 질주하다

각 빈칸에 알맞은 영단어 또는 우리말을 쓰시오.

01 By comparison, evaluation of performances such as diving, gymnastics, and figure skating is more subjective. [15 모평]

그에 비해, 다이빙, __________, 피겨스케이팅과 같은 동작에 대한 평가는 더 주관적이다.

02 In fact, a good 25 percent of his a__________ time was devoted to externals other than working out. [15 모평]

사실 그의 운동 시간 중 상당 부분인 25퍼센트가 운동이 아닌 외적인 것에 바쳐졌다.

03 A shiver of delight ran down his s__________ when he saw his name in capital letters on the door. [15 학평]

그가 자신의 이름이 대문자로 문 위에 적혀 있는 것을 봤을 때, 기쁨의 전율이 그의 척추를 타고 내렸다.

04 Every year, in this salon, Joyce who is known as the stylist for the Santas creates that snowy white b__________. [05 학평]

매년 이 미용실에서는 산타들의 스타일리스트로 알려진 Joyce가 그 눈처럼 하얀 수염을 만들어 낸다.

05 As humans, we do "eat with our eyes" because our sense of s__________ is more highly developed than the other senses. [14 모평]

인간으로서, 우리는 시각이 다른 감각들보다 더욱 고도로 발달되었기 때문에 정말로 '눈으로 먹는다.'

06 'How much farther to the finish line? Can I make it?' Emma felt pain in her legs and was b__________ heavily. [19 모평]

'결승선까지 얼마나 더 남았지? 내가 해낼 수 있을까?' Emma는 다리에 통증을 느꼈고 숨을 가쁘게 쉬고 있었다.

07 Many virtual reality games and rides now allow audiences and players to feel s__________ of motion and touch. [15 모평]

많은 가상현실 게임과 탈것들은 이제 관객들과 이용자들에게 움직이고 느끼는 감각들을 느끼게 해준다.

08 The demands you make on your body when you ask it to sustain an aerobic activity train your l__________ to deliver oxygen. [14 모평]

당신이 당신의 몸에 유산소 활동을 지속하라고 요구할 때 당신이 몸에 하는 요구는 당신의 폐로 하여금 산소를 나르도록 훈련시킨다.

09 For many years now, mediated entertainment such as TV and film has been able to stimulate our o__________ and a__________ senses with sights and sounds. [15 모평]

지금까지 여러 해 동안 TV와 영화 같은 매체에 의한 오락은 볼거리와 소리로 우리의 시각과 청각을 자극할 수 있었다.

19~28번 정답 ▶

19 physiology	20 땀을 흘린다	21 해부학	22 단거리 경주	23 limb
24 veins	25 naked	26 motor	27 flesh	28 tissues / organs

10 The "Iceman," whose 5,200 year-old c__________ was discovered on a glacier on the Italian-Austrian border, was carrying a sloe berry. [13 학평]

5,200년 된 시체가 이탈리아와 오스트리아의 국경에 있는 빙하에서 발견된 '아이스맨'은 야생 자두를 지니고 있었다.

11 I__________ air passes through these airways of the lungs and delivers oxygen to your bloodstream. [07 학평]

흡입된 공기는 이러한 폐의 기도를 통과하여 혈류로 산소를 나른다.

12 The safety problems of elderly drivers are rooted in the normal processes of aging: diminishing vision and hearing, slowing reflexes and decreasing attention spans. [07 학평]

노인 운전자들의 안전 문제는, 약해지는 시력과 청력, 느려지는 __________과 짧아지는 집중 시간과 같은 정상적인 노화의 과정에 그 원인이 있다.

13 The s__________, dating back perhaps 2,500 years, was among many human bones piled inside several burial caves. [11 모평]

아마도 2,500년까지 거슬러 올라가는 그 두개골은 몇몇 매장 굴의 내부에 쌓여 있는 많은 사람 뼈 사이에 있었다.

14 When we learn to read, we recycle a specific region of our v__________ system known as the v__________ word-form area. [19 수능]

우리가 읽기를 배울 때, 우리는 시각적인 단어-형태 영역이라고 알려진 우리의 시각계의 특정 영역을 재활용한다.

15 The doctor concluded that he had suffered n__________ damage and that he might never regain the full use of his right arm. [15 모평]

의사는 그가 신경 손상을 입었고 오른쪽 팔을 완벽하게 사용할 정도로 결코 회복하지 못할 거라고 결론을 내렸다.

16 There are reported cases of individuals who have damaged the neural system that controls voluntary expressions. [19 모평]

자발적인 표현을 통제하는 __________ 체계가 손상된 사람들의 보고된 사례들이 있다.

17 It is a cultural trait that seems to be under the guidance of another, genuinely biological trait: the cues that attract us to babies (high f__________ and small faces). [18 모평]

그것은 또 다른, 정말로 생물학적인 특성, 즉 우리를 아기(높은 이마와 작은 얼굴)에게 이끄는 신호에 의해 유도되고 있는 것처럼 보이는 문화적 특성이다.

18 Lie detector tests base judgments of honesty on blood pressure, pulse, respiration, and vocal pitch, which the test assumes differ when people lie and when they tell the truth. [15 학평]

거짓말 탐지기 테스트는 사람들이 거짓말을 할 때와 진실을 말할 때 달라진다고 테스트가 추정하는 혈압, __________, __________, 그리고 목소리의 높낮이에 근거하여 정직성을 판단한다.

01~09번 정답 ▶ **01** 체조　**02** athletic　**03** spine　**04** beard　**05** sight　**06** breathing　**07** sensations　**08** lungs　**09** optical / auditory

19 Most of the systems in animal and human p_______ are controlled by homeostasis. [12 수능]

동물과 사람의 생리 체계의 대부분은 항상성에 의해서 조절된다.　*homeostasis 항상성

20 Additionally, the body perspires less to prevent dehydration. [07 학평]

또한, 몸은 탈수를 막기 위해 더 적게 ______ _____.　*dehydration 탈수(증)

21 A medical student must have expertise in human anatomy before studying surgical techniques. [19 모평]

의대생은 수술의 기법을 공부하기 전에 인간 _________에 대한 전문 지식을 갖고 있어야만 한다.

22 Fast muscle fibers function best for short bursts of intense activity, like weight lifting or sprinting. [13 수능]

빠른 근섬유는 역도나 ________와 같은 짧고 폭발적인 격렬한 활동에서 가장 잘 작동한다.

23 We may correctly predict that the loss of a l_______ would horrify us more than a run in our nylons. [19 EBS]

우리는 팔과 다리 중 하나를 잃는 것이 나일론 스타킹의 올이 풀린 것보다 우리를 더 몸서리치게 만들 것이라고 정확하게 예측할 수도 있다.

24 It could have been the adrenaline pumping through my v_________, or maybe it was the five cups of coffee I drank that morning. [12 모평]

그것은 내 혈관을 타고 솟구치는 아드레날린일 수도 있었고, 어쩌면 그날 아침에 마신 다섯 잔의 커피일 수도 있었다.

25 On each of those little grooves you can see, there are dozens more that are not visible to the n_______ eye. [13 학평]

여러분이 볼 수 있는 각각의 그 작은 주름에는 육안으로 보이지 않는 수십 개의 주름이 더 있다.　*groove 가늘고 길게 패인 곳

26 As new ways of controlling the environment are achieved, m________ development provides the infant with a growing sense of competence and mastery. [18 모평]

환경을 조절하는 새로운 방식이 성취되면서, 운동 능력의 발달은 유아에게 능력과 숙달에 대한 증가하는 인식을 제공한다.

27 Just as a f________-and-blood beast influences and is influenced by its environment, so too do science and society mutually influence one another. [16 모평]

살과 피가 있는 짐승이 자신의 환경에 의해 영향을 주고 받는 것처럼 과학과 사회도 또한 상호 간에 서로에게 영향을 준다.

28 It is likely that age changes begin in different parts of the body at different times and that the rate of annual change varies among various cells, t________, and o________. [16 수능]

나이의 변화는 서로 다른 시기에 신체의 서로 다른 부위에서 시작되고, 매년의 변화 속도는 다양한 세포들, 조직들 그리고 기관들마다 다를 가능성이 있다.

10~18번 정답 ▶ 10 corpse　11 Inhaled　12 반사 작용　13 skull　14 visual / visual　15 nerve　16 신경　17 foreheads　18 맥박 / 호흡

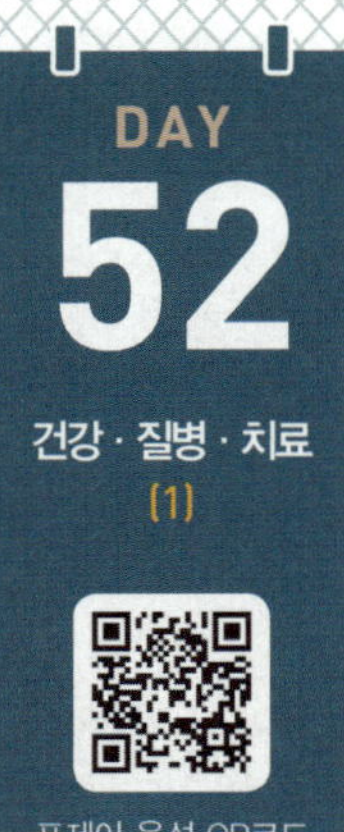

➕ 수능 PLUS 수능 이렇게 나온다

2237

metabolism
[mətǽbəlìzəm]

명 신진대사, 물질대사

파 metabolic a. 신진대사의
metabolize v. 신진대사시키다

cf. metabolic rate 신진대사율

2238

diet
[dáiət]

명 1. 식사, 식단, 식습관 2. 식이요법
동 다이어트를 하다

파 dietary a. 1. 식사[음식]의 2. 식이요법의

숙어 • be on a diet
식이요법[다이어트] 중이다
 • go on a diet
식이요법[다이어트]을 시작하다
기출 어구 • a balanced diet 균형식
 • a low-calorie diet 저열량식
cf. eating habits 식습관

2239

digest
[daidʒést]

동 1. 소화하다 2. (완전히) 이해하다

파 digestion n. 1. 소화 (작용), 소화력 2. 이해
digestive a. 소화의, 소화를 돕는

기출 어구 • digestive tract 소화관
 • digestive waste 소화 배설물
cf. take ~ in ~을 섭취하다(= ingest)

2240

nutrition
[nuːtríʃən]

명 영양 (섭취), 음식물

파 nutrient n. 영양소, 영양분
nutritional a. 영양상의
nutritious a. 영양의, 영양이 풍부한
nutritionist n. 영양사

유 nourishment n. 음식물, 영양(분)
기출 어구 • nutritional supplements
영양(보조)제
 • nutritional value 영양가
cf. malnutrition n. 영양실조

2241

nourish
[nə́ːriʃ]

동 1. 영양분을 공급하다
2. 기르다, 육성하다

파 nourishment n. 1. 영양(분), 자양(분), 음식물
2. 양육, 육성

유 • feed v. 먹이를 주다, 양육하다
 • nurture v. 양육하다, 육성하다
cf. under-nourishment n. 영양 부족

2242

protein
[próuti:n]

명 단백질

cf. '영양소'를 나타내는 표현:
• carbohydrate n. 탄수화물
• fat n. 지방
• mineral n. 무기질

2243

fiber
[fáibər]

(= fibre)

명 섬유, 섬유질

기출 어구 • muscle fiber 근섬유
• fiber processing 섬유 가공
• dietary fiber 식이 섬유

2244

slim
[slim]

형 1. 날씬한, 호리호리한, 얇은
2. 얼마 안 되는, 희박한

유 • slender a. 날씬한
• lean a. 군살이 없는, 호리호리한
기출 어구 a slim chance of
~할 가능성이 희박한
cf. • skinny a. (지나치게) 마른
• thin a. 마른

2245

overweight
[òuvərwéit]

형 과체중의, 비만의
명 과체중
파 overweigh v. ~보다 무겁다, ~보다 중요하다

반 underweight a. 저체중의 n. 저체중
cf. • chubby, plump a. 통통한(fat의 완곡한 표현)
• stout a. 뚱뚱한, 튼튼한(살찌고 튼튼한 몸을 표현)
• fat a. 뚱뚱한

2246

obesity
[oubí:səti]

명 비만, 비대
파 obese a. 비만의

기출 어구 childhood obesity 소아 비만

2247

longevity
[lɑndʒévəti]

명 1. 장수, 오래 삶 2. 수명

cf. long-lived a. 장수하는, 오래가는
(↔ short-lived a. 단명한, 오래가지 못하는)

2248

hygiene
[háidʒi(:)n]

명 위생 (상태), 청결
파 hygienic a. 위생적인
hygienics n. 〈단수 취급〉 위생학

cf. personal hygiene 개인 위생

2249

sanitation
[sænitéiʃən]

명 (공중) 위생, 위생 시설[관리]
파 sanitary a. 위생적인, 청결한
(↔ unsanitary a. 비위생적인)

유 • cleanliness n. 청결, 깨끗함
• hygiene n. 위생 (상태), 청결
• public health 공중 위생

2250

immune
[imjúːn]

형 1. 면역의, 면역성이 있는
　　2. 영향을 받지 않는 3. 면제된

파 immunity n. 1. 면역(력) 2. 면제
immunize v. 면역시키다
immunization n. 면역, 예방 접종

숙어 immune to ~에 면역된, ~에 영향을 받지 않은(↔ susceptible[vulnerable] to ~에 민감한, ~에 영향받기 쉬운)
기출 어구 • immune response 면역 반응
• the immune system 면역 체계

2251

symptom
[símptəm]

명 1. 증상 2. 징후, 조짐

파 symptomatic a. 증상을 보이는

유 • sign n. 징후, 조짐
• indication n. 암시, 조짐

2252

pale
[peil]

형 1. 창백한 2. (색이) 연한, 옅은

기출 어구 • pale skin 창백한 피부
• turn pale 창백해지다, 핏기가 가시다

2253

weary
[wí(ː)əri]

형 1. 지친, 피곤한 2. 싫증 난
동 지치게 하다

파 weariness n. 피로, 지루함

유 tired, exhausted, fatigued, drained, worn-out a. 지친, 피곤한
숙어 • be weary from[with] ~으로 지치다
• be weary of ~에 싫증이 나다
(= be tired of)
cf. wearisome a. 지치게[피곤하게] 하는
(= tiring)

2254

exhaust
[igzɔ́ːst]

동 1. 기진맥진하게 만들다
　　2. 다 써버리다
명 배기가스

파 exhausted a. 1. 지친, 기진맥진한 2. 다 써버린
exhaustion n. 1. 기진맥진 2. 고갈, 소진
exhaustive a. 철저한, 완전한

유 • wear out, tire out ~을 지치게 하다
• deplete v. 고갈시키다, 다 써버리다
• use up ~을 다 써버리다
기출 어구 • feel exhausted 기진맥진하다
• exhaust the Earth's carrying capacity 지구의 환경 수용력을 다 써버리다
• the car exhaust pipes 자동차 배기관

2255

fatigue
[fətíːg]

명 (심신의) 피로, 피곤
동 피곤하게 하다

유 • tiredness, exhaustion n. 피로, 기진맥진
• weariness n. 피로, 지루함

2256

faint
[feint]

동 기절하다
형 (빛 · 소리 · 냄새 · 색 등이) 희미한, 약한

유 pass out 의식을 잃다, 기절하다
기출 어구 • a faint light 희미한 불빛
• the faint scent of pine 희미한 소나무 향기
cf. dizzy a. 어지러운, 현기증이 나는
(▶ dizziness n. 어지럼증, 현기증)

2257

shiver
[ʃívər]

동 (몸을) **떨다**

명 (몸의) **떨림,** (the shivers) **오한**

유 • shudder v. 몸을 떨다, 몸서리치다
• tremble v. 1. (몸을) 떨다, 떨리다
2. 흔들리다 n. 떨림
• shake v. 1. (몸을) 떨다, 떨리다
2. 흔들다, 흔들리다
cf. have the shivers 오한이 나다,
몸이 으스스하다(= have a chill)

2258

sneeze
[sniːz]

동 **재채기하다**　명 **재채기**

cf. cough v. 기침하다 n. 기침

2259

choke
[tʃouk]

동 1. **숨이 막히다, 질식시키다**
2. (통로·관 등을) **막다,**
(식물의 성장을) **방해하다**

명 **질식**

유 • suffocate v. 질식(사)하다, 질식(사)
시키다(▶ suffocation n. 질식(시킴))
• block, clog, obstruct v. 막다
기출 어구 • choke the fresh flow of
water 신선한 물의 흐름을 막다
• choke out competing seaweeds
경쟁하는 해초의 성장을 방해하다

2260

vomit
[vámit]

동 **토하다, 게우다**

유 throw up 토하다
cf. have diarrhea 설사를 하다

2261

wound
[wuːnd]

명 (신체적·정신적) **상처, 부상**

동 **상처를 입히다, 감정을 상하게 하다**

파 wounded a. 상처 입은

어법 point wind((실 등을) 감다)의 과거 및
과거분사인 wound와 혼동하지 않도록 주의
cf. '상처·부상' 관련 표현:
• injury n. (사고·싸움에서 생긴) 상처, 부상
• wound n. (전쟁·싸움 등에서 흉기에 의
한) 상처, 부상
• cut n. 베인 상처
• scar n. (피부에 생긴) 흉터

2262

bruise
[bruːz]

명 **타박상, 멍**

동 **타박상을 입히다, 멍들게 하다**

파 bruised a. 타박상을 입은, 멍이 든

cf. blister n. 물집, 수포

2263

sprain
[sprein]

동 (팔목·발목 등을) **삐다, 접지르다**

cf. cramp n. (근육의) 경련, 쥐
(▶ have a cramp 쥐가 나다)

2264

swell
[swel]

(swell–swelled–
swelled [swollen])

동 1. **붓다, 부풀다**
2. **증가하다,** (바다·강 등이) **넘실거리다**

파 swelling a. 1. 부풀어 오르는 2. 넘실거리는
swollen a. 1. (몸의 일부가) 부어오른 2. (물이) 불어 난

기출 어구 • my heart swells
내 마음이 부풀어 오른다
• swelling waves 넘실거리는 파도
• a swollen tongue 부어오른 혀

DAY 52

inflame
[infléim]

동 1. (감정을) **격앙시키다, 자극하다**
2. **염증을 일으키다**
파 inflamed a. 1. 흥분한, 격앙된 2. 염증이 생긴
inflammation n. 염증

기출 어구 • inflame the anger 화를 돋우다
• a little inflamed sore
염증이 있는 작은 상처
cf. anti-inflammatory a. 항염증의
n. 소염제

sore
[sɔːr]

형 **아픈, 쓰린** 명 **상처, 종기**

유 painful a. 아픈

allergic
[əlɔ́ːrdʒik]

형 **알레르기가 있는, 알레르기(성)의**
파 allergy n. 알레르기

숙어 be allergic to = have an allergy
to ~에 알레르기가 있다, ~을 몹시 싫어하다
기출 어구 allergic reaction 알레르기 반응
cf. allergen n. 알레르겐, 알레르기 유발 항원

itch
[itʃ]

명 1. **가려움(증)** 2. (~하고 싶어) **근질거림, 욕구**
동 1. **가렵다** 2. (~하고 싶어서) **못 견디다**
파 itchy a. 가려운

숙어 be itching for = have an itch
for ~하고 싶어 못 견디다
cf. rash n. 발진

stiffen
[stífən]

동 **뻣뻣해지다, 뻣뻣하게 하다**
파 stiff a. 뻣뻣한, 굳은

cf. • become stiff (몸 · 표정 등이) 굳다
• freeze v. (두려움 등으로 몸이) 얼어붙다
[굳어지다]

paralyze
[pǽrəlàiz]

동 1. **마비시키다** 2. **무력하게 만들다**
파 paralysis n. 마비

기출 어구 my arms and legs were
paralyzed 내 팔과 다리가 마비되었다

disabled
[diséibld]

형 1. **장애가 있는** 2. **무능력하게 된**
파 disable v. 1. 장애를 입히다 2. 무(능)력하게 하다
disability n. 1. 장애, 불구(= handicap) 2. 무능, 무력

유 • handicapped a. 장애가 있는
• crippled a. 불구의, 무능력한
cf. the disabled, the handicapped
〈집합적〉 장애인들

impair
[impɛ́ər]

동 **손상시키다, 악화시키다**
파 impairment n. 1. 손상 2. (신체적 · 정신적) 장애
impaired 1. 손상된 2. ~에 장애가 있는

유 • damage, harm v. 손상시키다
• worsen, aggravate v. 악화시키다

trauma
[trɔ́ːmə]

명 **정신적 외상, 트라우마**
파 traumatic a. 외상의, 대단히 충격적인

cf. • insomnia n. 불면증
• amnesia n. 기억상실(증)
• depression n. 우울증

각 빈칸에 알맞은 영단어 또는 우리말을 쓰시오.

01 Together corn and beans form a balanced d＿＿＿＿＿ in the absence of meat. [09 모평]

고기가 없을 때는 옥수수와 콩이 함께 균형 있는 식단을 구성한다.

---

02 Don't buy a shaggy dog if you're a＿＿＿＿＿. [12 모평]

알레르기가 있다면 털북숭이 개는 사지 마십시오.　　　　*shaggy 털복숭이의

---

03 The young soldier was trembling and turned p＿＿＿＿＿. [08 학평]

그 젊은 병사는 몸을 떨었으며, 얼굴이 창백해졌다.

---

04 Her legs started to shake and she felt her body stiffen. [11 수능]

그녀는 다리가 떨리기 시작했고 몸이 ＿＿＿＿＿ 것을 느꼈다.

---

05 A tennis player may unintentionally imagine c＿＿＿＿＿ on a critical match point. [19 EBS]

테니스 선수는 의도치 않게 대단히 중요한 매치 포인트에서 숨이 막히는 상황을 상상할 수도 있다.

---

06 Instead of treating different patients that display similar s＿＿＿＿＿ with the same drugs, doctors should identify root causes of disease to come up with a personalized treatment. [10 수능]

비슷한 증상들을 보이는 다른 환자들을 같은 약으로 치료하는 대신, 의사들은 개별화된 치료법을 고안하기 위해 질병의 근본 원인을 규명해야 한다.

---

07 When people who feel helpless fail to take control, they experience negative emotional states. Like stress, these negative emotions can damage the immune response. [17 모평]

무력함을 느끼는 사람들이 통제하는 데 실패할 때 부정적인 감정 상태를 경험한다. 이런 부정적인 감정은 스트레스처럼 ＿＿＿＿＿ 반응을 손상시킬 수 있다.

---

08 Some bruises were so painful that his mother shivered when her hands were cleaned. [18 학평]

몇몇 ＿＿＿＿＿은 너무 통증이 심해서 손이 씻겨질 때 그의 어머니는 ＿＿＿＿＿.

17~24번 정답 ▶ **17** fiber[fibre]　　**18** 피로　　**19** wound　　**20** 재채기 / 부어오른[부은]
21 손상시킬　　**22** digest　　**23** 위생　　**24** 과체중인[비만인]

09 When he finally hung up, he looked e__________ and frustrated. [19 모평]

마침내 그가 전화를 끊었을 때, 그는 기진맥진하고 낙담한 것처럼 보였다.

10 If the itches do not disappear, stop scratching and take the medicine. [10 수능]

__________이 사라지지 않으면 긁는 것을 멈추고 약을 복용하라.

11 The doctor will need to know how old the patient is and whether they have v__________ after eating the plant. [05 모평]

의사는 그 환자가 몇 살인지, 그 식물을 먹은 후 구토를 했는지 여부를 알아야 할 것이다.

12 The whole thumb was swollen to the wrist and in the center was a little inflamed sore. [12 모평]

엄지손가락 전체가 손목까지 부어 있었고, 중앙에는 작은 __________ __________가 있었다.

13 Your resolve to secure a sufficiency of food for yourself and your family will induce you to spend weary days in tilling the ground and tending livestock. [11 수능]

당신과 당신 가족을 위해 충분한 식량을 확보하겠다는 당신의 결심으로 인해, 당신은 땅을 갈고 가축을 돌보며 __________ 나날을 보내게 될 것이다.

14 What you do in the 15 to 30 minutes after eating your evening meal sends powerful signals to your metabolism. [12 수능]

저녁 식사 후 15분에서 30분 이내에 여러분이 하는 일은 여러분의 __________에 강력한 신호를 보낸다.

15 One possible explanation is that sanitation was already a problem for the inhabitants of the settlement. [10 학평]

한 가지 가능한 설명은 __________이 이미 정착민들에게는 문제였다는 것이다.

16 Many studies show that a lack of knowledge about nutrition leads to unhealthy eating habits and obesity in the young. [11 학평]

많은 연구들은 __________에 대한 지식의 부족이 젊은이들의 건강에 좋지 않은 식습관과 __________을 초래한다는 것을 보여준다.

25~32번 정답 ▶ 25 마비되었다 26 nourishes 27 trauma 28 disabled
29 sprained 30 fainting 31 장수 32 slim / proteins

17 Fruit peel contains essential vitamins and is a source of dietary f__________ . [07 수능]

과일 껍질은 필수 비타민을 함유하고 있으며 식이 섬유의 원천이다.

18 Leaving little to no time for ourselves can lead to unmanaged stress, frustration, fatigue, resentment, or worse, health issues. [19 모평]

우리 자신을 위해 시간을 거의 또는 전혀 남겨 놓지 않는 것은 관리되지 않는 스트레스, 좌절감, __________, 분노, 또는 더 나쁘게는, 건강상의 문제로 이어질 수 있다.

19 In a society that cherishes honor or bravery, a battle w__________ would be more of a status symbol. [08 수능]

명예나 용맹을 소중히 여기는 사회에서는 전투에서 입은 상처는 지위의 상징에 보다 더 가까울 것이다.

20 Food allergies can trigger certain reactions in your body that may range from extreme sneezing, coughing and rashes to a swollen tongue and suffocation. [09 학평]

음식 알레르기는 심한 __________나 기침, 발진에서부터 __________ 혀와 질식에 이를 수 있는 특정한 신체 반응들을 유발할 수 있다.

21 For seniors, the risk of falling may be heightened by medications that cause dizziness or that can impair balance. [05 학평]

노인들의 경우 어지럼증을 유발하거나 균형을 __________ 수 있는 약물에 의해 추락 위험이 높아질 수 있다.

22 Grasses have hard materials in their cell walls that make it difficult for animals to crush the cell walls and d__________ them. [19 학평]

풀은 세포벽 안에 동물이 그 세포벽을 부수고 소화시키는 것을 어렵게 만드는 단단한 물질을 가지고 있다.

23 Even if you have to work longer in your factory, higher income is likely to bring a higher overall quality of life through better food, heating, hygiene and healthcare. [12 학평]

당신이 공장에서 더 오래 일해야 한다 하더라도, 소득이 더 높을수록, 더 나은 음식, 난방, __________, 그리고 건강 관리를 통해 전반적인 삶의 질을 높일 수 있을 것이다.

24 Individuals who struggle with obesity tend to eat in response to emotions. However, people who eat for emotional reasons are not necessarily overweight. [19 모평]

비만과 씨름하는 사람들은 감정에 반응하여 먹는 경향이 있다. 그러나 감정적인 이유로 먹는 사람들이 반드시 __________ 것은 아니다.

01~08번 정답 ▶ 01 diet 02 allergic 03 pale 04 뻣뻣해지는 05 choking 06 symptoms 07 면역 08 멍들 / 몸을 떨었다

25 I tried to paddle back to shore but my arms and legs were paralyzed. [12 수능]

나는 다시 해안으로 노를 저어 돌아가려 했지만, 내 팔과 다리는 _________.

26 The destiny of a community depends on how well it n_________ its members. [19 모평]

한 공동체의 운명은 그 공동체가 얼마나 잘 그 구성원들을 기르냐에 달려 있다.

27 These people suffer from an inevitable social and mental t_________, leading to emotional stress. [17 수능]

이러한 사람들은 피할 수 없는 사회적, 정신적 외상으로 고통을 받게 되고, 이것은 감정적 스트레스를 유발한다.

28 Dr. Paul Odland and his friend Bob travel frequently to South America, where they provide free medical treatment for d_________ children of poor families. [17 수능]

Paul Odland 박사와 그의 친구 Bob은 자주 남미로 여행을 가는데, 그곳에서 그들은 가난한 가정의 장애가 있는 어린이들에게 무료로 진료를 해준다.

29 Jim got a chance to play in the last 30 seconds of the championship game when a starting player s_________ his ankle. [15 모평]

Jim은 선발 선수가 발목을 삐었을 때 챔피언전의 마지막 30초 동안 경기를 할 기회를 얻었다.

30 Blood pressure has to rise when we get out of bed in the morning, so that there is enough blood flow to the brain to keep us from f_________. [15 학평]

우리가 아침에 잠자리에서 일어날 때 혈압은 올라가야 하고, 그 결과 뇌에 충분한 혈류가 생겨 우리가 기절하지 않게 해준다.

31 Considering the habitat of these trees it seems almost incredible that they should live so long or even survive at all. The environmental adversities, however, actually contribute to their longevity. [11 수능]

이 나무들의 서식지를 고려해 보면, 이 나무들이 그렇게 오래 살고 또는 심지어 살아남는 것조차 거의 믿을 수 없는 것처럼 보인다. 그러나 환경적 역경은 사실 그 나무들의 _______에 기여한다.

32 A s_________ boy who hopes to make the wrestling team may routinely overload his plate with foods that are dense in carbohydrates and p_________ to 'bulk up'. [11 모평]

레슬링 팀에 들어가고 싶어 하는 호리호리한 소년은 '몸집을 불리기' 위해 일상적으로 자기 접시에 탄수화물과 단백질이 많은 음식을 지나치게 담을지도 모른다.

09~16번 정답 ▶ **09** exhausted　**10** 가려움증　**11** vomited　**12** 염증이 있는 / 상처[종기]
13 지친[피곤한]　**14** 신진대사　**15** 위생 (시설[관리])　**16** 영양 / 비만

2274

deadly
[dédli]

형 **치명적인, 치사의**

⊕ 수능 **PLUS** 수능 이렇게 나온다

유 fatal, lethal a. 치명적인
기출 어구 deadly diseases 치명적인 질병들

2275

infection
[infékʃən]

명 **전염(병), 감염**

파 infect v. 전염시키다, 감염시키다
2. 오염시키다(= contaminate)
infectious a. 전염되는, 전염성의

유 • transmission n. 전염, 전달
• contagion n. 전염(병), 감염
기출 어구 • transmission of an infection
전염병의 전염
• infectious agents 감염원
cf. disinfection n. 소독, 살균
(▶ disinfectant n. 소독약, 살균제)

2276

contagious
[kəntéidʒəs]

형 **전염되는, 전염성의**

파 contagion n. 전염(병), 감염

유 infectious, transmissible a. 전염성의
cf. **infectious vs. contagious :**
• infectious a. (공기 · 물속의 병균으로) 전염
되는
• contagious a. (접촉을 통해) 전염되는

2277

plague
[pleig]

명 **역병, 전염병**
동 **괴롭히다, 성가시게 하다**

유 • infectious[contagious] disease
전염병
• torment, bother v. 괴롭히다
기출 어구 plagued by pests
해충에 시달리는
cf. the plague (중세의) 페스트, 흑사병
(= the Black Death)

2278

epidemic
[èpidémik]

명 **유행병, (유행성) 전염병**
형 **유행성의**

cf. a flu epidemic 유행성 독감

DAY 53

2279

outbreak
[áutbrèik]

몡 (전쟁·화재·전염병 등의) **발생, 발발**

기출 어구 • outbreaks of infectious diseases 전염병의 발생
• the outbreak of hostilities 전쟁의 발발
cf. break out 발생하다, 발발하다

2280

chronic
[kránik]

형 (질병이) **만성적인**
파 chronically ad. 만성적으로

반 acute a. (질병이) 급성인
기출 어구 chronically ill patients 만성 질환 환자들

2281

influenza
[ìnfluénzə]

(= flu)

몡 독감, 유행성 감기

기출 어구 • contract influenza 독감에 걸리다
• avian influenza 조류 독감(= bird flu)
cf. catch[get, have] a cold 감기에 걸리다

2282

asthma
[ǽzmə]

몡 **천식**
파 asthmatic n. 천식 환자 a. 천식의

기출 어구 • children diagnosed with asthma 천식 진단을 받은 아이들
• asthma sufferers 천식 환자들

2283

cancer
[kǽnsər]

몡 암, 악성 종양

기출 어구 cause/prevent cancer 암을 유발하다/예방하다
cf. tumor n. 종양

2284

diabetes
[dàiəbíːtiz]

몡 당뇨병
파 diabetic a. 당뇨병의 n. 당뇨병 환자

cf. '심혈관계 질병' 관련 표현:
• cardiovascular disease 심혈관계 질병
• heart disease 심장병
• hypertension n. 고혈압
• cholesterol n. 콜레스테롤
• blood sugar 혈당

2285

cure
[kjuər]

동 **치료하다, 고치다**
몡 **치료, 치료법, 치료약**
파 curable a. 치료할 수 있는
(↔ incurable a. 치료할 수 없는, 불치의)

유 • heal v. 치료하다, 고치다
• remedy v. 치료하다 n. 치료(약)
숙어 a cure for ~의 치료(법)
cf. cure-all n. 만병통치약, 만능약

2286

remedy
[rémədi]

몡 1. 치료(약[법]) 2. 해결책
동 1. 치료하다 2. 바로잡다, 고치다
파 remedial a. 1. 치료상의 2. 개선의

기출 어구 headache remedies 두통약(두통 치료약)
cf. (a) home[folk] remedy 민간요법

2287

therapy
[θérəpi]

명 **치료, 요법**

파 therapeutic **a.** 치료(상)의(= healing), 치료법의
therapist **n.** 치료사, 치료 전문가

유 • treatment n. 치료, 치료제
• healing n. 치료, 치유
• remedy, cure n. 치료(약), 치료(법)
기출 어구 an art therapist 미술 치료사
cf. psychotherapy n. 심리 치료

2288

soothe
[suːð]

동 **1. 달래다, 진정시키다**

2. (통증 등을) 완화하다

파 soothing **a.** 진정시키는, 달래는

유 • calm v. 진정시키다
• relieve, alleviate, ease v. (고통 등을)
완화하다, 덜어주다

2289

medical
[médikəl]

형 **의학의, 의료의**

파 medicine **n.** 1. 의학, 의료 2. 약, 약물

기출 어구 • medical care 의료
• medical treatment 의학 치료, 의료
cf. medicinal a. 1. 의약의 2. 약효가 있는

2290

clinic
[klínik]

명 (전문 또는 개인) **병원, 의원, 진료소**

파 clinical **a.** 임상의, 임상 치료의

기출 어구 • a dental clinic 치과
• clinical cases 임상 사례들
cf. • hospital n. (종합) 병원
• hospitalize v. 입원시키다

2291

physician
[fizíʃən]

명 **의사, 내과의사**

cf. • surgeon n. 외과의사, 군의관
• dentist n. 치과의사
• veterinarian[vet] n. 수의사

2292

diagnose
[dáiəgnòus]

동 **진단하다**

파 diagnosis **n.** 진단
diagnostic **a.** 진단(상)의

숙어 be diagnosed with ~로 진단받다
기출 어구 be diagnosed with a
terminal illness 불치병 진단을 받다

2293

surgery
[sə́ːrdʒəri]

명 (외과) **수술, 외과**

파 surgical **a.** 수술의, 외과의
surgeon **n.** 외과의사, 군의관

유 operation n. 수술
기출 어구 • brain surgery 뇌수술
• cosmetic[plastic] surgery 성형수술
cf. undergo surgery 수술을 받다

2294

transplant
[동: trænsplǽnt /
명: trǽnsplæ̀nt]

동 **1. 이식하다 2. (식물을) 옮겨 심다**
명 **이식, 이식된 장기**

파 transplantation **n.** 이식(한 것)

기출 어구 organ transplant surgery
장기 이식 수술

DAY 53

2295

pharmacy
[fɑ́ːrməsi]

뗑 1. 약국 2. 약학

파 pharmacist n. 약사
pharmaceutical a. 제약의

cf. **pharmacy vs. drugstore** :
• pharmacy n. 조제 약국, (병원 내의) 약국
• drugstore n. (간단한 약품, 일용 잡화, 화장품 등을 판매하는) 약국

2296

prescribe
[priskráib]

뗑 1. 규정하다 2. (약을) 처방하다

파 prescription n. 1. 규정 2. 처방(전), 처방약

기출 어구 • culturally prescribed behaviors 문화적으로 규정된 행동들
• prescribe medications 약을 처방하다

2297

medication
[mèdikéiʃən]

뗑 약(물), 약물 치료

파 medicate v. 약으로 치료하다, 약을 투여하다

유 • medicine, drug n. 약, 약물
• remedy, cure n. 치료약
cf. administer (a) medication 약을 투여하다

2298

pill
[pil]

뗑 알약, 환약, 정제

유 tablet n. 정제(둥글넓적한 모양의 약제)
기출 어구 vitamin pills 비타민 정제
cf. cough syrup (물약으로 된) 기침약

2299

dose
[dous]

뗑 (약의 1회) 복용량, 투여량

뗑 약을 투여하다

유 dosage n. (약의 1회) 복용량, 투여량, 정량

2300

painkiller
[péinkìlər]

뗑 진통제

cf. (a) headache pill[tablet] 두통약

2301

antibiotic
[æ̀ntibaiátik]

뗑 항생제, 항생물질

뗑 항생(물질)의

기출 어구 antibiotic drug 항생제
cf. • antibody n. 항체
• antibiotic-resistant a. 항생제에 내성이 있는

2302

vaccine
[væksíːn]

뗑 (예방) 백신

파 vaccinate v. 예방[백신] 접종을 하다 (= immunize)
vaccination n. 예방[백신] 접종 (= immunization)

cf. • (computer) vaccine 컴퓨터 바이러스 예방 프로그램
• polio vaccine 소아마비 백신
• smallpox vaccine 천연두 백신

2303

inject
[indʒékt]

뗑 주사하다, 주입하다

파 injection n. 주사, 주입

숙어 inject A into B
A를 B에 주사하다[주입하다]

각 빈칸에 알맞은 영단어 또는 우리말을 쓰시오.

01 Transmission of culture is rather like transmission of an i__________ . [16 모평]

문화의 전달은 전염병의 전염과 다소 비슷하다.

02 Pets are important in the treatment of depressed or chronically ill patients. [17 수능]

애완동물은 우울증이 있거나 __________ 질병이 있는 환자들의 치료에 중요하다.

03 Imagine that you are lying on a bed in a dental c__________ . [13 학평]

당신이 치과 진료소의 침대에 누워 있다고 상상해보라.

04 You must inform people around you about it and what m__________ to administer in case of an allergic reaction. [09 학평]

당신은 주위 사람들에게 그것에 대해 알려야만 하고, 알레르기 반응이 일어났을 때 어떤 약을 투여해야 하는지도 알려주어야 한다.

05 The bacteria prevail until doctors discover an antibiotic that exposes a weakness in the bacteria and kills most of them. [07 모평]

박테리아는 의사들이 박테리아의 약점을 밝혀내서 그들 대부분을 죽이는 __________을 발견할 때까지 우세하게 된다.

06 Much of the culture of Alaska's Natives disappeared with the great plagues prior to the 1950s. [06 모평]

알래스카 원주민 문화의 대부분은 1950년대 이전에 엄청난 __________으로 사라졌다.

07 While he was in the hospital recovering from s__________ , his mother brought him a box of paints and a how-to book. [13 모평]

그가 수술을 받고 회복하고 있는 동안, 그의 어머니는 그에게 물감 한 상자와 입문서 한 권을 가져다 주었다.

08 A paste made from witchetty grubs was used to treat wounds and burns and to s__________ the sore gums of teething children. [19 EBS]

꿀벌레큰나방의 애벌레로 만든 반죽[연고]은 상처와 화상을 치료하는 데 사용되었고 이가 나기 시작하는 아이들의 잇몸 통증을 완화시키는 데 사용되었다.

*witchetty grub 꿀벌레큰나방의 애벌레

09 Strength training can help combat osteoarthritis, depression, and risk factors for heart disease and diabetes. [12 수능]

체력 훈련은 골관절염, 우울증, 그리고 심장 질환과 __________을 일으킬 수 있는 위험 요인들과 맞서 싸우는 데에도 도움을 줄 수 있다. *osteoarthritis 골관절염

19~27번 정답 ▶	19 전염병들	20 injected	21 pharmacies	22 remedies	23 transplant
	24 outbreaks	25 therapies	26 천식	27 physicians / pills	

10 Average consumers of health care do not know how to diagnose their medical conditions. [18 모평]

일반적인 의료 소비자들은 자신들의 ________ 상태를 ________ 방법을 알지 못한다.

11 Fruits and vegetables are believed to help prevent c________. [14 모평]

사람들은 과일과 채소가 암을 예방하는 데 도움이 된다고 믿고 있다.

12 Smallpox and polio, which were once feared and d________ diseases, were eliminated from the Western Hemisphere. [19 학평]

천연두와 소아마비는, 한때 두려움의 대상이었고 치명적인 질병이었지만, 서반구에서 퇴치되었다.　*smallpox 천연두 **polio 소아마비

13 The doctor came and informed me that I had a disease that no one knew how to c________. [11 모평]

의사가 와서 내가 아무도 치료법을 모르는 병에 걸렸다고 알려주었다.

14 Requirements that children be vaccinated before they attend school played a central role in reducing occurrence of vaccine-preventable diseases. [19 학평]

어린이들이 학교에 입학하기 전 ________ 한다는 (법적인) 요구 사항은 ________으로 예방 가능한 질병의 발생을 줄이는 데 중심적인 역할을 했다.

15 The large native population had died of European epidemics unknowingly brought by the missionaries. [10 학평]

많은 원주민들은 선교사들이 자신들도 모르는 사이에 가져온 유럽의 ________으로 죽었다.

16 The patients who could see trees from their hospital beds needed fewer painkillers than those who looked out on brick walls. [15 학평]

병원 침대에서 나무를 볼 수 있는 환자들은 벽돌담을 바라보는 환자들보다 더 적은 양의 ________을 필요로 했다.

17 When he contracts influenza, he never attributes this event to his behavior toward the tax collector or his mother-in-law. [18 수능]

________에 걸릴 때, 그는 이 사건을 세금 징수원이나 자신의 장모에 대한 자신의 행동 탓으로 결코 보지 않는다.

18 Symptoms of hay fever are worse in the morning than at night. Doctors, however, are still taught to p________ equal d________ of medication across the course of the day. [12 학평]

건초열의 증상은 아침이 밤보다 더 심하다. 그러나 의사들은 여전히 하루 중 모든 시간대에 동일한 복용량의 약을 처방하도록 교육받는다.

01~09번 정답 ▶ 01 infection　　02 만성적으로　　03 clinic　　04 medication[medicine]　　05 항생물질[항생제]
06 전염병　　07 surgery　　08 soothe　　09 당뇨병

19 Many contagious diseases spread through carriers such as birds and mosquitoes. [10 학평]

많은 _________은 새와 모기 같은 매개체를 통해 확산된다.

20 Once the strains are chosen, the virus is i_________ into fertilized chicken eggs to grow. [09 학평]

일단 그 변종이 정해지면 그 바이러스는 배양되기 위해 수정란에 주입된다.

*strain (동식물 · 질병 등의) 변종

21 In the United States, 25% of all prescriptions from p_________ contain substances derived from plants. [14 모평]

미국에서는 약국들에서 조제되는 모든 처방약들의 25퍼센트가 식물에서 얻은 물질을 포함하고 있다.

22 Most women who have gone through this depressing experience say they tried everything, but nothing worked. Sadly, many r_________ often make the condition worse. [09 학평]

이러한 우울한 경험을 겪은 대부분의 여성들은 모든 것을 시도해 보았지만 아무 것도 효과가 없었다고 말한다. 애석하게도, 많은 치료법들은 종종 그 상태를 악화시킨다.

23 Phil's cousin, Terence Coyle, was found to have the ideal bone marrow for a successful t_________. [08 학평]

Phil의 사촌인 Terence Coyle이 성공적인 이식에 필요한 동일한 골수를 가지고 있다는 사실이 밝혀졌다. *bone marrow 골수

24 High-density rearing led to o_________ of infectious diseases that in some cases devastated not just the caged fish, but local wild fish populations too. [15 수능]

고밀도의 사육은 몇몇 경우에서 가두리에 있는 어류뿐만 아니라 지역의 야생 어류 개체군 또한 황폐화하는 전염성 질병의 발생을 초래했다.

25 This healing art borrows many of its ideas from Hinduism, incorporating multiple t_________ that include herbs, massage, and meditation. [14 학평]

이 치료술은 힌두교에서 많은 아이디어를 차용하여 약초, 마사지, 명상을 포함한 여러 가지 치료법들을 통합한다.

26 For both rural and urban areas, the percentages of male children diagnosed with asthma were higher than those of female children for all the periods. [11 수능]

시골과 도시 지역 모두에서, _________으로 진단받은 남자 아이들의 비율이 전체 기간 동안에 여자 아이들의 비율보다 더 높았다.

27 Some p_________ resist prescribing p_________ to relieve the symptoms of what they see as a problematic lifestyle. [17 EBS]

일부 의사들은 문제가 있는 생활 방식으로 여기는 것에 대한 증상의 완화를 위해 (알)약을 처방하는 것을 거부한다.

10~18번 정답 ▶ **10** 의학적 / 진단하는　**11** cancer　**12** deadly　**13** cure　**14** 예방[백신] 접종을 받아야 / 백신
15 전염병　**16** 진통제들　**17** (유행성) 독감　**18** prescribe / doses

MEGASTUDY VOCA
수능 영단어 2580

PART 6

수능 필수 숙어

수능에 출제되었거나 출제될 가능성이 높은 필수 숙어

Day 54~55

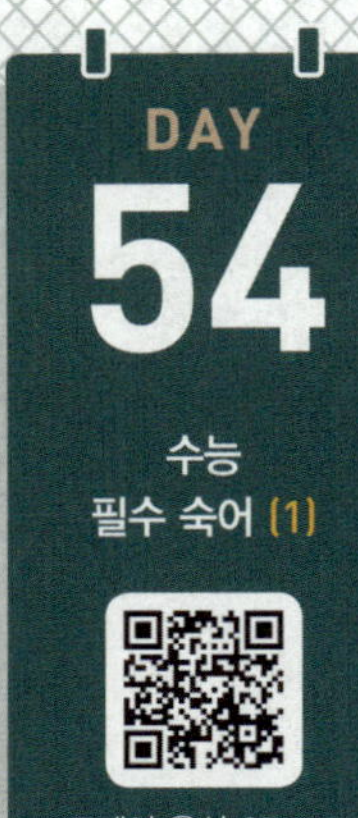

2304

apart from

~을 제외하고는, ~ 외에는, ~은 별도로

파 apart **ad.** 떨어져, 따로

➕ 수능 PLUS 수능 이렇게 나온다

유 • aside from ~을 제외하고는, ~ 외에는
• except (for) ~을 제외하고는, ~ 외에는
• besides **prep.** ~ 외에는
cf. set A apart from B
A를 B와 구별하다

2305

far from

결코 ~이 아닌, ~하기는 커녕

파 far **a.** 먼 **ad.** 멀리

유 anything but, not at all
결코 ~이 아닌
기출 어구 far from what I had
expected 내가 기대한 것이 결코 아닌

2306

as to

~에 관하여, ~에 대해

유 • about, concerning, regarding
prep. ~에 대해
• with regard[respect] to, when it
comes to ~에 관하여
cf. as for ~에 관해서 말하자면
(= speaking of, to speak of)

2307

by far

훨씬, 단연코

유 definitely, undoubtedly, decidedly
ad. 단연코
어법 point by far는 비교급 · 최상급 형용사
및 부사와 함께 쓰여 강조의 의미를 나타낸다.

2308

call for

1. ~을 요구하다, ~을 필요로 하다
2. ~에 대한 요구 3. ~을 불러내다

파 call **v.** 부르다

유 • request, demand **v.** 요구하다
• request[demand] for ~에 대한 요구
• require **v.** ~을 필요로 하다
cf. call forth ~을 이끌어내다, ~을 불러
일으키다

2309

come across

1. ~을 우연히 마주치다[발견하다]
2. (특정한) 인상을 주다
3. 이해되다

유 • run across[into] bump into
~을 우연히 마주치다[발견하다]
• encounter v. 우연히 마주치다
기출 어구 • come across an article
어떤 기사를 우연히 발견하다
• come across as more extroverted
더 외향적인 인상을 주다

2310

come up with

(아이디어 등을) 생각해내다, ~을 제안하다

유 • hit on[upon], think up
~을 생각해내다
• devise v. 고안하다, 생각해내다
기출 어구 come up with inventions
발명품들을 생각해내다
cf. come up to ~에게 다가가다

2311

consist of

~으로 이루어지다, ~으로 구성되다

파 consist v. 1. 이루어져 있다 2. 존재하다 3. 일치하다

유 be composed of, be comprised
of, be made (up) of ~으로 구성되다
cf. • consist in (주요 특징 등이) ~에 있다
(= lie in)
• consist with ~와 일치하다

2312

make up

1. ~을 이루다, 구성하다, 차지하다
2. ~을 만들어 내다, 지어내다
3. 화해하다 4. 화장하다

유 • comprise, compose, constitute
v. 구성하다
• take up ~을 차지하다
cf. make up for ~을 보충하다, ~을 보
상하다(= compensate for)

2313

end up

결국 ~하게 되다, 결국 ~에 이르다

cf. • end up -ing 결국 ~하게 되다
• end up with 결국 ~에 이르다,
결국 ~을 가지게 되다
• end (up) in 결국 ~에 이르다, 결국 ~으로
끝나다

2314

free of

~이 없는, ~이 면제된, ~이 부과되지 않은

파 free a. 1. 자유로운 2. 무료의 3. (~이) 없는

기출 어구 free of charge 무료로
cf. • be free of[from]
~에서 자유롭다, ~이 없다
• be free to do 자유롭게 ~하다

2315

get rid of

~을 없애다, ~을 제거하다

파 rid v. 없애다, 제거하다 (rid – rid – rid)

유 • remove, eliminate v. 없애다, 제거하다
• do away with ~을 없애다, 제거하다
• take ~ away, throw ~ away, dispose of ~을 처리하다, 없애다
cf. rid A of B A에서 B를 제거하다

2316

hand in

(과제 등을) **제출하다**

파 hand v. 건네주다, 넘겨주다 n. 손

유 • turn in 1. ~을 제출하다 2. ~을 반환하다
• give in 1. ~을 제출하다 2. ~에 항복하다
• submit 1. (~을) 제출하다 2. (~에) 항복하다(to ~)
cf. • hand out ~을 나누어 주다 (= distribute)
• hand down ~을 물려 주다 (= pass down)

2317

at hand

1. (시간 · 거리상으로) **가까이에 (있는)**
2. (즉시 쓸 수 있도록) **준비되어**

유 • just around the corner 바로 가까이에, 임박하여
• near, close a. 가까운 ad. 가까이에
• impending, imminent a. 임박한
기출 어구 close at hand 임박한

2318

in advance

사전에, 미리

파 advance n. 전진 v. 전진하다, 나가다

유 beforehand ad. 사전에, 미리

2319

in addition to

~에 더하여, ~ 이외에, ~뿐만 아니라

파 addition n. 추가, 부가, 덧

유 as well as, besides ~뿐만 아니라, ~ 이외에
cf. in addition 게다가, 더욱 (= moreover, furthermore, what's more)

2320

in terms of

~의 측면에서, ~의 관점에서, ~에 관해서는

파 term n. 1. 용어, 말 2. 기간 3. (pl.) 조건, 조항 4. (주로 pl.) 관점, 면

유 in the viewpoint of, in the standpoint of ~의 관점에서

2321

in turn

1. 차례로, 교대로 2. 결과적으로, 결국

파 turn n. 1. 차례, 순번 2. 회전
v. 1. 돌다 2. (~의 상태가) 되다

유 • as a result 결과적으로
• one after another, one by one
차례로, 잇따라서
• alternately ad. 교대로, 번갈아
cf. • take turns
차례대로 하다, 교대로 하다
• take ~ in turns
~을 차례대로 하다, 교대로 하다

2322

leave out

~을 빼다, ~을 빠뜨리다,
~을 배제시키다

파 leave v. 1. 떠나다 2. (어떤 상태로) 그대로 두다
3. 남기다

유 • omit v. 빠뜨리다, 생략하다
• exclude, rule out 배제하다, 제외하다
기출 어구 be left out socially 사회적으로 배
제되다
cf. leave A out of B
A를 B에서 빼다, A를 B에서 배제시키다

2323

refer to

1. ~을 언급하다, ~을 나타내다, 지칭하다
2. ~을 참조하다

파 refer v. 1. 언급하다, 지칭하다 2. 참조하다
reference n. 1. 언급, 지칭 2. 참조 3. 추천서, 추천인
referential a. 1. 참고(용)의 2. 관련 있는

유 • mention v. 언급하다
• consult v. 참고하다, 찾아보다
cf. • refer to A as B
A를 B라고 부르다[지칭하다](= call A B)
• refer A to B A를 B에게 참조시키다

2324

regardless of ~에 관계없이, ~에 상관없이

파 regard v. 1. 관련되다 2. 간주하다, 여기다
(▶ regard A as B A를 B로 간주하다)
n. 1. 고려, 관심 2. 존경

유 without regard[respect,
reference] to, irrespective of
~에 관계없이
cf. regarding prep. ~에 관하여,
~에 관한 한(= with[in] regard to,
with respect[reference] to)

2325

take on

1. (일을) 떠맡다
2. (의미 · 중요성을) 가지다,
   (특질 · 양상을) 띠다, 나타내다

유 assume v. 1. (책임 등을) 떠맡다
2. (특질 · 양상을) 띠다
기출 어구 • take on other roles
다른 역할을 맡다
• take on value 가치를 띠다[지니다]

2326

take over

1. (책임 · 의무 등을) 인계받다, 넘겨받다,
   (대신) 떠맡다
2. (정권 등을) 장악하다

기출 어구 • take over responsibility
for ~에 대한 책임을 넘겨받다[떠맡다]
• superior species takes over 우수 종
이 장악하다

2327

take up

1. (시간 · 공간을) **차지하다**
2. (일 · 취미 등을) **시작하다, 배우다**

숙어 • occupy v. 차지하다
• commence v. 시작하다
기출 어구 • take up the largest portion 가장 큰 부분을 차지하다
• take up the guitar 기타를 배우다[시작하다]

2328

take care of

1. ~을 돌보다 2. ~을 처리하다

파 care n. 1. 걱정, 근심, 주의 2. 돌봄
v. 1. 마음 쓰다 2. 돌보다 3. 좋아하다

유 • look after, attend to ~을 돌보다
• deal with, see to, handle ~을 처리하다
cf. • care for 1. ~을 돌보다 2. ~을 좋아하다
• care about ~에 마음을 쓰다, ~에 관심을 가지다

2329

look for

1. ~을 찾다[구하다]
2. ~을 기대하다

유 • search for, hunt for, seek ~을 찾다, ~을 구하다
• anticipate v. 기대하다
cf. • look up (사전 · 컴퓨터 등에서 정보를) 찾아보다, 조사하다
• look over (빠르게 대충) ~을 훑어보다, 살펴보다
• look into ~을 조사하다(= investigate)

2330

in that

1. ~라는 점에서
2. ~이므로

유 because, since, as, now that ~이므로, ~이기 때문에
cf. • seeing that ~인 것으로 보아
• given (that) ~을 고려하면

2331

take place

1. 일어나다, 발생하다
2. 열리다, 개최되다

유 arise, happen, occur v. (계획되지 않은 일이 우연히) 일어나다, 발생하다
기출 어구 • a great tragedy took place 큰 비극이 일어났다
• take place for one week 일주일간 열리다
cf. take the place of ~을 대신하다, 대리하다(= replace)

2332

take part in

~에 참가[참여]하다, ~에 가담하다

유 • participate in ~에 참가[참여]하다
• join v. 참가[참여]하다, 가입하다

2333

turn out

1. 모습을 드러내다, 나타나다
2. (~인 것으로) 드러나다, 밝혀지다
3. 만들어 내다, 생산하다
4. (불 등을) 끄다

[유] • prove v. (~임이) 드러나다
• produce, manufacture v. 만들어 내다
• turn off (불 등을) 끄다
[어법 point] turn out to *do* ~한 것으로 드러나다(= prove to *do*)
[cf.] turnout n. 1. 출석자, 참가자 수
2. 투표율

2334

cope with

~에 대처하다, ~을 잘 처리하다,
~에 대응하다

[파] cope v. 대처하다, 대응하다

[유] deal with, tackle, handle, manage ~에 대처하다, ~을 처리하다
[기출 어구] cope with increased demand 수요 증대에 대처하다

2335

deal with

~을 다루다, ~을 처리하다,
~에 대처하다

[파] deal v. 1. 다루다, 취급하다 2. 거래하다 (deal – dealt – dealt) n. 1. 취급, 처리 2. 거래

[유] • treat, handle v. 다루다, 취급하다
• handle, manage, tackle, cope with ~을 처리하다, ~에 대처하다
[cf.] deal in ~을 거래하다

2336

due to

~ 때문에, ~에 기인하는

[유] • because of, owing to, on account of, on the ground of ~ 때문에
• thanks to ~ 덕분에, ~ 때문에
[cf.] be due to N ~ 때문이다
(▶ be due to *do* ~할 예정이다)

2337

result from

~에서 기인하다, ~ 때문에 생기다

[파] result v. (결과로) 발생하다 n. 결과

[유] arise from, come from, spring from, be derived from, be caused by ~에서 비롯되다, ~에서 기인하다
[cf.] result in ~을 야기하다, 결국 ~이 되다
(= cause, lead to, bring out, give rise to)

2338

anything but

1. 결코 ~이 아닌
2. ~ 이외는 무엇이든

[유] never, far from, not at all
결코 ~이 아닌
[cf.] anything(무엇이든) +
but(제외하고 (= except)) + A
→ A를 제외하고 무엇이든 → A는 결코 아닌

nothing but
단지 ~일 뿐인, 오직 ~만

유 • just, only, merely, solely **ad.** 오직, 겨우
• no more than ~일 뿐, 겨우
cf. • nothing(없는) + but(제외하고 (= except)) + *A*
→ *A*를 제외하고는 없는 → 오직 *A*만 있는
• do nothing but *do* 단지 ~할 뿐이다

all but
~ 외에는 모두, 거의

유 nearly, almost **ad.** 거의
cf. all(모두) + but(제외하고(= except)) + *A*
→ 몡 *A*를 제외하고는 모든 것 / 부 거의

long for
~을 갈망하다, ~을 열망하다

파 long **v.** 간절히 바라다 **a.** 긴 **ad.** 길게, 오래
longing **a.** 갈망하는 **n.** 갈망, 열망

유 yearn for, crave ~을 갈망하다, ~을 열망하다
cf. (a) longing for ~에 대한 갈망[열망]

pass away
사망하다, 돌아가시다

파 pass **v.** 통과하다, 지나가다 **n.** 통행증

숙어 die, perish **v.** 죽다
cf. pass out 의식을 잃다, 기절하다

각 빈칸에 알맞은 영단어 또는 우리말을 쓰시오.

01 Among the students in the class, Joe Brooks was
b_________ f_________ the best. [20 모평]

학급 학생 중에 Joe Brooks가 단연 최고였다.

02 With the deadline close a_________ h_________,
Claire was still struggling with her writing. [20 모평]

마감시한을 눈앞에 두고서 Claire는 여전히 글쓰기에 골머리를 앓고 있었다.

03 She asked Grandma, "Why don't we just g_________
r_________ o_________ all the butterflies, so that
there will be no more eggs or caterpillars?" [19 수능]

그녀는 할머니에게 "나비를 모두 없애서 더 이상 알이나 애벌레가 생기지 않게 하면 어때요?"라고 물었다.

04 Tourism t_________ p_________ simultaneously in
the realm of the imagination and that of the physical
world. [19 모평]

관광은 상상의 영역에서 그리고 물리적인 세계의 영역에서 동시에 일어난다.

05 Distribution is limited to two trees per household
d_________ t_________ the limited number of
available trees. [19 모평]

분양할 수 있는 나무의 숫자가 제한적이기 때문에 분양은 가구당 두 그루의 나무로 제한됩니다.

06 Researchers on the island occasionally gave the
monkeys wheat (i_________ a_________ t_________
sweet potatoes). [17 모평]

그 섬의 연구원들은 가끔 그 원숭이들에게 (고구마뿐만 아니라) 밀도 주었다.

07 The most normal and competent child encounters
what seem like insurmountable problems in living.
But by playing them out, he may become able to
c_________ w_________ them in a step-by-step
process. [15 수능]

가장 정상적이고 탁월한 아이라 하더라도 살면서 극복할 수 없을 것처럼 보이는 문제들을 마주하게 된다. 하지만 그것들을 놀이로 해 봄으로써 아이는 점진적인 과정을 통해 그것들에 대처할 수 있게 될지도 모른다.

08 When considered i_________ t_________ o_________
evolutionary success, many of the seemingly irrational
choices that people make do not seem so foolish after
all. [18 모평]

진화적 성공의 관점에서 고려해 볼 때, 사람들이 하는 외견상으로 비이성적인 것처럼 보이는 선택 중 많은 것들이 결국에는 그다지 어리석어 보이지 않는다.

27~35번
정답 ▶ **27** hand / in　　**28** free of　　**29** in advance　　**30** taken care of　　**31** as to
32 longed for　　**33** dealt with　　**34** ended up　　**35** 생각해낸다

09 Virtually all natural sounds c__________ o__________ constantly fluctuating frequencies. [20 수능]

사실상 모든 자연의 소리들은 끊임없이 변화하는 진동수로 구성되어 있다.

10 The good news is that it's never too late to start building up muscle strength, r__________ o__________ your age. [12 수능]

반가운 소식은 연령에 상관없이 근육의 힘을 기르기 시작하기에 너무 늦은 때란 없다는 것이다.

11 Interest in extremely long periods of time sets geology and astronomy a__________ f__________ other sciences. [18 모평]

매우 긴 시간에 대한 관심은 지질학과 천문학을 다른 과학들과는 구별시킨다.

12 Sarcasm is the opposite of deception i__________ t__________ a sarcastic speaker typically intends the receiver to recognize the sarcastic intent. [17 모평]

일반적으로 빈정거리는 화자는 받아들이는 사람이 그 빈정대는 의도를 알아차리도록 의도한다는 점에서 빈정거림은 속임과 반대이다.

13 The design called for some 40 statues, and the tomb was to be a giant structure. [16 모평]

그 설계는 40개의 동상을 __________. 그 무덤은 거대한 구조물이 될 예정이었다.

14 Rawlings p__________ a__________ in 1953, and the land she owned at Cross Creek has become a Florida State Park honoring her achievements. [19 수능]

Rawlings는 1953년에 사망했고, 그녀가 Cross Creek에 소유한 땅은 Florida 주립 공원이 되어 그녀의 업적을 기리고 있다.

15 Creativity r__________ f__________ a complex interaction between a person and his or her environment or culture, and also depends on timing. [19 모평]

창의성은 어떤 사람과 그 사람의 환경 또는 문화 사이의 복잡한 상호작용에서 기인하며, 또한 시기에 따라서도 달라진다.

16 People who say they know where everything is t__________ o__________ to be using a large amount of their mental capacity and creative energies remembering where they placed things, rather than doing the job. [12 수능]

모든 것이 어디 있는지 안다고 말하는 사람들은 자신의 정신적 능력과 창의적 에너지의 많은 양을 일하는 데 쓰기보다는 물건을 둔 장소를 기억해내는 데 쓰고 있는 것으로 드러난다.

17 To demonstrate this, a psychologist asked people to t__________ p__________ i__________ what she called 'semi-free tasks'. [14 모평]

이것을 입증하기 위해 한 심리학자는 자신이 '반 자유 과제'라고 명명한 것에 사람들이 참여하도록 요청했다.

36~39번 정답 　▶　 **36** in turn / in turn　　**37** take on / take on　　**38** take over / takes over　　**39** take up / take up

18 The Domestic category m__________ u__________ about a third of Total Urban Solid Waste. [15 모평]

가정 폐기물 부문은 도시 전체 고형 폐기물 총량의 약 3분의 1을 차지한다.

19 When we hear a story, we l__________ f__________ beliefs that are being commented upon. [17 모평]

어떤 이야기를 들을 때 우리는 말해지고 있는 신념을 찾는다.

20 F__________ f__________ being static, the environment is constantly changing and offering new challenges to evolving populations. [20 모평]

정적이기는 커녕 오히려 환경은 끊임없이 변하고 있으며 진화하는 개체군에 새로운 도전을 제공하고 있다.

21 Finally arriving in Alsace after three hours on the road, Jonas saw n__________ b__________ endless agricultural fields. [20 수능]

길을 세 시간 달려 마침내 Alsace에 도착했을 때, Jonas는 오직 끝없이 펼쳐진 농지만 볼 수 있었다.

22 One morning I c__________ a__________ a catalog for a college preparatory school called Billups Academy. [12 학평]

어느 날 아침 나는 Billups 아카데미라는 대학 입학 준비 학교의 카탈로그를 우연히 발견했다.

23 When we are presented with a list of alternative explanations for some phenomenon, and are then persuaded that a__________ b__________ one of those explanations are unsatisfactory, we should pause to reflect. [20 수능]

우리에게 어떤 현상에 대한 일련의 대안적 설명이 제공되고, 그런 다음 그 설명들 중 하나를 제외하고는 모든 것이 적절하지 않다는 것을 확신한다면, 우리는 멈춰서 심사숙고해야 한다.

24 Planning involves only the half of your brain that controls your logical thinking. The other intuitive half of your brain is left out of this planning process. [16 모평]

계획 수립에는 논리적인 사고를 지배하는 뇌의 절반만이 관여한다. 뇌의 나머지 직관적인 절반은 이런 계획 수립 과정에서 __________.

25 The traditional Chinese manner of producing tea was a__________ b__________ industrial and had remained unchanged for hundreds of years. [20 EBS]

차를 생산하는 중국의 전통적인 방법은 결코 산업적이 아니었으며, 수백 년 동안 바뀌지 않았다.

26 Today the term artist is used to r__________ t__________ a broad range of creative individuals across the globe from both past and present. [18 모평]

오늘날 예술가라는 용어는 과거와 현재 모두로부터 전 세계의 광범위한 창의적인 개인들을 지칭하는 데 사용된다.

01~08번 정답 ▶ 01 by far 02 at hand 03 get rid of 04 takes place
05 due to 06 in addition to 07 cope with 08 in terms of

27 Never h__________ something i__________ until you have checked it. [12 모평]

여러분이 그것을 점검하기 전에는 어떤 것도 절대 제출하지 마라.

28 We are not always fortunate enough to enjoy a work environment f__________ o__________ noise pollution. [06 수능]

우리는 항상 소음 공해가 없는 작업 환경을 즐길 만큼 운이 좋은 것은 아니다.

29 Tickets must be purchased i__________ a__________ at the student council office. [20 모평]

표는 학생회관에서 미리 구입해야 합니다.

30 Babies should be t__________ c__________ o__________ in domestic surroundings. [09 모평]

아기들은 가정환경에서 보살핌을 받아야 한다.

31 Most disagree a__________ t__________ whether nonverbal cues are essential to the perception of sarcasm or the emotion that prompts it. [17 모평]

대부분은 비언어적 신호가 빈정거림 또는 그것을 촉발하는 감정을 인지하는 데 필수적인 것인지에 대해 의견이 다르다.

32 The younger sister thought that this was an opportunity to be of real help and perhaps to get the recognition for which she had l__________ f__________ more than 75 years. [16 EBS]

그 여동생은 이것이 진정한 도움을 주고, 어쩌면 그녀가 75년 이상 갈망했던 인정을 얻을 기회라고 생각했다.

33 Louise, a mother who attended my seminars, shared how her mother d__________ w__________ sibling fighting. [18 모평]

Louise는 나의 세미나에 참석한 어머니였는데, 자신의 어머니가 어떻게 형제자매간의 싸움을 다루었는지에 관한 내용을 사람들에게 들려주었다.

34 Although I wasn't a great student or a great football player, I e__________ u__________ not only graduating from my dream university but becoming a hero of the team. [15 모평]

비록 내가 대단한 학생도 아니었고 대단한 풋볼 선수도 아니었지만, 나는 결국 나의 꿈의 대학교를 졸업하게 되었을 뿐만 아니라 팀의 영웅이 되었다.

35 Psychologist Mihaly Csikszentmihalyi suggests that the common idea of a creative individual coming up with great insights, discoveries, works, or inventions in isolation is wrong. [19 모평]

심리학자인 Mihaly Csikszentmihalyi는 창의적인 개인이 혼자서 위대한 통찰력, 발견들, 작품 또는 발명품들을 __________는 일반적인 생각은 잘못된 것이라고 제안한다.

18~26번 정답 ▶ **18** makes up   **19** look for   **20** Far from   **21** nothing but   **22** came across

23 all but   **24** 배제된다   **25** anything but   **26** refer to

36 (1) The teacher notices that in doing the addition of 3 to 7, the pupil counts 'seven, eight, nine', while turning up three fingers i__________ t__________. [16 모평]

(1) 교사는 그 학생이 7과 3의 덧셈을 할 때, 세 개의 손가락을 차례로 펴면서 '7, 8, 9'라고 센다는 것을 알게 된다.

(2) True understanding can only come from seeing the creature in its natural surroundings and, i__________ t__________, the ways in which its presence affects its environment. [16 모평]

(2) 진정한 이해는 그 동물을 그 동물의 자연적인 환경에서 볼 때 그리고 결과적으로 그 동물의 존재가 그 동물의 환경에 영향을 미치는 방식으로 볼 때에만 가능할 수 있다.

---

37 (1) Essentially the same structural forms of politics can nevertheless t__________ o__________ very different "flavors." [13 모평]

(1) 본질적으로 동일한 구조의 정치 형태임에도 서로 매우 다른 '특징'을 띨 수 있다.

(2) Children at play often t__________ o__________ other roles, pretending to be Principal Walsh or Josh's mom. [17 학평]

(2) 놀고 있는 아이들은 흔히 다른 역할을 맡아서 Walsh 교장 선생님이나 Josh 엄마인 척한다.

---

38 (1) Later, his assistant principal took note of Jeremy's high expectations and asked him to t__________ o__________ his math class. [15 수능]

(1) 나중에 그의 교감이 Jeremy의 높은 기대에 주목하여 그에게 자신의 수학 수업을 인계 받을 것을 요청했다.

(2) Unless something interferes, the inferior competitor loses out and the competitively superior species t__________ o__________. [15 모평]

(2) 어떤 것이 개입하지 않는다면, 열등한 경쟁자는 패배하게 되고 경쟁적으로 우수한 종이 장악하게 된다.

---

39 (1) Weighing all of these factors can t__________ u__________ so much of your working memory that it becomes overwhelmed. [18 모평]

(1) 이 요인들을 모두 저울질하는 것은 작동 기억의 아주 많은 부분을 차지할 수도 있어서 그 작동 기억은 압도당하게 된다.

(2) They train for marathons, quit smoking, switch fields, write plays, t__________ u__________ the guitar, or learn to tango even if they never danced before in their lives. [16 수능]

(2) 그들은 마라톤을 위해 훈련을 하고, 담배를 끊고, 분야를 바꾸고, 희곡을 쓰고, 기타를 배우고, 또는 평생 한 번도 춤을 춰 본 적이 없다고 해도 탱고를 배운다.

PREVIEW 38 Words

- ☐ at once
- ☐ by (one's) nature
- ☐ bring about
- ☐ bring out
- ☐ bring up
- ☐ build up
- ☐ carry on
- ☐ carry out
- ☐ a series of
- ☐ account for
- ☐ along with
- ☐ catch up with
- ☐ keep up with
- ☐ draw on
- ☐ resort to
- ☐ stick to
- ☐ hold on (to)
- ☐ hold up
- ☐ in charge of
- ☐ in the face of
- ☐ in itself
- ☐ in place
- ☐ work out
- ☐ wear out
- ☐ run out (of)
- ☐ keep in mind
- ☐ lay out
- ☐ set out
- ☐ set aside
- ☐ have nothing to do with
- ☐ lead to
- ☐ pay off
- ☐ pick out
- ☐ take (~) for granted
- ☐ take in
- ☐ take (~) into account
- ☐ on behalf of
- ☐ for the sake of

2343

at once

1. 즉시 2. 동시에, 한꺼번에

➕ 수능 PLUS 수능 이렇게 나온다

㈇ • immediately, instantly, promptly, right away 즉시
 • simultaneously, at the same time 동시에, 한꺼번에
㏚ all at once 1. 갑자기 2. 동시에, 한꺼번에

2344

by (one's) nature

본래, 본질적으로, 선천적으로

㈜ nature n. 1. 자연 2. 본성, 천성, 성질

㈇ • originally, naturally ad. 원래, 본래
 • inherently, innately ad. 본질적으로, 선천적으로
 • intrinsically ad. 본질적으로

2345

bring about

~을 유발하다, ~을 초래하다

㈜ bring v. 가져오다, 제공하다, 야기하다

㈇ cause, lead to, give rise to, result in ~을 야기하다

2346

bring out

1. (재능 · 특징 등을) 끌어내다, 발휘시키다
2. (신제품을) 출시하다, (책을) 출간하다

㏚ bring in 1. (법 · 체제 등을) 도입하다
2. (이익 · 수입을) 벌어들이다

2347

bring up

1. (아이를) 기르다, 양육하다
2. (제안 · 화제 등을) 꺼내다, 제기하다

㈇ • raise v. 1. (아이 · 동식물 등을) 기르다
2. (의문 · 문제 등을) 제기하다
 • rear v. (아이 · 동식물 등을) 기르다
 • nurture v. 보살피다, 양육하다
㏚ bring down 1. ~을 하락시키다
2. ~을 쓰러뜨리다, (정부 등을) 전복시키다

2348

build up

1. (힘·능력 등을) **쌓아 올리다, 강화하다**
2. (건강 등을) **증진시키다**

파 build v. 1. (건물을) 짓다 2. 만들어 내다 3. 쌓아 올리다, 증강하다 n. (사람의) 체격

유 • strengthen v. 강화하다
• reinforce v. 강화하다, 보강하다
cf. buildup n. 1. 강화, 증강 2. 축적, 비축 3. 증가, 고조

2349

carry on

1. **~을 계속하다** 2. (생활 등을) **유지하다**

파 carry v. 1. 나르다, 운반하다 2. 가지고 다니다

유 continue, keep (on), go on
~을 계속하다
cf. carry-on n. 기내 휴대용 가방
a. 기내 반입용의

2350

carry out

1. **~을 실행하다, 수행하다**
2. (과업을) **완료하다, 성취하다**

유 • fulfill v. 실행하다, 성취하다
• perform, execute v. 실행하다, 수행하다
• complete, accomplish, achieve
v. 성취하다, 완수하다
cf. carry-out n. 가지고 가는 음식 a. 가지고 가는 음식을 파는(= take-out)

2351

a series of

일련의 ~, 연속의 ~

파 series n. 일련, 연속, 시리즈

유 a string of 일련의 ~, 연이은 ~

2352

account for

1. **~을 설명하다**
2. **~을 해명하다, ~의 이유가 되다**
3. (~의 부분·비율을) **차지하다**

파 account v. 1. 설명하다 2. 차지하다
n. 1. 설명 2. 이유 3. 계좌

유 • explain v. 설명하다
• justify v. 해명하다
• make up, constitute, comprise
~을 차지하다, 구성하다
cf. give an account of
~에 대해 이야기하다, ~을 설명하다

2353

along with

1. **~와 함께, ~와 더불어**
2. **~에 덧붙여, ~뿐만 아니라**

파 along prep. ~을 따라, ~와 함께 ad. 함께

유 • together with, in company with
~와 함께
• in addition to, as well as
~뿐만 아니라
cf. • get along with ~와 잘 지내다
• go along with ~에 찬성하다[동조하다]

2354

catch up with

1. (사람·진도 등을) **따라잡다**
2. (문제가) **결국 ~의 발목을 잡다, 결국 문제가 되다**

파 catch v. 1. 잡다 2. 발견하다 3. (병에) 걸리다

유 overtake v. 1. 따라잡다, 추월하다
2. (불행한 일이) 갑자기 닥치다
cf. catch on 유행하다, 인기를 얻다

DAY 55

2355

keep up with

1. (~의 진도 · 증가 속도 등에) **맞춰 따라가다,**
   ~에 뒤지지 않다
2. **~와 계속 연락하고 지내다**

유 keep pace[step] with
~에 맞춰 따라가다, ~와 보조를 맞추다
cf. keep up with the Joneses
(재산 · 사회적 성취 등에 있어서) 남에게 뒤지지 않으려 애쓰다

2356

draw on

1. **~을 이용하다** 2. **~에 의지하다**
3. (돈을 ~에서) **인출하다**

파 draw v. 1. (주의 · 흥미 등을) 끌다 2. 당기다, 뽑다
3. 그리다 n. 1. 추첨 2. (승부의) 동점

유 • use, utilize, employ, exploit,
make use of ~을 이용하다
• rely on[upon], turn to, resort to
~에 의지하다

2357

resort to

~에 의지하다, ~에 기대다

파 resort v. 의지하다 n. 1. 휴가지, 휴양지
2. 의지, 의존 3. 수단(▶ last resort 최후의 수단)

유 rely on[upon], turn to, draw on
~에 의지하다
cf. resort to: 다른 대안이 없어서 좋지 못한 것에 기대는 상황에 쓰임
(▶ resort to violence 폭력에 기대다)

2358

stick to

1. **~에 달라붙다**
2. (어려움을 참고) **~을 계속하다**
3. (바꾸지 않고) **~을 고수하다**

파 stick v. 1. 찌르다 2. 달라붙다, 고수하다 n. 막대기

유 • adhere to, cling to
~에 달라붙다, ~을 고수하다
• hold to, keep to
~을 고수하다, ~지키다

2359

hold on (to)

1. (~을) **꼭 잡다,** (~에) **매달리다**
2. (~을) **견디다** 3. (~을) **유지하다, 고수하다**
4. (전화를 끊지 않고) **기다리다**

파 hold v. 1. 잡다 2. 견디다, 지탱하다 3. 계속하다
4. 수용하다

유 hang on (to) 1. (~에) 매달리다
2. (~을) 견디다, 버티다 3. (전화를 끊지 않고)
기다리다
cf. hold on to = hold onto

2360

hold up

1. **~을 떠받치다, ~을 떠받들다**
2. (좋은 상태를) **유지하다,** (~에) **견디다**(to ~)
3. **~을 지연시키다, ~을 방해하다**

유 • uphold v. 1. 떠받치다
2. 지지하다, 옹호하다
• sustain v. 1. 떠받치다 2. 유지하다
cf. • hold-up n. 1. 지체, 정체 2. 노상 강도
• hold down 1. ~을 억제하다, 지배하다
2. ~을 견뎌내다

2361

in charge of

~을 책임지는, ~을 담당하는

파 charge **n.** 1. 요금 2. 책임 3. 비난, 혐의
v. 1. (요금 · 값 등을) 청구하다 2. 책임을 맡기다 3. 비난
하다 4. 충전하다

cf. be in charge of ~을 책임지다,
~을 담당하다(= take charge of, take
responsibility of, be responsible for)

2362

in the face of

1. ~의 면전에서

2. (문제 · 어려움 등) ~에 직면하여

3. ~에도 불구하고

유 despite, in spite of, notwithstanding
~에도 불구하고
cf. face to face (with)
(~와) 마주 보고, (~에) 직면한

2363

in itself

본질적으로, 그 자체로

유 in essence 본질적으로
cf. • of itself[oneself] 저절로, 스스로
• to oneself 자신에게만
• (all) by oneself 1. 홀로, 단독으로
2. 혼자 힘으로
• for oneself 1. 혼자 힘으로, 스스로
2. 자신을 위해서

2364

in place

1. 제자리에 (있는), 준비된
2. 가동 중인, 시행되고 있는
3. 적절한

유 • in position 제자리에
• ready, set **a.** 준비된
cf. in place of ~ 대신에, ~ 대용으로
(= in one's place, instead of,
on behalf of, in substitution for)

2365

work out

1. (일이) 잘 풀리다 2. (문제를) 해결하다
3. ~을 계산하다
4. ~을 알아내다, 생각해 내다
5. 운동하다

파 work **v.** 1. 작용하다, 효과가 있다 2. 일하다
n. 일, 작업

유 • go well (일이) 잘 되어 가다
• figure out (생각 끝에) ~을 알아내다,
생각해 내다
• calculate **v.** 계산하다
• exercise **v.** 운동하다
cf. workout **n.** 운동

2366

wear out

1. (낡아서) 닳다, 닳게 하다
2. 지치게 하다

파 wear **v.** 1. 입다 2. 닳다, 낡다
n. 1. 착용 2. 사용, 닳음, 마모

유 • wear away 차츰 닳다, 차츰 닳게 하다
• wear down 마모되다, 마모시키다,
약화시키다
• exhaust, tire **v.** 지치게 하다
cf. • worn-out **a.** 1. 닳아 해진
2. 지친, 녹초가 된 3. 진부한
• wear off (차츰) 사라지다, 없어지다

run out (of)

1. (~을) 다 써버리다, (물건이) 다 떨어지다
2. (계약 등이) 만기가 되다, 무효가 되다

유 exhaust, deplete, use up
다 써버리다

keep in mind   ~을 명심하다, ~을 잊지 않다

유 • bear in mind
~을 명심하다, ~을 잊지 않다
• remember v. 기억하다
어법 point • keep[bear] N in mind
N을 명심하다
• keep[bear] in mind that
~할 것을 명심하다
cf. with ~ in mind ~을 염두에 두고

lay out

1. ~을 펼치다, ~을 늘어놓다
2. ~을 배치하다, ~을 계획하다
3. (계획 등을) 제시하다

유 • plan, design v. 계획하다, 설계하다
• map out ~을 배치하다, 계획하다
cf. • layout n. (건물 등의) 배치, 배열, 레이아웃
• lay off ~을 해고하다(= dismiss, fire)

set out

1. 출발하다
2. (일 · 과제 등에) 착수하다, 시작하다
3. 진열하다
4. (말 · 글로) 제시하다

유 • leave, depart v. 출발하다
• set about, go about, get down to
~을 시작하다, ~에 착수하다
cf. • set off 1. 출발하다 2. 시작되게 하다
3. ~을 폭발시키다
• set up 1. ~을 설치하다 2. (사업 등을) 시작하다 3. ~을 준비하다

set aside

1. ~을 한쪽으로 치워 놓다
2. (감정 · 의견 차이 등을) 무시하다, 제쳐놓다
3. (돈 · 시간 등을) 따로 떼어두다

유 put[lay] aside 1. ~을 한쪽으로 치워 놓다 2. ~을 제쳐놓다 3. ~을 따로 떼어두다

have nothing to do with

~와 관계가 없다

유 have no connection with, have no relation to[with] ~와 관계가 없다
cf. have (something) to do with
~와 관계가 있다

lead to

~로 이어지다, 결국 ~이 되다

파 lead v. 이끌다, 인도하다   leading a. 이끄는

유 cause, result in, bring about, give rise to ~을 야기하다

2374

pay off

1. (기대했던) **성과를 내다, 결실을 맺다**
2. (빚을) **다 갚다, 청산하다**

파 pay v. 1. 지불하다 2. 수익을 내다, 이익이 되다

유 • bear v. (결실을) 맺다
• settle v. (빚을) 다 갚다, 정산하다
cf. payoff n. 1. 이득, 보상, 급료지불(일)
2. (빚의) 청산, 보복

2375

pick out

1. ~을 고르다, 선발하다
2. ~을 가려내다, 분간하다

파 pick v. 1. 고르다, 선택하다 2. (꽃을) 꺾다, (과일)을 따다 n. 1. 고르기, 선택 2. 선택된 것

유 • select, choose v. 선택하다, 고르다
• single out ~을 선발하다, 가려내다

2376

take (~) for granted

~을 당연하게 여기다

파 grant 1. 승인하다, 허가하다 2. 수여하다

어법 point • take N for granted
N을 당연하게 여기다
• take it for granted that ~하는 것을 당연하게 여기다(여기서 it은 가목적어, that 절은 진목적어)

2377

take in

1. ~을 섭취하다, 흡수하다
2. (듣거나 읽는 것을) **이해하다, 받아들이다**
3. ~을 속이다[현혹하다]

유 • absorb v. 흡수하다
• comprehend v. 이해하다
• deceive, cheat v. 속이다
cf. intake n. 섭취(량), 흡입

2378

take (~) into account

~을 고려하다, ~을 참작하다

유 • consider, take ~ into consideration ~을 고려하다
• allow for ~을 감안하다[참작하다]

2379

on behalf of

~을 대표하여, ~을 대신하여

파 behalf n. 이익, 지지, 자기편

유 • representing, as a representative of ~을 대표하여
• on one's behalf ~을 대신하여
• in place of ~을 대신하여
cf. in behalf of ~을 위해서, ~을 돕기 위해

2380

for the sake of

~을 위해서, ~을 돕기 위해서

파 sake n. 이익, 목적

유 for one's sake, in behalf of, for the benefit[good] of, in the interest of, in support of ~을 위해서
cf. for its own sake
그 자체를 위해, 그것 자체가 목적으로

각 빈칸에 알맞은 영단어 또는 우리말을 쓰시오.

01 The decline in manufacturing will inevitably b__________ a__________ a new protectionism. [13 학평]

제조업의 침체는 불가피하게 신보호주의를 초래할 것이다.

02 As a new and preferred story begins to emerge, it is important to assist the child to h__________ o__________ t__________, or stay connected to, the new story. [18 모평]

새로운 선호되는 이야기가 나오기 시작할 때, 아이가 그 새로운 이야기에 매달릴 수 있도록, 즉 그 새로운 이야기와 연결된 상태를 유지하도록 도와주는 것이 중요하다.

03 It's not just a matter of listening to your doctor l__________ o__________ the options and making a choice. [18 학평]

그것은 단지 여러분의 주치의가 선택 사항들을 늘어놓는 것을 듣고 선택을 하는 문제가 아니다.

04 Once we know the worst, we can face it directly and w__________ o__________ more sensibly what to do. [13 모평]

일단 우리가 최악의 상황을 알게 되면, 우리는 그것을 직시할 수 있고, 무엇을 해야 할지를 더 현명하게 생각해 낼 수 있다.

05 One of the reasons I have been able to accomplish much and keep growing personally is that I have not only s__________ a__________ time to reflect, but I have separated myself from distractions for short blocks of time. [12 모평]

내가 많은 성취를 이루고 개인적으로 계속 성장할 수 있었던 이유 중 하나는, 내가 명상할 시간을 따로 떼어 놓았을 뿐만 아니라, 짧은 단위의 시간 동안 산만하게 하는 일로부터 내 자신을 분리시켰기 때문이다.

06 Yuhong Jiang, professor of psychology at Harvard University, points out that the brain isn't built to concentrate on two things a__________ o__________. [16 모평]

하버드 대학교의 심리학 교수인 Yuhong Jiang은 뇌는 한꺼번에 두 가지에 집중하도록 만들어지지 않았다고 지적한다.

07 They wear their hair the same way, buy the same brand of shoes, eat the same breakfast, and s__________ t__________ routines for no reason other than the ease of a comfortable, predictable life. [16 수능]

그들은 편안하고 예측 가능한 삶이 쉽다는 이유만으로 똑같은 방식으로 머리를 하고, 똑같은 상표의 신발을 사고, 똑같은 아침을 먹으며 판에 박힌 일상을 고수한다.

08 Ideally, all scientific concepts are mathematized when science displays its products to non-scientists it need not, and indeed is not able to, r__________ t__________ salesmanship. [14 수능]

이론적으로, 모든 과학적 개념은 수학화되어 있어서, 과학이 그것의 산물들을 과학자가 아닌 사람들에게 보여줄 때, 그것(과학)은 상술에 의지할 필요도 없고, 실제로 의지할 수도 없다.   *salesmanship 상술

09 (1) O__________ b__________ o__________ the school, I would like to extend our invitation to you and your family. [08 수능]

(1) 학교를 대표해서, 저는 귀하와 귀하의 가족을 초대하고자 합니다.

(2) I am sending this email o__________ b__________ o__________ my daughter. [16 학평]

(2) 저는 제 딸을 대신해서 이 이메일을 보냅니다.

19~28번 정답 ▶ 19 keeping up with   20 직면하여   21 carried out   22 draw on   23 run out of
24 brings out   25 take for granted   26 nothing to do   27 build up   28 account for / account for

10 Before notation arrived, in all history music was largely
c_________ o_________ as an aural tradition. [20 모평]

악보 표기법이 등장하기 전에는, 역사를 통틀어 음악은 대체로 청각 전승 방식으로 계속되었다.

---

11 While a large population may have been necessary, in itself it was not sufficient for science to germinate. [15 수능]

많은 인구가 필수적이긴 했지만, _________ 과학이 싹트는 데는 충분하지 않았다.

---

12 Michael's preparation and hard work p_________
o_________. [11 학평]

Michael의 준비와 노력이 결실을 맺었다.

---

13 He s_________ o_________ looking for work, first going far north and south, and finally west into Louisiana. [16 모평]

그는 일을 찾아 출발을 했고, 처음에는 멀리 북쪽과 남쪽으로 갔고 마침내 서쪽 Louisiana로 들어갔다.

---

14 When installed in a window frame, the glass would be placed thicker side down f_________ t_________
s_________ o_________ stability. [12 학평]

창틀에 설치될 때, 그 유리는 안정성을 위해서 보다 두꺼운 쪽을 아래로 하여 끼워졌을 것이다.

---

15 The answers are structured to fit the course assessments, and the wonder of science is lost a_________ w_________ cognitive intrigue. [17 수능]

정답은 수업의 평가에 부합하도록 구조화되고 과학에 대한 경이감은 인지적 호기심과 더불어 상실된다.

---

16 Some large parrots will even seem to go insane if subjected to long periods of isolation. On the other hand, certain animals that are b_________ n_________ solitary hardly appear to be affected at all. [14 학평]

몇몇 큰 앵무새들은 오랫동안 고립되면 심지어 미쳐가는 것처럼 보일 것이다. 반면에, 천성적으로 무리 지어 살지 않는 어떤 동물들은 거의 영향을 받지 않는 것처럼 보인다.

---

17 If the great Renaissance artists like Ghiberti or Michelangelo had been born only 50 years before they were, the culture of artistic patronage would not have been i_________ p_________ to fund or shape their great achievements. [19 모평]

Ghiberti나 Michelangelo와 같은 르네상스 시대의 위대한 예술가들이 그들이 (실제) 태어난 시기보다 단지 50년만 일찍 태어났더라도, 그들의 위대한 업적에 자금을 제공하거나 그것을 구체화하도록 해줄 예술 후원의 문화는 자리 잡지 않았을 것이다.

---

18 (1) We push down our feelings because most of us have been b_________ u_________ to believe that there are feelings which are unacceptable. [10 모평]
(2) A "pot-stirrer" is someone who b_________
u_________ emotional issues that have already been resolved. [11 학평]

(1) 우리들 대부분은 용납할 수 없는 감정이 있다고 믿도록 길러졌기 때문에 우리의 감정을 억누른다.

(2) 'pot-stirrer'란 이미 해결된 감정적인 문제를 제기하는 사람을 말한다.

29~38번 정답 ▶ **29** worn out **30** in charge of **31** held up **32** lead to **33** pick out
34 take in **35** 연속된[일련의] **36** keep in mind **37** take / into account **38** caught up with / catch up with

19 Job mastery will mean k__________ u__________ w__________ the rapidly evolving tools available on the Internet. [19 모평]

일에 대한 숙달은 인터넷에서 이용 가능한 빠르게 발전하는 도구들을 계속 따라가는 것을 의미할 것이다.

20 It is not easy to show moral courage in the face of either indifference or opposition. [11 수능]

무관심이나 반대에 __________ 도덕적 용기를 보여 주기는 쉽지 않다.

21 We are currently seeing important changes in the way agriculture is c__________ o__________ in Britain. [18 모평]

우리는 현재 영국에서 농업이 실행되는 방식에서의 중대한 변화를 목격하고 있다.

22 If glaciers started re-forming, they have a great deal more water now to d__________ o__________, so they would grow very much quicker. [19 모평]

만일 빙하가 다시 형성되기 시작한다면, 그것들은 이제는 이용할 수 있는 물이 훨씬 더 많아서, (빙하는) 훨씬 더 빠르게 커질 것이다.

23 We have r__________ o__________ o__________ oil — that is, the oil that was accessible with the technologies of the 1970s. [15 학평]

우리는 석유, 즉 1970년대의 기술로 이용 가능했던 석유가 바닥났다.

24 Solitude is the salt of personhood. It b__________ o__________ the authentic flavor of every experience. [11 모평]

고독은 인격의 소금과 같다. 그것은 모든 경험의 진정한 맛을 끌어낸다.

25 The basic concept of chair is built out of the simpler ideas that we t__________ f__________ g__________: object, furniture, sitting. [14 모평]

의자라는 기본적인 개념은 우리가 당연하게 여기는 더 단순한 개념들, 즉 사물, 가구, 앉기라는 개념들로부터 형성된다.

26 The number of unsuccessful people who come from successful parents is proof that genes have n__________ t__________ d__________ with success. [13 수능]

성공한 부모로부터 태어나는 성공하지 못한 사람들의 숫자는 유전자가 성공과는 전혀 관계가 없다는 증거이다.

27 Today it is necessary for advertisers to b__________ u__________ coverage of their target markets over time, by advertising on a host of channels with separate audiences. [20 수능]

오늘날에는 광고주들이 별도의 시청자가 있는 다수의 채널에 광고를 함으로써, 자신들의 목표 시장의 점유 범위를 시간을 두고 쌓아 올리는 것이 필요하다.

28 (1) Unlike lawyers, scientists must explicitly a__________ f__________ the possibility that they might be wrong. [17 모평]

(1) 변호사들과 달리, 과학자들은 자신들이 틀릴 수도 있다는 가능성을 명시적으로 설명해야 한다.

(2) Subscriptions a__________ f__________ almost 90 percent of total magazine circulation. [18 수능]

(2) 구독은 전체 잡지 판매 부수의 거의 90퍼센트를 차지한다.

01~09번 정답 ▶ **01** bring about **02** hold on to **03** lay out **04** work out **05** set aside **06** at once **07** stick to **08** resort to **09** On behalf of / on behalf of

29 The kids have been so demanding that you are completely w_______ o_______. [12 수능]

아이들이 너무나 힘들게 해서 당신은 완전히 지쳐 있다.

30 This woman is i_______ c_______ o_______ storing ritual equipment and of seeing to it that they are treated with the proper respect. [11 모평]

이 여성은 제사 도구를 보관하고, 그 도구들이 적절한 경의를 받으며 다뤄지고 있는지를 처리하는 임무를 맡고 있다.

31 He was h_______ u_______ as a model of morality for all people in the confucian society. [09 모평]

그는 유교 사회에서 모든 이들의 도덕적 모범으로 떠받들어졌다. *confucian 유교의

32 The data have a tendency to l_______ t_______ unexpected questions, problems and issues. [20 모평]

그 자료는 예상치 못한 질문, 문제 그리고 쟁점으로 이어지는 경향이 있다.

33 They quickly p_______ o_______ a whole series of items of the same type, making a handful of, say, small screws. [16 모평]

그들은 재빨리 같은 형태를 한 일련의 모든 물품을 골라내는데, 이를테면 작은 나사를 한 움큼 골라낸다.

34 They often t_______ i_______ the overemphasized expression of film actors more easily than any that is too naturalistic. [18 모평]

그들은 너무 사실적인 그 어떤 것보다 영화배우들의 지나치게 강조된 표현을 흔히 더 쉽게 받아들인다.

35 Now it is true that in most of the world's musical cultures, pitches are not only fixed, but organized into a series of discrete steps. [20 수능]

이제, 세계의 대부분의 음악 문화에서 음 높이는 고정되어 있을 뿐만 아니라, _______ 별개의 음정으로 조직되어 있다는 것은 사실이다.

36 The word 'courage' takes on added meaning if you k_______ i_______ m_______ that it is derived from the Latin word 'cor' meaning 'heart.' [11 수능]

'용기'라는 말이 '심장'을 뜻하는 라틴어 'cor'에서 유래한다는 것을 염두에 둔다면, 그 말은 추가적인 의미를 지닌다.

37 Rational models of decision-making suggest that the way to find the best product is to t_______ all of this information i_______ a_______ and to carefully analyze the different brands on display. [13 수능]

의사 결정의 합리적 모델은 최고의 상품을 찾는 방법이 이 모든 정보를 고려하고 진열된 서로 다른 상표들을 신중하게 분석하는 것이라고 제안한다.

38 (1) Desperate, the German teenager c_______ u_______ w_______ Keith and begged the jazz pianist to play. [17 수능]
(2) Students and teachers are all sleep-deprived from the constant stress of the first semester, and it begins to c_______ u_______ w_______ us. [10 학평]

(1) 절망적인 상태에서 그 십대의 독일인은 Keith를 따라가 붙잡고 그 재즈 피아니스트에게 연주를 해달라고 간청했다.

(2) 학생과 교사들은 모두 첫 학기의 계속되는 스트레스로 인해 잠이 부족한 상태이며, 이는 결국 우리에게 문제가 되기 시작한다.

10~18번 정답 ▶ 10 carried on 11 그것 자체만으로 12 paid off 13 set out[off] 14 for the sake of 15 along with 16 by nature 17 in place 18 brought up / brings up

PART 7

고난도 어휘

1등급 달성을 위해 꼭 필요한 핵심 고난도 어휘

Day 56~58

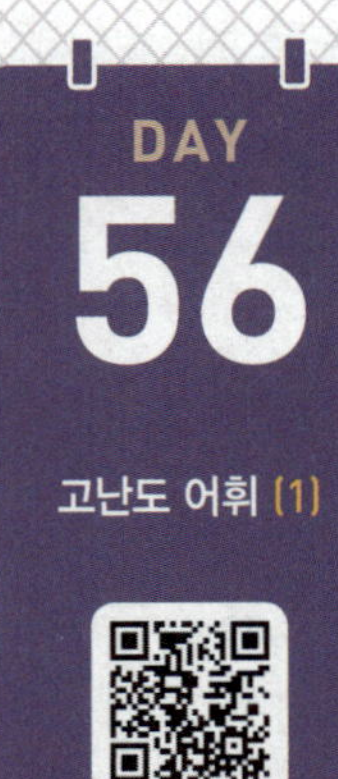

고난도 어휘 (1)

표제어 음성 QR코드

PREVIEW 40 Words

☐ advocate
☐ entail
☐ withhold
☐ dispute
☐ intervene
☐ roar
☐ refrain
☐ embed
☐ immerse
☐ setback

☐ entangle
☐ tangible
☐ enlighten
☐ inflict
☐ incur
☐ legitimate
☐ render
☐ realm
☐ terrain
☐ discourse

☐ improvise
☐ patron
☐ crude
☐ imperative
☐ plausible
☐ slaughter
☐ spur
☐ stroll
☐ surge
☐ surmount

☐ undermine
☐ defy
☐ duplicate
☐ synthetic
☐ susceptible
☐ counteract
☐ counterattack
☐ rigorous
☐ vigorous
☐ insomnia

수능 PLUS 수능 이렇게 나온다

2381

advocate
[명: ǽdvəkət /
동: ǽdvəkèit]

명 1. 지지자, 옹호자 2. 변호사
동 지지하다, 옹호하다
파 advocacy n. 옹호, 지지, 변호

유 • supporter, proponent n. 지지자
• support v. 지지하다
반 • opponent n. 반대자
• oppose v. 반대하다
기출 어구
today's advocates of freewriting
오늘날의 자유 집필 옹호자들
cf. (the) devil's advocate
악마의 변호인(논의를 활발하게 하기 위해서
일부러 반대 의견을 말하는 사람)

2382

entail
[intéil]

동 1. 수반하다, 필요로 하다
2. 의미[함의]하다

유 • involve v. 수반하다, 포함하다
• require v. 필요로 하다
기출 어구 entail risk 위험을 수반하다

2383

withhold
[wiðhóuld]

(withhold – withheld
– withheld)

동 1. (주지 않고) 보류하다, 유보하다
2. (감정 등을) 억누르다, 제지하다

유 keep back, hold back 1. (비밀 · 정보
등을) 숨기다 2. 억누르다, 제지하다
기출 어구 withhold judgment
판단을 유보하다

2384

dispute
[dispjú:t]

명 논란, 논쟁, 분쟁
동 1. 논쟁하다
2. 반박하다, 이의를 제기하다

유 • disagreement, conflict n. 의견 충돌,
논쟁, 말다툼
• argue, quarrel v. 언쟁하다, 말다툼하다
• refute v. 1. 반박하다 2. 부인하다
기출 어구 labor disputes 노동 쟁의, 노동
분쟁
cf. undisputed a. 반박의 여지가 없는,
모두가 받아들이는(= irrefutable)

2385

intervene
[ìntərvíːn]

동 1. (다른 사람이 말하는 데) **끼어들다, 가로막다**

2. **개입하다, 중재하다**

파 intervention n. 1. 간섭 2. 개입, 중재

유 • interrupt, intrude, interfere
v. 방해하다, 개입하다
 • break in[into]
~에 끼어들다, ~을 방해하다
 • step in ~에 개입하다
 • mediate v. 중재하다, 조정하다
기출 어구 intervene in disputes
분쟁[논쟁]에 개입하다

2386

roar
[rɔːr]

명 **포효, 으르렁 소리, 함성,**
(바람 · 바다 등의) **요란한 소리**

동 (큰 짐승이) **으르렁거리다, 함성을 지르다,**
(바람 · 바다 등이) **요란한 소리를 내다**

파 roaring a. 으르렁거리는, 노호하는, 아우성치는

기출 어구 • a roar of laughter
요란한 웃음, 폭소
 • roar with laughter 폭소를 터뜨리다
 • roaring waves 으르렁거리는 파도
 • roaring downtown district
떠들썩한 시내 지구
cf. howl v. 1. (늑대 등이) 울부짖다
2. 아우성 치다

2387

refrain
[rifréin]

동 **삼가다, 그만두다, 자제하다**

명 **자주 반복되는 말, 후렴**

숙어 refrain from ~을 삼가다,
~을 그만두다(= abstain from)

2388

embed
[imbéd]

동 **박아 넣다,** (마음 · 기억 등에) **깊이 새겨 넣다**

숙어 be embedded (in/within)
(~에/~ 내에) 단단히 박혀 있다
cf. embody v. 1. (사상 등을) 구현하다
2. 포함하다

2389

immerse
[imə́ːrs]

동 1. (액체 속에) **담그다**

2. **몰두하다, 몰두시키다**

파 immersion n. 1. 담금 2. 몰두

숙어 be immersed in = immerse
oneself in ~에 몰두하다
(= be absorbed in, be indulged in)
cf. immense a. 엄청난, 거대한

2390

setback
[sétbæ̀k]

명 (일 · 계획 등의) **좌절, 차질, 방해**

기출 어구 • experience life's setbacks
인생에서 좌절을 겪다
 • beyond setbacks 좌절을 극복하고
cf. set back 저지[방해]하다, 지연시키다

2391

entangle
[intǽŋgl]

동 얽히게 하다, 말려들게 하다

파 entanglement n. 얽힘, 말려듦

유 tangle v. (실 · 머리털 등을) 얽히게 하다, 얽히다, 말려들게 하다 n. 얽힌 것

숙어 be entangled with ~와 얽히다, ~에 말려들다, ~에 관련되다

기출 어구 entangled with other things 다른 것들과 얽힌

2392

tangible
[tǽndʒəbl]

형 1. 분명히 실재하는, 유형의
　　2. 만질[감지할] 수 있는

파 tangibly ad. 만져서 알 수 있게, 명백히

반 intangible a. 1. 실체 없는, 무형의
2. 만질 수 없는

기출 어구 • the tangible/intangible 유형의/무형의 것들
 • 'real', tangible worlds
'실제적'이고 감지할 수 있는 세계

2393

enlighten
[inláitən]

동 깨우치다, 이해시키다, 계몽하다

파 enlightenment n. 깨우침, 계몽

cf. illuminate v. 계몽하다, (이해하기 쉽게) 밝히다

2394

inflict
[inflíkt]

동 (고통 · 형벌 · 타격 등을) 가하다, 입히다

파 infliction n. (고통 · 벌 · 타격을) 가함, 고통, 형벌

유 impose v. (의무 · 벌 · 세금 등을) 지우다, 부과하다

숙어 inflict A on B A를 B에 가하다

기출 어구 the force being inflicted on it 그것에 가해지는 힘

2395

incur
[inkə́ːr]

동 (비용을) 발생시키다,
(안 좋은 일을) 초래하다

기출 어구 the cost to be incurred by the other 상대방에 의해 발생될 비용

2396

legitimate
[lidʒítəmət]

형 1. 정당한, 타당한　2. 합법적인

파 legitimacy n. 1. 합리[타당]성 2. 합법성, 적법
legitimately ad. 1. 정당하게 2. 합법적으로

유 • valid, justifiable a. 정당한, 타당한
 • legal a. 합법적인

반 • absurd a. 터무니없는, 불합리한
 • illegitimate a. 불법의

기출 어구 without legitimate gain 정당한 이득 없이

2397

render
[réndər]

동 1. (어떤 상태가 되게) **만들다**
2. 주다, 제공하다
3. 표현하다, 연출하다

유 • make v. ~되게 만들다[하다]
• provide, furnish v. 주다, 제공하다
기출 어구 • render your goal independent of 당신의 목표를 ~와 별개로 만들어 주다[별개가 되게 하다]
• have the service rendered to them 그들에게 서비스가 제공되도록 하다
• render emotions 감정을 표현하다

2398

realm
[relm]

명 1. (활동 · 관심 · 지식 등의) **영역, 범위**
2. 왕국

유 • scope, domain, sphere n. 영역, 범위
• kingdom n. 왕국
기출 어구 • in the realm of the imagination 상상의 영역에서
• in the realm of psychological experience 심리적 경험의 영역에서

2399

terrain
[təréin]

명 지형, 지역

cf. 접두사 'terr-': '땅(land)'의 의미
• terrestrial a. 1. 지구의 2. 육지의, 육지에 사는(cf. territorial a. 영토의)
• extraterrestrial a. 지구 밖의 n. 우주인 (접두사 extra- 는 '~ 밖의(outside)'의 의미)

2400

discourse
[dískɔːrs]

명 담화, 담론
동 이야기하다, 담화하다

기출 어구 (a) public/neutral discourse 공개적/중립적 담론

2401

improvise
[ímprəvàiz]

동 즉흥적으로 하다, 즉석에서 만들다
파 improvisation n. 즉흥적으로 하기, 즉석에서 만든 것
improvisatory a. 즉흥적인, 즉석에서 한

기출 어구 • improvised jazz 즉흥적으로 연주되는 재즈
• improvisatory instincts 즉흥적인 직감

2402

patron
[péitrən]

명 1. 후원자 2. 단골 손님, 고객
파 patronize v. 1. 후원하다 2. 애용하다
patronage n. 1. 후원, 지원 2. 애용

유 • sponsor n. 후원자
• supporter n. 후원자, 지지자
기출 어구 • noble/wealthy patrons 귀족/부유한 후원자들
• the culture of artistic patronage 예술 후원의 문화

crude
[kruːd]

형 1. 천연 그대로의, 가공하지 않은
2. 대충의, 조잡한, 투박한

기출 어구 • crude oil 원유
• avoid crude scientism
투박한[조잡한] 과학만능주의를 피하다

imperative
[impérətiv]

형 1. 반드시 해야 하는, 긴요한
2. (태도가) 명령적인
명 1. 긴요한 것, 의무 2. 명령

유 • vital a. 필수적인
• essential a. 필수적인 n. 필수적인 것
기출 어구 a biological imperative
생물학적인 명령

plausible
[plɔ́ːzəbl]

형 (이유 · 논리 등이) 타당한 것 같은, 그럴듯한
파 plausibility n. 타당성, 그럴듯함

유 • reasonable a. 타당한, 합리적인
• believable, credible a. 믿을 만한, 그럴듯한
반 implausible a. 타당해 보이지 않는, 믿기 어려운
기출 어구 • plausible options
타당해 보이는 선택 사항들
• plausible explanations 그럴듯한 설명

slaughter
[slɔ́ːtər]

동 (가축을) 도살하다, (사람을) 학살하다
명 도살, 대학살

유 • butcher v. 도살하다, 학살하다
n. 도살업자, 정육점
• massacre v. 대학살하다 n. 대학살
기출 어구 • slaughter their cattle
그들의 소를 도살하다
• the slaughter of Spanish civilians
스페인 시민들의 대학살

spur
[spəːr]

동 자극하다, 원동력이 되다
명 자극(제), 원동력

유 • incite, stimulate, motivate
v. 자극하다, 격려하다
• incitement, stimulus, motivation
n. 자극(제)
숙어 spur A on to do
A를 자극하여 ~하도록 하다
기출 어구 • spur sales 판매를 촉진하다
• spur interest 흥미를 돋우다

stroll
[stroul]

동 (한가로이) 거닐다, 산책하다
명 (한가로이) 거닐기, 산책

기출 어구 • stroll through the village
마을을 한가로이 거닐다
• take a stroll 산책하다
cf. stroller n. 유모차

2409

surge
[səːrdʒ]

동 1. 급등[급증]하다, 쇄도하다
2. (감정·군중 등이) 밀려들다
명 1. 급등, 쇄도 2. 밀려듦 3. 큰 파도

유 • soar, skyrocket v. 급등하다
• rush v. 1. 쇄도하다 2. (감정이) 치밀어 오르다 n. 1. 쇄도 2. (감정이) 치밀어 오름
• flood v. 쇄도하다 n. 쇄도, 범람
기출 어구 • a surge in demand 수요의 급증
• (a) tidal surge 조수가 밀려듦

2410

surmount
[sərmáunt]

동 1. (산 등을) 오르다, 타고 넘다
2. 극복하다
파 surmountable a. 극복할 수 있는
(↔ insurmountable a. 극복할 수 없는)

유 • overcome v. 극복하다, 이겨내다
• get over ~을 극복하다
• conquer v. 정복하다, 극복하다
기출 어구 • surmount obstacles 장애물을 극복하다
• surmount the barrier 장벽을 극복하다
• insurmountable problems 극복할 수 없는 문제들

2411

undermine
[ʌ̀ndərmáin]

동 (자신감·능력 등을) 약화시키다,
손상시키다

유 • weaken v. 약화시키다
• compromise v. 손상시키다
기출 어구 • undermine the intellect 지적 능력을 약화시키다
• undermine our satisfaction 우리의 만족감을 손상시키다

2412

defy
[difái]

동 거역하다, 반항하다
파 defiance n. 거역, 반항
defiant a. 거역하는, 반항하는

유 • disobey v. 거역하다, 반항하다
• resist v. 저항하다, 반항하다
기출 어구 • defy gravity 중력을 거스르다
• defy medicines 약을 거역하다[약이 소용없다]

2413

duplicate
[동: djúːpləkèit /
형, 명: djúːplikət]

동 1. 복사하다, 복제하다 2. 재현하다
형 사본의, 똑같은
명 사본, 복제(물)
파 duplication n. 1. 복사, 복제(물) 2. 이중, 중복

유 copy v. 복사하다 n. 복사, 사본
기출 어구 duplicate the results 결과를 재현하다

synthetic
[sinθétik]

형 합성의, 인조의

파 synthesize v. 합성하다
synthesis n. 합성

유 artificial, man-made a. 인조[인공]의
기출 어구 • synthetic pesticide 합성 살충제
• (a) synthetic substance 합성 물질
cf. photosynthesis n. 광합성

susceptible
[səséptəbl]

형 1. 영향을 받기 쉬운, 취약한 2. 민감한

파 susceptibility n. 1. 영향 받기 쉬움 2. 민감성

숙어 susceptible to ~에 영향을 받기 쉬운, ~에 취약한(= vulnerable to / ↔ resistant to ~에 강한, ~을 잘 견디는)

counteract
[kàuntərǽkt]

동 (악영향에) 대항하다, 상쇄하다, (효력을) 중화시키다

파 counteraction n. 반작용, 중화작용

유 • offset v. 상쇄하다
• cancel out ~을 상쇄하다, 상쇄되다
• neutralize v. 상쇄시키다, (화학 물질을) 중화시키다
기출 어구 • counteract the effects 효과를 상쇄하다
• counteract some natural tendency 어떤 자연적인 성향을 중화시키다
cf. counteract = counter(against) + act(행동하다, 작용하다) → 맞서 행동하다, 반대로 작용하다

counterattack
[káuntərətæ̀k]

동 반격하다, 역습하다
명 반격, 역습

cf. counterattack = counter(against) + attack(공격하다) → 맞서[반대로] 공격하다

rigorous
[rígərəs]

형 1. 철저한, 엄격한, 엄밀한
2. (기후·풍토 등이) 혹독한

파 rigorously ad. 엄격히, 엄밀히
rigor n. 1. 엄격함 2. 혹독함

유 • thorough a. 철저한
• strict a. 엄한, 엄격한
• harsh a. 혹독한
기출 어구 the most rigorous attempt 가장 엄격한 시도

vigorous
[vígərəs]

형 1. 활발한, 격렬한 2. 원기 왕성한

파 vigor n. 활력, 원기

유 energetic a. 활기 있는, 원기 왕성한
기출 어구 vigorous physical activity 격렬한 신체 활동

insomnia
[insámniə]

명 불면증

파 insomniac a. 불면증의 n. 불면증 환자

cf. • suffer from insomnia 불면증에 시달리다
• sleep disorder 수면 장애

Day 56 Review Test ⚮ 기출 문장으로 **복습**하기

각 빈칸에 알맞은 영단어 또는 우리말을 쓰시오.

01 Even the most rigorous attempt to create an absolute likeness is ultimately selective. [13 모평]

완전히 똑같은 것을 만들어내려는 가장 ______ ______ 시도조차도 궁극적으로 선택적이다.

02 They want to have the service r__________ to them in a manner that pleases them. [15 모평]

그들은 서비스가 자신들을 기분 좋게 만드는 방식으로 제공되기를 원한다.

03 This need isn't simply learned; it is a biological imperative — animals organize their environments instinctively. [17 모평]

이런 욕구는 단순히 학습되는 것이 아니라 생물학적인 __________이다. 즉, 동물은 본능적으로 자신의 환경을 정리한다.

04 The pesticide industry argues that synthetic pesticides are absolutely necessary to grow food. [19 모평]

살충제 업계에서는 __________ 살충제가 식량을 재배하기 위해 절대적으로 필요하다고 주장한다.

05 The process of journal-keeping through writing and drawing helped heal me from a mysterious illness which had d__________ the doctors and their medicines. [12 수능]

쓰기와 그리기로 일기를 쓰는 과정은 알 수도 없고 의사도 약도 거역했던 병에서 내가 회복하는 데 도움이 되었다.

06 A similar surge in demand was experienced with the introduction of the wide-bodied planes for transatlantic flights. [13 모평]

대서양 횡단 비행을 위해 도입된 폭이 넓은 제트기도 비슷한 수요의 __________을 겪었다.

07 That way, a setback in any one area won't mean in your mind that you're a failure categorically. [14 모평]

그렇게 하면, 어떤 한 분야에서 __________이 마음속에서 자신이 단정적으로 실패자라는 것을 뜻하지는 않을 것이다.

*categorically 단정적으로

08 The organization has mediated labor d__________ and helped secure professional positions for minorities in a number of different fields. [09 수능]

그 단체는 노동 분쟁들을 중재해 왔고, 여러 다양한 분야에서 소수자들을 위한 일자리를 확보하는 것을 도왔다.

09 To be disappointed that our progress in understanding has not remedied the social ills of the world is a legitimate view, but to confuse this with the progress of knowledge is absurd. [15 수능]

이해에 있어서의 진보가 세계의 사회적인 불행을 치유하지 못해 왔다는 것에 실망하는 것은 __________ 견해이지만, 이것을 지식의 진보와 혼동하는 것은 터무니없다.

10 Both versions insist on caring for others, whether through acts of omission, such as not injuring, or through acts of commission, by actively intervening. [20 모평]

해를 끼치지 않는 것과 같은 부작위를 통해서든, 아니면 적극적으로 __________에 의한 작위를 통해서든, 이 두 버전은 모두 다른 사람을 배려할 것을 주장한다.

*omission 부작위 **commission 작위

21~30번 정답 ▶ 21 재현될 22 무형의 23 손상된다[약화된다] 24 entail 25 improvise 26 삼갔다 27 격렬한 28 spurred 29 지형 30 대학살

11 Tourism takes place simultaneously in the realm of the imagination and that of the physical world. [19 모평]

관광은 상상의 _________에서 그리고 물리적인 세계의 _________에서 동시에 일어난다.

12 Ehret's reputation for scientific accuracy gained him many commissions from wealthy patrons. [15 수능]

과학적 정확성에 대한 Ehret의 명성은 그가 부유한 _________로부터 많은 의뢰를 받게 했다.

13 He goes on to describe his daily routine of s_________ through the village observing the intimate details of family life. [12 모평]

그는 이어서 가족 생활의 사적인 상세한 부분을 관찰하며 마을을 한가롭게 거니는 그의 일과를 묘사하기 시작한다.

14 Your opening move will encourage your counterpart to counterattack. [17 EBS]

당신의 첫 행보는 당신의 상대편이 _________ 고무시킬 것이다.

15 A mediator who 'takes sides' is likely to lose all credibility, as is an a_________ who seeks to adopt a neutral position. [12 수능]

'한쪽 편을 드는' 중재자는 중립적인 입장을 취하길 원하는 옹호자와 마찬가지로 모든 신뢰를 잃을 가능성이 있다.

16 Adolescents have been quick to immerse themselves in technology with most using the Internet to communicate. [16 모평]

청소년들은 대부분 의사소통을 위해 인터넷을 사용하면서 과학 기술에 빠르게 _________.

17 The r_________ of six million cubic feet of water each minute makes it the most powerful waterfall in North America. [08 학평]

매 분마다 나는 6백만 입방피트의 물의 굉음이 그 폭포를 북미에서 가장 강력한 폭포로 만든다.

18 Low-balling describes the technique where two individuals arrive at an agreement and then one increases the cost to be i_________ by the other. [14 수능]

가격을 과소 산정하는 것이란 두 개인이 합의를 한 다음, 한 명이 상대방에 의해 발생될 비용을 증가시키는 (판매) 기술을 말하는 것이다.

*low-balling 가격을 과소 산정하는 것

19 Things that in real life are imperfectly realized, merely hinted at, and entangled with other things appear in a work of art complete, entire, and free from irrelevant matters. [18 모평]

현실에서는 불완전하게 인식되고 그저 암시되기만 하며 다른 것들과 _________ 것들이 예술 작품에서는 완전하고 온전하며, 무관한 문제들로부터 자유로운 것처럼 보인다.

20 Professionals who work to convince us of certain viewpoints study the research on human decision making to determine how to exploit our weaknesses to make us more s_________ to their messages. [16 학평]

우리에게 특정한 견해를 납득시키기 위해 노력하는 전문가들은 그들의 메시지에 우리를 좀 더 취약하도록 만들기 위해 우리의 약점들을 이용하는 방법을 알아내려고 인간의 의사결정에 관한 연구를 한다.

31~40번 ▶ 정답

31 극복할	32 중화시키는 데	33 inflicted	34 타당해 보이는	35 withhold
36 discourse	37 crude	38 불면증	39 enlighten	40 embedded

21 None of the tuba's sounds are duplicated by the violin. [17 학평]

튜바의 소리는 바이올린에 의해 _________ 수 없다.

22 Material goods infused with bits increasingly act as if they were intangible services. [20 모평]

비트가 주입된 물질적 상품들은 점점 마치 그것들이 _________ 서비스인 것처럼 행동한다.

23 Her identity as a respectable moral subject is undermined by a pervasive parental attitude that expects deceit and betrayal. [20 모평]

존경할 만한 도덕적 주체로서의 그녀의 정체성은 속임수와 배신을 예상하는 널리 스며 있는 부모의 태도에 의해 _________.

24 Some discoveries seem to e_________ numerous phases and discoverers, none of which can be identified as definitive. [20 수능]

몇몇 발견은 무수한 단계와 발견자들을 수반하는 것처럼 보이는데, 그 중에서 어느 것도 확정적인 것으로 확인될 수 없다.

25 The thing is this: You have to give yourself permission to i_________, to mimic, to take on a long-hidden identity. [20 수능]

중요한 것은 이것이다. 즉, 즉흥적으로 행동하고, 흉내 내고, 오랫동안 숨겨져 있던 정체성을 나타낼 수 있도록 스스로에게 허락해야 한다.

26 Once a friend or two recommended the film, other friends who did not like the movie as much refrained from saying so. [20 EBS]

일단 친구 한두 명이 그 영화를 추천하면, 그 영화를 그만큼 좋아하지 않았던 다른 친구들은 그렇게 말하는 것을 _________.

27 Students who engaged in vigorous activity outside of school at least 20 minutes per day, three days per week, were found to have higher academic scores. [10 모평]

학교 밖에서 일주일에 3일을 매일 최소한 20분씩 _________ 신체 활동을 한 학생들은 더 훌륭한 학업성적을 거둔 것으로 밝혀졌다.

28 None of this has stopped eager parents — s_________ on by fantastic claims from unethical companies — from purchasing Mozart CDs for their babies. [14 모평]

이것 중 어느 것도 비윤리적인 회사가 행하는 그럴듯한 주장에 자극을 받은 열성적인 부모들이 자기 아이들을 위해 모차르트의 음반을 사는 것을 막지는 못했다.

29 Surveyors were sent forth to draw rectangular grids on the land, dividing the wilds into counties, townships, and ultimately homesteads, with little concern for terrain or other natural features. [16 학평]

측량사들이 그 땅에 직사각형의 격자무늬를 그리도록 파견되어, _________ 이나 다른 자연적 특징에 대한 고려는 거의 하지 않고 야생의 자연을 자치주, 군구, 그리고 궁극적으로는 정부 공여 농지로 나누었다.

30 Consider Picasso's *Guernica*, a painting that he made in response to the slaughter of Spanish civilians during the Spanish Civil War. Images of a cruel war dominate the canvas. [16 모평]

스페인 내란 기간 동안에 스페인 시민들의 _________ 에 대한 반응으로 피카소가 그린 그림인 피카소의 〈게르니카〉에 대해 생각해 보라. 잔인한 전쟁의 이미지가 캔버스를 지배한다.

01~10번 ▶ 01 엄격한   02 rendered   03 명령   04 합성의   05 defied
정답   06 급증   07 좌절   08 disputes   09 타당한   10 개입함

31 Subjects may be better off imagining how to surmount obstacles instead of ignoring them. [14 모평]

실험 대상자들은 장애물을 무시하는 대신 그 것을 _________ 방법을 상상하면서 더 나아 질 수 있을 것이다.

32 Social sharing may in this way help to counteract some natural tendency people may have. [19 수능]

사회적 공유는 이런 식으로 사람들이 갖고 있을 수 있는 어떤 자연적인 성향을 _________ 도움이 될지도 모른다.

33 Any atom that can't withstand the force being i_________ on it will be ripped from its position in the material, causing a crack. [19 학평]

가해지고 있는 힘을 견디지 못하는 원자는 어느 것이든, 물질 내 원래 위치에서 떨어져 나가 균열이 생기게 할 것이다.

34 Before conceding that the remaining explanation is the correct one, consider whether other plausible options are being ignored or overlooked. [20 수능]

남아 있는 그 설명이 옳은 것이라는 것을 인정하기 전에, _________ 다른 선택 사항들이 무시되거나 간과되고 있는지를 고려해 보라.
*concede 인정하다

35 After hundreds and hundreds of trials, these chimps could not learn to w_________ pointing to the larger reward. [14 모평]

수백 번 되풀이하여 시도해 본 후에도, 침팬지들은 더 큰 보상을 가리키는 것을 억누르는 것을 배우지 못했다.

36 The media is the primary source of information about genetic advances and their applications, but it does not provide a neutral d_________. [20 모평]

대중 매체는 유전학의 진보와 그 응용에 관한 정보의 주요 원천이지만, 그것이 중립적 담론을 제공하지는 않는다.

37 The philosophy of science seeks to avoid c_________ scientism and get a balanced view on what the scientific method can and cannot achieve. [20 수능]

과학 철학은 투박한 과학만능주의를 피하고 과학적 방법이 성취할 수 있는 것과 성취할 수 없는 것에 대한 균형 잡힌 시각을 가지려고 노력한다.

38 Erickson told the man that he could help him get over his insomnia but that it would require a commitment to work hard and make a great sacrifice. [14 EBS]

Erickson은 자신이 그 남자에게 _________을 극복하도록 도움을 줄 수 있지만, 그것은 열심히 노력하며 큰 희생을 하겠다는 확약이 필요하다고 말했다.

39 We drive around in circles, inventing and rejecting successive hypotheses about where to find the scenic vistas that would entertain and e_________ the tourists. [13 모평]

우리는 여행객들을 즐겁게 하고 깨우쳐줄 그림 같은 풍경을 어디에서 찾아야 할지에 관해 연속적으로 가설을 꾸며내고 버리면서 차를 몰고 빙빙 돈다.
*vista 경치, 풍경

40 Science is e_________ within a social fabric, and just as a flesh-and-blood beast influences and is influenced by its environment, so too do science and society mutually influence one another. [16 모평]

과학은 사회적 구조 속에 단단히 박혀 있어서, 살과 피가 있는 동물이 자신의 환경에 영향을 주고 받는 것처럼 과학과 사회도 또한 상호 간에 서로 영향을 준다.

11~20번 정답 ▶

11 영역 / 영역	12 후원자들	13 strolling	14 반격하도록	15 advocate
16 몰두해 왔다	17 roar	18 incurred	19 얽혀 있는	20 susceptible

DAY 57

고난도 어휘 (2)

표제어 음성 QR코드

PREVIEW 40 Words

- ascend
- strenuous
- solidarity
- wither
- predominant
- preliminary
- predecessor
- demolish
- alleviate
- aggravate
- deterioration
- afflict
- peril
- compress
- segregation
- hierarchy
- salient
- subordinate
- diffusion
- disperse
- converge
- shred
- adorn
- adore
- benevolent
- altruism
- imprudent
- subsidy
- subside
- submerge
- subdue
- transcribe
- thrust
- backfire
- curb
- detract
- blunt
- alienate
- barbarous
- formidable

2421

ascend
[əsénd]

동 오르다, 올라가다

파 ascent n. 오름, 상승
ascendant a. 상승하는, 떠오르는 n. 선조, 조상
(↔ descendant n. 자손, 후예)

➕ 수능 PLUS 수능 이렇게 나온다

유 • rise, climb v. 오르다, 올라가다
• go up 오르다, 올라가다
반 descend v. 내려오다, 하강하다

2422

strenuous
[strénjuəs]

형 1. 몹시 힘든, 분투하는
2. 격렬한, 활발한

파 strenuously ad. 분투하여, 맹렬하게

유 • arduous a. 몹시 힘든, 고된
• vigorous a. 격렬한, 활발한
기출 어구 • strenuous labor
힘든[격렬한] 노동
• strenuous work 분투적인 노력, 힘든 일

2423

solidarity
[sὰlidǽrəti]

명 결속, 단결, 연대

파 solid a. 고체의, 단단한, 견고한

유 • unity n. 통합, 결속
• cohesion n. 결합, 단결, 유대
기출 어구 enhance solidarity
결속력을 강화하다
cf. solidity n. 고체성, 굳음

2424

wither
[wíðər]

동 1. 시들다, 말라 죽다
2. 약해지다, 사라져 가다

유 • weaken v. 약해지다
• fade v. 사라져 가다
반 thrive, flourish v. 잘 자라다, 번창하다

2425

predominant
[pridάmənənt]

형 1. 우세한, 두드러진, 탁월한 2. 주요한

파 predominate v. 우세하다, 두드러지다, 탁월하다
predominance n. 우세, 탁월, 지배

유 dominant, prevailing a. 우세한, 지배적인
기출 어구 a predominant method of
combat 우세한[지배적인] 전투 방법

preliminary
[prilímənèri]

형 예비의, 준비의
명 1. 예비 단계, 사전 준비 2. 예선전

유 preparatory a. 예비의, 준비의
기출 어구 preliminary talks 예비 회담

predecessor
[prédisèsər]

명 1. 전임자, 선배 2. 이전의 것, 전신

유 • ancestor, antecedent n. 선조, 전신
• forerunner n. 선구자, 전신, 전조
• precursor n. 선임자, 선구자, 전조
기출 어구 the predecessors of modern trademarks 현대 상표의 전신[이전 형태]

demolish
[dimáliʃ]

동 1. 파괴하다, 철거하다
2. (사상·이론을) 뒤집다
파 demolition n. 파괴, 때려 부수기

유 • destroy v. 파괴하다, 부수다
• pull down, tear down (건물 등을) 허물다, 철거하다

alleviate
[əlí:vièit]

동 (고통 등을) 덜다, 완화하다
파 alleviation n. 경감, 완화

유 • relieve, ease v. 완화하다, 경감하다
• soothe v. 1. (통증 등을) 완화하다 2. 달래다
기출 어구 alleviate the pain
고통을 완화시키다

aggravate
[ǽgrəvèit]

동 1. 악화시키다, 심화시키다
2. 짜증나게 하다
파 aggravation n. 악화, 심화

유 • worsen v. 악화시키다
• irritate, annoy v. 짜증나게 하다, 괴롭히다

deterioration
[ditìəriəréiʃən]

명 악화, (가치의) 하락
파 deteriorate v. 악화되다, 더 나빠지다

유 • worsening n. 악화
• degradation n. 1. 저하, 악화 2. 비하
기출 어구 • deterioration of soil
토양의 악화
• deterioration of water quality
수질 악화

afflict
[əflíkt]

동 괴롭히다, 피해를 입히다
파 affliction n. 고통, 괴로움

숙어 be afflicted with ~에 시달리다, ~을 앓다(= suffer from)
기출 어구 afflicted with loneliness
외로움에 시달리는

peril
[pérəl]

명 위험, 위기

유 danger, risk, jeopardy, hazard
n. 위험
기출 어구 polar bears in peril
위험에 처한 북극곰들

2434

compress
[kəmprés]

동 1. 압축하다, 꾹 누르다 2. 요약하다

파 compression n. 1. 압축, 압착 2. 요약

cf. compress = com(together) + press(누르다) → 함께 누르다
기출 어구 compress two or more pieces of paper 두 장 이상의 종이를 압축하다

2435

segregation
[sègrəgéiʃən]

명 분리, (인종) 차별 (정책)

파 segregate v. 분리하다, 차별하다
(↔ integrate v. 통합하다)

유 • separation n. 분리
• discrimination n. 차별
반 integration n. 통합
기출 어구 racial and ethnic segregation 인종적, 민족적 차별

2436

hierarchy
[háiərɑ̀ːrki]

명 계층, 계급, 위계, 서열

파 hierarchical a. 계층적인, 계급제의

기출 어구 • dominance hierarchies 지배 서열[위계]
• in a hierarchical fashion 계층적인 방식으로
• communities with strict hierarchical structures 엄격한 위계 구조를 지닌 공동체들

2437

salient
[séiliənt]

형 가장 중요한, 가장 두드러진, 현저한

유 prominent, striking, noticeable, conspicuous a. 두드러진, 눈에 띄는
기출 어구 the most salient feature 가장 두드러진 특징

2438

subordinate
[명, 형: səbɔ́ːrdənət /
동: səbɔ́ːrdənèit]

명 부하, 하급자

형 1. 하급의 2. 부수적인, 부차적인

동 ~보다 아래에 두다

유 • inferior n. 하급자 a. 하급의
• secondary a. 이차적인, 부수적인
반 superior n. 상급자 a. 상급의

2439

diffusion
[difjúːdʒən]

명 1. (냄새 · 빛 · 열 등의) 확산

2. (문화 등의) 전파, 확산

파 diffuse v. 1. (냄새 · 빛 · 열 등이) 퍼지다, 퍼뜨리다
2. (문화 등이) 확산되다, 확산시키다 a. 널리 퍼진

유 dispersal, dispersion n. 확산, 분산
기출 어구 gas diffusion 기체 확산

DAY 57

2440

disperse
[dispə́ːrs]

동 1. 흩어지다, 흩어지게 하다
2. 확산[분산]시키다

파 dispersal[dispersion] n. 분산, 확산
dispersed a. 흩어진, 분산된

유 • scatter v. 흩어지게 하다
• diffuse v. 확산시키다
기출 어구 • disperse the force
힘을 분산시키다
• be dispersed over a much larger area 훨씬 더 넓은 지역으로 흩어져 있다
• a dispersed settlement
분산된 취락 형태

2441

converge
[kənvə́ːrdʒ]

동 1. 모여들다, 집중하다
2. (의견 · 관심 등에) 수렴하다

파 convergence 1. (한 점으로) 집합, 집중성, 집합[합류]점 2. (의견 등의) 수렴
convergent a. 집중하는, 수렴의

반 diverge v. 갈라지다, (의견 등이) 나뉘다, 벗어나다
기출 어구 • converge on a solution
어떤 해결책에 수렴하다
• a convergence of your strengths and your values 당신의 강점과 가치관의 집합[합류]점

2442

shred
[ʃred]

동 (갈가리) 찢다, 자르다
명 조각, 파편

파 shredder n. 파쇄기

유 strip, scrap n. 조각

2443

adorn
[ədɔ́ːrn]

동 꾸미다, 장식하다

파 adornment n. 꾸밈, 장식(품)

유 • decorate, embellish v. 꾸미다, 장식하다
• ornament v. 장식하다 n. 장식품
숙어 adorned with
~로 꾸며진, ~로 장식된

2444

adore
[ədɔ́ːr]

동 아주 좋아하다, 흠모하다

파 adorable a. 귀여운, 사랑스러운
adoration n. 흠모

유 • love v. (매우) 좋아하다
• cherish v. 아끼다, 소중히 여기다
• admire v. 흠모하다

2445

benevolent
[bənévələnt]

형 자비로운, 인정 많은

파 benevolence n. 자비심, 선행

유 • merciful a. 자비로운, 인정 많은
• compassionate a. 동정하는, 인정 많은

2446

altruism
[ǽltru(ː)izəm]

명 이타심, 이타주의

파 altruistic a. 이타적인
(= selfless, unselfish a. 이타적인, 사심 없는)

반 selfishness n. 이기심, 이기주의
기출 어구 • mutual altruism 상호 이타주의
• behave in an altruistic way
이타적으로 행동하다

imprudent
[imprúːdənt]

혱 신중하지 못한, 경솔한

파 imprudence n. 경솔, 무분별

윤 indiscreet a. 무분별한, 경솔한
반 • prudent a. 신중한, 분별 있는
• discreet a. 신중한, 조심스러운, 분별 있는

subsidy
[sʌ́bsədi]

몡 (국가 · 기관이 제공하는) 보조금, 장려금

파 subsidize v. 보조금을 주다

윤 grant n. 보조금
기출 어구 • annual subsidies 연간 보조금
• financial subsidies 재정적인 보조금

subside
[səbsáid]

동 1. (소동 · 감정 등이) 가라앉다, 잠잠해지다

2. (물이) 빠지다

윤 • ease (off) v. (정도가) 덜해지다
• abate v. 줄다, 약해지다
기출 어구 • the applause subsides
박수 소리가 가라앉다
• once that demand subsides
일단 그 수요가 줄어들면
cf. 접두사 'sub-': '~ 아래에(down)'의 의미

submerge
[səbmə́ːrdʒ]

동 1. 잠수하다, 물에 잠기게 하다
2. (생각 등을) 깊이 감추다

윤 flood v. 물에 잠기다, 물에 잠기게 하다
기출 어구 be submerged beneath a
lake 호수 밑으로 잠기다

subdue
[səbdʒúː]

동 1. 진압하다, 정복하다
2. (감정을) 가라앉히다, 억누르다

파 subdued a. 1. (기분이) 가라앉은
2. (색 · 빛 · 목소리 등이) 완화된, 억제된

윤 suppress, repress v. 1. 진압하다 2. 참다,
억누르다

transcribe
[trænskráib]

동 기록하다, 옮겨 적다, 필사하다

파 transcription n. 글로 옮김, 필사본
transcript n. 1. 글로 옮긴 기록 2. 성적 증명서

기출 어구 transcribe around four
pages of text 4쪽 정도의 문서를 필사하다

thrust
[θrʌst]

동 1. 밀다, 밀치다 2. (무기 등으로) 찌르다
몡 1. 밀침, 찌르기 2. 추진력 3. 요지

(thrust – thrust – thrust)

윤 • push v. 밀다, 밀치다
• pierce, stab v. (뾰족한 것으로) 찌르다

DAY 57

2454

backfire
[bǽkfàiər]

동 역효과를 낳다

기출 어구 this method can backfire
이 방법은 역효과를 낳을 수 있다

2455

curb
[kəːrb]

동 제한하다, 억제하다

명 제한[억제]하는 것

유 • restrict v. 제한하다
• restrain v. 억제하다
기출 어구 curb anger 분노를 억제하다

2456

detract
[ditrǽkt]

동 (가치 · 중요성 등이) 떨어지다, 떨어뜨리다, 손상시키다

유 depreciate v. (가치 · 가격이) 떨어지다, 떨어뜨리다
숙어 detract from ~을 떨어뜨리다, ~을 손상시키다
기출 어구 detract from their delight
그들의 즐거움을 손상시키다

2457

blunt
[blʌnt]

형 1. 뭉툭한, 무딘 2. 직설적인, 무뚝뚝한

파 bluntly ad. 직설적으로, 무뚝뚝하게

유 dull a. 무딘
반 sharp a. 날카로운, 예리한
기출 어구 • a blunt, dull axe
뭉툭하고 무딘 도끼
• a blunt or more direct way
직설적이거나 보다 직접적인 방식

2458

alienate
[éiljənèit]

동 소외감을 느끼게 하다, 멀리하다

파 alienation n. 소외(감), 멀리함

기출 어구 • alienated young people
소외된 젊은 사람들
• alienation of young from old
어른과 아이 간의 소외

2459

barbarous
[báːrbərəs]

형 1. 상스러운, 미개한, 야만스러운
2. 잔혹한, 악랄한

유 • barbaric a. 미개한, 야만적인
• cruel, brutal a. 잔혹한

2460

formidable
[fɔ́ːrmidəbl]

형 1. 가공할, 어마어마한
2. (문제 등이) 감당할 수 없는, 만만찮은

파 formidably ad. 가공할 만하게, 만만찮게

기출 어구 • a large and formidable opponent 크고 어마어마한 적[상대]
• the peak's formidable defenses
(산) 정상의 만만치 않은 방어

각 빈칸에 알맞은 영단어 또는 우리말을 쓰시오.

01 They finally w__________ after the new leaves have taken over. [13 모평]

그것들은 새로운 잎들로 대체된 후 마침내 시들게 된다.

02 Maybe there is a character you a__________, but he does nothing to move the story along. [11 학평]

어쩌면 당신이 좋아하는 등장인물이 있을지도 모르지만, 그는 이야기를 진전시키기 위해 아무것도 하지 않는다.

03 When the applause s__________, Zukerman complimented the artist. [12 모평]

박수 소리가 가라앉자 Zukerman은 그 음악가를 칭찬했다.

04 Stalin used mass hunger to subdue Ukrainian nationalism. [15 EBS]

Stalin은 우크라이나의 민족주의를 __________ 위해 대기근을 활용했다.

05 The role of photographer may actually detract from their delight in the present moment. [11 수능]

사진사의 역할이 지금 순간의 즐거움을 실제로 __________ 수도 있다.

06 The Auditorium Theatre survived the decades partly because it would have been too expensive to d__________. [15 EBS]

Auditorium Theatre는 부분적으로는 철거하기에 너무 많은 비용이 들 것이라는 이유로 수십 년간 존속했다.

07 In the primitive society, there is little or none of that alienation of young from old so marked in modern industrial societies. [11 수능]

원시 사회에서는 현대 산업 사회에서 아주 두드러지는 어른과 아이 간의 __________가 거의 없거나 아예 없다.

08 Despite the p__________ of living in south polar waters for almost two years, all twenty-seven men eventually came back from the expedition. [10 학평]

거의 2년 동안 남극 바다에 사는 위험들에도 불구하고, 결국 27명의 사람들 모두 탐사에서 돌아왔다.

09 In some subject areas, topics build on one another in a hierarchical fashion, so that a learner must almost certainly master one topic before moving to the next. [19 모평]

일부 과목 영역에서는, 주제들이 서로 __________ 방식으로 형성되므로, 학습자가 다음 주제로 넘어가기 전에 한 주제를 거의 확실히 통달해야 한다.

10 Resident-bird habitat selection is seemingly a straightforward process in which a young dispersing individual moves until it finds a place where it can compete successfully to satisfy its needs. [20 수능]

텃새들의 서식지 선택은 __________ 어린 개체가 (생존을 위한) 필요를 충족시키기 위해 성공적으로 경쟁할 수 있는 장소를 찾을 때까지 옮겨 다니는, 외견상 간단한 과정이다.

21~30번 정답 ▶ 21 하급자들   22 자비로운   23 compress   24 악화된다   25 수렴하는
26 예비적인   27 억제할   28 힘든   29 상스럽게   30 transcribe

11 When I was growing up, my room was adorned with only a single mirror. [14 EBS]

내가 자랄 때, 내 방은 단 하나의 거울로 ___ ______ 있었다.

12 The most obvious s__________ feature of moral agents is a capacity for rational thought. [11 모평]

도덕적 행위자들의 가장 명백한 두드러진 특징은 이성적인 사고를 할 수 있는 능력이다.

13 The pilum was a heavy spear, used for thrusting or throwing by Roman soldiers. [11 학평]

필룸은 로마 병사들이 __________ 던지는 데 사용했던 무거운 창이었다.

14 Often the rock above the petroleum source rock is saturated with water; in this case, the gas and oil, both being lighter than water, a__________. [20 EBS]

석유 근원암 위의 암석은 흔히 물에 흠뻑 젖는데, 이 경우, 가스와 석유는 둘 다 물보다 가벼워서 상승한다.　　　*saturate 흠뻑 적시다

15 On a long and rough sea voyage in 1882, many of the ship's passengers were a__________ with seasickness. [16 EBS]

1882년 어느 길고 거친 항해에서 그 배의 많은 승객들은 뱃멀미로 시달렸다.

16 During this period, when grappling was a predominant method of combat, various techniques were invented. [05 학평]

격투가 __________ 전투 방법이었던 이 시기 동안, 다양한 기술들이 발명되었다.

17 Rather than just maximising food production, farming is becoming more environmentally friendly, with the support of financial subsidies. [18 모평]

농업은 식량 생산을 단지 최대화하기보다는 재정적인 __________ 을 지원 받아 더 친환경적으로 되어 가고 있다.

18 So imprudent are we that we wander about in times that are not ours and do not think of the one that belongs to us. [11 수능]

우리는 너무 __________ 우리의 것이 아닌 시간 속에서 방황하고 우리에게 속한 시간에 대해서는 생각하지 않는다.

19 Sometimes this desire to fix them is simply an urge to alleviate the pain that you are feeling yourself as a result of being too interconnected with others' emotions. [17 학평]

때때로 그것들을 해결하고자 하는 이런 욕구는 단순히 여러분이 다른 사람들의 감정과 지나치게 서로 연결되어 있는 것의 결과로, 스스로 느끼고 있는 고통을 __________ 하는 충동이다.

20 At the close of the Ice Age the entire region was s__________ beneath a lake of meltwater, and overflow from the lake flowed into the Pacific Ocean through the Snake and Columbia rivers. [13 수능]

빙하기가 끝났을 때 그 전 지역은 빙하가 녹은 물로 된 호수 밑으로 잠겼고, 그 호수로부터 넘쳐흐른 물은 Snake 강과 Columbia 강을 통해 태평양으로 흘러 들었다.

31~40번 ▶ **31** 악화　　**32** shredded　　**33** 역효과를 낳는다　　**34** 차별　　**35** 결속력
정답　　**36** 확산　　**37** 이타주의　　**38** 이전 형태[전신]　　**39** blunt　　**40** 어마어마한

21 Subordinates are more restricted in where they can look and when. [14 수능]

__________은 그들이 어디를 볼 수 있고, 언제 볼 수 있는지에 있어서 더 제한적이다.

22 A dictatorship can, in theory, be brutal or benevolent. [13 모평]

독재 정권은 이론상 잔혹하거나 __________ 것일 수 있다.

23 Once the earth is in the form, it is packed down to c__________ it and make it stick together as a solid wall. [20 EBS]

일단 흙이 틀 안에 들어가면, 그것을 압축하여 단단한 벽으로 서로 달라붙게 하기 위해 눌러 다져진다.

24 Difficulty in assessing information is aggravated by the overabundance of information at our disposal. [12 모평]

정보를 평가하는 데 있어서 어려움은 우리가 마음대로 이용할 수 있는 정보의 과잉에 의해 __________.

25 Under such conditions, it has been shown that people tend to converge too rapidly on a solution that may be less than optimal. [14 학평]

그러한 조건에서 사람들은 최적화되어 있지 않은 해결책에 너무 급하게 __________ 경향이 있는 것으로 나타났다.

26 This preliminary structural analysis and acquaintance with the site chosen for the sculpture is compulsory before working on its design. [18 학평]

이러한 __________ 구조적 분석과 조형물을 위해 선정된 부지에 대해 아는 것은 설계 작업에 들어가기 전에 필수적이다.

27 To say that we need to curb anger and our negative thoughts and emotions does not mean that we should deny our feelings. [13 수능]

우리가 분노와 우리의 부정적인 생각과 감정을 __________ 필요가 있다고 말하는 것은 우리의 감정을 부정해야 한다는 것을 의미하지는 않는다.

28 Experience teaches him that medicinal herbs, valor, the most strenuous labor, often come to naught, yet normally he wants to survive and enjoy the good things of existence. [12 모평]

인간은 경험을 통해 약초, 용기, 가장 __________ 노동이 종종 아무런 결과를 가져오지 못한다는 사실을 알지만, 보통 살아남아서 존재하는 좋은 것들을 누리고 싶어 한다.

29 Adapting novels is one of the most respectable of movie projects, while a book that calls itself the novelization of a film is considered barbarous. [13 수능]

소설을 각색하는 것은 가장 훌륭한 영화 프로젝트들 중 하나인 반면, 영화를 소설화했다고 하는 책은 __________ 여겨진다.

30 The incredible amount of time required to copy a scroll or book by hand limited the speed with which information could spread this way. A well-trained monk could t__________ around four pages of text per day. [19 수능]

손으로 두루마리나 책을 복사하는 데 요구된 엄청난 양의 시간은 이런 방식으로 정보가 퍼져 나갈 수 있는 속도를 제한했다. 잘 훈련된 수도승은 하루에 4쪽 정도의 문서를 필사할 수 있었다.

01~10번 정답 ▶ 01 wither　02 adore　03 subsided　04 진압하기[억제하기]　05 손상시킬　06 demolish　07 소외　08 perils　09 계층적인　10 흩어지는

31 Overgrazing of livestock resulted in further deterioration of the soil. [12 수능]

가축의 지나친 방목은 토양의 _________를 초래했다.

32 Mice were attracted by the food and they s_________ all the curtains, screens, and cushions. [12 모평]

음식 때문에 쥐가 꼬였고, 그 쥐들은 모든 커튼과 방충망, 그리고 방석을 갈기갈기 찢어놓았다.

33 When you are making a moral decision, an egocentric strategy backfires. [12 모평]

도덕적 결정을 할 때, 자기중심적인 전략은 _________.

34 Once racial and ethnic segregation is eliminated and people come together, they must learn to live, work, and play with each other. [20 모평]

일단 인종적, 민족적 _________이 제거되고 사람들이 화합하고 나면, 서로 함께 살고 일하고 노는 법을 배워야 한다.

35 As the opposite of local networks, cosmopolitan networks offer little solidarity and have little capacity to comfort and sustain members. [18 모평]

지역 네트워크의 반대(개념)로서의 범세계적인 네트워크는 _________을 거의 주지 못하고 (그 안의) 구성원들을 위로하고 지탱할 능력이 거의 없다.

36 During that class I was able to process the information about gas diffusion through my senses and ultimately stored it in my long-term memory. [10 학평]

그 수업 동안 나는 감각을 통해 기체의 _________에 대한 정보를 처리할 수 있었고 결국 그것은 나의 장기 기억 속에 저장되었다.

37 Altruism has always existed, but the Web gives it a platform where the actions of individuals can have global impact. [12 모평]

_________는 항상 존재해 왔지만, 웹은 개인의 행동이 전 세계로 영향을 미칠 수 있는 발판을 그것에게 마련해 준다.

38 Their pottery, sculptures, and other manufactured goods had symbols on them to note the tradesmen who created them, which are the predecessors of modern trademarks. [17 모평]

그들의 도자기, 조각품, 그리고 다른 제조품들에는 그것을 만들어낸 장인을 나타내는 상징이 표시되어 있었는데, 이것은 현대의 상표의 _________라고 할 수 있다.

39 The term *euphemism* involves substituting a more pleasant, less objectionable way of saying something for a b_________ or more direct way. [12 수능]

'완곡어법'이라는 말은 무언가를 말하는 더 듣기 좋고 불쾌감이 덜한 방식으로 직설적이거나 보다 직접적인 방식을 대체하는 것과 관련되어 있다.

40 Large numbers of fishes in a school might even discourage hungry predators with the illusion of an impressively large and formidable opponent. [13 모평]

수많은 물고기 떼는 엄청나게 크고 _________적으로 보이는 착각을 만들어내서 심지어 배고픈 포식자를 좌절시킬 수도 있다.

11~20번 정답 ▶ 11 장식되어[꾸며져] 12 salient 13 찌르거나 14 ascend 15 afflicted 16 우세한[지배적인] 17 보조금 18 경솔해서 19 완화시키고자 20 submerged

DAY 58

고난도 어휘 (3)

표제어 음성 QR코드

PREVIEW 40 Words

- ☐ affluent
- ☐ indigenous
- ☐ consecutive
- ☐ demoralize
- ☐ elusive
- ☐ resilient
- ☐ endow
- ☐ gratify
- ☐ intricate
- ☐ intrude
- ☐ mandate
- ☐ monotonous
- ☐ homogeneous
- ☐ conspicuous
- ☐ notation
- ☐ pitfall
- ☐ delude
- ☐ propel
- ☐ refute
- ☐ replicate
- ☐ scrutiny
- ☐ fallacy
- ☐ retrospect
- ☐ static
- ☐ heredity
- ☐ generic
- ☐ degenerative
- ☐ tranquility
- ☐ perpetual
- ☐ rehabilitate
- ☐ utilitarian
- ☐ empirical
- ☐ rhetorical
- ☐ zealous
- ☐ indispensable
- ☐ ubiquitous
- ☐ impoverished
- ☐ unanimously
- ☐ instantaneously
- ☐ persevere

➕ 수능 PLUS 수능 이렇게 나온다

2461

affluent
[ǽfluənt]

형 **부유한, 풍부한**

파 affluence n. 부유, 풍족
affluently ad. 부유하게, 풍부하게

유 wealthy, prosperous a. 부유한, 풍부한
반 poor, impoverished a. 빈곤한
기출 어구 a more affluent money culture 보다 풍부한 화폐 문화

2462

indigenous
[indídʒənəs]

형 **1. 토착의, 그 지역 고유의**
2. 타고난

유 • aboriginal a. 원주민의, 토착의
• native a. 원주민의, 태어난 곳의
기출 어구 • indigenous people 토착민들
• indigenous peoples 토착 민족들
• African indigenous culture 아프리카 토착문화

2463

consecutive
[kənsékjutiv]

형 **연이은, 연속적인**

파 consecutively ad. 연속하여
consecution n. 연속

유 successive a. 연이은, 연속적인

2464

demoralize
[dimɔ́(:)rəlàiz]

동 **사기를 꺾다, 의기소침하게 하다**

파 demoralization n. 사기 저하
demoralized a. 사기가 저하된

유 • dishearten v. 낙심[낙담]하게 하다
• discourage v. 의욕을 꺾다, 좌절시키다
cf. morale n. 사기, 의욕

2465

elusive
[ilúːsiv]

형 **찾기 힘든,** (뜻·성격 등이) **정의하기 어려운, 이해하기 어려운**

파 elusively ad. 찾기 힘들게, 이해하기 어렵게
elude v. 잘 피하다, 이해되지 않다

기출 어구 • elusive ideas 정의하기 어려운 생각들
• (an) elusive concept 이해하기 어려운 개념

2466

resilient
[rizíljənt]

형 1. (충격 · 부상 등에) **회복력 있는**
2. (고무 등이) **탄력 있는**
파 resilience n. 1. 회복력 2. 탄력, 탄성

기출 어구 • resilient children
회복력이 있는 아이들
• building resilience 회복력을 기르는 것

2467

endow
[endáu]

동 1. (재능 · 자질 등을) **부여하다**
2. **기부하다**
파 endowment n. 1. 재능, 자질 2. 기부

숙어 • endow A with B
A에게 B를 부여하다[기부하다]
• be endowed with
~을 타고나다, ~을 지니다
기출 어구 • endow us with brains ~
우리에게 ~한 두뇌를 부여하다
• be endowed with special talent
특별한 재능을 타고나다

2468

gratify
[grǽtəfài]

동 **기쁘게 하다**, (욕구 등을) **만족시키다**
파 gratification n. 기쁨, 만족감

유 • please v. 기쁘게 하다, 만족시키다
• satisfy v. 만족시키다

2469

intricate
[íntrikət]

형 **복잡한, 뒤얽힌**
파 intricacy n. 복잡(함), 복잡한 내용

유 complicated, complex a. 복잡한, 뒤
얽힌
반 • uncomplicated a. 복잡하지 않은, 단
순한
• simple a. 간단한, 단순한
기출 어구 • an intricate musical
passage 복잡한 음악 악절
• the vast detailed intricacy of
human culture 인간 문화에 관한 방대한
양의 상세화된 복잡한 내용

2470

intrude
[intrúːd]

동 **침입하다, 침해하다, 방해하다**
파 intrusion n. 침입, 침해, 방해
intruder n. 침입자

유 • invade v. 침입하다, 침해하다
• infringe v. 침해하다
• interfere v. 방해하다
숙어 intrude on
~을 침해하다, ~을 방해하다
기출 어구 • intrude on the urban
design 도시 디자인을 침해하다
• intrude on all other attempts
다른 모든 시도를 방해하다

2471

mandate
[mǽndeit]

동 1. 명령하다, 지시하다
2. 권한을 위임하다

파 mandatory a. 의무적인, 강제적인(= compulsory)
mandated a. 1. 법에 규정된 2. 위임 통치를 받는

유 order, command, dictate v. 명령하다, 지시하다
기출 어구 (the) country that mandated seat belts 안전벨트 (착용을) 명령했던[의무화했던] 나라
• in its mandated reports 법에 규정된 보고서에서

2472

monotonous
[mənɑ́tənəs]

형 단조로운, 지루한

파 monotonously ad. 단조롭게
monotony n. 단조로움
monotone n. 단조로운 소리[방식]

유 • dull a. 지루한, 따분한
• tedious a. 지루한, 싫증나는
cf. monotonous = mono(one) + ton(tone) + ous(형용사 접미사)
→ 하나의 어조인

2473

homogeneous
[hòumədʒíːniəs]

형 동종의, 동질적인

반 heterogeneous a. 이종의, 이질적인, 잡다한
cf. homogeneous = homo(same) + gen(kind[race]) + ous(형용사 접미사)
→ 같은 종류[인종]의
기출 어구 homogeneous social networks 동질적 사회관계망

2474

conspicuous
[kənspíkjuəs]

형 눈에 잘 띄는, 튀는

유 noticeable a. 눈에 잘 띄는
반 inconspicuous a. 이목을 끌지 못하는, 눈에 잘 안 띄는

2475

notation
[noutéiʃən]

명 (수학 기호 또는 악보 등의) 표기법, 표시법

파 notate v. 기록하다, 표기하다, [음악] 악보에 기보하다
notational a. 표시법의, 기호법의

기출 어구 • musical notation 음악의 표기법[기보법]
• a precise and unambiguous notation 정확하고 모호하지 않은 (악보) 표기법

2476

pitfall
[pítfɔːl]

명 함정, (숨겨진) 위험

유 • snare, trap n. 함정, 덫
• danger, peril, hazard n. 위험
기출 어구 escape the pitfalls of ~의 함정을 피하다

2477

delude
[dilú:d]

동 속이다, 착각하게 하다

파 delusion n. 망상, 착각, 오해

유 cheat, trick, deceive v. 속이다

2478

propel
[prəpél]

동 (몰거나 밀거나 해서) **나아가게 하다, 추진시키다**

파 propeller n. 추진기, 프로펠러

유 drive v. 추진시키다, (어떤 방향으로) 몰다

기출 어구 propelled his tofu through the air 그의 두부가 공중으로 나아가게[날아가게] 했다

2479

refute
[rifjú:t]

동 1. 논박하다, 반박하다 2. 부인하다

파 refutation n. 논박, 반박

유 disprove v. 논박하다, 틀렸음을 입증하다

기출 어구 evidence that refutes it 그것을 반박하는 증거

2480

replicate
[répləkèit]

동 1. 복제하다, 되풀이하다

2. [생화학] 자기 복제를 하다

파 replicable a. 1. 복제 가능한 2. 반복 가능한 replication n. 복제, 되풀이, 사본

유 • duplicate v. 1. 복사하다, 복제하다 2. 재현하다

• repeat v. 되풀이하다, 반복하다

기출 어구 • replicate behaviors and talents 행동과 재능을 복제하다

• replicate the research 그 연구를 되풀이하다

2481

scrutiny
[skrú:təni]

명 정밀 조사, 자세한 검토

파 scrutinize v. 면밀히 조사하다

유 inspection n. 면밀한 조사, 정밀 검사

기출 어구 provide the most intense scrutiny 가장 강도 높은 정밀 조사를 제공하다

2482

fallacy
[fǽləsi]

명 (인식상의) **오류,**

(많은 사람들이 옳다고 믿는) **틀린 생각**

기출 어구 • a post hoc fallacy 인과 설정의 오류

• the fallacy of false choice 잘못된 선택의 오류

2483

retrospect
[rétrəspèkt]

명 회상, 회고

동 회상하다, 회고하다

파 retrospective a. 회상하는, 회고의

유 • recollection n. 회상, 기억

• recollect v. 회상하다, 기억해 내다

숙어 in retrospect 돌이켜 생각해 보면 (= retrospectively, on reflection)

2484

static
[stǽtik]

형 정적인, 고정된
명 잡음, 정전기

유 • still, stationary, motionless, immobile a. 정지한, 움직이지 않는
• fixed, invariable a. 고정된, 변하지 않는
반 • mobile a. 이동하는, 움직이기 쉬운
• variable a. 변하는
기출 어구 • a static entity 정적인 독립체
• static electricity 정전기

2485

heredity
[hərédəti]

명 유전, 유전적 형질
파 hereditary a. 유전적인

cf. • heritage n. 1. 유산, 세습 재산 2. 전통
• inheritance n. 1. 상속 (재산), 유산
2. 유전(적 성질)

2486

generic
[dʒenérik]

형 일반적인, 포괄적인, 총칭의, 통칭의
파 generically ad. 일반적으로, 총칭하여

유 • general a. 일반적인
• comprehensive a. 포괄적인
기출 어구 • a generic word 총칭어
• a generic term 총칭어, 포괄적인 용어

2487

degenerative
[didʒénərətiv]

형 퇴행성의, 퇴보[악화]하기 쉬운
파 degenerate v. 악화하다, 퇴보하다 a. 퇴보한, 타락한
degeneration n. 악화, 퇴보, 타락

유 • regressive a. 퇴행하는
• deteriorating a. 악화하는
기출 어구 degenerative politics
퇴행적인 정치
cf. a degenerative disease 퇴행성 질환

2488

tranquility
[træŋkwíləti]

명 평온, 고요함, 평정
파 tranquil a. 평온한, 고요한

유 calmness, serenity n. 고요함, 평온
기출 어구 • feelings of tranquility
평온한 느낌
• tranquility of parks 공원의 고요함

2489

perpetual
[pərpétʃuəl]

형 영속하는, 끊임없는
파 perpetually ad. 영원히, 끊임없이
perpetuate v. 영속시키다
perpetuity n. 영속, 불멸

유 • permanent a. 영속적인
• everlasting, eternal a. 영원한, 끊임없는
반 temporary a. 일시적인
기출 어구 a perpetual learner
끊임없는 학습자

2490

rehabilitate
[rìːhəbílitèit]

동 1. (치료 · 훈련에 의해) 복귀시키다
2. 회복시키다
파 rehabilitation n. 1. (사회) 복귀 2. 회복

기출 어구 • rehabilitate the body
신체를 회복시키다
• an overall program of rehabilitation for patients
환자를 위한 전반적인 재활 프로그램

2491

utilitarian
[ju:tìlitɛ́(:)əriən]

형 실용적인, 공리주의의

명 공리주의자

기출 어구 • an everyday, utilitarian AI
일상적이고 실용적인 AI
• utilitarian rationality 공리주의적 합리성

2492

empirical
[empírikəl]

형 경험[실험]에 의거한, 실증적인

파 empirically ad. 경험적으로

기출 어구 • positive empirical evidence
긍정적인 경험적 증거
• be measured empirically
경험적으로 측정되다
• use empirically proven theories
경험적으로 입증된 이론을 활용하다

2493

rhetorical
[ritɔ́(:)rikəl]

형 수사적인, 수사법의, 미사여구의

파 rhetoric n. 수사법, 미사여구

기출 어구 • rhetorical supremacy
수사학적 우위
• rhetorical vagueness
수사학적 애매모호함

2494

zealous
[zéləs]

형 열성적인, 열렬한

파 zeal n. 열성, 열의
zealously ad. 열심히, 열광적으로

유 eager, enthusiastic, keen,
passionate a. 열성적인, 열렬한
기출 어구 • an overly zealous mental
preparation 지나치게 열성적인 정신적 준비
• a person with zeal 열성적인 사람

2495

indispensable
[ìndispénsəbl]

형 없어서는 안 될, 필수 불가결한

명 필수 불가결한 것

파 indispensably ad. 필히, 반드시

유 vital, essential a. 필수적인
반 dispensable a. 없어도 되는, 불필요한
기출 어구 an indispensable source of
information 필수 불가결한 정보의 원천

2496

ubiquitous
[ju:bíkwitəs]

형 어디에나 있는, 아주 흔한

유 • omnipresent a. 어디에나 있는, 편재
하는
• pervasive, prevalent a. 만연하는, 널
리 퍼진

2497

impoverished
[impávəriʃt]

형 1. 빈곤한 2. (질적으로) 저하된

파 impoverish v. 1. 빈곤하게 하다 2. (질을) 저하시키다

유 • poor a. 1. 가난한 2. (질적으로) 좋지 못한
• poverty-stricken a. 가난에 시달리는
반 rich, affluent, wealthy a. 부유한
기출 어구 • the impoverished
빈곤한 사람들
• their impoverished descendants
그들의 빈곤한 후손들

unanimously
[juːnǽnəməsli]

부 **만장일치로**

파 unanimous **a.** 만장일치의, 합의의
unanimity **n.** 만장일치

기출 어구 vote unanimously 만장일치로
투표하다
cf. anonymously **ad.** 익명으로

instantaneously
[ìnstəntéiniəsli]

부 **순간적으로, 즉각적으로**

파 instantaneous **a.** 순간적인, 즉각적인

유 immediately, promptly, instantly
ad. 즉시, 즉각
기출 어구 • respond instantaneously
즉각적으로 반응하다
• instantaneously produce links
즉각적으로 링크를 만들어 내다

persevere
[pə̀ːrsəvíər]

동 **인내하다, 끈기 있게 계속하다**

파 perseverance **n.** 인내(심)(= endurance)
perseverant **a.** 인내심이 강한

유 endure **v.** 참다, 인내하다
기출 어구 those who persevere
인내하는 사람들

DAY 58

각 빈칸에 알맞은 영단어 또는 우리말을 쓰시오.

01 The concept of thrift emerged out of a more affluent money culture. [15 모평]

절약이라는 개념은 보다 _________ 화폐 문화로부터 등장했다.

02 More generally, we delude ourselves about how benevolent and how effective we are. [13 EBS]

더욱 일반적으로, 우리는 자신이 얼마나 자비롭고 유능한지에 관해 스스로를 _________.

03 The simple act of typing a few words into a search engine will virtually instantaneously produce links related to the topic at hand. [18 모평]

몇 개의 단어를 검색 엔진에 쳐 넣는 간단한 행위만으로도 다루고 있는 주제와 관련이 있는 링크들이 거의 _________ 나타나게 된다.

04 We try to find our way from first principles of geography ('theory'), and from maps of our own making ('empirical research'). [13 모평]

우리는 지리학의 첫 번째 원칙('이론')과 우리가 자체적으로 만든 지도('_________ 연구')로 우리의 길을 찾으려고 한다.

05 Science, of course, is an indispensable source of information for the contemporary writer. [11 모평]

물론, 과학은 현대 작가에게 _________ 정보의 원천이다.

06 Substance is like a river in perpetual flux, its activities are in continuous changes, and its causes in myriad varieties. [19 EBS]

물질은 _________ 흐름의 강과 같고, 그것의 활동은 계속 변화하고, 그것의 원인은 무수히 다양하다.   *myriad 무수한

07 What a person thinks on his own without being stimulated by the thoughts and experiences of other people is at best insignificant and monotonous. [06 수능]

다른 사람들의 생각과 경험에 의해 자극받지 않고 스스로 생각하는 것은 잘 해야 사소하고 _________.

08 Optimal experience is something that we make happen. For a violinist, it could be mastering an intricate musical passage. [11 수능]

최적의 경험은 우리가 발생하게 만드는 어떤 것이다. 바이올린 연주자에게 있어서 그것은 _________ 악절을 완벽하게 숙달하는 것일 수 있다.

09 To accommodate visitors and tourists and not intrude on the urban layout and design, the town has built an underground parking lot with an elevator to the city center. [14 학평]

방문객과 관광객의 편의를 도모하고 도시 배치와 설계를 _________ 않기 위해, 그 도시는 도심까지 연결되는 승강기가 갖춰진 지하 주차장을 건설했다.

10 Concerning charity, it means not only providing immediate assistance to the i_________, but also helping the poor in ways that will enable them to support themselves and no longer need help. [16 학평]

자선에 관해 말하자면, 그것은 빈곤한 사람들에게 즉각적인 지원을 제공하는 것뿐만 아니라 그들이 자립하고 더 이상 도움이 필요하지 않도록 해 주는 방식으로 가난한 사람들을 돕는 것을 의미한다.

21~30번 정답 ▶ **21** 만족시키는   **22** 눈에 띄다   **23** 열성적인   **24** consecutive   **25** 오류
26 generic   **27** 회복력이 있는   **28** 실용적인   **29** static   **30** retrospect

11 The low performers usually voted unanimously, with little open debate. [11 수능]

성과가 낮은 사람들은 대개 공개 토론을 하지 않고 _________ 투표를 했다.

12 Philosophers have advanced explanations of this e_________ concept, as have social scientists of all stripes. [18 학평]

철학자들은 이 이해하기 어려운 개념에 대한 설명들을 발전시켜 왔으며, 모든 종류의 사회 과학자들 역시 그러했다.

13 As athletes move up the competitive ladder, they become more homogeneous in terms of physical skills. [18 모평]

선수들이 경쟁의 사다리를 올라갈수록 신체 능력의 측면에서는 더 _________이 된다.

14 The scientist reverses his drive toward mathematical exactness in favor of rhetorical vagueness and metaphor. [14 수능]

과학자는 _________ 애매모호한 표현과 은유적 표현을 사용하기 위해 수학적인 정확성을 추구하려는 자신의 욕구를 뒤집는다.

15 Suddenly, a boy riding a bicycle slipped on the damp wooden surface, hitting Rita at an angle, which p_________ her through an open section of the guard rail. [19 모평]

갑자기 자전거를 타고 있던 소년이 눅눅한 나무 표면에 미끄러져 Rita에게 비스듬히 부딪쳤고, 이것은 그녀를 난간의 열린 부분을 통해 밀려 나가게 했다.

16 Troubles are ubiquitous. Surprises can fall from the sky like volcanic ash and appear to change everything. [15 수능]

걱정거리는 _________. 놀라운 일이 화산재처럼 하늘에서 떨어질 수도 있고, 모든 것을 바꾸는 것처럼 보일 수도 있다.

17 For a long time, tourism was seen as a huge monster invading the areas of indigenous peoples, introducing them to the evils of the modern world. [20 모평]

오랫동안 관광은 _________ 민족들의 영역을 침범하여 그들을 현대 세계의 악으로 이끌어 들인 거대한 괴물로 여겨졌다.

18 Of the two great influences that make humans what they are, heredity and environment, environment is undoubtedly the more powerful. [15 학평]

인간을 지금의 인간으로 만드는 두 가지 큰 영향인 _________과 환경 중에서 환경은 의심할 여지없이 더 강력하다.

19 The news media should be providing the most intense scrutiny on our behalf, so the public can see the other side of things. [14 수능]

언론 매체는 우리를 대신해 매우 강도 높은 _________를 제공하여, 대중들이 사태에 대한 다른 관점도 볼 수 있도록 해야 한다.

20 As mechanical processes have replicated behaviors and talents we thought were unique to humans, we've had to change our minds about what sets us apart. [18 수능]

기계식 공정이 우리가 생각하기에 인간에게만 있는 행동과 재능을 _________ 왔기 때문에, 우리는 우리를 다르게 만드는 것에 관한 우리의 생각을 바꿔야만 했다.

31~39번 정답 ▶ 31 (악보) 표기법 32 인내하는 33 회복시키기 34 endowed 35 mandated
36 tranquility 37 demoralized 38 refutes 39 퇴행적인 / 함정[위험]

21 To give up pretensions is as blessed a relief as to get them gratified. [11 모평]

가식을 버리는 것은 그 가식을 _________ 것만큼이나 축복받은 위안이다.

*pretension 가식, 허세

22 Tigers' stripes help them blend in with tall grasses, but zebras are really conspicuous. [11 학평]

호랑이의 줄무늬는 호랑이가 키 큰 풀에 섞여 들어가도록 도움을 주지만, 얼룩말은 정말로 _________.

23 Anxiety has a damaging effect on mental performance of all kinds. It is in one sense a useful response gone awry — an overly zealous mental preparation for an anticipated threat. [13 수능]

걱정은 모든 종류의 정신적인 활동에 해로운 영향을 준다. 그것은 어떤 면에서 실패로 돌아간 유용한 반응, 즉 예상된 위협에 대한 지나치게 _________ 정신적 준비이다.

*awry (계획이) 빗나간

24 If someone tossing a coin got six c_________ heads, one is likely to believe that the next result will be tails. [19 EBS]

동전을 던진 누군가가 여섯 번 연속적인 앞면이라는 결과를 얻었다면, 우리는 그 다음번 결과가 뒷면이 될 것이라고 믿을 가능성이 있다.

25 Even worse than reaching a conclusion with just a little evidence is the fallacy of reaching a conclusion without any evidence at all. [11 모평]

단지 약간의 증거만을 가지고 결론에 도달하는 것보다 훨씬 더 나쁜 것은 전혀 어떤 증거도 없이 결론에 이르는 _________이다.

26 Economists often use the g_________ term "utility" to refer to the pleasure, value, or usefulness of something that is consumed or experienced. [14 학평]

경제학자들은 소비되거나 경험되는 무언가의 즐거움, 가치 또는 유용성을 일컫기 위해 흔히 '효용'이라는 포괄적인 용어를 사용한다.

27 They expected the people being laid off to be beaten down and discouraged. Instead they found them to be incredibly resilient. [12 모평]

그들은 실직한 사람들은 지치고 의기소침할 것이라고 예상했다. 대신에 그들은 그 실직한 사람들이 믿을 수 없을 정도로 _________ 것을 발견했다.

28 In the grandest irony of all, the greatest benefit of an everyday, utilitarian AI will not be increased productivity or an economics of abundance or a new way of doing science. [18 수능]

가장 아이러니하게도, 일상적이고 _________ AI의 가장 큰 이점은 향상된 생산성이나 풍요의 경제학, 혹은 과학을 행하는 새로운 방식이 아닐 것이다.

29 Far from being s_________, the environment is constantly changing and offering new challenges to evolving populations. [20 모평]

정적이기는커녕 오히려 환경은 끊임없이 변하고 있으며 진화하는 개체군에 새로운 도전을 제공하고 있다.

30 In r_________, it might seem surprising that something as mundane as the desire to count sheep was the driving force for an advance as fundamental as written language. [20 수능]

돌이켜 보면, 양의 수를 세고자 하는 욕구만큼 세속적인 것이 문자 언어처럼 근본적인 진보의 원동력이었다는 것은 놀라운 일로 보일지도 모른다.

01~10번 정답 ▶ 01 풍부한 02 속인다 03 즉각적으로 04 경험적 05 필수 불가결한 06 영속적인 07 단조롭다 08 복잡한 09 침해하지 10 impoverished

31 Notation was more than a practical method for preserving an expanding repertoire of music. [20 모평]

_________은 음악의 확장되는 레퍼토리를 보존하기 위한 실용적인 방법 이상이었다.

32 Those who persevere recognize that they are ultimately responsible, not just for pursuing their goals, but for setting them. [11 학평]

_________ 사람들은 단지 그들의 목표를 추구하는 것뿐만 아니라 목표를 설정하는 것에 대해서도 그들이 궁극적으로 책임이 있다는 것을 인식한다.

33 In their work they are asking critical questions about how some sport scientists are using technology to probe, monitor, test, evaluate, and rehabilitate the body as a performance machine. [11 수능]

그들의 연구에서, 그들은 몇몇 스포츠 과학자들이 수행 기계로서의 신체를 조사하고, 감독하고, 시험하고, 평가하고, _________ 위해 기술을 어떻게 사용하고 있는지에 대한 중요한 질문을 하고 있다.

34 Natural selection e_________ us — and other mammals — with brains that intentionally see and hear the world inaccurately. [14 수능]

자연 선택은 우리에게 그리고 다른 포유류에게 세상을 고의적으로 부정확하게 보고 듣는 두뇌를 부여했다.

35 Why, in country after country that m_________ seat belts, was it impossible to see the promised reduction in road accident fatalities? [13 수능]

왜 안전벨트 (착용을) 명령했던 나라들에서, 도로상의 사고로 인한 사망자 수에 있어 기대되는 감소를 보는 것이 불가능했을까?

36 Many do not blame tourism for traffic problems, overcrowded outdoor recreation, or the disturbance of peace and t_________ of parks. [17 수능]

많은 이들이 교통 문제, 초만원인 야외 오락 활동이나 공원의 평화로움과 고요함을 방해하는 것에 대해 관광산업을 탓하지는 않는다.

37 Essentially, your reputation is your most valuable asset — so guard it well. But do not be terribly d_________ if you make some mistakes along the way. [12 모평]

본질적으로, 당신의 평판은 가장 가치 있는 자산이므로 그것을 잘 지켜라. 하지만, 만약 당신이 도중에 약간의 실수를 한다고 해도, 크게 의기소침하지는 마라.

38 Confirmation bias is a term for the way the mind systematically avoids confronting contradiction. It does this by overvaluing evidence that confirms what we already think or feel and undervaluing or simply disregarding evidence that r_________ it. [14 수능]

확증 편향은 정신이 모순된 사실에 직면하는 것을 조직적으로 회피하는 방식을 설명하는 용어이다. 그것은 우리가 이미 생각하거나 느끼는 것을 확인시켜 주는 증거를 과대평가하고 그것에 반박하는 증거를 평가절하하거나 또는 단순히 무시함으로써 그러한 일을 수행한다.

39 Scientific and professional policy design does not necessarily escape the pitfalls of degenerative politics. [14 수능]

과학적이고 전문적인 정책 설계가 _________ 정치의 _________을 반드시 피하는 것은 아니다.

11~20번 정답 ▶
11 만장일치로	12 elusive	13 동질적	14 수사적인	15 propelled
16 어디에나 있다	17 토착	18 유전	19 정밀 조사	20 복제해

PART 8

최신 기출 어휘

최신 3개년 수능 및 평가원 기출 어휘 중
재출제될 가능성이 높은 어휘

Day 59~60

2501

roadblock
[róudblàk]

몡 1. 장애물, 방해물

2. (도로의) 노상 장애물, 바리케이드

유 • barricade **n.** 1. 장애물 2. 바리케이드
• barrier **n.** 1. 장애물 2. 장벽
• obstacle, hurdle, hindrance, obstruction **n.** 장애(물)

01 Probably the biggest **roadblock** to play for adults is the worry that they will look silly, improper, or dumb if they allow themselves to truly play. [20 수능]

2502

mundane
[mʌ́ndein]

혱 1. 세속의 2. 일상적인, 평범한

유 • worldly **a.** 세속적인
• ordinary, everyday **a.** 일상적인

02 In retrospect, it might seem surprising that something as **mundane** as the desire to count sheep was the driving force for an advance as fundamental as written language. [20 수능]

2503

inert
[inə́ːrt]

혱 1. (물질이) 비활성의

2. 기력이 없는, 활발하지 못한

유 inactive **a.** 활동하지 않는

03 Without the context provided by cells, organisms, social groups, and culture, DNA is **inert**. [20 수능]

---

01 아마도 어른에게 있어서 노는 것에 대한 가장 큰 **장애물**은 그들이 진정으로 놀도록 자신을 허용하면, 자신이 어리석거나, 부적절하거나, 혹은 바보같이 보일 것이라는 걱정일 것이다. 02 돌이켜 생각해 보면, 양의 수를 세고자 하는 욕구만큼 **세속적인** 것이 문자 언어처럼 근본적인 진보의 원동력이었다는 것은 놀라운 일로 보일지도 모른다. 03 세포, 유기체, 사회 집단, 그리고 문화에 의해 제공되는 맥락이 없으면, DNA는 **비활성이다**.

2504

brood
[bru:d]

동 1. 곰곰이 생각하다 2. (새가 알을) 품다

숙어 brood upon[on] ~에 대해 곰곰이 생각하다(= ponder (on[over]), dwell on, deliberate (on), think over, contemplate)

01 In the practice of totemism, he has suggested, an unlettered humanity "**broods** upon itself and its place in nature." [20 수능]

2505

ascribe
[əskráib]

동 1. (성질·특징을 ~에) 속하는 것으로 생각하다 2. (~의) 탓으로 돌리다

숙어 A be ascribed to B 1. A가 B에 속하는 것으로 생각되다
2. A를 B의 탓으로 돌리다(= A be attributed to B)

02 With the advance of science, there has been a tendency to slip into scientism, and assume that any factual claim can be authenticated if and only if the term 'scientific' can correctly be **ascribed** to it. [20 수능]

2506

synchronously
[síŋkrənəsli]

부 같은 시간에, 동시에

파 • synchronous a. 동시에 일어나는, 동일 속도로 진행하는   • synchronize v. 동시에 발생하다[움직이다]
cf. **synchronous vs. simultaneous**: synchronous는 '같은 속도로 같이 진행하는 것'을 나타내는 반면, simultaneous는 '동시에 일어나거나, 존재하는 것'을 나타낼 때 쓰임

03 In a typical experiment, two toy cars were shown running **synchronously** on parallel tracks, one running faster and stopping further down the track. [20 수능]

2507

propaganda
[prὰpəgǽndə]

명 (주로 정치적인) 선전 (활동)

파 propagandize v. (주의·주장 등을) 선전하다

04 Most of us would likely grow tired of such didactic movies and would probably come to see them as **propaganda**, similar to the cultural artwork that was common in the Soviet Union and other autocratic societies. [20 수능]

*didactic 교훈적인

2508

at one fell swoop

단번에, 한 번에

유 in one fell swoop, at one time, at one go, all together, at once 한 번에
cf. swoop n. 급습, 급강하 v. 급습하다, 급강하하다

05 Advertisers look back nostalgically to the years when a single spot transmission would be seen by the majority of the population **at one fell swoop**. [20 수능]

---

01 토템 신앙의 풍습에서 문명의 인류는 "자연 속에서의 자신과 자신의 위치에 대해 **곰곰이 생각한다.**"라고 그는 말했다. 02 과학의 발전과 함께, 과학만능주의에 빠져들어 '과학적'이라는 용어가 정확하게 그것에 **속하는 것으로 생각될** 수 있는 경우에 그리고 오직 그런 경우에만 사실에 입각한 어떤 주장이든 진짜로 입증될 수 있다고 가정하는 경향이 있어 왔다. 03 한 대표적인 실험에서 두 대의 장난감 자동차가 **같은 시간에** 평행 선로에서 달리고 있는 것을 보여 주었는데, 한 대가 더 빠르게 달려 선로를 따라 더 먼 곳에서 멈췄다. 04 우리 중 대부분은 그러한 교훈적인 영화에 싫증이 나게 될 것이고, 아마도 그것들을 소련 그리고 다른 독재 사회에서 흔했던, 문화적 예술 작품과 유사한 **선전**으로 보게 될 것이다. 05 광고주들은 한 군데에서 전송하는 것을 대부분의 사람들이 **한 번에** 보게 되었던 시절을 향수에 젖어 회상한다.

2509

hands-on
[hǽndzán]

형 **직접 해보는, 실천적인**

유 firsthand a. 직접 경험한

01 For quite some time, science educators believed that "**hands-on**" activities were the answer to children's understanding through their participation in science-related activities. [20 수능]

2510

latently
[léitəntli]

부 **잠재적으로, 잠복성으로**

파 • latent a. 잠재하는, 잠복해 있는 • latency n. 잠재, 잠복

02 Knowing and not telling does not give him that feeling of "superiority that, so to say, **latently** contained in the secret, fully actualizes itself only at the moment of disclosure." [20 모평]

2511

contemporaneous
[kəntèmpəréiniəs]

형 **동시(기)에 발생한, 동시대의**

유 • simultaneous a. 동시에 발생하는 • contemporary a. 동시대의

03 For higher organisms, the most significant changes in the environment are those produced by the **contemporaneous** evolution of other organisms. [20 모평]

2512

embellish
[imbéliʃ]

동 **1. 장식하다, 꾸미다 2. (말 · 이야기 등을) 윤색하다**

파 embellishment n. 1. 꾸밈, 장식(물) 2. (이야기 등의) 윤색
유 decorate, ornament, adorn v. 꾸미다, 장식하다

04 That index can be **embellished** in a variety of ways. [20 모평]

2513

forefather
[fɔ́ːrfàːðər]

명 **조상, 선조**

유 ancestor, forebear, ascendant n. 조상, 선조

05 No state could be sovereign if its inhabitants lacked the ability to change a course of action adopted by their **forefathers** in the past, or even one to which they once committed themselves. [20 모평]

---

01 상당 기간 동안, 과학 교육자들은 '**직접 해보는**' 활동이 아이들이 과학 관련 활동에 참여하는 것을 통해 이해하게 하는 데 대한 해답이라고 믿었다. 02 알고 있으며 말하지 않는 것은 '말하자면 그 비밀 속에 **잠재적으로** 담겨 있다가 오직 폭로의 순간에만 그것 자체를 완전히 현실화시키는 우월감'을 그 사람에게 주지는 않는다. 03 고등 생물의 경우, 환경의 가장 중요한 변화는 다른 생물의 **동시대** 진화에 의해 생성된 변화이다. 04 그 지표는 다양한 방식으로 **윤색될** 수 있다. 05 국민들이 과거에 그들의 **조상들**에 의해 채택된 행동 방침을, 또는 한때 그들이 전념했던 행동 방침조차 바꿀 능력이 없다면 그 어떤 국가도 자주적일 수 없을 것이다.

2514

barometric
[bæ̀rəmétrik]

형 기압의, 기압계의

파 barometer n. 1. 기압계 2. 지표(= indicator)
cf. barometric pressure 기압계

01 Almost everyone would agree that the weather is a function of a finite number of variables such as sunspots, high-altitude jet streams, and **barometric** pressure. [20 모평]

2515

doctrine
[dάktrin]

명 1. 교리, 신조 2. 주의, 정책

유 • creed n. (종교적) 교리, 신념, 신조   • dogma n. (독단적인) 신조

02 Richard Taylor defined determinism as the philosophical **doctrine** that "states that for everything that ever happens there are conditions such that, given them, nothing else could happen." [20 모평]

2516

stature
[stǽtʃər]

명 1. 수준, 위상, 지명도 2. (사람의) 키

유 • standing n. 지위, 평판   • height n. 키

03 There was a social pressure for art to come up with some vocation that both distinguished it from science and, at the same time, made it equal in **stature** to science. [20 모평]

2517

flux
[flʌks]

명 1. (기체 · 액체의) 흐름, 유동 2. 끊임없는 변화

cf. influx n. 유입, 흘러듦, 쇄도

04 It is also helpful in developing an understanding of biogeochemical issues such as ocean carbon **fluxes**. [20 모평]

2518

aviation
[èiviéiʃən]

명 항공, 항공술

파 • aviate v. 비행하다, 비행기를 조종하다
• aviator n. 비행사(= pilot)

05 Because of the **aviation** regulation for student pilots, the camp is limited to participants over 16 years old. [20 모평]

---

01 거의 모든 사람이 날씨는 태양의 흑점, 높은 고도의 제트 기류, 그리고 **기압**과 같은 유한한 수의 변수들의 작용이라는 데 동의할 것이다. 02 Richard Taylor는 결정론을 '언제나 일어나는 모든 일에 대해서 그 조건이 주어지면 그 밖의 어떤 것도 일어날 수 없는 그러한 조건이 있다고 말하는' 철학적인 **교리**라고 정의했다. 03 예술이 그것(예술)을 과학과 구별하는 동시에 **수준**에 있어 그것을 과학과 동일하게 만드는 어떤 소명을 제시해야 한다는 사회적 압력이 있었다. 04 그것은 또한 해양 탄소 **흐름**과 같은, 생물 지구 화학의 문제에 관한 이해를 진전시키는 데 있어 유용하다. 05 학생 조종사에 대한 **항공** 규정으로 인해, 이 캠프는 16세가 넘는 참가자로 제한됩니다.

2519 ··

disjointed
[disdʒɔ́intid]

[형] 일관성이 없는, 연결이 안 되는

[파] disjoint v. 1. 연결 부위를 떼다, (낱낱으로) 해체하다 2. (생각 등을) 혼란시키다
[유] • rambling a. 횡설수설하는, 두서없는   • incoherent a. 논리적 맥락이 없는, 일관성이 없는
[cf.] disjoined a. 이탈된, 분리된(▶ disjoin v. 분리하다)

01 What she found in her paper was scribbled words, half sentences, and a pile of seemingly strange and **disjointed** ideas. [20 모평]   *scribble 휘갈겨 쓰다

2520 ··

substantive
[səbstǽntiv / sʌ́bstəntiv]

[형] 실질적인, 본질적인

[파] substantively ad. 사실상
[유] • practical a. 실질적인   • essential a. 본질적인

02 Ultimately this will lead to a **substantive**, useful understanding of the complexities and nuances of the concept. [20 모평]

2521 ··

aristocrat
[ərístəkræt]

[명] 귀족

[파] • aristocratic a. 귀족(적)인   • aristocracy n. 귀족 계급, 귀족 사회
[유] • noble n. 귀족 a. 귀족의   • lord n. 귀족(▶ lordly a. 귀족의)

03 In the twelfth to thirteenth centuries there appeared the first manuals teaching "table manners" to the offspring of **aristocrats**. [20 모평]

2522 ··

infuse
[infjúːz]

[동] 불어넣다, 주입하다

[파] infusion n. 주입, 고취
[숙어] infuse A with B A에 B를 불어넣다[주입하다]

04 Material goods **infused** with bits increasingly act as if they were intangible services. [20 모평]

2523 ··

beneficent
[bənéfisənt]

[형] 선행을 베푸는, 인정 많은, 친절한

[파] beneficence n. 선행, 자선, 은혜
[유] • charitable a. 자선을 베푸는, 인정 많은   • benevolent a. 자비로운, 인정 많은
[반] maleficent a. 해로운, 나쁜 짓을 하는

05 One sets a baseline of at least not causing harm; the other points toward aspirational or idealized **beneficent** behavior. [20 모평]

---

01 그녀가 자신의 논문에서 발견한 것은 휘갈겨 쓴 단어, 불완전한 문장, 겉보기에 이상하고 **일관성이 없는** 생각의 무더기였다. 02 궁극적으로 이것은 개념의 복잡한 특징들과 뉘앙스에 대한 **실질적이고** 유용한 이해로 이어질 것이다. 03 12세기부터 13세기에 **귀족들**의 자녀들에게 '식탁 예절'을 가르치는 최초의 교범이 등장했다. 04 비트가 **주입된** 물질적 상품들은 점점 마치 그것들이 무형의 서비스인 것처럼 행동한다. 05 하나는 최소한 해를 끼치지 않는 기준선을 설정하고, 다른 하나는 염원하거나 이상화된 **선행을 베푸는** 행위를 가리킨다.

2524 ~ 2526

abound
[əbáund]
(동) 아주 많다, 풍부하다

(파) • abundant a. 많은, 풍부한(= plentiful)　• abundance n. 풍부함, 많음

exhaustively
[igzɔ́ːstivli]
(부) 철저하게, 빠짐없이

(파) • exhaustive a. (하나도 빠뜨리는 것 없이) 철저한, 완전한
• exhaust v. 1. 기진맥진하게 만들다 2. 다 써버리다 3. 샅샅이[철저히] 다루다
(유) thoroughly ad. 철저히, 완전히

suffice
[səfáis]
(동) 충분하다

(파) sufficient a. 충분한(= enough)　(유) do v. 충분하다, 족하다

01 While examples of these rules **abound**, too many to list **exhaustively**, let these versions **suffice** for our purpose here: "What is hateful to you do not do to another" and "Love another as yourself." [20 모평]

2527

locomotive
[lòukəmóutiv]
(명) 기관차　(형) 기관차의, 움직이는

(cf.) automotive a. 자동차의

02 Steam-powered shovels, **locomotives**, television, and the levers and gears of engineers were a fabulous exoskeleton that turned man into superman. [20 모평]

*exoskeleton 외골격

2528

overabundant
[òuvərəbʌ́ndənt]
(형) 과잉의, 과다의

(파) overabundance n. 과잉, 과다

03 Some people have defined wildlife damage management as the science and management of **overabundant** species, but this definition is too narrow. [20 모평]

2529

forthright
[fɔ́ːɾθràit]
(형) 솔직한, 거리낌 없는　(부) 솔직히

(유) • frank, straightforward a. 솔직한　• outspoken a. 거침없이 말하는

04 Even if she has been **forthright** about her plans, and is not breaking any agreed-upon rules, her identity as a respectable moral subject is undermined by a pervasive parental attitude that expects deceit and betrayal. [20 모평]

---

01 이러한 규칙의 예는 **많아서**, 즉, **빠짐없이** 열거할 수 없을 정도로 너무 많지만, 여기서는 우리의 목적을 위해 다음의 버전, 즉 "자신이 싫은 것은 다른 사람에게 행하지 말라."와 "타인을 자신처럼 사랑하라."로 **충분한** 것으로 하자. 02 증기력으로 움직이는 동력삽, **기관차들**, 텔레비전, 그리고 엔지니어의 지렛대와 톱니바퀴는 인간을 슈퍼맨으로 바꿔준 엄청난 외골격이었다. 03 어떤 사람들은 야생 동물 피해 관리를 **과잉** 종들에 대한 과학과 관리로 정의했지만, 이 정의는 너무 좁다. 04 비록 그녀가 자신의 계획에 대해 **솔직해 왔고** 합의된 규칙은 어떤 것도 어기고 있지 않을지라도, 존경할 만한 도덕적 주체로서의 그녀의 정체성은 속임수와 배신을 예상하는 널리 스며 있는 부모의 태도에 의해 손상된다.

deduce
[didʒúːs]

(동) **추론하다, 연역하다**

(파) • deduction n. 연역(법)　• deducible a. 추론할 수 있는
(유) infer v. 추론하다

disprove
[disprúːv]

(동) **틀렸음을 입증하다, 반증하다**

(파) disproof n. 반증, 논박
(유) invalidate v. 틀렸음을 입증하다, 무효화하다　cf. prove v. (~임을) 입증하다

01 It has been argued that we should construct our general theories, **deduce** testable propositions and prove or **disprove** them against the sampled data. [20 모평]

inaudible
[inɔ́ːdəbl]

(형) **들리지 않는, 알아들을 수 없는**

(반) audible a. 들리는, 알아들을 수 있는

02 Ordinarily, the sound waves you produce travel in all directions and bounce off the walls at different times and places, scrambling them so much that they are **inaudible** when they arrive at the ear of a listener forty feet away. [20 모평]

*scramble 뒤죽박죽으로 만들다

actualize
[ǽktʃuəlàiz]

(동) **현실화하다, 실현하다**

(파) actualization n. 현실화, 실현(= realization)　(유) realize v. 실현하다

03 While the term "sustainability," in the initial phase, was popular among those who pretended to be eco-conscious, it later came to be used by those who would **actualize** their pro-environmental thoughts. [20 모평]

culinary
[kʌ́lənèri]

(형) **요리(용)의, 음식의**

04 We seek out feel-good experiences, always on the lookout for the next holiday, purchase or **culinary** experience. [20 모평]

invoke
[invóuk]

(동) **1.** (근거·이유로 ~을) **언급하다, 예로 들다　2.** (법·규칙 등을) **들먹이다, 적용하다**

05 Both the negative and the positive versions **invoke** the ego as the fundamental measure against which behaviors are to be evaluated. [20 모평]

---

01 우리가 일반적인 이론을 구축하고, 검증할 수 있는 명제를 **추론하며**, 그것을 표본 자료와 비교하여 증명하거나 **틀렸음을 입증해야** 한다고 주장되어 왔다.
02 보통 여러분이 만드는 음파는 모든 방향으로 이동하고 각기 다른 시간과 장소에서 벽에 반사되어, 그것들을 너무 많이 뒤섞으므로 그것들이 40피트 떨어져 있는 청자의 귀에 도달할 때는 **들리지 않는다**. 03 초기 단계에서 '지속 가능성'이라는 용어는 친환경 의식이 있는 체했던 사람들 사이에서 인기가 있었지만, 나중에 그것은 자신의 친환경주의적 생각을 **실현하고자** 하는 사람들이 사용하게 되었다. 04 우리는 항상 다음 휴일, 물건 사기, 또는 **음식** 체험이 있는지 살피면서 기분을 좋게 해 주는 경험을 찾아낸다. 05 부정적인 버전과 긍정적인 버전 둘 다, 행동 평가의 본질적인 척도로서 자아를 **언급한다**.

2536

inconceivable
[ìnkənsíːvəbl]

형 생각[상상]도 할 수 없는

유 unthinkable, unimaginable **a.** 상상도 할 수 없는
반 conceivable **a.** 상상[생각]할 수 있는, 가능한

01 War is **inconceivable** without *some* image, or concept, of the enemy. [19 수능]

2537

presuppose
[prìːsəpóuz]

동 상정하다, 추정하다, 예상하다

파 presupposition **n.** 상정, 추정, 예상
유 presume **v.** 추정하다, 상정하다

02 War has its own strategic, tactical, and other rules and points of view, but they all **presuppose** that the political decision has already been made as to who the enemy is. [19 수능]

2538

afloat
[əflóut]

형 (물 위에) 떠 있는, 떠도는

파 float **v.** 뜨다, 띄우다, 떠다니다

03 While **afloat**, it is uniquely vulnerable, moving slowly with its antlers held high as it struggles to keep its nose above water. [19 수능]

*antler (가지진) 뿔

2539

schema
[skíːmə]

명 (지식 · 이론의) 개요, 윤곽, 도식

파 schematic **a.** 개요의, 도식적인

pl. schemata[schemas]

04 Bear in mind that **schemata** summarize the broad pattern of your experience, and so they tell you, in essence, what's typical or ordinary in a given situation. [19 수능]

2540

capitalism
[kǽpitəlìzəm]

명 자본주의

파 • capitalistic **a.** 자본개[주의]의 • capitalist **n.** 자본주의자, 자본가 **a.** 자본주의적인

05 Industrial **capitalism** not only created work, it also created 'leisure' in the modern sense of the term. [19 수능]

---

01 전쟁은 적에 대한 '약간의' 이미지, 즉 개념 없이는 **생각할 수 없다.** **02** 전쟁은 그 나름의 전략적, 전술적, 그리고 여타의 규칙과 관점을 가지고 있지만, 그것들 모두 적이 누구냐에 대해 정치적인 결정이 이미 내려졌다는 것을 **상정하고 있다.** **03** **물에 떠 있는** 동안 그것은 코를 물 위로 내놓으려고 애쓰면서 가지진 뿔을 높이 쳐든 채 천천히 움직이기 때문에 특별히 공격을 당하기 쉽다. **04** 도식이 여러분의 경험의 광범위한 유형을 요약하며 그래서 그것들(도식)이 본질적으로 주어진 상황에서 무엇이 전형적이거나 평범한 것인지 여러분에게 말해 준다는 것을 명심하라. **05** 산업 **자본주의는** 일거리를 만들어 냈을 뿐만 아니라, 그 말의 현대적 의미로의 '여가'도 또한 만들어 냈다.

2541

haul
[hɔːl]

동 (아주 힘들여) **끌다, 끌어당기다**

유 • drag v. (질질) 끌다 • pull v. 끌어당기다

01 Once the easily overtaken and killed prey had been **hauled** aboard, getting its body back to the tribal camp would have been far easier by boat than on land. [19 수능]

2542

entitlement
[intáitlmənt]

명 1. (공식적인) **자격, 권리**

2. (정부의) **재정 지원 혜택**

02 Workers then wanted more leisure and leisure time was enlarged by union campaigns, which first started in the cotton industry, and eventually new laws were passed that limited the hours of work and gave workers holiday **entitlements**. [19 수능]

2543

commercialization
[kəmə̀ːrʃələzéiʃən]

명 **상업화, 영리화**

파 • commercialize v. 상업화하다 • commercial a. 상업적인

03 Leisure was the creation of capitalism in another sense, through the **commercialization** of leisure. [19 수능]

---

01 일단 쉽게 따라잡아 도살한 먹잇감을 **끌어당겨** 배 위로 올리면, 그 사체를 부족의 야영지로 가져가는 것은 지상으로보다 배로 훨씬 더 쉬웠을 것이다. **02** 그 후 노동자들은 더 많은 여가를 원했고, 여가 시간은 노동조합 운동에 의해 확대되었는데, 이는 면화 산업에서 처음 시작되었고, 결국 노동 시간을 제한하고 노동자들에게 휴가의 **권리**를 주는 새로운 법이 통과되었다. **03** 또 다른 의미에서 여가는 여가의 **상업화**를 통한 자본주의의 창조였다.

imperceptible
[impərséptəbl]

[형] (너무 작아서) **감지할 수 없는,** (변화 · 차이 등이) **미세한**

[유] undetectable a. 감지할 수 없는 [반] perceptible a. 감지할 수 있는

01 Experts' tastes did move in the proper direction: they favored finer, more expensive wines. But the bias was almost **imperceptible**. [19 모평]

disvalue
[disvǽlju:]

[명] 1. **부정적 가치, 반(反)가치,** (가치의) **부인** 2. **무시, 경시**

02 Not all organisms are able to find sufficient food to survive, so starvation is a kind of **disvalue** often found in nature. [19 모평]

humanitarian
[hju:mænitέ(:)əriən]

[형] **인도주의적인, 인도주의의**

03 When famine and civil war threaten people in sub-Saharan Africa, many African-Americans are reminded of their kinship with the continent in which their ancestors originated centuries earlier, and they lobby their leaders to provide **humanitarian** relief. [19 모평]

polarization
[pòulərizéiʃən]

[명] (의견의) **대립, 양극화**

[파] • polarize v. 양극화되다 • polarity n. 양극성

04 When fact bends to fiction, the predictable result is political distrust and **polarization**. [19 모평]

deficit
[défisit]

[명] **적자, 부족, 결손**

[반] surplus n. 흑자, 과잉

05 Both the budget **deficit** and federal debt have soared during the recent financial crisis and recession. [19 모평]

sensual
[sénʃuəl]

[형] (육체적 쾌락과 관련하여) **감각적인, 관능적인**

06 Our love for fatherland is largely a matter of recollection of the keen **sensual** pleasure of our childhood. [19 모평]

---

01 전문가들의 미각은 적절한 방향으로 움직였는데, 그들은 더 고급스럽고 더 비싼 와인을 선호했다. 그러나 선입관은 거의 **감지할 수 없었다**. 02 모든 유기체가 생존에 충분한 먹이를 구할 수 있는 것은 아니어서, 기아는 자연에서 흔히 발견되는 일종의 **반(反)가치**이다. 03 기근과 내전이 사하라 사막 이남의 아프리카 사람들을 위태롭게 하는 경우, 많은 아프리카계 미국인은 수세기 이전에 자신의 조상들이 기원했던 그 대륙과의 혈족 관계가 떠오르게 되어 자신의 지도자들에게 **인도주의적** 구호를 제공하라는 압력을 행사한다. 04 사실이 허구에 굴복하면, 예견 가능한 결과는 정치적 불신과 **극단적 대립**이다. 05 최근의 재정 위기와 경기 침체 동안에 재정 **적자**와 연방 정부의 부채가 모두 치솟았다. 06 조국에 대한 우리의 사랑은 대개 우리의 유년기의 예민한 **감각적** 즐거움에 대한 회상의 문제이다.

a host of

많은 ~, 다수의 ~

cf. host **n.** 1. 주인, 주최, 진행자 2. 숙주 3. 다수, 무리 **v.** 1. 주최하다 2. 수용하다

01 This not only created new tourist-generating and tourist-receiving regions but also prompted **a host of** other changes in the tourism infrastructure, such as accommodations. [19 모평]

irrespective of

~와 관계없이, ~을 무시하고

유 regardless of, without regard[respect] to ~에 관계없이

02 This contrasts with the national view of the value of forests as a renewable resource, **irrespective of** the local people's needs. [19 모평]

vulgar
[vʌ́lgər]

형 1. 저속한, 천박한 2. 서민의

파 • vulgarize **v.** 품격을 떨어뜨리다, 통속화하다
• vulgarly **ad.** 천하게, 상스럽게, 통속적으로

03 In most critics championing Douglas Sirk's films' social critique, self-reflexivity, and, in particular, distancing effects, there is still a refusal of the '**vulgar**' enjoyments suspected of soap operas. [19 모평]   *champion (~을) 옹호하다

toddler
[tɑ́dlər]

명 아장아장 걷는 아이

04 We hope that this will be fun, educational, and most importantly safe for the **toddlers**. [19 모평]

idle
[áidl]

동 빈둥거리다

형 1. 게으른, 나태한 2. 가동되지 않는 3. 실직 상태인

파 • idly **ad.** 한가하게, 아무 일도 안 하고
• idleness **n.** 게으름, 나태

05 Concerned about Jean **idling** around, Ms. Baker decided to change her teaching method. [19 모평]

---

01 이것은 관광객을 창출하고 받아들이는 새로운 지역을 만들어냈을 뿐만 아니라 숙박 시설 같은 관광 산업 기반 시설에서의 여타의 **많은** 변화를 유발했다. **02** 이것은 지역민의 필요**와 관계없이** 숲의 가치를 재생 가능한 자원으로 보는 국가적 관점과 뚜렷이 대조된다. **03** Douglas Sirk의 영화에 나타난 사회 비평, 자기 반영성, 그리고 특히 거리두기 효과를 옹호하는 대부분의 비평가들에게는, 연속극에나 있을 것으로 생각되는 '**저속한**' 즐거움에 대한 거부가 여전히 존재한다. **04** 저희는 이 행사가 **아장아장 걷는 아이**들에게 재미있고, 교육적이고, 그리고 가장 중요하게는 안전하기를 희망합니다. **05** Jean이 **빈둥거리는 것**에 대해 걱정이 되어 Ms. Baker는 자신의 교수 방법을 바꾸기로 결심했다.

concerted
[kənsə́ːrtid]

형 **공동의, 협동의, 합의된**

유 joint, united, combined, collaborative **a.** 공동의, 협동의

01 The problem is often not the lack of effective natural enemies but management practices and a lack of **concerted** research on factors that determine the success or failure of importation attempts in the specific agro-ecosystem setting. [19 모평]

averse
[əvə́ːrs]

형 **싫어하는, 혐오하는, 반대하는**

숙어 averse to ~을 싫어하는, ~에 반대하는

02 Humans are so **averse** to feeling that they're being cheated that they often respond in ways that seemingly make little sense. [19 모평]

endorse
[indɔ́ːrs]

동 (공개적으로) **지지하다,** (상품 등을) **보증하다**

파 endorsement **n.** (공개적인) 지지, 보증
유 • support **v.** 지지하다　• advocate **v.** 지지하다, 옹호하다

03 Australians tend to **endorse** the "Tall Poppy Syndrome." [19 모평]

intelligible
[intélidʒəbl]

형 (쉽게) **이해할 수 있는, 뜻이 분명한**

파 intelligibility **n.** 이해할 수 있음, 알기 쉬움, 명료
유 comprehensible **a.** 이해할 수 있는
반 unintelligible **a.** 이해할 수 없는(= incomprehensible)

04 In this sense, rules create a problem that is artificial yet **intelligible**. [19 모평]

inadvertently
[inədvə́ːrtəntli]

부 **무심코, 우연히, 부주의로**

파 inadvertent **a.** 고의가 아닌, 우연의(= unintentional, accidental)
유 • unintentionally **ad.** 무심코, 우연히　• accidentally **ad.** 우연히, 뜻하지 않게
반 intentionally **ad.** 의도적으로, 고의로

05 An introvert is far less likely to make a mistake in a social situation, such as **inadvertently** insulting another person whose opinion is not agreeable. [19 모평]

---

01 문제는 흔히 효과적인 천적이 없는 것이 아니라 관리 관행과 특정한 농업 생태계 환경에 있어서 도입 시도의 성공 혹은 실패를 결정하는 요인들에 대한 **공동의** 연구가 없다는 것이다. 02 인간은 속고 있다고 느끼는 것을 매우 **싫어해서** 종종 겉보기에는 거의 말이 되지 않는 방식으로 반응한다. 03 호주 사람들은 '키 큰 양귀비 증후군'을 **지지하는** 경향이 있다. 04 이런 점에서 규칙은 인위적이지만 **이해할 수 있는** 문제를 만들어낸다. 05 내성적인 사람은 찬성할 수 없는 의견을 가진 다른 사람을 **무심코** 모욕하는 것과 같은, 사회적 상황에서 실수할 가능성이 훨씬 더 적다.

excerpt
[명: éksəːrpt /
동: iksə́ːrpt]

명 (글 · 음악 · 영화 등의) **발췌, 인용**　동 **발췌하다**

파 excerption n. 발췌(록)　유 extract n. 발췌, 추출물 v. 발췌하다, 추출하다

01 The repertoire varied according to the performing medium and from region to region, but the core was largely the same, including operas and operatic **excerpts** from Mozart through Verdi, Wagner, and Bizet. [19 모평]

beneficiary
[bènəfíʃièri]

명 **수혜자, 수령인**

유 recipient n. 수령인, 수취인

transnational
[trænsnǽʃənəl]

형 **초국가적인, 다국적인**

유 multinational a. 다국적인

02 Supporters of such legislation like to defend these increases with tales of starving writers and their impoverished descendants, but in reality the **beneficiaries** are more likely to be **transnational** publishing companies. [18 수능]

iconic
[aikánik]

형 **상징적인, 상징이 되는, 우상의**

파 icon n. (상징으로 여겨지는) 아이콘, 우상

03 He formed special bonds with the artists he worked with and those relationships helped him capture some of his most vivid and **iconic** imagery. [18 수능]

unrivaled
[ʌnráivəld]

형 **필적할 상대가 없는**

파 rival v. (~에) 필적하다 n. 경쟁자, 경쟁 상대
유 unsurpassed, unparalleled, unmatched a. 비길 데 없는, 필적할 수 없는

04 He was given **unrivaled** access to rock's biggest artists, including the Rolling Stones, Bob Dylan, and Ray Charles. [18 수능]

staple
[stéipl]

형 **주된, 주요한**　명 **주식, 주요 식품**

유 main, chief, principal a. 주요한, 주된

05 The result is that a **staple** crop, such as maize, is not being produced in a sufficient amount. [18 수능]

---

01 연주하는 표현 수단과 지역에 따라 레퍼토리가 다양했지만, 그 핵심은 모차르트에서 베르디, 바그너, 비제에 이르는 오페라와 오페라 **발췌곡**을 포함하여, 대체로 같았다. **02** 그런 입법을 지지하는 사람들은 굶주리는 작가들과 그들의 빈곤한 후손들의 이야기를 들먹이며 이런 (기간) 연장에 대해 옹호하기를 좋아하지만, 실제로 그 **수혜자**는 다국적 출판사가 될 가능성이 더 많다. **03** 그는 함께 작업한 예술가들과 특별한 유대 관계를 맺었고, 그런 관계로 인해 그는 자신의 가장 생생하고 **상징적인** 이미지의 일부를 포착하는 데 도움을 받았다. **04** 그는 필적할 만한 사람이 없을 정도로 Rolling Stones, Bob Dylan, Ray Charles를 포함해서 록 음악의 가장 인기 있는 예술가들에게 접근할 수 있었다. **05** 결과적으로 옥수수와 같은 **주요한** 작물은 충분한 양으로 생산되지 못하고 있다.

2566

advisory
[ədváizəri]

형 **권고의, 자문의**   명 **권고문, 경보, 주의보**

파 advise v. 조언하다, 충고하다
유 warning, caution n. 경고, 주의

01 Fish **advisories** have been issued for many lakes in the United States; these recommend limits on the number of times per month particular species of fish should be consumed. [18 수능]

2567

airborne
[ɛ́ərbɔ̀ːrn]

형 **1. 공기로 운반되는 2. 비행 중인, 하늘에 떠 있는**

02 It is postulated that such contamination may result from **airborne** transport from remote power plants or municipal incinerators. [18 수능]   *postulate 가정하다

2568

bioaccumulate
[bàiouəkjúmjuleit]

동 **(유독 물질이) 생체 내에 축적되다**

파 • bioaccumulation n. 생물 축적(= biological accumulation)
 • bioaccumulative a. 생물 축적의

03 Mercury was being **bioaccumulated** in the fish tissue and severe mercury poisoning occurred in many people who consumed the fish. [18 수능] *mercury 수은

2569

neurological
[njùərəládʒikəl]

형 **신경의, 신경학의**

파 • neurology n. 신경학   • neurologically ad. 신경학적으로

04 The disabling **neurological** symptoms were subsequently called Minamata disease. [18 수능]

2570

deconstruct
[dìːkənstrʌ́kt]

동 **해체하다, 분해하다, 분석하다**

파 deconstruction n. 해체 비평[이론]
유 • take apart ~을 분해하다   • dismantle v. 해체하다, 분해하다   반 construct v. 건설하다, 구성하다

05 The counsellor helps the child to change by **deconstructing** old stories and reconstructing preferred stories about himself and his life. [18 모평]

2571

hallmark
[hɔ́ːlmɑ̀ːrk]

명 **(전형적인) 특징, 특질**

06 One of the **hallmarks** of evaluating the quality of a black tea is by assessing how tightly the leaves are rolled. [18 모평]

---

01 미국의 많은 호수들에 물고기에 대한 **권고안**이 발표되었는데, 이것들은 한 달에 특정한 종의 물고기를 먹을 수 있는 횟수에 대한 제한을 권고했다. 02 그러한 오염이 멀리 떨어진 발전소 혹은 지방자치단체의 소각로로부터 **공기를 통해 전파된** 결과로 발생할 수 있다는 것이 가정된다. 03 수은이 물고기 몸 조직의 **생체 내에 축적되고** 있었으며 그 물고기를 먹은 많은 사람들에게 심각한 수은 중독이 발생했다. 04 이 장애를 초래하는 **신경학적** 증상은 나중에 미나마타병으로 불렸다. 05 상담사는 아이가 자신과 자신의 삶에 관한 옛 이야기를 **해체하고** 선호되는 이야기를 재구성함으로써 아이가 변화하는 것을 도와준다. 06 홍차의 품질을 평가하는 **특징** 가운데 하나는 얼마나 단단히 잎이 말려 있는지를 평가하는 것이다.

erroneously
[iróuniəsli]

파 erroneous a. 잘못된, 틀린
유 wrongly, incorrectly ad. 잘못되게, 틀리게

분 잘못되게, 틀리게

01 Today the term artist is used to refer to a broad range of creative individuals across the globe from both past and present. This rather general usage **erroneously** suggests that the concept or word "artist" existed in original contexts. [18 모평]

hard-wired
[háːrdwáiərd]

형 1. (컴퓨터 기능이) **하드웨어에 내장된**
     2. (능력 · 자질 등이) **생래적인, 타고나는**

02 Your strengths are your core, your **hard-wired** assets. [18 모평]

meld
[meld]

동 섞다, 섞이다, 병합되다, 병합하다

유 • mix, blend v. 섞다, 섞이다, 혼합하다   • fuse, merge v. 병합되다, 병합하다

03 It's great when you hit the jackpot and find a career that **melds** your strengths and passions, and where there is demand in the highly competitive global marketplace of today. [18 모평]

consensus
[kənsénsəs]

명 의견 일치, 합의

파 consent n. 동의, 허락, 합의 v. 동의하다, 허락하다
유 agreement, assent n. 동의, 합의
반 disagreement, dissent n. 반대, 이견, 불일치

04 In fact, **consensus** rarely comes without some forms of subtle coercion and the absence of fear in expressing a disagreement is a source of genuine freedom. [18 모평]   *coercion 강압

prerequisite
[prì(:)rékwizit]

명 전제 조건   **형** 사전에 필요한

유 precondition n. 전제 조건
cf. requisite n. 필수품 a. 필요한

05 The neural machinery for creating and holding 'images of the future' was a necessary **prerequisite** for tool-making, and thus for launching human civilization. [18 모평]

---

01 오늘날 예술가라는 용어는 과거와 현재 모두로부터 전 세계의 광범위한 창의적인 개인들을 지칭하는 데 사용된다. 이런 다소 일반적인 사용은 '예술가'라는 개념이나 말이 본래의 맥락 속에서 존재했다고 **잘못** 암시한다. **02** 여러분의 강점은 여러분의 핵심이고, 여러분의 **생래적인** 자산이다. **03** 그것은 여러분이 대박을 터뜨리고 여러분의 강점과 열정을 **섞는** 직업을 발견할 때, 그리고 오늘날의 아주 경쟁적인 국제 시장에서 수요가 있는 경우에는 훌륭하다. **04** 사실, 몇몇 형태의 교묘한 강압이 없다면 **의견 일치**가 이뤄지는 일은 드물며, 이견을 표현하는 데 있어 두려움이 없는 것이 진정한 자유의 원천이다. **05** '미래의 이미지'를 만들어내고 보유하는 신경 기제는 도구 제작을 위한, 그리하여 인간 문명의 시작을 위한 필수적인 **전제 조건**이었다.

2577

reconfigure
[rì:kənfígjər]

동 **재구성하다,** (특히 컴퓨터 장치나 프로그램을) **변경하다**

파 reconfiguration n. 재구성, 구조 변경
유 rearrange, reconstruct v. 재조정하다, 재구성하다
cf. configure v. 1. 구성하다, 배열하다 2. (컴퓨터의) 환경을 설정하다

01 To make plans for the future, the brain must have an ability to take certain elements of prior experiences and **reconfigure** them in a way that does not copy any actual past experience or present reality exactly. [18 모평]

2578

biosphere
[báiəsfìər]

명 **생물권, 생물 생활권**

cf. biosphere = bio(life) + sphere(−권) → 생물권(생물이 살 수 있는 지구 표면과 대기권)

02 The idea of a fish in a freshwater lake struggling to accumulate salts inside its body to mimic the ocean reminds one of the other great contradiction of the **biosphere**. [18 모평]

2579

agonize
[ǽgənàiz]

동 **고심하다, 고민하다, 괴로워하다**

파 agony n. (오래 계속되는 육체적 · 정신적) 괴로움, 고통
숙어 agonize over[about] ~에 대해 고민[고심]하다

03 If our ancestors hadn't **agonized** over losses and instead had taken too many chances in going after the big gains, they'd have been more likely to lose out and never become anyone's ancestor. [18 모평]

2580

on the verge of

막 ~하려는, ~하기 직전의

유 on the brink of, on the edge of, on the threshold of 막 ~하려는

04 When you are living **on the verge of** starvation, a slight downturn in your food reserves makes a lot more difference than a slight upturn. [18 모평]

---

01 미래를 위해 계획을 세우려면, 뇌는 이전 경험의 특정 요소를 받아들여, 어떤 실제적인 과거 경험이나 현실을 있는 그대로 모방하지 않는 방식으로 그것들을 **재구성할** 수 있는 능력을 지니고 있어야 한다. 02 담수호에 있는 물고기가 바다를 흉내 내려고 자기 몸속에 염분을 축적하기 위해 애쓰고 있다는 생각은 우리에게 **생물권**의 또 다른 거대한 모순 중 하나를 상기시킨다. 03 우리의 조상들이 손실에 대해 **고심하지** 않고, 대신에 큰 이득을 얻으려고 너무 많은 모험을 감행했다면, 그들은 멸망하여 결코 어느 누구의 조상도 되지 못했을 가능성이 더 컸을 것이다. 04 굶어 죽기 **직전의 상태**에 살고 있을 때에는 식량 저장량이 조금 감소했을 때가 조금 증가했을 때보다 훨씬 더 큰 변화를 가져온다.

INDEX of Book 2